SANGIT GITA DOHAVALI

Composed by Ratnakar
Marathi-Sanskrit-Hindi-Music
दोहा छन्द में

संगीत-गीता-दोहावली

The Expose of the Philosophy of Shrimad Bhagavad Gita wholly in Hindi Doha Meter, Composed by Ratnakar Narale with Sanskrit Shlokas.

Prof. Ratnakar Narale

Ratnakar
Pustak-Bharati
Books-India

Composed by :
Prof. Ratnakar Narale
B. Sc. (Nagpur), M. Sc. (Pune), Ph. D. (IIT), Ph. D. (Kalidas Sanskrit Univ.)
Prof. Hindi, Ryerson University, Toronto.
web : www.books-india.com   *   email : books.india.books@gmail.com   * Mobile 001 416 666 9632

Scripture Title : Sangit-Shri-Gita-Dohavali संगीत-श्री-गीता-दोहावली

Composed by Ratnakar, it is world's Longest Musical Hindi Poem. It is also the first Sanskrit rendering of the Gita, wholly in *Anushtubh Shloka chhanda* of Valmiki Ramayan accompanied by Hindi Dohas. Its brand new 2000 Dohas are in side-by-side union with the 700 verses of the Shrimad Bhagavad Gita. This work is neither a translation nor a commentary, but it is a devotional musical poetry on the **Shrimad Bhagavad Gita**. Its objective is to answer the unanswered questions and question the unquestioned answers, while defining each yogic term clearly, in sweet **musical** language. While doing so, the aim is to provide a proper background for the Gita and to remove the misconceptions, wrong notions and missing links that linger in the commentaries on the Gita. Hindi being the National Language of India and the most spoken Indian Language in the world and Music being the sweetest language present in every heart, soft Hindi music is an interesting dimension of this work. For Research Scholars it is a Goldmine of Research Topics. For Sanskrit Scholars and the insightful Gita lovers, it is an ocean of spiritual knowledge.

Published by :
PUSTAK BHARATI (Books India), Toronto, Ontario, Canada, M2R 3E4
    email : books.india.books@gmail.com Phone : (001) 416.666.6932

For :
Sanskrit Hindi Research Institute, Toronto
Copyright ©2017
ISBN 978-1-897416-86-0

© All rights reserved. No part of this book may be copied, reproduced or utilised in any manner or by any means, computerised, e-mail, scanning, photocopying or by recording in any information storage and retrieval system, without the permission in writing from the author.

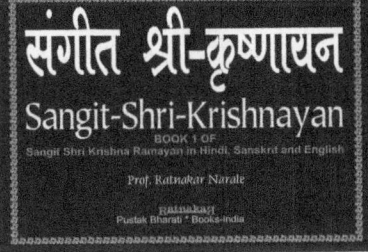 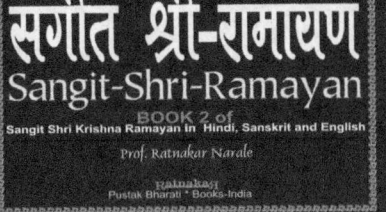

ABOUT THE AUTHOR :

Dr. Ratnakar Narale has Ph.D. from IIT, Kharagpur and Ph.D. from Kalidas Sanskrit University, Nagpur, India. He is an author, lyricist and musician. Ratnakar is Prof. of Hindī at Ryerson University, Toronto, Canada.

He has studied **Sanskrit, Hindi, Marathi, Bengali, Punjabi, Urdu** and **Tamil** languages and has written books for learning these languages. He has written unique books on Gītā, Rāmāyaṇ, Shivājī and Music. His books are available at amazon.com.

His writings have been applauded by such organizations as the World Hindi Secretariat, Mauritius; Sangit Natak Akademi, New Delhi; Indian Council for Cultural relations (ICCR), New Delhi; Strings-N-Steps, New Delhi; ATN News Channel, OMNI News Channel, Hindi Times, The Hitwad, The Tarun Bharat, the Lokmat, The Sakal, Des Pardes, Nav Bharat Times, Sahitya Amrit, The Voice, The Indian Express, ... etc.

He has received citations from some of the most prominent people as, **Hon. Atal Vihari Vajpai,** *Prime Minister of India;* **Hon. Basdeo Panday,** *Prime Minister of Trinidad and Tobaggo;* **Dr. Murli Manohar Joshi,** *Federal HRD Minister of India;* **Ashok Singhal,** *President, VHP, New Delhi;* **Shri Mohan Bhagavat,** *Sarsanghachalak, Rashtriya Swayamsevak Sangh, Nagpur, India,* etc.

His music compositions are endorsed by such great Indian music Maestros as *Bharat Ratna* **Dr. Ustad Bismillah Khan Trust,** New Delhi; *Padma Vibhushan* **Amjad Ali Khan,** New Delhi; *Padmashri* **Ustad Ghulam Sadiq Khan,** New Delhi; *Music Maestro* **Rashid Mustafa Thirakwa,** New Delhi; *Padmabhushan* **Ustad Sabri Khan,** New Delhi; *Padmabhushan* **Pandit Debu Chaudhuri,** New Delhi; *Puṇḍit* **Birju Mahataj,** New Delhi; etc.

Dedicated to
My Caring Children
Dr. Meenal and Sunil
and my Loving Grandchildren
Samay, Sahas, Saanjh, Saaya, Naksh and Nayra Narale

✍दोहा॰ नारद जी ने दी कथा, स्वरदा ने संगीत ।
रत्नाकर ने है रचा, छंद राग में गीत ।। 1/1779

Dr. Ratnakar Narale
Author Publisher : Copyright Printing Promotion & Sales
Prof. Hindi. Ryerson University, Torornto

416.739.8004

180 Torresdale Ave.,
Toronto, On. M2R 3E4
rnarale@yahoo.ca
books.india.books@gmail.com
www.books-india.com

अनुक्रम

INDEX

संगीत-श्री-गीता-दोहावली

	मंगलाचरणम्	1
	संज्ञा परिचय	3
	अवरातणिका	9
1.	श्री गणेश वन्दना	9
2.	श्री सरस्वती वन्दना	10
3.	संस्कृत देववाणी वन्दना	13
4.	हिन्दी राष्ट्रभाषा वन्दना	15
5.	श्री गुरु वन्दना	17
	परम गुरु श्री व्यास वन्दना	19
6.	देवर्षि श्री नारद वन्दना	21
7.	योगेश्वर श्रीकृष्ण वन्दना	22
8.	शांति पाठ	24
9.	भारत वन्दना	28
10.	मैं रत्नाकर	30

1. गीता की पार्श्वभूमि की कथा	33
2. पाण्डव वंश की कथा	36
3. वनवास गमन की कथा	43
4. अज्ञातवास की कथा	48
5. हठी दुर्योधन की कथा	51
6. दुर्योधन के अज्ञान की कथा	66
7. कौरवों को दिये हुए उपदेशों की कथा	72
8. धर्मयुद्ध की कथा	86

9.	धर्मक्षेत्र की कथा	91
10.	महायुद्ध की कथा	98
11.	अर्जुन के विषाद की कथा	105
12.	अर्जुन की वल्गना की कथा	118
13.	साङ्ख्य योग का निरूपण	126
14.	निष्काम बुद्धि का निरूपणम्	152
15.	कर्मयोग का निरूपण	179
16.	गुरु-शिष्य परम्परा का निरूपण	199
	सूर्य वंश की कथा	199
17.	ज्ञानयोग का निरूपण	207
18.	यज्ञ विविधता क्अ निरूपण	213
19.	कर्तृपद के संन्यास का निरूपण	223
20.	ब्रह्म सम्पदा का निरूपण	232
21.	आत्म-संयम का निरूपण	240
22.	ज्ञान-विज्ञान का निरूपण	263
23.	द्वंद्व-भाव का निरूपण	241
24.	ब्रह्म का निरूपण	283
25.	गीता-रहस्य का निरूपण	299
26.	दैवी-विभूति का निरूपण	317
27.	विश्वरूप-दर्शन की कथा	341
28.	भक्तियोग का निरूपण	368
29.	क्षेत्र-क्षेत्रज्ञ का निरूपण	388
30.	गुण-त्रय का निरूपण	404
31.	संसार-वृक्ष का निरूपण	417
32.	दैवी-सम्पदा का निरूपण	430
33.	श्रद्धा का निरूपण	443
34.	मोक्ष का निरूपण	456
35.	301-हरि नाम-विशेषण का निरूपण	488-525

श्रीमद्भगवद्गीता अध्याय अनुक्रम
Shrimad Bhagavad Gita Chapters Index

1.	प्रथम अध्याय	विषाद योग	104
2.	द्वितीय अध्याय	सांख्य योग	125
3.	तृतीय अध्याय	कर्मयोग	178
4.	चतुर्थ अध्याय	ज्ञान-कर्मसन्यास योग	197
5.	पञ्चम अध्याय	कर्म-संन्यास योग	222
6.	छठा अध्याय	आत्म-संयम योग	238
7.	सातवाँ अध्याय	ज्ञान-विज्ञान योग	261
8.	आठवाँ अध्याय	अक्षर-ब्रह्म योग	282
9.	नौवाँ अध्याय	राजविद्या राजगुह्य योग	298
10.	दसवाँ अध्याय	विभूति योग	316
11.	ग्यारहवाँ अध्याय	विश्वरूप-दर्शन योग	339
12.	बारहवाँ अध्याय	भक्ति योग	366
13.	तेरहवाँ अध्याय	क्षेत्र-क्षेत्रज्ञ विभाग योग	385
14.	चौदहवाँ अध्याय	गुण-त्रय विभाग योग	303
15.	पन्द्रहवाँ अध्याय	पुरुषोत्तमयोग	416
16.	सोलहवाँ अध्याय	दैवासुरसम्पद् विभाग योग	429
17.	सत्रहवाँ अध्याय	श्रद्धा-त्रय विभाग योग	440
18.	अठारहवाँ अध्याय	मोक्ष-संन्यास योग	455

INTRODUCTION

world's Longest Musical Hindi Poem. It is also the first Sanskrit rendering of the the **Shrimad Bhagavad Gita**, wholly in *Anushtubh Shloka chhanda* of Valmiki Ramayan. Its brand new 2000 Dogas are in side-by-side union with the 700 verses of the Shrimad Bhagavad Gita. This work is neither a translation nor a commentary, but it is a devotional musical poetry on Shrimad Bhagavad Gita. Its objective is to answer the unanswered questions and question the unquestioned answers, while defining each yogic term clearly, in sweet **musical** language. While doing so, the aim is to provide a proper background for the Gita and to remove the misconceptions, wrong notions and missing links that linger in the commentaries on the Gita. For Research Scholars it is a gold mine of Research Topics. For Sanskrit Scholars and the insightful Gita lovers, it is an ocean of knowledge.

From the light of knowledge revealed in the footnotes of the *Gita As She Is In Krishna's Own Words*, one can see how misunderstood are the popular yogic terms, for example, Karma yoga as yoga of "action," Buddhi as yoga of "intelligence," siddhi as "perfection," Srishti as "creation,'" Brahman as "creator," Yajna as "sacrifice," Dharma as "religion," Jati as "varna," and so on. All such wrong notions are properly clarified and redefined in this book.

Because Hindi being the National Language of India and the most spoken Indian Language in the world and Music being the sweetest language present in every heart, soft Hindi music is an interesting dimension of this work.

In order to suite the average Indian voice, **D-flat-Major** Scale (*Black-1-Middle-Octave*) is used for wtiting the music notations in this book. The tunes in this book are presented in their simple forms for the convenience of the average music lovers and music learners. The advanced music professionals may improvise them or change the scale to suite their own style and standard. The notations of each song are innovatively and conveniently given as music-words, for each word of the lyric, to use mininum space.

The original divine Shrimad Bhagavad Gita of Maha-muni Vyasa is a celestial poem (chapters 25-42) in the *Bhīshma parva* of Mahabharata. Here, the earlier chapters of Mahabharata provide the history and background for a sound understanding of the divine dialogue between Shrī Krishna and Arjun. However, in the stand alone Gita, without giving this important historical context, the first chapter stands abrupt and a bit incongruous with the Adhyatmaic philosophy of the other seventeen chapters. Reading the Gita without knowing the pertinent history and nature of the characters, is like walking blindly on a path without knowing the direction and nature of the path. Therefore, like the Mahabharata, "Ratnakar's Gitopanishad" begins with the vital background of the Gita and the nature of its characters. This essential addition provides a proper introduction and congruency to the first chapter and the philosophical teachings of the rest of the seventeen chapters of the Gita.

The sacred poem of Vyasa is written in such meters as Anushtubh, Upajati, Indravajra, Upendravajra, Viparitapurva, etc. which add a rhythmic flavor to the divine poem. The Bhagavad Gita is the most translated and commented scripture in the world. In order to impart melodic sweetness to the celestial poem of the Gita, Ratnakar's Gitopanishad and Gita Dohavali utilize the magic of the *raagas* and *chhandas* through its 35 musical stories and 172 songs. This Gita Dohavali is a devotional chapter in the epic poem of "*Sangit-Shri-Krishna-Ramayama,*" by Ratnakar.

The author expresses his humble gratitude to Narad muni, Sharada, Shiva, Parvati, Ganesh, Rama and Krishna for their kind blessings for the success of this work. He would like to recognize the tireless help and inspiration given by his caring wife Sunita during the long course of this divine project. He is grateful to Sangitacharya Shrī Dev Bansaraj, who awakened the music in him just when he needed it, as if pre-arranged.

For the insightful Gita lovers, whether they know Sanskrit or not, this work is an ocean of joy and konwledge. It will enlighten the Gita learners, new, average as well as the scholars. For the Research Scholars, this book is a "Gold Mine" of resaerch topics.

Hari Om Tat sat

शोक संविग्नमानसः।

डा. मुरली मनोहर जोशी
DR. MURLI MANOHAR JOSHI

मानव संसाधन विकास मंत्री
भारत
नई दिल्ली - ११० ००१
MINISTER OF
HUMAN RESOURCE DEVELOPMENT
INDIA
NEW DELHI-110 001

FOREWORD

Swami Madhusudan Saraswati has written nine beautiful verses entitled *'Gitadhyanam'*. The very first verse is illuminating and highlights the profundity of Gita. The sermon of Gita was delivered by Narayana Himself to his dear disciple Arjuna and this sermon has been made part of Mahabharat by the great Vedvyasa. Gita showers the nectar of philosophy of non-duality (Advaita) in 18 chapters and delivers those who meditate on it from the cycle of birth and death.

Parthaya pratibodhitam Bhagwata Narayanena Swayam Vyasena grathitam puranmunina Madhye Mahabharatam Advaitamritavarshinim Bhagawatim ashtadashadhyanim Amb twamanusandhami Bhagwatgite Bhawadveshinim.

The essence of Indian philosophical thought is contained in the Brahmasutras, Upanishad and Bhagwadgita. However, Bhagwadgita is the single repository of Bhrahmavidya, Yogshastra and the Upanishads. Aldous Huxley says, *"The Gita is one of the clearest and most comprehensive summaries of the Perennial Philosophy ever to have been made. Hence its enduring value, not only for Indians, but for all mankind......".*

Innumerable commentaries have been written on Bhagwadgita. The great masters like Adi Shankara, Anandgiri, Shridhara, Ramanuja and Madhwacharya etc. have explained Bhagwadgita in their own way. Many great men of our times Lokmanya Tilak and Gandhiji have been inspired by this great text. Millions all over the world read Bhagwadgita as a matter of discipline.

Gita teaches us to have faith in the Lord and oneself and engage in action without being obsessed of the result. In the course of life we are always in the midst of action. It is important to understand that the binding quality of action lies in the motive or the desire that prompts it. Gita shows us the path of detachment from desires along with devotion to our work. Action alone is our right but we have no control on the fruits of action because success and failure do not depend on individual but on many other factors. To accept happiness and sorrow, success and failure and continue to do ones duty with the evenness on mind is called Yoga. This is illustrated in a beautiful parable of Sri Ramakrishna *"Be in the world as a maid servant in a rich man's house. For all intents and purposes she claims her master's children and property as her own. But at the core of her heart she knows that they do not belong to her. As the maid servant can with ease relinquish her assumed ownership of the master's property, be prepared for separation from earthly possession".*

Gita teaches us to learn equanimity of mind to rid of selfishness and achieve devotion and excellence in our actions. Swami Vivekananda said, *"A Yogi seated in Himalayan cave allows his mind to wander on unwanted things. A Cobbler in a corner at the crossing of several busy streets of the city, is absorbed in mending a shoe, as an act of service. Of these two the latter is a better Yogi than the former".*

The rich nations and the people with all the resources at their command to fulfill their desire are ever striving for more and more but in the process have lost peace and happiness. In a situation like this all the world has to be aware that peace and happiness is not achieved by pursuing and satisfying desires. Peace is enjoyed by those in whom desires are merged even as rivers flow into the ocean which is full and unmoving.

"Apuryamanam acalapratistham samudramapah pravisanti yadvat tadvat kama yam pravisanti sarve sa santim apnoti na kama-kami"

In the context of modern problems I am deeply concerned about the quality of the human beings. The winds of change are devastating and in our present day situation people have hardly any time to think. It is a mad rush of materialism. Bhagwad Gita shows us the way out of the predicament and to be on the path of spirituality. One has to endear oneself to the Divine to be merged in Him.

Gita Darshan in 3 volumes is a profound study of Gita. In addition to normal explanation of each verse the author has explained each word and has analyzed each and every word grammatically. Thus the work is unique for those who wish to understand the nuances of Gita. The volumes are also useful for cross-reference.

I am deeply impressed by the scholarship of Dr. Ratnakar Narale, which shows his command on Sanskrit, English, Hindi, Marathi etc. Gita Darshan is in Hindi. The Foreword in English is to comply with the request of Dr. Narale.

In Bhagwatgita chapter 18 verses 68 & 69 Krishna says *"Those who teach this supreme mystery of the Gita to all who love me perform the greatest act of love; they will come to me without a doubt. No one can render me more devoted service; no one on earth can be more dear to me"*.

I feel that the grace of Lord Krishna is already on Dr. Narale.

(Dr. Murli Manohar Joshi)

New Delhi.

मङ्गलाचरण ।

प्रार्थना

दोहा॰ नमन करूँ परमातमा, परम ब्रह्म भगवान ।
गायत्री की वन्दना, मस्तक टेक प्रणाम ।। 1/1779 (Doha 1 of 1779)

सासासा रेग- रेगम-गम-, पपप म-ग रेगम-म ।
ग-गम- ग- म-गरे-, सा-सासा रे-ग रेसा-सा ।।

पुरुष-प्रकृति को मेरा, साष्टांग नमस्कार ।
भोले शंकर पार्वती! करिए मम उद्धार ।। 2/1779

लक्ष्मी नारायण प्रभो! शेषशायी भगवान ।
पद्मनाभ लक्ष्मीश के, गाऊँ कीर्तन गान ।। 3/1779

शिवनंदन श्री गणपति, गणेश श्री गणनाथ ।
सरस्वती माँ शारदे! जोड़ूँ दोनों हाथ ।। 4/1779

जनक नंदिनी जानकी, दशरथ सुत रघुनाथ ।
मनहर राधा कृष्ण को, नमन हृदय के साथ ।। 5/1779

अर्जुन, भीम प्रवीर को, और युधिष्ठिर भ्रात ।
यशोदा-नंदनंदिनी! प्रणाम तुमको, मात! ।। 6/1779

विश्ववृक्ष अश्वत्थ तू, अद्भुत दैवी रूप ।
विश्वरूप श्रीकृष्ण जी! पूजूँ मैं, सुरभूप! ।। 7/1779

देव-देवता सर्व ही, गुरुजन जितने ज्ञात ।
मात-पिता मम पूज्य के, चरणन में प्रणिपात ।। 8/1779

नमो नमः प्रभु इंद्र को, वरुण देव! सम्मान ।
धन्य कियो पितु मातु को, राम भक्त हनुमान ।। 9/1779

वन्दे पावक-देवता, अंतरिक्ष आकाश ।
धरती जगमाता तथा, नवग्रह दिव्य प्रकाश ।। 10/1779

पँच भूत को धीमहि, तीन गुणों को और ।

सर्व भूतगण भूमि के, वनस्पति सब ओर ।। 11/1779

गिरि सरिता सागर मही, नमामि तन मन जोड़ ।
सूर्य चंद्र तारे सभी, बिना किसी को छोड़ ।। 12/1779

उपनिषदों को ध्याऊँ मैं, वैदिक ज्ञान प्रमाण ।
देवर्षि नारद मुनि, त्रिभुवन में रममाण ।। 13/1779

तीन-मुखी गुरु दत्त श्री, सुर सेनापति स्कंद ।
सुभक्त ध्रुव प्रह्लाद को, स्मरण करूँ सह छंद ।। 14/1779

गुरु पाणिनि पातंजलि, दीन्हा मुझको ज्ञान ।
यास्क पिंगल से मुझे, मिला छंद अभिधान ।। 15/1779

व्यास बाल्मीक मम गुरो! तुम्हीं सच्चिदानंद ।
काव्य ज्ञान के स्रोत हैं, तुलसी रामानंद ।। 16/1779

जय भारत संतान वे, शिवा प्रताप महान ।
लक्ष्मी के बलिदान ने, दिया हमें अभिमान ।। 17/1779

आदि शंकराचार्य श्री, नमन वल्लभाचार्य ।
रामानुज माधव तथा, यमुना वरदाचार्य! ।। 18/1779

मीरा ने कीर्तन दिए, कविता ब्रह्मानंद ।
योग विवेकानंद ने, बरणन सत्यानंद ।। 19/1779

ऋषि-मुनि योगी संत को, हिरदय अपना वार ।
ज्ञानी ध्यानी सकल कों, वन्दन बारंबार ।। 20/1779

कवि लेखक जन सर्व को, सुहृद जन प्रत्येक ।
मिली है जिनसे प्रेरणा, वन्दन घुटने टेक ।। 21/1779

।। हरि ॐ तत् सत् ।।

संज्ञा परिचय

दोहा॰

8 + ऽ। ऽ + 7 + । ऽ।

भक्ति काव्य का छन्द ये, मीठा बहुत सुहाय ।

तेरह-ग्यारह मत्त का, 'दोहा' इति कहलाय ।। 22/1779

♫ सा-सा सा-सा सा- रे-ग म-, प-प- धपम गम-म ।

सा-सासा रे-रेरे ग-पम-, प-प धप मगम-म ।।

दोहा॰ (दोग्धि चिन्तामिति दोहा:) दोहा शब्द संस्कृत √दुह् धातु से बना है । यह एक 24 मात्रा का मात्रिक छन्द है । श्लोक के समान ही इसमें भी चार चरण होते हैं और यह भी अर्धसम छन्द है । **मात्रा को मत्त, मत्ता, कल अथवा कला भी कहते हैं** ।

विशेष यह कि, दोहे में :

(1) विषम चरणों की 13 कल, मत्त अथवा मात्राएँ होती हैं । अंतिम वर्ण दीर्घ होता है ।

(2) सम चरणों की 11 मात्राएँ होती हैं । अंतिम वर्ण लघु होता है ।

(3) विषम चरणों के अंत में ज गण (। ऽ।) नहीं आना चाहिये ।

(4) सम चरण के अंत में ज गण (। ऽ।) और विषम चरण के अंत में र गण (ऽ। ऽ) उत्तम होता है ।

(5) अन्य वर्णों के लिए मात्रिक बन्धन नहीं है । इस मात्रिक स्वातंत्र्य के कारण दोहों में विविध चालें प्राप्त होतीं हैं । दोहों में लिखी कविताओं के पदों में इस गण-विविधता के कारण इस छन्द की विस्तृततम रचना भी उकतावनी नहीं होती है ।

(6) किसी भी केवल एक ही मात्राक्रम में कविता के सभी दोहे नहीं लिखे जाते ।

इस काव्य में कुल 1779 दोहे आए हैं ।

राग

♫ **संगीत-गीता-दोहावली छन्दमाला, मोती 1 of 136**

श्लोकौ

♫ ग-ग- ग-ग-गरे-म- ग- ममम-म- पम-ग रे- ।

प-प-प-प-पध-प- म- गरे-म- प-गरे- नि़सा- ।।

राग संगीत का सूत्र, स्वर की लय जाति का ।

अवरोही व आरोही, सुर विशिष्ट भाँति का ।।

राग : जिस संगीत सूत्र से गीत गाने बजाने के आरोही एवं अवरोही स्वर निश्चित **लय** में होते हैं, उसे **राग** कहते हैं । जैसे कि : बिलावल राग के सभी आरोही तथा अवरोही स्वर शुद्ध गुण के होते हैं और जाति संपूर्ण-संपूर्ण (7/7) होती है, खमाज राग का अवरोही नि कोमल होता है और जाति षाडव-संपूर्ण (6/7) होती है ।

जो स्वर अधोरेखांकित करके लिखा है वह कोमल स्वर होता है (जैसे : कोमल नि = नि), जो स्वर उर्ध्व रेखांकित करके लिखा है वह तीव्र स्वर होता है (जैसे : तिव्र म = मं), जिस स्वर के नीचे बिंदु लगाया है वह मन्द्र सप्तक का स्वर है (जैसे मन्द नि = नि़), और जिस स्वर के ऊपर बिंदु लगाया है वह तीव्र सप्तक का स्वर है (जैसे तीव्र नि = निं) ।

छन्द रचना में सूत्र-बद्धता जितनी अपरिहार्य होती है उतनी ही राग रचना में लय-बद्धता अनिवार्य होती है । सप्तक के कम से कम पाँच स्वरों का राग होता है ।

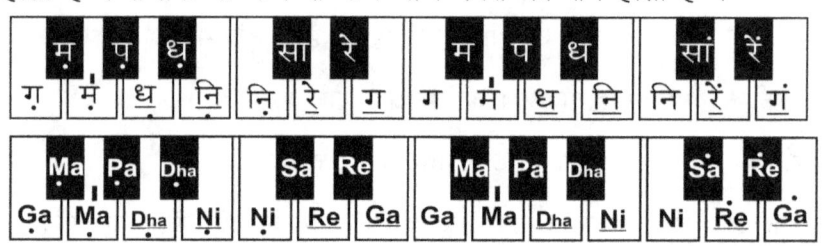

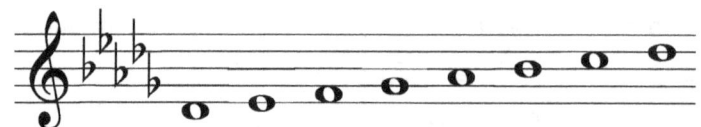

The D-flat-Major Scale

♫ छन्द

♫ **छन्द :** जिस लक्षण सूत्र से पद्य के अक्षरों या मात्राओं का विशिष्ट परिमाण निश्चित किया जाता है उसे छन्द कहते हैं (अक्षरपरिमाणं छन्दः), और पद्य की विशिष्ट शब्द रचना को वृत्त कहा जाता है (काव्यरचना वृत्तम्) । वर्ण की गिनती से वार्णिक वृत्त होते हैं, और मात्रा की गिनती से मात्रिक छन्द होते हैं । राग रचना में लय-बद्धता जितनी अपरिहार्य होती है उतनी ही सूत्र-बद्धता छन्द रचना में अनिवार्य होती है ।

विशेष रूप से याद रहे कि : छन्द रचना की पद्य पंक्ति में जहाँ वैकल्पिक विश्राम समय होता है उसे यति कहते हैं । यति लेना या नहीं लेना यह पाठक पर अपनी सुर सुविधा व लय के अनुसार निर्भर होता है । जहाँ यति निर्देशित नहीं होता है वहाँ विश्राम स्थान चरण के अंत में होता है और गायक अपनी सुर सुविधा व लय के अनुसार यति के व्यतिरिक्त पंक्ति के बीच में भी विराम आयोजित कर सकता है ।

✍ दोहा॰ **सूत्र युक्त कृत पद्य को, कवि कहते हैं "छन्द" ।**
अलंकार रस वर्ण का, मन को दे आनंद ।। 23/1779

सुंदर लघु गुरु वर्ण का, चार चरण न समान ।
मात्रा संख्या सम जहाँ, "मात्रिक छन्द" प्रमाण ।। 24/1779

लघु गुरु अक्षर क्रम जहाँ, चारों चरण समान ।
संख्या भी सम वर्ण की, "वर्णवृत्त" है नाम ।। 25/1779

लक्षण, संख्या सम जहाँ, रहे चरण में चार ।
कहा उसे "सम वृत्त" है, करके छंद विचार ।। 26/1779

प्रथम तीसरा सम जहाँ, दो अरु चार समान ।
उसे "अर्ध सम" है कहा, दोहा छंद प्रमाण ।। 27/1779

तीन वर्ण का गण बने, लघु गुरु कल का ठाठ ।
पिंगलमुनि ने गण कहे, न स ज य भ र त म आठ ।। 28/1779

यथा सर्व ब्रह्माण्ड है, पंच भूत से व्याप्त ।
छंद शास्त्र भी है तथा, दश अक्षर से व्याप्त ।। 29/1779

कल गति यति प्रति पाद में, और चरण का अंत ।
नियुक्त हों जिस पद्य में, वह कहलाता "छन्द" ।। 30/1779

छन्द बद्ध वह "पद्य" है, बिना छंद है "गद्य" ।
गद्य पद्य मिल कर रचा, "चंपू" है वह हृद्य ।। 31/1779

चारों पद जिस पद्य के, लक्षण में असमान ।
"विषम वृत्त" उसको कहें, जिन्हें छंद का ज्ञान ।। 32/1779

राग

♫ ग-ग- ग-ग-गरे-म- ग- ममम-म- पम-ग रे- ।
प-प-प-प-पध-प- म- गरे-म- प-गरे- ऩिसा- ।।

राग संगीत का सूत्र, स्वर की लय जाति का ।
अवरोही व आरोही, सुर विशिष्ट भाँति का ।।

राग : जिस संगीत सूत्र से गीत गाने बजाने के आरोही एवं अवरोही स्वर निश्चित **लय** में होते हैं, उसे **राग** कहते हैं । जैसे कि : बिलावल राग के सभी आरोही तथा अवरोही स्वर शुद्ध गुण के होते हैं और जाति संपूर्ण-संपूर्ण (7/7) होती है, खमाज राग का अवरोही नि कोमल होता है और जाति षाडव-संपूर्ण (6/7) होती है ।

जो स्वर अधोरेखांकित करके लिखा है वह कोमल स्वर होता है (जैसे : कोमल नि = नि), जो स्वर उर्ध्व रेखांकित करके लिखा है वह तीव्र स्वर होता है (जैसे : तिव्र म = मं), जिस स्वर के नीचे बिंदु लगाया है वह मन्द्र सप्तक का स्वर है (जैसे मन्द नि = ऩि), और जिस स्वर के ऊपर बिंदु लगाया है वह तीव्र सप्तक का स्वर है (जैसे तीव्र नि = निं) ।

छन्द रचना में सूत्र-बद्धता जितनी अपरिहार्य होती है उतनी ही राग रचना में लय-बद्धता अनिवार्य होती है । सप्तक के कम से कम पाँच स्वरों का राग होता है ।

भजन

भक्ति-भाव हो भरा 'भजन' में । ताल मधुर रव मन रंजन में ।। 1
रुझान आवे वही सुनन में । जो अनुभव होवे दर्शन में ।। 2

दोहा॰ दे कर मन सुख-शाँति जो, करता पुण्य प्रदान ।
कहा "भजन" संगीत है, भक्ति युक्त वह गान ।। 39/1779

ॐ श्लोक छन्द

♫ संगीत-गीता-दोहावली छन्दमाला, मोती 2 of 136

श्लोक का अनुष्टुप् छन्द

श्लोक लक्षण : 4 + । ऽ ऽ + 1 - 4 + । + ऽ + । + 1

ॐ श्लोक-व्याख्या : हिंदी श्लोक

♫ ग-गग- ग-गरे- म-ग-, म म- म-म गरे- मग- ।
रेरे-रे रेग रे- सा-ऩि-, रे-रेरे- मग रे- ऩिसा- ।।

श्लोक में पाँचवाँ ह्रस्व, छठा दीर्घ सदा रहे ।

द्वितीय चौथ में दीर्घ, सातवाँ अन्य में लघु ।।

पवित्र चार पादों का, वाल्मीकि ने रचा जिसे ।
बत्तीस वर्ण का छन्द, अनुष्टुप् कहा इसे ।।

✍ **दोहा॰ अष्टवर्ण–पद चार हों, विषम पद ग ल ग अंत ।**
सम चरण ल ग ल अंत का, "श्लोक" अनुष्टुप् छंद ।। 33/1779

श्लोक छन्द : (द्वात्रिंशदक्षरानुष्टुभ्) श्लोक शब्द संस्कृत के √श्लोक् (पद्य रचना करना) धातु से बना है । यह "अनुष्टुभ्" नामक छन्द है, परन्तु अनुष्टुभ् शब्द के आगे कोई भी कठोर वर्ण आने से अनुष्टुभ् शब्द अनुष्टुप् हो जाता है । श्लोक छन्द को साधारणतया अनुष्टुप्–छन्द कहा जाता है, परंतु यह ध्यान में रहे कि, श्लोक छन्द अनुष्टुभ् वर्ग का केवल एक प्रकार है । श्लोक 32 अक्षरों का वार्णिक छन्द है । श्लोक में आठ वर्णों के चार चरण होते हैं । इसके दूसरे और चौथे (सम) चरणों के बीच वर्णों का प्रमाण समान होता है और पहले और तीसरे (विषम) चरणों के वर्णों का प्रमाण भी समान होता है, अत: इसको अर्धसम **छन्द** कहा जाता है । श्लोक छंद के आदि रचेता श्री वाल्मीकि थे।

🔈 यह अवश्य याद रहे कि, सभी अनुष्टुभ् पद्य श्लोक नहीं होते हैं । केवल जिसका लक्षण सूत्र 4 + । ऽ ऽ + 1 – 4 + । + ऽ + । + 1 है वही पद्य **श्लोक** होता है । अनुष्टुभ् वर्ग के अन्य पन्द्रह छन्द इस प्रकार होते है: : **विद्युन्माला** (ऽऽऽ, ऽऽऽ, ऽऽऽ, ऽऽ), **वापी** (ऽऽऽ, ।ऽऽ, ऽऽ।), **लक्ष्मी** (ऽ।ऽ, ऽ।ऽ, ऽ।), **मल्लिका** (ऽ।ऽ, ।ऽ।, ऽ।), **वितान** (।।ऽ, ऽ।।, ऽऽ), **ईश** (।।ऽ, ।ऽ।, ऽऽ), **नराचिका** (ऽऽ।, ऽ।ऽ, ।ऽ), **रामा** (ऽऽ।, ।ऽऽ, ।।), **प्रामाणिका** (।ऽ।, ऽ।ऽ, ।ऽ), **विपुला** (ऽ।।, ऽ।ऽ, ।।), **चित्रपदा** (ऽ।।, ऽ।।, ऽऽ), **माणवक** (ऽ।।, ऽऽ।, ।ऽ), **तुंग** (।।।, ।।।, ऽऽ), **गजगती** (।।।, ऽ।।, ।ऽ), और **पद्म** (।।।, ।।ऽ, ।ऽ)

श्लोक छन्द की विशेष बातें

श्लोक में :

(1) श्लोक के चारों चरण में पाँचवा वर्ण लघु (ह्रस्व) और

(2) छठा वर्ण गुरु (दीर्घ) होता है ।

(3) सम चरणों का सातवाँ वर्ण लघु और

(4) विषम चरणों का सातवाँ वर्ण गुरु होता है । शेष (1, 2, 3, 8) वर्णों के लिए लघु गुरु की

स्वतंत्रता होती है ।

(5) आघात वाले संयुक्ताक्षर के पूर्व का लघु वर्ण दीर्घ माना जा सकता है ।

(6) प्रत्येक चरण (आठ अक्षर) के अन्त में यति (साँस लेने का है वैकल्पिक अवधि) होता है ।

(7) प्रत्येक चरण की प्रथम चार मात्रा की गण-विभिन्नता को गिन कर अनुष्टुप् श्लोक छन्द के वितानम्, सुसन्द्रप्रभा, केतुमाला, मृत्यञ्जय, विभा, नाराचिका, श्यामा, चित्तविलासित, ललितगति, रतिमाला, कुसुम, गजगती, सुमालति, गुणलयनी, कमल, माणवक, नदी, चित्रपदा, नागरक, हंसरुत, विद्युन्माला, क्षमा, सुचन्द्रभा, मालिनी, समानी, अनुष्टुभ्-हंसिनी, पद्ममाला, गाथ, विमलजला, मोद, सुविलासा, मही, अचल आदि 35 प्रकार माने है । श्लोक में लिखी कविताओं के पदों में इन 35 गण-विविधता के कारण इस छन्द की विस्तृततम रचना भी उकतावनी नहीं होती है, अपितु मधुरतम ही होती जाती है ।

(8) अत: किसी भी केवल एक ही प्रकार के अनुष्टुप् छन्द में संपूर्ण कविता नहीं लिखी जाती । इस छन्द को ब्रह्मा का चौथा मुख माना जाता है ।

इस ग्रंथ में आठ-आठ वर्णों के बाद जहाँ छन्दहानि के बिना संधि टूट सकती है, वहाँ गाने के लय की सुविधा के लिए " - " का चिह्न देकर संधि सकारण तोड़ी गई है । जैसे कि : दामोदरं हृषीकेश**मी**शं वन्दे जगद्गुरुम् = दामोदरं हृषीकेश**म्-ई**शं वन्दे जगद्गुरुम् ।। **अतः इसको कृपया छन्ददोष मत मानिये ।**

अवतरणिका

✍दोहा॰ श्रीगणेश अब मैं करूँ, भज कर गणेश ईश ।
सरस्वती शिव पार्वती, राघव कृष्ण कपीश ।। 34/1779

वन्दे गणपति शारदा! जय गुरु! जय भगवान्!।
भक्ति बुद्धि देना मुझे, स्वर किरपा वरदान ।। 35/1779

दया क्षमा मन में रहें, धीरज धरूँ अपार ।
श्रद्धा विद्या विनय हों, सदाचार व्यवहार ।। 36/1779

सदा रहूँ मैं शरण में, स्मरण करूँ दिन-रात ।
मरण मुझे देना, प्रभो! परम शाँति के साथ ।। 37/1779

श्री गणेश वन्दना

संगीत-गीता-दोहावली गीतमाला, पुष्प 1 of 205

कीर्तन : राग खमाज,[1] कहरवा ताल 8 मात्रा

ॐ श्लोक

गजाननः कलादेवो नृत्यसंगीतशिल्पकः ।
ददाति स कलाधीशः ज्ञानं बुद्धिं च कौशलम् ।।

♪ मग-मप- धप-म-ग-, ग-मनि-सां-सांनि-धप- ।
गप-म प- धसांनि-ध-, म-म प-प ध प-मग- ।।

---

[1] 𝄞 **राग खमाज** : यह खमाज ठाठ का अति प्रचलित राग है । इसका आरोह है : सा ग म प, ध नि सां । अवरोह : सां नि ध प, म ग, रे सा । अवरोही कोमल नि इस राग की विशेषता है ।

▶ लक्षण गीत : ✍ दोहा॰ आरोही रे वर्ज्य हो, वादी ग नि संवाद ।
"खमाज" के अवरोह में, कोमल रहे निषाद ।। 38/1779

जो षाडव-संपूर्ण है, सुर शृंगारप्रधान ।
देत नाम "कांबोज" हैं, जिन्हें राग का ज्ञान ।। 39/1779

स्थायी

गणपति गणपति गणपति देवा! कोई लाए मोदक कोई लाए मेवा ।।

♫ मपपम पधधप पधनिनिनि निधध–, मप पम पसांधप पध पम म–म– ।

अंतरा–1

गणपति गणपति गणपति देवा! कोई करे भगति तो कोई करे सेवा ।

♫ धधनिसां सांसांसां सांरेंमंगं रेंसांसां–! मप पम पसांध प पध पम म–म– ।

अंतरा–2

भजनन किरतन बहुविध देवा! लंबोदर लंबोदर लंबोदर देवा! ।

अंतरा–3

मुनि जन करियत जप–तप सेवा, गजमुख गजमुख गजमुख देवा! ।

अंतरा–4

अर्पण सब तव चरणन देवा! गौरीसुत गौरीसुत गौरीसुत देवा! ।

श्रीसरस्वती वन्दना

संगीत–गीता–दोहावली गीतमाला, पुष्प 2 of 205

भजन : राग भैरवी, रूपक ताल 7 मात्रा

आलाप

♫ रेंसां रें सां– निध पम प– म ग–

गप निप रे– रे रे– ग प प– म म–

स्थायी

देवी सरस्वती ज्ञान दो, हमको परम स्वर गान दो ।

हमरा अमर अभिधान हो, माँ शारदे वरदान दो ।।

अंतरा–1

तेरी करें हम आरती, तेरे ही सुत हम भारती ।

सब विश्व का कल्याण हो, माँ शारदे वरदान दो ।।

अंतरा–2

तुम ही हो बुद्धि दायिनी, तुम ही महा सुख कारिणी ।

तुम ही गुणों की खान हो, माँ शारदे वरदान दो ।।

अंतरा-3
तेरी कृपा से काम हो, जग में न हम नाकाम हों ।
हमको न कभी अभिमान हो, माँ शारदे वरदान दो ।।

अंतरा-4
तुम हो कला की देवता, देवी हमें दो योग्यता ।
हमको हुनर परिधान हो, माँ शारदे वरदान दो ।।
माँ शारदे वरदान दो, माँ शारदे वरदान दो, माँ शारदे वरदान दो ।।

संगीत-गीता-दोहावली गीतमाला, पुष्प 3 of 205

आरती : राग खमाज, कहरवा ताल 8 मात्रा

(स्वरदा वन्दना)

स्थायी
जै जै स्वरदा माता । देवी स्मरण तेरा भाता ।
दरशन तुमरे सुंदर । सुमिरन तुमरे मंगल ।
चाहे सब ध्याता । ॐ जै सरस्वती माता ।।

♪ म-म- ममम- गमप- । पध नीसांसां सांरेंसां नीधरे- ।
पधपध नीनीनीध पधमम । पधपध नीनीनीध पधमम ।
प-प- धप मगरे- । प- प- पपधप मगम- ।।

अंतरा-1
जो आवे गुण पाने । ध्यान लगाने का ।
देवी ज्ञान बढ़ाने का ।
तेरे दर पर पावे । झोली भर कर जावे ।
ध्येय सफल उसका । ॐ जै सरस्वती माता ।।

♪ पम मगपम मग पमम- । सांरेंसां नीध-पम प- ।
सांसां सांरेंसां नीध-पम प- ।
पधपध नीनी नीध पधम- । पधपध नीनी नीध पधम- ।
प-प पधप मगरे- । रे- प- पपधप मगम- ।।

अंतरा-2
जो आवे सुर पाने । गान बजाने का ।

देवी तान सजाने का ।
संगित नृत्य सिखाने । नाट्य कला को दिखाने ।
मार्ग सरल उसका । ॐ जै सरस्वती माता ।।

अंतरा-3

जो प्यासा है कला का । चित्राकारी का ।
देवी शिल्पाकारी का ।
चौंसठ सारी कलाएँ । विद्या अष्ट लीलाएँ ।
साध्य सकल उसका । ॐ जै सरस्वती माता ।।

अंतरा-4

जो कवि गायक लेखक । वाङ्मय विरचेता ।
देवी सरगम रचयेता ।
साहित्य साधन पावे । बुद्धि का धन आवे ।
हेतु सबल उसका । ॐ जै सरस्वती माता ।।

अंतरा-5

शुभ्र वसन नथ माला । काजल का तिल काला ।
देवी हाथ कमल नीला ।
केयुर कंठी छल्ला । गजरा कुंदन ड़ाला ।
मुकुट है नग वाला । ॐ जै सरस्वती माता ।।

अंतरा-6

नारद किन्नर शंकर । तुमरे गुण गाते ।
देवी तुमरे ऋण ध्याते ।
भगत जो शरण में आता । भजन ये तुमरे गाता ।
मोक्ष अटल उसका । जै जै सरस्वती माता ।।

 संगीत-गीता-दोहावली गीतमाला, पुष्प 4 of 205

राग : मालकंस, कहरवा ताल 8 मात्रा

शारदा वन्दना

स्थायी

स्वरदा ने मंजुल गाया है, नारद ने साज बजाया है ।
रतनाकर गीत सजाया है ।।

♫ ममगम गसा निसाधनि सा–म– म–, म–गम गसा निसाध नि–सा–म– म–।
निनिनि–निनि नि–नि निधनिसांनि धम ।।

अंतरा–1

देवी! तूने दिया ये गीत हमें, तू ही दिया संगीत हमें ।
तूने स्वर का ज्ञान दिया है, सुर हमने तुझसे पाया है ।।

♫ गम! ध–ध धनि–नि– सां– सां–गंनिसां–, नि– नि निनि– नि–धनिसां निधम– – – ।
गग म– धध नि– सां–सां सांगंनिसां–, निनि निनिनि– निनिधनि सांनिधम गसा ।।

अंतरा–2

सरस्वती तू बुद्धि दायिनी, विद्या की तू रानी है ।
आरती तेरी मन मंदिर में, यह ज्ञान दीप जलाया है ।।

3. संस्कृत देववाणी वन्दना :

संगीत–गीता–दोहावली गीतमाला, पुष्प 5 of 205

संस्कृतवाणी अष्टकम्

♫ ग–ग–ग गगरे– म–ग– प–प– म–म–मग–पम– ।
रे–रे–रेप– म ग–रे– सा, रे–गम–प– म ग– रेसा– ।।

भाषा सुमधुरा दिव्या, रम्या गीर्वाणभारती ।
सर्वोत्तमा च श्रेष्ठा च, देववाणी च या मता ।। 1

देशवैदेशिकानां च भाषाणां जननी शुभा ।
दोषविकारशून्या सा व्याकरणसुमंडिता ।। 2

गिरा समाधिमास्थाय साक्षात्कृता महर्षिभिः ।
आशासिता गणेशेन गीर्देव्या विश्वकर्मणा ।। 3

ज्ञानविज्ञानसंयुक्ता छंदस्सङ्गीतसंयुता ।
गेया ज्ञेया च स्मर्तव्या, वन्द्या हृद्या मनोरमा ।। 4

न कठिना न क्लिष्टा च ना न्यूना नाऽनियंत्रिता ।
सुरसा च सुबोधा च ललिता सरला तथा ।। 5

अमृता मञ्जुला पुण्या मनोज्ञा विश्ववन्दिता ।

गीता वेदेषु शास्त्रेषु रामायणे च भारते ।। 6

विरचिता गणेशेन सरस्वत्या च निर्मिता ।
वाल्मीकिना च व्यासेन, कालिदासेन गुम्फिता ।। 7

संगीतगीतपद्यैश्च चरित्रं रामकृष्णयोः ।
छन्दोरागेषु वृत्तेषु रत्नाकरेण प्रस्तुतम् ।। 8

दोहा॰ संस्कृत सबसे दिव्य है, सुंदर मधुर महान ।
अमृत वाणी है यही, सरस्वती वरदान ।। 40/1779

ऋषि-मुनियों ने प्राप्त की, परम लगा कर ध्यान ।
किरपा से गणनाथ की, ध्यानी पाए ज्ञान ।। 41/1779

देश-विदेशी भाष की, संस्कृत मंगल मात ।
दोषशून्य, समृद्ध जो, व्याकरण निष्णात ।। 42/1779

युक्त ज्ञान-विज्ञान से, छंद काव्य का स्त्रोत ।
सुरस मनोरम गेय जो, शब्द प्रभा की ज्योत ।। 43/1779

ना ही कठिन, न क्लिष्ट है, ना ही त्रुटि का नाम ।
सुरस सरल सुखदायिनी, कलित सुबोध ललाम ।। 44/1779

विश्ववन्दिता मंजुला, गाते तीनों लोक ।
पावन वाणी वेद की, रामायण के श्लोक ।। 45/1779

भाषा रची गणेश ने, सराहते हैं व्यास ।
बाल्मिक कालीदास ने, धन्य किया इतिहास ।। 46/1779

छंद राग लय वृंद में, राम-कृष्ण का गीत ।
रत्नाकर ने है रचा, विविध ताल संगीत ।। 47/1779

4. हिन्दी राष्ट्रभाषा वन्दना :

संगीत-गीता-दोहावली गीतमाला, पुष्प 6 of 205

राष्ट्रभाषा हिन्दी

स्थायी

वाणी सरस्वती की, है देन गणपति की ।
उज्ज्वल ये संस्कृति की, हिन्दी है राष्ट्रभाषा ।। हिन्दी है॰

♫ रे-रे- मप-मग- रे-, म प-ध पपमग- म- ।
नि-ध- प मगरे- म-, ध-प- म ग-मरेग- ।।

अंतरा-1

सुनने में है लुभानी, गाने में है सुहानी ।
सबसे मधुर ये जानी, ब्रह्मा इसे तराशा ।। हिन्दी है॰

♫ निनिध- प म- पध-प-, सां-नि- ध प- धपम- ।
रेरेरे- गप- म ग-म-, ध-प- मग- मरेग- ।। ध-प-

अंतरा-2

संस्कृत की ये सुता है, ऊर्दू की ये मीता है ।
मंगल सुसंगीता है, सुंदर ये हिन्दी भाषा ।। हिन्दी है॰

अंतरा-3

हिन्दी ये वो जुबाँ है, जिस पर सभी लुभाँ हैं ।
दुनिया का हर सूबा ही, हिन्दी का है निबासा ।। हिन्दी है॰

अंतरा-4

मनहर गुलों की क्यारी, बोली सभी से न्यारी ।
हिन्दी है सबको प्यारी, चाहे जो हो लिबासा ।। हिन्दी है॰

✍दोहा॰ वाणी कीन्ही शारदा, गणपति की है देन ।
परंपरा उज्ज्वल जिसे, सुंदर उसका बैन ।। 48/1779

हिन्दी हमरी मातु है, हमको देती ज्ञान ।
देकर दैवी संस्कृति, दूर करे अज्ञान ।। 49/1779

संस्कृत वाणी की सुता, उर्दू की है मात ।
नौ रस से जो पृक्त है, ज्ञानी जन को ज्ञात ।। 50/1779

देवनागरी है लिपी, पवित्र हैं उच्चार ।
गद्य पद्य व्यवहार में, छंद राग शृंगार ।। 51/1779

संस्कृत की ये उपनदी, अमृत इसका तोय ।
उर्दू नदी समा गई, गहरी नदिया होय ।। 52/1779

नवम सदी में हो गए, कविवर गोरखनाथ ।
हिन्दी भाषा फिर बढ़ी, बरदाई के साथ ॥ 53/1779

तुलसी मीरा जायसी, कबीर रामानंद ।
सूरदास रैदास के, पद दीन्हे आनंद ॥ 54/1779

दोहा रोला कुंडली, चौपाई के संग ।
कवित्त सोरठ छंद से, हिन्दी पद में रंग ॥ 55/1779

हिन्दी भाषा सुगम है, कहते संत सुजान ।
चारु मनोरम सुखद है, जिन्हें काव्य का ज्ञान ॥ 56/1779

सुरस सुलभ सुखकार है, जग में भाषा एक ।
हिन्दी वह शुभ नाम है, जानत हैं जन नेक ॥ 57/1779

हिन्दी में जो शान है, और न पायी जाय ।
हिन्दी जो है जानता, वही समझ यह पाय ॥ 58/1779

ऐसा कोई देश ना, जहाँ न हिन्दी लोग ।
जहाँ काव्य संगीत में, हिन्दी का न प्रयोग ॥ 59/1779

अलंकार से जो भरी, तुमने, हे वागीश! ।
हिन्दी भाषा दी हमें, धन्यवाद, जगदीश! ॥ 60/1779

हिन्दी भाषा से हमें, रहे सदा ही प्यार ।
हिन्दी भाषा को नमो, नमः कहो शत बार ॥ 61/1779

 संगीत–गीता–दोहावली गीतमाला, पुष्प 7 of 205

दादरा ताल

राष्ट्रभाषा हिन्दी

स्थायी

गीत शारद ने मंजुल है गाया, साज नारद मुनि ने बजाया ।
रत्नाकर से है मंगल रचाया, रामायण को है सुंदर सजाया ॥

♪ म-ग म-म- म प-म-ग म-प-, रे-ग म-म- मध-प- मग-म- ।
रेग म-म म- म ध-प- गम-प-, रे-ग-म- म- म ध-प- मग-रे- ॥

अंतरा–1

सारी दुनिया में सबसे जो प्यारी, वही भाषा है हिन्दी हमारी ।

ब्रह्मा जी ने जिसे है तराशा, देववाणी की कन्या है न्यारी ।।

♫ सांसां निनिरें– सां धधनि– ध प–म–, सांसां नि–रें– सां ध–नि– धप–म– ।

मग म– म– मप– म– गम–प–, रे–गम–म– म ध–प– म ग–रे– ।।

अंतरा–2

छंदों से जो भाषा सजी है, राग सुर से जो रंग रजी है ।

जो विधाता ने सुंदर रची है, वो है बोली हमारी पियारी ।।

अंतरा–3

तुलसी ने जो उज्ज्वल बनायी, मीरा ने जो भक्ति से गायी ।

जिसमें स्वरदा की माया समायी, वो हिन्दी है गुलशन की क्यारी ।।

3. श्री गुरु वन्दना :

♫ संगीत–गीता–दोहावली छन्दमाला, मोती 3 of 136

मोटक छन्द[2]

ऽ ऽ।, । ऽ।, । ऽ।, । ऽ

(राग : काफी)

♫ सानि़सा–रे रेग– मम प–म गरे– ।

सा–रे–ग पम– गरे म–ग रेसा– ।।

सा– रे–ग मप– निसां रें–सांनि ध– ।

प–ध– निधप– गम प–ग रेसा– ।।

(श्री गुरु)

संगीत मुझे गुरु देव दिया ।

---

[2] ♫ **मोटक छन्द** : इस 11 वर्ण, 16 मात्रा वाले छन्द में त ज ज गण और एक लघु और एक गुरु वर्ण आता है । इसका लक्षण सूत्र ऽ ऽ।, । ऽ।, । ऽ।, । ऽ इस प्रकार है । इसमें 5, 11 वर्ण पर विकल्प यति आता है ।

▶ लक्षण गीत : ✍ **दोहा॰ मात्रा सोलह से सजा, त ज ज और ल ग अंत ।**
वर्ण पाँच पर यति जहाँ, जाना "मोटक" छंद ।। 78/1779

रंगीन जिने मम विश्व किया ।। 1

है छन्द दिया गुरु पिंगल ने ।
दोहे कविता रस रंगत में ।। 2

वृत्तांत कहा सब नारद ने ।
आशीष दिया शुभ शारद ने ।। 3

योगेश्वर श्री हरि योग दिया ।
गीता कहके भवबोध किया ।। 4

दोहा॰ गुरु गणनायक शारदा, ब्रह्मा विष्णु महेश ।
गुरु करता कल्याण है, सदा भजो ज्ञानेश ।। 62/1779

मार्ग मिले ना गुरु बिना, कला न विद्या दान ।
ना पांडित्य न साधना, मिले न सात्विक ज्ञान ।। 63/1779

संगीत-गीता-दोहावली गीतमाला, पुष्प 8 of 205

राग भैरवी, कहरवा ताल 8 मात्रा

श्री गुरु वंदना

पद

गुरु ब्रह्मा शिव, गुरु विष्णु है, गुरु चरणन में ज्ञान सही ।
गुरु चरणन में ज्ञान सही ।। गुरु॰

♫ -सांसां रेंसांसां- सांसां-, सांसां रेंसांनि- नि-, -निनि निनिगंगं गंरें- रें.गंरें सांसां- - -।
-सांरें निधपप प- - निधनिप मम- ।। मप ध-ध॰

स्थायी

गुरु राम है, गुरु श्याम है, श्री गणपति का अवतार वही ।

♫ मप ध-ध ध- -, पम प-प प- -, मगरे, -रे.रेगग म- धध-पधप मम ।

अंतरा-1

ज्ञान सिखावे, राह-दिखावे, गुरु के तले अंधःकार नहीं ।

♫ -सां-नि धसां-सां- -, सां-निपरें -रें-, -रें.रें रें रेंरें- रेंरें-रें.गंरें सांसां- - - ।।

अंतरा-2

भरम भगावे, भाग्य जगावे, गुरु से बड़ा अधिकार नहीं ।

अंतरा–3

छाँव गुरु है, नाव गुरु है, गुरु से बड़ी पतवार नहीं ।

अंतरा–4

गुरु गुण गावो, गुरु ऋण ध्यावो, गुरु किरपा का भार नहीं ।

13. परम गुरु श्री व्यास वन्दना :

♫ संगीत–गीता–दोहावली छन्दमाला, मोती 4 of 136

पृथ्वी छन्दः[3]

। ऽ।, ।। ऽ, । ऽ।, ।। ऽ, । ऽ ऽ, । ऽ

♫ मप– धपमग–, गम–पमगरे–, सारे– मगरे सा–

(व्यासवन्दनम्)

महाकविवरो रविर्मतिमयो मुने व्यास त्वम् ।
त्वया विरचितं गुरो सुललितं बृहद्वाङ्मयम् ।। 1
तथा च लिखितं सनातनकृतं महाभारतम् ।
करोमि नमनं प्रभुं परमव्यासद्वैपायनम् ।। 2

♫ संगीत–गीता–दोहावली छन्दमाला, मोती 5 of 136

वियोगिनी छन्द[4]

---

[3] ♫ **पृथ्वी छन्द :** इस वृत्त के चरण में 17 वर्ण और 24 मात्रा होती हैं । इसमें ज स ज स य गण आते हैं, अन्त में लघु गुरु वर्ण । इसका लक्षण सूत्र । ऽ।, ।। ऽ, । ऽ।, ।। ऽ, । ऽ ऽ, । ऽ होता है । इसमें 8–9 वर्ण पर यति विकल्प से आता है । प्रस्तुत पद्य मप–धपमग– गम–पमगरे– सारे– मगरे सा– इस प्रकार गाया बजाया जा सकता है ।

▶ लक्षण गीत : ✍ **दोहा॰ मत्त चौबीस से सजा, ज स ज स य, ल ग से अंत ।**
सत्रह वर्ण, सुवर्ण सा, सुंदर "पृथ्वी" छंद ।। 64/1779

[4] ♫ **वियोगिनी छन्द :** यह एक अर्धसम वर्ण वृत्त है । इसमें विषम और सम पदों में वर्ण संख्या समान नहीं होती है । इस 21 वर्ण, 30 मात्रा वाले छन्द के विषम पदों में स स ज ग के 10 वर्ण एवं सम पदों में स भ र ल ग के 11 वर्ण आते हैं । इसका लक्षण सूत्र (विषम) ।। ऽ, ।। ऽ, । ऽ।, ऽ और (सम) ।। ऽ, ऽ।।, ऽ। ऽ, । ऽ इस प्रकार होता है । इसके पदों के अंत में विराम ।

▶ लक्षण गीत : ✍ **दोहा॰ स स ज गण ग कल विषम में, गुरु कल से हो अंत ।**

॥ S, ॥ S, ।S।, S
॥ S, S॥, S।S, ।S

(व्यास वन्दना)

जगमें सबसे महान जो ।
अरु कोई उससे महा न हो ॥ 1
कवि केतु घने प्रभास की ।
जय द्वैपायन वेद व्यास की ॥ 2

दोहा॰ महा मुनीश्वर व्यास ने, दीन्हा "भारत" ज्ञान ।
संस्कृत वाणी में किया, गीता का आख्यान ॥ 65/1779

वन्दन मुनिवर व्यास को, कविवर! आप महान ।
आशिष दीजो, मैं लिखूँ, राम-कृष्ण का गान ॥ 66/1779

 संगीत-गीता-दोहावली गीतमाला, पुष्प 9 of 205

राग : मालकंस, कहरवा ताल 8 मात्रा

(श्री व्यास वन्दना)

स्थायी

स्वरदा ने मंजुल गाया है, नारद ने साज बजाया है ।
रतनाकर गीत सजाया है ॥

♪ ममगम गसा निसाधनि सा-म- म-, म-गम गसा निसाध नि-सा-म- म- ।
निनिनि-निनि नि-नि निधनिसांनि धम ॥

अंतरा-1

व्यास मुनीश्वर विशाल बुद्धि, परम ज्ञान का सागर है ।
नभ के चंदा सूरज के सम, व्यास अमर्त्य कहाया है ॥

♪ ग-म मध-निनि सांसां-सां गंनिसां-, निनिनि नि-नि निध धनिसांनि धम- - - ।
गग म- ध-नि- सां-सांसां गंनि सांसां, नि-नि निनि-नि नि-नि धधनिसांनि धमगसा ॥

अंतरा-2

धन्य-धन्य है भारत माता, वेद व्यास सा पूत उसे ।
आशिष तुम पर है गणपति का, व्यास महर्षि! नमन तुम्हें ॥

अंतरा-3

सम पद में स भ र ल ग हों, "वियोगिनी" वह छंद ॥ 67/1779

कृष्णद्वैपायन कविवर की, वाणी सुधा रस अमृत है ।
भगत ये प्यासा ज्ञान पान का, गीत तिहारे गाया है ।।

4. देवर्षि श्री नारद वंदना :

♫ संगीत-गीता-दोहावली छन्दमाला, मोती 6 of 136

स्निग्धा छन्द[5]

ऽ।।, ऽ ऽ ऽ, ऽ ऽ ऽ

(नारद वन्दना)

नारद तेरी वीणा प्यारी, अद्भुत कीन्ही लीला न्यारी ।
दुष्ट जनों का कीन्हा नासा, पंडित जाने तेरी भासा ।। 1
तू उस हत्यारे को पापी, पूर्ण किया श्रद्धा से व्यापी ।
लाकर ब्रह्मा से संदेसा, तू कवि को दीन्हा आदेसा ।। 2

✍दोहा॰ **वीणा दीन्ही शारदा, नादब्रह्म का स्रोत ।**
त्रिलोकगामी तुम मुने! विश्वज्ञान की ज्योत ।। 68/1779

सर्वज्ञात नारद! तुम्हीं, सरबस तुमको ज्ञान ।
तुम्हीं सर्वगामी मुने! त्रिभुवन तुमरा स्थान ।। 69/1779

संगीत-गीता-दोहावली गीतमाला, पुष्प 10 of 205

भजन

(अमृत वाणी)

स्थायी

मुनिवर! अमृत वाणी तोरी । रे, मनहर अद्‌भुत वीणा तोरी ।।
♫ गमपम-! ध-पम ग-रे गम- । रे, मपमग पपमग रे-ग पम- ।।

अंतरा-1

---

[5] ♫ **स्निग्धा छन्द :** इस नौ वर्ण, 16 मात्रा वाले छन्द में भ म म गण आते हैं । इसका लक्षण सूत्र ऽ।।, ऽ ऽ ऽ, ऽ ऽ ऽ इस प्रकार होता है । इसमें 5, 9 वे वर्ण पर यति विकल्प से आता है ।

▶ लक्षण गीत : ✍ **दोहा॰ सोलह कल अनुबंध जो, नौ अक्षर का वृंद ।**
भ म म गणों का संघ जो, जाना "स्निग्धा" छंद ।। 70/1779

नारद शारद ज्ञान की गंगा, अंध पंगु बधिर जड़ गूँगा ।
निर्मल, नीर स्नान करी ।। मुनिवर!

♪ सा-नि॒ध॒ रे-नि॒सा- रे-ग प म-म-, ध-प म-ग रेरेरे गम प-म- ।
ध-पप, ग-रे ग-म पम- ।। गमपम...

अंतरा–2
सरबस ज्ञानी अंतर्यामी, जन हित कारण त्रिभुवन गामी ।
निर्भय, धर्म दान करी ।। मुनिवर!

अंतरा–3
राम कृष्ण शिव सब अवलंबा, कारज तोरा जुग-जुग लंबा ।
निस्पृह, सर्व कर्म करी ।। मुनिवर!

अंतरा–4
नारायण नारायण नारा, बार-बार मुख करत उचारा ।
तन्मय, अविरत गान करी ।। मुनिवर!

11. योगेश्वर श्रीकृष्ण वन्दना :

 संगीत-गीता-दोहावली गीतमाला, पुष्प 11 of 205

भजन
(मेरा एक सहारा)

स्थायी
तू ही मेरा एक सहारा, हरि! जीवन दाता तू ही है ।

♪ सा- रे- ग॒-म- प-म ग॒रे-सा-, रेरे॒! प-मग॒ रे-सा- ग॒रे सानि॒ सा- ।

अंतरा–1
करुण अनंता विश्व नियंता, हरि! भाग्य विधाता तू ही है ।

♪ गगग गम-म- प-म गम-ग॒-, गग! प-म ग॒रे-सा- ग॒रे सानि॒ सा- ।

अंतरा–2
पाप भगाता पुण्य लगाता, हरि! सब सुख लाता, तू ही है ।

अंतरा–3
खेवनहारा, एक किनारा, परम पियारा, तू ही है ।

अंतरा–4
तू दुख भंजन, चित्त का रंजन, हरि! वत्सल माता, तू ही है ।

✍दोहा॰ योगेश्वर गोविंद के, अनंत हैं शुभ नाम ।
नत मस्तक मम वन्दना, लाखों लाख प्रणाम ।। 71/1779

ब्रह्म विष्णु शिव तुम, गुरो! तुम्हीं कृष्ण, तुम राम ।
सविनय घुटने टेक कर, तुमको नम्र प्रणाम ।। 72/1779

धृपद

दीनानाथ जग वन्दन, मन रंजन, दुख भंजन ।
दुष्ट दमन, पाप हरन, भय तारन, नंद नंदन ।।

श्लोकछन्द

कृष्णो माता पिता बन्धुर्गुरुर्ज्ञातः सखा तथा ।
कृष्णं योगेश्वरं पुण्यं पूज्यं वन्दे जगद्गुरुम् ।। 1
कृष्णेन ना समो दाता भूतो न च भविष्यति ।
कृष्णाय वासुदेवाय राधावराय वन्दना ।। 2
कृष्णात्-हि जायते सर्वं कृष्णात्सर्वं समाप्यते ।
कृष्णस्य करुणां प्राप्य श्रद्धालुर्न निमज्जति ।। 3
कृष्णे मनश्च चित्तञ्च बुद्धिर्निवेशिता हि स्यात् ।
कृष्ण! कृष्ण! नु कृष्णेति तस्माद्भज मनः सदा ।। 4

संगीत-गीता-दोहावली गीतमाला, पुष्प 12 of 205

राग यमन, कहरवा ताल

योगेश्वर वंदना

स्थायी

जन गण वंदन करते हैं तुमको, देवकी नंदन जय जय जय हो ।

♫ निनि पप रे-सासा गगग मं निधप-, गपगप पधमंप निध पप रेरे सा-।

अंतरा-1

नाथ जगत के तारक तुम हो, विघ्न विनाशक, माधव जय हो ।

♫ प-ग गपप निध सां-सांसां निरें सां-, निरेंग रेंसांनिधप, गमंधप रेरे सा- ।

अंतरा-2

भक्ति योग तुम दीना जग को, भगत सखा प्रभु, मोहन जय हो ।

अंतरा–3

कर्मयोग योगेश्वर तुमसे, पार्थ सारथि, केशव जय हो ।

6. शान्ति पाठ :

दोहा॰ सबसे सुंदर शाँति है, शाँति नित्य निष्काम ।
शाँति ओम् शिव ब्रह्म है, शाँति धर्म का काम ।। 73/1779

शाँति में सामर्थ्य है, शाँति में है तेज ।
शाँति देत संतोष है, शाँति सुखों की सेज ।। 74/1779

दया क्षमा उपकार का, शाँति एक आधार ।
सदाचार का मूल है, शाँति स्वर्ग का द्वार ।। 75/1779

शस्त्र–अस्त्र बल विश्व के, ढाल तीर तलवार ।
शाँति–शस्त्र के सामने, सब जाते हैं हार ।। 76/1779

मानवता के धर्म का, अशाँति में अपमान ।
शाँतिपूर्ण प्रस्ताव में, सबको है सम्मान ।। 77/1779

विश्वशाँति अनिवार्य है, सर्व भूत पर प्रेम ।
मूक जीव पर हो दया, योग सभी का क्षेम ।। 78/1779

विधान विधि का शाँति है, सबसे पुण्य महान ।
निकला मुख से ब्रह्म के, करने जग कल्याण ।। 79/1779

गीता रामायण कथा, वेद वाक्य पुराण ।
ऋषि–मुनि लाए शाँति का, परम पूज्य पैगाम ।। 80/1779

"अखिल जगत में शाँति हो, सर्वभूत सुखभाग ।
नर पशु पक्षी विश्व में, कोई न हो अभाग ।। 81/1779

"परम अहिंसा धर्म है, तन मन से सब काम ।
सब विध सरबस शाँति से, विश्व होत सुरधाम ।। 82/3735

"विश्व शाँति की क्रांति हो, शाँति सत्य सत् नाम ।
सबके तन मन शाँति हो, शाँति से हो काम ।। 83/1779

"वचन कर्म में शाँति हो, शाँति सीता राम ।
हर हिरदय में शाँति हो, शाँति राधे श्याम" ।। 84/1779

 संगीत-गीता-दोहावली गीतमाला, पुष्प 13 of 205

भजन : राग आसावरी कहरवा ताल

सत्यमेव जयते

स्थायी

सत्यमेवो हि जयते नानृतं, सत्यं ऋतम् अमृतम् ।
सत्यं शिवं सुंदरम् ।।

♪ सा-रेग-म- प मगरे- ध-पम-, सां-नि- धप- ध-पम- ।
सां-नि- धप- ध-पम- ।।

अंतरा-1

सत्य ब्रह्म है, सत्य आत्म है, सत्यकर्म परम् ।
सत्यं शुभं मंगलम् ।।

♪ सा-सा रे-ग म-, प-म ग-रे सा-, सा-रेम-ग मप- ।
सां-नि- धप- ध-पम- ।।

अंतरा-2

सत्य अर्थ है, सत्य धर्म है, सत्य मोक्ष स्वयम् ।
सत्यं परं भूषणम् ।।

अंतरा-3

सत्य नित्य है, सत्य प्रीत्य है, सत्य कृत्य वरम् ।
सत्यं सदा वन्दितम् ।।

 संगीत-गीता-दोहावली गीतमाला, पुष्प 14 of 205

गीत : कहरवा ताल 8 मात्रा

वसुधैव कुटुम्बकम्

सहचलेम सम्मिल्यागच्छत शांतिप्रेमिणः ।
सहजीवेम सर्वे च वर्धेमहि च वै वयम् ।।

♫ ममममम-म ग-प-म-प-मग रे-गम-पम- ।
धधप-म-ग रे-ग म-, ध-प-मग- रे ग- रेसा- ।।

स्थायी

सब लोग जहाँ के भाई हैं, सब एक ही पथ के राही हैं,
"वसुधैव कुटुंब" सचाई है ।
सब एक जगत के वासी हैं, सब की ये वसुधा माई है,
सब एक ही कुल के सगाई हैं ।।

♫ सानि़ सा-ग रेसा- नि़- सा-रेम ग-, गम मगप म गग रेसा सा-रेम ग-,
"गगगरेसासा सारे-ग" मगरेसानि़ सा- ।
सानि़ सा-ग रेसासा नि़सा सा-रेगसारे ग-, गम मग प मग-रेसा सा-रेम ग-,
गग गरेसासा सा सारे ग मगरेसानि़ सा- ।।

अंतरा-1

सब वेदों की ये वाणी है, सब शुभ वचनों की ये राणी है ।
बस एक हमारी भूमि है, अरु एक हमारा स्वामी है ।
बस एक सभी का साँई है ।।

♫ पप मरेम- प- पम पनिधप प-, पप मग गसासाग म प गरेसानि़ सा- ।
सानि़ सा-ग रेसा-नि़- सा-रेम ग-, गम मगप मग-रेसा सा-रेम ग- ।
गग गरेसासा सारे- गम गरेसानि़ सा- ।।

अंतरा-2

सब जगत का एक ही ज्ञानी है, और एक ही अंतर्यामी है ।
बस एक हमारा दाता है, अरु एक हमारा विधाता है ।
बस एक सभी का सहाई है ।।

अंतरा-3

ऋषि मुनियों की ये बखानी है, और सबसे परम कहानी है ।
बस एक हमारा कर्ता है, जिसने जग रीत बनाई है ।

उसने भव प्रीत बसाई है ।।

 संगीत-गीता-दोहावली गीतमाला, पुष्प 15 of 205

भजन : राग रत्नाकर, दादरा ताल 6 मात्रा

(वसुधैव कुटुम्बकम्)

स्थायी

इस दुनिया में सारे हैं भाई, वसुधैव कुटुंबऽ की नाई ।
ये वसुधा सभी की है माई, एक कुल के सभी हैं सगाई ।।
♪ रेग ममम- म प-म- ग रे-ग-, सारेग-ग- गप-म- ग रे-सा- ।
ग मप-प- प‌नि- ध- प म-प-, ‌निध पप प- मग- प- मग-रे- ।।

अंतरा-1

सब वेदों की अमृत की वाणी, शुभ वचनों की जानी है राणी ।
सारी भूमि का है एक स्वामी, सारी दुनिया का है एक साईं ।।
♪ रेग म-म- म ध-पप म ग-प-, गम पपप- प ध-प- म ग-रे- ।
सा-रे ग-ग- ग ध- प-म रे-ग-, म-प धधध- ‌नि ध- प-म ग-रे- ।।

अंतरा-2

एक सबका हमारा है दाता, एक सबका हमारा विधाता ।
इस संसार का एक ज्ञाता, एक जानो सभी का सहाई ।।

अंतरा-3

ऋषि-मुनियों की ये है बखानी, सबसे पावन यही है कहानी ।
रीत दुनिया की जिसने बनाई, प्रीत भव में उसी ने बसाई ।।

8. भारत वंदना :

 संगीत-गीता-दोहावली गीतमाला, पुष्प 16 of 205

राष्ट्रगीत

भारत राष्ट्र गौरव

स्थायी

कर्मभूमि ये भारत हमारा, सारी दुनिया में हमको है प्यारा ।
इसका इतिहास सुंदर नियारा, दिव्य भारत हमारा जियारा ।।

♫ म-गम-म- म प-म- गम-प-, मप धधधध- नि सां-नि- ध प-म- ।
म-प धधधध-ध नि-ध- पम-प-, म-प ध-ध- सांनि-ध- धप-म- ।।

अंतरा-1

इसकी धरती है सोने की माटी, इसके सिर पर हिमालय की चोटी ।
इसकी नदियाँ हैं अमृत की धारा, इसके पग में समुंदर किनारा ।।

♫ सां-सां नि-सां- नि ध-नि- ध प-म-, सां-सां नि- सां- निध-नि- ध प-म-।
म-ग ममम- म ध-प- ग म-प-, ग-म पप प- पध-नि- धप-म-।।

अंतरा-2

इसकी आभा है अंबर की ज्योति, चाँद सूरज हैं कुंडल के मोती ।
रम्य अनुपम है इसका दीदारा, विश्व का है ये उज्ज्वल सितारा ।।

अंतरा-3

इसकी वायु में सौरभ घनेरा, इसका मंगल है साँझ और सवेरा ।
इसमें आनंद है अद्भुत अपारा, ये है कुदरत का मनहर नज़ारा ।।

अंतरा-4

मोर कोयल पपीहे हैं गाते, टेर कुहू हैं मंजुल सुनाते ।
संग सावन का शीतल फुहारा, सारे वतनों में ये है दुलारा ।।

अंतरा-5

पर नारी यहाँ पर है माता, भाईचारे का सबमें है नाता ।
यहाँ इंसानियत का बसेरा, शुभ शांति अहिंसा का नारा ।।

अंतरा-6

इसकी संतानें हैं वीर ज्ञानी, संत योगी कलाकार दानी ।
स्नेह सेवा शराफत का डेरा, स्वर्ग से प्रिय है देश मेरा ।।
स्वर्ग से प्रिय है देश हमारा ।।

(कोरस)

जय हो जय हो तेरी जय हो जय हो, जय हो जय हो सदा जय हो जय हो ।

जय हो जय हो तेरी जय हो जय हो,

जय हो जय हो सदा जय हो जय हो ।।

♫ सां- सां नि- सां- निध- नि- ध प- ध-, सां- सां नि- सां- निध- नि- ध प- म-।

म- ग म- म- मप- म- ग म- प-, ध- ध नि- नि- निसां- नि- ध प- म-।।

संगीत-गीता-दोहावली गीतमाला, पुष्प 17 of 205

संस्कृत गीत

वंदे मातरम्

स्थायी

वामे च दक्षिणे यस्या रत्नाकरः पदे तथा ।

हिमाद्रिर्मुकुटो शुभ्रो वन्दे भारतमातरम् ।।

♫ प-प- प- प-मप- ध-प-, प-प-पध- निध- पम- ।

गम-म-ममम- प-म-, ध-प- म-गमग-रेसा- ।।

अंतरा-1

राधा सीता सुकन्यासु कालिन्दी जाह्नवी तथा ।

नर्मदा ब्रह्मपुत्रा च वन्दे भारतमातरम् ।।

♫ रे-रे- रे-ग- गग-म-म-, प-प-प- ध-निध- पम- ।

म-गम- प-पप-ध- प-, ध-प- म-गमग-रेसा- ।।

अंतरा-2

रामकृष्णौ सुपुत्रेषु भीमोऽर्जुनश्च मारुतिः ।

वाल्मीकिः पाणिनिर्व्यासो वन्दे भारतमातरम् ।।

अंतरा-3

परस्त्री मातृवद्यत्र परकन्या स्वकन्यका ।

स्वसाऽपराऽऽत्मवद्यत्र वन्दे भारतमातरम् ।।

अंतरा-4

यस्या हि वाङ्मये वेदा रामायणं च भारतम् ।

पञ्चतन्त्रं निघण्टुश्च वन्दे भारतमातरम् ।।

अंतरा–5

भूमिः स्वर्णमयी यत्र जलममृतवत्तथा ।
वायोर्मध्ये च सौजन्यं वन्दे भारतमातरम् ।।

अंतरा–6

कर्मभूमिं धर्मभूमिं रणभूमिं तपोधराम् ।
पुण्यभूमिं मातृभूमिं वन्दे भारतमातरम् ।।

9. मैं रत्नाकर

संगीत–गीता–दोहावली गीतमाला, पुष्प 18 of 205

राग : मालकंस, तीन ताल

(रत्नाकर अनुनय)

स्थायी

प्रभु तेरी दुआ से जीना है, अरु तेरी दुआ से मरना है ।

♫ मम गमग सनि़सा धनि सा–म– म–, मम गमग सानि़सा धनि सासाम– म– ।।

अंतरा–1

अब दे दे जो कुछ देना है, वापस ले जब लेना है ।
तेरी दुआ से जीना मरना, तेरे हाथ में सब कुछ है ।।

♫ गग म– ध– ध– धध सांगंनि– सां–, नि–निनि नि– निनि धनि़सांनि– धम ।
सां–सां सांगं– गं– सांमंगंसां निनिसां–, सांमंगंसां नि–सां सां धनि सांनि धमगसा ।।

अंतरा–2

मेरे सपने मेरे अपने, तेरी कृपा से सब शुभ हैं ।
तेरी दुआ और तेरी किरपा, डोरी तेरे हाथ में है ।।

अंतरा–3

तेरी छाया तेरी माया, तेरी दया भी साथ में है ।
जग तेरे हाथ बिलौना है, तेरे हाथ खिलौना है ।।

संगीत–गीता–दोहावली गीतमाला, पुष्प 19 of 205

दादरा ताल

(ओ हरे!)

स्थायी

मेरे माता-पिताश्री तुम्हीं हो, मेरे भ्राता सखा भी तुम्हीं हो ।
ज्ञान सोता सविता तुम्हीं हो, मेरे धाता विधाता तुम्हीं हो ।।

♪ सानि॒ सा-सा- सारे-सा- निसा- रे-, सारे ग॒-ग॒- ग॒म- ग॒- सारे- सा- ।
सा-नि॒ सा-सा- साग॒-रे- सारे- म-, रेग॒ प-म- ग॒रे-म- ग॒रे- सा- ।।

अंतरा-1

मेरे गानों की स्फूरत तुम्हीं हो, मेरे ध्यानों की सूरत तुम्हीं हो ।
मेरे ख्वाबों की मूरत तुम्हीं हो, मेरी साँसों के दाता तुम्हीं हो ।।

♪ रेग॒ म-म- म प-म- ग॒रे- म-, ग॒म प-प- प नि॒-ध़- पम- प- ।
ग॒रे म-म- म प-म- ग॒रे- म-, रेग॒ म-म- ग॒ प-म- ग॒रे- सा- ।।

अंतरा-2

मेरे जीवन की गाथा तुम्हीं से, सारे जन्मों का नाता तुम्हीं से ।
मेरा जीना सुहाता तुम्हीं से, मेरे ताता और त्राता तुम्हीं हो ।।

अंतरा-3

मोहे भूमि पर लाया तुम्हीं ने, मोहे प्रीति से पाला तुम्हीं ने ।
मोहे मुक्ति दिलाना तुम्हीं ने, मेरी गीता कविता तुम्हीं हो ।।

अंतरा-4

तेरे चरणों में मेरी जगह हो, मेरे मुख में हरि! तू बसा हो ।
तेरी किरपा की छाया सदा हो, मेरे प्रारब्ध कर्ता तुम्हीं हो ।।

यान्ति मद्याजिनोऽपि माम्।

संगीत श्री गीता दोहावली

Sangit Shri Gita Dohavali

Composed by Ratnakar

दोहा छन्द में

प्रथम तरंग

Gitopanishad[6]

1. गीता की पार्श्वभूमि की कथा :

अथ अनुष्टुप्-श्लोक-छन्दसि गीतोपनिषत्प्रारभ्यते ।

गीताध्यानम्

धन्यवादाः प्रभो कृष्ण योगं दातुं सनातनम् ।
अज्ञानमोहहन्तारं ज्ञानशान्तिसुखप्रदम् ।। 1/1447 (1 of 1447 Shlokas)

♫ रे-रेरे-रे- रेसा- ग-रे-, म-म- म-म- पम-ग-रे- ।
सा-सा-सारे-गम-ग-रे-, प-मग-रे-मग-रेसा- ।।

कृष्णद्वैपायनं व्यासं पराबुद्धिं महाकविम् ।
कृष्णदामोदरं विष्णुं गीताज्ञानं नमाम्यहम् ।। 2/1447 (2 of 1447 etc.)

श्रीकृष्णं द्वारिकानाथं मोहनं नन्दनन्दनम् ।

---

[6] NOTE : *For a Comprehensive Critical and Scholarly study of the Gita, please refer to "Gita As She Is, In Krishna's Own Words. " written by Ratnakar Narale, ISBN 978-1-897416-56-3. The hard cover edition is colour coaded and illustrated. It is available at amazon.com on the internet.*

गोवर्धनं हृषीकेशम्-ईशं.[7] वन्दे जगद्गुरुम् ।। 3/1447

वासुदेवं च गोविन्दं योगेशं पार्थसारथिम् ।
यशोदादेवकीनन्दं वन्दे राधामनोहरम् ।। 4/1447

हरिर्हरति दुःखानि सदा शान्तिं ददाति च ।
दहति पातकं सर्वं भक्तस्य जन्मजन्मनाम् ।। 5/1447

कृष्णो हि वेत्ति श्रीकृष्णम्-उक्तं कृष्णेन तत्त्वतः ।
कृष्णाय देहि सर्वं तत्-कृष्णात्प्राप्तं हि यत्त्वया ।। 6/1447

कृष्णस्य हि कृतं कृत्स्नं कृष्णे सर्वं विलीयते ।
कृष्ण कृष्णेति कृष्णेति भज कृष्णेति केशवम् ।। 7/1447

श्रीकृष्ण कृष्ण कृष्णेति भज नाम मनः शिवम् ।
सहस्त्रनाम यत्तुल्यं सुन्दरं सुखदायकम् ।। 8/1447

अब श्लोक-छन्द में और दोहा छंद में गीतोपनिषद् का इतिवृत्त ।

GITOPANISHAD
Composed by Ratnakar

♫ संगीत-गीता-दोहावली छन्दमाला, मोती 7 of 136

भुजंगप्रयात छन्द[8]

। ऽ ऽ, । ऽ ऽ, । ऽ ऽ, । ऽ ऽ

♫ सारे- ग- मप- म- गरे- म-ग रे-सा-

(इतिहास)

---

[7] **PLEASE REMEMBER :** For the ease of singing the Sanskrit shlokas (verses) of this books, a breathing pause is purposefully provided with a hyphen after eight syllables. It is done only when and where the Anushtubh meter does not break with this hyphen. Please do not consider this innovation as a grammatical error. Example : **हृषीकेशमीशम् = हृषीकेशम्-ईशम् ।**

[8] ♫ **भुजंगप्रयात छन्द** : इस बारह वर्ण, 20 मात्रा वाले छन्द के चरण में चार य गण आते हैं । इसका लक्षण सूत्र । ऽ ऽ, । ऽ ऽ, । ऽ ऽ, । ऽ ऽ इस प्रकार होता है । इसके 5-7 अथवा पदान्त में विराम विकल्प से आता है । प्रस्तुत पद्य सारे- ग- मप- म- गरे- म-ग रेगरेसा इस प्रकार से गाया बजाया जा सकता है ।

▶ लक्षण गीत : **दोहा॰ चतुर् य गण का छंद जो, पाँच और यति सात ।
सुंदर, बारह वर्ण का, कहो "भुजंगप्रयात"** ।। 85/1779

भली या बुरी बात प्राचीन बीती ।
बनाती वही है सदा कर्म नीतिऽ ।। 1
उसी के सहारे यहाँ जो चलेगा ।
उसी का सदा पार बेड़ा तरेगा ।। 2

दोहा॰ योगेश्वर! तुमरे करूँ, सुमिरण बारंबार ।
विवस्वान मनु को दिया, योग अमर हितकार ।। 86/1779

योग सनातन वह, प्रभो! करने जग उद्धार ।
आज पुनः तुमने दिया, अर्जुन को इस बार ।। 87/1779

"कृष्ण" नाम भज एक तू, सहस्र नाम समान ।
देता सुख आनंद है, अरु कल्याण महान ।। 88/1779

(गीतायाः पार्श्वभूमिका)

Ratnakar's Anushtubh Shlokas to explain the Gita

दर्शयतीतिवृत्तं किं, कुत्र, केन, कदा कृतम् ।
नो चेदन्धो विना दण्डं स्खलति निर्बुधो यथा ।। 9/1447

Shloka #9 of total 1447

♫ ग-गगग-ग रे-म-ग-, म-म, म-म-, पम- गरे- ।
प- प-प-प- धप- म-ग-, रेमप ग-रेरे निसा- ।।

Harmonium Music Notation

दोहा॰ भले बुरे अनुभव हमें, देता है इतिहास ।
उनसे ही हमको मिलें, सबक, ज्ञान, विश्वास ।। 89/1779

Doha

उसी नीति से हम चलें, वही हमें आधार ।
वही करे संसार में, हमरा बेड़ा पार ।। 90/1779

"पार्श्वभूमि कहती हमें, हुआ काहाँ क्या काम ।
किसने कब था क्यों किया, किसका क्या परिणाम" ।। 91/1779

बिना जान इतिहास जो, पढ़ता थोथी भास ।
मूढ़ बुद्धि वो नर करे, अपना स्वयं बिनास ।। 399/1779

इतिवृत्तं च गीताया लिखितमस्ति भारते ।
पात्रपरिचयोऽप्यस्ति व्यासेन तत्र वर्णितः ।। 10/1447

इतिहासः सदाऽस्माकं मार्गदीपो नियन्त्रकः ।
सुकर्मणां स निर्व्याजो दोषाणां च हि दर्शकः ।। 11/1447

✍दोहा॰ सबक हमें इतिहास के, उज्ज्वल दीप समान ।
करके रक्षा विघ्न से, देते लाभ महान ।। 92/1779

♫ संगीत-गीता-दोहावली छन्दमाला, मोती 8 of 136

हाकलि छन्द[9]

तीन चौकल + ऽ

(पार्श्वभूमिका)

इतिहास का शुभ कार्य है ।
दरसाना क्या अनार्य है ।। 1
क्या आर्य, क्या अनिवार्य है ।
अकार्य क्या, क्या निवार्य है ।। 2

✍दोहा॰ यथा तथा जो था लिखा, पुरुकुल का इतिहास ।
गुरु-शिष्यों ने सब पढ़ा, और किया अभ्यास ।। 93/1779

हस्तिनपुर में जो घटी, कथा लिखित मुनि व्यास ।
गुरुशिष्यों ने वह पढ़ी, बुझी ज्ञान की प्यास ।। 94/1779

2. पाण्डव वंश की कथा :

ॐ अस्मिन्पुरुकुले जातो निष्कपटः कुरुर्नृपः ।
प्रपौत्रः शान्तनुस्तस्य पाण्डवानां पितामहः ।। 12/1447

✍दोहा॰ इस पुरु कुल में थे हुए, 'कुरु' राजा गुणवान ।
प्रपौत्र उसके 'शान्तनु,' हुए नरेश महान ।। 95/1779

शान्तनोर्हि त्रयः पुत्राः प्रसिद्धा भूरिशः खलु ।
नृपो विचित्रवीर्यश्च भीष्मो व्यासो महामुनिः ।। 13/1447

---

[9] ♫ **हाकलि छन्द** : इस 14 मात्रा वाले मानव छन्द का लक्षण सूत्र तीन चौकल + ऽ इस प्रकार से होता है ।

▶ लक्षण गीत : ✍ **दोहा॰ जिसमें चौकल तीन हों, एक मत्त गुरु अंत ।**
चौदह मात्रा से बना, कहा "हाकली" छन्द ।। 96/1779

✍दोहा॰ शाँतनु के सुत तीन थे, सभी महा विद्वान ।
विचित्रवीर्य राजा बने, भीष्म व्यास भगवान ।। **97**/1779

ॐ विचित्रस्य त्रयः पुत्राः सर्वे भिन्नगुणान्विताः ।
पाण्डुर्ज्ञानी धृतः कूटो नीतिज्ञो विदुरो महान ।। **14**/1447

✍दोहा॰ विविध गुणों के पुत्र थे, विचित्र के भी तीन ।
'पांडु' कुशल, 'धृत' कुटिल थे, 'विदुर' नीति में लीन ।। **99**/1779

ॐ धृतराष्ट्रस्तु जन्मान्धोऽवैधश्च विदुरः सुतः ।
नृपतिरभवत्पाण्डुः–तस्माद्धि हस्तिनापुरे ।। **15**/1447

✍दोहा॰ अंधश्री 'धृतराष्ट्र' थे, सुत थे विदुर अवैध ।
पांडु बने नृप, नीति से, सिंहासन पर वैध ।। **100**/1779

ॐ मथुरानन्दिनी कुन्ती शूरसेनस्य कन्यका ।
अग्रजा वसुदेवस्य कुन्तिभोजेन पालिता ।। **16**/1447

✍दोहा॰ 'शूरसेन' की अंगजा, 'कुंती' मथुरा नार ।
दीदी थी वसुदेव की, पांडु भूप की दार ।। **101**/1779

ॐ युधिष्ठिरश्च भीमश्चार्जुनः कुन्त्याः सुतास्त्रयः ।
नकुलः सहदेवश्च च सुतौ माद्रया हि युग्मजौ ।। **17**/1447

✍दोहा॰ भार्या दो थीं पांडु की, कुंती 'माद्री' नाम ।
पाँच पुत्र थे पांडु के, धार्मिक वीर महान ।। **102**/1779

कुन्ती के सुत तीन थे, 'भीमार्जुनकौन्तेय'[10] ।
माद्री के दो पुत्र थे, युग्म 'नकुल–सहदेव' ।। **103**/1779

ॐ अन्धस्य धृतराष्ट्रस्य पुत्रा दुष्टाः खलाः शतम् ।
धार्तराष्ट्राः सुताः सर्वे संज्ञिताः शतकौरवाः ।। **18**/1447

✍दोहा॰ अंधे नृप धृतराष्ट्र के, पुत्र हुए थे सौ[11] ।

---

[10] **कौन्तेय** : युधिष्ठिर ।

[11] **सौ पुत्र (सौ कौरव)** : 1. दुर्योधन, 2. दुःशासन, 3. दुःसह, 4. दुःशल, 5. जलसंघ, 6. सम, 7. सह, 8. विंद, 9. अनुविंद, 10. दुर्धर्ष, 11. सुबाहु, 12. दुषप्रधर्षण, 13. दुर्मर्षण, 14. दुर्मुख, 15. दुष्कर्ण, 16. विकर्ण, 17. शल, 18. सत्वान, 19. सुलोचन, 20. चित्र, 21. उपचित्र, 22. चित्राक्ष, 23. चारुचित्र, 24. शरासन, 25. दुर्मद, 26. दुर्विगाह, 27. विवित्सु, 28. विकटानन्द, 29. ऊर्णनाभ, 30. सुनाभ, 31.

सभी करम से दुष्ट थे, नाम उन्हें 'कौरव' ।। 104/1779

'दुर्योधन' सबसे बड़ा, लड़ना उसका काम ।
कन्या धृत की एक थी, 'दुःशीला' था नाम ।। 105/1779

♫ संगीत-गीता-दोहावली छन्दमाला, मोती 9 of 136

सुलक्षण छन्द[12]

11 + ऽ।

(पांडव वंश)

सुत पांडु के पांडव पँच ।
नीतिवीरों का था मंच ।। 1
धर्म, पार्थ, भीम कौन्तेय ।
माद्री के नकुल, सहदेव ।। 2

ॐ आसीत्कर्णः सुतः कुन्त्याः किन्तु कौरवपक्षकः ।
राज्यमङ्गस्य देशस्य तेनतस्मादधिष्ठितम् ।। 19/1447

✍दोहा॰ सुत कुंती का 'कर्ण' था, अंग देश का नाथ ।
नेता कौरव पक्ष का, दुर्योधन के साथ ।। 106/1779

ॐ भीष्मद्रोणकृपाचार्याः शिक्षका हस्तिनापुरे ।
कौरवान्पाण्डवाञ्छात्रान्-अपाठयद्गुरुत्रयम् ।। 20/1447

नन्द, 32. उपनन्द, 33. चित्रबाण, 34. चित्रवर्मा, 35. सुवर्मा, 36. दुर्विमोचन, 37. अयोबाहु, 38. महाबाहु, 39. चित्रांग, 40. चित्रकुण्डल, 41. भीमवेग, 42. भीमबल, 43. बालाकि, 44. बलवर्धन, 45. उग्रायुध, 46. सुषेण, 47. कुण्डधर, 48. महोदर, 49. चित्रायुध, 50. निषंगी, 51. पाशी, 52. वृन्दारक, 53. दृढवर्मा, 54. दृढक्षत्र, 55. सोमकीर्ति, 56. अनूदर, 57. दृढसंघ, 58. जरासंध, 59. सत्यसंध, 60. सद्सुवाक, 61. उग्रश्रवा, 62. उग्रसेन, 63. सेनानी, 64. दुष्पराजय, 65. अपराजित, 66. कुण्डशायी, 67. विशालाक्ष, 68. दुराधर, 69. दृढहस्त, 70. सुहस्त, 71. वातवेग, 72. सुवर्च, 73. आदित्यकेतु, 74. बह्वाशी, 75. नागदत्त, 76. उग्रशायी, 77. कवचि, 78. क्रथन, 79. कुण्डी, 80. भीमविक्र, 81. धनुर्धर, 82. वीरबाहु, 83. अलोलुप, 84. अभय, 85. दृढकर्मा, 86. दृढरथाश्रय, 87. अनाधृष्य, 88. कुण्डभेदी, 89. विरवि, 90. चित्रकुण्डल, 91. प्रधम, 92. अमाप्रमाथि, 93. दीर्घरोम, 94. सुवीर्यवान, 95. दीर्घबाहु, 96. सुजात, 97. कनकध्वज, 98. कुण्डाशी, 99. वीरज, 100. युयुत्सु.

▶ लक्षण गीत : ✍ दोहा॰ चौदह मात्रा से बना, लघु गुरु मात्रा अंत ।
मात्रिक मानव वृत्त ये, कहा "सुलक्षण" छन्द ।। 107/1779

[12] ♫ सुलक्षण छन्द : इस 14 मात्रा वाले मानव छन्द का लक्षण सूत्र 11 + ऽ। इस प्रकार होता है ।

▶ लक्षण गीत : ✍ दोहा॰ चौदह मात्रा से बना, लघु गुरु मात्रा अंत ।
मात्रिक मानव वृत्त ये, कहा "सुलक्षण" छन्द ।। 108/1779

🖋️दोहा॰ 'भीष्म द्रोण कृप' तीन थे, कुरुकुल के आचार्य ।
कौरव पांडव छात्र थे, ज्ञानार्जन के कार्य ॥ 109/1779

🕉️ छात्रैर्गुणानुसारेण विद्या सर्वैरुपार्जिता ।
इच्छा यथा यथा यस्य लब्धं ज्ञानं तथा तथा ॥ 21/1447

🖋️दोहा॰ कौरव पांडव बंधु थे, मगर भिन्न थी सूझ ।
जैसी जिसकी सूझ थी, तथा मिली थी बूझ ॥ 110/1779

एक पेड़ पर थे उगे, वे काँटे, ये फूल ।
पांडव ज्ञानी बन गए, कौरव पाए भूल ॥ 111/1779

(वर्णाश्रम:)

🕉️ द्रोणाचार्यो द्विजो जात्या क्षात्रस्तस्य सुतोऽभवत् ।
अश्वत्थामा गुणी पुत्रः क्षात्रधर्ममपालयत् ॥ 22/1447

🖋️दोहा॰ द्रोण ब्राह्म थे वर्ण से, ब्राह्मण उनका कर्म ।
अश्वत्थामा द्रोण-सुत, क्षत्रिय उसका धर्म ॥ 112/1779

🎵 संगीत-गीता-दोहावली छन्दमाला, मोती 10 of 136

बंदन छन्द[13]

10, 5 + S।

(वर्णाश्रम)

स्वगुण-धर्म का ही, वर्ण है नाम ।
जाति रंग का यह, नहीं है काम ॥ 1
प्रकृति निर्मित है, वर्ण पहिचान ।
जाति स्वार्थ से ही, बना अज्ञान ॥ 2

🕉️ ब्राह्मणे स कुले जातः स्वभावेन तु क्षत्रियः ।
क्षत्रियो गुणकर्मभ्यां विप्रो यद्यपि जन्मनः ॥ 23/1447

---

[13] 🎵 **बंदन छन्द** : इस 18 मात्रा वाले महासंस्कारी छन्द के अंत में एक गुरु और एक लघु मात्रा होती है । इसका लक्षण सूत्र 10, 5 + S। इस प्रकार होता है ।

▶ लक्षण गीत : 🖋️दोहा॰ मत्त अठारह का बना, गुरु लघु मात्रा अंत ।
दसवीं पर यति हो जहाँ, जानो "बंदन" छन्द ॥ 113/1779

✍दोहा॰ ब्राह्मण कुल में जन्म था, मगर भिन्न था गात्र ।
अश्वत्थामा था बना, गुण स्वभाव से क्षात्र ।। 114/1779

(सुभाषितम्)

ॐ गुणेभ्यो जायते वर्णो वर्णे कोऽपि न जायते ।
वर्णो नैसर्गिको ज्ञातः स्वार्थाज्जातिस्तु निर्मिता ।। 24/1447

✍दोहा॰ गुण पर निर्भर 'वर्ण' हैं, नहीं जन्म का काम ।
वर्ण प्रकृति से बने, 'जाति' स्वार्थ का नाम ।। 115/1779

संगीत-गीता-दोहावली गीतमाला, पुष्प 20 of 205

गुणलीला

स्थायी

जगत ये, लीला गुणों की सारी, माया कण कण पर जिन डारी ।
गुण हैं चीज जनम से भारी, भजु मन नारायण अवतारी ।।

♫ पमग रेम- - -, प-म गरे- म- गरेसा-, रेगरे- गग मम पप धप ग-म- ।
गग म- प-प पधध नि- धपम-, रेरे गग प-म-गग पमगरेसा- ।।

अंतरा-1

जन्म स्थान हैं मेघ घनेरे, गर्जन शोर बतेरे ।
बादर कारे, घोर अंधेरे, मेचक भय दुस्तारे ।
फिर भी बिजुरी चम चम गोरी, जय जय, मधव कृष्ण मुरारि ।।

♫ सा-रे ग-ग ग- म-ग रेसा-रे-, ग-गग म-ग मप-म- ।
नि-धप म-प-, नि-ध पम-प-, प-मग मम ग-मरे-ग- ।
सासा रे- गगम- पम पम ग-म-, धनि धप, म-गग प-म गरे-सा- ।।

अंतरा-2

गगन मंडल में टिमटिम तारे, लाख हजार बिखेरे ।
दाग लगा है चाँद के मुखड़े, सुंदर शकल बिगाड़े ।
फिर भी प्यारी चाँद चकोरी, जय जय, दामोदर गिरिधारि ।।

अंतरा-3

जन्म गेह है कीचड़ गारा, कर्दम झील किनारा ।

पद्म पुष्प की पंकज क्यारी, दुर्गम दलदल भारी ।

फिर भी शोभा कमल की न्यारी, जय जय, पद्मनाभ मनहारी ।।

अंतरा–4

ग्वाल बाल कान्हा व्रज वासी, नटखट विपिन विहारी ।

रंग साँवला, माखन चोरी, हाथ रंग पिचकारी ।

फिर भी राधा श्याम दीवानी, जय जय, राधे श्याम! तिहारी ।।

ॐ तेषु छात्रेषु प्रावीण्यं सर्वे हि पाण्डवा गताः ।
कौरवा ईर्षया पृक्ता रताः सर्वे कुकर्मसु ।। 25/1447

✍दोहा॰ पांडव सद् गुण धर्म से, पाए उत्तम ज्ञान ।
कौरव तम गुण में जले, पाए जड़ अज्ञान ।। 116/1779

ॐ उद्यताः पाण्डवान्हन्तुं मूढा ज्वलितमानसाः ।
रचिताः कपटास्तस्माद्–दुर्योधनेन छद्मना ।। 26/1447

✍दोहा॰ दुर्योधन ने द्वेष में, रचे प्रपंच अनेक ।
पांडवहत्या के लिए, किए यत्न प्रत्येक ।। 117/1779

(दुर्भाग्येन यदा)

ॐ पीडितो व्याधितो पाण्डुः–राज्याधिकारमत्यजत् ।
अन्धस्ततः समारोहद्–धृतराष्ट्रो नृपासनम् ।। 27/1447

✍दोहा॰ पांडु, पीड़ित रोग से, तजे राज्य अधिकार ।
अंधे फिर राजा बने, करने अत्याचार ।। 118/1779

(अन्धो धृतराष्ट्रः सिंहासनमारूढः)

ॐ ऐच्छद्दुर्योधनो राज्यं राज्ये च परिवर्तनम् ।
युवराजपदं किन्तु सोऽनुजो नहि प्राप्तवान् ।। 28/1447

✍दोहा॰ धृत जब राजा बन गए, दुर्योधन को आस ।
राजकुँवर अब वह बने, पांडव उसके दास ।। 119/1779

(युधिष्ठिरस्य राज्याभिषेचनम्)

ॐ अधिकारः स धर्मस्य सर्वे चेच्छन्ति यं जनाः ।
अग्रजं ते पदं तस्माद्–दत्तवन्तो युधिष्ठिरम् ।। 29/1447

✍दोहा॰ मगर कुँवर वह ना बना, वह था छोटा भ्रात ।
अग्रज के अधिकार ने, दियी अनुज को मात[14] ।। 120/1779

ॐ अभिषेचितवन्तस्ते युवराजं युधिष्ठिरम् ।
दुर्योधनः खलो दुष्टो राज्यपदं न प्राप्तवान् ।। 30/1447

✍दोहा॰ ज्येष्ठ युधिष्ठिर भ्रात का, राजकुँवर अधिकार ।
धर्मराज की नीति से, जनपद जन को प्यार ।। 121/1779

तिलक युधिष्ठिर को लगा; राजसूयादि याग ।
दुर्योधन के हृदय को, लगी द्वेष की आग ।। 122/1779

संगीत-गीता-दोहावली गीतमाला, पुष्प 21 of 205

धर्म

स्थायी

धरम बिन जीवन है बेकाम ।

♫ मगम गरे- ध-पम ग- मगरे- ।

अंतरा-1

सदाचार है जीवन जिसका, धर्मपुत्र कहलाता है ।
आदर्श चरित उस धर्मवीर का, इतिहास निरंतर गाता है ।
करम बिन जीवन है नाकाम ।।

♫ सानि़-सा-ग रे- प-मग रेगम-, ध-पम-ग मपमगमग रे-रे ।
म-प-प पधध नि़ध सां-नि़ध-प ध-, सांसांनि-ध पध-पम पमगम रे-रे ।
मगम गरे- ध-पम ग- मगरे- ।।

अंतरा-2

धर्मक्षेत्र है जीवन जिसका, धर्मराज कहलाता है ।
धर्म दान उस धर्मशील का, याद चिरंतन आता है ।
परम इति जीवन है निष्काम ।।

अंतरा-3

[14] **मात** = पराजय ।

दुराचार है जीवन जिसका, धर्मभ्रष्ट कहलाता है ।
बदनाम नाम उस धर्महीन का, इतिहास हमेशा रोता है ।
शरम बिन जीवन है बदनाम ।।

(पांडव)

जित्वा राज्यानि सर्वत्र पाण्डवा भारते ततः ।
प्राप्तवन्तो धनं मानं बलं कीर्तिं च पुष्कलाम् ।। 30/1447

दोहा॰ पाण्डव दल ने देश को, जीत लिया सब ओर ।
धन-दौलत बल मान भी, प्राप्त किया बिन शोर ।। 123/1779

गीता दोहावली
द्वितीय तरंग

4. वनवास गमन की कथा :

(कौरवैर्दुष्टाचारः)

अरचच्छकुनिर्भिन्नान्-कपटाञ्छलनाटकान् ।
षड्यन्त्रान्स दिवानक्तं मारयितुं हि पाण्डवान् ।। 31/1447

दोहा॰ दुर्योधन ने छल रचे, कपट कुचक्कर घोर ।
पांडव भाई मारने, बहुत लगाया जोर ।। 124/1779

भीमे विषप्रयोगं च नित्यमाक्रममर्जुने ।
ज्वालिता पाण्डवास्तेन, सर्वमसफलं परम् ।। 32/1447

दोहा॰ प्रयोग विष का भीम पर, अर्जुन पर भी वार ।
प्रयास कौरव के सभी, गए सदा बेकार ।। 125/1779

कोऽपि हन्तुं न शक्नोति तं यं रक्षति श्रीहरिः ।
व्यर्थं तत्र सदा सर्वं कुर्यात्कोऽपि यथा मतिः ।। 33/1447

दोहा॰ जिसको राखे रामजी, मार सके ना कोय ।
को मारे उसको कभी, जिसका साई होय ।। 126/1779

(किन्तु)

द्वारिकां नगरीं दूरे कृष्ण आसीद्गतो यदा ।
अशठन्द्यूतक्रीडायां धर्ममाहूय कौरवाः ।। 34/1447

दोहा॰ कृष्ण गए जब द्वारिका, चली उन्हों ने चाल ।
लगाय पासे द्यूत के, शकुनि बिछाया जाल ।। 127/1779

भीष्माचार्यः कृपाचार्यो द्रोणाचार्यश्च धार्मिकाः ।
न कोऽपि शकुनिं किन्तु प्रत्यकरोद्धि प्रेक्षकाः ।। 35/1447

दोहा॰ गुरु जन सारे देखते, बिना किसी अवरोध ।
चुप बैठे धृतराष्ट्र भी, द्वेष मस्त दुर्योध ।। 128/1779

कदा कं किं भवेत्कोऽपि नहि जानाति मानवः ।
पाण्डवानां तथा जातं ललाटे लिखितं यथा ।। 36/1447

दोहा॰ किस पर कब क्या आ पड़े, को जाने तकदीर ।
हुआ पांडवों का वही, यथा ललाट लकीर ।। 129/1779

(यथा)

श्वानपुच्छं सदा वक्रम्-ऋजुं कर्तुं न शक्यते ।
गर्दभो ज्ञानशून्यो हि विद्वान्स न च जायते ।। 37/1447

दोहा॰ कुत्ते की दुम वक्र ही, सीधी कभी न होत ।
मूढ़-मगज में ज्ञान की, जला सको ना ज्योत ।। 130/1779

पयः पीत्वाऽपि नागस्य विषमेव हि वर्धते ।
तथा दुष्टस्य क्रोधोऽपि प्रेम्णा नहि निवर्तते ।। 38/1447

दोहा॰ पयस पिला कर नाग को, जहर बने वह दूध ।
जितना सुख दो दुष्ट को, मिलता दुख, सह सूद ।। 131/1779

(अत एव)

एवमेव स्थितिस्तेषां कौरवाणां हि सर्वथा ।

विघ्नं कर्तुं सुखं तेषां भद्रकार्ये व्यथा तथा ।। 39/1447

दोहा॰ धृतपुत्रों में था यही, तामस गुण का बोध ।
पाप कर्म में मोद था, पुण्य कर्म में क्रोध ।। 132/1779

समे वृक्षे उभौ जातौ भिन्ने तु प्रकृती तयोः ।
एकं सुगन्धितं पुष्पम्-अन्यं तत्रैव कण्टकम् ।। 40/1447

दोहा॰ एक डाल पर दो उगे, वे काँटे, ये फूल ।
पांडव देते सुख सदा, कौरव देते शूल ।। 133/1779

(दुष्टाचारः)

लुण्ठितं देवनैर्धूर्तैः-तेषां राज्यमशेषतः ।
धृतराष्ट्रसमक्षं तैः पाण्डवानां नु कौरवैः ।। 41/1447

दोहा॰ पासे लगाय अक्ष के, लूटे पांडव भ्रात ।
देख रहे धृतराष्ट्र थे, बोले ना कछु बात ।। 134/1779

भीष्मद्रोणप्रमूखतो नग्नीकृता च द्रौपदी ।
सभायां रक्षिता लज्जा तस्याः कृष्णेन दूरतः ।। 42/1447

दोहा॰ दुःशासन ने जो बुरे, किए सभा में काज ।
गुरु जन देखत मौन थे, सभी छोड़ कर लाज ।। 135/1779

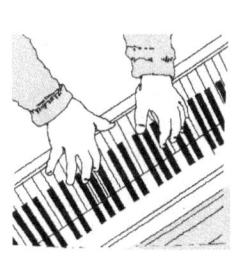

संगीत-गीता-दोहावली गीतमाला, पुष्प 22 of 205

द्रौपदी

स्थायी

हरि! अब, मोरी रखियो लाज ।

पम! गरे-, प-म- गरेम- ग-ग ।

अंतरा-1

दुर्योधन जन भाई सारे, भरी सभा में चीर उतारे ।
अब यहाँ, कौन सँवारे काज, तुम बिन, कौन बचावे आज ।।

सा-नि़-रेरे गग प-मग रे-म-, पम- गरे- म- प-म गसा-रे- ।
सासा सारे-, म-ग रेसा-रे- ग-ग, पम- गरे-, प-म गरे-म- ग-ग ।।

अंतरा-2

पिता पुत्र पति से नहीं आशा, देख रहे चुपचाप तमाशा ।
रो रो, हार गयी मैं आज, प्रभु बिन, कौन सुने आवाज ।।

अंतरा–3

राजा अंधे, मंत्री गंदे, अनैतिऽक सब इनके धंधे ।
कितना, गिरा हुआ है राज, इन पर, कौन करेगा इलाज ।।

अंतरा–4

भागे आओ, कृष्ण कनाई! आन बचाओ लाज, गोसाई! ।
दुर्‌जन, कैसे आएँ बाज, हरि सिवा, कौन सुधारे समाज ।।

✍दोहा॰ आर्त पुकारे द्रौपदी, "कृष्ण! बचाओ आज" ।
सुन कर रोना भगत का, कृष्ण बचायो लाज ।। 446/1779

(त्रयोदशवर्षीयो वनवास:)

ॐ दुर्योधनस्ततो घोरं वनवासं च दत्तवान् ।
तेभ्यो द्वादशवर्षीयम्-एकं चाज्ञातरूपिणम् ।। 43/1447

✍दोहा॰ दु:शासन ने जो बुरे, किए सभा में काज ।
गुरु जन देखत मौन थे, सभी छोड़ कर लाज ।। 136/1779

(निर्णयप्रतिज्ञा)

ॐ "त्रयोदशानि वर्षाणि यदि जीवन्ति ते वने" ।
राज्यार्धं पाण्डवानां स पाण्डवेभ्यो ददिष्यते ।। 44/1447

✍दोहा॰ जीत गए जब द्यूत में, दुर्योधन के भ्रात ।
भेजे पांडव बंधु सब, विपिन द्रौपदी साथ ।। 137/1779

दुर्योधन ने है दिया, बारह–वर्ष वनवास ।
एक वर्ष का भी दिया, अज्ञात का निवास ।। 138/1779

कौरव पांडव पक्ष में, उभय मिला कर हाथ ।
समझौता निश्चित हुआ, अटल शपथ के साथ ।। 139/1779

दुर्योधन ने प्रण किया, धर्मराज के साथ ।
"आधा–आधा राज्य हो, विपिनवास के बाद ।। 140/1779

"आधा कौरव राज्य लें, बिना किसी तकरार ।
आधा पांडव को मिले, प्रण से हुआ करार ।। 141/1779

"कौरव पांडव बाँट लें, राज्यभार अधिकार" ।
साक्षी गुरुजन, धृत तथा, गवाह था दरबार ।। 142/1779

(अपितु)

तां ते वनेऽप्यचेष्टन्तो हन्तुं पाण्डवबान्धवान् ।
द्रौपदीमपहर्तुं स चाचेष्टत जयद्रथः ।। 45/1447

दोहा० "जीवित लौट न आ सकें, पूर्ण किए वनवास" ।
दुर्योधन को था यही, अपने पर विश्वास ।। 143/1779

वन में पांडव जब गए, कौरव चला कुचाल ।
उनको छल से मारने, बन कर उनका काल ।। 144/1779

कभी पिलाया विष उन्हें, कभी तीर तलवार ।
कभी अपहरण के लिए, यत्न सभी बेकार ।। 145/1779

संगीत-गीता-दोहावली छन्दमाला, मोती 11 of 136

मंजुतिलका छन्द[15]

12, 4 + ।ऽ।

(वनवास)

दुर्योधन अखिल राज्य की करत आस ।
पांडव पाए बारह वर्ष वनवास ।। 1
वर्ष द्वादश जब हुए, बदला लिबास ।
अज्ञात बन कर गए, विराट निवास ।। 2

संगीत-गीता-दोहावली गीतमाला, पुष्प 23 of 205

(वनवास गमन की कथा)

---

[15] मंजुतिलका छन्द : इस 20 मात्रा वाले महादैशिक के अन्त में ज गण आता है । इसका लक्षण सूत्र 12, 4 + ।ऽ। इस प्रकार होता है ।

▶ लक्षण गीत : दोहा० जिसमें कल चौबीस हों, लघु गुरु लघु से अंत ।
बारहवीं पर यति जहाँ, "मंजुतिलक" वह छन्द ।। 146/1779

स्थायी

स्वरदा ने सुंदर गाया है, नारद ने साज बजाया है ।

रतनाकर गीत रचाया है ।।

♫ सानि़सा- गरे सा-नि़नि़ सा-रेम ग-, गममग पम ग-रे सासा-रेम ग- ।

गगरेसासासा रे-ग मगरेसानि़ सा- ।।

अंतरा-1

छल आडंबर दुर्योधन ने, निज पांडव बंधुऽ पर कीन्हे ।

सब कुछ द्यूत में उनका छीना, पट द्रौपदी का भी हर लीन्हा ।

स्त्री लज्जा कृष्ण बचाया है ।।

♫ पप मरेम-पप पमपनिधप प-, पप मगगसा सागमप गरे सानि़सा- ।

सानि़ सासा गरेसा सा नि़नि़सा- रेमग-, सानि़ सा-गरे सा- नि़- सासा रेमग- ।

ग- रेसासा- रे-ग मगरेसानि़ सा- ।।

अंतरा-2

जब राज-लछन भूषण भारे, सब झपट लिए उनके सारे ।

बन भेजे पांडव वनवासी, दीन्ही उनके मन दुख रासी ।

श्रीकृष्ण की उन पर छाया है ।।

अंतरा-3

यदि सुदूर थे पांडव घर से, उनको हनने कौरव तरसे ।

लड़ते बचते पांडव सारे, जब बारह बरस गुजारे हैं ।

अऽज्ञातवास अब आया है ।।

4. अज्ञातवास की कथा :

♫ संगीत-गीता-दोहावली छन्दमाला, मोती 12 of 136

वामवदना छन्द[16]

---

[16] ♫ **वामवदना छन्द** : इस 13 वर्ण, 20 मात्रा वाले छन्द में भ ज त त गण और एक गुरु वर्ण आता है । इसका लक्षण सूत्र ऽ।।, ।ऽ।, ऽऽ।, ऽऽ।, ऽ होता है । इसके पदान्त में विराम होता है ।

ऽ।।, ।ऽ।, ऽऽ।, ऽऽ।, ऽ

(अज्ञातवास)

पांडव कहाँ हुए थे सभी लापता ।
ढूँढ कर कौरवों को चला ना पता ।। 1
छः विविध भेस लेके तिरोभू रहे ।
"पांडव छुपे कहाँ?" धार्तराष्ट्रः कहे ।। 2

(एकवर्षस्याज्ञातवासः)

ॐ **एवं द्वादशवर्षाणि भुक्त्वा ते सङ्कटं वने ।**
ततश्चाज्ञातवासाय विराटपुरिमागताः ।। 46/1447

✍ **दोहा॰ विपिन वास का वर्ष था, तेरहवाँ जब शेष ।**
अज्ञातवास के लिए, चले बदल कर वेश ।। 147/1779

(युधिष्ठिरः)

ॐ **कङ्क पुरोहिते रूपे युधिष्ठिरोऽभवद्विजः ।**
भीमश्च बल्लवो भूत्वा राजप्रासादमागतः ।। 47/1447

✍ **दोहा॰ धर्म बने "द्विज कंक" थे, लेकर ब्राह्मण वेश ।**
भीम बवरची रूप में, आया विराट देश ।। 148/1779

विराट नगरी को चले, अलग-अलग सब भ्रात ।
भिन्न-भिन्न उद्यम लिए, चुपके से इक रात ।। 149/1779

(अर्जुनः)

ॐ **स्त्रीवेषमर्जुनो धृत्वा शालायां नृत्यशिक्षिका ।**
वीरः स नर्तकी भूत्वा नृत्यगानानि चाकरोत् ।। 48/1447

✍ **दोहा॰ पार्थ बन गया नर्तकी, "बृहन्नड़ा" के नाम ।**
नृत्य शिक्षिका वह बना, विराट नृप के धाम ।। 150/1779

(नकुलः सहदेवश्च)

ॐ **नकुलो गजशालायां तुरङ्गगजधावने ।**

▶ लक्षण गीत : ✍ **दोहा॰ भ ज त त गण हों आदि में, एक दीर्घ कल अंत ।**
नाम "वामवदना" जिसे, तेरह अक्षर छन्द ।। 151/1779

सहदेवश्च गोपालो रतो धेन्वजपालने ।। 49/1447

दोहा॰ नकुल बना गजपाल था, गजशाला रखवाल ।
वेश लिया सहदेव ने, विराट का गोपाल ।। 152/1779

(द्रौपदी)

प्रासादे द्रौपदी चापि दासी भूत्वा समागता ।
राज्ञः सेवां च स्नेहेन कृत्वा प्रासीदयच्च ताम् ।। 50/1447

दोहा॰ दासी बन कर द्रौपदी, आई रानी पास ।
बन कर उसकी सेविका, कीन्ही सेवा खास ।। 153/1779

तथा च सेवकान्सर्वान्-कृतवती स्वपक्षिणः ।
एवं राज्यस्य सर्वं हि प्राविशत्खलु द्रौपदी ।। 51/1447

दोहा॰ पांडव सब इस भाँति से, कीन्हे नगर प्रवेश ।
राज महल से द्रौपदी, निरखत सारा देश ।। 154/1779

(ततः)

त्रयोदशे व्यतीते ते हस्तिनापुरमागताः ।
तदा दुर्योधनो भीत्या विस्मयेन च व्यावृतः ।। 52/1447

दोहा॰ वर्ष त्रयोदश ढूँढते, धृतपुत्र गए हार ।
मिले नहीं पांडव कहीं, बूझे ना उपचार ।। 155/1779

पूर्ण हुए वनवास के, जब सब तेरह वर्ष ।
हस्तिनपुर में तब भये, धर्मराज के दर्श ।। 156/1779

उनको देखे डर गया, दुर्योधन हैरान ।
पांडव जीवित देख कर, सूखे उसके प्राण ।। 157/1779

यथोक्तं वचनं पूर्वं वनवासगमे तदा ।
राज्यमर्धमयाचंस्ते दुर्योधनं हि पाण्डवाः ।। 53/1447

दोहा॰ धर्मराज ने दास को, भेजा कौरव पास ।
यथा पूर्व इकरार था, माँगा आधा राज ।। 158/1779

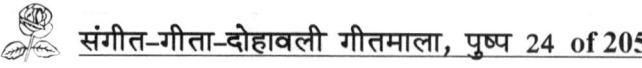

संगीत-गीता-दोहावली गीतमाला, पुष्प 24 of 205

(अज्ञातवास की कथा)

स्थायी

स्वरदा ने सुंदर गाया है, नारद ने साज बजाया है ।

रतनाकर गीत रचाया है ।।

♫ सानि़सा- गरे सा-नि़नि़ सा-रेम ग-, गममग पम ग-रे सासा-रेम ग- ।

गगरेसासासा रे-ग मगरेसानि़ सा- ।।

अंतरा-1

पांडव भेस बदल कर सारे, नृप विराट के आए द्वारे ।

द्विज का रूप युधिष्ठिर लीन्हा, परधान बवरची भीम बना ।

बन नर्तकी अर्जुन आया है ।।

♫ प-मरे म-प पपम पनि धपप-, पप मगसासा साग मपगरे सानि़सा- ।

सानि़ सा- गरेसा नि़सा-सासा रेमग-, सानि़सा-ग रेसासानि़- सा-रे मग- ।

गग रेसासासा रे-गम गरेसानि़ सा- ।।

अंतरा-2

सहदेव बना है गोपाला, नकुल बना गज रखवाला ।

पांचाली राज महल आई, बन कर वह रानी की दाई ।

रानी की प्यारी आया है ।।

अंतरा-3

उनको कौरव ढूँढत धाये, पर एक बरस ढूँढ न पाए ।

जब पांडव घर लौटे आए, तब अर्ध राज्य वापस चाहे ।

अब दुर्योधन मुकराया है ।।

गीता दोहावली

तृतीय तरंगः

5. हठी दुर्योधन की कथा :

चंद्रलेखा छन्द[17]

ऽ ऽ ऽ, ऽ।।, ।।।, । ऽ ऽ, । ऽ ऽ, । ऽ ऽ

(दुर्योधन)

बोला दुर्योधन, "अब यह है, राज मेरा हि सारा ।
सूई की नोंक चुभत उतना, भी नहीं आज तेरा ।। 1
लेना होगा लड़ कर मुझसे, पांडवों! राज मेरा ।
कौरवों की विजय अटल है, युद्ध में कर्ण द्वारा" ।। 2

(दुर्योधं च धृतं चोपदेशः)

दुर्योधनं च कर्णं च धृतराष्ट्रं महाजनाः ।
ददध्वं राज्यमर्धं तान्-ऐक्येनैतदुपादिशन् ।। 54/1447

दोहा॰ **दुर्योधन, धृत, कर्ण को, बोले सज्जन लोग ।**
"दे दो आधा धर्म को, अर्ध करो तुम भोग" ।। 159/1779

(भीष्म उवाच)

धृतराष्ट्रं नृपं भीष्म उवाच शृणु मे वचः ।
दुर्योधनस्य कर्णस्य शकुनेर्मा वचः शृणु ।। 55/1447

दोहा॰ **कहे भीष्म धृतराष्ट्र से, "सुनो वचन मम, तात! ।**
कर्ण, शकुनि, दुर्योध की, मत सुनिए, नृप! बात" ।। 160/1779

त्रयस्ते युवका धूर्ता अस्ति वृद्धो नृपो भवान् ।
नीतिमार्गे स्वयं स्थित्वा दर्शनीयः पथः स तान् ।। 56/1447

दोहा॰ **"तीनों बालक हैं युवा, तुम हो बूढ़े बाप ।**
नीति नियम सबको कहो, चलो नीति पर आप" ।। 161/1779

आह दुर्योधनं भीष्मो वैरेण कुरुतादलम् ।

---

[17] **चंद्रलेखा छन्द** : इस 18 वर्ण, 28 मात्रा वाले छन्द में म भ न य य य गण आते हैं । इसका लक्षण सूत्र ऽ ऽ ऽ, ऽ।।, ।।।, । ऽ ऽ, । ऽ ऽ, । ऽ ऽ इस प्रकार है । यति 11-7 पर अथवा चरणान्त होता है ।

▶ लक्षण गीत : दोहा॰ **वर्ण अठारह से बना, म भ न य य य का वृंद ।**
ग्यारह पर यति से सजे, "चंदरलेखा" छन्द ।। 162/1779

छलेनानेन कीर्तिस्ते गतास्ति खलु पश्यतात् ।। **57**/1447

दोहा॰ दुर्योधन से फिर कहा, "करो नीति से काम ।
बैर कपट छल से हुआ, नाम तेरा बदनाम ।। **163**/1779

यत्किमप्यभवत्पूर्वम्-अलं वैरेण तैः सह ।
तेषां हि भद्रता युष्मान्-अरक्षत्कौरवान्सदा ।। **58**/1447

दोहा॰ "बैर छद्म अब बस करो, करलो उनसे मेल ।
उनके ही सत् धर्म से, चलता तुमरा खेल ।। **164**/1779

संगीत-गीता-दोहावली छन्दमाला, मोती 14 of 136

रूपमाला छन्द[18]

14, 7 + ऽ।

(भीष्म चेतावनी)

भीष्म बोले दुर्योध को, बस करो अब बैर ।
नीति पथ सेती तुम चलो, इसी में है खैर ।। 1
यहाँ सभी बंधु जन सखे! कोई नहीं गैर ।
फिर क्यों रख रहे तुम भला, गलत पथ में पैर ।। 2

यावत्तवास्ति राज्यं भोः-तावद्युधिष्ठिरस्य च ।
वस्तुतस्त्वां खलं दुष्टं सिंहासनं न शोभते ।। **59**/1447

दोहा॰ "समान है इस राज्य पर, दोनों का अधिकार ।
मगर नीति-प्रतिकूल है, तुमरा सब व्यवहार ।। **165**/1779

न त्यजसि कुमार्गं चेत्-फलं कटु भविष्यति ।
अधोगतिं च नीत्वा त्वां कुलं कृत्स्नं च धक्ष्यति ।। **60**/1447

दोहा॰ "डरो न तुम यदि धर्म से, दुर्योधन! इस बार ।
स्वयं मरोगे आप तुम, कुल का भी संहार ।। **166**/1779

---

[18] **रूपमाला छन्द** : इस 24 मात्रा वाले अवतारी छन्द के अन्त में गुरु लघु मात्राएँ आती हैं । इसका लक्षण सूत्र 14, 7 + ऽ। इस प्रकार है ।

▶ लक्षण गीत : **दोहा॰ मत्त चौबीस में जहाँ, गुरु लघु कल हो अंत ।**
"रूपमाला" छन्द है, कहते कविवर संत ।। 167/1779

ॐ तावदेव हि नुः कीर्तिः-यावत्कर्म शुभं भवेत् ।
तस्मादस्त्यशुभं यस्मिन्-कर्म तन्नहि साध्नुयात् ।। 61/1447

दोहा॰ "जब तक ऊँचे काम हों, तब तक उज्ज्वल नाम ।
जिसके ओछे काम हों, होता वह बदनाम" ।। 168/1779

संगीत-गीता-दोहावली छन्दमाला, मोती 15 of 136

प्लवंगम छन्द[19]

ऽ + 6, 7 + ।ऽ।ऽ

(भीष्म बोले)

दुर्योधन को, पितामह भीष्म ने कहा ।
आधा तेरा, अर्ध राज्य उनका रहा ।। 1
छोड़ेगा ना, अगर तू पाप ये महा ।
भस्म करेंगे, तव कुल केशव पापहा ।। 2

(द्रोण उवाच)

ॐ द्रोणो भीष्मं च स्वीकृत्योवाच दुर्योधनं ततः ।
अस्माकं परमां नित्यां पालयतां परम्पराम् ।। 62/1447

दोहा॰ कहा द्रोण ने भीष्म से, "सही तिहारी बात" ।
दुर्योधन से फिर कहा, "बात सुनो तुम, तात! ।। 169/1779

"कुल अपना अति उच्च है, उज्ज्वल उसका नाम ।
जिससे कुल बदनाम हो, करो न वेसे काम ।। 170/1779

ॐ राज्यार्धं देहि तेषां त्वं राज्यमर्धं च भुङ्क्ष्व स्वम् ।
सुकृतस्य फलं मिष्टम्-आस्वादस्व च कौरव ।। 63/1447

दोहा॰ "उनका आधा दे उन्हें, तू ले आधा राज ।
मीठा फल सत् धर्म का, चख लो कौरव आज" ।। 171/1779

---

[19] **प्लवंगम छन्द** : इस 21 मात्रा वाले महादैशिक छन्द के आदि में गुरु मात्रा और अन्त में लघु और र गण आता है । इसका लक्षण सूत्र ऽ + 6, 7 + ।ऽ।ऽ इस प्रकार है ।

▶ लक्षण गीत : दोहा॰ मात्रा गुरु हो आदि में, लघु गुरु लघु गुरु अंत ।
इक्कीस में, यति आठ पर, बने "प्लवंगम" छंद ।। 172/1779

🎵 संगीत-गीता-दोहावली छन्दमाला, मोती

पीयूषवर्ष छन्द[20]

10, 6 + |ऽ

(द्रोण बोले)

दुर्योध से कहत, द्रोणाचार्य हैं ।
सुन सबका कहना, जो अनिवार्य है ॥ 1
शाँति ही एक है, उपाय सुन मुझे ।
इस विनाश से जो, बचाइबे तुझे ॥ 2

(धृतं कर्ण उवाच)

🕉 ततः कर्णोऽब्रवीदन्धं ममैव वचने हितम् ।
एते गुरुजनाः सर्वे पाण्डुपक्षसमर्थकाः ॥ 64/1447

✍ दोहा॰ कर्ण कहत धृतराष्ट्र से, "गुरुजन धन-के-दास ।
धन अर्जित हमसे किए, श्रद्धा पांडव पास ॥ 173/1779

🕉 अभक्ता गुरवः सर्वे शृणुताद्वचनं मम ।
वयं हि भवतो दासा वयमेव सहायकाः ॥ 65/1447

✍ दोहा॰ "सुनो न इनका, ये सभी, पांडव पैरोकार ।
देंगे हित हम ही तुम्हें, तुम्हें हमीं से प्यार" ॥ 174/1779

(धृतं विदुर उवाच)

🕉 विदुर आह राजानं बन्धो शृणु वचो मम ।
कौरवास्ते यथा पुत्राः-तथैव पाण्डवाः सुताः ॥ 66/1447

✍ दोहा॰ विदुर कहे धृतराष्ट्र से, "सुन भाई! मम बात ।
कौरव जस तव पुत्र हैं, पांडव भी हैं, तात! ॥ 175/1779

🕉 कर्णशकुनिदुर्योधा मूर्खा मूढाश्च दुर्जनाः ।

---

[20] 🎵 **पीयूषवर्ष छन्द** : इस 19 मात्रा वाले पौराणिक छन्द के अन्त में एक लघु और एक मात्रा आती है । इसका लक्षण सूत्र 10, 6 + |ऽ इस प्रकार होता है ।

▶ लक्षण गीत : ✍ दोहा॰ मत्त उन्नीस में जहाँ, लघु गुरु मात्रा अंत ।
दसवीं पर यति से बने, "पीयूषवर्ष" छन्द ॥ 176/1779

विपरीता मतिस्तेषां नास्ति सा हितदायिका ।। **67**/1447

✍दोहा॰ "दुर्योधन शकुनी सभी, कपट कुमति भँडार ।
विपरीत उनकी बुद्धि है, सद्‌गुण के कंगाल" ।। **177**/1779

(सञ्जय उवाच)

ॐ उवाच सञ्जयः स्वामिन्-कुरु कर्म तदेव त्वम् ।
जनैर्यत्सुकृतं ज्ञातं, कुकर्म परिवर्जयेत् ।। **68**/1447

✍दोहा॰ धृत को संजय ने कहा, "स्वामी! सुनिए बात ।
पुण्य कर्म में लाभ है, पाप करेगा घात ।। **178**/1779

ॐ लिखितं येन दुर्भाग्यं स्वललाटे कुकर्मभिः ।
ऋजुमार्गं शुभं त्यक्त्वा वाममार्गं स गच्छति ।। **69**/1447

✍दोहा॰ "सीधा पथ जब सामने, क्यों लें उल्टी राह ।
उल्टा पथ वो ही धरे, जिसे मरण की चाह ।। **179**/1779

"शाँति मार्ग जब सामने, लड़ने का क्या काम ।
अशाँति पथ से वो चले, जिसे नरक हो धाम ।। **180**/1779

ॐ लब्ध्वाऽपि कृष्णसङ्गं वै शकुनिं हि वृणोति सः ।
दुर्जना बान्धवास्तस्य यो न वाञ्छति सज्जनान् ।। **70**/1447

✍दोहा॰ "कृपा कृष्ण की जब हमें, तब क्यों शकुनी-साथ ।
सुजन संग जब है मिला, क्यों हो दुर्जन नाथ ।। **181**/1779

ॐ स्वामिन्नादति सद्धर्मः कपटं कर्म वर्जयेत् ।
दुराचारं महापापं सर्वजनविनाशकम् ।। **71**/1447

✍दोहा॰ "सदाचार कहता सदा, रहो कपट से दूर ।
पाप मार्ग अपनाइके, होगे चकनाचूर" ।। **182**/1779

♫ संगीत-गीता-दोहावली छन्दमाला, मोती 17 of 136

लीला छन्द[21]

---

[21] ♫ **लीला छन्द** : इस 24 मात्रा वाले अवतारी छन्द के अन्त में स गण आता है । इसका लक्षण सूत्र 7, 7, 6 + ।। ऽ इस प्रकार है ।

7, 7, 6 + ।। ऽ

(संजय बोले)

धृतराष्ट्र से, संजय कहे, सुनिए मम कहना ।
स्वामी! कर्म, छल से परे, हमको है रहना ।। 1
सद्धर्म है, नर के लिए, सर्व श्रेष्ठ गहना ।
सत्पुरुष वो, जिस मनुज ने, शाँति वेश पहना ।। 2

(शकुनिं सनत्सुजात उवाच)

आह सनत्सुजातश्च शकुनिं वचनं शृणु ।
स्वं तु कुलमनश्यस्त्वम्-एतेषां मा विनाशय ।। 72/1447

दोहा॰ शकुनि को फिर प्रेम से, बोले सनत्सुजात[22] ।
"अपना सब तू खो चुका, इनका मत कर घात ।। 183/1779

दम्भो दर्पो मदो गर्वः-छद्म द्यूतं छलं बलम् ।
अत्याचारश्च कापट्यं कौरव स्तेयमुच्यते ।। 73/1447

दोहा॰ "दंभ कपट छल द्यूत हैं, सब चोरी के काम ।
खल बल अत्याचार से, दुर्जन है बदनाम ।। 184/1779

(सुभाषिते)

श्वः कार्यं कुरुतादद्य दीर्घसूत्री विनश्यति ।
यस्य नास्ति भयं कालात्-कथं राज्यं करिष्यति ।। 74/1447

दोहा॰ "कल जो करना काम है, करो पूर्ण वो आज ।
कल की चिंता जो करे, वही कर सके राज ।। 185/1779

पयः पीत्वाऽपि मर्त्यः स रक्तं यस्य विषं गतम् ।
लब्ध्वाऽपि स्वर्गराज्यं स मृत्युसंसारमिच्छति ।। 75/1447

दोहा॰ "अमृत पी कर मर्त्य वो, जिसमें विष की दाह ।
स्वर्ग द्वार खुल कर उसे, मृत्युलोक की चाह" ।। 166/1779

▶ लक्षण गीत : **दोहा॰ मत्त चौबीस से बना, लघु लघु गुरु से अंत ।**
सप्तम चौदश मत्त पर, यति का, "लीला" छंद ।। 187/1779

[22] **Sanatsujāt :** *Sanatsujāt was one of the four Sanatkumārs, the other three being Sanak, Sanandana and Sanātana. Sanatkumārs are the sons of Brahma, born from his mind.*

(दुर्योधं विदुर उवाच)

उवाच विदुरो ज्ञानी दुर्योधन वचः शृणु ।
ईर्ष्यां मा कुरु पार्थाय युधिष्ठिराय त्वं सदा ।। 76/1447

दोहा॰ दुर्योधन को विदुर जी, बोले सच्ची बात ।
"धर्मराज अविजेय है, उससे मत लड़, तात! ।। 188/1779

स्वयं कृष्णः सखा तस्य त्वमरिं मन्यसे हरिम् ।
अस्मिन्स्थितौ कथं पार्थं योत्स्यसे त्वं युधिष्ठिरम् ।। 77/1447

दोहा॰ "संग धर्म को, कृष्ण का, तुझको उनसे बैर ।
उनसे लड़कर, हे सखे! तेरी नहिँ है खैर ।। 189/1779

शान्तिर्दद्याद्यदा सिद्धिम्-अशान्तिं तु वृणोति सः ।
आत्मघाते रुचिर्यस्य बुद्धिस्तस्य निरर्थका ।। 78/1447

दोहा॰ "संग धर्म को, कृष्ण का, तुझको उनसे बैर ।
उनसे लड़कर, हे सखे! तेरी नहिँ है खैर ।। 190/1779

सन्ध्या हितं नु ज्ञात्वाऽपि युद्धं कर्तुं स चेष्टते ।
कुलध्वंसस्य बीजं यो नाशस्तस्य सुनिश्चितः ।। 79/1447

दोहा॰ "संधि में जब है भला, कहे युद्ध की भाष ।
कुल विनाश का बीज वो, निश्चित उसे विनाश ।। 191/1779

संगीत-गीता-दोहावली गीतमाला, पुष्प 25 of 205

शांति

राग : रत्नाकर, 8 मात्रा

स्थायी

निश दिन तन में शांति हो, लड़ने का नहिं काम ।
जन गण मन में क्रांति हो, शांति जगत कल्याण ।।

♫ सानि़ सासा गरे सानि़ सा-रेम ग-, गममग पम गरे सा-सा ।
सासा रेरे गग म- प-मग रे-, प-म गरेरे गरेसा-सा ।।

अंतरा-1

ऋषि गुरु ज्ञानी लाये हैं, शांति का पैगाम ।

शांति ब्रह्म अरु सत्य है, शांति है भगवान ।।

♫ रेरे गग म-प- म-ग म-, प-म- ग- रे-ग- ।

प-म गग रेरे ग-रे म-, प-मग रे- गरेसा- ।।

अंतरा-2

शांति प्रेम है प्यार भी, शांति पुण्य का नाम ।

शांति स्नेह की सादगी, शांति है वरदान ।।

अंतरा-3

शांति कला अनिवार्य है, शांति चैन का धाम ।

शांति गुणों में श्रेष्ठ है, शांति आत्म का ज्ञान ।।

अंतरा-4

शांति धर्म का कर्म है, शांति है सत् नाम ।

शांति ध्येय का श्रेय है, शांति है अभियान ।।

अंतरा-5

शांति लाभ का बीज है, शांति सीताराम ।

शांति त्राण की चीज है, शांति राधेश्याम ।।

अंतरा-6

शांति शांति शांति हो, शांति चारों याम ।

शांति सर्व॰ शांति हो, शांति स्वर्ग का यान ।।

(अपि च)

ॐ यस्मिन्मार्गे भवेत्सिद्धिः-मार्गमन्यं स गच्छति ।
अधर्मस्य वशे यस्तु धर्मस्तस्मिन्हि निर्बलः ।। **80**/1447

✍दोहा॰ "सिद्धि सुगम जब सुलह से, चले अन्य वो मार्ग ।
जिसे घृणा है धर्म से, अधर्म से है राग ।। **192**/1779

ॐ सर्व ऊचुर्यदा शान्तिं हिंसामेव स वाञ्छति ।
आत्मघाते सुखं यस्य सर्वघाती स उच्यते ।। **81**/1447

✍दोहा॰ "शाँति सभी ने जब कही, चले युद्ध की ओर ।

आत्मघात से ना डरे, वही दुष्ट है घोर ।। 193/1779

यदा सन्तस्तु शिक्षन्ते कर्णौ सुप्तौ करोति यः ।
शुभशब्दे घृणा तस्य सुखशान्त्योर्भयस्तथा ।। 82/1447

दोहा॰ "सुजान सुवचन जब कहे, बंद करे वह कान ।
शुभ शब्दों से चिढ़ जिसे, दुख में उसके प्राण ।। 194/1779

सुरसङ्गं च त्यक्त्वा यो सदाऽसुरवदाचरेत् ।
अहङ्कारो महापापो हिंसाचारः स उच्यते ।। 83/1447

दोहा॰ "संग सुरों का छोड़ कर, असुरों से हो प्रीत ।
दुष्ट जनों की वह सुने, अशाँति का जो मीत ।। 195/1779

(और भी)

क्रोधपृक्तं मनो यस्य सद्वाचायाः पराङ्मुखम् ।
रोचते यं न सत्कर्म मन्त्रणा तं न रोचते ।। 84/1447

दोहा॰ "जिसके मन में क्रोध है, सत् वचनों से बैर ।
सुरपुर में रहते हुए, रखे नरक में पैर ।। 196/1779

शिरसि प्रेङ्खते खड्गे दुर्मेधसा स तिष्ठति ।
पापफलैर्हि तृप्तः स पुण्यफलं च नेच्छति ।। 85/1447

दोहा॰ "सिर पर लटका खड्ग हो, भरे नींद में रैन ।
सिर पर गठरी पाप की, उसे कलुष में चैन ।। 197/1779

सख्यं शक्त्वाऽपि सम्भाव्यं क्रोधाग्नौ स ज्वलिष्यति ।
यस्य कायस्तमोयुक्तः-विषं पातुं न भेष्यति ।। 86/1447

दोहा॰ "सदाचार जे छोड़ कर, भरे डाह की आग ।
तन में तामस हो भरा, विष में जिसका राग ।। 198/1779

प्राप्य गङ्गापयः पातुं विषं पातुं स निर्भयः ।
पुण्यं न लिखितं भाग्ये पापे मृत्युः सुनिश्चितः ।। 87/1447

दोहा॰ "पीने गंगा नीर हो, फिर भी विष की प्यास ।
पुण्य नहीं हो भाग्य में, उसे पाप का पाश ।। 199/1779

साधुसङ्गं परित्यज्य तस्मै दुष्टजना वराः ।

विघ्नचिह्नं न यो वेत्ति हितं न प्रतिपद्यते ।। **88**/1447

✍दोहा॰ "तज कर सज्जन संग को, धरे दुष्ट का हाथ ।
संकट से जो ना डरे, विनाश उसके साथ ।। **200**/1779

ॐ विवृते स्वर्गद्वारेऽपि रसातलं स गच्छति ।
लयकाले वृथा बुद्धिः सुमतेर्मूर्ध्नि तिष्ठति ।। **89**/1447

✍दोहा॰ "दुआर मिल कर स्वर्ग का, जिसे नरक की चाह ।
विनाश जिसका हो लिखा, चले पतन की राह" ।। **201**/1779

♫ संगीत-गीता-दोहावली छन्दमाला, मोती 18 of 136

नाग छन्द[23]

10, 8, 4 + ऽ।

(विदुर बोले)

ज्ञानी विदुर कहे, दुर्योधन को, सुनो हमार ।
सुमिरण में धरियो, नियम नीति के, धार्मिक चार ।। 1
अहिंसा तितीक्षा, दया क्षमा के, ही आधार ।
मिलेगा स्वर्ग का, शाश्वत मंगल, अपिहित द्वार ।। 2

(श्रीकृष्णसञ्जययोः संवादः)

ॐ सञ्जयमाह श्रीकृष्णः शान्तिमार्गं वदामि त्वाम् ।
शान्तिं तामहमिच्छामि सम्मानं या च दास्यति ।। **90**/1447

✍दोहा॰ संजय से हरि ने कहा, "सुनो शाँति की रीत ।
आदर के सह सुलह हो, तभी सुलह में जीत" ।। **202**/1779

ॐ प्रभो वदसि सत्यं त्वम्-उवाच सञ्जयस्ततः ।
अशान्तिदायकं निन्द्यं पुण्ये पापस्य शासनम् ।। **91**/1447

✍दोहा॰ संजय बोला कृष्ण से, "सत्य तिहारे बोल ।

---

[23] ♫ **नाग छन्द** : इस 25 मात्रा वाले महाअवतारी छन्द के अन्त में गुरु लघु मात्रा आती हैं । इसका लक्षण सूत्र 10, 8, 4 + ऽ। इस प्रकार है ।

▶ लक्षण गीत : ✍ **दोहा॰ मत्त पच्चीस से बना, गुरु लघु मात्रा अंत ।
दश अष्टादश यति जहाँ, वही "नाग" है छंद** ।। 203/1779

राज्य पुण्य पर पाप का, होता मिट्टी मोल" ।। 513/1779

♫ संगीत-गीता-दोहावली छन्दमाला, मोती 19 of 136

सुमेरु छन्द[24]

। ऽ ऽ + 7, 2 + । ऽ ऽ अथवा । ऽ ऽ + 5, 4 + । ऽ ऽ

(संजय से कृष्ण बोले)

सुनो रे, संजय दूत! कृष्ण बोले ।
बताओ, अंध नृप को, नैन खोले ।। 1
कहो, "ये, कपट का ना, कलुष घोले ।
अहिंसा, सम्मान से, शाँति तौले" ।। 2

बताऊँ, मार्ग अब मैं नीति वाला ।
जिससे, किसी का मुख, हो न काला ।। 3
"हटाओ, अंध कुनीति, अवनिपाला! ।
जगाओ, धर्म-सुनीति, का उजाला" ।। 4

संगीत-गीता-दोहावली गीतमाला, पुष्प 26 of 205

धर्म का विलाप

स्थायी

सुनो रे सखे, धर्म का आर्त विलाप ।

♫ सानि़ सा गरे-, गगग ग प-म गरे-रे ।

अंतरा-1

फूट-फूट कर रुदन ये इसका, दम घुटने का सुनो रे सिसका ।
पुण्य के सिर पर पाप चढ़ा है, दंभ से, अनीति का है मिलाप ।।

---

[24] ♫ **सुमेरु छन्द** : इस 19 मात्रा वाले महापौराणिक छन्द के आदि में लघु और अन्त में य गण उत्तम होता है । अन्त में ज, र, त या म गण नहीं हो । इसका लक्षण सूत्र । ऽ ऽ + 7, 2 + । ऽ ऽ अथवा । ऽ ऽ + 5, 4 + । ऽ ऽ इस प्रकार है ।

▶ लक्षण गीत : ✍ **दोहा॰ जहाँ मत्त उन्नीस हों, लघु आदि, य गण अंत ।**
अंतिम ज, र, त, म ना कभी, जानो "सुमेरु" छंद ।। 204/1779

♫ सा–रे ग–ग गग रेगम प मगरे–, सासा रेरेग– म– पम– ग रेरेग– ।
ग–ग ग मम मम ध–प पग– म–, ध–प म–, गग–म– प– म गरे–रे ।।

अंतरा–2

अपमानित सम्मान झुका है, सदाचार का काम रुका है ।
अनाचार सब ओर बढ़ा है, जन गण तन मन में संताप ।।

अंतरा–3

सत् के माथे दाग लगा है, पग–पग पर दिन–रात दगा है ।
प्रश्न गहन अब आन पड़ा है, कैसे नष्ट करें ये पाप ।।

(दुर्योधनं शकुनेर्मन्त्री कणिक उवाच)

ॐ **कणिकेन स प्रोद्दीप्तो मूढो दुर्योधनस्ततः ।**
छलं बलं किमर्थं ते प्रयोगं न करोषि चेत् ।। 92/1447

दोहा॰ **दुर्योधन को कणिक ने, करने को गुमराह ।**
बोला, "छल से काम लो, यह है यश की राह ।। 205/1779

ॐ **शल्यं सूक्ष्मं तनोर्ज्ञात्वा नोत्सारणं हि दोषवत् ।**
पूतिर्भूत्वा तनुं व्याप्य तद्विषस्य हि कारणम् ।। 93/1447

दोहा॰ **"बल तेरा किस काम का, किया अगर न प्रयोग ।**
तिनका पीड़ाहीन भी, देगा विष का रोग ।। 206/1779

ॐ **अग्नेः सूक्ष्मः कणश्चापि दावाग्नेर्मूलमुच्यते ।**
शत्रुपक्षे दया तद्वद्–आत्मघातस्य कारणम् ।। 94/1447

दोहा॰ **"चिनगी[25] छोटी ही सही, वनाग्नि का है बीज ।**
बैरी पर करना दया, आत्मघात की चीज ।। 207/1779

ॐ **दर्शयित्वा बलं शत्रुं गूहयित्वा छलं तथा ।**
ध्येयसिद्धिं समाधातुं राज्यं सम्पादितं कुरु ।। 95/1447

दोहा॰ **"रख कर मतलब ध्यान में, बढ़ो कपट से, तात! ।**
शक्ति–युक्ति की चाल से, करदो उनका घात ।। 208/1779

---

[25] **चिनगी** : चिनगारी ।

ॐ बलेन पाण्डवा वध्याः शठेन ह्यथवा सखे ।
नोचेत्स जीवितो भीमो राज्याय योत्स्यते तु श्वः ।। **96**/1447

दोहा॰ "मारो पांडव छल किए, या फिर बल के साथ ।
भीम करेगा अन्यथा, हमसे दो–दो हाथ ।। **209**/1779

ॐ अर्जुनादपि भीतिर्नो बलं तस्य भयङ्करम् ।
भीमस्तु रक्षकस्तस्य तस्माद्वध्यो वृकोदरः ।। **97**/1447

दोहा॰ "अर्जुन से भी डर हमें, भीम उसे रखवार ।
पहले वध हो भीम का, फिर अर्जुन पर वार" ।। **210**/1779

(कर्णदुर्योधनयोः संवादः)

ॐ कर्णो दुर्योधनं शीघ्रं प्राबोधयच्च दारुणम् ।
अर्धं चतुर्थराज्यं वा बन्धो जातु न देहि तान् ।। **98**/1447

दोहा॰ दुर्योधन को कर्ण ने, दिया सखत उपदेश ।
"पांडव को तू भूमि का, मत देना लव लेश" ।। **211**/1779

ॐ कुकर्म स्यादधर्मो वा दद्या भूं वा धनं न तम् ।
युधिष्ठिरं विनायुद्धं त्वं दुर्योधन भारतम् ।। **99**/1447

दोहा॰ दुर्योधन ने कर्ण का, मान लिया आदेश ।
"बिना लड़ाई धर्म को, नहीं मिलेगा देश ।। **212**/1779

"ना आधा ना चौथ भी, मिले धर्म को राज ।
लड़ कर हमरी जीत है, यही सही अंदाज" ।। **213**/1779

(युधिष्ठिर उवाच)

ॐ अर्धराज्याधिकारो नो युद्धं नेच्छामि बान्धवाः! ।
दुःखेन पाण्डवानाह कुन्तीपुत्रो युधिष्ठिरः ।। **100**/1447

दोहा॰ सुन कर दुर्योधन का कहा, धर्मराज को खेद ।
"पी लें हम अभिमान को, बिना किसी भी स्वेद ।। **214**/1779

"अर्ध राज्य अधिकार है, लड़ने का क्या काम ।
हम लाएँगे राज्य में, शाँति का पैगाम" ।। **215**/1779

ॐ अर्धं नेच्छति दातुं चेद्–दद्याद्ग्रामान्स पञ्च नः ।

दुर्योधनो विना युद्धं, युद्धे सर्वं हि नश्यति ।। 101/1447

दोहा० फिर वह बोला रंज से, "हम शाँति के नाम ।
अर्ध राज्य यदि ना मिला, लेंगे पाँच हि ग्राम" ।। 216/1779

♪ संगीत-गीता-दोहावली छन्दमाला, मोती 20 of 136

सगुण छन्द[26]

। + 14 + ।S।

(युधिष्ठिर बोले)

युधिष्ठिर ने दुर्योधन को उवाच ।
"हमको पाँच ग्राम का दो तुम राज ।। 1
बुझाओ कुल कलह की यह कटु आग ।
मत दो अपनी परंपरा पर दाग" ।। 2

 संगीत-गीता-दोहावली गीतमाला, पुष्प 27 of 205

(दुर्योधन के हठ की कथा)

स्थायी

स्वरदा ने सुंदर गाया है, नारद ने साज बजाया है ।
रतनाकर गीत रचाया है ।।

♪ सानि़सा– ग़रे सा-नि़नि़ सा-रेम ग़-, गममग़ पम ग़-रे सासा-रेम ग़- ।
ग़गरेसासासा रे-ग़ मग़रेसानि़ सा- ।।

अंतरा-1

कौरव को भीष्मादिक बोले, धन संपद् तू आधी ले ले ।
कृप द्रोण विदुर संजय बोले, लड़ने का तू विष क्यों घोले ।
समझौते का क्षण आया है ।।

♪ प-मरे म- प-पमपनि़ धपप-, पप मग़गसा साग़ मपग़रे सानि़सा- ।
सानि़ सा-ग़ रेसासा सानि़सासा रेमग़-, सानि़सा- ग़रे सा- नि़नि़ सा- रेमग़- ।

---

[26] ♪ **सगुण छन्द** : इस 19 मात्रा वाले महापौराणिक छन्द के आदि में लघु और अन्त में ज गण आता है । इसका लक्षण सूत्र । + 14 + ।S। इस प्रकार है ।

▶ **लक्षण गीत : दोहा०** मात्रा लघु हो आदि में, लघु गुरु लघु से अंत ।
मत्त उन्नीस से बना, कहो "सगुण" है छंद ।। 217/1779

गगरेसासा- रे- गम गरेसानि सा- ।।

अंतरा-2

जब शाँति का पथ आगे है, तब विपरीत क्यों तू भागे है ।
यह जो तेरी कटु भासा है, सब कुल का उसमें नासा है ।
दुर्योधन बूझ न पाया है ।।

अंतरा-3

दुर्योधन बोला, "नहिँ दूँगा, ये सारी संपद् मैं लूँगा ।
सूचिऽ बींधे भूमिऽ जितनी, नहिँ दूँगा मैं उनको उतनी" ।
लड़ कर उनका हि सफाया है ।।

6. दुर्योधन के अज्ञान की कथा :

संगीत-गीता-दोहावली छन्दमाला, मोती 21 of 136

गाथछन्दः

ऽ ।ऽ, । ।ऽ, ऽ ऽ - ऽ ऽ ऽ, । ।ऽ, ।ऽ

दुर्योधन उवाच

नास्ति योग्यविचारी यो, धर्मे नास्ति च भावना ।
रागक्रोधघृणायुक्तो, निर्लज्जो हि सदा सुखी ।। 1

धर्मकर्मणि यं श्रद्धा, व्यर्थं तस्य हि जीवनम् ।
तस्य नास्ति सुखं सिद्धिः, निर्लज्जो हि सदा सुखी ।। 2

(दुर्योधन उवाच)

श्रुत्वा तु धर्मराजं तम्-आह दुर्योधनस्तदा ।
राज्यं ममास्ति कृत्स्नं भोः पञ्चग्रामान्न प्राप्स्यसे ।। 102/1447

दोहा॰ सुन कर कहना धर्म का, बोल पड़ा दुर्योध ।
"पाँच ग्राम ना दूँ कभी, तुझको करूँ विरोध ।। 218/1779

"यह भी मेरा राज्य है, वह भी मेरा राज ।

संपद् मेरी है सभी, मैं राजा हूँ आज ।। 219/1779

सूक्ष्माऽणिर्भिद्यते यावत्-सूचेर्भूमिं युधिष्ठिर ।
तावदपि न दास्यामि भूमिकणं कदाऽपि त्वाम् ।। 103/1447

दोहा॰ "अणी सूक्ष्म सी सूचि की, करे भूमि में छेद ।
उतनी भी ना दूँ तुम्हें, यही जान लो भेद ।। 220/1779

संगीत-गीता-दोहावली छन्दमाला, मोती 22 of 136

तिलोकी छन्द[27]

8 + 8 + 5

(दुर्योधन बोला)

सूचि का अग्र, बींधती भूमि, यावत् हि ।
तुमको कभी न, दूँ पांडव! मैं, तावत् हि ।। 1
मारूँगा सब, पांडव रण में, अजय मैं ।
हारूँगा ना, पाऊँ उन पर, विजय मैं ।। 2

हनिष्यामो वयं सर्वान्-नाशयिष्यामि पाण्डवान् ।
त्वं वा कोऽपि न शक्नोति रोद्धुमस्मान्युधिष्ठिर ।। 104/1447

दोहा॰ "मरवाँरूगा मैं तुम्हें, मारूँगा मैं आप ।
रोक सकेगा को मुझे, सबको दूँगा ताप ।। 221/1779

योत्स्यसे वा न वा बन्धो मरणं निश्चितं तव ।
सूचनां स्पष्टशब्देभ्यः पूर्वमेव ददामि त्वाम् ।। 105/1447

दोहा॰ "लड़ना चाहो या नहीं, युद्ध तुम्हें अनिवार ।
सुनलो तुम चेतावनी, होजाओ तैयार" ।। 222/1779

(दुर्योधस्य कुमतिः)

अथ दूर्योधनो मूढो धर्मं वचनमब्रवीत् ।

---

[27] **तिलोकी छन्द** : 21 मात्रा वाला यह महादैशिक तिलोकी छन्द चौपाई में पाँच मात्रा मिलाकर होता है । इसका लक्षण सूत्र 8, 8, + 5 इस प्रकार है ।

▶ लक्षण गीत : **दोहा॰ मत्त इक्कीस से बना, अष्टम् पर विश्राम ।
सोलह घन कल पाँच का, छंद "तिलोकी" नाम ।। 223/1779**

शृणु ज्ञानं परं गुह्यं मम मुखाद्युधिष्ठिर ।। 106/1447

✍दोहा॰ इतना कह कर मूढ़ ने, व्यक्त किया अज्ञान ।
दुर्योधन ने बक दिया, अपना उल्टा ज्ञान ।। 224/1779

ॐ "अल्पं प्राप्य च तृप्तो यो न स प्राप्नोति वैभवम् ।
दया चिन्ता क्षमा शान्तिः–दास्यन्ति न यशस्सुखे ।। 107/1447

✍दोहा॰ "थोड़े में ही तृप्त जो, नर वह वैभव हीन ।
दया क्षमा डर शाँति से, मिले न यश सुख चैन ।। 225/1779

ॐ "मोदे सुखे च मत्तो यः प्रमादे च रतः सदा ।
ईर्ष्या क्रोधस्तमो यस्य, दुःखानि न कदाऽपि तम् ।। 108/1447

✍दोहा॰ "मोद सुखों में मत्त जो, छल प्रमाद में मस्त ।
डाह क्रोध में रत सदा, वही सुखों से ग्रस्त ।। 226/1779

ॐ "धर्मकर्माणि मूर्खाणां सर्वे चैव मनोरथाः ।
हठी दुराग्रही धृष्टः पुरस्सरति सर्वदा ।। 109/1447

✍दोहा॰ "धर्म–कर्म सब व्यर्थ हैं, मूढ़ जनों के काम ।
दुराग्रही शठ दुष्ट जो, जग में उनका नाम ।। 227/1779

ॐ "ज्ञानमेतन्मया प्रोक्तं स्मरणीयं च प्रेरकम् ।
खेदं भयं च हानिं च शोकं दुःखं च हन्ति तत् ।। 110/1447

✍दोहा॰ "ज्ञान यही मम लाभ का, सदा रखो तुम याद ।
शान मान फल संपदा, देता है उन्माद ।। 228/1779

ॐ "मानं धनं च गर्वं च सुखं यशो हठं मदम् ।
छलं बलं हितं हर्षम्–अहङ्कारं च दास्यति ।। 111/1447

✍दोहा॰ "बड़ा प्रभावी ज्ञान ये, देता है कल्याण ।
अहंकार सुख हित करे, शोक दुखों से त्राण ।। 229/1779

ॐ "चिन्ताङ्करोति सर्वेभ्यो दुःखी सदा नरो हि सः ।
निर्दयो निर्भयः स्वार्थी निर्लज्जो हि सदा सुखी" ।। 112/1447

✍दोहा॰ "पर हित में जो नित मरे, उसे शोक दुख पीर ।
निर्लज नर हरदम सुखी, कलियुग में वह धीर" ।। 230/1779

 संगीत-गीता-दोहावली गीतमाला,

विडंबना गीत
अज्ञानी दुर्योधन

स्थायी

मैं ही एक सयाना, बाकी, दुनिया उल्लू की पट्टी ।

♪ सा- रे- ग-ग मग-रे-, सा-सा-, रेरेरे- ग-ग- प- म-म- ।

अंतरा-1

मैं बलशाली, सबसे जाली । मैं हूँ ज्ञानी, बड़ा तूफानी ।
दुनिया वालों की सत्ती पे, होगी मेरी अट्टी ।।

♪ सा- सासारे-रे-, गमग- म-म- । प- ध- नि-ध-, निध- पम-प- ।
मगरे- सा-रे- ग- म-म- म-, रे-ग- म-प- म-म- ।।

अंतरा-2

मुझमें बुद्धि, मुझमें सिद्धि । होगी मेरी, निश दिन वृद्धि ।
चोर फरेबों की है टोली, करली मैंने कट्टी ।।

अंतरा-3

मैं हूँ नास्तिक, मन का मालिक । मुझको कुछ भी नहीं अनैतिक ।
कोई मेरा भेद न जाने, बंधी मेरी मुट्ठी ।।

अंतरा-4

(हे भगवान!)
दुष्ट बुद्धि ये क्यों हैं आते । भद्र जनों को जो तरसाते ।
या प्रभु! इसको दो सद्बुद्धि, या हो इनकी छुट्टी ।।

(धृतं गान्धार्युवाच)

🕉 दुर्योधनस्य ज्ञानस्य कौरवेषु स्तुतिर्बहुः ।
एकाक्षः पतिरन्धेषु वायसोऽवकरे सदा ।। 113/1447

✎दोहा॰ कौरव के अज्ञान से, दुष्ट जनों को प्रीत ।
काणों में अंधा सजे, कौवा गावे गीत ।। 231/1779

गांधारी धृतराष्ट्र से, बोली, "स्वामी! आप ।

सराहते हो पुत्र को, जो करता है पाप ।। 232/1779

ॐ पुत्रप्रेम्णा महाराज पापं पुत्रस्य शंससि ।
गान्धार्याहास्य पापस्य भवानेव हि कारणम् ।। **114**/1447

✍दोहा॰ "इस संकट के आप ही, स्वामी! सच्चे मूल ।
पाप-पुण्य में आप को, नजर न आवे भूल" ।। 233/1779

(अतो धृतराष्ट्रो नाटकं करोति)

ॐ नाहं राज्याधिकार्यासं राजपुत्रोऽपि त्वं नहि ।
सत्ता सा पाण्डुपुत्राणां सुत नीत्या च देहि तान् ।। **115**/1447

✍दोहा॰ सुन गांधारी का कहा, अंधा बोला बोल ।
नौटंकी की भाष में, विष में अमृत घोल ।। 234/1779

"ना ही नृप मैं वैध हूँ, ना दुर्योधन भूप ।
पांडव जानो सत्य हैं, सदाचार के रूप" ।। 235/1779

ॐ कुरुकुलस्य त्रातारो बान्धवाः खलु पाण्डवाः ।
पूर्णं वा राज्यमर्धं वा देहि तांस्त्वं विना युधम् ।। **116**/1447

✍दोहा॰ "कुरु-कुल के रखवाल हैं, सज्जन पांडव आज ।
पूर्ण नहीं तो अर्ध ही, दे दो उनको राज" ।। 236/1779

(परन्तु)

ॐ द्विधावाची द्विधाजिह्वी मिथ्या पाण्डवरक्षकः ।
मधु वामे च जिह्वाग्रे दक्षिणे तु हलाहलम् ।। **117**/1447

✍दोहा॰ दो जिह्वी वह साँप है, धूत नौटंकीखोर ।
मीठी वाणी वाम पर, विष दक्षिण पर घोर ।। 237/1779

ॐ नृपः स नाटकं कुर्वन्-दुःखेषु वत पाण्डवाः ।
यद्यपि स प्रजापालः प्रजायाः खलु घातकः ।। **118**/1447

✍दोहा॰ अंधा नाटक खेलता, बन कर जनपद-नाथ ।
पांडव दुख थे झेलते, दुर्योधन के हाथ ।। 238/1779

संगीत-गीता-दोहावली गीतमाला, पुष्प 29 of 205

दुष्ट लोग

स्थायी

कहाँ से लोग आते हैं, जहाँ में दुष्ट ये सारे ।
करें तो क्या करें इनका, यहाँ के लोग बेचारे ।।

♫ मग- रे- म-ग- रे-सारे ग-, पम- ग- प-म ग- रे-सा- ।
रेग- म- नि- धप- ममप-, मग- रे- म-ग रे-गरेसा- ।।

अंतरा-1

सताने साधु जन गण को, सयाने लोग पावन को ।
दीवाने कंस रावण से, असुर ये कुमति के मारे ।
जहाँ में क्यों कर आते हैं, ये पापी हृदय के कारे ।।

♫ सानि़सारे- म-ग रेसा रेग म-, पम-ग- म-ग रे-सासा रे- ।
सारे-ग- म-प ध-निध प-, सांनिध प- निधप म- प-ध- ।
पम- प- म- ग- रे-ग- म-, प म-ग- ममग रे- गरेसा- ।।

अंतरा-2

चुराने अनघ सीता को, भगाने जगत माता को ।
सभा में करुण द्रौपदी को, लजाने अपनी भाभी को ।
न जाने क्यों ये आते हैं, कलंकी कुल के ये सारे ।।

अंतरा-3

लड़ाने भाई भाई से, लुटाने घर तबाही से ।
शकुऽनिऽ की फरेबी से, मिटाने कुल खराबी से ।
बचा रे, ओ हरि प्यारे! हमारे नैन के तारे! ।।

संगीत-गीता-दोहावली गीतमाला, पुष्प 30 of 205

(दुर्योधन के अज्ञान की कथा)

स्थायी

स्वरदा ने सुंदर गाया है, नारद ने साज बजाया है ।
रतनाकर गीत रचाया है ।।

♫ सानि़सा- गरे सा-नि़नि़ सा-रेम ग-, गममग पम ग-रे सासा-रेम ग- ।

गगरेसासासा रे-ग मगरेसानि़ सा- ।।

अंतरा-1

"जो लड़ते है वे बढ़ते हैं, जो डरते हैं वे मरते हैं ।
मैं शाँतिऽ पथ क्यों अपनाऊँ, मैं धर्म-कर्म को दफनाऊँ" ।
ये दुर्योधन बतलाया है ।।

♫ प- मरेम- प- पम पनिधप प-, प- मगगसा साग मप गरेसानि़ सा- ।
सानि़ सा-गरे सासा नि़- सासारेमग-, सानि़ सा-ग रे-सा नि़- सासारेमग- ।
ग- रेसासा-रेरे गमगरेसानि़ सा- ।।

अंतरा-2

"जब शाँतिऽ कभी न जीती है, तब लड़ने में क्या भीतिऽ है ।
सब पांडव को मैं मारूँगा, मैं उनसे कभी न हारूँगा ।
ये मैंने भाग्य लिखाया है ।।

अंतरा-3

"सद् धर्म-कर्म सब बातें है, जप-तप नर मूढ़ मनाते हैं ।
मद मान डाह चारों यामा, हठ शठ छल बल आवे कामा ।
ये कलियुग सूत्र कहाया है" ।।

गीता दोहावली
चतुर्थ तरंग

7. कौरवों को दिये हुए उपदेशों की कथा :

♫ संगीत-गीता-दोहावली छन्दमाला, मोती 23 of 136

वसंततिलका छन्द

ऽ ऽ।, ऽ।।, ।ऽ।, ।ऽ।, ऽ ऽ

♫ सा-नि़- सा रे-रे सारे ग-, मगरे-ग रे-सा- ।

(उपदेश)

आधा हि शासन तुम्हें, अधिकार जानो ।
आधा उन्हें विभव का, अधियार मानो ।। 1
बोले सभी, "सुलह ये, यदि ना करोगे ।
क्या धर्म है समझ लो, वरना मरोगे" ।। 2

(सुतं गान्धार्युवाच)

ॐ दुर्योधनं च गान्धारी वचनमब्रवीदिदम् ।
सुत शृणूपदेशं मे नूनं हि शकुनेर्वरम् ।। **119**/1447

दोहा॰ दुर्योधन को प्रेम से, माता बोली, तात! ।
अगर शकुनि से शुभ लगी, सुनलो मेरी बात ।। 239/1779

(सूक्तिः)

ॐ अलं स्वप्नेन राज्यस्य राज्यमेवं न लभ्यते ।
युद्धाऽपि च जयं तस्मात्-निश्चितं नास्ति पुत्रक ।। **120**/1447

दोहा॰ "स्वप्न मात्र से ना मिले, राज्य कभी भी, तात! ।
लड़ कर भी, सुत! जय मिले, निश्चित नहिं है बात ।। 240/1779

ॐ निश्चयो यदि ते युद्धे युध्यस्व शत्रुनात्मकान् ।
देहे तिष्ठन्ति ते गुप्ता भ्रामयन्ये मतिं तव ।। **121**/1447

दोहा॰ "लड़ने का यदि मन करे, लड़लो उनसे, तात! ।
जो बैरी तन में छुपे, राग-क्रोध दिन रात ।। 241/1779

ॐ जित्वा क्रोधं मदं कामम्-अहङ्कारं च वासनाम् ।
सुखं राज्यं धनं मानं यशः प्राप्नोषि कौरव ।। **122**/1447

दोहा॰ "दंभ काम मद वासना, अहंकार के रोग ।
हट जाएँगे जब सभी, करो राज्य का भोग ।। 242/1779

ॐ इच्छसि यदि राज्यं त्वं भूमौ स्वर्गात्मकं सुत ।
सम्पदं देहि तेभ्यस्तान्-राज्यमर्धं गृहाण त्वम् ।। **123**/1447

दोहा॰ "यदि चाहो सुख राज्य के, स्वर्ग तुल्य सब भोग ।
दे दो उनकी संपदा, शम का किए प्रयोग ।। 243/1779

ॐ अतीतं विस्मृतं कृत्वा जनन्या वचनं शृणु ।

सङ्गे हितं हि सर्वेषाम्-असङ्गे क्षीयते कुलम् ।। **124**/1447

✍दोहा॰ "बीती को तुम भूल कर, सुनलो माँ की बात ।
शाँति से ही सुख मिले, अशाँति से है घात" ।। 244/1779

♫ संगीत-गीता-दोहावली छन्दमाला, मोती 24 of 136

विहारी छन्द[28]

14, 4 + ऽ ऽ

(गांधारी बोली)

सुत दुर्योधन से बोली, माँ गांधारी ।
"बंद करो तुम करतूतें, सुत! ये कारी ।। 1
"लड़ने की यदि है तुझमें, इच्छा भारी ।
मार हटाओ मन से तुम, ईर्ष्या सारी" ।। 2

(सुतं कुन्त्युवाच)

ॐ कुन्ती युधिष्ठिरं ब्रूते, स्वर्गे गच्छन्ति धार्मिकाः ।
अधर्मचारिणां वासो निश्चितो नरके सदा ।। **125**/1447

✍दोहा॰ "कुन्ती बोली धर्म को, आर्य करो तुम काम ।
धार्मिक बसते स्वर्ग में, नरक अधम का धाम" ।। 245/1779

(सूक्तिः)

ॐ कालो वा कारणं राजा कलियुगस्य कारकः ।
जानीहि त्वं विना शङ्कां, "नृपः कालस्य कारणम्" ।। **126**/1447

✍दोहा॰ माता बोली धर्म को, तुम्हें न भ्रम हो, लाल! ।
"राजा करता काल को, या राजा को काल?" ।। 246/1779

सुनो सुभाषित, पुत्र! तुम, बिना किसी संदेह ।
"राजा कारण काल का, जस राजा तस गेह" ।। 247/1779

---

[28] ♫ **विहारी छन्द** : इस 22 मात्रा वाले महारौद्र छन्द के अन्त में दो गुरु मात्रा (ऽ ऽ) आती हैं । इसका लक्षण सूत्र 14, 4 + ऽ ऽ इस प्रकार है ।

▶ लक्षण गीत : ✍ **दोहा॰ मत्त बाईस से बना, दो गुरु कल से अंत ।
चोदह मात्रा पर यति, वही "विहारी" छंद** ।। 248/1779

तस्मादस्य नृपान्धस्य कुनीतिः कलिकारिका ।
अन्धनीतिं पदच्युत्य नीतेर्युगं पुनः कुरु ।। **127**/1447

दोहा॰ "धृत की अंधी नीति ही, इस कलिमल का मूल ।
अत: पुत्र! सत् युग किए, दूर करो यह शूल ।। **249**/1779

रणे त्वं कौरवाञ्जित्वा सम्प्रति हस्तिनापुरे ।
सद्भावं रामराज्यं च स्थापिते कुरु पाण्डव ।। **128**/1447

दोहा॰ "रण पर पाकर जीत तुम, करो राज्य उद्धार ।
साम दाम या दंड से, यथा उचित व्यवहार" ।। **250**/1779

संगीत-गीता-दोहावली गीतमाला, पुष्प 31 **of 205**

राजा, काल का कारण है

स्थायी

जन गण मन को जागृत करना, निश दिन जग में सुकृत भरना ।
राजा का है काम, "काल है राजा का परिणाम" ।।

निनि पप रेरे सा- ग-मंमं निधप-, गप गप धध ध- नि-निनि सांरेंसां- ।
निरेंसां- नि- सांनि ध-ध, "गमंध प- गमंधप मं- गरेसा-सा" ।।

अंतरा-1

एक काल में, राम था राजा, काल वो सत् युग सब जग जाना ।
सदाचार आदर्श बना कर, नीति का, राम दियो वरदान ।।

ग-मं प-प प-, मं-ध प मं-ग-, मं-मं मं पप पप धनि सांनि ध-प- ।
गरे-ग-ग मं-पप मंप- पप, मं-प ध-, नि-नि धप- रेरेसा-सा ।।

अंतरा-2

द्वापर गुजरा, कंस था आया, छल बल दल से प्रजा सताया ।
नीति नियम ने उसे हटाया, जगत का, कृष्ण कियो कल्याण ।।

अंतरा-3

कलियुग कारक, कौरव राजा, अंधनीति से खेल खिलाया ।
अधम करम को नीति बना कर, धरम का, नाम कियो बदनाम ।।

(युधिष्ठिरं द्रुपद उवाच)

ॐ उवाच द्रुपदो धर्मं शान्तिं नेच्छति कौरवः ।
आकर्णत्युपदेशान्स कर्णस्य शकुनेः सदा ।। **129**/1447

✍दोहा॰ द्रुपद राज ने फिर कहा, "दुर्योधन है मूढ़ ।
कर्ण-शकुनि की बात का, वह ना जाने गूढ़ ।। **251**/1779

ॐ अन्धस्तिष्ठति मौनेन पुत्रस्य सहते वचः ।
भीष्मादयोऽर्थदासाश्च करिष्यन्ति यथा धृतः ।। **130**/1447

✍दोहा॰ "अंधा राजा मौन ही, सहता सुत के पाप ।
अर्थदास गुरुजन सभी, बैठेंगे चुपचाप" ।। **252**/1779

(धृतं दुर्योधं च सात्यकिरुवाच)

ॐ अभणद्धृतराष्ट्रं च दुर्योधं सात्यकिस्ततः ।
अर्धं हि युवयोरस्ति तद्वत्तेषां च कौरवौ! ।। **131**/1447

✍दोहा॰ दुर्योधन को सात्यकी, बोला, सच्ची भाष ।
"लड़ कर तुमरी हार है, कुल का पूर्ण विनाश ।। **253**/1779

ॐ नोचेद्युद्ध्वा रणे सर्वे यूयं तत्र मरिष्यथ ।
अलं दुराग्रहेणातः सन्धिः श्रेष्ठा मतिर्मम ।। **132**/1447

✍दोहा॰ "तज दो हठ वह युद्ध का, मरण खड़ा है द्वार ।
समझौते में जीत है, दुराग्रहों में हार" ।। **254**/1779

(दुर्योधमर्जुन उवाच)

ॐ पार्थ उवाच दुर्योधं शृणु मे वचनं सखे ।
सदाऽहं चिन्तयामि यत्-करोषि त्वं छलं कथम् ।। **133**/1447

✍दोहा॰ दुर्योधन को पार्थ ने, कहा, "सुनो मम, भ्रात! ।
सब क्यों शठ कहते तुझे, सोचूँ मैं दिन-रात ।। **255**/1779

ॐ जना वदन्ति त्वां "दुष्टो, दुरात्मा दुर्दमः खलः ।
अधर्मी कुमतिः पापी दुर्बुद्धिर्घातकस्तथा" ।। **134**/1447

✍दोहा॰ "दुष्ट, दुरात्मा, घातकी, कहते तुझको लोग ।
कुमति, अधर्मी, पातकी, क्यों यह तुझको रोग? ।। **256**/1779

♪ संगीत-गीता-दोहावली छन्दमाला, मोती 25 of 136

सुखदा छन्द[29]

12, 8 + ऽ

(अर्जुन बोला)

अर्जुन दुर्योधन से, बोला, सुन भाई! ।
"क्यों करना चाहे तू, नित हाथापाई ।। 1
"जग सब कहता तुझको, खल शठ सौदाई ।
प्यारे! तज दे मन से, तू व्यर्थ लड़ाई" ।। 2

ॐ **अहङ्कारं तु स्वं त्यक्त्वा शृणु सत्यं वचः सखे ।**
वदन्ति गुरवः सर्वे श्रेष्ठानि वचनानि त्वाम् ।। 135/1447

✍दोहा॰ अहंकार तज दो, सखे! सत्य कहूँ मैं, भ्रात! ।
गुरुजन सज्जन संत भी, कहते हैं यह बात ।। 257/1779

ॐ **श्रुत्वा तानुपदेशांस्त्वं चेच्छान्तिं स्वीकरोषि त्वम् ।**
मन्यन्ते त्वां नृपं सर्वे बान्धवाः कुरुपाण्डवाः ।। 136/1447

✍दोहा॰ "सुन कर उनके वचन तुम, अगर करो सत्कार्य ।
कौरव पांडव सब तुम्हें, मानेंगे नृप आर्य" ।। 258/1779

(धृतं भीम उवाच)

ॐ **उवाच धृतराष्ट्रं स भीमसेनो महावपुः ।**
कलियुगं त्वयाऽऽनीतं, पुत्रश्च कुलघातकः ।। 137/1447

✍दोहा॰ भीमसेन धृतराष्ट्र को, बोला जोड़े-हाथ ।
"लाया कलियुग आपने, कुपुत्र अपने साथ ।। 259/1779

ॐ **अष्टादश पुराऽतीताः कुलविनाशका यथा ।**
कलियुगे भवानस्ति कुरुकुलस्य नाशकः ।। 138/1447

---

[29] ♫ **सुखदा छन्द** : इस 22 मात्रा वाले महारौद्र छन्द के अन्त में गुरु मात्रा आती है । इसका लक्षण सूत्र 12, 8 + ऽ इस प्रकार है ।

▶ लक्षण गीत : ✍ **दोहा॰ मत्त बाईस हों जहाँ, गुरु मात्रा से अंत ।**
बारहवीं पर यति किए, बनता "सुखदा" छंद ।। 260/1779

🍂दोहा॰ "पूर्व काल में थे हुए, अष्टादश कुलनाश ।
कलियुग लाया आपने, करने कुल का नाश ।। 261/1779

🕉 कलियुगं कृतं येन युगकर्ता नृपो भवान् ।
उद्विग्नाश्च जना भ्रान्ता, "राजा किं कलिकारकः" ।। 139/1447

🍂दोहा॰ "कलियुग कर्ता आप हैं, पीड़ित जनता मौन ।
भ्रम पाकर सब पूछते, इसका कारण कौन? ।। 262/1779

(तस्मात्)

🕉 माता कुन्ती पुरोवाच, "राजा कालस्य कारणम्" ।
कुलध्वंसस्य मार्गेण मृत्युमिच्छन्ति कौरवाः ।। 140/1447

🍂दोहा॰ कुन्ती माँ ने है कहा, "राजा करता काल ।
कौरव हैं ध्वंसक सभी, बने वंश के काल" ।। 263/1779

(नकुल उवच)

🕉 ततः स नकुलो ब्रूते कृताञ्जलिः स पाण्डवः ।
धृतश्च धार्तराष्ट्रश्च सत्कुर्यातां स्पृहा मम ।। 141/1447

🍂दोहा॰ "धार्तराष्ट्र को प्रेम से, बोला नकुल कुमार ।
पिता पुत्र तुम सत् करो, मन है यही हमार" ।। 264/1779

(सहदेव उवाच)

🕉 अहो वत महापापं सहदेव उवाच ह ।
दुःशासनेन द्रौपद्या लज्जा भग्ना सभान्तरे ।। 142/1447

🍂दोहा॰ "भरी सभा में द्रौपदी, तूने की निर्वस्त्र ।
दुःशासन! तुझको हने, रण पर मेरा शस्त्र" ।। 265/1779

(कृष्णं द्रौपद्युवाच)
(सूक्तिः)

🕉 पापिनः सहनं पापं ज्ञातं शास्त्रेषु पातकम् ।
पापिनः सहते पापं पापं स कुरुते स्वयम् ।। 143/1447

(द्रौपदी ने कृष्ण से कहा)
(सुवचन)

✍ दोहा॰ "सहता है चुपचाप जो, पापी जन के पाप" ।
बोली हरि को द्रौपदी, "पाप करे वह आप" ।। 266/1779

🎵 संगीत-गीता-दोहावली छन्दमाला, मोती 26 of 136
चान्द्रायण छन्द[30]
7 + ।S।, 5 + S।S
(द्रौपदी)
श्रीकृष्ण को विनम्र, कह रही द्रौपदी ।
बह रही है विशुद्ध, सुवचनन की नदी ।। 1
"अनघ का वध कहा सृतियन में, पाप जो ।
वध्य का वध नहीं किए मिले, आप वो" ।। 2

🕉 हत्वाऽहन्यं हि यत्पापं शास्त्रेषु विदितं हरे ।
हन्यं तदेव चाहत्वा कृष्णमुवाच द्रौपदी ।। 144/1447

✍ दोहा॰ "अवध्य के वध के लिए, शास्त्र कहत जो पाप ।
ना करके वध वध्य का, वही लगत है आप" ।। 267/1779

(धृतं परशुराम उवाच)

🕉 ततः परशुरामश्च धृतमुवाच शान्तये ।
पार्थकृष्णौ न युद्धार्हौ नरनारायणौ हि तौ ।। 145/1447

✍ दोहा॰ "युद्ध तजो, धृतराष्ट्र जी!" बोले परशूराम ।
"पार्थ-कृष्ण का, हे प्रभो! नर-नारायण नाम" ।। 268/1779

🕉 यथा च सञ्जयेनोक्तं धृतराष्ट्र प्रभो पुरा ।
अजेयौ कृष्णपार्थौ द्वौ युद्धार्हौ तौ न जातु भोः ।। 146/1447

✍ दोहा॰ "संजय ने भी है कही, यही आपको बात ।
अजेय अर्जुन-कृष्ण हैं, मत लड़ उनसे, तात!" ।। 269/1779

---

[30] 🎵 **चान्द्रायण छन्द** : इस 21 मात्रा वाले महादैशिक छन्द की पहली ग्यारह मात्रा में अंत में ज गण (।S।) होता है और यहाँ यति होता है । आगे वाली दस मात्रा में अन्त में र गण (S।S) आता है । अतः इसका लक्षण सूत्र 7 + ।S। + 5 + S।S इस प्रकार होता है ।

▶ लक्षण गीत : ✍ दोहा॰ मत्त इक्कीस से बना, गुरु लघु गुरु हों अंत ।
ज गण सात कल बाद हो, "चांद्रायण" वह छंद ।। 270/1779

(दुर्योधं कण्वमुनिरुवाच)

🕉 कण्वो दुर्योधनं ब्रूते कृतं गर्वेण कौरव ।
पाण्डुपक्षेऽपि भूयिष्ठा वीराः सन्ति महाबलाः ॥ 147/1447

✍ दोहा॰ "दुर्योधन को कण्व ने, कहा, "करो मत गर्व ।
पांडु पक्ष में भी बड़े, युद्ध वीर हैं सर्व ॥ 271/1779

🕉 अहङ्कारोऽस्ति व्यर्थस्ते दुर्जेयाः खलु पाण्डवाः ।
शान्तिरपरिहार्याऽस्ति शृणु त्वं वचनं मम ॥ 148/1447

✍ दोहा॰ "दंभ दर्प से ना चले, उनके आगे काम ।
समझौते में है भला, अभी बचा लो प्राण" ॥ 272/1779

(दुर्योधं नारद उवाच)

🕉 तत उवाच दुर्योधं नारदः कुरुनन्दन! ।
कुरु शान्तिं हठं त्यक्त्वा युद्धे हानिर्भविष्यति ॥ 149/1447

✍ दोहा॰ नारद मुनिवर ने दिया, दुर्योधन को ज्ञान ।
"हठ छोड़ो रण का, सखे! व्यर्थ न दो तुम प्राण ॥ 273/1779

🕉 कुरु कर्म सुबुद्ध्या त्वं मनो निग्रहितं कुरु ।
अन्तकाले जडा बुद्धिः पुराणानि वदन्ति च ॥ 150/1447

✍ दोहा॰ "मन को निग्रह में रखो, सुबुद्धि से लो काम ।
कुबुद्धि देत विनाश है, कहते सभी पुराण" ॥ 274/1779

🎵 संगीत-गीता-दोहावली छन्दमाला, मोती 27 of 136

सिंधु छन्द[31]

। + 6 + । + 6 + । + ।S।S

(नारदोपदेश)

---

[31] 🎵 **सिंधु छन्द** : इस 21 मात्रा वाले त्रैलोक वर्ग के छन्द के आदि में गुरु मात्रा (S) और अन्त में ।S।S मात्राएँ आती है । इसकी मात्रा 1, 8, 15 लघु होती हैं । इसका लक्षण सूत्र । + 6 + । + 6 + । + ।S।S इस प्रकार होता है ।

▶ लक्षण गीत : ✍ दोहा॰ मत्त इक्कीस हों जहाँ, आदि ग, ग ल ग ल अंत ।
एक आठ पन्द्रह ल हों, वही "सिंधु" है छंद ॥ 275/1779

मुनिवर नारद ने दुर्योधन से कहा ।
"करो कर्म तुम कौरव! सम्मति से यहाँ ।। 1
"हठ को तज कर सुनो मम वचन शाँति से ।
सखे! निर्वैर तुम रहो विमुख भ्रांति से" ।। 2

(दुर्योधं श्रीकृष्ण उवाच)

कृष्णो दुर्योधनं ब्रूते शृणुतात्कुरुनन्दन ।
शृणोषि चेद्वचस्त्वं मे वन्दिष्यन्ति प्रजाजनाः ।। **151**/1447

दोहा॰ दुर्योधन को कृष्ण ने, कही समझ की बात ।
"मेरी सुन कर, जग तुम्हें, नमन करेंगे, तात! ।। **276**/1779

(हे नरेश!)

अहो नरेश शीघ्रं त्वं निद्राया जागृतो भव ।
गुरून्बन्धून्सुतान्पौत्रान्-नाशात्संरक्ष कौरव ।। **152**/1447

दोहा॰ "जागो निद्रा से, सखे! अभी समय है ठीक ।
पुत्र बंधु गुरु ना हनो, घड़ी यही है नीक ।। **277**/1779

(हे राजन!)

भद्राणामसदिष्ट्वा च नाशः कुलस्य निश्चितः ।
यथा दण्डः कुठारस्य काष्ठः काष्ठस्य घातकः ।। **153**/1447

दोहा॰ "भद्र जनों से बैर कर, निश्चित कुल का नाश ।
दस्ता यथा कुठार का, कुल का करे विनाश ।। **278**/1779

(हे परन्तप!)

मदे मनो न नन्दित्वा गर्वं त्यज परन्तप ।
भूर्मा त्वं कुलघाती वै कुरुवंशः सनातनः ।। **154**/1447

दोहा॰ "गर्व दर्प मद को तजो, करो न तुम कुलघात ।
श्रेष्ठ सनातन वंश ये, सुनो परंतप! बात ।। **279**/1779

(हे प्रजानाथ!)

स्नेहेन हि प्रजानाथ नाम नित्यं करिष्यसि ।
यौवराज्यपदं तुभ्यं दास्यन्ति पाण्डवाः सुखम् ।। **155**/1447

✍दोहा॰ “दुर्योधन! तुम स्नेह से, अमर करोगे नाम ।
यौवराज्य पद दें तुम्हें, पांडव सब सुखधाम ।। 280/1779

ॐ स्वेच्छया राज्यमर्धं त्वं पाण्डवेभ्यो ददातु भोः ।
धनं मानं च कीर्तिं च भुङ्क्ष्वाल्लक्ष्मीकृपां ततः ।। **156**/1447

✍दोहा॰ “दे दो आधा तुम उन्हें, अपने कर से राज ।
घर आई जो लक्ष्मी, करो भोग तुम आज ।। 281/1779

(हे भूपते!)

ॐ सन्धिं शान्तिं सुखं कर्तुं समयः साम्प्रतं खलु ।
आह्वयति शुभं कर्तुं धर्मपुत्रो युधिष्ठिरः ।। **157**/1447

✍दोहा॰ “समझौता करने, सखे! सही समय है आज ।
तुम्हें पुकारत धर्म है, सुनो करुण आवाज ।। 282/1779

(हे नरेश्वर!)

ॐ विद्वांसो ज्ञानिनः सर्वे सद्वदन्ति नरेश्वर ।
माऽश्रौषीर्विपरीतानि शकुनेर्वचनानि त्वम् ।। **158**/1447

✍दोहा॰ “सद् गुरु ज्ञानी दे रहे, तुम्हें परम उपदेश ।
बात शकुनि की मत सुनो, उसमें हैं छल द्वेष ।। 283/1779

(हे भरतश्रेष्ठ!)

(सुभाषितम्।)

ॐ अरोचकं नु सद्वाक्यं नाकर्णं खलु पातकम् ।
मधुरमपि वाक्यं च दुर्जनस्य हि घातकम् ।। **159**/1447

✍दोहा॰ “हितकारक कटु वचन भी, सुन कर लाभ अमाप ।
दुर्जन के मधु वचन भी, स्वीकृत करना पाप ।। 284/1779

♫ **संगीत-गीता-दोहावली छन्दमाला, मोती 28 of 136**

समान सवैया छन्द[32]

---

[32] ♫ **समान सवैया छन्द :** इस 32 मात्रा वाले त्रैलोक छन्द के अन्त में एक गुरु और दो लघु मात्राएँ आती है । इसका लक्षण सूत्र 16, 12 + ऽ।। इस प्रकार होता है । इसका अन्य नाम है ♫ **सवाई छन्द** ।

16, 12 + ऽ।।

(श्रीकृष्णोपदेश)

गुरु जन ज्ञानी बता रहे हैं, जिसमें तुमरा हरदम है सुख ।
कर्ण शकुनि जन भुला रहे हैं, उन बचनन में पाओगे दुख ।। 1
नापसंद भी वचन हितैषी, नहीं स्वीकारना है पातक ।
मनपसंद भी वचन दुष्ट के, स्वीकृत कर लेना है घातक ।। 2

संगीत-गीता-दोहावली गीतमाला, पुष्प 32 of 205

खयाल : राग पूर्वी, तीन ताल 16 मात्रा

सच्चे वचन

स्थायी

सुन ले सच्चे बोल, रे बंदे! मत हो डाँवा डोल ।
रे बंदे! सुन ले सच्चे बोल ।।

♫ सानि़ सा रे़-ग- मं-मं, प मं-ग-! ध़प मं- गरे़सानि़ सा-सा ।
मं गरे़सा-! गग रे़- सा-नि़- सा-सा ।।

अंतरा-1

बोल हैं सच्चे प्रेम भाव के, सुन कर अखियाँ खोल ।
रे बंदे! सुन ले सच्चे बोल ।।

♫ ग-ग ग मं-मं- ध़-प मं-ग रे़-, निनि ध़प गमंप- मं-मं ।
मं गरे़सा-! गगरे़ सा-नि़- सा-सा ।।

अंतरा-2

बचनन मीठे झूठ रसन के, कर दे कौड़ी मोल ।
रे बंदे! सुन ले सच्चे बोल ।।

अंतरा-3

बैरी तेरे राह गलत पर, देंगे तुझको डोल ।
रे बंदे! सुन ले सच्चे बोल ।।

▶ लक्षण गीत : ✍ **दोहा॰ मत्त बत्तीस का बना, गुरु लघु लघु हों अंत ।**
सोलह पर जब यति रहे, कहो "सवाई" छंद ।। 285/1779

मैत्र्यामेव सुखं तुभ्यं यदाऽहमुपदिष्टवान् ।
विषं युद्धस्य व्यर्थं तु राज्ये प्रसारितं त्वया ।। **160**/1447

दोहा॰ "मैत्री में ही है भला, हमने कहा उपाय ।
लड़ने का विष घोल कर, तुमने किया अपाय ।। **286**/1779

(हे दुर्योधन!)

शान्त्या सर्वं हि प्राप्नोषि युद्धस्य किं प्रयोजनम् ।
शान्तिमार्गं च स्वीकृत्य रणे गन्तुं निरर्थकम् ।। **161**/1447

दोहा॰ "शाँति में ही लाभ है, नहीं युद्ध का काम ।
शाँति अपनाकर चलो, तभी मिले सम्मान ।। 287/1779

सुभाषितम्

स्तुतिं कुर्वन्ति ये नित्यं त एव तव वैरिणः ।
दर्शयन्ति तु दोषान्ये त एव हितकारिणः ।। **162**/1447

(प्रबोधनम्)

नीतिमार्गेण गन्तुं त्वां जनाः सर्वे वदन्ति भोः ।
योत्स्यसे चेदतः पश्चाद्-दोषः सर्वस्तवैव हि ।। **163**/1447

दोहा॰ "शाँति करलो, हे सखे! अभी सँभालो होश ।
अब आगे यदि तुम लड़े, तुमरा होगा दोष" ।। 288/1779

संगीत-गीता-दोहावली गीतमाला, पुष्प 33 of 205

प्रेम से काम लो

स्थायी

प्रेम से लोगे काम अगर तुम, नाम अमर जग में होगा ।
छल कपटों से बात चले ना, फल देगा तुमको सोगा ।।

♫ सा-सा सा रे-रे- ग-म गरेसा रे-, ध-प मगग मम प- मगरे- ।
निनि धपम- प- ग-म पम- ग-, धप म-ग- रेगम- गरेसा- ।।

अंतरा-1

ऋषि मुनि गुरु कह रहे हैं ज्ञानी, सब वेदों की यही है बानी ।
प्रेम से होगे नम्र अगर तुम, स्थान परम जग में होगा ।

नाम अमर जग में होगा ।।

♫ पम गम पप पप धनिसां नि ध-प-, पम गमप- प- धनिसां नि ध-प- ।
सा-सा सा रे-रे- ग-म गरेसा रे-, ध-प मगग मम प- मगरे- ।
ध प मगग रेरे म- गरेसा- ।।

अंतरा-2

जो करना है सो भरना है, इस भव सागर से तरना है ।
प्रेम का दोगे दान अगर तुम, साध्य सकल सुख में होगा ।
नाम अमर जग में होगा ।।

अंतरा-3

पाप पुण्य से धो लो, प्यारे! मधुर वचन को मन में धारे ।
प्रेम से लोगे नाम अगर तुम, काम सकल पल में होगा ।
नाम अमर जग में होगा ।।

संगीत-गीता-दोहावली गीतमाला, पुष्प 34 of 205

कौरव को दिए उपदेशों की कथा

स्थायी

स्वरदा ने सुंदर गाया है, नारद ने साज बजाया है ।
रतनाकर गीत रचाया है ।।

♫ सानि़सा- गरे सा-नि़नि़ सा-रेम ग-, गममग पम ग-रे सासा-रेम ग- ।
गगरेसासासा रे-ग मगरेसानि़ सा- ।।

अंतरा-1

बोले कौरव को गुरुवर भीष्मा, युयुधान द्रुपद परशुऽरामा ।
मुनि नारद अर्जुन गांधारी, बोली जनपद की जनता सारी ।
हित समझौते में समाया है ।।

♫ पप मरेमम प- पमपनि धपप-, पपमगग सासाग मपगरेसानि़सा- ।
सानि़ सा-गरे सा-नि़नि़ सा-रेमग-, सानि़ सासागरे सा- नि़नि़सा- रेमग- ।
गग रेसासा-रे- गमगरेसानि़ सा- ।।

अंतरा-2

फिर कृष्ण कहे दुर्योधन को, उस कौरव शठ अकडू मन को ।

जब समझौता सब जन चाहें, तब कुल्हाड़ी दस्ता यूँ काहे ।
अब शाँतिऽ का पल आया है ।।

अंतरा-3

अहित जनन के मधुर बचन भी, सुन लेना प्यारे! घातक है ।
हितकारक सत् कटु बचनन भी, स्वीऽकाऽर न करना पातक है ।
सुन कौरव! जो समझाया है ।।

8. धर्मयुद्ध की कथा :

(श्रीकृष्णं दुर्योधन उवाच)

भीष्मो द्रोणः कृपः कर्णो रणे यत्र जनार्दन ।
भेष्यन्ति देवतास्तत्र योस्त्यन्ते पाण्डवाः कथम् ।। **164**/1447

दोहा॰ सुन कर कहना कृष्ण का, दुर्योधन को खेद ।
बोला, "सुनिए श्रीहरि! तुम ना जानो भेद" ।। **289**/1779

कौरव बोला कृष्ण से, "शाँति व्यर्थ, यदुनाथ! ।
आओ रण पर तै करें, यश है किसके साथ ।। **290**/1779

"भीष्म द्रोण कृप कर्ण हैं, मेरे दल में वीर ।
डरते हैं सुर भी जिन्हें, कौन उठावे तीर?" ।। **291**/1779

ध्रुवो मे विजयः कृष्ण सन्धिस्तस्मान्निरर्थका ।
युद्ध्वा सर्वं हि प्राप्स्येऽहं शान्तिं कृत्वा कुतो हितम् ।। **165**/1447

दोहा॰ "निश्चित मेरी विजय है, मिलाप का क्या काम ।
लड़ कर जब सब प्राप्त हो, शाँति का क्यों नाम" ।। **292**/1779

(अत:)

नीतिं त्यक्त्वा नृपान्धेन दत्तहस्तश्च पुत्रकः ।
दुर्योधनश्च कर्णेन शकुनिना पुरस्कृतः ।। **166**/1447

दोहा॰ नीति छोड़ धृतराष्ट्र ने, लिया पुत्र का पक्ष ।

कर्ण शकुनि दुर्योध के, एक होगए लक्ष्य ।। 293/1779

(अपि च)

ॐ धार्तराष्ट्रस्य कर्णे च शकुनौ च दृढा मतिः ।
अनीतौ धृतराष्ट्रस्य स्नेहभावो विशेषतः ।। 167/1447

✍दोहा॰ दुर्योधन का शकुनि पर, अविचल था विश्वास ।
अनीति में, धृतराष्ट्र की, चाह बनी थी खास ।। 294/1779

(तस्मात्, श्रीकृष्णः)

ॐ साम दाम यदा तेन कृते व्यर्थे महाजनाः! ।
दण्डनीतिर्मुकुन्देन पाण्डवाननुमोदिता ।। 168/1447

✍दोहा॰ साम दाम के मार्ग जब, हुए सभी बेकाम ।
हरि बोले, अब धर्म! लो, दंड भेद से काम" ।। 295/1779

ॐ अपि चाज्ञापयत्सर्वान्-दण्डनीतिमुपासितुम् ।
नीतियुद्धस्य सूत्राणाम्-अनुष्ठानमुपादिशत् ।। 169/1447

✍दोहा॰ साम दाम अरु भेद में, विफल हुआ जब धर्म ।
अनुमति दे दी कृष्ण ने, करन दंड से कर्म ।। 296/1779

दंड नीति से अब लड़ो, मगर नीति के साथ ।
धर्म युद्ध के नियम से, बाँधे सबके हाथ ।। 297/1779

(सामान्य-नीतियुद्धयोर्भेदः)

ॐ युद्धे चलति सामान्ये सर्वं न तु पराजयः ।
क्षात्रधर्मस्य रक्षायै क्षात्राय किं जयाजयौ ।। 170/1447

✍दोहा॰ आम युद्ध में विजय ही, चाहे भट प्रत्येक ।
नीति-युद्ध में जानिये, हार-जीत सब एक ।। 298/1779

ॐ नीतिबद्धा वयं सर्वे मर्तुं मारयितुं तथा ।
एषा नीतिः सतो धर्मः क्षात्रस्य क्षात्रकर्म च ।। 171/1447

✍दोहा॰ इसी नीति के युद्ध को, कहा धर्म का युद्ध ।
जीना मरना सम जहाँ, समबुद्धि है शुद्ध ।। 299/1779

नरहरी छन्द[33]

14 + ।।। ऽ

(धर्मयुद्ध)

आम युद्ध का हेतु एक, विजय है ।
धर्मयुद्ध का समा-बुद्धि, विषय है ।। 1
आम युद्ध में अविजय मरण भय हैं ।
नीति-युद्ध विजय हार से, अभय है ।। 2

(नीतियुद्धस्य नियमा:)

ॐ नीतिसूत्राणि श्रीकृष्ण: सकलान्स्पष्टमब्रवीत् ।
उवाच नियमानेतान्-पालयन्तु हि सैनिका: ।। **172**/1447

✍दोहा॰ नियम नीति के कृष्ण ने, बोले सभी विशाल ।
और कहा, सब सैनिकों! पालन हो हर काल ।। 300/1779

ॐ सूर्योदयाच्च सूर्यास्तं युद्धाय वैधिको भवेत् ।
सूर्यास्तादुदय: कालो युद्धाय वर्जितो भवेत् ।। **173**/1447

✍दोहा॰ सूर्योदय से शाम तक, समय युद्ध का वैध ।
सूर्य अस्त से उदय तक, जानो अवधि अवैध ।। 301/1779

ॐ सन्ध्याकाले भवेयुश्च प्रेम्णा कौरवपाण्डवा: ।
बन्धुभावेन सर्वे हि सम्मिलेयु: परस्परम् ।। **174**/1447

✍दोहा॰ संध्या से भिनसार तक, रहो सभी सह स्नेह ।
पांडव कौरव बंधु तुम, यथा आतमा देह ।। 302/1779

ॐ घोषयित्वाऽऽह्वयेयुर्हि बलमिच्छां च योग्यताम् ।
न च हन्यादसज्जं च क्लान्तं भीतं बहिर्गतम् ।। **175**/1447

---

[33] ♫ **नरहरी छन्द** : इस 19 मात्रा वाले महापौराणिक छन्द के अन्त में तीन लघु और एक गुरु मात्रा आती है । इसका लक्षण सूत्र 14 + ।।। ऽ इस प्रकार है ।

▶ लक्षण गीत : ✍ **दोहा॰ मत्त उन्नीस से बना, लघु लघु लघु गुरु अंत ।**
चौदह कल पर यति जहाँ, वहीं "नरहरी" छंद ।। 303/1779

✍दोहा॰ ना हो असावधान पर, डरे-थके पर वार ।
पहले प्रवीणता कहो, फिर लड़ने ललकार ।। 304/1779

ॐ आहतं शरणाधीनं न कोऽपि सैनिकस्तुदेत् ।
भग्नं स्यादायुधं यस्य योद्धव्यो न स सैनिकः ।। 176/1447

✍दोहा॰ जिसका छूटा अस्त्र हो, या टूटी तलवार ।
जो आहत या शरण हो, उस पर करो न वार ।। 305/1779

ॐ न च पलायिनो हत्या न घातो रणत्यागिनः ।
मृतदेहतिरस्कारो विखण्डनं च पातकम् ।। 177/1447

✍दोहा॰ जो भागा हो युद्ध से, या नहिँ लगता ढीठ ।
उस भट पर ना वार हो, जो दिखलावे पीठ ।। 306/1779

ॐ प्रबुद्धः शब्दयुद्धे यः शब्दयुद्धं स साध्नुयात् ।
रथी रथिभिरश्वोऽश्वैः-गजो गजैः पदः पदैः ।। 178/1447

✍दोहा॰ वाणी का जो है पटु, ललकारे विद्वान ।
अश्व अश्वधर से लड़े, गज गज से घमसान ।। 307/1779

रथ वाले रथ से लड़ें, पैदल पैदल साथ ।
जिसकी जैसी योग्यता, उससे दो-दो हाथ ।। 308/1779

ॐ सविषं निभृतं शस्त्रम्-अवैधं नीतिविग्रहे ।
अग्निं क्षिप्त्वा समूहा च हत्या क्षात्रं न शोभते ।। 179/1447

✍दोहा॰ शस्त्र विषैला या छुपा, कभी करो न प्रयोग ।
समूह हत्या अग्नि से, करे न कोई लोग ।। 309/1779

ॐ धर्मक्षेत्रे समं सर्वं लाभालाभौ जयाजयौ ।
एवमाज्ञाऽस्ति शास्त्राणां पालयेयुर्दृढं भटाः ।। 180/1447

✍दोहा॰ धर्मक्षेत्र पर सम सभी, लाभ-हानि जय हार ।
आज्ञा है यह शास्त्र की, नीति-युद्ध का सार ।। 310/1779

ॐ आज्ञां प्राप्य च युद्धाय दलौ द्वौ रणमागतौ ।
कौरवा वाममार्गेण दक्षिणेन च पाण्डवाः ।। 181/1447

✍दोहा॰ आज्ञा पाकर कृष्ण से, दोनों दल के क्षात्र ।

कौरव बायीं ओर से, पांडव दक्षिण, मात्र ।। 311/1779

संगीत-गीता-दोहावली गीतमाला, पुष्प 35 of 205

नीति युद्ध

स्थायी

धरम समर में, परम करम में,
अमर हों प्राण तिहारे, ओऽऽऽ वीर जवान हमारे ।
नहीं भरम हो, कसी कमर हो, लड़ने नीतिनुसारे ।
ओऽऽऽ तीर कमान तुम्हारे ।।

♫ सानि़सा रेगरे सा-, रेगम गरेसा रे-,
पमग रे म-ग रेसा-रे-, निधपम ध-प मग-रे मग-रेसा ।
सारे- गमग रे-, गम- पमग रे-, गमप- नि-धपम-प- ।
निधपम ध-प मग-रे मग-रेसा ।।

अंतरा-1

यहाँ नहीं है जीत की बाजी, न हार में कोई नाराजी ।
लाभ हानि सब समान माने, बढ़ना आगे प्यारे ।
ओऽऽऽ वीर जवान हमारे ।।

♫ सारे- गम- ग- प-म ग म-प-, नि ध-प म- प-ध- निधप-म- ।
सा-रे ग-म गरे गम-प मगरे-, गमप- निधप- मपम- ।
निधपम ध-प मग-रे मग-रेसा ।।

अंतरा-2

यहाँ न शत्रु किसी का कोई, हम आपस में सभी हैं भाई ।
नीति अनीति की है लड़ाई, सुख दुख दोनों बिसारे ।
ओऽऽऽ वीर जवान हमारे ।।

अंतरा-3

किसी नियम को न कोई तोड़े, अनुशासन को न कोई छोड़े ।
त्याग तुम्हारा पथ दरसावे, जग में नाम उबारे ।
ओऽऽऽ वीर जवान हमारे ।।

अंतरा–4

नये जगत को राह दिखाओ, सदाचार की ज्योति जगाओ ।
भूमि पर आदर्श बसाके, बनो गगन में सितारे ।
ओऽऽ वीर जवान हमारे ।।

गीता दोहावली

पञ्चमस्तरंगः

9. धर्मक्षेत्र की कथा :

♫ संगीत–गीता–दोहावली छन्दमाला, मोती 30 of 136

भुजंगप्रयात छन्द

।ऽऽ, ।ऽऽ, ।ऽऽ, ।ऽऽ

♫ सारे–ग–म प– म–ग रे– म–ग रे–सा–

(धर्मक्षेत्र)

कुरुक्षेत्र को धर्म का क्षेत्र जाना ।
सभी क्षेत्र में जो महाभाग माना ।। 1
यहाँ पे हुए हैं महायज्ञ नाना ।
यही कर्मठों का युगों से ठिकाना ।। 2

(धर्मक्षेत्रम्)

ॐ सिक्ता पवित्रनीरेण सरस्वत्याः पुरातना ।
यज्ञानां कुरुभूमिर्या धर्मभूमीति विश्रुता ।। **182**/1447

दोहा॰ सरस्वती के नीर से, सींचित पावन स्थान ।
यज्ञ भूमि कुरुभूमि को, “धर्मक्षेत्र” है नाम ।। 312/1779

ॐ योद्धारो देशदेशेभ्यः कुरुक्षेत्रे समागताः ।
अश्वारूढा गजारूढाः पत्तयश्च महारथाः ।। **183**/1447

दोहा॰ देश-देश से आगए, कुरुक्षेत्र में वीर ।
पैदल, हाथी, अश्व पर, धनुधर लेकर तीर ।। 313/1779

संगीत-गीता-दोहावली छन्दमाला, मोती 31 of 136

महंत छन्द[34]

6, 6, 6, 3 + ऽ।

(धर्मक्षेत्र)

सरस्वती-का-निर्मल-जल सिंचित, जो पवित्र ।
महायज्ञ-का-विश्रुत, धरती पर स्वर्ग चित्र ।। 1
कुरुकुल-की-परंपरा से विश्रुत, कुरुक्षेत्र ।
कर्मभूमि पावन वह, जानी है "धर्मक्षेत्र" ।। 2

(कौरवा:)

आगत्य वाममार्गेण रणभूमौ च कौरवाः ।
पङ्क्तिष्वरचयंस्तत्र शिबिरं पटवेश्मनाम् ।। **184**/1447

दोहा॰ वाममार्ग से आगए, कुरुक्षेत्र की ओर ।
ग्यारह सेना में बढ़े, कौरव, लड़ने घोर ।। 314/1779

कौरव की बहुतै बड़ीं, आईं सेना सात ।
रची छावनी व्यूह में, पंक्ति-पंक्ति के साथ ।। 315/1779

घोरं द्वंद्वं हि कर्तुं ते कौरवा योद्धुमुत्सुकाः ।
व्यूहांस्तु रचयित्वा च चक्रुः सर्वे महारवम् ।। **185**/1447

दोहा॰ तंबु सजाये शिविर के, करके कर्कश शोर ।
ढोल बजाये जोश में, करने रण घनघोर ।। 316/1779

एकादशचमूवाहा नियुक्ताः कौरवा भटाः ।
मुख्यसेनापतिर्भीष्मः सर्वैः परमपूजितः ।। **186**/1447

---

[34] **महंत छन्द** : इस 24 मात्रा वाले अवतारी छन्द के अन्त में एक गुरु और एक लघु मात्रा आती है । इसका लक्षण सूत्र 6, 6, 6, 3 + ऽ। इस प्रकार है ।

▶ लक्षण गीत : **दोहा॰ मत्त बत्तीस हों सजी, गुरु लघु कल हों अंत ।
छः छः छः पर यति जहाँ, "महंत" जाना छंद** ।। 317/1779

✍दोहा॰ विशाल कौरव सैन्य के, ग्यारह बने प्रधान ।
सरसेनापति भीष्म थे, परम पूज्य अभिधान ।। 318/1779

ॐ द्रोणो जयद्रथः शल्यः शकुनिर्वाह्लिकः कृपः ।
अश्वत्थामा च कम्बोजः सौमदतिः सुदक्षिणः ।। 187/1447

✍दोहा॰ शल्य, जयद्रथ, वाह्लिकी, अश्वत्थामा, द्रोण ।
शकुनि, सुदक्षिण, कृपगुरु, भुरीश्रवा, कंबोज ।। 319/1779

(पाण्डवचमू)

ॐ रणे दक्षिणमार्गेण धर्मबद्धाः समागताः ।
श्रद्धायुक्ता महावीरा नीतियुक्ताश्च पाण्डवाः ।। 188/1447

✍दोहा॰ आए दाँये मार्ग से, पांडव दल के वीर ।
नीति धर्म निष्ठा लिए, धर्मभूमि पर धीर ।। 320/1779

ॐ तत्सप्ताक्षौहिणं सैन्यं धृष्टद्युम्नेन रक्षितम् ।
पाण्डवानामनीकं च भक्षकं हि कुकर्मिणाम् ।। 189/1447

✍दोहा॰ दक्षिण दिश से आगए, धर्मक्षेत्र में वीर ।
सात दलों में थे सजे, पाण्डव लेकर तीर ।। 312/1779

सात पांडवी सैन्य पर, धृष्टद्युम्न सरदार ।
जिसके आगे थी सदा, कुकर्मियों की हार ।। 322/1779

ॐ षट्सेनापतयस्तस्य विराटश्च धनुर्धरः ।
शिखण्डी द्रुपदो भीमः-चेकितानश्च सात्यकिः ।। 190/1447

✍दोहा॰ उसके नीचे छह बने, द्रुपद, शिखंडी, भीम ।
चेकितान, भट सात्यकी, विराट सेवा लीन ।। 323/1779

ॐ अन्ये च बहवो वीराः पाण्डुपक्षे महाबलाः ।
अवस्थिता रणे धीरा नियुक्ता यत्र यत्र ये ।। 191/1447

✍दोहा॰ और अनेकों वीर थे, भीम पार्थ समान ।
समरांगण पर थे खड़े, जहाँ जिसे सम्मान ।। 324/1779

(सेनयोरुभयोर्मध्ये)

ॐ नीतिज्ञः पाण्डुपक्षस्य सेनानृपो युधिष्ठिरः ।

नृपः कौरवपक्षस्य दुर्योधनो महाखलः ।। **192**/1447

✍दोहा॰ धर्मराज नृप योग्य था, इस सेना का नाथ ।
दुर्योधन नृप दुष्ट था, उस सेना के साथ ।। 325/1779

🌹 संगीत-गीता-दोहावली गीतमाला, पुष्प 36 of 205

अवतार

स्थायी

अधर्म का संहार करने, प्रभु लेते अवतार हैं ।

♫ नि॒रे–ग प– ध–प–मं॑ गरेग–, पध नि–ध– पमं॑ग–रे सा– ।

अंतरा–1

एक तरफ ये पांडव सेना, हाथ नियम से बंधे हैं ।
ओर दूसरी कौरव बंदे, नीति नियम के अंधे हैं ।
सत् असत् के घोर समर में, असत् की निश्चित हार है ।।

♫ सा–नि॒ सारेरे रे– ग–रेनि॒ सा–रे–, रे–रे रेगमं॑ ग– मं॑पप– मं॑– ।
ध–प मं॑–गरे– ग–मं॑प मं॑–ग–, रे–रे रेगमं॑ ग– मं॑–प– मं॑– ।
गग गगग रे– ग–मं॑ मं॑मं॑मं॑ मं॑–, धधध नि ध–पमं॑ ग–रे सा– ।।

अंतरा–2

दया क्षमा का कार्य इधर है, साथ किशन भगवान हैं ।
भोग हवस अधिकार उधर है, धरम नाम बदनाम है ।
छल कलिमल के दोष दंश से, व्याकुल जब संसार है ।।

अंतरा–3

सागर किरपा का इस बाजू, सूरज ज्ञान प्रकाश है ।
मृत्यु भरा सागर उस बाजू, सदाचार का नाश है ।
दुराचार जब छाता जग में, तमस् मय अंधःकार है ।।

(गुरवः)

ॐ यद्यपि गुरवः सर्वे युद्धे कौरवपक्षिणः ।
समीपं पाण्डुपक्षस्य द्रोणाचार्यस्य केणिका ।। **193**/1447

✍दोहा॰ तीनों गुरुजन थे बने, कौरव नृप के दास ।

तदपि द्रोण का शिविर था, पांडव दल के पास ।। 326/1779

स्थान बनाया द्रोण ने, पांडव दल के पास ।
निष्ठा कौरव पक्ष में; गुरु जन "धन के दास" ।। 327/1779

(तदा)

ॐ योद्धुं सज्जे दले द्वेऽपि सम्मुखे च परस्परम् ।
सङ्केतस्य प्रतीक्षायां निश्चले च स्थिते रणे ।। **194**/1447

दोहा॰ खड़े आमने-सामने, दोनों दल तैयार ।
आज्ञा पाने थे रुके, कर में धर हथियार ।। 328/1779

ॐ युद्धारम्भं तदा कर्तुं शङ्खो भीष्मेन ध्मापितः ।
रणे भीष्मो हि सर्वेषु वृद्धतमः पितामहः ।। **195**/1447

दोहा॰ शंख बजाया भीष्म ने, करने रण शुरूआत ।
सजग हुए कौरव सभी, आतुर करके गात ।। 329/1779

देने अनुमति, भीष्म ने, उच्च बजाया शंख ।
सबको देने हौसला, और चढ़ाने रंग ।। 330/1779

ॐ सिंहवत्तारशब्देन भीष्मेण गर्जना कृता ।
सङ्केतः स महाघोरो जागृता येन कौरवाः ।। **196**/1447

(ततः)

ॐ कृष्णेन ध्मापितः शङ्खः कम्बुस्ततोऽर्जुनेन च ।
पाण्डवास्ते ध्वनी श्रुत्वा मुदिता मङ्गले शुभे ।। **197**/1447

दोहा॰ शंख बजाया कृष्ण ने, अर्जुन उनके बाद ।
मुदित हुए पांडव सभी, सुन कर मंगल नाद ।। 331/1779

ॐ समये शस्त्रपाते च पार्थो धृत्वा धनुः करे ।
अपश्यत्सुहृदः सर्वान्-योद्धुं तत्र समागतान् ।। **198**/1447

दोहा॰ आज्ञा पाकर कृष्ण से, होता शस्त्राघात ।
मगर बंधु सब देख कर, अर्जुन के मन भ्रांत ।। 332/1779

ॐ दृष्ट्वा तु बान्धवान्सर्वान्-पार्थः प्रियजनान्खलु ।
कृष्णं ब्रूते "न योत्स्येऽहं मां हनिष्यन्ति यद्यपि" ।। **199**/1447

✍दोहा॰ बंधु जनों को देख कर, अर्जुन खोया ध्यान ।
बोला, "इनसे ना लड़ूँ, चाहे दे दूँ जान" ।। 333/1779

अर्जुन बोला, "श्री हरे! नहीं लड़ूँगा आज ।
मारा भी जाऊँ यहाँ, और मिले ना राज" ।। 334/1779

ॐ निर्बलो धैर्यहीनः स पार्थो विमूढमानसः ।
धनुर्विसृज्य निःशस्त्रः रथमध्य उपाविशत् ।। 200/1447

✍दोहा॰ निर्बल होकर पार्थ वो, अपनी आँखें मीच ।
तज कर धनु को हाथ से, बैठा रथ के बीच ।। 335/1779

ॐ खिन्नो विषादयुक्तः स हतबुद्धिः कपिध्वजः ।
व्याकुलो मोहितः पार्थो धर्मकर्म च व्यस्मरत् ।। 201/1447

✍दोहा॰ डूबा पार्थ विषाद में, खिन्न हुआ हतभाग ।
धर्म-कर्म का, भूल में, ज्ञान गया सब भाग ।। 336/1779

ॐ अधर्मं धर्मवन्मत्वा ज्ञात्वा स्वं पण्डितं तथा ।
दत्तवानुपदेशान्स केशवाय निरर्थकान् ।। 202/1447

✍दोहा॰ दुखिया होकर पार्थ ने, खोया अपना ध्यान ।
पंडित जैसा कृष्ण को, लगा बताने ज्ञान ।। 337/1779

(ततः)

ॐ दृष्ट्वा तु कातरं पार्थम्-अश्रुपूर्णाकुलेक्षणम् ।
प्रेम्णा च शान्तचित्तेन श्रीभगवानुवाच तम् ।। 203/1447

✍दोहा॰ समझा धर्म अधर्म को, खुद को पंडित मान ।
बताने लगा कृष्ण को, पार्थ निरर्थक ज्ञान ।। 338/1779

निहार कातर पार्थ को, रोता हुआ उदास ।
बड़े प्रेम से कृष्ण ने, उसे दिया विश्वास; ।। 339/1779

(अपि च)

ॐ क्षात्रधर्मस्य बीजञ्च कर्मयोगनिरूपणम् ।
भक्तियोगं च संन्यासं विश्वरूपस्य दर्शनम् ।। 204/1447

✍दोहा॰ और सिखाया कृष्ण ने, कर्मयोग का ज्ञान ।

भक्तियोग भी पार्थ को, बुद्धियोग विज्ञान ।। 340/1779

(तस्मात्)

श्रुत्वा हि कृष्णवाक्यानि मनसो मूढतागतः ।
धर्मस्य ज्ञानज्योतिश्च तस्य प्रज्वलिता हृदि ।। 205/1447

दोहा॰ सुन कर बचनन कृष्ण के, गई मूढ़ता भाग ।
ज्ञान ज्योति तब धर्म की, पड़ी हृदय में जाग ।। 341/1779

रणयागत्य किं कार्यं ज्ञातं पार्थेन तद्यदा ।
युद्धं स स्व्यकरोत्पार्थः कृत्वा जयाजयौ समौ ।। 206/1447

दोहा॰ कब किसको क्या योग्य है, धर्म उसीका नाम ।
वर्ण गुणों से जो मिला, स्वधर्म का वह काम ।। 342/1779

रण में क्या कर्तव्य है, जीत मिले या हार ।
समबुद्धि के भाव से, हुआ पार्थ तैयार ।। 343/1779

संगीत-गीता-दोहावली गीतमाला, पुष्प 37 of 205

(धर्मक्षेत्र की कथा)

स्थायी

स्वरदा ने सुंदर गाया है, नारद ने साज बजाया है ।
रतनाकर गीत रचाया है ।।

सानि़सा- गरे सा-नि़नि़ सा-रेम ग-, गममग पम ग-रे सासा-रेम ग- ।
गगरेसासासा रे-ग मगरेसानि़ सा- ।।

अंतरा-1

सींचा सरऽस्वतीऽ के जल से, स्थल युग-युग निर्मल मंगल से ।
महा यज्ञों का जग जाना है, धर्मक्षेत्र इति जो माना है ।
श्रीकृष्ण आज उत आया है ।।

प-मरे मम-मपम पनि धप प-, पप मग गसा सागमप गरेसानि़ सा- ।
सानि़ सा-गरे सा- नि़नि़ सा-रेम ग-, सा-नि़सा-ग रेसा सानि़ सा-रेम ग- ।
गरेसा-सा रे-रे गम गरेसानि़ सा- ।।

अंतरा-2

जब अर्जुन का मन चकराया, क्या सत् है समझ नहीं पाया ।

जब धर्म क्षात्र का वह खोया, कातरता से रण में रोया ।
उसे कर्म योग बतलाया है ।।

अंतरा–3

हो कर व्याकुल मन में ऐंठा, रथ के मध्ये जाकर बैठा ।
वह पंडित जैसा बड़बड़ता, निष्फल बातों में गड़बड़ता ।
उसे ज्ञान योग सिखलाया है ।।

गीता दोहावली
छठा तरंग

10. महायुद्ध की कथा :

संगीत–गीता–दोहावली छन्दमाला, मोती 32 of 136

फटका छन्द

8 + 8 + 8 + 6/5

(महायुद्ध)

महायुद्ध के, दसवे दिन पर, भीष्म पतन की, सुन वार्ता ।
अंधा राजा, बूझ न पाया, हुआ ये कैसे, संभव था ।। 1
संशय पाकर, भरमाया वह, अविश्वास में, घबराया ।
संजय को फिर, पास बुला कर, बोला मुझको, सब बतला ।। 2

(महायुद्धस्य प्रथमे दिने)

ॐ दृष्ट्वा सैन्यं बृहत्तेषां भीताः किञ्चिन्नु पाण्डवाः ।
कौरवाश्च जयं प्राप्ता युद्धस्य प्रथमे दिने ।। 207/1447

दोहा॰ पहले दिन पर युद्ध के, पांडव पाए हार ।
निहार सेना कौरवी, जिस पर भूत सवार ।। 344/1779

ॐ पाण्डवानां दृढा नीतिः–धर्मराजे तथापि हि ।

गोप्तारौ कृष्णपार्थौ यान्-तेषां हि विजयो ध्रुवः ।। **208**/1447

✍दोहा॰ पहले दिन पर युद्ध के, पाण्डव भये उदास ।
अर्जुन का श्रीकृष्ण पर, अटल रहा विश्वास ।। **345**/1779

(द्वितीये दिने)

ॐ द्वितीये दिवसे भीष्मो द्रौपदेयं पराजयत् ।
द्रोणस्तु धृष्टद्युम्नेन रुद्धो भीष्मोऽर्जुनेन च ।। **209**/1447

✍दोहा॰ दिवस दूसरे भीष्म से, अभिमन्यु टकराय ।
युद्ध भया घनघोर था, अर्जुन उसे बचाय ।। **346**/1779

(तृतीये दिने)

ॐ तृतीये दिवसे कृष्णः पाण्डवानादिशत्पुनः ।
यथा चाज्ञापितः पार्थो धार्तराष्ट्रानताडयत् ।। **210**/1447

✍दोहा॰ दिवस तीसरे कृष्ण ने, उत्तम कहा उपाय ।
गुडाकेश के सामने, शत्रु नहीं लड़ पाय ।। **347**/1779

(चतुर्थे दिने)

ॐ चतुर्थे दिवसे भीमो दुर्योधनमताडयत् ।
भूरि कौरवसैन्यं च व्यनशच्च पराजयत् ।। **211**/1447

✍दोहा॰ चौथे दिन पर भीम ने, दुर्योधन को ताड़ ।
कौरव दल को पीट कर, दीन्ही भारी मार ।। **348**/1779

ॐ दृष्ट्वा कौरवहानिं तां भीष्म उवाच कौरवम् ।
शान्तिरेव पथस्तुभ्यं धर्मराजोऽपराजितः ।। **212**/1447

✍दोहा॰ दुर्योधन को भीष्म जी, बोले करो विराम ।
उसने उनको डाँट कर, कहा, "करो निज काम" ।। **349**/1779

ॐ अमनुत न भीष्मं स न सोऽजानाद्धितं च स्वम् ।
ब्रूते दुर्योधनो भीष्मं हनिष्यामि हि पाण्डवान् ।। **213**/1447

✍दोहा॰ भले बुरे का मूढ़ वो, दुर्योधन अविचार ।
बोला, "पांडव दल सभी, डालूँगा मैं मार" ।। **350**/1779

(पञ्चमे दिने)

ॐ अर्जुनमाक्रमद्-द्रोणो युद्धस्य पञ्चमे दिने ।
पराजितः स पार्थेन रणादुपरतस्ततः ।। **214**/1447

✍दोहा॰ दिवस पाँचवे पार्थ ने, करी द्रोण की हार ।
फौरन द्रोणाचार्य जी, भागे रण से पार ।। **351**/1779

(षष्ठमे दिने)

ॐ पार्थः कौरवमक्षेणोद्-युद्धस्य षष्ठमे दिने ।
दुर्योधनेन रुष्ट्वा तु भीष्मोऽवमानितः पुनः ।। **215**/1447

✍दोहा॰ दुर्योधन के, पार्थ ने, कीन्हे घायल गात ।
छठे दिवस वह भीष्म को, बोला कड़वी बात ।। **352**/1779

(सप्तमे दिने)

ॐ अभर्त्सयत भीष्मं स युद्धस्य सप्तमे दिने ।
द्रोणश्च कुत्सितस्तेन कृष्णपार्थौ च निन्दितौ ।। **216**/1447

✍दोहा॰ कौरव दल को पार्थ ने, पीटा बिन अंदाज ।
दुर्योधन फिर क्रुद्ध था, गुरुजन पर नाराज ।। **666**/1779

बोला फिर श्रीकृष्ण को, दुर्योधन अपशब्द ।
और दुर्वचन पार्थ को, होकर उसने क्षुब्ध ।। **353**/1779

ॐ आहतास्ताडिता भूरि पार्थेन कौरवाः पुनः ।
क्रुद्धो दुर्योधनस्तस्माद्-अगर्हत गुरून्पुनः ।। **217**/1447

✍दोहा॰ सप्तम दिन दी पार्थ ने, दुर्योधन को मार ।
कौरव ने फिर भीष्म को, कोसा बारंबार ।। **354**/1779

(अष्टमे दिने)

ॐ कौरवास्ताडिता भूयः पार्थेन चाष्टमे दिने ।
दुर्योधनेन दुष्टेन भूरि भीष्मोऽपमानितः ।। **218**/1447

✍दोहा॰ अष्टम दिन भी पार्थ ने, किया शत्रु नुकसान ।
कौरव ने फिर भीष्म का, किया बहुत अपमान ।। **355**/1779

ॐ श्रुत्वा कटु वचस्तस्य भीष्म उवाच तं शठम् ।
शृणु नृप प्रतिज्ञां मे श्वो हनिष्यामि पाण्डवान् ।। **219**/1447

दोहा॰ अष्टम दिन भी पार्थ ने, पीटा कौरव सैन्य ।
कौरव रूठा भीष्म से, हुई अवस्था दैन्य ॥ 356/1779

अष्टम दिन पर भीष्म ने, करी प्रतिज्ञा घोर ।
"कल मैं पांडव पक्ष का, डालूँगा बल तोड़" ॥ 357/1779

ॐ यथा यस्य भवेत्सङ्गो भाग्यं तस्य तथा हि वै ।
दुर्योधनस्य सङ्गो यं दुर्दैवं तस्य निश्चितम् ॥ 220/1447

दोहा॰ जैसा जिस का साथ हो, वैसा उसका भाग ।
दुर्योधन जिसका सखा, उसके घर में आग ॥ 358/1779

स्वामी जिसका दुष्ट हो, उसको मिलते कष्ट ।
संगी जिसका भ्रष्ट हो, नाम उसी का नष्ट" ॥ 359/1779

(नवमे दिने)

ॐ अनशत्पाण्डवान्भीष्मो युद्धस्य नवमे दिने ।
ताडिता: पाण्डवा: सर्वे दूरे तस्मात्पलायिता: ॥ 221/1447

दोहा॰ नौवें दिन पर भीष्म ने, कीन्हे पांडव नष्ट ।
रण से भागे हार कर, पांडव पाए कष्ट ॥ 360/1779

(तदा)

ॐ कृष्ण उवाच स्नेहेन मा बिभिहि युधिष्ठिर ।
शिखण्डी योत्स्यते भीष्मं, भीष्मं स एव जेष्यति ॥ 222/1447

दोहा॰ करी प्रतिज्ञा भीष्म ने, दुर्योधन के पास ।
"अब मैं पांडव पक्ष का, बहुत करूँगा नास" ॥ 361/1779

नौवें दिन फिर भीष्म ने, पीटे पांडव वीर ।
आहत पांडव थे हुए, सबके मन को पीड़ ॥ 362/1779

कहा कृष्ण ने, "मत डरो, होगी हमरी जीत ।
लड़े शिखंडी भीष्म से, संकट जावे बीत" ॥ 363/1779

(दशमे दिने)

ॐ अयुध्यत शिखण्डी स कृष्णेन ज्ञापितो यथा ।
तं न प्रत्यकरोद्भीष्मो भूत्वाऽपीषुभिराहत: ॥ 223/1447

✍दोहा॰ वीर शिखंडी आगया, लड़ने लेकर तीर ।
झेल रहे शर भीष्म थे, खड़े समर में धीर ।। 364/1779

अपतच्छरशय्यायां श्रीभीष्मो दशमे दिने ।
वीरा विरमिताः सर्वे सेनयोरुभयोरपि ।। 224/1447

✍दोहा॰ दसवे दिन पर भीष्म जी, बिना किए प्रतिकार ।
शर-शैया पर गिर पड़े, निज प्रण के अनुसार ।। 365/1779

(इदानीम्)

भीष्मपतनवार्तां तां श्रुत्वाऽऽह धृतराष्ट्र उ ।
मन्ये दुर्योधनस्यापि समीपे मरणं खलु ।। 225/1447

✍दोहा॰ सुन कर गिरना भीष्म का, अंधा भया उदास ।
बोला, "लगता पुत्र का, विनाश आया पास" ।। 366/1779

अंधे ने जब सामने, देखी निश्चित हार ।
'हुआ ये कैसे,' क्रोध में, बोला बारंबार ।। 367/1779

आश्चर्यचकितो भूत्वा नृप उवाच सञ्जयम् ।
दशदिनेषु किं वृत्तं ब्रूहि तन्मे सुनिश्चितम् ।। 226/1447

✍दोहा॰ बोला, "संजय से कहो, आए मेरे पास ।
हमको प्रस्तुत युद्ध का, देने वर्णन खास" ।। 368/1779

ततः फलतो
महायुद्धस्य दशमे दिने यो धृतराष्ट्रसञ्जययोः संवादो जातः स व्यासशब्दैः श्रीमद्भगवद्गीता नाम्ना प्रसिद्धः ।

✍दोहा॰ दसवे दिन पर जो हुआ, धृत-संजय संवाद ।
वही व्यास की वाणी में, "गीता" जग में याद ।। 369/1779

संगीत-गीता-दोहावली गीतमाला, पुष्प 38 of 205

(महायुद्ध की कथा)

स्थायी

स्वरदा ने सुंदर गाया है, नारद ने साज बजाया है ।
रतनाकर गीत रचाया है ।।

♫ सानि़सा- ग़रे सा-नि़नि़ सा-रेम ग़-, ग़ममग़ पम ग़-रे सासा-रेम ग़- ।
ग़ग़रेसासासा रे-ग़ मग़रेसानि़ सा- ।।

अंतरा-1

रण में आई दो सेनाएँ, पांडव दाएँ कौरव बाएँ ।
जब अर्जुन क्षात्र के करतब को, बूझा निष्काम के मतलब को ।
वह धर्म युद्ध कहलाया है ।।

♫ पप मरे म-प- पम पनि़धपप-, प-मग़ ग़सासाग़ मपग़रे सानि़सा- ।
सानि़ सा-ग़रे सा-नि़ नि़ सासारेम ग़-, सानि़सा- ग़रेसा-नि़ नि़ सासारेम ग़- ।
ग़ग़ रेसासा रे-रे ग़मग़रेसानि़ सा- ।।

अंतरा-2

जब दसवे दिन गुरु भीष्म गिरे, जब शर शैया पर मरण घिरे ।
जब कौरव दल का नास हुआ, जब अपयश का क्षण पास हुआ ।
तब अंधा नृप घबड़ाया है ।।

अंतरा-3

दुगुनी सेना होकर भारी, कैसे हार की आई बारी ।
कछु समझ न पाया नृप अंधा, कैसे बिगड़ा मेरा फंदा ।
संजय को तुरत बुलाया है ।।

गीता दोहावली
सप्तम तरंग

संगीत-गीता-दोहावली गीतमाला, पुष्प 39 of 205

भजन : राग तिलंग, कहरवा ताल 8 मात्रा

सांब शिवम्

स्थायी

मन भजले सांब शिवम् । मनवा मंगल गान तू गा रे ।

वंदे शिवं सुंदरम्, सत्यं शिवं ।।

♪ गम पनिसां-निप निपग मग - - - । गमपनि सांसांसांसां निसांगं सां निसां निप ।
सां-निप निपम मग - - सागमप- ।।

अंतरा-1

गा कर प्यारा नाम शिवा का, करले तरास तू कम ।
साँस साँस में गौरी नाथ को, भज ले तू हर दम ।।

♪ म- गम प-नि- सां-सां सांसां- सां-, निनिनि- सांसां-सां नि निप-म-ग- ।
गमप निसांसां सां- निसांगं सांनिसां निप, निनि प- निप गम गग-ग-मपनिमप ।।

अंतरा-2

पा कर न्यारा प्यार शिवा का, हरले दरद सितम ।
बार बार नित वंदना करो, भोले नाथ शुभम् ।।

श्रीमद्-भगवद्-गीता का प्रथम अध्याय ।
विषादयोग ।

 संगीत-गीता-दोहावली गीतमाला, पुष्प 40 of 205

गिरिधारी

स्थायी

तुम संकट मोचक गिरिधारी ।

♪ सारे ग-गग म-मम पमरे-ग- ।

अंतरा-1

मन चंचल पर तुम निगरानी, जग सागर तुम पानी ।
घट घट वासी विश्व विहारी, सुख कारी दुख हारी ।।

♪ सासा रे-गग मम पम गरेग-म-, पप म-गग रेग म-म- ।
निनि धध प-म- रे-ग मप-प, सासा रे-ग- पम रे-ग- ।।

अंतरा-2

दीनन के रक्षक प्रतिहारी, राधा रमण बनवारी ।

मुरलीधर हरि कुंज बिहारी, लीला गजब तिहारी ।।

अंतरा–3

तुम ही नैया खेवन हारे, तुम हमरे रखवारे ।
गोवर्धन प्रभु कृष्ण मुरारे, हम तुमरे बलिहारी ।।

ॐ श्लोक–अनुप्रासः

भगवद्गीता

भणिता भगवद्गीता भद्रा भगवता भवे ।
भाविकी भास्वरा भूरि भारती भाग्यदायिनी ।।
भञ्जनाय भ्रमं भक्त भावेन भजनं भज ।
भेदभावो भयं भामो भ्रान्तिर्भूतेषु भिद्यते ।।

♫ गगग– ममम–प–म–, प–प– मगरेग– मप– ।
म–मम– प–पप– ध–प–, म–मम– प–मग–रेग– ।।
रे–रेरे–रे गम– ग–रे–, सा–सा–सा– रेगम– गरे– ।
सा–सासा–सा– रेग– रे–सा–, रे–ग–म–प–म ग–रेसा– ।।

♫ संगीत–गीता–दोहावली छन्दमाला, मोती 33 of 136

फटका छन्द, अनुप्रास

8 + 8 + 8 + 6/5

(भगवद्गीता)

भगवद्गीता भव भूतों के, भले के लिए भेजी है ।
भगवन् ने भी भक्तियोग से, भली भाँति जो भर दी है ।।
भजलो भगतों भरलो भैया, भण्डार भूति का भगति से ।
भद्र–भाव से भरा भजन ये, भ्रम भगाए भीतर से ।।

11. अर्जुन के विषाद की कथा :

♫ संगीत–गीता–दोहावली छन्दमाला, मोती 34 of 136

वसंततिलका छन्द

ऽ ऽ।, ऽ।।, । ऽ।, । ऽ।, ऽ ऽ

♫ सा–नि़–सा रे– रेसा रेग–, मग रे–ग रे–सा–

(अर्जुन का विषाद)

कौन्तेय ने जब लखे, प्रिय बंधु आगे ।
खोये हवास उसके, अरु होश भागे ।।
बोला, विषाद–युत वो, "शर ना धरूँगा ।
चाहे, जनार्दन! यहाँ, रण में मरूँगा" ।।

अथ श्रीमद्भगवद्गीता – प्रथमोऽध्यायः ।

धृतराष्ट्र उवाच ।

।। 1.1 ।।

धर्मक्षेत्रे कुरुक्षेत्रे समवेता युयुत्सवः ।
मामकाः पाण्डवाश्चैव किमकुर्वत सञ्जय ।।

GITOPANISHAD
Composed by Ratnakar

Original Verse of **the Bhagavad Gita**

ॐ दोहा छंद में गीतोपनिषद् ।

Ratnakar's
Anushtubh Shlokas
to explain **Gita Verses**

(रत्नाकर उवाच)

ॐ **अन्धश्रीर्मन्दबुद्धिश्च मलिनो मनसा तथा ।**
उवाच कौरवो मूढो दुःखेन सञ्जयं नृपः ।। 227/1447

Shloka #**227** of total 1447

♫ ग–ग–ग–ग–गरे–म–ग–, ममम– म–पम– गरे– ।
पप–प प–पध– प–म–, ग–रे–म– प–गरे– नि़सा– ।।

Harmonium
Music Notation

Ratnakar's
Hindi Doha

✍दोहा॰ **अंधा कुंठित बुद्धि का, मैले मन का मूढ़ ।**
बोला संजय से दुखी, धृत सत्ता आरूढ़ ।। 370/1779

(धृतराष्ट्र उवाच)

ॐ **धर्मभूमिः कुरुक्षेत्रं विश्वे ज्ञातं हि पावनम् ।**
सर्वे समागतास्तत्र युद्धं कर्तुं तु धार्मिकम् ।। 228/1447

✍दोहा॰ **"धर्म भूमि कुरु क्षेत्र की, जो है पवित्र धाम ।**
वीर गए हैं सब वहाँ, नीति–युद्ध के नाम" ।। 371/1779

ॐ **पाण्डवाः पञ्च वीरास्ते सुताश्च शत मामकाः ।**
तत्राकुर्वत किं किं ते ब्रूहि तन्मे सविस्तरम् ।। 229/1447

✍दोहा॰ "पुत्र हमारे एक सौ, पाँच पांडु के वीर ।
धर्म युद्ध करने गए, लिए शस्त्र धनु तीर ।। 372/1779

"किया उन्हों ने क्या वहाँ, मुझे बताओ बात" ।
संजय से धृतराष्ट्र ने, कहा रंज के साथ ।। 373/1779

♫ संगीत-गीता-दोहावली छन्दमाला, मोती 35 of 136

गीता छन्द

14, 9 + ऽ।

(कुरुक्षेत्र)

धर्मभूमि कुरुक्षेत्र में, गए हैं लड़ने वीर ।
सौ सुत मम, पाँच पांडु के, हाथ में लेकर तीर ।। 1
हुआ है अब तक क्या वहाँ, भेद नीर और क्षीर ।
बतला सकल संजय! मुझे, सुनने मैं हूँ अधीर ।।

सञ्जय उवाच ।

|| 1.2 || दृष्ट्वा तु पाण्डवानीकं व्यूढं दुर्योधनस्तदा ।
आचार्यमुपसङ्गम्य राजा वचनमब्रवीत् ।।

(सञ्जय उवाच)

(पाण्डवसेना)

ॐ पाण्डवानां बलं दृष्ट्वा व्यूहबद्धं परन्तप[35] ।
द्रोणाचार्यमुपागत्य दुर्योधनोऽब्रवीदिति ।। 230/1447

✍दोहा॰ निहार सेना पांडवी, खड़ी बना कर व्यूह ।
दुर्योधन बोला, गुरो! देखो सैन्य दुरूह ।। 374/1779

|| 1.3 || पश्यैतां पाण्डुपुत्राणामाचार्य महतीं चमूम् ।
व्यूढां द्रुपदपुत्रेण तव शिष्येण धीमता ।।

ॐ चमूमेतां गुरो पश्य व्यूहयुक्तां महत्तमाम् ।
धृष्टद्युम्नोऽकरोद्धीमान्-शिष्यस्ते द्रुपदात्मजः ।। 231/1447

---

[35] **परन्तप** = पर √तप् + खच्, मुम् = (गीता में)शत्रु को ताप देने वाला, धृतराष्ट्र । (महाभारत में अर्जुन और कृष्ण भी) ।

✍दोहा॰ धृष्टद्युम्न ने है रची, सेना दिव्य महान ।
शिष्य आपका, है बड़ा, द्रुपदात्मज धीमान ।। 375/1779

|| 1.4 || अत्र शूरा महेष्वासा भीमार्जुनसमा युधि ।
युयुधानो विराटश्च द्रुपदश्च महारथः ।।

ॐ सेनामस्यां महावीरौ भीमार्जुनौ रणाङ्गणे ।
विराटसात्यकी शूरौ द्रुपदश्च महारथः ।। 232/1447

✍दोहा॰ इस सेना में वीर हैं, भीमार्जुन भट शूर ।
विराट द्रुपद व सात्यकी, जिनमें बल भरपूर ।। 376/1779

|| 1.5 || धृष्टकेतुश्चेकितानः काशिराजश्च वीर्यवान् ।
पुरुजित्कुन्तिभोजश्च शैब्यश्च नरपुङ्गवः ।।

ॐ चेकितानः शिखण्डी च काशिराजो महाबली ।
पुरुजिद्धृष्टकेतुश्च कुन्तिभोजः शिबीनृपः ।। 233/1447

✍दोहा॰ काशिराज पुरुजित् तथा, शिखंडी चेकितान ।
शिबी नृप कुन्तिभोज भी, धृष्टकेतु सुजान ।। 377/1779

|| 1.6 || युधामन्युश्च विक्रान्त उत्तमौजाश्च वीर्यवान् ।
सौभद्रो द्रौपदेयाश्च सर्व एव महारथाः ।।

ॐ युधामन्युर्महेष्वास उत्तमौजाः पराक्रमी ।
सौभद्रेयोऽभिमन्युश्च द्रौपदेयाश्च पञ्च ते ।। 234/1447

✍दोहा॰ उत्तमौजा पराक्रमी, युधामन्यु धी साँच ।
अभिमन्यु-सौभद्र है, द्रौपदेय हैं पाँच ।। 378/1779

|| 1.7 || अस्माकं तु विशिष्टा ये तान्निबोध द्विजोत्तम ।
नायका मम सैन्यस्य संज्ञार्थं तान्ब्रवीमि ते ।।

ॐ एते पाण्डवनेतारो मयोक्ता भवतः कृते ।
अस्माकमपि नेतॄंश्च हे गुरुद्रोण मे शृणु ।। 235/1447

✍दोहा॰ पांडव नेता ये सभी, किए आपको ज्ञात ।
अब सुनिए अपने कहूँ, नेता जो निष्णात ।। 379/1779

|| 1.8 || भवान्भीष्मश्च कर्णश्च कृपश्च समितिञ्जयः ।

अश्वत्थामा विकर्णश्च सौमदत्तिस्तथैव च ।।

(कौरवसैन्यम्)

द्रोणाचार्य भवान्नत्र तत्र भीष्मः कृपस्तथा ।
अश्वत्थामा च कर्णश्च विकर्णः सोमदत्तजः ।। **236**/1447

दोहा॰ यहाँ, द्रोण जी! आप हैं, वहाँ भीष्म कृप कर्ण ।
अश्वत्थामा और हैं, सोमदत्ती विकर्ण ।। 380/1779

।। 1.9 ।। अन्ये च बहवः शूरा मदर्थे त्यक्तजीविताः ।
नानाशस्त्रप्रहरणाः सर्वे युद्धविशारदाः ।।

अन्ये च बहवो वीरा मह्यं प्राणार्पिताः खलु ।
युक्ता विविधशस्त्रैस्ते युद्धे च कुशला हि ये ।। **237**/1447

दोहा॰ और वीर रणधीर हैं, शस्त्र-अस्त्र से युक्त ।
मेरे कारण हैं सभी, प्राण मान धन त्यक्त ।। 381/1779

।। 1.10 ।। अपर्याप्तं तदस्माकं बलं भीष्माभिरक्षितम् ।
पर्याप्तं त्विदमेतेषां बलं भीमाभिरक्षितम् ।।

(युद्धसज्जता)

सप्तैवाक्षौहिणं सैन्यम्-एतद्भीमेन रक्षितम् ।
एकादशौक्षिणी सेना मे तद्भीष्मेन गोपिता ।। **238**/1447

दोहा॰ सात चमू हैं पांडवी, रक्षण कीन्हे भीम ।
हमरे ग्यारह हैं चमू, रक्षण कीन्हे भीष्म ।। 382/1779

।। 1.11 ।। अयनेषु च सर्वेषु यथाभागमवस्थिताः ।
भीष्ममेवाभिरक्षन्तु भवन्तः सर्व एव हि ।।

नियुक्तिर्यस्य यत्रास्ति दृढस्तिष्ठेद्धि तत्र सः ।
भीष्मत्राणाय सर्वे हि यतध्वं सर्वथा भटाः ।। **239**/1447

दोहा॰ नियुक्ति जिसकी है जहाँ, रहो उसी तुम स्थान ।
भीष्म-सुरक्षा ना घटे, रहे हमारा ध्यान ।। 383/1779

स एव रक्षकोऽस्माकम्-अस्माकं स हि तारकः ।
तस्य रक्षां हितं बुद्ध्वा लक्ष्यं तं करवामहै ।। **240**/1447

✍दोहा॰ रक्षक हमरे हैं वही, वही हमें हितकार ।
उनकी रक्षा लक्ष्य हो, यही ध्येय दरकार ।। 384/1779

।। 1.12 ।। तस्य सञ्जनयन्हर्षं कुरुवृद्धः पितामहः ।
सिंहनादं विनद्योच्चैः शङ्खं दध्मौ प्रतापवान् ।।

ॐ दुर्योधं मुदितं कर्तुं भीष्मोऽगर्जच्च सिंहवत् ।
शङ्खं दध्मौ च प्रोच्चैः स जागृयुर्येन कौरवाः ।। **241**/1447

✍दोहा॰ हर्षाने दुर्योध को, किया भीष्म ने घोष ।
शंख बजाया जोर से, देने सबको जोश ।। 385/1779

ॐ ध्वनिं तां कर्कशां श्रुत्वा शङ्खस्य कर्णभेदिकाम् ।
कौरवाश्चोदिताः सर्वे बभूवुस्तत्परा द्रुतम् ।। **242**/1447

✍दोहा॰ सुन कर उस आवाज को, कर्कश अतिशय घोर ।
कौरव चौकन्ने हुए, मचाने लगे शोर ।। 386/1779

।। 1.13 ।। ततः शङ्खाश्च भेर्यश्च पणवानकगोमुखाः ।
सहसैवाभ्यहन्यन्त स शब्दस्तुमुलोऽभवत् ।।

ॐ शङ्खाश्च पणवा भेर्यो डिण्डिमा गोमुखास्तथा ।
प्रदध्मुस्तारशब्देन स रवः सङ्कुलोऽभवत् ।। **243**/1447

✍दोहा॰ शंख पणव रणभेरियाँ, डंके डफ पखवाद ।
ऊँचे स्वर में बज पड़े, तुमुल हुआ वह नाद ।। 387/1779

।। 1.14 ।। ततः श्वेतैर्हयैर्युक्ते महति स्यन्दने स्थितौ ।
माधवः पाण्डवश्चैव दिव्यौ शङ्खौ प्रदध्मतुः ।।

(तत्र)

ॐ अग्रे पाण्डुदले तत्र नन्दिघोषः कपिध्वजः ।
अश्वाश्च स्यन्दने श्वेताः सारथिर्यस्य माधवः ।। **244**/1447

✍दोहा॰ पांडु पक्ष में सामने, नंदीघोष विशाल ।
अर्जुन का रथ था खड़ा, कृष्ण जिसे रथपाल ।। 388/1779

श्वेत अश्व छह थे लगे, उम्दी जिनकी चाल ।
ऊपर फहरा था रहा, पूज्य कपिध्वज लाल ।। 389/1779

स्थितौ बृहद्रथे तस्मिन्–नरनारायणौ ततः ।
प्रबुद्धान्पाण्डवान्कर्तुं शङ्खौ दिव्यौ प्रदध्मतुः ।। **245**/1447

✍दोहा॰ **बैठे उस रथ भव्य में, नर नारायण रूप ।**
शंख बजावत दिव्य दो, पार्थ कृष्ण स्वरूप ।। 390/1779

रण पर पांडव पक्ष के, उद्यत करने वीर ।
नर–नारायण ने किए, शंख नाद गंभीर ।। 391/1779

♫ संगीत–गीता–दोहावली छन्दमाला, मोती 36 of 136

छवि छन्द[36]

4 + ।ऽ।

(श्री माधव)

माधव मुरारि, श्रीपति रमेश ।
वत्सासुरारि, कृष्ण जगदीश ।। 1
गोविंद चंद्र, मुकुंद व्रजेश ।
तू है नृसिंह, परम परमेश ।। 2

।। 1.15 ।।

पाञ्चजन्यं हृषीकेशो देवदत्तं धनञ्जयः ।
पौण्ड्रं दध्मौ महाशङ्खं भीमकर्मा वृकोदरः ।।

पाञ्चजन्यो मुकुन्देन पार्थेन देवदत्त उ ।
पौण्ड्रो नाम्नो महाशङ्खः प्रोच्चैर्भीमेन ध्मापितः ।। **246**/1447

✍दोहा॰ **पाँचजन्य श्रीकृष्ण ने, देवदत्त कौंतेय ।**
पौण्ड्र बजावत जोर से, भीमसेन यौधेय ।। 392/1779

[36] ♫ **छवि छन्द** : इस 8 मात्रा वाले इस वासव छन्द के अन्त में ज गण (।ऽ।) आता है । इसका लक्षण सूत्र 4 + ऽ।। इस प्रकार होता है । इसका अन्य नाम ♫ **मधुभार छन्द** है ।

▶ लक्षण गीत : ✍ **दोहा॰ आठ मत्त जिसमें सजीं, लघु गुरु लघु से अंत ।**
अन्य नाम "मधुभार" का, जाना है "छवि" छंद ।। 393/1779

|| 1.16 || अनन्तविजयं राजा कुन्तीपुत्रो युधिष्ठिर: ।
नकुल: सहदेवश्च सुघोषमणिपुष्पकौ ।।

🕉 नकुलसहदेवाभ्यां सुघोषमणिपुष्पकौ ।
अनन्तविजय: शङ्खो युधिष्ठिरेण प्रभृति ।। 247/1447

✍ दोहा० शंख बजाया धर्म ने, अनंतविजय सघोष ।
मणिपुष्पक सहदेव ने, फूँका नकुल सुघोष ।। 394/1779

🕉 योधवीरास्तत: सर्वे बभूवुराशु तत्परा: ।
स्वं स्वं शङ्खं ततो धृत्वा दध्मुस्ते विविधै: स्वरै: ।। 248/1447

✍ दोहा० सुन कर ध्वनि उन शंख का, पांडव भये प्रबुद्ध ।
शंख बजाये भट सभी, चालू करने युद्ध ।। 395/1779

|| 1.17 || काश्यश्च परमेष्वास: शिखण्डी च महारथ: ।
धृष्टद्युम्नो विराटश्च सात्यकिश्चापराजित: ।।

🕉 काशिराजो धनुर्धारी शिखण्डी च महारथी ।
धृष्टद्युम्नश्चमूनाथो विराटो नृपकेसरी ।। 249/1447

✍ दोहा० धनुधर काशी राज है, धृष्टद्युम्न है वीर ।
शिखंडी है महारथी, विराट नृप रणधीर ।। 396/1779

|| 1.18 || द्रुपदो द्रौपदेयाश्च सर्वश: पृथिवीपते ।
सौभद्रश्च महाबाहु: शङ्खान्दध्मु: पृथक्पृथक् ।।

🕉 द्रुपदोऽतिरथी ज्ञात: सात्यकिरणविक्रमी ।
उत्तमौजा महावीरो युधामन्युश्च नायक: ।। 250/1447

✍ दोहा० द्रुपद महा विख्यात है, सात्यकी समरवीर ।
उत्तमौजा महाबली, युधामन्यु बलबीर ।। 397/1779

🕉 सौभद्रेयोऽभिमन्युश्च द्रौपदेयाश्च सैनिका: ।
शङ्खान्पृथग्विधान्ध्मात्वा चक्रु: कर्कशगर्जनम् ।। 251/1447

✍ दोहा० पाँचाली सुत पाँच हैं, अभिमन्यु सौभद्र ।
शंख बजाये जोर से, घोष सभी थे भद्र ।। 398/1779

|| 1.19 || स घोषो धार्तराष्ट्राणां हृदयानि व्यदारयत् ।

नभश्च पृथिवीं चैव तुमुलो व्यनुनादयन् ।।

ॐ तीव्रेण तेन शब्देन निनादिते धरा नभः ।
तथैव धार्तराष्ट्राणां क्रूराणि हृदयानि च ।। 252/1447

दोहा॰ गूँजा जब उस घोष से, धरती से आकाश ।
काँपे कौरव-हृदय भी, होकर धैर्य विनाश ।। 399/1779

।। 1.20 ।। अथ व्यवस्थितान्दृष्ट्वा धार्तराष्ट्रान्कपिध्वजः ।
प्रवृत्ते शस्त्रसम्पाते धनुरुद्यम्य पाण्डवः ।।

ॐ नभोधरे यदा शान्ते पुनर्भूते शनैः शनैः ।
तदनु कुरुपुत्राणां चित्तं स्थिरं च पूर्ववत् ।। 253/1447

दोहा॰ कँप हुआ जब बंद वो, हृदय हुए जब शाँत ।
कुरुपुत्रों के चित्त की, सौम्य हुई जब भ्रांत ।। 400/1779

(अर्जुनविरतिः)

ॐ स्थिरांस्तान्कौरवान्दृष्ट्वा रणे तस्मिन्यदा पुनः ।
उत्थितः सशरः पार्थो युद्धं कर्तुं हि धार्मिकम् ।। 254/1447

दोहा॰ स्तब्ध हुए जब नभ धरा, मौन हुआ जब घोष ।
धनुष बाण कर में लिए, अर्जुन पाया जोश ।। 401/1779

।। 1.21 ।। हृषीकेशं तदा वाक्यमिदमाह महीपते ।
सेनयोरुभयोर्मध्ये रथं स्थापय मेऽच्युत ।।

ॐ उवाच स हृषीकेशम्-अर्जुनः शृणु केशव ।
सेनयोरुभयोर्मध्ये हरे स्थापय स्यन्दनम् ।। 255/1447

दोहा॰ सेनाएँ स्थिर जब हुई, बोला हरि को पार्थ ।
सेनाओं के बीच में, खड़ा करो रथ, नाथ! ।। 420/1779

♫ संगीत-गीता-दोहावली छन्दमाला, मोती 37 of 136

भानु छन्द[37]

---

[37] ♫ **भानु छन्द** : इस 21 मात्रा वाले त्रैलोक छन्द के अन्त में एक गुरु और एक लघु मात्रा आती है । इसका लक्षण सूत्र 6, 12 + ऽ। इस प्रकार होता है ।

6, 12 + ऽ।

(हृषीकेश)

"हृषीकेश," को कहा इन्द्रियों का ईश ।
काया में, वह एकादश गात्राधीश ।। 1
साँस-साँस, में है बसा भूत का प्राण ।
मुख में हो, सदा श्रीकृष्ण! तेरा नाम ।। 2

अर्जुन उवाच ।

।। 1.22 ।। **यावदेतान्निरीक्षेऽहं योद्धुकामानवस्थितान् ।**
कैर्मया सह योद्धव्यमस्मिन्रणसमुद्यमे ।।

(अर्जुन उवाच)

तत्पर्यन्तं निरीक्षेऽहं योद्धव्यं कैर्मया सह ।
योद्धुकामश्च कः कः स मर्तुमस्त्युद्यतो रणे ।। 256/1447

दोहा॰ **"केशव! देखूँ मैं सभी, खड़े यहाँ जो वीर ।**
किनसे लड़ना उचित है, किनको मारूँ तीर" ।। 403/1779

संगीत-गीता-दोहावली छन्दमाला, मोती 38 of 136

झूलना-1 छन्द[38]

7, 7, 7, 2 + ऽ।

(अर्जुन विनति)

बोला पार्थ श्रीकृष्ण को, कृपा करिए जगदीश! ।
स्यंद अपना स्थित कीजिए, उभय सैन्यों के बीच ।। 1
निहारूँ मैं आए यहाँ, समर में को को वीर ।
उचित किनसे रण है मुझे, गांडीव ले कर तीर ।। 2

▶ लक्षण गीत : **दोहा॰ मत्त इक्कीस का बना, गुरु लघु मात्रा अंत ।**
छठी मत्त पर यति जहाँ, वही "भानु" है छंद ।। 404/1779

[38] **झूलना-1 छन्द** : इस 26 मात्रा वाले महाभागवत छन्द के अन्त में एक गुरु और एक लघु मात्रा आती है । इसका लक्षण सूत्र 7, 7, 7, 2 + ऽ। इस प्रकार है ।

▶ लक्षण गीत : **दोहा॰ मत्त छब्बीस का बना, गुरु लघु कल से अंत ।**
सात सात पर यति जहाँ, वहाँ "झूलना" छंद ।। 405/159

|| 1.23 ||

योत्समानानवेक्षेऽहं य एतेऽत्र समागताः ।
धार्तराष्ट्रस्य दुर्बुद्धेर्युद्धे प्रियचिकीर्षवः ।।

ॐ योत्स्यमानाश्च के सन्ति धर्मयुद्धे समागताः ।
दुर्योधनस्य दुष्टस्य दुर्मतेश्च हिताय के ।। **257**/1447

दोहा॰ "कौन-कौन हैं आगए, देने अपने प्राण ।
दुष्टबुद्धि दुर्योध का, करने जीवन त्राण" ।। **406**/1779

सञ्जय उवाच ।

|| 1.24 ||

एवमुक्तो हृषीकेशो गुडाकेशेन भारत ।
सेनयोरुभयोर्मध्ये स्थापयित्वा रथोत्तमम् ।।

(सञ्जय उवाच)

ॐ पार्थस्य तद्वचः श्रुत्वा माधवेन परन्तप ।
अनीकयोर्द्वयोर्मध्ये स्थापितः स बृहद्रथः ।। **258**/1447

दोहा॰ सुन कर अर्जुन का कहा, हरि ने लगाम खींच ।
खड़ा किया रथ पार्थ का, दो सेना के बीच ।। **407**/1779

|| 1.25 ||

भीष्मद्रोणप्रमुखतः सर्वेषां च महीक्षिताम् ।
उवाच पार्थ पश्यैतान्समवेतान्कुरूनिति ।।

ॐ सर्वेषां च समक्षं हि तमुवाच जनार्दनः ।

"पश्य सर्वान्कुरून्पार्थ युद्धं कर्तुं समागतान्" ।। 259/1447

दोहा॰ दोनों सेना मध्य में, कहा कृष्ण ने, "पार्थ! ।
देखो लड़ने कौन हैं, आए तुमरे साथ"[39] ।। 408/1779

आज्ञया च तया तेन चम्वोर्मध्ये तयोस्तदा ।
विद्यमानाश्च पार्थेन दृष्टाः सम्बन्धिनो भटाः ।। 260/1447

दोहा॰ देखे रण पर पार्थ ने, विद्यमान सब लोग ।
दोनों सेना में खड़े, वीर बिना ही सोग ।। 409/1779

।। 1.26 ।। तत्रापश्यत्स्थितान्पार्थः पितॄनथ पितामहान् ।
आचार्यान्मातुलान्भ्रातॄन्पुत्रान्पौत्रान्सखींस्तथा ।
श्वशुरान्सुहृदश्चैव सेनयोरुभयोरपि ।।

उभयसैन्ययोर्मध्ये भीष्मद्रोणादयस्तथा ।
दृष्टाः सम्बन्धिनः स्निग्धाः पुत्राः पौत्राश्च बान्धवाः ।
आचार्या मातुलाः श्यालाः श्वसुराः पितरस्तथा ।। 261/1447

दोहा॰ पुत्र, पौत्र, सुहृद, सखा, मित्र, बंधु, गुरु, भ्रात ।
मातुल, साले, श्वसुर भी, महापिता अरु तात ।। 410/1779

।। 1.27 ।। तान्समीक्ष्य स कौन्तेयः सर्वान्बन्धूनवस्थितान् ।
कृपया परयाविष्टो विषीदन्निदमब्रवीत् ।।

गुरून्बन्धूंश्च सर्वान्स समक्षं समुपस्थितान् ।
कारुण्येनान्वितः क्रन्दन्-उवाच कुरुनन्दनः ।। 262/1447

दोहा॰ निहार भाई गुरु सभी, खड़े मरण के द्वार ।
करुणा से अर्जुन घिरा, नैन अश्रु की धार ।। 411/1779

अर्जुन उवाच ।

।। 1.28 ।। दृष्ट्वेमं स्वजनं कृष्ण युयुत्सुं समुपस्थितम् ।।

(अर्जुन उवाच)

---

[39] तुमरे साथ = (i) तुम्हारे साथ लड़ने वाले कौरव पक्ष के लोग और तुम्हारे पाँडव पक्ष के कौन-कौन कुरु वंशीय लोग हैं । कुरु वंशीय = कौरव + पाँडव

🕉 धर्मक्षेत्रे स्थितांस्तत्र क्षत्रियान्योद्धुमागतान् ।
दृष्ट्वा वै सुहृदः सर्वान्-दुःखेनोवाच सोऽर्जुनः ॥ 263/1447

✍ दोहा०   उसने दोनों पक्ष में, देखे गुरु, सरदार ।
         भाई, बांधव, सुत, पिता, मित्र, पौत्र, परिवार ॥ 412/1779

         बोला अर्जुन कृष्ण से, बहुत दुःख के साथ ।
         "यहाँ खड़े हैं सामने, सुहृद सब, यदुनाथ! ॥ 413/1779

॥ 1.29 ॥   सीदन्ति मम गात्राणि मुखं च परिशुष्यति ।
           वेपथुश्च शरीरे मे रोमहर्षश्च जायते ॥

🕉 मम गात्राणि सीदन्ति शुष्यति कृष्ण मे मुखम् ।
देहे च रोमहर्षोऽस्ति पीडायुक्तं वपुर्बहु ॥ 264/1447

✍ दोहा०   "पग मेरे लूले पड़े, मुख में ना है लार ।
         रोम हर्ष हैं गात में, नैन नीर की धार ॥ 414/1779

॥ 1.30 ॥   गाण्डीवं स्रंसते हस्तात्त्वक्चैव परिदह्यते ।
           न च शक्नोम्यवस्थातुं भ्रमतीव च मे मनः ॥

🕉 शक्तिहीनौ गतौ पादौ त्वग्मे च परिदह्यते ।
हस्तात्स्खलति गाण्डीवं मनश्च मम भ्राम्यति ॥ 265/1447

✍ दोहा०   "जली जा रही है त्वचा, सिर है चक्कर खात ।
         फिसल रहा गांडीव है, शक्ति हीन हैं हाथ" ॥ 415/1779

🕉 तथा स व्याकुलः पार्थः क्षात्रधर्मं हि व्यस्मरत् ।
तस्मात्पण्डितमात्मानं मत्वा चक्रे स वल्गनाम् ॥ 266/1447

✍ दोहा०   भरमा कर अर्जुन वहाँ, भूल गया सब ज्ञान ।
         पंडित जैसा फिर वहाँ, करने लगा बखान ॥ 416/1779

 संगीत-गीता-दोहावली गीतमाला, पुष्प 41 of 205

(अर्जुन के विषाद की कथा)

स्थायी

स्वरदा ने सुंदर गाया है, नारद ने साज बजाया है ।

रतनाकर गीत रचाया है ।।

♪ सानि़सा- गरे सा-नि़नि़ सा-रेम ग-, गममग पम ग-रे सासा-रेम ग- ।

गगरेसासासा रे-ग मगरेसानि़ सा- ।।

अंतरा-1

नृप बोला संजय को अंधा, ओछा कपटी मूरख बंदा ।

मेऽरेऽ पांडू के पुत्रों ने, गुरु बंधुऽ भाई मितरों ने ।

अब तक बतला क्या कीन्हा है ।।

♪ पप मरेम- प-पम पनि धपप-, प-मग गसासाग मपगरे सानि़सा- ।

सानि़सा- गरेसा- नि़- सा-रेम ग-, सानि़ सा-गरे सा-नि़- सासारेम ग- ।

गग रेसा सासारे- गम गरेसानि़ सा- ।।

अंतरा-2

जब खड़ी हुई दो सेनाएँ, कौरव बाएँ पांडव दाएँ ।

अर्जुन बोला, केशव प्यारे! तू रथ को आगे ले जा रे ।

उत खड़ी जहाँ दो सेना हैं ।।

अंतरा-3

लख कर बंधुऽ रण में सारे, गुरवर मातुल मितरा प्यारे ।

दुखी अर्जुन पीड़ा का मारा, घबराया चकराया भारा ।

बोऽलाऽ मुझको नहिँ लड़ना है ।।

गीता दोहावली
अष्टम तरंग

12. अर्जुन की वल्गना की कथा :

♪ संगीत-गीता-दोहावली छन्दमाला, मोती 39 of 136

वसंततिलका छन्द

ऽ ऽ।, ऽ।।, ।ऽ।, ।ऽ।, ऽ ऽ

♫ सा–नि़–सा रे–रेसा रेग– मगरे– गरे– सा– ।

(अर्जुन की वल्गना)

श्रीकृष्ण को विनय से, रण पार्थ बोला ।

अज्ञान पंडित बना, जब पार्थ भोला ।। 1

वो क्षात्रधर्म तज के, भटई बना था ।

जो काम क्षात्र भट को, करना मना था ।। 2

अर्जुन उवाच ।

।। 1.31 ।।

निमित्तानि च पश्यामि विपरीतानि केशव ।
न च श्रेयोऽनुपश्यामि हत्वा स्वजनमाहवे ।।

ॐ **"विपरीतानि चिह्नानि पश्याम्यहं नु माधव ।**
अस्मिन्न दृश्यते मह्यं लाभः कोऽपि जनार्दन ।। 267/1447

✍दोहा॰ **"लक्षण लगते हैं मुझे, विपरीत, पद्मनाभ! ।**
इसमें नहिँ दिखता मुझे, होगा कुछ भी लाभ ।। 417/1779

।। 1.32 ।।

न काङ्क्षे विजयं कृष्ण न च राज्यं सुखानि च ।
किं नो राज्येन गोविन्द किं भोगैर्जीवितेन वा ।।

(पुनः प्रजल्पः)

ॐ **"नाहं विजयमिच्छामि न च राज्यं न वा सुखम् ।**
राज्यभोगे सुखं किं मे जीविते किं प्रयोजनम् ।। 268/1447

✍दोहा॰ **"मुझे विजय की आस ना, राज्य सुखों का पाश ।**
धन–दौलत का क्या हमें, जीवन हुआ निराश ।। 418/1779

।। 1.33 ।।

येषामर्थे काङ्क्षितं नो राज्यं भोगाः सुखानि च ।
त इमेऽवस्थिता युद्धे प्राणांस्त्यक्त्वा धनानि च ।।

ॐ **"येषां कृते सुखं राज्यम्–इच्छामो मनसा वयम् ।**
तयेवात्रोद्यताः सर्वे त्यक्त्वा प्राणान्धनानि च ।। 269/1447

✍दोहा॰ **"चाहे हैं जिनके लिए, हमने सुख के भोग ।**
खड़े वही हैं सामने, प्राण तजे सब लोग" ।। 419/1779

।। 1.34 ।।

आचार्याः पितरः पुत्रास्तथैव च पितामहाः ।
मातुलाः श्वशुराः पौत्राः श्यालाः सम्बन्धिनस्तथा ।।

“विद्यमानाः सुताः पौत्राः पितृबन्धुपितामहाः ।
श्वसुरा मातुलाः श्याला गुरवः सुहृदस्तथा ।। **270**/1447

दोहा॰ संबंधी सब देख कर, घबड़ाया वह वीर ।
भ्रम को पाकर पार्थ ने, त्याग दिए धनु तीर ।। 420/1779

।। 1.35 ।। एतान्न हन्तुमिच्छामि घ्नतोऽपि मधुसूदन ।
अपि त्रैलोक्यराज्यस्य हेतोः किं नु महीकृते ।।

“प्राप्तुं त्रैलोक्यराज्यं च हन्तुं नेच्छामि मामकान् ।
हतोऽहं तर्हि यद्वाऽपि न वा राज्यं मिलेद्यदि ।। **271**/1447

दोहा॰ “पाने त्रिभुवन राज्य भी, करूँ न जो मैं काज ।
क्यों वह करना, हे प्रभो! पाने धरती आज ।। 421/1779

“कर्तुं न जातु शक्ष्येऽहं प्राप्तुमपीन्द्रवैभवम् ।
कथं तत्तु करिष्येऽहं भूमिराज्याय केशव ।। **272**/1447

दोहा॰ “पाने आसन स्वर्ग में, करूँ न जो मैं काज ।
हरि! वह मैं कैसे करूँ, पाने भू पर राज ।। 422/1779

।। 1.36 ।। निहत्य धार्तराष्ट्रान्नः का प्रीतिः स्याज्जनार्दन ।
पापमेवाश्रयेदस्मान्हत्वैतानाततायिनः ।।

“अतो हत्वा शुभं किं वा कौरवान्मधुसूदन ।
प्राप्स्यामहे वयं पापं हत्वा युद्धेऽपि पापिनः ।। **273**/1447

दोहा॰ “कौरव सारे मार कर, पाएँगे कटु पाप ।
यद्यपि पापी हैं सभी, अत्याचारी साँप ।। 423/1779

♫ संगीत-गीता-दोहावली छन्दमाला, मोती 40 of 136

हंसगति छन्द[40]

---

[40] ♫ **हंसगति छन्द** : इस 20 मात्रा वाले महादैशिक छन्द के अन्त में दो लघु मात्रा आती हैं । इसका लक्षण सूत्र 11, **5** + ऽ।। इस प्रकार होता है ।

▶ लक्षण गीत : **दोहा॰ ग्यारह, नौ कल से बना, दो लघु मात्रा अंत ।**
महादैशिकी वर्ग का, कहा “हंसगति” छंद ।। 424/1779

11, 7 + ।।

(मधुसूदन)

मुरारे! तू मध्वरि, कृष्ण मधुसूदन ।
मधुनिषूदन तू हरि, निबारा मधुबन ।।

।। 1.37 ।। तस्मान्नार्हा वयं हन्तुं धार्तराष्ट्रान्स्वबान्धवान् ।
स्वजनं हि कथं हत्वा सुखिनः स्याम माधव ।।

ॐ "एतान्दुष्टान्वयं हत्वा भवेम सुखिनः कथम् ।
तस्मादेषा वृथा हत्या कर्तुमस्मान्न शोभते ।। **274**/1447

दोहा॰ "इन दुष्टों को मार कर, कैसे होगा मोद ।
इनकी हत्या व्यर्थ में, क्या निकलेगा बोध ।। **425**/1779

।। 1.38 ।। यद्यप्येते न पश्यन्ति लोभोपहतचेतसः ।
कुलक्षयकृतं दोषं मित्रद्रोहे च पातकम् ।।

ॐ "कुलघाते च को दोषो मित्रघाते च पातकम् ।
एतदेते न पश्यन्ति किङ्कर्तव्यविमूढिनः ।। **275**/1447

दोहा॰ "मित्र घात में पाप क्या, कितना खल कुलघात ।
नहीं जानते लोग ये, मूढ़, सरल सी बात ।। **426**/1779

।। 1.39 ।। कथं न ज्ञेयमस्माभिः पापादस्मान्निवर्तितुम् ।
कुलक्षयकृतं दोषं प्रपश्यद्भिर्जनार्दन ।।

ॐ "विमूढमानसाः सर्व एते च लोभिनस्तथा ।
अधर्माद्धटते पापं नश्यति च कुलं ततः ।। **276**/1447

दोहा॰ "कौरव सारे मूढ़ ये, लुब्ध दुष्ट दुर्वृत्त ।
अधर्म करने में लगे, कुलघाती मद मत्त ।। **427**/1779

।। 1.40 ।। कुलक्षये प्रणश्यन्ति कुलधर्माः सनातनाः ।
धर्मे नष्टे कुलं कृत्स्नमधर्मोऽभिभवत्युत ।।

ॐ "कुलक्षयाच्च नश्यन्ति कुलधर्माः सनातनाः ।
धर्मनाशात्कुलं कृत्स्नं नश्यत्येव न संशयः ।। **277**/1447

दोहा॰ "कुल नशता कुलघात से, कुलक्षय से कुलधर्म ।

धर्मनाश से सर्व ही, नश कर बढ़त अधर्म ।। 428/1779

|| 1.41 || अधर्माभिभवात्कृष्ण प्रदुष्यन्ति कुलस्त्रियः ।
स्त्रीषु दुष्टासु वार्ष्णेय जायते वर्णसङ्करः ।।

"ततः स्त्रियः कुलीनाश्च पतन्ति धर्मनाशनात् ।
पतिताभ्यश्च नारीभ्यो भवति सङ्करः कुले ।। **278**/1447

दोहा॰ "धर्मनाश से कुलस्त्रियाँ, होती भ्रष्ट कुलीन ।
पतित स्त्रियों से होत है, कुल में संकर हीन ।। 429/1779

संगीत-गीता-दोहावली छन्दमाला, मोती 41 of 136

विश्लोक छन्द[41]

4 + । + 2 + । + 8

(वार्ष्णेय)

वार्ष्णेय कृष्ण वृष्णि कुलज है ।
विष्णु अवतार रूप मनुज है ।। 1
बलराम का हरिहर अनुज है ।
वसुदेव सुत सुर चतुर्भुज है ।। 2

|| 1.42 || सङ्करो नरकायैव कुलघ्नानां कुलस्य च ।
पतन्ति पितरो ह्येषां लुप्तपिण्डोदकक्रियाः ।।

"नरके सङ्करादस्मात्-कुलघाती कुलं तथा ।
स्खलन्ति पितरस्तेषां लुम्पन्ति श्राद्धभावनाः ।। **279**/1447

दोहा॰ "संकर से कुल का तथा, कुलघाती का नाश ।
पितर नरक में पतित हैं, श्राद्ध कर्म का ह्रास ।। 430/1779

|| 1.43 || दोषैरेतैः कुलघ्नानां वर्णसङ्करकारकैः ।
उत्साद्यन्ते जातिधर्माः कुलधर्माश्च शाश्वताः ।।

---

[41] **विश्लोक छन्द** : इस 16 मात्रा वाले संस्कारी छन्द की 5वीं और 8वीं मात्रा लघु होती है । इसका लक्षण सूत्र 4 + । + 2 + । + 8 इस प्रकार होता है ।

▶ लक्षण गीत : **दोहा॰ सोलह मात्रा से बना, पंचम अष्टम ह्रस्व ।**
छंद "विश्लोक" को मिला, "संस्कारी" वर्चस्व ।। 431/1779

"कुले च सङ्करो भूत्वा लाञ्छनैः कुलघातिनः ।
पतन्ति कुलधर्माश्च जातिधर्माः पुरातनाः ।। **280**/1447

दोहा॰ "कुलघाती के दोष से, कुल में संकर होय ।
भ्रष्ट जाति के धर्म को, बचा सके ना कोय ।। 432/1779

(अर्थात्)

"दोषेण सङ्करस्यास्य कुलस्य कुलघातिनः ।
नश्यन्ति जातिधर्माश्च तथा धर्माः सनातनाः ।। **281**/1447

दोहा॰ "संकर के इस दोष से, कुल कुलघाती भ्रष्ट ।
गिर कर जातिधर्म हैं, धर्म सनातन नष्ट ।। 433/1779

।। 1.44 ।।
उत्सन्नकुलधर्माणां मनुष्याणां जनार्दन ।
नरकेऽनियतं वासो भवतीत्यनुशुश्रुम ।।

"धर्मा अधोगता येषां वर्णसङ्करकारणात् ।
निवासो नरके तेषां भवतीत्यनुशुश्रव ।। **282**/1447

दोहा॰ "धर्म पतित जो हो गए, जात-पात हैं भ्रष्ट ।
मिलता उनको स्थान है, सदा नरक में नष्ट ।। 434/1779

।। 1.45 ।।
अहो वत महत्पापं कर्तुं व्यवसिता वयम् ।
यद्राज्यसुखलोभेन हन्तुं स्वजनमुद्यताः ।।

"कर्तुमिदं महत्पापं किमर्थमुद्यता वयम् ।
राज्यस्य सुखलोभेन कुलघाते रताः कथम् ।। **283**/1447

दोहा॰ "हाय हाय! क्यों हो रहा, पातक इतना हीन ।
राज्य सुखों के लोभ से, हम क्यों इतने दीन" ।। 435/1779

।। 1.46 ।।
यदि मामप्रतीकारमशस्त्रं शस्त्रपाणयः ।
धार्तराष्ट्रा रणे हन्युस्तन्मे क्षेमतरं भवेत् ।।

(अज्ञानप्रदर्शनपश्चात्)

"रणे माम्यदि हन्येयुः कौरवाः शस्त्रधारिणः ।
क्षेमतरमहं मन्ये शस्त्रहीनं कृताञ्जलिम्" ।। **284**/1447

दोहा॰ बोला, "अब मैं ना लड़ूँ, चाहे दे दूँ प्राण ।

भले मुझे वे मार दें, इसमें ही कल्याण" ।। 436/1779

।। 1.47 ।। एवमुक्त्वार्जुनः सङ्ख्ये रथोपस्थ उपाविशत् ।
विसृज्य सशरं चापं शोकसंविग्नमानसः ।।

रणमध्यान्तरे पार्थ एवमुक्त्वा स केशवम् ।।
विमूढमानसः खिन्नः क्रन्दनुपाविशद्रथे" ।। 285/1447

दोहा० इतना कह कर कृष्ण को, अर्जुन खो कर ध्यान ।
बैठा रथ के बीच में, नीचे रख कर बाण ।। 437/1779

संगीत-गीता-दोहावली गीतमाला, पुष्प 42 of 205

(अर्जुन के विषाद की कथा)

स्थायी

स्वरदा ने सुंदर गाया है, नारद ने साज बजाया है ।
रतनाकर गीत रचाया है ।।

♪ सानि़सा- गरे सा-नि़नि़ सा-रेम ग-, गममग पम ग-रे सासा-रेम ग- ।
गगरेसासासा रे-ग मगरेसानि़ सा- ।।

अंतरा–1

मुझको न विजय की आशा है, ना राज्य न सुख अभिलाषा है ।
अब जी कर भी क्या करना है, अरु मरने से क्या डरना है ।
सब विपरीत आगे आया है ।।

♫ पपमरे म मपप पम पनिधप प–, प– मगग सा साग मपगरेसानि़ सा– ।
सानि़ सा– गरे सा– नि़– सासारेम ग–, सानि़ सासागरे सा– नि़– सासारेम ग– ।
गग रेसासासा रे–गम गरेसानि़ सा– ।।

अंतरा–2

जो लोग हमें सब प्यारे हैं, वे लड़ने आए सारे हैं ।
इन पापी अधमों को मारे, हम पाएँगे पातक भारे ।
ये काम न मुझको भाया है ।।

अंतरा–3

सब आए हैं ये शस्त्र लिए, सब प्राण धनों का त्याग किए ।
वे चाहे मुझको हार भी दें, वे रण में मुझको मार भी दें ।
अब हित इसमें हि समाया है ।।

श्रीमद्–भगवद्–गीता का द्वितीय अध्याय ।
सांख्य योग ।

संगीत–गीता–दोहावली गीतमाला, पुष्प 43 of 205

भजन : राग भैरवी

मेरी बिनती सुनो, अंबे!

स्थायी

मेरी बिनती सुनो अंबे मैया, मेरे अवगुन को मन ना धरो माँ ।
मेरी रक्षा करो दुर्गे माता, किसी दुख बात से मैं डरूँ ना ।।

♫ नि़रे ग–ग– गमं– ग–रे ग–मं–, गमं पपप– प निनि ध– पमं– ग– ।
सारे ग–ग– गमं– ग–रे ग–मं–, गमं पप प–प नि– ध– पमं– ग– ।।

अंतरा–1

तेरी माया अपारा बड़ी है, तेरी लीला से दुनिया खड़ी है ।

मन मंदिर में मेरे रहो माँ, कभी नैनों से ना दूर होना ।।

♫ पध नि–नि– निसांनि– धप– ध–, पध नि–नि– नि सांनिध– पम– ग– ।

रेग मं–मंमं मं पध– पध– नि–, गमं प–प– प नि– ध–प मं–ग– ।।

अंतरा–2

मेरी नैया भँवर में अड़ी है, मझधारों में अटकी पड़ी है ।

मेरा बेड़ा किनारे करो माँ, आओ जल्दी कहीं देर हो ना ।।

अंतरा–3

मेरी दृष्टि तुझी पर गड़ी है, तेरी यादों में ही हर घड़ी है ।

बस तेरी ही सेवा करूँ माँ, कभी जीवन में चिंता धरूँ ना ।।

26. गीत : राग बिलावल, तीन ताल 16 मात्रा

कृष्ण के नाम

स्थायी

आज चलो हम सब मिल गाएँ, कृष्ण के सुंदर नाम सुनाएं ।

♫ सां–ध पमग मरे गम पग मरेसा–, सागम रे गपनिनि सां–रें सांनिधप– ।

अंतरा–1

केशव माधव भाते सबको, देवकी नंदन मन भरमाए ।

♫ प–पप ध–निनि सां–सां– रेंरेंसां–, सांगंमंगं रेंसांधप गम पगमरेसा– ।

अंतरा–2

पावन गायन गाते तुमरो, गिरिधर हमको सब मिल जाए ।

गीता दोहावली
नौवाँ तरंग

13. साङ्ख्य योग का निरूपण :

🎵 संगीत-गीता-दोहावली छन्दमाला, मोती 42 of 136

फटका छन्द

8 + 8 + 8 + 6/5

(सांख्य)

न तुम नहीं थे, न मैं नहीं था, न ये न जन थे, पहले भी ।
न तुम न होगे, न मैं न हूँगा, न ये न होंगे, आगे भी ॥ 1
हुए तुम भी थे, हुआ मैं भी था, हुए सभी थे, पहले भी ।
तुम भी होंगे, मैं भी हूँगा, होंगे सारे, आगे भी ॥ 2

श्रीमद्भगवद्गीता द्वितीयोऽध्यायः ।

संजय उवाच ।

॥ 2.1 ॥ तं तथा कृपयाविष्टमश्रुपूर्णाकुलेक्षणम् ।
विषीदन्तमिदं वाक्यमुवाच मधुसूदनः ॥

🕉 दोहा छंद में गीतोपनिषद्

(सञ्जय उवाच)

🕉 एतादृशे क्षणे सूक्ष्मे श्रुत्वा पार्थस्य वल्गनाम् ।
योगेश्वरो भ्रमं हर्तुं पार्थमुवाच मायया ॥ 286/1447

दोहा॰ सुन कर बड़बड़ता हुआ, विषम स्थान में पार्थ ।
योगेश्वर ने पार्थ को, दिया ज्ञान धर्मार्थ ॥ 438/1779

श्रीभगवानुवाच ।

॥ 2.2 ॥ कुतस्त्वा कश्मलमिदं विषमे समुपस्थितम् ।
अनार्यजुष्टमस्वर्ग्यमकीर्तिकरमर्जुन ॥

🕉 व्याकुलः कातरो भूत्वा शोकयुक्तो रणे च त्वम् ।
एवं दीनः कथं पार्थ रोदकः परिदेवकः ॥ 287/1447

✍दोहा॰ श्रीधर बोले पार्थ से, जो था पाया शोक ।
"रण पर आकर क्षात्र तुम, क्यों ऐसे डरपोक ।। 439/1779

।। 2.3 ।।

क्लैब्यं मा स्म गमः पार्थ नैतत्त्वय्युपपद्यते ।
क्षुद्रं हृदयदौर्बल्यं त्यक्त्वोत्तिष्ठ परन्तप ।।

ॐ अनुचिते स्थले काले नीचा बुद्धिः कथं त्वयि ।
दास्यति न च कीर्तिं सा न या श्रेष्ठं च शोभते ।। **288**/1447

✍दोहा॰ "अनुचित ऐसे स्थान में, करना ऐसी बात ।
ना कीर्ति ना स्वर्ग दे, क्यों मन आई, तात! ।। 440/1779

ॐ नास्त्येतस्यां किमप्यर्थः-त्यज दुर्बलतां सखे ।
त्यक्त्वा हृदयदौर्बल्यं सन्नद्धो भव भारत ।। **289**/1447

✍दोहा॰ "क्लैब्य तुम्हें जचता नहीं, उठो धैर्य को जोड़ ।
अर्जुन! हो जाओ खड़े, कायरता को छोड़" ।। 441/1779

अर्जुन उवाच ।

।। 2.4 ।।

कथं भीष्ममहं सङ्ख्ये द्रोणं च मधुसूदन ।
इषुभिः प्रतियोत्स्यामि पूजार्हावरिसूदन ।।

(अर्जुनस्य पुनः प्रजल्पः)

ॐ योगेश्वरस्य तच्छ्रुत्वा कौन्तेयो वचनं ततः ।
पार्थः कृष्णं पुनर्ब्रूते ज्ञात्वाऽऽत्मानं स पण्डितम् ।। **290**/1447

✍दोहा॰ सुने बचन सब कृष्ण के, फिर भी खोया ध्यान ।
पंडित जैसा बड़बड़ा, देने उनको ज्ञान ।। 442/1779

ॐ कथं शरान्नु क्षेप्स्यामि मुरारे भीष्मद्रोणयोः ।
पावनौ तौ गुरू द्वौ हि कथय मां जनार्दन ।। **291**/1447

✍दोहा॰ "भीष्म द्रोण गुरु पूज्य हैं, जैसे गंगा नीर ।
कैसे रण पर मैं, प्रभो! छोड़ूँ उन पर तीर ।। 443/1779

♫ संगीत-गीता-दोहावली छन्दमाला, मोती 43 of 136

वानवासिका छन्द[42]

8 + । + 2 + । + 4

(अरिसूदन)

विषयरूप शत्रु का विनाशक ।
कहा अरिसूदन गणविनायक ।। 1
हृषीकेश हैं वही शकटारि ।
अघासुर बकासुर हरि मध्वरि ।। 2

।। 2.5 ।। गुरूनहत्वा हि महानुभावाञ्छ्रेयो भोक्तुं भैक्ष्यमपीह लोके ।
हत्वार्थकामांस्तु गुरूनिहैव भुञ्जीय भोगान्रुधिरप्रदिग्धान् ।।

ॐ दोहा छंद में गीतोपनिषद् ।

(नीतियुद्धस्य भेदं अर्जुनो विस्मृतवान्)

ॐ हत्या पूज्यगुरूणां तु भिक्षाया अपि पामरा ।
रक्तसिक्तांस्ततो भोगान्-भोक्ष्यामि खलु केशव ।। 292/1447

दोहा॰ हत्या गुरु की, हे प्रभो! भिक्षा से भी तुच्छ ।
रक्त सिक्त फिर पाप का, मुझे मिलेगा गुच्छ ।। 444/1779

ॐ जयपराजयोर्नास्ति नीतियुद्धे तु चिन्तनम् ।
तथाऽपि भ्रमयुक्तः स क्षात्रधर्मं हि व्यस्मरत् ।। 293/1447

दोहा॰ नीति-युद्ध में सम सभी, लाभ-हानि जय हार ।
फिर भी भूला पार्थ वो, धर्म-ज्ञान का सार ।। 445/1779

।। 2.6 ।। न चैतद्विद्मः कतरन्नो गरीयो यद्वा जयेम यदि वा नो जयेयुः ।
यानेव हत्वा न जिजीविषामस्तेऽवस्थिताः प्रमुखे धार्तराष्ट्राः ।।

(तथैव पार्थ उवाच)

ॐ एतदपि न जानीमः किमस्मभ्यं शुभं भवेत् ।

---

[42] ♪ **वानवासिका छन्द** : इस 16 मात्रा वाले संस्कारी छन्द की 9वीं और 12वीं मात्रा लघु होती है । इसका लक्षण सूत्र 8 + । + 2 + । + 4 इस प्रकार होता है ।

▶ लक्षण गीत : **दोहा॰ सोलह मात्रा से बना, लघु नौ बारह मत्त ।
"वानवासिका" छंद का, "मात्रिक" है सम वृत्त ।। 446/1779**

जेष्यन्ति वा जयेयुर्नो जेष्यामो वा जयेम तान् ।। **294**/1447

✍दोहा॰ कहा पार्थ ने कृष्ण को, "कृपया दीजो ज्ञान ।
मैं दुविधा में हूँ पड़ा, दूर करो अज्ञान ।। **447**/1779

"हमें नहीं है ज्ञात क्या, उचित हमें व्यवहार ।
जीत हमारी आज या, वे दें हमको मार ।। **448**/1779

ॐ नास्ति जेतुं जिगीषा नो हत्वा यान्यदुनन्दन ।
अवस्थिता भटास्ते हि युद्धाय पुरतो रणे ।। **295**/1447

✍दोहा॰ "जिन्हें जीत कर भोग की, हमें नहीं अभिलाष ।
वही खड़े हैं सामने, लेकर रण की आश ।। **449**/1779

(स्वगतम्)

ॐ अचेष्टन् ते गृहे तत्र हन्तुमस्मान्वने तथा ।
तत्र नैच्छमहं योद्धुं नेच्छाम्यत्रापि तैः सह ।। **296**/1447

✍दोहा॰ "जब थे हम घर में सभी, या थे वन में न्यस्त ।
कौरव थे सब स्थान में, हमें मारने व्यस्त ।। **450**/1779

ॐ तत्रात्र वा वयं स्याम योद्धुमिच्छन्ति ते सदा ।
इतो गच्छेम कुत्रापि प्रत्यागम्यं पुनो मया ।। **297**/1447

✍दोहा॰ "वहाँ भी नहीं, ना यहाँ, हमें युद्ध की चाह ।
रण तज कर जाएँ कहाँ? बूझ न पाऊँ राह ।। **451**/1779

ॐ योद्धुमत्रागताः सर्वे गुरवो बान्धवास्तथा ।
शस्त्रयुक्ता रता योद्धुं मर्तुं मारयितुं तथा ।। **298**/1447

✍दोहा॰ "बंधु मित्र गुरु जन सभी, लड़ने को तैयार ।
शस्त्र-अस्त्र उद्यत सभी, हमें डालने मार ।। **452**/1779

ॐ त्यक्त्वा धनानि प्राणाँश्च हन्तुमस्मान्यथा तथा ।
येनकेनप्रकारेण जनाः सर्वे युयुत्सवः ।। **299**/1447

✍दोहा॰ "प्राण मान धन त्याग कर, द्वेष जलन के साथ ।
हमें मारने के लिए, उतावले हैं हाथ ।। **453**/1779

ॐ अचेष्टामहि सर्वं च सन्ध्या युद्धं निवर्तितुम् ।

विनश्य सन्धिमार्गान्-ते योद्धुमेव समागताः ।। **300**/1447

✍दोहा॰ "हमने मिलाप के लिए, कीन्हे बहुत प्रयास ।
मगर शाँति को छोड़ कर, उन्हें युद्ध की प्यास ।। **454**/1779

ॐ हन्तुमस्मान्दृढाः सर्वे योद्धुमिच्छेम वा न वा ।
नाहं युध्येय तर्हि ते समुच्छेत्स्यन्ति पाण्डवान् ।। **301**/1447

✍दोहा॰ "हमें मारने पर तुले, हैं वे सारे लोग ।
पांडव सारे मार कर, उन्हें न होगा सोग ।। **455**/1779

ॐ मयि सति कथं कृष्णैतज्जातु शक्यते प्रभो ।
वाञ्छामो तु वयं शान्तिं योद्धुमिच्छन्ति कौरवाः ।। **302**/1447

✍दोहा॰ "वे हैं करना चाहते, हमरा पूर्ण विनाश ।
मेरे होते ना कभी, होगा हमरा नाश ।। **456**/1779

ॐ योद्धुं यद्यपि नेच्छामः कौरवास्तु युयुत्सवः ।
वद गच्छाम्यहं कुत्र नागन्तव्यं यतो रणे ।। **303**/1447

✍दोहा॰ "गए यहाँ से हम कहीं, तज कर यह रण क्षेत्र ।
आना होगा लौट कर, हमें इसी कुरु क्षेत्र ।। **457**/1779

अर्जुन उवाच ।

।। 2.7 ।। कार्पण्यदोषोपहतस्वभावः पृच्छामि त्वां धर्मसम्मूढचेताः ।
यच्छ्रेयः स्यान्निश्चितं ब्रूहि तन्मे शिष्यस्तेऽहं शाधि मां त्वां प्रपन्नम् ।।

(अर्जुनः प्रश्नान् पृच्छति)

ॐ अधर्मः कश्च धर्मोऽपि कोऽस्मिन्स्थितौ नु ब्रूहि माम् ।
किं नु पापं च पुण्यं किं करणीयं च कर्म किम् ।। **304**/1447

✍दोहा॰ "धर्म क्या अब अधर्म क्या, पुण्य और क्या पाप ।
अहो कृष्ण! करणीय क्या, मुझे बताओ आप ।। **458**/1779

♫ संगीत-गीता-दोहावली छन्दमाला, मोती 44 of 136

चौबाला छन्द[43]

[43] ♫ **चौबाला छन्द** : इस 15 मात्रा वाले तैथिक छन्द के चरण के अंत में एक लघु और एक दीर्घ मात्रा

8 + 4 + । ऽ

(धर्म अधर्म)

पूछे अर्जुन, अब धर्म क्या ।
कृष्ण! बताओ अपकर्म क्या ।। 1
क्या तजना क्या उचित करना ।
प्रभो! पुण्य में कथं मरना ।। 2

ॐ **रणयागत्य किं कार्यम्–अकार्यं किं च केशव ।**
लाभालाभौ च कस्मिन्मे कृष्ण ब्रूहि सुनिश्चितम् ।। 305/1447

दोहा॰ **"रण पर आकर कार्य क्या, क्या है कृष्ण! अकार्य ।**
जिसमें सबका लाभ हो, कहो एक जो आर्य ।। 459/1779

ॐ **अवशं मे मनो जातं भ्रमिता मे मतिस्तथा ।**
शाधि शिष्यं प्रपन्नं मां धर्माधर्मौ च कौ हरे ।। 306/1447

दोहा॰ **"करुणा से मैं ग्रस्त हूँ, भ्रम से मन है व्यग्र ।**
एक कहो तव शिष्य को, सुनूँ प्रभो! एकाग्र ।। 460/1779

।। 2.8 ।। **न हि प्रपश्यामि ममापनुद्याद्यच्छोकमुच्छोषणमिन्द्रियाणाम् ।**
अवाप्य भूमावसपत्नमृद्धं राज्यं सुराणामपि चाधिपत्यम् ।।

ॐ दोहा छंद में गीतोपनिषद् ।

(पुन: प्रजल्प:)

ॐ **असपत्नं च सम्पन्नं राज्यं भूमौ मिलेद्यदि ।**
इन्द्रासनं च प्राप्याहं भवेयं द्युपतिस्तथा ।। 307/1447

दोहा॰ **"बिन शत्रु का भव्य ये, मिला भूमि का राज ।**
इन्द्रासन भी स्वर्ग का, मिला मुझे यदि आज; ।। 461/1779

ॐ **राज्यं त्रिभुवनस्यापि लब्धं निष्कण्टकं मया ।**
नाहं मन्ये विषादो मे गच्छेद्गात्रस्य शोषक: ।। 308/1447

आती है । यति 8-7 मात्रा का विकल्प से आता है ।

▶ लक्षण गीत : दोहा॰ **पन्द्रह मात्रा से बना, लघु गुरु कल से अंत ।**
आठ मत्त पर यति जहाँ, वह "चौबाला" छंद ।। 462/1779

दोहा॰ "तीन लोक का भूप भी, यदि मैं बना सुधीर ।
विषाद ये ना जाएगा, जो देता है पीड़" ॥ 463/1779

सञ्जय उवाच ।

॥ 2.9 ॥ एवमुक्त्वा हृषीकेशं गुडाकेश: परन्तप ।
न योत्स्य इति गोविन्दमुक्त्वा तूष्णीं बभूव ह ॥

(सञ्जय उवाच)

ॐ इदमुक्त्वा हृषीकेशं विषण्ण: स तदा रणे ।
भणित्वा च "न योत्स्येऽहं" तूष्णीं बभूव भारत: ॥ 309/1447

दोहा॰ इतना कह कर कृष्ण को, पार्थ होगया खिन्न ।
"लड़ूँगा नहीं," बोल कर, पार्थ होगया मौन ॥ 464/1779

॥ 2.10 ॥ तमुवाच हृषीकेश: प्रहसन्निव भारत ।
सेनयोरुभयोर्मध्ये विषीदन्तमिदं वच: ॥

(तदा)

ॐ आकर्ण्य वचनं तत्स विलक्षणं हि माधव: ।
स्नेहेनोवाच पार्थं तं विस्मित: केशवस्तत: ॥ 310/1447

दोहा॰ सुन कर बचनन पार्थ के, अद्भुत विषम विचित्र ।
कृष्ण ने कहा स्नेह से, उसे जान कर मित्र ॥ 465/1779

 संगीत–गीता–दोहावली गीतमाला, पुष्प 44 of 205

आँखे खोल

स्थायी

अंधी आँखे खोल, रे बंदे! मत हो डाँवाडोल ।

♪ नि–ध प–मं– ध–ध, प मं–ग–! पमं ग– मं–गरे सा–सा ।

अंतरा–1

कार्य कर्म का मेरु खड़ा है, बीच राह में ध्येय अड़ा है ।
कर्दम में मत रोल, रे बंदे! सुनले प्यारे बोल ॥

♪ सा–रे ग–ग ग– मं–प मंग– मं–, नि–ध प–मं प– ध–प मंग– रे– ।
सा–रेरे ग– मंमं प–प, ध पमंग–! पमंग रे–ग– सा–सा ॥

अंतरा–2

पंडित बन कर ज्ञान दे रहा, गलत बात पर ध्यान दे रहा ।
तेरी नाव है डाँवाडोल, रे बंदे! सुनियो न्यारे बोल ।।

अंतरा–3

सूरज नूतन देख चढ़ा है, आतप चारों ओर बढ़ा है ।
ये है घड़ी अनमोल, रे बंदे! सुनियो म्हारे बोल ।।

श्रीभगवानुवाच ।

।। 2.11 ।।
अशोच्यानन्वशोचस्त्वं प्रज्ञावादांश्च भाषसे ।
गतासूनगतासूंश्च नानुशोचन्ति पण्डिताः ।।

(श्रीभगवानुवाच)

विषादो नोचितो येषां तेषां शोकं करोषि त्वम् ।
बाह्यतः पण्डितो भूत्वा ज्ञानप्रदर्शनं च माम् ।। **311**/1447

दोहा॰ दुख के लायक जो नहीं, उन पर क्यों दुख, पार्थ! ।
पंडित जैसे बोल ये, जिनमें नहीं यथार्थ ।। **466**/1779

विषाद तुमने है किया, जिनका शोक न ठीक ।
ऊपर से पंडित बने, मुझे दे रहे सीख ।। **467**/1779

नैतत्स्थानं न कालोऽपि जल्पितुं न च क्रन्दितुम् ।
ज्ञानेनानुपयुक्तेन हितं लेशो न लभ्यते ।। **312**/1447

दोहा॰ रण भूमि नहिँ स्थान है, बिलखाने के योग्य ।
व्यर्थ तुम्हारे ज्ञान का, यहाँ नहीं उपयोग ।। **468**/1779

जीविताँश्च मृताँश्चैव नानुशोचन्ति पण्डिताः ।
जीविताजीवितौ देहौ विद्वद्भ्यस्तु समावुभौ ।। **313**/1447

दोहा॰ अनुचित पर तुम रुदन कर, जता रहे अज्ञान ।
पंडित जन रोते नहीं; जन्म मरण है आम ।। **469**/1779

।। 2.12 ।।
न त्वेवाहं जातु नासं न त्वं नेमे जनाधिपाः ।
न चैव न भविष्यामः सर्वे वयमतः परम् ।।

(किमुचितम्)

नाहं नासं न त्वं नासीः-न नासनितरे जनाः ।
नच नाहं भविष्यामि न त्वं नैते जनाः पुनः ।। **314**/1447

दोहा॰ न मैं नहीं था, ना हि तू, ना ये जग के लोग ।
न मैं न हूँगा, ना हि तू, ना ये जग के भोग ।। **470**/1779

(अर्थात्)

अहमासं त्वमासीश्चासनेते सकला जनाः ।
भविष्यसि भविष्यामि भविष्यन्तीतरे सदा ।। **315**/1447

दोहा॰ हम, तुम, ये सब, होगए, जग के सारे लोग ।
होंगे हम, तुम, ये सभी, जग के सारे भोग ।। **471**/1779

संगीत-गीता-दोहावली गीतमाला, पुष्प 45 of 205

(अस्तित्व)

स्थायी

न तुम नहीं थे, न मैं नहीं था, न ये न जन थे, पहले भी ।
न तुम न होगे, न मैं न हूँगा, न ये न होंगे, आगे भी ।। 1

रे ग- मपम गरे, सा रे- गमग रे-, सा रे- रे गग मप, मगरे सा- ।
रे ग- प म-गरे, सा रे- ग मगरे-, सा रे- रे ग-मप, मगरे सा- ।।

अंतरा-1

हुआ तू भी था, हुआ मैं भी था, ये लोग सारे हो गए ।
होगा तू भी, हूँगा मैं भी, ये सर्व होंगे, आगे भी ।। 2

मप- ध- प म-, गम- प- म ग-, सा रे-रे ग-मप-, मगरे सा- ।
नि़-सा रे- रे-, प-म ग-रे-, सा रे-रे ग-मप-, मगरे सा- ।।

।। 2.13 ।। देहिनोऽस्मिन्यथा देहे कौमारं यौवनं जरा ।
तथा देहान्तरप्राप्तिर्धीरस्तत्र न मुह्यति ।।

(अपि च)

प्राप्नुमश्च वयं बाल्यं तारुण्यं च जरां यथा ।
देही भुनक्ति देहे स तत्र धीरो न भ्राम्यति ।। **316**/1447

दोहा॰ जन्म बाल्य यौवन जरा, स्वरूप पाता देह ।

देही साक्षी देह में, देह देही का गेह ।। 472/1779

यथा बदलता, देह है, आयु अवस्था चार ।
तथा हि देही देह को, बदले बारंबार ।। 787/1779

।। 2.14 ।। मात्रास्पर्शास्तु कौन्तेय शीतोष्णसुखदुःखदाः ।
आगमापायिनोऽनित्यास्तांस्तितिक्षस्व भारत ।।

ॐ ते सुखदुःखदाः स्पर्शाः शैत्यौष्मयोश्च दायकाः ।
आगच्छन्ति च गच्छन्ति सहनीया हि पार्थ ते ।। **317**/1447

दोहा॰ सुख-दुख दायक स्पर्श ये, अस्थायी हैं, पार्थ! ।
सहन करो इनको सदा, बन कर तुम निःस्वार्थ ।। 473/1779

ॐ सुखदुःखे समे दृष्ट्वा दृढस्तिष्ठति यो नरः ।
यत्किञ्चिदेव लब्ध्वाऽपि पयोवत्[44] तं नरं पयः[45] ।। **318**/1447

दोहा॰ सुख-दुख दोनों सम जिसे, दृढ़ मन पुरुष कहाय ।
उस अविचल नर के लिए, जल अमृत बन जाय ।। 474/1779

।। 2.15 ।। यं हि न व्यथयन्त्येते पुरुषं पुरुषर्षभ ।
समदुःखसुखं धीरं सोऽमृतत्वाय कल्पते ।।

ॐ शीतोष्णेषु च स्पर्शेषु निर्बद्धो यो नरः सदा ।
समः स सुखदुःखेषु धीरोऽमृतादवञ्चितः ।। **319**/1447

दोहा॰ शीत उष्ण इन स्पर्श से, अविचल है जो धीर ।
समबुद्धि का क्षात्र वो, अमृत उसको नीर ।। 475/1779

संगीत-गीता-दोहावली गीतमाला, पुष्प 46 of 205

भज गोविंद

स्थायी

रे दुखी मन, गोविंद गोविंद बोल । अंदर, नाम का अमरित घोल ।।

---

[44] पयः = दुग्ध अमृत ।

[45] पयः = जल ।

♫ म गरे गम-, ध-पम ग-मग रे-रे । ध-पम-, ग-म प ममगरे सा-सा ।।

अंतरा-1

सुख दुख जग में आते जाते, शीत उष्ण संकेत लुभाते ।

लालच, कर दे कौड़ी मोल ।।

♫ मग रेसा रेरे ग- ध-पम ग-म-, सा-रे ग-ग म-ध-प मग-रे- ।
सा-रेग-, धप मग- म-गरे सा-सा ।।

अंतरा-2

जग माया में क्यों तू डूबा, द्वंद्व भाव से क्यों नहीं ऊबा ।

आखिर, अब तो आँखे खोल ।।

अंतरा-3

जाको तारे कृष्ण कन्हैया, पार लगे उसकी भव नैया ।

मत कर, बेड़ा डाँवाडोल ।।

।। 2.16 ।। नासतो विद्यते भावो नाभावो विद्यते सतः ।
उभयोरपि दृष्टोऽन्तस्त्वनयोस्तत्त्वदर्शिभिः ।।

ॐ अनस्तित्वं न जात्वासीत्-नास्ति न च भविष्यति ।
नासीन्न जातु चास्तित्वम्-अस्ति नित्यं भविष्यति ।। **320**/1447

✍दोहा॰ अनस्तित्व सत्ता नहीं, कहते ज्ञानी लोग ।
"सत्य सदा अस्तित्व है," यही ज्ञान का योग ।। **476**/1779

ॐ तच्च सदसतः सत्यं सद्भिर्ज्ञातमशेषतः ।
अनस्तित्वं न जात्वस्त्यस्तित्वमेवास्ति शाश्वतम् ।। **321**/1447

✍दोहा॰ "असत् तत्त्व सच्चा नहीं, सत् की सत्ता नित्य" ।
जाना दोनों तत्त्व का, सत् पुरुषों ने सत्य ।। **477**/1779

ॐ आत्मा सनातनो ज्ञातो ज्ञानिभिरमरस्तथा ।
द्विविधाऽऽत्मानमेवं तं स्पष्टं पश्यति बुद्धिमान् ।। **322**/1447

✍दोहा॰ आत्मा शाश्वत अमर है, कहते ज्ञानी लोग ।
इस विध उसको जानना, कहा ज्ञान का योग ।। **478**/1779

।। 2.17 ।। अविनाशि तु तद्विद्धि येन सर्वमिदं ततम् ।

विनाशमव्ययस्यास्य न कश्चित्कर्तुमर्हति ।।

(आत्मन: अमरत्वम्)

🕉 विद्धि तमक्षरं यस्माद्-इदं कृत्स्नं हि निस्सृतम् ।
विनाश: शाश्वतस्यास्य कर्तुं केनाप्यसम्भव: ।। 323/1447

✍ दोहा॰ अविनाशी वो एक है, जो रचता संसार ।
नाश न उसका हो सके, कोई सके न मार ।। 479/1779

🎵 संगीत-गीता-दोहावली छन्दमाला, मोती 45 of 136

चित्रा छन्द[46]

4 + 1 + 2 + 11 + 7

(अविनाशी)

अजर अमर हरि अज अविनाशी ।
भूत सकल जँह परम निबासी ।। 1
घूम कर योनि लख चौरासी ।
मिले तब पुण्य सुख की रासी ।। 2

।। 2.18 ।। अन्तवन्त इमे देहा नित्यस्योक्ता: शरीरिण: ।
अनाशिनोऽप्रमेयस्य तस्माद्युध्यस्व भारत ।।

🕉 अस्मादनश्वरात्सृष्टा देहा: सर्वे हि नश्वरा: ।
एवं बुद्ध्वा त्वमात्मानं, योधनीयं त्वया सखे ।। 324/1447

✍ दोहा॰ देही शाश्वत एक है, नश्वर जिसके देह ।
लिए यही शुभ भावना, धर्मयुद्ध से नेह ।। 480/1779

।। 2.19 ।। य एनं वेत्ति हन्तारं यश्चैनं मन्यते हतम् ।
उभौ तौ न विजानीतो नायं हन्ति न हन्यते ।।

🕉 एनं हतं च हन्तारं मन्यते यो निरापदम् ।

---

[46] 🎵 चित्रा-1 छन्द : इस 16 मात्रा वाले संस्कारी छन्द की 5वीं, 8वीं और 9वीं मात्रा लघु होती है । इसका लक्षण सूत्र 4 + 1 + 2 + 11 + 7 इस प्रकार होता है ।

▶ लक्षण गीत : ✍ दोहा॰ सोलह मात्रा का बना, जिसे स्रोत स्वच्छंद ।
पाँच आठ नौ लघु जहाँ, जाना "चित्रा" छंद ।। 481/1779

एतत्स न विजानाति नात्मा हन्ति न हन्यते ।। **325**/1447

✍दोहा॰ इस विध जिसका ज्ञान है, ज्ञानी वही सुजान ।
ना वह मरता आतमा, न ले किसी की जान ।। 482/1779

।। 2.20 ।। न जायते म्रियते वा कदाचिन्नायं भूत्वा भविता वा न भूयः ।
अजो नित्यः शाश्वतोऽयं पुराणो न हन्यते हन्यमाने शरीरे ।।

ॐ दोहा छंद में गीतोपनिषद् ।

ॐ न भविता न भूत्वाऽयं म्रियते न च जायते ।
अमरः शाश्वतो नित्यो देहनाशे न नश्यति ।। **326**/1447

✍दोहा॰ ना ये मरता आतमा, न ही जन्म की बात ।
नश्वर है यह देह ही, देही शाश्वत ज्ञात ।। 483/1779

भुजंगप्रयात छन्द (हिन्दी)

। ऽ ऽ, । ऽ ऽ, । ऽ ऽ, । ऽ ऽ

♫ सा रे-ग- म प-म-ग रे-म- गरे- सा-

(आत्मा)

न जन्मा, न आरंभ तेरा कहीं से ।
सदा साथ होते न, जाना किसी ने ।। 1
न आया कहीं से, न जाता कहीं है ।
निराधार आत्मा, जहाँ था वहीं है ।। 2

।। 2.21 ।। वेदाविनाशिनं नित्यं य एनमजमव्ययम् ।
कथं स पुरुषः पार्थ कं घातयति हन्ति कम् ।।

ॐ एवमात्मानमेनं योऽवगच्छत्यविनाशिनम् ।
आत्मनः कथञ्चिद्वाऽपि न स हन्ता न घातकः ।। **327**/1447

✍दोहा॰ देही को जो जानता, मारक अथवा मर्त्य ।
ज्ञात नहीं उस मूढ़ को, देही करे न कृत्य ।। 484/1779

।। 2.22 ।। वासांसि जीर्णानि यथा विहाय नवानि गृह्णाति नरोऽपराणि ।
तथा शरीराणि विहाय जीर्णान्यन्यानि संयाति नवानि देही ।।

ॐ त्यक्त्वा त्याज्यं, यथा वस्त्रं धारयति नवं नरः ।

त्यक्त्वा त्याज्यं, नवं देहं देही स धरते तथा ।। 328/1447

✍ दोहा॰ त्याज्य वस्त्र को छोड़ कर, नये पहनते लोग ।
देही देहों का तथा, करता है उपभोग ।। 485/1779

♫ संगीत-गीता-दोहावली छन्दमाला, मोती 46 of 136

इन्द्रवज्रा छन्द[47]

ऽ ऽ।, ऽ ऽ।, । ऽ।, ऽ ऽ

(देही)

(हिन्दी)

ज्यों लोग त्यागे कपड़े पुराने ।
डाले नये जो हि क्षयिष्णु जाने ।। 1
त्यों देह देही तजके घिसे जो ।
"देहांत वाले," पहने नये वो ।। 2

(संस्कृत)

जीर्णानि वस्त्राणि विहाय लोकाः ।
अन्यानि गृह्णन्ति यथा सदा ते ।। 1
तथा हि जीर्णान्स विहाय देही ।
अन्याञ्च गृह्णाति नवान्नु गेही ।। 2

|| 2.23 ||
नैनं छिन्दन्ति शस्त्राणि नैनं दहति पावकः ।
न चैनं क्लेदयन्त्यापो न शोषयति मारुतः ।।

ॐ छिद्यते नायुधैरात्मा नाग्निना दह्यते कदा ।
न क्लिद्यते जलेनैष न शुष्यति च वायुना ।। 329/1447

✍ दोहा॰ ना ये कटता शस्त्र से, न ही जलावे आग ।
ना ही सूखे वायु से, न ही गलावे आप् ।। 486/1779

---

[47] ♫ **इन्द्रवज्रा छन्द** : इस ग्यारह वर्ण, 18 मात्रा वाले छन्द के चरण में त त ज गण और दो गुरु वर्ण आते हैं । इसका लक्षण सूत्र ऽ ऽ।, ऽ ऽ।, । ऽ।, ऽ ऽ इस प्रकार होता है । इसके पदान्त में विराम होता है ।

▶ लक्षण गीत : ✍ दोहा॰ मत्त अठारह से सजा, ग्यारह अक्षर वृंद ।
नाम "इंद्रवज्रा" जिसे, वही त त ज ग ग छंद ।। 487/1779

संगीत-गीता-दोहावली गीतमाला, पुष्प 47 of 205

संस्कृत गीत

आत्मा

क आत्मा परमात्मा को, जन्म किं मरणं च किम् ।
प्राग्जन्म का गतिः कृष्ण, गतिः का मरणोत्तरा ।।

♫ रे- ग-मप- धपम-गम प-, नि-ध प- मगरे- म ग- ।
ग-ग-ग म- पम-, ग-रे-! गग- रे- गमग-रेसा- ।।

आत्मा देहे तथा ज्ञेयो यथा बिम्बं हि दर्पणे ।
चुम्बके चुम्बकत्वं च यन्त्रे विद्युत्प्रवाहवत् ।।

गुरुत्वाकर्षणं भूमौ द्रवत्वं च जले यथा ।
सात्त्विकेषु सदाचार उपाधिर्व्यवसायिनाम् ।।

ब्रह्मैव परमात्मा स ईश्वरः परमेश्वरः ।
ईशः प्रभुर्जगद्धर्ता येन सृष्टमिदं जगत् ।।

देही ब्रह्मैव देहस्थः चिदात्मा पुरुषस्तथा ।
आत्मा स एव क्षेत्रज्ञो जीवः प्राणश्च चेतना ।।

देहेन देहिनो योगो भूतस्य जन्म कथ्यते ।
वियोगो देहिनस्तस्मात्-उच्यते मरणं तथा ।।

मृत्योरेकस्य भूतस्य जायते जन्म नूतनम् ।
देहाद्देहं सदा देही नूनं भ्रम्यति चक्रवत् ।।

मृत्युर्नास्ति विना जन्म विना मृत्युं न जन्म च ।
जन्ममृत्यू पृथक् ना हि द्वंद्वमेकं मतं बुधैः ।।

जन्ममरणयोर्द्वंद्वं पृष्ठद्वयस्य नाणकम् ।
रहस्यमात्मनः स्पष्टं यो जानाति स पण्डितः ।।

संगीत-गीता-दोहावली गीतमाला, पुष्प 48 of 205

राग यमन, कहरवा ताल 8 मात्रा

अक्षर आत्मा

स्थायी

अक्षर ये आतमा है, देही अमर है जाना ।
अक्षय अनादि अजर है, पावन ये आतमा है ।।

♫ ग-रेरे सा- नि़-रेग- ग-, गमंप- पमंमं ग- रे-सा- ।
नि़-रेरे रेग-ग मंधप मं-, प-मंमं ग- प-मंगरे सा- ।।

अंतरा-1

वस्त्रों को त्याज्य नित जैसे, मानव ये त्यागता है ।
देही भी देह नित वैसे, तजनीय को तजता है ।
इसमें भला क्यों रोना, जीवन की भंगिमा है ।।

♫ ग-मं- प- निध- पप मं-प-, ग-मंमं प- ध-पमं- ग- ।
नि़-रे- ग- मं-प धध मं-प-, धपप-प मं- धपमं- ग- ।
सासारे- गमं- प- मं-ग-, प-मंमं ग- प-मंगरे सा- ।।

अंतरा-2

शस्त्रों से नहीं ये कटता, अग्नि से नहीं है जलता ।
पानी में नहीं ये गलता, वायु से नहीं है सूखता ।
अविनाशी सही है जाना, जैसा ये आसमाँ है ।।

♫ ग-मं- प- निध- प- मंमंप-, ग-मं- प- पमं- ग- रेरेसा- ।
नि़-रे- ग- मंप- ध- मंमंप-, ध-प- मं- गमं- प- पमंग- ।
सासारे-ग- मंमं- प- मं-ग-, प-मंग रे- प-मंगरे सा- ।।

अंतरा-3

देही सभी में बसता, कण कण है इसीसे बनता ।
जीवन की ये है ज्योति, चेतन हैं इसीसे प्राणी ।
इसको ही ब्रह्म जाना, ये है परम परमात्मा ।।

।। 2.24 ।।

अच्छेद्योऽयमदाह्योऽयमक्लेद्योऽशोष्य एव च ।
नित्यः सर्वगतः स्थाणुरचलोऽयं सनातनः ।।

अज्वाल्योऽयमवध्योऽयम्-अक्लेद्योऽशोष्य एव च ।
अनादिः सर्वगामी च स्थिरो नित्यः सनातनः ।। 330/1447

✍दोहा॰ ना यह कटे, न जल सके, गले न झुरता प्राण ।
सब देहों में एक है, "अमर" इसे अभिधान ।। 488/1779

भुजंगप्रयात छन्द (हिन्दी)

।ऽऽ, ।ऽऽ, ।ऽऽ, ।ऽऽ

♫ सारे- ग-, मप- म-, गरे- म-, गरे- सा-

गेही

कटे ना, जले ना, गले ना, झुरे ना ।
वही आतमा है निराकार जाना ।। 1
सभी के दिलों में बसा एक देही ।
अनेकों घटों का कहा एक गेही ।। 2

संगीत-गीता-दोहावली गीतमाला, पुष्प 49 of 205

दादरा ताल

(जिंदगी)

स्थायी

आतमा ही, सखे! ब्रह्म जाना, जो निराकार निर्गुण अमर है ।

♫ ध़-निसा रे-, सानि़-! ध़-नि़ सा-रे-, सा- रेग-म-प म-गग मगरे सा- ।

अंतरा-1

कटे ना किसी शस्त्र से ये, मिटे ना किसी अस्त्र से ये ।
जले ना किसी आग से ये, न मारे कोई भी जहर है ।।

♫ सांनि- सां- निध- नि-ध प- म-, सां-नि ध- निधप नि-ध प- म- ।
रेग- म- पम- ग-रे ग- म-, सा- रे-ग- मपम- ग- मगरे सा- ।।

अंतरा-2

देह देही का है गूढ़ नाता, आतमा ये न आता न जाता ।
जन्म यौवन जरा देह पाता, आतमा है ये जाना अजर है ।।

अंतरा-3

वर्णनातीत जाना है देही, मौन साक्षी है नौ द्वार गेही ।
सब दिलों मे बसा ये सनेही, न ये है इधर ना उधर है ।।

।। 2.25 ।। अव्यक्तोऽयमचिन्त्योऽयमविकार्योऽयमुच्यते ।

तस्मादेवं विदित्वैनं नानुशोचितुमर्हसि ।।

एवमेनममर्त्यं तम्-अचिन्त्यमविनाशिनम् ।
अव्यक्तमक्षरं ज्ञात्वा दुःखमेवं निरर्थकम् ।। **331**/1447

दोहा॰ नित्य सनातन अमर है, अक्षर इसका नाम ।
अचिंत्य चिर अव्यक्त पर, रोने का क्या काम ।। 489/1779

संगीत-गीता-दोहावली गीतमाला, पुष्प 50 of 205

राग यमन कल्याण

ब्रह्म आत्मा है

स्थायी

अरे! ब्रह्म ही अव्ययी आत्मा है ।

♫ नि़रे-! ग-म॑ ग- प-म॑ग- म॑पम॑गरे सा- ।

अंतरा-1

किसी शस्त्र से ना कटे आत्मा ये, कभी आयु से ना घटे आतमा ये ।
सनातन अनादि, कहा आत्मा ये ।।

♫ नि़सा- रे-सा रे- ग- रेसा- रे-गरे- ग-, धप- म॑-ग म॑- प- म॑ग- रे-गम॑- प- ।
सारे-ग- म॑प-ध-, पग- म॑पम॑गरे सा- ।।

अंतरा-2

किसी आग से ना जले आतमा ये, कभी पानी से ना गले आतमा ये ।
अनश्वर अजन्मा, अजर आतमा ये ।।

अंतरा-3

किसी दर्द से ना दुखे आतमा ये, कभी वायु से ना सूखे आतमा ये ।
करे ना मरे ये, अमर आतमा है ।।

अंतरा-4

किसी से नहीं है जुड़ा आतमा ये, किसी से नहीं है जुदा आतमा ये ।
न तेरा न मेरा, सर्वदम आतमा है ।।

भूते च वर्तमाने च नित्य आत्मा भविष्यति ।
अनन्तोऽयमिदं ज्ञात्वा नास्मैशोचितुमर्हसि ।। **332**/1447

✍दोहा॰ प्रस्तुत-भूत-भविष्य में, आत्मा अमर अव्यक्त ।
अचिंत्य अक्षर त्तत्व पर, शोक करो मत व्यक्त ।। **490**/1779

।। 2.26 ।। अथ चैनं नित्यजातं नित्यं वा मन्यसे मृतम् ।
तथापि त्वं महाबाहो नैवं शोचितुमर्हसि ।।

जन्ममृत्युयुतं वाऽपि देहिनं मन्यसे यदि ।
तथाऽपि तु महाबाहो त्वयि शोको न शोभते ।। **333**/1447

✍दोहा॰ चाहे जानो "जन्म का," या इसको तुम "मर्त्य" ।
फिर भी, अर्जुन! क्षात्र को, शोक नहीं है स्तुत्य ।। **491**/1779

।। 2.27 ।। जातस्य हि ध्रुवो मृत्युर्ध्रुवं जन्म मृतस्य च ।
तस्मादपरिहार्येऽर्थे न त्वं शोचितुमर्हसि ।।

(जन्ममरणयोः चक्रम्)

ॐ निश्चित उदितस्यास्तो म्लानो विकसितस्य च ।
आगताः प्रतिगच्छन्ति प्रत्यागच्छन्ति ये गताः ।। **334**/1447

✍दोहा॰ जो उगता सो डूबता, फूले सो मुरझाय ।
जो आता सो जायगा, गया हुआ फिर आय ।। **492**/1779

ॐ जीवितो म्रियते नूनं मृतश्च जायते ध्रुवम् ।
विवशे विषये तस्माद्-दुःखमेवं निरर्थकम् ।। **335**/1447

✍दोहा॰ जो आया वो जायगा, गया हुआ फिर आत ।
रोना प्यारे! क्यों वहाँ, जब है बेबस बात ।। **493**/1779

।। 2.28 ।। अव्यक्तादीनि भूतानि व्यक्तमध्यानि भारत ।
अव्यक्तनिधनान्येव तत्र का परिदेवना ।।

ॐ भूतान्यव्यक्तमूलानि व्यक्तमध्यानि ते ततः ।
अव्यक्तानि च भूयस्ते तेषु दुःखमिदं कथम् ।। **336**/1447

✍दोहा॰ भूत अलख सब, मूल में, प्रकट-अवस्था बीच ।
पुनः अलख हैं, अंत में, फिर क्यों रोना, नीच! ।। **494**/1779

ॐ आदिरगोचरस्तेषां मध्यस्तु गोचरः खलु ।

अन्तोऽप्यगोचरः पार्थ तर्हि दुःखं कथं त्वयि ।। 337/1447

✍दोहा॰ मूल, अंत भी अलख हैं, मध्य-अवस्था दृष्ट ।
अंत्य-अवस्था देख कर, रोना है निकृष्ट ।। 495/1779

ॐ जन्ममरणयोर्मध्ये मध्यावस्थैव गोचरा ।
मध्या तु क्षणिकाऽवस्था मूलावस्था हि शाश्वता ।। 338/1447

✍दोहा॰ जन्म मरण के बीच में, मध्य-अवस्था व्यक्त ।
व्यक्त अवस्था क्षणिक है, मूल-दशा अव्यक्त ।। 496/1779

जन्म-मृत्यु परिशुद्ध हैं, निष्कलंक दो मूल ।
उनको जात न पात है, मत करना तुम भूल ।। 497/1779

♫ संगीत-गीता-दोहावली छन्दमाला, मोती 47 of 136

सरसी छन्द[48]

16, 8 + ऽ।

(सृष्टिचक्र)

जन्म-मृत्यु के बीच बसी है, क्षणिक अवस्था व्यक्त ।
शाश्वत सभी की बुनियाद है, मूल वही अव्यक्त ।। 1
आते-जाते जीव जगत के, जैसे द्रुम के पात ।
सृष्टिचक्र का यही नियम है, सीधी सी है बात ।। 2
चक्र सृष्टि का अनाद्यंत है, शाश्वत नित्य अनंत ।
योनि योनि के चक्र लगावे, भिक्षुक हो या संत ।। 3

ॐ गोचरागोचराः सर्वे भूयो भूयो हि प्राणिनः ।
आगच्छन्ति च गच्छन्ति नभसि तारका यथा ।। 339/1447

✍दोहा॰ दृष्टादृष्ट सभी सदा, प्राणी चक्कर खात ।
आते-जाते गगन में, तारे जस दिन रात ।। 498/1779

---

[48] ♫ **सरसी** : इस 27 मात्रा वाले नाक्षत्रिक छन्द के अन्त में एक गुरु और एक लघु मात्रा आती है । इसका लक्षण सूत्र 16, 8 + ऽ। इस प्रकार है ।

▶ लक्षण गीत : ✍**दोहा॰ मात्रा सत्ताईस में, गुरु लघु कल से अंत ।**
सोलह कल पर यति जहाँ, वह है "सरसी" छंद ।। 499/1779

ॐ अस्तं गतो यथा सूर्योऽदृष्टोऽव्यक्तोऽप्यविकृतः ।
तथा दिवंगतो देही निर्विकारो हि पूर्ववत् ।। **340**/1447

दोहा॰ डूबे तारे गगन के, रिक्त हुआ आकाश ।
इसका मतलब ये नहीं, उनका हुआ विनाश ।। 500/1779

आखों से जो ना दिखा, सुने न जिसको कान ।
नष्ट नहीं वह चीज है, ज्ञानी को है ज्ञान ।। 501/1779

ॐ यथा जले तरङ्गोस्त्यलङ्कारेषु च काञ्चनम् ।
तथा देहे स देही च सर्वे ब्रुवन्ति पण्डिताः ।। **341**/1447

दोहा॰ सागर पर लहरें यथा, अलंकार में स्वर्ण ।
देह व देही भी तथा, यथा वृक्ष के पर्ण ।। 502/1779

ॐ सिन्धुर्हिमालयो मेघः-तिस्रोऽवस्था जलस्य हि ।
जन्म मृत्युश्च मध्यं च सर्वमेकं हि चक्रवत् ।। **342**/1447

दोहा॰ सिंधु हिमाचल मेघ भी, नीर अवस्था तीन ।
जन्म, मध्य अरु अंत हैं, सृष्टि चक्र में लीन ।। 503/1779

।। 2.29 ।। आश्चर्यवत्पश्यति कश्चिदेनमाश्चर्यवद्वदति तथैव चान्यः ।
आश्चर्यवच्चैनमन्यः शृणोति श्रुत्वाप्येनं वेद न चैव कश्चित् ।।

ॐ दोहा छंद में गीतोपनिषद् ।

(आत्मनः विस्मयाकुलता)

ॐ आत्मानं पश्यति कश्चिद्-विस्मयकारकं यथा ।
आश्चर्येण तथा कश्चित्-करोति वर्णनं महत् ।। **343**/1447

दोहा॰ कोई समझे आतमा, अद्भुत है आश्चर्य ।
आत्मा का कोई कहे, अचिंत्य है तात्पर्य ।। 504/1779

ॐ आकर्णयति कश्चिच्च वर्णनं तं रहस्यवत् ।
श्रुत्वाऽपि महिमानं तु नैनं जानन्ति केचन ।। **344**/1447

दोहा॰ कोई विस्मय से सुने, आत्मा का वृत्तांत ।
सुन कर वर्णन भी, इसे, समझ सके न नितांत ।। 505/1779

।। 2.30 ।। देही नित्यमवध्योऽयं देहे सर्वस्य भारत ।

> तस्मात्सर्वाणि भूतानि न त्वं शोचितुमर्हसि ।।

🕉 स्थितः सर्वेषु देहेष्ववध्यो देही सनातनः ।
तस्माद्धि सर्वलोकेभ्यः शोको नास्ति यथोचितः ।। 345/1447

☙ दोहा॰   सब देहों में है बसा, आत्मा परम महान ।
आत्मा को यों जान कर, रोने का क्या काम ।। 506/1779

🎵 संगीत-गीता-दोहावली छन्दमाला, मोती 48 of 136

चौपई छन्द[49]

12 + S|

(आत्मा क्या है?)

पढ़ सुन कर भी जिसकी कीर्ति ।
कोइ न जाने इसकी मूर्ति ।।
रहस्य मय है उसकी ख्याति ।
पंडित भी हैं पाए भ्रांति ।।

|| 2.31 || स्वधर्ममपि चावेक्ष्य न विकम्पितुमर्हसि ।
धर्म्याद्धि युद्धाच्छ्रेयोऽन्यत्क्षत्रियस्य न विद्यते ।।

🕉 बुद्ध्वा सम्यक्स्वधर्मं तु चिन्ताया नास्ति कारणम् ।
श्रेयो हि धर्मयुद्धात्किम्-अन्यत्क्षात्रस्य विद्यते ।। 346/1447

☙ दोहा॰   स्वधर्म सम्यक् जान कर, चिंता अंत तमाम ।
धर्मयुद्ध से क्या बड़ा, क्षात्र के लिए काम ।। 507/1779

|| 2.32 || यदृच्छया चोपपन्नं स्वर्गद्वारमपावृतम् ।
सुखिनः क्षत्रियाः पार्थ लभन्ते युद्धमीदृशम् ।।

🕉 भवेद्‌भाग्यवशाद्द्वारं स्वर्गस्यापावृतं यदा ।

---

[49] 🎵 **चौपई छन्द** : 16 मात्रा वाले संस्कारी **चौपाई छन्द** से भिन्न, इस 15 मात्रा वाले तैथिक छन्द के अंत में एक गुरु और एक लघु मात्रा आती है । इसका लक्षण सूत्र 12 + S| होता है । इसको 🎵 **जयकारी छन्द** भी कहा गया है ।

▶ लक्षण गीत :   ☙ दोहा॰   पन्द्रह कल से जो बना, लघु गुरु मात्रा अंत ।
आठ मत्त पर यति जहाँ, कहा "चौपई" छंद ।। 508/1779

संयोगं धर्मयुद्धस्य क्षत्रियो लभते तदा ।। 347/1447

दोहा॰ स्वर्ग द्वार मिलता खुला, भाग्य जभी हो प्राप्त ।
धर्मयुद्ध मिलता उसे, जिसे भाग्य हो व्याप्त ।। 509/1779

|| 2.33 || अथ चेत्त्वमिमं धर्म्यं सङ्ग्रामं न करिष्यसि ।
ततः स्वधर्मं कीर्तिं च हित्वा पापमवाप्स्यसि ।।

परन्तु धर्मयुद्धात्त्वं भवसि चेत्पराङ्मुखः ।
हित्वा कीर्तिं च धर्मं च पार्थ पापमवाप्स्यसि ।। 348/1447

दोहा॰ धर्मयुद्ध को मगर तुम, दोगे यदि दुतकार ।
धर्म, कीर्ति, को त्याग कर, तुम्हें पाप का द्वार ।। 510/1779

|| 2.34 || अकीर्तिं चापि भूतानि कथयिष्यन्ति तेऽव्ययाम् ।
सम्भावितस्य चाकीर्तिर्मरणादतिरिच्यते ।।

अव्ययामपकीर्तिं ते गास्यन्ति तव वैरिणः ।
सज्जनेभ्योऽपकीर्तिस्तु मृत्योरधस्तरा हि सा ।। 349/1447

दोहा॰ गाएँगे शत्रु तेरे, अपकीर्ति के गीत ।
उससे बदतर क्या भला, होगा, मेरे मीत! ।। 511/1779

|| 2.35 || भयाद्रणादुपरतं मंस्यन्ते त्वां महारथाः ।
येषां च त्वं बहुमतो भूत्वा यास्यसि लाघवम् ।।

रणात्पलायितं भीरुं मंस्यन्ते त्वां भटाः सखे ।
तुच्छेषु गणयिष्यन्ते यैर्गौरवान्वितोऽसि त्वम् ।। 350/1447

दोहा॰ "रण-से-भागा" मान कर, तुझे हँसेंगे सर्व ।
तुझे कहेंगे भीरु वे, जिनको तुझ पर गर्व ।। 512/1779

|| 2.36 || अवाच्यवादांश्च बहून्वदिष्यन्ति तवाहिताः ।
निन्दन्तस्तव सामर्थ्यं ततो दुःखतरं नु किम् ।।

त्वां ते कापुरुषं मत्वा निन्दिष्यन्ति तवारयः ।
महाबाहो समर्थं त्वां ततो गर्ह्यतरं नु किम् ।। 351/1447

दोहा॰ कातर तुझको जान कर, शत्रु करें परिहास ।
उससे बढ़ कर क्या बड़ा, होगा फिर उपहास ।। 513/1779

कुत्रापीतोऽगमिष्यस्त्वं योद्धव्या एव तत्र ते ।
तर्हि किमर्थमत्रैव योद्धुं प्रतिकरोषि त्वम् ।। 352/1447

दोहा॰ परे यहाँ से जा कहीं, लड़ना होगा तत्र ।
फिर क्यों लड़ना वर्ज्य ये, तुझे आज है अत्र ।। 514/1779

।। 2.37 ।। हतो वा प्राप्स्यसि स्वर्गं जित्वा वा भोक्ष्यसे महीम् ।
तस्मादुत्तिष्ठ कौन्तेय युद्धाय कृतनिश्चयः ।।

हतः प्राप्स्यसि स्वर्गं त्वं जित्वा भूमिं च भोक्ष्यसे ।
अनेन हेतुना योद्धुं पूर्णसज्जो भवार्जुन ।। 353/1447

दोहा॰ "जीत कर मिले राज्य ये, मर कर स्वर्ग निवास" ।
युद्ध हेतु ऐसा लिए, उठो सहित विश्वास ।। 515/1779

संगीत-गीता-दोहावली छन्दमाला, मोती 49 of 136

रूपवती छन्द[50]

ऽ।।, ऽ ऽ ऽ, ।। ऽ, ऽ

(समबुद्धिः)

आप्स्यसि स्वर्गं पार्थ हतस्त्वं ।
वीर! महीं वा प्राप्स्यसि जित्वा ।। 1
त्वं तु समे कृत्वा सुखदुःखे ।
पार्थ! न पापं प्राप्स्यसि युद्धे ।। 2

।। 2.38 ।। सुखदुःखे समे कृत्वा लाभालाभौ जयाजयौ ।
ततो युद्धाय युज्यस्व नैवं पापमवाप्स्यसि ।।

(समबुद्धिः)

लाभं हानिं सुखं दुःखं समौ कृत्वा जयाजयौ ।
यशोऽयशः समे धृत्वा युद्धे पापं न वर्तते ।। 354/1447

---

[50] **रूपवती छन्द** : दस वर्ण, 16 मात्रा वाले इस छन्द के चरण में भ म स गण और एक गुरु वर्ण आता है । इसका लक्षण सूत्र ऽ।।, ऽ ऽ ऽ, ।। ऽ, ऽ इस प्रकार होता है । इसके पदान्त में विराम होता है ।

▶ लक्षण गीत : दोहा॰ मात्रा सोलह चरण में, गुरु मात्रा से अंत ।
सजे म भ स गण आदि में, "रूपवती" वह छंद ।। 516/1779

दोहा॰ मर कर पाओ स्वर्ग को, जी कर भू का भोग ।
उठो पार्थ! प्रण को लिए, यही सांख्य का योग ।। **517**/1779

त्यक्त्वा सुखं च दुःखं च पुरस्ताच्चल पाण्डव ।
नीतिबद्धं च धर्म्यं च युद्धं कर्तव्यमर्जुन ।। 355/1447

दोहा॰ तज कर सुख दुख, पार्थ! तुम, बढ़ो नीति के मार्ग ।
धर्मयुद्ध का प्रण लिए, करतब है सन्मार्ग ।। **518**/1779

।। 2.39 ।। **एषा तेऽभिहिता साङ्ख्ये बुद्धिर्योगे त्विमां शृणु ।**
बुद्ध्या युक्तो यया पार्थ कर्मबन्धं प्रहास्यसि ।।

साङ्ख्यत्वेन यदुक्तं त्वां कर्मयोगेन तच्छृणु ।
कर्मयोगं पथं कृत्वा कर्मबन्धाद्विमोक्ष्यसे ।। 356/1447

दोहा॰ अब तक तुझको है कहा, सांख्य तत्त्व का सार ।
वही कर्म के योग से, देगा तुम्हें उबार ।। **519**/1779

संगीत-गीता-दोहावली गीतमाला, पुष्प 51 of 205

(साङ्ख्य निरूपण की कथा)

स्थायी

स्वरदा ने सुंदर गाया है, नारद ने साज बजाया है ।
रतनाकर गीत रचाया है ।।

♫ सानि़सा– गरे सा–नि़नि़ सा–रेम ग–, गममग पम ग–रे सासा–रेम ग– ।
गगरेसासासा रे–ग मगरेसानि़ सा– ।।

अंतरा–1

अविनाशी आत्मा अऽक्षर है, वो अजर अमर अविकारी है ।
ना कटे न वह आग से जले, ना सूख सके, ना जल से गले ।
ये देही नित्य कहाया है ।।

♫ पपमरेम– प–पम पनिधप प–, प– मगग सासाग मपगरेसानि़ सा– ।
सानि़ साग– रे सासा नि़–सा रे– मग–, सानि़ सा–ग रेसा–, नि़– सासा रे मग– ।
ग– रेसासा– रे–ग मगरेसानि़ सा– ।।

अंतरा–2

नर तज कर वस्त्र पुराने ज्यों, ये आत्मा पहने नूतन त्यों ।

आगत का जाना निश्चित है, आना गत का निर्धारित है ।
फिर रोने की बात हि क्या है ।।

अंतरा-3

तुम लाभ-हानि को सम करके, सुख-दुख दोनों ही सम धरके ।
फिर जीओगे तो राज मिले, या मर कर प्यारा स्वर्ग मिले ।
यह योग सांख्य कहलाया है ।।

गीता दोहावली
दसवाँ तरंग

14. निष्काम बुद्धि का निरूपण :

 संगीत-गीता-दोहावली गीतमाला, पुष्प 52 of 205

निष्काम बुद्धि

स्थायी

बिन माँगे ही मोती मिलते, माँगे मिले ना भीख रे ।
बिना कामना कर्म करना, अर्जुन प्यारे! सीख रे ।।

♪ गरे सारे- ग- धप मगरे-, गम पध- ध प-म ग- ।
गम- प-पप- धप मगम-, सा-सासा रे-ग-! प-म ग- ।।

अंतरा-1

जो करणीयं सो करना है, सुकर्म करते ही मरना है ।
सुख दुख दोनों एकसे धरे, सब कुछ सहना, ठीक रे ।।

♪ ग- मपध-ध- नि धपम- प-, धप-म गगम- प धपग म- ।
रेरे गग म-प- ध-पम- गम-, सासा रेरे गगम- प-म ग- ।।

अंतरा-2

कर्मभूमि ही धर्मभूमि है, समान करना लाभ हानि है ।

पवित्र ऐसी भावना लिये, हार में भी, जीत रे ।।

अंतरा–3

रण में जब क्षत्रिय खड़ा हो, धर्म युद्ध जब आन पड़ा हो ।
न कोई शत्रु, ना ही मीत है, यही नीति की, रीत रे ।।

श्रीभगवानुवाच ।

।। 2.40 ।। नेहाभिक्रमनाशोऽस्ति प्रत्यवायो न विद्यते ।
स्वल्पमप्यस्य धर्मस्य त्रायते महतो भयात् ।।

ॐ दोहा छंद में गीतोपनिषद् ।

(श्रीभगवानुवाच)

ॐ अत्र बाधा न काप्यस्ति क्षयोऽपि न च कर्मणः ।
अल्पमेवास्य योगस्य दुःखं हरति सर्वथा ।। 357/1447

दोहा॰ इस पथ में बाधा नहीं, न ही कर्म का नाश ।
प्रयोग इसका अल्प भी, करता विघ्न विनाश ।। 520/1779

(पञ्चयोगव्याख्या)

ॐ साङ्ख्ययोगो हि संन्यासो ज्ञानयोगस्तथा च सः ।
बुद्धियोगः समा बुद्धिः कर्मयोगो विनेप्सया ।। 358/1447

दोहा॰ सांख्ययोग संन्यास है, कहते ज्ञानी लोग ।
समाबुद्धि का बुद्धियोग; निष्काम कर्मयोग ।। 521/1779

(कतिपय व्याख्याः)

ॐ कृतं किमपि कर्तव्यं तनुषा मनसा तथा ।
कर्तृभावस्य त्यागो हि साङ्ख्ययोगः स्मृतो बुधैः ।। 359/1447

दोहा॰ तन मन से जो कार्य हो, बिना–वासना भोग ।
कर्तृभाव के 'त्याग' को, कहा 'संन्यास योग' ।। 522/1779

ॐ न च कर्मफलस्यापि न त्यागः कर्मणस्तथा ।
कर्तृत्वस्यैव त्यागस्तु संन्यासः परिकीर्तितः ।। 360/1447

दोहा॰ ज्ञानी को होता नहीं, लाभ–हानि में त्रास ।

कर्तापन का त्याग ही, कहा गया संन्यास ।। 523/1779

"कर्ता मैं हूँ," यह जिसे, भ्रांति युक्त अभिमान ।
अभिमानी उस मनुष का, 'मूढ़बुद्धि' है नाम ।। 524/1779

(बुद्धियोग: कर्मयोग: समबुद्धिश्च)

ॐ नर्वासना क्रिया काऽपि मनसा क्रियते यदा ।
निष्कामना समा बुद्धि:-निष्कामबुद्धिरुच्यते ।। 361/1447

दोहा॰ बिना-वासना कर्म जो, होता सह सद्भाव ।
वही 'निष्कामना,' 'समा,' 'निष्काम' है स्वभाव ।। 525/1779

ॐ बुद्धियोग: समत्वस्य स्वल्पतो योग उच्यते ।
कृत: स वाञ्छया हीनो निष्कामकर्मयोग उत् ।। 362/1447

दोहा॰ बुद्धियोग समत्व का, कहा सांख्य का योग ।
किया वही बिनु वासना, 'निष्काम कर्मयोग' ।। 526/1779

(बुद्धियोग:)

ॐ बुद्धियोगे स्थिरा बुद्धि: स्मृता सा व्यवसायिका ।
समा निष्कामबुद्धिश्च मता सा निश्चयात्मिका ।। 363/1447

दोहा॰ निष्काम समा-बुद्धि को, 'व्यवसायिका' सुनाम ।
बुद्धियोग में स्थिर वही, निश्चयात्मिका बनाम ।। 527/1779

।। 2.41 ।।
व्यवसायात्मिका बुद्धिरेकेह कुरुनन्दन ।
बहुशाखा ह्यनन्ताश्च बुद्धयोऽव्यवसायिनाम् ।।

ॐ अव्यभिचारिणी बुद्धि:-निष्कामस्य हि योगिन: ।
बहुशाखा मता बुद्धि: सकामस्य नरस्य तु ।। 364/1447

दोहा॰ बुद्धि, निष्काम कर्म में, एक शिखा एकाग्र ।
सकामना जड़ बुद्धि को, बहु शाखा बहु अग्र ।। 528/1779

।। 2.42 ।।
यामिमां पुष्पितां वाचं प्रवदन्त्यविपश्चित: ।
वेदवादरता: पार्थ नान्यदस्तीति वादिन: ।।

ॐ रतो यो वेदवादेषु भ्रान्त: स कर्मकारणै: ।

वदति मोहकै: शब्दै:-नास्ति किमप्यत: परम् ॥ 365/1447

दोहा॰ वेदवाद में जो लगे, वाद परायण लोग ।
कहते मोहक शब्द में, परमोच्च है प्रयोग ॥ 529/1779

॥ 2.43 ॥
कामात्मन: स्वर्गपरा जन्मकर्मफलप्रदाम् ।
क्रियाविशेषबहुलां भोगैश्वर्यगतिं प्रति ॥

स्वर्गपरायणास्ते च भोगिनश्च विलासिन: ।
कथयन्ति विशेषं ते जन्मदं फलदं विधिम् ॥ 366/1447

दोहा॰ स्वर्ग परायण लोग वे, चाहत भोग विलास ।
विधि, विशेष वे कर्म की, बतलाते हैं खास ॥ 530/1779

॥ 2.44 ॥
भोगैश्वर्यप्रसक्तानां तयाऽपहृतचेतसाम् ।
व्यवसायात्मिका बुद्धि: समाधौ न विधीयते ॥

एताञ्शब्दाननुश्रुत्य जना भोगविलासिन: ।
न शक्नुवन्ति कर्तुं तु स्वमतिं निश्चयात्मिकाम् ॥ 367/1447

दोहा॰ भोग विलासी लालची, सुन कर विधि विशेष ।
विचलित करते बुद्धि को, पाते हैं फिर क्लेश ॥ 531/1779

॥ 2.45 ॥
त्रैगुण्यविषया वेदा निस्त्रैगुण्यो भवार्जुन ।
निर्द्वन्द्वो नित्यसत्त्वस्थो निर्योगक्षेम आत्मवान् ॥

विषयस्तस्य वादस्य गुणत्रयसमर्थक: ।
गुणेषु त्वं च द्वन्द्वेषु तटस्थो नु भवार्जुन ॥ 368/1447

दोहा॰ वेद वाद के विषय हैं, तीन गुणों से बद्ध ।
द्वंद्व-भाव तज, पार्थ! तुम, गुण से रहो अबद्ध ॥ 532/1779

॥ 2.46 ॥
यावानर्थ उदपाने सर्वत: सम्प्लुतोदके ।
तावान्सर्वेषु वेदेषु ब्राह्मणस्य विजानत: ॥

(ब्रह्मज्ञाम्)
यावज्जलप्लुते काले भवेत्कूपप्रयोजनम् ।
तावदन्येषु ज्ञानेषु भवति ब्रह्मज्ञानिन: ॥ 369/1447

दोहा॰ जलथल जब सब हो धरा, दह का जितना काम ।

उतना ब्रह्म-सुविज्ञ को, अन्य ज्ञान का दाम ।। 533/1779

|| 2.47 || कर्मण्येवाधिकारस्ते मा फलेषु कदाचन ।
            मा कर्मफलहेतुर्भूर्मा ते सङ्गोऽस्त्वकर्मणि ।।

कार्यमात्राधिकारस्ते न स कर्मफले कदा ।
न कर्मफलहेतुस्त्वं न हि चाकर्मको भव ।। 370/1447

दोहा॰ कार्य करम करते रहो, तज कर फल की आस ।
कर्म-हेतु तुम ना बनो, न ही आस के दास ।। 534/1779

संगीत–गीता–दोहावली गीतमाला, पुष्प 53 of 205

कर्मयोग

स्थायी

तेरा, काम मात्र अधिकार, रे ।

♪ साप–, सां–नि ध–नि मगपमगरे, सा– ।

अंतरा–1

फल हेतु को मन से तज के, सुख मय फिर संसार, रे ।

♪ सारे ग–म– म– निध प– मम प–, सांसां निध पप मगपमगरे, सा– ।

अंतरा–2

सुख दुःखन को तन से हटा के, दूर भगा अंधकार, रे ।

अंतरा–3

जीत हार को समान कर के, हलका कर मन भार, रे ।

अंतरा–4

जनम मरण के भव चक्कर से, कर ले बेड़ा पार, रे ।

|| 2.48 || योगस्थः कुरु कर्माणि सङ्गं त्यक्त्वा धनञ्जय ।
             सिद्ध्यसिद्ध्योः समो भूत्वा समत्वं योग उच्यते ।।

(योगः)
निर्ममो बुद्धियोगेन कुरु निष्कामकर्म त्वम् ।
सिद्ध्यसिद्धी समे ज्ञात्वा समत्वं योग उच्यते ।। 371/1447

दोहा॰ कर्म भोग से कार्य हो, बिना संग का रोग ।

यश अयश में 'समत्व' ही, कहा बुद्धि का योग ।। 535/1779

भुजंगप्रयात छन्द (हिन्दी)

। ऽ ऽ, । ऽ ऽ, । ऽ ऽ, । ऽ ऽ

♪ सारे- ग-मप- म- गरे- म-ग रे-सा-

(निष्काम)

बिना वासना जो करे काम सारे ।
जिसे मान निंदा नहीं हैं नियारे ।। 1
उसे ना सतावे कभी भी जमाना ।
वही कर्म योगी व निष्काम माना ।। 2

ॐ मुक्ताफलं विनायाञ्छां, याचित्वा तु न भिक्षणम् ।
निष्कामकर्म कर्तव्यं त्वया पार्थ सदैव हि ।। 372/1447

दोहा॰ बिनु माँगे मोती मिलें, माँगे मिले न भीख ।
बिना-वासना कर्म तू, करना अर्जुन! सीख ।। 536/1779

व्याख्याएँ

(अर्जुनस्य पुनः कतिपय प्रश्नाः)

ॐ निष्कर्म किञ्च किं कर्म किमकर्म विकर्म किम् ।
को निष्कामः सकामश्च व्याख्यास्तेषां नु ख्याहि माम् ।। 373/1447

दोहा॰ अकर्म क्या अरु कर्म क्या, सकर्म और विकर्म ।
निष्काम व निष्कर्म क्या, कहिए इनके मर्म ।। 537/1779

ॐ धर्माधर्मौ च कौ कृष्ण कौ धर्मौ स्वपरौ तथा ।
अकार्यं किञ्च कार्यं किं सर्वं मे वदतात्प्रभो ।। 374/1447

दोहा॰ धर्म क्या अरु अधर्म क्या, स्वधर्म क्या परधर्म ।
कार्य क्या अरु अकार्य क्या, क्या है कहो कुकर्म ।। 538/1779

ॐ योनिः का भवनं किञ्च भोगः किं करणं च किम् ।
कानि फलानि सर्वेषाम्-एतेषां वदताद्धरे ।। 375/1447

दोहा॰ क्या होनी, क्या योनि है, करण और क्या भोग ।
करना भरना क्या, प्रभो! कर्म फलों का योग ।। 539/1779

ॐ कर्मफलं च किं तस्मात्-कानि के प्राप्नुवन्ति च ।
फलं प्राप्स्यति कः स्वादु कटूनि च मिलन्ति कम् ।। 376/1447

दोहा॰ को मीठे फल पात है, को कड़ुए फल खात ।
किसको मिलता कौनसा, किसको है यह ज्ञात ।। 540/1779

ॐ को जानाति फलं किं कं मिलतीह परत्र च ।
करोति निर्णयं चास्य कृष्ण कुत्र च कः कदा ।। 377/1447

दोहा॰ मिले कौनसा फल किसे, को जाने यह बात ।
निर्णय इस व्यवहार का, को करता है, तात! ।। 541/1779

संगीत-गीता-दोहावली छन्दमाला, मोती 50 of 136

राधिका छन्द[51]

13, 5 + ऽ ऽ

(कर्मफल)

किसने जाना कौन है, फलों का दाता ।
मधुर कौन और तीते, कौन है पाता ।। 1
निर्णय अपने भाग्य का, को कहाँ कर्ता ।
कहो सृष्टि का, हे प्रभो! कौन है भर्ता? ।।

ॐ योगोऽस्ति कश्च योगी को भोगो भोगी च कौ सखे ।
त्यागस्त्यागी च कौ कृष्ण व्याख्याः श्रावय मां गुरो ।। 378/1447

दोहा॰ क्या योगी, क्या योग है, क्या भोगी, क्या भोग ।
व्याख्या हरि! मुझको कहो, क्या त्यागी, क्या त्याग ।। 542/1779

(उत्तराणि – अकर्म कर्म कामश्च)

ॐ फलस्य कामना कामो विषयवासना तथा ।
कृतिर्यस्याः फलं शीघ्रं श्वो वा मिलति कर्म तत् ।। 379/1447

---

[51] राधिका : इस 22 मात्रा वाले महारौद्र छन्द के अन्त में दो गुरु मात्रा आती हैं । इसका लक्षण सूत्र 13, 5 + ऽ ऽ इस प्रकार है ।

▶ लक्षण गीत : दोहा॰ मत्त बाईस से बना, दो गुरु मात्रा अंत ।
तेरह कल पर यति जहाँ, वही "राधिका" छंद ।। 543/1779

✍दोहा॰ फल की कामना "काम" है, विषय वासना "भोग" ।
आज मिले, या कल मिले, ज्यों फल का हो योग ।। **544**/1779

ॐ किमपि करणं कर्म न करणं च कर्म हि ।
कर्म चाकर्म यं स्पष्टं तथ्यं तमेव दृश्यते ।। **380**/1447

✍दोहा॰ अकर्म देखे कर्म में, अकर्म में भी कर्म ।
उसको सच्चा ज्ञान है, और योग का मर्म ।। **545**/1779

ॐ विना कर्म न जीवन्ति क्षणमेकं नरा इह ।
शून्यत्वं कर्मणस्तस्मात्-किञ्चिदपि न विद्यते ।। **381**/1447

✍दोहा॰ बिना कर्म कछु ना चले, भवसागर के काम ।
कहीं नहीं संसार में, "कर्मन्यूनता" नाम ।। **546**/1779

(कर्म च अकर्म च)

ॐ कृता कृतिर्मता कर्माकृता कृतिरकर्म च ।
यतः काऽपि कृतिः कर्माकृतिरपि च कर्म हि ।। **382**/1447

✍दोहा॰ कुछ भी "करना" कर्म है, ना "करना" भी कर्म ।
ना करने का कर्म ही, जाना गया "अकर्म" ।। **547**/1779

(निष्कामकर्म च सकामकर्म च)

ॐ फलस्य हेतवे कर्म कृतं सकाम उच्यते ।
विना फलेच्छया कर्म निष्कामः कथ्यते बुधैः ।। **383**/1447

✍दोहा॰ फल की आशा से किया, उसका नाम "सकाम" ।
फल की आशा बिन किया, कहा वही "निष्काम" ।। **548**/1779

ॐ विषयवासनां धृत्वा फलेच्छया च यत्कृतम् ।
निकृष्टं हेतुयुक्तं तत्-सकामं कर्म संज्ञितम् ।। **384**/1447

✍दोहा॰ विषय वासना को लिए, फल आशा से काम ।
किया स्वार्थ के हेतु से, "सकाम" उसका नाम ।। **549**/1779

♫ <u>संगीत-गीता-दोहावली छन्दमाला, मोती 51 of 136</u>

अवतार छन्द[52]

13, 5 + S I S

(निष्काम)

फल की वांछा के बिना, कार्य 'निष्काम' है ।
वही किया फल के लिए, जाना 'सकाम' है ॥ 1
बिना हेतु के कार्य का, उत्कृष्ट नाम है ।
फल के कारण से किया, निकृष्ट काम है ॥ 2

(विहितकर्म)

🕉 शरीरपोषणायैव यत्कृतं नियतं स्मृतम् ।
तदेव धार्मिकं नित्यं सविधं विहितं मतम् ॥ 385/1447

✍ दोहा॰ देह गुजारे के लिए, "अपरिहार्य" जो काम ।
"नियत" "नित" "धार्मिक" उसे, "विहित" "नित्य" हैं नाम ॥ 550/1779

(सुकर्म विकर्म कुकर्म च)

🕉 सुकर्म सुकृतं कार्यं, विकर्म विकृता कृति: ।
कुकर्म दुष्कृतं कृत्यम्–अकर्म चापि कर्म हि ॥ 386/1447

✍ दोहा॰ सुकृत कार्य "सुकर्म" है, विकृत कर्म "विकर्म" ।
दुष्कृत कृत्य "कुकर्म" है, अकर्म भी है कर्म ॥ 551/1779

(कर्मफलम्)

🕉 स्यादिष्टं स्यादनिष्टं वा स्याद्गोचरमगोचरम् ।
नास्ति कुत्रापि कर्मैवं यस्य नास्ति फलं खलु ॥ 387/1447

✍ दोहा॰ अच्छा होगा या बुरा, अटल कर्म का फल ।
फल गोचर हो या न हो, मिले आज या कल ॥ 552/1779

🕉 कृत्वाऽपि कर्मवन्नास्ति तन्निष्कर्म मतं बुधै: ।
कर्मणोऽस्ति फलं यद्वत्–निष्कर्मणोऽपि निष्फलम् ॥ 388/1447

---

[52] 🎵 **अवतार** : इस 23 मात्रा वाले रौद्रक छन्द के अन्त में र गण अच्छा होता है । इसका लक्षण सूत्र 13, 5 + S I S इस प्रकार है ।

▶ लक्षण गीत : ✍ दोहा॰ मत्त तेईस का बना, गुरु लघु गुरु शुभ अंत ।
तेरह कल पर यति किए, सजत "अवतार" छंद ॥ 553/1779

दोहा॰ करके कर्मवत् जो नहीं, उसे कहा "निष्कर्म" ।
"निष्फल" फल "निष्कर्म" है; फल देते सब कर्म ॥ 554/1779

(धर्म:)

यस्मिन्क्षणे स्थले कार्यं करणीयं च येन यत् ।
तस्मिन्काले च स्थाने च धर्मस्तस्य स एव हि ॥ 389/1447

दोहा॰ जिसका जो कर्तव्य है, वही उसी का "धर्म" ।
अनुचित स्थल बल काल में, जाना वही "अधर्म" ॥ 555/1779

♪ संगीत-गीता-दोहावली छन्दमाला, मोती 52 of 136

उज्ज्वला छन्द[53]

10 + S I S

(धर्म क्या है?)

एक क्षण में कहा धर्म जो ।
किसी दूजे में न धर्म वो ॥ 1
जिस पल जिसका जो धर्म हो ।
उस पल उसका वो कर्म हो ॥ 2

एष[54] न सम्प्रदायोऽस्ति सदाचारस्य वर्त्म हि ।
करणीयश्च कर्तव्य: कार्य: सत्कर्म भद्रता ॥ 390/1447

दोहा॰ पंथ नहीं, कर्तव्य है, करणीय सदाचार ।
पथ सच्चा है, कार्य है, धर्म परम सत्कार ॥ 556/1779

(अधर्मश्च कर्म च कर्मफलं च)

योग्ये स्थाने च काले च कृतं तद्धार्मिकं मतम् ।
अनुचिते स्थले काले तदेवाधार्मिकं भवेत् ॥ 391/1447

---

[53] ♪ उज्ज्वला छन्द : इस 15 मात्रा वाले तैथिक छन्द के चरण के अंत में र गण (S I S) आता है । यति 10-5 पर विकल्प से आता है ।

▶ लक्षण गीत : दोहा॰ मात्रा पन्द्रह से बना, गुरु लघु गुरु से अंत ।
दसवीं कल पर यति जहाँ, वहाँ "उज्ज्वला" छंद ॥ 557/1779

[54] एष: = एष धर्म: । यह धर्म ।

दोहा॰ उचित स्थान में जो किया, कहा धर्म का काम ।
किया गलत पल में वही, अधर्म उसका नाम ।। 558/1779

(सूक्तिः)

किं त्वयाऽऽनीतमस्तीह किमितस्त्वञ्च नेष्यसि ।
कर्मफलानि पूर्वाणि भुङ्क्षे च भोक्ष्यसे सदा ।। 392/1447

दोहा॰ क्या लाया तू साथ है, क्या जावेगा साथ ।
कर्म फलों का संग है, जनम-जनम दिन-रात ।। 559/1779

संगीत-गीता-दोहावली गीतमाला, पुष्प 54 of 205

गीता सार

स्थायी

क्या लाया तू साथ अपने, क्या ले जाना साथ है ।
नाम हरि का जप ले बंदे, चार दिनों की बात है ।।

सां- धपगरे सारे ग-प गरेसा-, सा- रे- ग- प- ध-सां ध- ।
सां-ध पगरे सा- रेरे ग- प-प-, सां-ध पगप गरे सा-रे सा- ।।

अंतरा-1

नाम रस का पी ले प्याला, मन को तेरे भाएगा ।
रस में उसके डूब जा फिर, क्या है दिन क्या रात है ।।

सा-सा रेरे ग- प-प ध-नि-, सांसां रें- गं-रें- सां-रें-सां- ।
धध प- गगरे- प-ग रे- सासा, रे- ग पप ग- सा-रे सा- ।।

अंतरा-2

आसमाँ से इस धरा तक, सब हरि का राज है ।
शरण उसकी आ चरण में, वो दयालु मात है ।।

अंतरा-3

त्याग सारा ये झमेला, छोड़ जाना विवश है ।
हाथ उसका थाम ले रे, तू अकेला तात! है ।।

सञ्चितानि त्वया यानि पापपुण्यानि जीवने ।
तेषामेव फलान्यत्र भोक्ष्यसे जन्मजन्मनि ।। 393/1447

✍दोहा॰ संचित कीन्हे पुण्य जो, खाते में तू, तात! ।
फल उनके मधु साथ हैं, जनम-जनम दिन-रात ।। **560**/1779

♫ <u>संगीत-गीता-दोहावली छन्दमाला, मोती 53 of 136</u>

फटका छन्द

8 + 8 + 8 + 6/5

(कर्मफल)

करम जो चंगे किए थे उनके ।
फल मीठे तू खाता है ।।
करम जो गंदे किए हैं उनके ।
फल कड़वे तू पाता है ।।

ॐ सुकृतानि च कर्माणि दास्यन्ते मधुराणि त्वाम् ।
दुकृतानि तु कर्माणि कटूनि च फलानि भोः ।। **394**/1447

✍दोहा॰ काम भला तू जो किए, फल उसका मधु होय ।
फल कडुआ नर को मिले, बुरा करे यदि कोय ।। **561**/1779

<u>संगीत-गीता-दोहावली गीतमाला, पुष्प 55 of 205</u>

कर्म फल

स्थायी

जैसा जो करता है, भरता है ।
कोई हँस के, कोई रोते, रोते मरता है ।।

♫ सां-ध प गरेसारे प-, गरेगप ध- ।
गरे गग प-, धसां- धपध-, सां-ध-प धपगरे सा- ।।

अंतरा-1

नौ द्वारों का महल मिला है, बिन भाड़े से काम चला है ।
कोई निंदें भरता है, कोई सेवा करता है ।।

♫ सारे ग-प- प- गपध निधप ध-, सांसां नि-ध- प- ग-प गरे- सा- ।
सारे ग-ग- पपध- सां-, सां-ध- पधप- धपगरे- सा- ।।

अंतरा-2

उच्च योनि में जनम मिला है, पहना नर नारी चोला है ।

कोई तस्करी करता है, कोई पाप से डरता है ।।

अंतरा–3

काम क्रोध मद मत्सर माया, पाप पुण्य सब देह ने पाया ।

कोई नास्तिक मरता है, कोई नाम सिमरता है ।।

(धर्मः अधर्मः स्वधर्मः परधर्मः त्यागः त्यागी च)

ॐ कर्तव्यं करणं धर्मो न करणमधर्म उत् ।
स्वधर्मः स्वगुणैर्युक्तः परधर्मः परार्थकः ।। 395/1447

दोहा॰ करतब करना धर्म है, न करना है अधर्म ।
स्वगुण समुचित "स्वधर्म" है, पर–गुण से "परधर्म" ।। 562/1779

ॐ फलत्यागो न निष्कामः–त्याज्या वाञ्छा फलस्य हि ।
वैकल्पिका फलापेक्षा फलं तु निश्चितं भवेत् ।। 396/1447

दोहा॰ कर्म फलों को त्यागना, त्याग नहीं निष्काम ।
जो अनिष्ट अप्राप्य हो, "त्याग" न उसका नाम ।। 563/1779

फल की आस विकल्प है, आस–त्याग, "निष्काम" ।
फल का आना नित्य है, फल की आस, सकाम ।। 564/1779

(त्याग)

ॐ नित्यं कर्म मतं कार्यं तन्नियमितमाचरेत् ।
फलस्याशाञ्च सङ्गञ्च त्यजनं 'त्याग' उच्यते ।। 397/1447

दोहा॰ नित्य कर्म तजना नहीं, जानो इसे स्वधर्म ।
आस–संग का त्याग ही, कहा त्याग का मर्म ।। 565/1779

(योगी और भोगी)

ॐ यं सुखेषु न सङ्गोस्ति न क्लेशः क्लिष्टकर्मसु ।
स सङ्गं च फलाशां च त्यक्तस्त्यागी प्रकीर्तितः ।। 398/1447

दोहा॰ जिसे न सुख की आस है, न क्लिष्ट कर्म में क्लेश ।
फल की आशा जो तजे, त्यागी वही विशेष ।। 566/1779

(नियोगी च वियोगी च)

ॐ सकामकारको 'भोगी' 'योगी' निष्कामपालकः ।

निग्रही यो 'नियोगी' स 'वियोगी' परिव्राजकः ।। 399/1447

दोहा॰ **काम निष्कामना किए, "योगी" का अभिधान ।**
काम कामना से किए, "भोगी" की पहिचान ।। 567/1779

निग्रह तन मन पर सदा, "नियोग" का है काम ।
वियोग जिसको जगत से, "संन्यासी" है नाम ।। 568/1779

(जैसा करोगे वैसा भरोगे)

कश्चित्स्वपिति निश्चिन्तः कश्चिज्जागर्ति वा निशौ ।
कस्यचिदुज्ज्वलं भाग्यं कश्चिद्दुर्भाग्यपीडितः ।। 400/1447

दोहा॰ **कोई सोता चैन से, कोई जागे रैन ।**
किसी का उज्ज्वल भाग्य है, नीर भरे कछु नैन ।। 569/1779

कस्यचिज्जीवने सौख्यं कश्चिद्दुःखेन विह्वलः ।
वपते पापबीजं यः पुण्यं तेन न प्राप्यते ।। 401/1447

दोहा॰ **किसी का जीवन सुख भरा, किसी को दुख तरसाय ।**
बीज पाप के बोइके, नहीं पुण्यफल पाय ।। 570/1779

क्या तू लाया है यहाँ, क्या ले जावे साथ ।
आया खाली हाथ है, जावे खाली हाथ ।। 571/1779

संगीत-गीता-दोहावली छन्दमाला, मोती 54 of 136

शुभगीता छन्द[55]

15, 7 + ऽ।ऽ

(कर्मफल)

जगत किसी का सुख से भरा, जीवन किसी का दुखी ।
पुण्य सत्कर्म से कमाता, जीवन उसी का सुखी ।। 1
सदाचार से नित कर्म की, बुद्धि है जिसने रखी ।

---

[55] **शुभगीता** : इस 27 मात्रा वाले नाक्षत्रिक छन्द के अन्त में र गण आता है । इसका लक्षण सूत्र 15, 7 + ऽ।ऽ इस प्रकार होता है ।

▶ लक्षण गीत : **दोहा॰ मात्रा सत्ताईस का, गुरु लघु गुरु से अंत ।**
पन्द्रह कल पर यति जहाँ, "शुभगीता" है छंद ।। 572/1779

पुण्य उसी खाते में जमा, ऋद्धि है उसकी सखी ।। 2

संगीत-गीता-दोहावली गीतमाला, पुष्प 56 of 205

भव चक्र

स्थायी

ये भव चक्कर का फेरा है । सब, कर्म फलों ने घेरा है ।।

♪ सानि़ सासा रे-गग म- प-मग रे- । गग, म-म मप- म- पमगरे सा- ।।

अंतरा-1

बीज बबूल के जब हों बोये, उगे न आम न केले ।

सब, तीन गुणों की माया है ।।

♪ सा-रे गमम म- गम प- मगरे-, सारे- ग म-ग रे सा-रे- ।

सासा, रे-ग मप- म- पमगरे सा- ।।

अंतरा-2

निंद चैन की कोई सोता, कहीं चिंता का डेरा ।

सब, तीन गुणों की माया है ।।

अंतरा-3

किसी का जीवन सुखों से भरा, कहीं दुखन का बसेरा ।

सब, तीन गुणों की माया है ।।

अंतरा-4

जो करता है, सो भरता है, ये कर्म फलों का खेला ।

सब, तीन गुणों की माया है ।।

ॐ कृतं सत्कर्मभिः पुण्यं यान्ति सुखानि तं नरम् ।
दुष्कृतैरर्जितं पापं हन्ति दुःखानि तं जडम् ।। 402/1447

✍दोहा॰ पुण्य मिले सत्कर्म से, सकृत सुख बरसाय ।
कुकर्म का फल "पाप" है, जिससे दुख तरसाय ।। 573/1779

ॐ मधुरामधुरं वाऽपि साम्प्रतं वा भविष्यति ।
चक्रं कर्मफलस्यैवं जगति शाश्वतं स्मृतम् ।। 403/1447

✍दोहा॰ फल मीठा या तीत हो, मिलता कल या आज ।

कर्म फलों का चक्र ये, शाश्वत जिसका राज ।। 574/1779

संगीत-गीता-दोहावली गीतमाला, पुष्प 57 of 205

भजन

हरि नाम

स्थायी

भज ले नाम हरि का बंदे, खाते में पुण्य जमाता है ।
जनम जनम के दुख बिसराता, सारे पाप जलाता है ।।

♫ सारे प- म-म पम- ग- म-प-, ग-म- म- प-प मपमगरे सा- ।
सारेग मपप म- गग ममप-प-, ग-म- प-प मपमगरे सा- ।।

अंतरा–1

किसी का जीवन सुखों से भरा, किसी को दुख तड़पाता है ।
जैसी जिसकी करनी होती, वैसा ही फल आता है ।।

♫ साप- प पधमप धनि- सां- निध-, पम- ग रेरे गम-ग-रे सा- ।
प-ध निधप- मगरे- ग-म-, ग-म- प- मम- मपमगरे सा- ।।

अंतरा–2

कोई रात की निंदिया खोता, कोई चैन से सोता है ।
बीज पाप के जो बोता है, पुण्य नहीं चख पाता है ।।

अंतरा–3

सत् कर्मों से पुण्य कमाता, सुख उस पर बरसाता है ।
पाप करम से पुण्य जलाता, उसको गम तरसाता है ।।

श्रीभगवानुवाच ।

।। 2.49 ।।

दूरेण ह्यवरं कर्म बुद्धियोगाद्धनञ्जय ।
बुद्धौ शरणमन्विच्छ कृपणाः फलहेतवः ।।

(बुद्धियोगाचरणम्)

निष्कामबुद्धियोगः स सकामाद्धि विशिष्यते ।
तस्मात्त्वं कामनां त्यक्त्वा कर्मयोगं समाचर ।। 404/1447

दोहा॰ सकाम से, निष्काम का, बुद्धियोग बड़ भाव ।

अतः तजो तुम कामना, कर्मयोग अपनाव ॥ 575/1779

॥ 2.50 ॥ बुद्धियुक्तो जहातीह उभे सुकृतदुष्कृते ।
तस्माद्योगाय युज्यस्व योगः कर्मसु कौशलम् ॥

🕉 पापे पुण्ये तटस्थो हि बुद्धियोगाद्धनञ्जय ।
अस्मिन्योगयधिष्ठानं 'कौशल्यं कर्मणः' स्मृतम् ॥ 405/1447

✒ दोहा॰ पापनदी में बिनु बहे, समबुद्धि में नहाय ।
समत्व का ये योग ही, कर्म-कौशल्य कहाय ॥ 576/1779

॥ 2.51 ॥ कर्मजं बुद्धियुक्ता हि फलं त्यक्त्वा मनीषिणः ।
जन्मबन्धविनिर्मुक्ताः पदं गच्छन्त्यनामयम् ॥

(समबुद्धेः योगी)

🕉 त्यक्त्वा कर्मफलाशां हि ज्ञानिनः समबुद्धयः ।
जन्मबन्धाद्विनिर्मुक्ता भुञ्जन्तिपदमुत्तमम् ॥ 606/1447

✒ दोहा॰ फल की आशा छोड़ कर, समा-बुद्धि का योग ।
जन्म बंध सब तोड़ कर, अमृत पद का भोग ॥ 577/1779

॥ 2.52 ॥ यदा ते मोहकलिलं बुद्धिर्व्यतितरिष्यति ।
तदा गन्तासि निर्वेदं श्रोतव्यस्य श्रुतस्य च ॥

🕉 अतीतं सा यदा गच्छेद्-बुद्धिस्ते मोहकर्दमम् ।
विरक्तः श्रुतशब्देभ्यः शान्तिं त्वं किल प्राप्स्यसि ॥ 407/1447

✒ दोहा॰ सुन कर चर्चे भाँति के, यदा चित्त में ध्वांत ।
विचलित-बुद्धि भ्राँति से, जब होवेगी शाँत; ॥ 578/1779

॥ 2.53 ॥ श्रुतिविप्रतिपन्ना ते यदा स्थास्यति निश्चला ।
समाधावचला बुद्धिस्तदा योगमवाप्स्यसि ॥

🕉 विविधैः कारणैर्भ्रान्ता बुद्धिर्यदा शमिष्यति ।
सिद्धिञ्च प्राप्य शुद्धिञ्च योगमाप्स्यसि त्वं तदा ॥ 408/1447

✒ दोहा॰ जब ईश्वर की भक्ति में, बुद्धि रहेगी व्याप्त ।
पार्थ! तुझे तब योग की, सिद्धि रहेगी प्राप्त ॥ 579/1779

(अर्जुन फिर पूछ रहा)

ॐ उत्तराणि हरे: श्रुत्वा पार्थ: स विस्मयावृत: ।
कुतूहलेन कृष्णञ्च नवान्प्रश्नांश्च पृष्टवान् ॥ 409/1447
दोहा॰ सुन कर उत्तर कृष्ण के, पार्थ ज्ञान में लीन ।
कुतुहल से फिर पार्थ ने, पूछे प्रश्न नवीन ॥ 580/1779

अर्जुन उवाच ।

॥ 2.54 ॥ स्थितप्रज्ञस्य का भाषा समाधिस्थस्य केशव ।
स्थितधी: किं प्रभाषेत किमासीत व्रजेत किम् ॥

ॐ स्थिरमति: प्रशान्तश्च स्थितप्रज्ञ: क उच्यते ।
शीलं च वर्तनं तस्य माधव कीदृशं भवेत् ॥ 410/1447
दोहा॰ बोला अर्जुन कृष्ण से, स्थितप्रज्ञ है कौन ।
कैसे वह बोले चले, कैसे बैठे मौन ॥ 581/1779

श्रीभगवानुवाच ।

॥ 2.55 ॥ प्रजहाति यदा कामान्सर्वान्पार्थ मनोगतान् ।
आत्मन्येवात्मना तुष्ट: स्थितप्रज्ञस्तदोच्यते ॥

(श्रीभगवानुवाच)
ॐ यो मनोवासनां त्यक्त्वा मनोनिग्रहमाचरेत् ।
आत्मनि पूर्णतृप्त: स स्थितप्रज्ञस्तदोच्यते ॥ 411/1447
दोहा॰ मनो वासना छोड़ कर, संयम से सब काम ।
ज्ञानी जन देते उसे, "स्थितप्रज्ञ" शुभ नाम ॥ 582/1779

॥ 2.56 ॥ दु:खेष्वनुद्विग्नमना: सुखेषु विगतस्पृह: ।
वीतरागभयक्रोध: स्थितधीर्मुनिरुच्यते ॥

(मुनि: क:)
ॐ न भेद: सुखदु:खेषु रागक्रोधविवर्जित: ।
शान्तचित्त: स्थितप्रज्ञो योगी स हि मुनिर्मत: ॥ 412/1447
दोहा॰ राग-क्रोध को त्याग कर, चित्तशाँति जब भाय ।
सुख-दुख में जो मौन है, नर वह 'मुनि' कहलाय ॥ 583/1779

॥ 2.57 ॥ य: सर्वत्रानभिस्नेहस्तत्तत्प्राप्य शुभाशुभम् ।

नाभिनन्दति न द्वेष्टि तस्य प्रज्ञा प्रतिष्ठिता ।।

(स्थिरमतिः)

आकर्षति न स्नेहो यं न लिम्पन्ति सुखानि च ।
शोकहर्षौ गतौ यस्य स्थिरमतिर्विशिष्यते ।। 413/1447

दोहा॰ **न स्नेह जिसको खींचता, सुख से नहीं लगाव ।**
शोक न चाहत है जिसे, "स्थिरमति" वही स्वभाव ।। 584/1779

संगीत-गीता-दोहावली गीतमाला, पुष्प 58 of 205

राग भैरवी, कहरवा ताल

आत्म निग्रह

स्थायी

रोक ले मन को सदा, सोहि करम निष्काम का ।

♫ प-म प- गम ग- रेसा-, सारे गमप मगग-रे सा- ।

अंतरा-1

वासना मन से हटा कर, त्याग दे अभिमान को ।

त्याग बुद्धि के बिना, कृष्ण को नहीं भायगा ।।

♫ सा-रेग- मम ध- पम- मम, प-ध नि- सांनि-ध-प म- ।
म-प ध-नि- ध- पम-, रे-ग म- पम- ग-रेसा- ।।

अंतरा-2

मैल तन मन से सफा कर, सादगी से काम ले ।

मन का दर्पण साफ हो, तो प्रभु दिख जायगा ।।

अंतरा-3

स्वार्थ को कर के परे, कार्य कर परमार्थ का ।

कर्म गर निष्काम हो, तो प्रभु मिल पायगा ।।

।। 2.58 ।। **यदा संहरते चायं कूर्मोऽङ्गानीव सर्वशः ।**
इन्द्रियाणीन्द्रियार्थेभ्यस्तस्य प्रज्ञा प्रतिष्ठिता ।।

(वासनाऽतीतः)

सङ्कुच्चति स गात्राणि सर्वशः कच्छपो यथा ।

इन्द्रियाणीन्द्रियार्थेभ्यः स्थितप्रज्ञः प्रकर्षति ।। **414**/1447

दोहा॰ कूर्म समेटे गात को, यथा ओर से चार ।
स्थितप्रज्ञ त्यों चाह को, परे रखे हर बार ।। **585**/1779

।। 2.59 ।।

विषया विनिवर्तन्ते निराहारस्य देहिनः ।
रसवर्जं रसोऽप्यस्य परं दृष्ट्वा निवर्तते ।।

विषयत्यागमात्रेण सङ्गस्तस्मान्न गच्छति ।
निवर्तते तदा सङ्गो हृदि भक्तिर्यदा भवेत् ।। **415**/1447

दोहा॰ मात्र विषय के त्याग से, घटे न उसकी चाह ।
भगवद् भक्ति जब जगे, मिटे विषय की दाह ।। **586**/1779

।। 2.60 ।।

यततो ह्यपि कौन्तेय पुरुषस्य विपश्चितः ।
इन्द्रियाणि प्रमाथीनि हरन्ति प्रसभं मनः ।।

यतन्तं योगिनं चापि सङ्क्षुभ्नन्तीन्द्रियाणि तम् ।
नियतान्यपि गात्राणि मोहयन्ति मनो बलात् ।। **416**/1447

दोहा॰ यत्न में लगा प्रज्ञ भी, चित्त न वश कर पाय ।
करके तन पर दमन भी, मन उसका ललचाय ।। **587**/1779

♫ संगीत-गीता-दोहावली छन्दमाला, मोती 55 of 136

वसंततिलका छन्द

ऽ ऽ।, ऽ।।, । ऽ।, । ऽ।, ऽ ऽ

♫ सा-नि़- सारे- रेसारे ग-, मग रे-ग रे- सा-

(विषय त्याग)

लागी तजे विषय की, तन मात्र से जो ।
यादें करे विषय की, मन गात्र से वो ।। 1
त्यागे विलास मन से, दिनरात्र जो ही ।
प्यारा कहा किशन का, नर पात्र सो ही ।। 2

।। 2.61 ।।

तानि सर्वाणि संयम्य युक्त आसीत मत्परः ।
वशे हि यस्येन्द्रियाणि तस्य प्रज्ञा प्रतिष्ठिता ।।

य इन्द्रियाणि संयम्य मनसा मयि मत्परः[56] ।
इन्द्रियाणां वशी नित्यः स्थिरमतिः स तत्परः ।। **417**/1447

दोहा॰ तन पर निग्रह हो जिसे, मत्पर मन को जीत ।
स्थितप्रज्ञ नर वो मुझे, लगता है प्रिय मीत ।। **588**/1779

।। 2.62 ।। ध्यायतो विषयान्पुंसः सङ्गस्तेषूपजायते ।
सङ्गात्सञ्जायते कामः कामात्क्रोधोऽभिजायते ।।

मनसि विषयो यो यः सङ्गस्तस्माद्धि जायते ।
सङ्गाद्धि जायते कामः कामात्क्रोधश्च जायते ।। **418**/1447

दोहा॰ क्रोध बढ़ाता भ्राँति को, भ्रम से स्मृति का ह्रास ।
विस्मृति नाशत बुद्धि को, भ्रष्ट बुद्धि से नाश ।। **589**/1779

।। 2.63 ।। क्रोधाद्भवति सम्मोहः सम्मोहात्स्मृतिविभ्रमः ।
स्मृतिभ्रंशाद्बुद्धिनाशो बुद्धिनाशात्प्रणश्यति ।।

क्रोधात्तस्मान्मनोभ्रान्तिः-भ्रमात्स्मृतिश्च भ्राम्यति ।
भ्रष्टस्मृत्या जडाबुद्धिः-भ्रष्टबुद्धिर्विनश्यति ।। **419**/1447

दोहा॰ क्रोध बढ़ावे भ्रांति को, भ्रम से स्मृति का नाश ।
विस्मृति से जड़ बुद्धि है, जड़-बुद्धि सर्वनाश ।। **590**/1779

।। 2.64 ।। रागद्वेषवियुक्तैस्तु विषयानिन्द्रियैश्चरन् ।
आत्मवश्यैर्विधेयात्मा प्रसादमधिगच्छति ।।

(निग्रहः)

रागं द्वेषं च बध्नाति देहे यो निग्रही नरः ।
विषयेऽपि ततः स्थित्वा शान्तचित्तो दृढः सदा ।। **420**/1447

दोहा॰ राग-द्वेष को वश किए, जिसके वश में गात्र ।
तटस्थ वह धृतिवान है, "स्थिरमति" संज्ञा प्राप्त ।। **591**/1779

।। 2.65 ।। प्रसादे सर्वदुःखानां हानिरस्योपजायते ।

---

[56] मत्पर = इस ग्रंथ में मत्पर, मत्परायण, परायण, मदर्पण आदि सभी शब्द का माने है मत्परायण (मत्-पर-अयन), "जिसके लिए मेरे सिवाय और कोई अन्य बढ़ कर मार्ग (अयन) नहीं है," वह व्यक्ति ।

प्रसन्नचेतसो ह्याशु बुद्धिः पर्यवतिष्ठते ।।

ॐ एति शान्तिर्यदा चित्ते दुःखानामन्त उच्यते ।
प्रशान्ते तादृशे चित्ते बुद्धिः सदा हि शाम्यति ।। **421**/1447

दोहा॰ मन में जिसके शाँति हो, उसे न दुख लवलेश ।
जहाँ दुखों का अंत है, वहाँ अंत है क्लेश ।। **592**/1779

।। 2.66 ।। नास्ति बुद्धिरयुक्तस्य न चायुक्तस्य भावना ।
न चाभावयतः शान्तिरशान्तस्य कुतः सुखम् ।।

ॐ मतिर्नास्ति स्थिरा यस्य तस्य नास्ति च भावना ।
न भावनां विना शान्तिः-तस्य नास्ति सुखं ततः ।। **422**/1447

दोहा॰ मति जिसकी है स्थिर नहीं, उसे नहीं सद्-भाव ।
बिन-भाव न मन शाँति है, बिन शाँति न सुख छाँव ।। **593**/1779

।। 2.67 ।। इन्द्रियाणां हि चरतां यन्मनोऽनुविधीयते ।
तदस्य हरति प्रज्ञां वायुर्नावमिवाम्भसि ।।

ॐ विषयेषु रता यस्य मतिर्नरस्य सर्वदा ।
मतिर्भ्राम्यति सा तस्य नौर्वायुना यथाऽम्भसि ।। **423**/1447

दोहा॰ विषयों से जो लिप्त है, मति उसकी अस्थिर ।
भटके नौका पवन से, यथा छोड़ कर तीर ।। **594**/1779

।। 2.68 ।। तस्माद्यस्य महाबाहो निगृहीतानि सर्वशः ।
इन्द्रियाणीन्द्रियार्थेभ्यस्तस्य प्रज्ञा प्रतिष्ठिता ।।

(स्थितप्रज्ञः)

ॐ निरासक्तानि गात्राणि विषयेषु मतिस्तथा ।
संज्ञा तस्य स्थितप्रज्ञ इति वदन्ति पण्डिताः ।। **424**/1447

दोहा॰ जिसकी बुद्धि इन्द्रियाँ, बस में चारों याम ।
पंडित जन देते उसे, "स्थितप्रज्ञ" का नाम ।। **595**/1779

।। 2.69 ।। या निशा सर्वभूतानां तस्यां जागर्ति संयमी ।
यस्यां जाग्रति भूतानि सा निशा पश्यतो मुनेः ।।

ॐ सन्ति सुप्ता जना यस्मिन्-तस्मिञ्जाग्रति योगिनः ।

यस्मिन्संसारिणो लग्ना मौनं तिष्ठन्ति योगिनः ।। **425**/1447

दोहा॰ अचेत जिसमें जग सदा, मुनि उसीमें सचेत ।
लग्न जगत जिसमें सदा, मुनि उसीमें अचेत ।। **596**/1779

।। 2.70 ।। आपूर्यमाणमचलप्रतिष्ठं समुद्रमापः प्रविशन्ति यद्वत् ।
तद्वत्कामा यं प्रविशन्ति सर्वे स शान्तिमाप्नोति न कामकामी ।।

नदीनाञ्च प्रवेशेभ्यः सिन्धुः शान्तो यथा सदा ।
भोगान्भुक्त्वाऽपि गम्भीरः स शान्तिमधिगच्छति ।। **426**/1447

दोहा॰ सरिता सारी सिंधु में, मिल कर सागर शाँत ।
भोगी भ्रष्ट भव भोग से, योगी सतत प्रशाँत ।। **597**/1779

मनुष्यः कामकामी यो विषयवासनायुतः ।
अशान्तं मानसं तस्य सरितासलिलं यथा ।। **427**/1447

दोहा॰ नर जो वश में विषय के, उसका चित्त अधीर ।
विचलित उसका मन सदा, जैसे सरिता नीर ।। **598**/1779

।। 2.71 ।। विहाय कामान्यः सर्वान्पुमांश्चरति निःस्पृहः ।
निर्ममो निरहङ्कारः स शान्तिमधिगच्छति ।।

विषयवासनां त्यक्त्वा सर्वदा यः सदाचरेत् ।
निर्ममश्चानहङ्कारी शान्तिमाप्नोति नैष्ठिकीम् ।। **428**/1447

दोहा॰ विषय वासना त्याग कर, जो नर मन में तृप्त ।
अहंकार को छोड़ कर, उसके सब दुख लुप्त ।। **599**/1779

।। 2.72 ।। एषा ब्राह्मी स्थितिः पार्थ नैनां प्राप्य विमुह्यति ।
स्थित्वास्यामन्तकालेऽपि ब्रह्मनिर्वाणमृच्छति ।।

एतां ब्राह्मीं गतिं प्राप्य नरः पार्थ न मुह्यति ।
अन्तकालेऽपि तां प्राप्य ब्रह्ममोक्षं स गच्छति ।। **429**/1447

दोहा॰ "ब्राह्मी स्थिति" यह योग की, करे मोह का नास ।
अंतकाल में भी लिए, मिले मोक्ष में वास ।। **600**/1779

संगीत-गीता-दोहावली छन्दमाला, मोती 56 of 136

तनुमध्या छन्द[57]

ऽ ऽ ।, । ऽ ऽ

(ब्रह्मनिर्वाण)

निर्वाण कहायी । ब्राह्मी स्थिति ऐसी ।
अंत्यक्षण में भी । कैवल्य विलासी ।।

 संगीत–गीता–दोहावली गीतमाला, पुष्प 59 of 205

शांति शांति शांति ओम्

पद

शांति सर्वदा, शांति सर्वथा, शांति सर्वगा, शांति ओम् ।
जन गण शांति, त्रिभुवन शांति, भूत चराचर, शांति ओम् ।।

♪ सा-रे ग-रेसा-, रे-ग म-गरे-, ग-म प-मग-, प-म ग- ।
गरे गम प-प-, धपमग म-म-, निध पम-मम, प-म ग- ।।

स्थायी

शांति शांति, शांति ओम् ।
मेरे मन में, तेरे मन में, सबके मन में, शांति हो ।
जग में शांति, नभ में शांति, शांति शांति, शांति ओम् ।।
शांति शांति, शांति ओम् ।

♪ म-प ध-प-, ध-प-म- ।
सांनि धप ध-, नि-ध पम प-, धधप मग म-, प-म ग- ।
रेरे ग- म-म-, धप म- प-प-, नि-ध प-ध-, प-म ग- ।।
म-प ध-प-, ध-प- म- ।।

अंतरा–1

जो मिला है उसमें तृप्ति, मान लेना कर्म है ।

---

[57] ♪ **तनुमध्या छन्द** : इस 6 वर्ण, 10 मात्रा वाले गायत्री छन्द के चरण में त और य गण आते हैं । इसका लक्षण सूत्र ऽ ऽ ।, । ऽ ऽ इस प्रकार होता है । चरणान्त विराम होता है ।

▶ **लक्षण गीत :** दोहा॰ दस मात्रा छः वर्ण ही, बनता त-य-गण वृंद ।
गायत्री, पद चार का, "तनुमध्या" है छंद ।। 601/1779

जिस किसी को ना मिला हो, बाँट लेना धर्म है ।।
जो भी दिन हो वो खुशी से, काट लेना वृत्ति हो ।
तन में शांति, मन में शांति, लब पे शांति शांति हो ।।
शांति शांति, शांति ओम् ।।

♪ सा– रेग– म– पमग रे–सा–, सा–रे ग–म– ध–प म– ।
पप पध– नि– सां निध– प–, निध प–म– ग–रे सा– ।।
सा– रे गग म– प– मग– रे–, ग–म प–म– ध–प म– ।
पप प ध–नि–, सांनि ध– प–ध–, पप म ग–म– ग–रे सा– ।।
म–प ध–प–, ध–प– म– ।।

अंतरा–2

स्त्री पुरुष या मूक प्राणी, पेड़ पत्ते फूल हों ।
जीव सारे, लिंग सारे, एक सभी का मूल है ।।
भूत सबके पँच ही हैं, गुण सभी के तीन ही ।
एक सबका ईश, चाहे, रूप भाँति भाँति हों ।।
शांति शांति, शांति ओम् ।।

अंतरा–3

भिन्न भाषा अगर जानी, मधुर मुख में वाणी हो ।
भीन्न चाहे वेश उसका, या अलादा देश हो ।।
एक दाना, एक पानी, एक धरती सबकी है ।
अखिल जग में एकता की, क्रांति क्रांति क्रांति हो ।।
शांति शांति, शांति ओम् ।।

दिव्यौ शंखौ प्रदध्मतुः।

40. गीत : राग भैरवी, कहरवा ताल 8 मात्रा
निष्काम का निरूपण

स्थायी

सुनो शारद मंजुल गाया है, मुनि नारद बीन बजाया है ।
रत्नाकर गीत रचाया है ।।

♪ सानि॒ सा-ग॒रे सा-नि॒नि॒ सा-रेम ग॒-, गम मग॒पम ग॒-रे सासा-रेम ग॒- ।
गग॒रेसासासा रे-ग॒ मग॒रेसानि॒ सा- ।।

अंतरा-1

उपनिषदों का ये कहना है, सब फल की आशा तजना है ।
निरपेक्ष करम का परम महा, निष्काम करम का योग कहा ।
वह सुख शांतिऽ चिर लाया है ।।

♪ पपमरेम- प- पम पनि॒धप प-, पप मग॒ ग॒सा सागमप ग॒रेसानि॒ सा- ।
सानि॒सा-ग॒ रेसासा नि॒- सासारे मग॒-, सानि॒सा-ग॒ रेसासा नि॒- सा-रे मग॒- ।
गग रेसा सा-रे गम ग॒रेसानि॒ सा- ।।

अंतरा-2

जो राग द्वेष को छोड़ परे, मन बस में कर जो कर्म करे ।
जो काम क्रोध को छोड़ परे, निष्काम भावना धर्म करे ।
योगी निष्काम कहाया है ।।

अंतरा-3

सब विषय मनोरथ छोड़ परे, नित निर्ममता से जो विचरे ।
नर ब्राह्मी स्थिति को अपनाके, यदि अंत्य काल में भी पाके ।
उसने निर्वाण मिलाया है ।।

श्रीमद्-भगवद्-गीता का तृतीय अध्याय।
कर्मयोग ।

संगीत-गीता-दोहावली गीतमाला, पुष्प 60 of 205

आरती : राग भैरवी, कहरवा ताल, 8 मात्रा

जै जै अंबे!

स्थायी

जै जै अंबे कृपा कारिणी, जगदंबे दया दायिनी ।

जै महा जोगिनी, हे स्वधा भोगिनी, दे दे दे दे दुआ नंदिनी ।।

♪ सा सा ध-ध- धप- गमपप - - - -, पपम-ध- पम- पमगग - - - - ।

नि निसा- ग-रेसा-, नि निसा- ग-रेसा-, सा सा सा- ध- पम- पगमम - - - - ।।

अंतरा-1

भव पीड़ा घनी हारिणी, जग चिंता शनि सारिणी ।

काली कराली माँ, देवी भवानी माँ, महारानी जगत् वंदिनी ।।

जै महा जोगिनी ...

♪ सांसां नि-सां- नि-ध- निधमम - - - -, मध ग-म- धग- मगसासा - - - - ।

गम पसां-नि प-, गम पसां-नि प-, गमप-प- मग- म-गसा - - - - ।

नि निसा- ग-रेसा-

अंतरा-2

शिवकांता उमा पार्वती, जै रमा अंबिका भगवती ।

महामाया सती, गौरी इरावती, महादेवी असुर मर्दिनी ।।

अंतरा-3

शेराँवाली दया दायिनी, जोताँवाली क्षमा कारिणी ।

शुभ हित कारिणी, जग उद्धारिणी, जै शिवानी व्यथा भंजनी ।।

संगीत-गीता-दोहावली गीतमाला, पुष्प 61 of 205

कीर्जन : राग खमाज, कहरवा ताल 8 मात्रा

भज हरि रामा

स्थायी

भज हरि रामा, भज हरि कृष्णा, जै जै भाग्य विधाता ।।

♫ सारे सानि़ सा–सा–, सारे सानि़ सासासा–, ग– ग– रे–सा नि़रे–सा– ।।

अंतरा–1

राजा राघव, कान्हा माधव, राजा राघव, कान्हा माधव ।

जै जै जै सुख दाता ।।

♫ प–नि– सां–सांसां, –निपमग म–मम, निपनि– सां–सांसां, –सां–सांनि निरेंसांनिधप ।

ग– ग– रे– सानि़ रे–सा– ।।

अंतरा–2

सीता वल्लभ, राधा सौरभ, जै जै जीवन त्राता ।।

अंतरा–3

कौसल नंदन, गोकुल वंदन, जै जै जै जगनाथा ।।

गीता दोहावली
ग्यारहवा तरंग

15. कर्मयोग का निरूपण :

♫ संगीत–गीता–दोहावली छन्दमाला, मोती 57 of 136

वरकृत्तन छन्द[58]

---

[58] ♫ **वरकृत्तन छन्द :** इस 18 वर्ण और 27 मात्रा वाले छन्द में र स ज य भ र गण आते हैं । इसका लक्षण सूत्र ऽ। ऽ, ।। ऽ, । ऽ।, । ऽ ऽ, ऽ।।, ऽ। ऽ इस प्रकार है । यति 8–10 अथवा 6–5–7 पर विकल्प से आता है ।

▶ लक्षण गीत : ✍ **दोहा॰ मात्रा सत्ताईस में, वर्ण अठारह बंध ।**

S I S, I I S, I S I, I S S, S I I, S I S
(कर्मयोग)
कार्य को करते रहो, फल की आशा मन में न हो ।
कर्मयोग विधान ये, जग में ऊँचा सबसे कहो ॥

श्रीमद्भगवद्गीता तृतीयोऽध्याय: ।
अर्जुन उवाच ।

॥ 3.1 ॥ ज्यायसी चेत्कर्मणस्ते मता बुद्धिर्जनार्दन ।
तत्किं कर्मणि घोरे मां नियोजयसि केशव ॥

ॐ दोहा छंद में गीतोपनिषद् ।

ॐ कर्मन्यासस्य बुद्धेश्च श्रुत्वा पार्थो वचो हरे: ।
द्विधामति: सशङ्कश्च पृष्टवान्प्रश्नमच्युतम् ॥ 430/1447

दोहा॰ "समा–बुद्धि" के योग को, फिर, "कार्य–कर्म" वृत्तांत ।
सुन कर सब श्रीकृष्ण से, अर्जुन के मन भ्रांत ॥ 602/1779

ॐ ज्यायसी कर्मणो बुद्धि:–मतं ते यदि केशव ।
नियोजयसि घोरे मां कथं त्वं तर्हि कर्मणि ॥ 431/1447

दोहा॰ समा–बुद्धि यदि श्रेष्ठ है, निष्काम से समर्थ ।
क्यों मुझको कटु कर्म में, डाल रहे हो व्यर्थ ॥ 603/1779

॥ 3.2 ॥ व्यामिश्रेणेव वाक्येन बुद्धिं मोहयसीव मे ।
तदेकं वद निश्चित्य येन श्रेयोऽहमाप्नुयाम् ॥

ॐ द्वन्द्वभावमये वाक्ये भ्रामयतो हरे नु माम् ।
निश्चितं तर्हि मामेकं हितदं ब्रूहि माधव ॥ 432/1447

दोहा॰ वचन, कृष्ण! दो–अर्थ के, सुन कर मुझको भ्रांत ।
एक मुझे निश्चित कहो, जो दे लाभ नितांत ॥ 604/1779

ॐ सन्देहं मे बहिष्कर्तुं दूरीकर्तुं च मे भ्रमम् ।
श्रुत्वा पार्थस्य शब्दं तम्–उवाच यदुनन्दन: ॥ 433/1447

दोहा॰ सुन कर अर्जुन का कहा, दूर करन संदेह ।

र स ज य भ र गण का बना, "वरकृत्तन" है छंद ॥ 605/1779

बोले श्रीधर पार्थ को, सुलझाने सस्नेह ।। 923/1779

श्रीभगवानुवाच ।

|| 3.3 || लोकेऽस्मिन्द्विविधा निष्ठा पुरा प्रोक्ता मयानघ ।
ज्ञानयोगेन साङ्ख्यानां कर्मयोगेन योगिनाम् ।।

(श्रीभगवानुवाच)

(श्रीकृष्णः समाधनं करोति)

मया प्रोक्तौ पुरा पार्थ मार्गौ भिन्नौ समान्तरौ ।
मार्गो ज्ञानस्य साङ्ख्यानां निष्कामकर्म योगिनाम् ।। 434/1447

दोहा॰ अर्जुन! मैंने थे कहे, दो पथ भिन्न अनन्य ।
एक मार्ग है सांख्य का, कर्म योग का अन्य ।। 606/1779

|| 3.4 || न कर्मणामनारम्भान्नैष्कर्म्यं पुरुषोऽश्नुते ।
न च संन्यसनादेव सिद्धिं समधिगच्छति ।।

(संन्यासमार्गः च योगमार्गः च)

कर्मवर्जो न नैष्कर्म्यं न चैषा सुमतिर्मता ।
न च सिद्धिर्भवेत्त्यागात्-कर्मणो भ्रमकारणात् ।। 435/1447

दोहा॰ अकर्म ना "नैष्कर्म्य" है, ना उसमें मति शुद्ध ।
ना ही मिथ्या-त्याग से, कर्म योग है सिद्ध ।। 607/1779

|| 3.5 || न हि कश्चित्क्षणमपि जातु तिष्ठत्यकर्मकृत् ।
कार्यते ह्यवशः कर्म सर्वः प्रकृतिजैर्गुणैः ।।

(कर्मशून्यता नास्ति)

गुणादेशेन कुर्वन्ति सर्वेऽपि विवशाः सदा ।
विना कर्म न जीवन्ति कदापीह नु प्राणिनः ।। 436/1447

दोहा॰ गुण अनुसारे काम है, गुण हि कर्म की नींव ।
बिना कर्म जीता नहीं, जग में कोई जीव ।। 608/1779

|| 3.6 || कर्मेन्द्रियाणि संयम्य य आस्ते मनसा स्मरन् ।
इन्द्रियार्थान्विमूढात्मा मिथ्याचारः स उच्यते ।।

(मिथ्याचरी नरः)

🕉 कर्मेन्द्रियाणि संयम्य स्वैरज्ञानेन्द्रियैश्च यः ।
सर्वदा विषये लग्नो मिथ्याचारः स कथ्यते ॥ 437/1447

दोहा॰ गात दबा कर; विषय में, भटके मन दिन-रात ।
मिथ्याचारी है वही, मनुष्य "दंभी" ज्ञात ॥[59] 609/1779

॥ 3.7 ॥ यस्त्विन्द्रियाणि मनसा नियम्यारभतेऽर्जुन ।
कर्मेन्द्रियैः कर्मयोगमसक्तः स विशिष्यते ॥

🕉 निग्रहे मनसा कृत्वा कर्मेन्द्रियाणि कर्मणि ।
त्यक्त्वा कर्मफलाशाञ्च कर्मयोगो हि प्राप्यते ॥ 438/1447

दोहा॰ फल की आशा छोड़ कर, गात्र-मात्र से कार्य ।
कर्मयोग में यों लगा, योगी जाना "आर्य" ॥ 610/1779

॥ 3.8 ॥ नियतं कुरु कर्म त्वं कर्म ज्यायो ह्यकर्मणः ।
शरीरयात्रापि च ते न प्रसिद्ध्येदकर्मणः ॥

🕉 नियतं कर्म कर्तव्यं कर्म ह्यकर्मणो वरम् ।
मतं विकर्म चाधर्मो विना कर्म न जीवनम् ॥ 439/1447

दोहा॰ नित्य कर्म करते रहो, करिए नहीं अकर्म ।
बिना कर्म जीवन नहीं, विकर्म नाम अधर्म ॥ 611/1779

॥ 3.9 ॥ यज्ञार्थात्कर्मणोऽन्यत्र लोकोऽयं कर्मबन्धनः ।
तदर्थं कर्म कौन्तेय मुक्तसङ्गः समाचर ॥

(यज्ञकर्म)

🕉 यज्ञेतराणि कर्माणि बन्धनकारकाणि भोः ।
सङ्गं त्यक्त्वा भवेत्कर्म पार्थ बन्धनभञ्जकम् ॥ 440/1447

दोहा॰ यागबुद्धि बिन जो किया, बंधन करता कर्म ।
संग छोड़ कर कार्य से, छुटते बंधन सर्व ॥ 612/1779

॥ 3.10 ॥ सहयज्ञाः प्रजाः सृष्ट्वा पुरोवाच प्रजापतिः ।

---

[59] गात दबा कर भी, जिसका मन विषय में दिन-रात भटके । वह दंभी मनुष्य मिथ्याचारी है कहा, इस तरह पढ़िये ।

अनेन प्रसविष्यध्वमेष वोऽस्त्विष्टकामधुक

आदियज्ञात्प्रजाः सृष्ट्वा ब्रूते ब्रह्मा प्रजाजनान् ।
कामधेनुः क्रतुर्भूत्वा पूरयेद्वो मनोरथान् ।। **441**/1447

दोहा॰ आदि यज्ञ से जगत को, विधि दीन्हे वरदान ।
"कामधेनु बन यज्ञ यह, करे सकल कल्याण ।। 613/1779

।। 3.11 ।।

देवान्भावयतानेन ते देवा भावयन्तु वः ।
परस्परं भावयन्तः श्रेयः परमवाप्स्यथ ।।

देवा यज्ञेन तुष्येयुः-तुष्टास्तोक्ष्यन्ति ते च वः ।
अन्योन्यं तोषयित्वा नु लाभश्च भवतां भवेत् ।। **442**/1447

दोहा॰ "देव, तृप्त इस यज्ञ से, देंगे आशीर्वाद ।
तृप्त परस्पर तुम हुए, मिले उभय को ह्लाद ।। 314/1779

।। 3.12 ।।

इष्टान्भोगान्हि वो देवा दास्यन्ते यज्ञभाविताः ।
तैर्दत्तानप्रदायैभ्यो यो भुङ्क्ते स्तेन एव सः ।।

यज्ञैश्च मुदिता देवा दास्यन्ति वः प्रसादनम् ।
यो न तत्सहभुञ्जीत नरः स्वार्थी स तस्करः ।। **443**/1447

दोहा॰ तृप्त देव उस यज्ञ से, देंगे तुम्हें प्रसाद ।
जो ना बाँटे दान को, रहे चोर वो याद ।। 615/1779

♫ संगीत-गीता-दोहावली छन्दमाला, मोती 58 of 136

मत्त समक छन्द

8 + । + 7

(प्रसाद)

ईश्वर से जो मिला प्रेम से ।
जो बाँटे ना सदा क्षेम से ।। 1
संचय करता स्वहित नेम से ।
मूरख जाना वही स्तेन है ।। 2

।। 3.13 ।।

यज्ञशिष्टाशिनः सन्तो मुच्यते सर्वकिल्बिषैः ।
भुञ्जते ते त्वघं पापा ये पचन्त्यात्मकारणात् ।।

भुनक्ति यज्ञशेषं यः पापहीनो नरो हि सः ।
ये तु पचन्ति स्वार्थेन पापमश्नन्ति ते ततः ।। **444**/1447

दोहा॰ यज्ञशेष जो भक्षता, उसके मिटता पाप ।
भोज पकाता स्वार्थ में, उसको लगता शाप ।। **616**/1779

।। 3.14 ।।
अन्नाद्भवन्ति भूतानि पर्जन्यादन्नसम्भवः ।
यज्ञाद्भवति पर्जन्यो यज्ञः कर्मसमुद्भवः ।।

(सृष्टिचक्रम्)

अन्नाज्जीवन्ति भूतानि पर्जन्यादन्नसम्भवः ।
अग्नेः समुद्भवत्यापो यज्ञाग्निः कर्मकारणात् ।। **445**/1447

दोहा॰ प्राणी जीते अन्न पर, अन्न बढ़ावत नीर ।
नीर यज्ञ की अग्नि से, यज्ञ कर्म तदबीर[60] ।। **617**/1779

।। 3.15 ।।
कर्म ब्रह्मोद्भवं विद्धि ब्रह्माक्षरसमुद्भवम् ।
तस्मात्सर्वगतं ब्रह्म नित्यं यज्ञे प्रतिष्ठितम् ।।

कर्म वेदाक्षराद्विद्धि वेदश्च ब्रह्मणो मुखात् ।
सर्वव्यापी स वेदेशः स्थितो यज्ञे निरन्तरम् ।। **446**/1447

दोहा॰ वेद कर्म के मूल हैं, ब्रह्म वेद के स्रोत ।
समग्र व्यापी ब्रह्म वो, सदा यज्ञ में होत ।। **618**/1779

। 3.16 ।।
एवं प्रवर्तितं चक्रं नानुवर्तयतीह यः ।
अघायुरिन्द्रियारामो मोघं पार्थ स जीवति ।।

ईदृशं भवचक्रं यो नानुसरति मानवः ।
अलसः कामुकः पापी व्यर्थं जीवति भूतले ।। **447**/1447

दोहा॰ सृष्टि चक्र इस भाँति के, जो न चले अनुसार ।
पापी कर्मठ मूढ़ वो, केवल भू पर भार ।। **619**/1779

।। 3.17 ।।
यस्त्वात्मरतिरेव स्यादात्मतृप्तश्च मानवः ।
आत्मन्येव च सन्तुष्टस्तस्य कार्यं न विद्यते ।।

---

[60] **तदबीर** = उपाय, युक्ति ।

(आत्मतृप्त:)

🕉️ आत्मतृप्तो भवेतुष्ट आत्मा यस्य सदा सुखी ।
आत्मन्येवात्मनो हृष्ट:-तस्मै कृत्स्नं कृतं भवेत् ॥ 448/1447

दोहा॰ आत्मतृप्त जो आप ही, आत्मा सुखी विशेष ।
आत्महृष्ट उस युक्त के, कर्म सभी नि:शेष ॥ 620/1779

॥ 3.18 ॥   नैव तस्य कृतेनार्थो नाकृतेनेह कश्चन ।
न चास्य सर्वभूतेषु कश्चिदर्थव्यपाश्रय: ॥

🕉️ अकृतौ वा कृतौ चापि नास्ति तं काऽपि कामना ।
सर्वभूतेषु तं नास्ति स्वार्थस्य काऽपि वासना ॥ 449/1447

दोहा॰ चाह कर्म की फिर उसे, रहे न कोई, पार्थ! ।
किसी भूत से भी उसे, रहे न कोई स्वार्थ ॥ 621/1779

🎵 संगीत-गीता-दोहावली छन्दमाला, मोती 59 of 136

सवैया सुंदरी छन्द[61]

12 + ॥ S – 12 + S S S

अथवा 12 + ॥ S – 13 + । S S

(निरपेक्षता)

पर मानव पर उपकार करे, पर कारण प्रयतन जिसके भारे ।
पर जन गण के दुख दूर करे, पर हित में चिंतन जिसके सारे ॥ 1
पर निमित्त क्लेश कठोर सहे, पर कारण नित कष्ट जिसे प्यारे ।
पर काज किए नि:श्लाघ रहे, निरपेक्ष गुण सकल उसके न्यारे ॥ 2

संगीत-गीता-दोहावली गीतमाला, पुष्प 62 of 205

प्रभु शरण

स्थायी

---

[61] 🎵 **सवैया सुंदरी छन्द** : यह एक मात्रिक छंद है । इसके विषम चरण 16 मात्रा के होते हैं जिनके अंत में स (॥ S) गण होता है और सम चरण 18 मात्रा के होते हैं जिनके अंत में य (। S S) अथवा म (S S S) गण आता है । इसके पदांत में विराम होता है । इसे 🎵 **सवैया** छंद भी कहा जाता है ।

▶ लक्षण गीत : दोहा॰ सोलह कल, पद विषम में, जिन्हें स गण से अंत ।
सम पद में कल अठारह, कहा "सवैया" छंद ॥ 622/1779

जो आवे प्रभु जी! शरण तिहार, आतमा उसका बस में आवे ।

तुम अंरतर्यामी, कृष्ण हरि! ।।

♫ सानि़ सा-गरे सास नि़-! सासारे मग-ग, गममग पमग- रेसा सा- रेमग- ।

मग रे-सासारे-गम, गरेसा नि़सा-! ।।

अंतरा-1

जो पावे प्रभु चरन तिहार, उसे प्यार है प्राप्त तिहार ।

तुम सरबस ज्ञानी, कृष्ण हरि! ।।

♫ गम मगपम गरे सासारे गम-ग, गमम गपम गरे सा-रे मग-ग ।

गग रेसासासा रे-गम, गरेसा नि़सा-! ।।

अंतरा-2

जो गावे प्रभु! भजन तिहार, आश्रय हर दम उसे तिहार ।

तुम तन के स्वामी, कृष्ण हरि! ।।

।। 3.19 ।।

तस्मादसक्तः सततं कार्यं कर्म समाचर ।
असक्तो ह्याचरन्कर्म परमाप्नोति पूरुषः ।।

(करणीयम्)

ॐ करणीयमतः कार्यं सङ्गं त्यक्त्वा हि सर्वशः ।
एवं कृत्वा हि कौन्तेय प्राप्स्यसि परमं पदम् ।। **450**/1447

✍दोहा॰ करना है नित कार्य ही, तज कर राग तमाम ।
सदा कार्य करते हुए, मिले परम पद धाम ।। **623**/1779

।। 3.20 ।।

कर्मणैव हि संसिद्धिमास्थिता जनकादयः ।
लोकसङ्ग्रहमेवापि सम्पश्यन्कर्तुमर्हसि ।।

ॐ कर्मैरेतैर्गताः सिद्धिं परमां जनकादयः ।
अनुसृत्य महन्तांस्तान्-कार्यं त्वं कर्तुमर्हसि ।। **451**/1447

✍दोहा॰ जनकादिक जन श्रेष्ठ भी, भये कर्म से सिद्ध ।
उनका पथ अनुसार कर, बनो कर्म कटिबद्ध ।। **624**/1779

।। 3.21 ।।

यद्यदाचरति श्रेष्ठस्तत्तदेवेतरो जनः ।
स यत्प्रमाणं कुरुते लोकस्तदनुवर्तते ।।

🕉 जना: कुर्वन्ति कर्माणि कुर्वन्त्यार्या यथा यथा ।
यदादर्शं करोत्यार्य:-तत्कुर्वन्तीतरे जना: ।। 452/1447

✎ दोहा॰ ज्यों करते जन श्रेष्ठ हैं, त्यों करते हैं लोग ।
प्रमाण जो भी वे करें, जन गण वही प्रयोग ।। 625/1779

|| 3.22 || न मे पार्थास्ति कर्तव्यं त्रिषु लोकेषु किञ्चन ।
नानवाप्तमवाप्तव्यं वर्त एव च कर्मणि ।।

🕉 त्रिलोके नास्ति कुत्रापि यन्न सिद्धीकृतं मया ।
अबद्धस्तर्हि कौन्तेय कार्यं नित्यं करोम्यहम् ।। 453/1447

✎ दोहा॰ जग में ऐसा कुछ नहीं, मैंने किया न सिद्ध ।
फिर भी करता कर्म मैं, उनमें हुए अबद्ध ।। 626/1779

♪ संगीत-गीता-दोहावली छन्दमाला, मोती 60 of 136

फटका छन्द
8 + 8 + 8 + 6/5
(कार्यपरायण)

जग-तीनों में कहीं कुछ नहीं ।
मुझे सधा या साध्य नहीं ।।
करता हूँ मैं कार्य निरंतर ।
पर वे मुझको बाध्य नहीं ।।

|| 3.23 || यदि ह्यहं न वर्तेयं जातु कर्मण्यतन्द्रित: ।
मम वर्त्मानुवर्तन्ते मनुष्या: पार्थ सर्वश: ।।

🕉 न कुर्यां कर्म पार्थाहं सर्वदा चेदतन्द्रित: ।
जना मामनुवर्तेयु: पथिका मम वर्त्मनि ।। 454/1447

✎ दोहा॰ अगर करूँ ना कर्म मैं, दिन-रात सदाचार ।
मेरी अनुगामी प्रजा, भटकेगी लाचार ।। 627/1779

|| 3.24 || उत्सीदेयुरिमे लोका न कुर्यां कर्म चेदहम् ।
सङ्करस्य च कर्ता स्यामुपहन्यामिमा: प्रजा: ।।

🕉 चेन्न कुर्यामहं कर्म लोके जायेत सङ्कर: ।
भ्रंसेत च प्रजा तस्माद्-भवेयं हानिकारणम् ।। 455/1447

दोहा॰ अगर करूँ ना कार्य मैं, और करूँ ना कष्ट ।
संकर होगा विश्व में, प्रजा बनेगी भ्रष्ट ।। 628/1779

।। 3.25 ।। सक्ताः कर्मण्यविद्वांसो यथा कुर्वन्ति भारत ।
कुर्याद्विद्वांस्तथाऽसक्तश्चिकीर्षुर्लोकसङ्ग्रहम् ।।

मूढः करोति कर्माणि मुग्धेन मनसा यथा ।
कुर्याज्ज्ञानी च कर्तव्यम्-असक्तमनसा तथा ।। 456/1447

दोहा॰ अज्ञानी करते यथा, कर्म, भ्राँति के साथ ।
ज्ञानी भी तद्वत् करे, मगर शाँति के साथ ।। 629/1779

।। 3.26 ।। न बुद्धिभेदं जनयेदज्ञानां कर्मसङ्गिनाम् ।
जोषयेत्सर्वकर्माणि विद्वान्युक्तः समाचरन् ।।

अज्ञानं नाह्वयेज्ज्ञानी कामुकानां कुबुद्धिनाम् ।
प्रचोदयेत्स तान्मूढान्-योगयुक्तश्च पण्डितः ।। 457/1447

दोहा॰ अज्ञानी जड़ मूढ़ का, छेड़ो मत अज्ञान ।
राह दिखाओ सत् उन्हें, और उन्हें दो ज्ञान ।। 630/1779

।। 3.27 ।। प्रकृतेः क्रियमाणानि गुणैः कर्माणि सर्वशः ।
अहङ्कारविमूढात्मा कर्ताऽहमिति मन्यते ।।

(गुणः कर्तारः)

करोति प्रकृतिः सर्वं सर्वस्य सर्वथा सदा ।
एवं सत्यपि कर्ताऽहं विमूढो मन्यते भ्रमात् ।। 458/1447

दोहा॰ करती सब कुछ प्रकृति, कर्ता और न कोय ।
मूरख नर फिर भी कहे, "करनी मेरी होय" ।। 631/1779

।। 3.28 ।। तत्त्ववित्तु महाबाहो गुणकर्मविभागयोः ।
गुणा गुणेषु वर्तन्त इति मत्वा न सज्जते ।।

यो जानाति यथार्थेन सम्बन्धो गुणकर्मणाम् ।
तेषां च नित्यतां दृष्ट्वा ज्ञानी तेभ्योर्न भ्राम्यति ।। 459/1447

दोहा॰ जो जाने गुण कर्म का, नाता बिन संदेह ।
ज्ञाता वह गुणधर्म का, ज्ञानी निःसंदेह ।। 632/1779

10. गुण–माया का निरूपण :

(गुणमाया)

।। 3.29 ।। प्रकृतेर्गुणसम्मूढाः सज्जन्ते गुणकर्मसु ।
तानकृत्स्नविदो मन्दान्कृत्स्नविन्न विचालयेत् ।।

गुणमायां न बुद्ध्वा हि मतिर्यस्य तु कर्मसु ।
न तं विचालयेज्ज्ञानी मूढं मन्दं च कामुकम् ।। 460/1447

दोहा॰ जिस नर ने जाना नहीं, गुण माया का गूढ़ ।
ज्ञानी ना छेड़े उसे, अज्ञानी जो मूढ़ ।। **633**/1779

(गुणमाया, उपमा–अलंकार:)

मयूरः काश्यते रङ्गैः सूर्यः काशयते दिनम् ।
कोकिला कूजति कूहुः खादति तुरगस्तृणम् ।। 461/1447

दोहा॰ शेर न खावे घास ना घोड़ा खावे माँस ।
गुण जिसको जो है मिला, उसका है वह दास ।। **634**/1779

अम्भसि जायते पद्म नभसि चन्द्रमा यथा ।
जले मीनो वने सिंहो मरावुष्ट्रो नृपस्तथा ।। 462/1447

दोहा॰ चाँद खिले आकाश में, सरोज का जल स्थान ।
मीन नीर है राजता, क्रमेल[62] रेगिस्तान ।। **635**/1779

(अत:)

यस्मिन्यस्य यथा तुष्टिः–तस्मिन्तस्य तथा गतिः ।
एतत्सूत्रं स जानाति यो विज्ञो गुणकर्मणाम् ।। 463/1447

दोहा॰ जिसमें जो गुण राजता, वह उसके अनुसार ।
जो गुण के गुण जानता, जाने वह संसार ।। **636**/1779

संगीत–गीता–दोहावली गीतमाला, पुष्प 63 of 205

जगत की माया

स्थायी

[62] **क्रमेल** = 1. हिन्दी = ऊँट, क्रमेल; 2. संस्कृत = क्रमेलक, क्रमेल; 3. English = कैमल, कैमेल Camel.

जानियो, इस दुनिया की माया ।

♫ सा-रेग-, पम पमग- रे- गरेसा- ।

अंतरा-1

जैसा जिसने दर पाया है, वैसी उसकी काया ।

तीन गुणन का खेल ये सारा, देख के मन भरमाया ।।

♫ सा-रे- गगम- धध प-म- प-, सां-नि- धधप- म-प- ।

सा-रे रेगग म- प-म ग रे-सा-, ध-प म- गग रेरेगरेसा- ।।

अंतरा-2

मोर पंख से रंग सजाता, सूरज दिन चमकाता ।

पंछी कोयल कुहू गाता, अश्व घास है खाता ।।

अंतरा-3

फूल कमल का जल में खिलता, चाँद गगन में सुहाता ।

मीन अंभ में, खग अंबर में, वन में शेर है राजा ।।

अंतरा-4

ममता माँ को, राम जुबाँ को, शिशु गोद सुखाता ।

ऊँट रेत में, शस्य खेत में, बीज विश्व उगाया ।।

।। 3.30 ।।

मयि सर्वाणि कर्माणि संन्यस्याध्यात्मचेतसा ।
निराशीर्निर्ममो भूत्वा युद्ध्यस्व विगतज्वरः ।।

(मत्परः नरः)

ॐ मयि कर्माणि सर्वाणि मनसा निर्मलेन त्वम् ।
अर्पयित्वा हि युध्यस्व लिप्सां त्यक्त्वा च निर्व्यथः ।। **464**/1447

दोहा॰ निर्मल मन से, पार्थ! तुम, लेकर मेरा नाम ।
अर्पण मुझमें सब किए, करो समर का काम ।। **637**/1779

। 3.31 ।।

ये मे मतमिदं नित्यमनुतिष्ठन्ति मानवाः ।
श्रद्धावन्तोऽनसूयन्तो मुच्यन्ते तेऽपि कर्मभिः ।।

ॐ ईर्ष्यां त्यक्त्वा च सश्रद्धः-तत्परो मत्परायणः ।
कौन्तय मामनुसृत्य कर्मबन्धात्प्रमुच्यसे ।। **465**/1447

✍दोहा॰ ईर्ष्या मन से छोड़ कर, होकर श्रद्धा युक्त ।
होगे मत्पर, पार्थ! तुम, कर्म बंध से मुक्त ।। 638/1779

।। 3.32 ।। ये त्वेतदभ्यसूयन्तो नानुतिष्ठन्ति मे मतम् ।
सर्वज्ञानविमूढांस्तान्विद्धि नष्टानचेतसः ।।

मे तु मतमिदं स्पष्टं दुष्टो यो नानुतिष्ठति ।
नष्टबुद्धिर्विमूढः स न मां जानाति भारत ।। **466**/1447

✍दोहा॰ मेरे मत इस स्पष्ट के, जो न चलें अनुकूल ।
मूढ़बुद्धि वे भूल में, होते नष्ट समूल ।। 639/1779

♫ संगीत–गीता–दोहावली छन्दमाला, मोती 61 of 136

उल्लाला छन्द[63]

10 + । + 2

(गुण स्वरूप)

गुण जो हि भाता जिसको ।
दर वो हि मिलता उसको ।। 1
मत मेरा ये जानलो ।
नियम सृष्टि का मानलो ।। 2

।। 3.33 ।। सदृशं चेष्टते स्वस्याः प्रकृतेर्ज्ञानवानपि ।
प्रकृतिं यान्ति भूतानि निग्रहः किं करिष्यति ।।

यत्र गुणानुसारेण पण्डितोऽप्यनुवर्तते ।
कथं तत्र करिष्यन्ति निग्रहमितरे जनाः ।। **467**/1447

✍दोहा॰ गुण अनुसारे ही जहाँ, ज्ञानी के सब भोग ।
निग्रह करते क्या वहाँ, साधारण से लोग ।। 640/1779

।। 3.34 ।। इन्द्रियस्येन्द्रियस्यार्थे रागद्वेषौ व्यवस्थितौ ।
तयोर्न वशमागच्छेत्तौ ह्यस्य परिपन्थिनौ ।।

---

[63] ♫ **उल्लाला छन्द** : इस 13 मात्रा वाले भागवत छन्द की 11 वीं मात्रा लघु होती है । यति चरणान्त ।

▶ लक्षण गीत : ✍ **दोहा॰ तेरह मात्रा से बना, गुरु मात्रा से अंत ।**
ग्यारहवीं कल लघु जहाँ, वह "उल्लाला" छंद ।। 641/1779

(रागः द्वेषः च)

विषयेच्छाऽनुसारेणेन्द्रियेषु वासनाक्रुधौ ।
वशे तयोर्न गन्तव्यं घातिन्यौ ते तनावुभे ।। 468/1447

दोहा॰ विषय वासना को लिए, राग पनपते क्रोध ।
ये दो बैरी वश करो, सच्चा है यह बोध ।। 642/1779

।। 3.35 ।। श्रेयान्स्वधर्मो विगुणः परधर्मात्स्वनुष्ठितात् ।
स्वधर्मे निधनं श्रेयः परधर्मो भयावहः ।।

(स्वधर्मः स्वकर्म च)

यद्वा न्यूनो हि नो धर्मः परधर्मान्महत्तरः ।
स्वधर्मे मरणं श्रेयं परधर्मस्तु घातकः ।। 469/1447

दोहा॰ अपना धर्म, सदोष भी, जानो उसे महान ।
अपर धर्म अनुसार कर, अपना है नुकसान ।। 643/1779

स्वधर्म को तजना नहीं, उसमें हो यदि दोष ।
स्वधर्म में मरना भला, सभी हैं धर्म सदोष ।। 644/1779

सदोषमपि यत्प्राप्तं तदेव हितकारकम् ।
जन्मजातं स्वधर्मस्य कर्म सत्यं सहायकम् ।। 470/1447

दोहा॰ सदोष ही चाहे मिला, धर्म करे कल्याण ।
जन्मजात जो है मिला, वही है धर्म महान ।। 645/1779

चाहे अपना धर्म हो, लगता तुम्हें सदोष ।
कोई धुला न दूध का, सब धर्मों मे दोष ।। 646/1779

वदेत्स कोऽपि धर्मस्ते सर्वेभ्यो नास्ति पुङ्गवः ।
दत्तो भगवता प्रेम्णा सर्वोत्तमः स एव हि ।। 471/1447

दोहा॰ कोई कह दें आपका, धर्म नहीं है ज्येष्ठ ।
ईश्वर ने जो प्रेम से, दिया वही है श्रेष्ठ ।। 647/1779

ना ही छोटा ना बड़ा, सबको एक हि स्थान ।
साथ चला जो जनम से, वह ही धर्म महान ।। 648/1779

संगीत-गीता-दोहावली छन्दमाला, मोती 62 of 136

फटका छन्द

8 + 8 + 8 + 6/5

(स्वधर्म)

अधूरा सही, जो पाया है,
धर्म हमारा अच्छा है ।
साथ जनम के, जो आया है,
वही सहारा सच्चा है ।।

45. गीत

सनातन धर्म

स्थायी

आदि सनातन, धर्म चिरंतन, सब दुनिया में, सच्चा है ।
परधर्मों में, भरी खामियाँ, एक हमारा, अच्छा है ।।

♫ सां-नि धप-धध, नि-ध पम-पप, मम गरेग- म-, ग-रे- सा- ।
सासारे-ग- म-, धप- म-गरे-, म-ग रेग-म- ग-रे- सा- ।।

अंतरा-1

अधूरा सही, जो पाया है, वही सहारा, अच्छा है ।
साथ जनम के, जो आया है, वही हमारा, सच्चा है ।।

♫ सारे-ग- रेसा-, नि़- सा-रे- ग-, पम- गरे-सा-, रे-ग- म- ।
नि-ध पमम प-, नि- ध-प- म-, धप- मग-म-, ग-रे- सा- ।।

अंतरा-2

कोई कह दे, धर्म आपका, फलाँ फलाँ से, नीचा है ।
प्रभु ने दिया, जो है प्रेम से, वही तो असली, ऊँचा है ।।

अंतरा-3

चाहे न्यून हो, धर्म हमारा, पर धर्मों से, बढ़िया है ।
स्वधर्म में तो, मौत भी भली, धर्म पराया, नीचा है ।।

ॐ पश्येद्धर्मं स्वकार्ये योऽधर्मं च परकर्मणि ।
नरो ज्ञानी स योगी च स स्वधर्मपरायणः ।। **472**/1447

✍ दोहा॰ जिसे स्वकर्म स्वधर्म है, और अकर्म अधर्म ।

धर्म जानता है वही, और जानता कर्म ॥ 649/1779

🕉 धर्मो यस्मै न कर्तव्यं स्वकार्यं न च धर्मवत् ।
न स ज्ञानी न योगी च कार्याकार्ये न बोधति ॥ 473/1447

✍ दोहा॰ जिसे स्वकर्म न धर्म है, और धर्म न स्वकर्म ।
वह ना जाने धर्म को, न ही जानता कर्म ॥ 650/1779

अर्जुन उवाच ।

॥ 3.36 ॥ अथ केन प्रयुक्तोऽयं पापं चरति पूरुषः ।
अनिच्छन्नपि वार्ष्णेय बलादिव नियोजितः ॥

🕉 प्रेरणा कथमायाति तं कर्तुं कर्म पातकम् ।
कारयति विना स्वेच्छां शत्रुवद्यः स कः प्रभो ॥ 474/1447

✍ दोहा॰ पार्थ पूछता कृष्ण को, नर करता क्यों पाप ।
कौन कराता पाप है, बिन इच्छा के आप ॥ 651/1779

श्रीभगवानुवाच ।

॥ 3.37 ॥ काम एष क्रोध एष रजोगुणसमुद्भवः ।
महाशनो महापाप्मा विद्ध्येनमिह वैरिणम् ॥

(श्रीभगवानुवाच)

🕉 स हि कामः स क्रोधश्च जन्म तस्य रजोगुणात् ।
शत्रुः स हि महापापी सर्वथा क्षुधितः सदा ॥ 475/1447

✍ दोहा॰ कहा पार्थ से, कृष्ण ने, काम क्रोध दो चोर ।
पाप कराते हैं सदा, शत्रु रूप में घोर ॥ 652/1779

॥ 3.38 ॥ धूमेनाव्रियते वह्निर्यथादर्शो मलेन च ।
यथोल्बेनावृतो गर्भस्तथा तेनेदमावृतम् ॥

(कामनाम्नः शत्रुः)

🕉 धूमेन चावृतो वह्निः-दर्पणो रजसा यथा ।
उल्बेन छादितो गर्भो ज्ञानं कामेन चावृतम् ॥ 476/1447

✍ दोहा॰ काम ढकत है ज्ञान को, यथा धुएँ से आग ।

194
रत्नाकररचितं गीतोपनिषद्

यथा धूल से मुकुर है, उल्ब गर्भ-सर्वांग ।। 653/1779

।। 3.39 ।। आवृतं ज्ञानमेतेन ज्ञानिनो नित्यवैरिणा ।
कामरूपेण कौन्तेय दुष्पूरेणानलेन च ।।

अदृष्टः स स्थितो देहे कामरूपी रिपुर्महान् ।
वह्निरिव सदाऽतृप्तो ज्ञानं दुष्यति ज्ञानिनः ।। 477/1447

दोहा॰ काम नाम का शत्रु ही, ढ़कत ज्ञानी का ज्ञान ।
शत्रु रूप तन में छुपा, हरत मनुज का ध्यान ।। 654/1779

।। 3.40 ।। इन्द्रियाणि मनो बुद्धिरस्याधिष्ठानमुच्यते ।
एतैर्विमोहयत्येष ज्ञानमावृत्य देहिनम् ।।

इन्द्रियाणि मनो बुद्धिः-अस्य सिंहासनं मतम् ।
राजयित्वा ततो ज्ञानं नरं दासं करोति सः ।। 478/1447

दोहा॰ कहे, बुद्धि मन इंद्रियाँ, "काम-क्रोध-अधिष्ठान" ।
इन में छुप कर शत्रु ये, भरमाता है ज्ञान ।। 655/1779

।। 3.41 ।। तस्मात्त्वमिन्द्रियाण्यादौ नियम्य भरतर्षभ ।
पाप्मानं प्रजहि ह्येनं ज्ञानविज्ञाननाशनम् ।।

एष कामो महावैरी ज्ञानं बुद्धिं च वञ्चति ।
इन्द्रियाणि वशे कृत्वा कुरु नष्टमिमं रिपुम् ।। 479/1447

दोहा॰ काम नाम का शत्रु ये, ढके बुद्धि अरु ज्ञान ।
वश में इन्द्रिय सब किए, इसका हो अवसान ।। 656/1779

।। 3.42 ।। इन्द्रियाणि पराण्याहुरिन्द्रियेभ्यः परं मनः ।
मनसस्तु परा बुद्धिर्यो बुद्धेः परतस्तु सः ।।

इन्द्रियाणि वराण्याहुः-वरं तेभ्यो मतं मनः ।
मनसश्च परा बुद्धिः स परमतमो मतः ।। 480/1447

दोहा॰ महान जानी इन्द्रियाँ, मन उनसे भी ज्येष्ठ ।
बुद्धि चित्त से है बड़ी, आत्म सबसे श्रेष्ठ ।। 657/1779

।। 3.43 ।। एवं बुद्धेः परं बुद्ध्वा संस्तभ्यात्मानमात्मना ।

जहि शत्रुं महाबाहो कामरूपं दुरासदम् ।।

निगृह्य त्वं स्वमात्मानं बुद्धेः परतरश्च यः ।
कामरूपं महाशत्रुं पार्थ दुरासदं जहि ।। **481**/1447

दोहा॰ जीत अपना आतमा तू, अपने को पहचान ।
काम रूप इस शत्रु का, कर दे काम तमाम ।। **658**/1779

संगीत-गीता-दोहावली गीतमाला, पुष्प 64 of 205

भजन

आत्म दर्शन

स्थायी

आतमा छूना सीखो- - -, उसे परमातमा में देखो ।

♫ सा-रेग- म-ग रे-सा- - -, सासा रेरेग-गम- ग रे-सा- ।

अंतरा-1

तन मन से वो परे है, नैनन से पट धरे है ।
प्राणी का प्राण वो है- - -, तुम हिरदय में उसको देखो ।।

♫ सासा रेरे ग म- गरे- सा-, प-मग रे मम गरे- सा- ।
रे-ग- म ध-प म- ग- - -, सासा रेरेग- ग- म-ग रे-सा- ।।

अंतरा-2

धूली जो मन चढ़ी है, झटको, घड़ी खड़ी है ।
भीतर स्वयं जली है, तुम ज्योति परम वो देखो ।।

अंतरा-3

ज्ञानी भी थक गये हैं, अनुसंधान अक गये हैं ।
मस्तिष्क रुक गये हैं, तुम उसे आइने में देखो ।।

संगीत-गीता-दोहावली गीतमाला, पुष्प 65 of 205

(कर्मयोग का निरूपण)

स्थायी

स्वरदा ने सुंदर गाया है, नारद ने साज बजाया है ।

रतनाकर गीत रचाया है ।।

♫ सानि़सा– गरे सा–नि़नि़ सा–रेम ग–, गममग पम ग–रे सासा–रेम ग– ।

गगरेसासासा रे–ग मगरेसानि़ सा– ।।

अंतरा–1

गुण करवाते हैं कर्म सभी, नहिँ कर्म बिना है कोई कभी ।

मैं कर्ता हूँ जो कहता है, वो भूल समझ में रहता है ।

सब तीन गुणों की माया है ।।

♫ पप मरेम–प– पम पनिध पप–, पप मगग सासाग मप गरेसा नि़सा– ।

सानि़ सा–गरे सा– नि़– सासारेम ग–, सानि़ सा–ग रेसासा नि़– सासारेम ग– ।

गग रेसासा सारे– गम गरेसानि़ सा– ।।

अंतरा–2

मन पर काबू जिस नर का है, तन पर जो करता निग्रह है ।

जो धर्म जानता स्वकर्म को, नर कर्म योग का ज्ञानी वो ।

तब कर्मयोगी कहलाया है ।।

अंतरा–3

सब ईर्ष्या तज कर मत्पर जो, सब बंध मुक्त है तत्पर वो ।

फल आशा तज कर कर्म करे, जो मेरे मत को अनुसारे ।

वह कर्म योग का ज्ञाता है ।।

श्रीमद्–भगवद्–गीता का चतुर्थ अध्याय ।
ज्ञान–कर्म–संन्यास योग ।

संगीत–गीता–दोहावली गीतमाला, पुष्प 66 of 205

भजन : राग भैरवी, कहरवा ताल 8 मात्रा

ॐ नमः शिवाय

स्थायी

जैजै जैजै भक्तों बोलो, ओम् नमः शिवाय ।

ओम् नमः शिवाय, ओम् नमः शिवाय ।

ओम् नमः शिवाय, ओम् नमः शिवाय ।।

♬ सासा रेरे गग पप, प- मग- रेसा-सा-,

ग- गग गग-ग-, रे- रेनि निसा-सा- ।

म- मम मम-म-, ग- गरे निसा-सा- ।।

अंतरा-1

शिव ललाट पे चंदा साजे, जटा काली में गंग विराजे ।

डम डम डम डम डमरू बाजे, गूँजे नारा, नमः शिवाय ।

ओम् नमः शिवाय, ओम् नमः शिवाय, ओम् नमः शिवाय ।।

♬ पसां सांसांरेंसां नि- निसांरेंसां रें-रें-, सांगरें सां-निध ध- नि-नि रेंसां-सां- ।

पसां सांसां सांरें सांनि निसांरें सां-रें - -, रेंगरेंसां ध-ध-, धनि- रेंसां-सां- ।

सां- - - निसां- निसां- - - सां- - -, रें- - - सांरें- सांरें- - - रें- - -,

गं- - सांध - - निरें- - - सां- - - ।।

अंतरा-2

नटवर तांडव थैया नाचे, डम डम डम डम डंका बाजे ।

त्रिशूल दाएँ हाथ विराजे, गूँजे नारा, नमः शिवाय ।

ओम् नमः शिवाय, ओम् नमः शिवाय, ओम् नमः शिवाय ।।

संगीत-गीता-दोहावली गीतमाला, पुष्प 67 of 205

गीत : राग जोगीया, कहरवा ताल 8 मात्रा

हरि दर्शन

स्थायी

दरशन दीजो हरि मेरे सपनन में ।

चरणों की दासी मैं उदासी मेरे मन में ।।

♬ पनीधप मध पम गप मगरेरे सा- ।

पनीध प मध प मगप मग रेरे सा- ।।

अंतरा-1

आकर कान्हा बंसी सुनाना, जौनसा सुर कहेगी बाँसुरिया ।

आन पडूँ मैं तुमरी शरणा, तन मन अरपण तुझे साँवरिया ।।

♫ सा–सारे म–म– मपग गमपप–, मधधधध– धध पमम धपममग– ।

म–प धसां–सां– निसांनि– धधप–, पनी धप मधपम मप मगरेरेसा ।।

अंतरा–2

ना तुम श्यामा देर लगाना, मैं तुमरे दरस बिन बाँवरिया ।

जाऊँ जब मैं जल को जमुना, आना फोड़न मेरी गगरिया ।।

अंतरा–3

पाकर तेरा नेह ललामा, गोपी करे तेरी चाकरिया ।

गाते सुनते तुमरे भजना, भगतन चाहत तेरी चदरिया ।।

गीता दोहावली

बारहवा तरंग

16. गुरु–शिष्य परम्परा का निरूपण :

सूर्य वंश की कथा

रत्नाकर उवाच ।

ॐ दोहा छंद में गीतोपनिषद् ।

रत्नाकर उवाच ।

ॐ चक्रे स्वगात्रजान्ब्रह्मैकविंशति प्रजापतीन् ।

तेभ्यश्च भूतले सृष्टाः प्रजाः सर्वा यथा गतिः ।। **482**/1447

✍दोहा॰ आदि काल में ब्रह्म ने, किए प्रजापति सृष्ट ।

इक्किस परम प्रजा पिता, यथा अधः निर्दिष्ट ।। **659**/1779

ॐ कश्यपः कर्दमोऽत्रिश्च वसिष्ठश्चाङ्गिरा यमः ।

मरीचिर्विकृतो हेतिः स्थाणुर्धर्मो भृगुः क्रतुः ।। **483**/1447

✍दोहा॰ कश्यप, कर्दम, यम, स्थाणु, अत्रि, अंगिरस, हेति ।
वसिष्ठ, मरीचि, प्रचेता, नारद, पुलह, प्रहेति ।। **660**/1779

(मनोः वंशः)

प्राचेता संस्त्रयो दक्षः पुलस्तः पुलहस्तथा ।
शेषो नेमी प्रहेतिश्च कुमारौ नारदो मनुः ।। **484**/1447

✍दोहा॰ भृगु, शेष, संस्त्रय, नेमी, मनु, दो सनत्कुमार ।
दक्ष, क्रतु, विकृत, धर्मा, सृष्ट किए संसार ।। **661**/1779

सुपुत्रा द्वादशादित्या अदितेः कश्यपस्य च ।
तेषु मनुर्विवस्वान्स प्रसिद्धः सूर्यसंज्ञया ।। **485**/1447

✍दोहा॰ सुपुत्र कश्यप अदिति के, बारह थे आदित्य ।
उनमें मनु विवस्वान था, रूप सूर्य का सत्य ।। **662**/1779

संस्थापको हि योगस्य यज्ञस्य च प्रवर्तकः ।
वैवस्वतः सुतस्तस्य सूर्यवंशस्य दीपकः ।। **486**/1447

✍दोहा॰ संस्थापक था योग का, यज्ञ प्रवर्तक ज्ञात ।
वैवस्वत, मनु का लला, सूर्य वंश का तात ।। **663**/1779

मनुर्वैवस्वतो धर्म्यो राजनीतिप्रचालकः ।
सुतस्तस्य स इक्ष्वाकुः-अयोध्याया नृपो महान् ।। **487**/1447

✍दोहा॰ मनु वैवस्वत धर्म्य था, राजनीति विद्वान ।
इक्षवाकु उसका लला, अवध महीप महान ।। **664**/1779

श्रीमद्भगवद्गीता चतुर्थोऽध्यायः

श्रीभगवानुवाच ।

।। 4.1 ।। इमं विवस्वते योगं प्रोक्तवानहमव्ययम् ।
विवस्वान्मनवे प्राह मनुरिक्ष्वाकवेऽब्रवीत् ।।

(विवस्वतः आदियोगप्राप्तिः)

मया त्रेतायुगात्पूर्वं दत्तो योगो विवस्वते ।
योगं तमपठन्मूलं वैवस्वान्स विवस्वतः ।। **488**/1447

दोहा॰ त्रेता युग के पूर्व मैं, मनु को दीन्हा योग ।
मनु से वैवस्वान ने, सीखा योग प्रयोग ॥ 665/1779

🕉 योगं विवस्वतः प्राप्तम्-अव्ययं तं सनातनम् ।
वैवस्वान्स च पुत्रायेक्ष्वाकवे स्वयमब्रवीत् ॥ 489/1447

दोहा॰ वैवस्वत ने योग का, दिया पुत्र को ज्ञान ।
योग अलौकिक अमर वो, शाश्वत दिव्य पुराण ॥ 666/1779

गुरु-शिष्य परम्परा

🎵 संगीत-गीता-दोहावली छन्दमाला, मोती 63 of 136

राम छन्द [64]

9 + 3 + ISS

(गुरु शिष्य परंपरा)

एक से दूजा दीप जलाओ ।
परंपरा चली रीत चलाओ ॥ 1
मूढ़ता मन से दूर भगाओ ।
अखंड ज्ञान की ज्योति जगाओ ॥ 2

🕉 इक्ष्वाकुश्चः प्रजायै स मुनिभ्यस्तमपाठयत् ।
गुरवश्च ततो योगं गुरुकुलेष्वपाठयन् ॥ 490/1447

दोहा॰ इक्ष्वाकु ने योग वो, बोला ऋषियों पास ।
ऋषियों ने उसका किया, गुरुकुल में अभ्यास ॥ 667/1779

‖ 4.2 ‖ एवं परम्पराप्राप्तमिमं राजर्षयो विदुः ।
स कालेनेह महता योगो नष्टः परन्तप ॥

(आदियोगस्य वृद्धिः)

🕉 ततस्ते गुरवो योगं तेषां छात्रानपाठयन् ।

---

[64] 🎵 **राम छन्द** : इस 17 मात्रा वाले महासंस्कारी छन्द के अन्त में य गण (I S S) आता है । विराम 9-8 का है ।

▶ लक्षण गीत : दोहा॰ मात्रा सत्रह से सजा, लघु गुरु गुरु से अंत ।
नौवीं कल पर यति जहाँ, "राम" नाम का छंद ॥ 668/1779

गच्छन्परम्परामेवम्-अवर्धत्स युगे युगे ।। 491/1447

दोहा॰   ऋषियों ने उस योग का, जग में किया प्रचार ।
       परंपरा गत फिर हुआ, गुरु-शिष्य क्रम प्रसार ।। 669/1779

(आदियोगस्य विस्मृति:)

महता किन्तु कालेन योग: स भवसागरे ।
जननिरवधानेन शाश्वतो विस्मृतिं गत: ।। 492/1447

दोहा॰   युग-युग बढ़ता योग वो, परंपरा के साथ ।
       शनै: शनै: विस्मृत हुआ, वह कलियुग के हाथ ।। 670/1779

♪ संगीत-गीता-दोहावली छन्दमाला, मोती 64 of 136

संत छन्द[65]

3, 6, 6, 2 + ।। S

(सनातन योग)

योग विवस्वान को बोला श्री हरि ने ।
दिव्य परंपरा से जग में स्तीर्ण भया ।। 1
मगर महत्काल में विस्मृत योग भया ।
वही अविनाशी आज कहा अर्जुन से ।। 2

 संगीत-गीता-दोहावली गीतमाला, पुष्प 68 of 205

राग खमाज, तीन ताल 16 मात्रा

ज्ञान दीप जलाओ

स्थायी

एक से दूजा दीप जलाओ, परंपरा की रीत चलाओ ।

♪ सांनिसां सां पधमग गमप धसांनिसां–, गंगं-मंगं- निसां पनिसां सांसांनिसांनिध ।

---

[65] ♪ संत : इस 21 मात्रा वाले त्रैलोक छन्द के अन्त में स गण (।। S) आता है । इसका लक्षण सूत्र 3, 6, 6, 2 + ।। S इस प्रकार होता है ।

▶ लक्षण गीत :   दोहा॰ मत्त इक्कीस से बना, लघु लघु गुरु हों अंत ।
              त्रय छ: छ: पर यति जहाँ, वहाँ छंद है "संत" ।। 671/1779

अंतरा–1

मन अंधियारा दूर भगाओ, चाँद जीवन में चार लगाओ ।

♫ मग मधनि–सां– पनिसां रेंनिसांनिध, सां–गं मंगंगं निसां पनिसां सांसांनिसांनिध ।

अंतरा–2

जगमग आभा तन में जगाओ, ज्ञान ज्योति मन से न बुझाओ ।

॥ 4.3 ॥

स एवायं मया तेऽद्य योगः प्रोक्तः पुरातनः ।
भक्तोऽसि मे सखा चेति रहस्यं ह्येतदुत्तमम् ॥

(श्रीभगवानुवाच)

(तमेव योगं पुनः)

पुनर्वदामि योगं त्वाम् शाश्वतं तं सनातनम् ।
यतः सखा तथा स्नेही भक्तोऽसि मे त्वमर्जुन ॥ 493/1447

दोहा॰ **फिर कहता हूँ, पार्थ! वो, अमर सनातन योग ।**
बन कर तुम मेरे सखा, करो आज उपयोग ॥ 672/1779

योगो विवस्वते दत्तो गुह्यो दिव्यश्चिरन्तनः ।
अद्य ददाम्यहं तुभ्यं विश्वकल्याणकारणात् ॥ 494/1447

दोहा॰ **सुनो सनातन आज वो, रहस्य मय तुम योग ।**
विश्व हेतु से है कहा, पाएं हित सब लोग ॥ 673/1779

अर्जुन उवाच ।

॥ 4.4 ॥

अपरं भवतो जन्म परं जन्म विवस्वतः ।
कथमेतद्विजानीयां त्वमादौ प्रोक्तवानिति ॥

(अर्जुनस्य पुनः संदेहः)

बुद्ध्वा कालानुसारेण कृष्णवाक्यमसङ्गतम् ।
मूढो मोहं समाहर्तुं पार्थः कृष्णमुवाच सः ॥ 495/1447

दोहा॰ **विषम समझ के कथन वो, कालचक्र प्रतिकूल ।**
बोला अर्जुन कृष्ण से, दूर हटाने भूल ॥ 674/1779

अद्यतनं हि ते जन्म पुराणं तु विवस्वतः ।
कथं विद्याम्यहं कृष्ण तस्मै त्वमददस्तदा ॥ 496/1447

✍दोहा॰ जन्म तुम्हारा है नया, विवस्वान प्राचीन ।
फिर तुमने कैसे कहा, योग पुराकालीन ।। 675/1779

सांप्रत योग की कथा

श्रीभगवानुवाच ।

।। 4.5 ।। बहूनि मे व्यतीतानि जन्मानि तव चार्जुन ।
तान्यहं वेद सर्वाणि न त्वं वेत्थ परन्तप ।।

(श्रीभगवानुवाच)

(पुनर्जन्म)

ॐ सुष्ठु भणसि त्वं मह्यं स्वाभाविकं च भारत ।
अज्ञानकारणात्पार्थ प्रश्न एष त्वया कृतः ।। 497/1447

✍दोहा॰ ठीक कहत है, पार्थ! तू, स्वाभाविक सा प्रश्न ।
क्यों की तू अनजान है, हँस कर बोले कृष्ण ।। 676/1779

ॐ जन्मानि पार्थ सर्वेषां व्यतीतानि पुनः पुनः ।
वेद्मि सर्वाणि सर्वेषां न त्वं वेत्सि तवापि भोः ।। 498/1447

✍दोहा॰ जन्म आज तक हो गए, अपने पार्थ! अनेक ।
सब मैं सबके जानता, तू ना जाने एक ।। 677/1779

।। 4.6 ।। अजोऽपि सन्नव्ययात्मा भूतानामीश्वरोऽपि सन् ।
प्रकृतिं स्वामधिष्ठाय सम्भवाम्यात्ममायया ।।

ॐ मायां स्वकामवष्टभ्य भूतले सम्भवामि च ।
परमात्माऽक्षरो भूत्वा भूतानि धारयाम्यहम् ।। 499/1447

✍दोहा॰ अपनी माया को लिए, लेता मैं नर रूप ।
धारण करता सृष्टि मैं, परमात्मा सुरभूप ।। 678/1779

।। 4.7 ।। यदा यदा हि धर्मस्य ग्लानिर्भवति भारत ।
अभ्युत्थानमधर्मस्य तदात्मानं सृजाम्यहम् ।।

(अवतारस्य उद्देशः)

ॐ धर्मं हत्वा दृढोऽधर्मो भवेद्विघ्नो यदा यदा ।
सम्भवामि नरो भूत्वा पार्थ भूमौ तदा तदा ।। 500/1447

दोहा॰ नश कर धर्म, अधर्म का, होता जब अधिकार ।
रक्षण करने धर्म का, लेता मैं अवतार ।। 679/1779

संगीत-गीता-दोहावली छन्दमाला, मोती 65 of 136

फटका छन्द

8 + 8 + 8 + 6/5

(अवतार)

धर्म विनश कर, अधर्म बढ़ कर,
व्याकुल हो जब सब संसार ।
इस धरती पर लेता हूँ मैं,
नर रूप में तब अवतार ।।

।। 4.8 ।। परित्राणाय साधूनां विनाशाय च दुष्कृताम् ।
धर्मसंस्थापनार्थाय सम्भवामि युगे युगे ।।

ॐ रक्षणाय च भद्राणां संहाराय दुरात्मनाम् ।
उत्थापनाय धर्मस्य सम्भवामि युगे युगे ।। 501/1447

दोहा॰ रक्षण करने भद्र का, असुरों का संहार ।
आता समुचित काल में, लेकर मैं अवतार ।। 680/1779

संगीत-गीता-दोहावली गीतमाला, पुष्प 69 of 205

धर्म रक्षा

स्थायी

जब जब ग्लानि भयी धरम की, युग युग हानि भयी करम की ।
प्रभु जी लेते तब अवतारा, फिर सुख मय करने संसारा ।।

सासा रेरे ग-रे- गप- मगग रे-, गग मम धप- मप- निनिध प- ।
रेरे ग- म-प- मम गगरे-रे-, सासा रेरे गग ममप- मरेगरेसा- ।।

अंतरा-1

अंत दुष्ट जनन का कीना, संत जनों को रक्षण दीना ।
स्थापन कीना सत् आचारा, जब त्राहि त्राहि था जग सारा ।।

सांसां सां-सां सांरेंरें सां- निधप-, नि-नि निनिनि सां- नि-धध प-म- ।

रे-रेरे ग-म- पप मगमगरे-, सासा रे-ग- म-ग- प- मग रे-सा- ।।

अंतरा-2

ध्रुव बालक अनुनय कीने, बाल प्रलाद सतायो असुर ने ।

द्रौपदी ने जब हरि पुकारा, दुखी भगत जब हाथ पसारा ।।

अंतरा-3

देव जनन को अमृत दीने, विष हलाहल शिवजी पीने ।

रावण ने कीना अविचारा, संकट से हरि जगत उबारा ।।

संगीत-गीता-दोहावली गीतमाला, पुष्प 70 of 205

(गुरु शिष्य परंपरा का निरूपण)

स्थायी

स्वरदा ने सुंदर गाया है, नारद ने साज बजाया है ।

रतनाकर गीत रचाया है ।।

♫ सानि़सा- गरे सा-नि़नि़ सा-रेम ग-, गममग पम ग-रे सासा-रेम ग- ।

गगरेसासा सारे-ग मगरेसानि़ सा- ।।

अंतरा-1

युग आदि में योगेश्वर ने, बतलाया योग विवस्वत को ।

मनु ने फिर वो वैवस्वत को, सब ज्ञान सनातन बतलाया ।

वह, इक्ष्वाकु ने पाया है ।।

♫ पप मरेम- प- पमपनिधप प-, पपमगगसा सागम पगरेसानि़ सा- ।

सानि़ सा- गरे सा- नि़-सा-रेम ग-, सानि़ सा-ग रेसा-नि़नि़ सासारेमग- ।

गग, रेसासासा-रे गम गरेसानि़ सा- ।।

अंतरा-2

इऽक्ष्वाकु ने महा ऋषियन को, ऋषियों ने गुरुकुल मुनियन को ।

गुरु छात्रों की परिपटी में, वह योग बढ़ा अति ख्यातिऽ में ।

वह, शाश्वत योग कहाया है ।।

अंतरा-3

फिर योग सनातन शाश्वत वो, गत काल चक्र में विस्मृत वो ।

शुभ योगामृत योगेश्वर ने, प्रिय अर्जुन नरवर को दीन्हे ।

अब, गीता वो कहलाया है ।।

गीता दोहावली
त्रतेरहवाँ तरंग

17. ज्ञानयोग का निरूपण :

♪ संगीत–गीता–दोहावली छन्दमाला, मोती 66 of 136

फटका छन्द

8 + 8 + 8 + 6/5

(ज्ञानयोग)

अकर्म में जो कर्म देखता, और कर्म में अकर्म को ।
ज्ञानी वही है, योगी वही है, अकर्म जाने व कर्म को ।। 1
न कर्म में जो अकर्म देखे, अकर्म में जो न कर्म को ।
न हि वो ज्ञानी न हि योगी वो, अकर्म जाने न कर्म को ।। 2

श्रीभगवानुवाच ।

|| 4.9 || जन्म कर्म च मे दिव्यमेवं यो वेत्ति तत्त्वतः ।
त्यक्त्वा देहं पुनर्जन्म नैति मामेति सोऽर्जुन ।।

(भगवतः प्राप्तिः)

ॐ यो जानाति रहस्यं मे दिव्यानां जन्मकर्मणाम् ।
गमनागमनं मुक्त्वा पादौ स लभते मम ।। **502**/1447

दोहा॰ माया मेरी ईश्वरी, जाने जो नर युक्त ।
मुझको पाकर नर वही, भव बंधन से मुक्त ।। 681/1779

|| 4.10 || वीतरागभयक्रोधा मन्मया मामुपाश्रिताः ।
बहवो ज्ञानतपसा पूता मद्भावमागताः ।।

ॐ रागं क्रोधं भयं हित्वा भक्तः स मत्परायणः ।

ज्ञानेन तपसा पूतो मद्भावमधिगच्छति ।। 503/1447

दोहा॰ राग क्रोध भय छोड़ कर, मत्पर जो कृतकाम ।
ज्ञान तपों से पूत वो, पाता मेरा धाम ।। 682/1779

|| 4.11 || ये यथा मां प्रपद्यन्ते तांस्तथैव भजाम्यहम् ।
मम वर्त्मानुवर्तन्ते मनुष्याः पार्थ सर्वशः ।।

यो भजति यथा मां स उपार्जति फलं तथा ।
अनुसरन्ति पन्थानं ममैव सर्वदा जनाः ।। 504/1447

दोहा॰ जिसकी भक्ति है यथा, फल वैसा वह पात ।
मेरी आज्ञा में चले, इस जग की हर बात ।। 683/1779

|| 4.12 || काङ्क्षन्तः कर्मणां सिद्धिं यजन्त इह देवताः ।
क्षिप्रं हि मानुषे लोके सिद्धिर्भवति कर्मजा ।।

स्पृहिणो ये च कुर्वन्ति यस्य देवस्य प्रार्थनाम् ।
प्राप्नुवन्ति जना अत्र कर्मणस्तस्य ते फलम् ।। 505/1447

दोहा॰ भजता जो जिस देव को, वैसा फल वह पात ।
जैसी उत्कट साधना, वैसा फल है ज्ञात ।। 684/1779

|| 4.13 || चातुर्वर्ण्यं मया सृष्टं गुणकर्मविभागशः ।
तस्य कर्तारमपि मां विद्ध्यकर्तारमव्ययम् ।।

(वर्णाश्रमः)

गुणकर्मानुसारेण चतुर्वर्णा मया कृताः ।
तेषां मां विद्धि कर्तारं त्वमकर्तारमव्ययम्[66] ।। 506/1447

दोहा॰ मैंने गुण अनुसार ही, वर्ण किए हैं चार ।
क्यों की गुण करते सभी, मैं नाही कर्तार ।। 685/1779

♪ संगीत-गीता-दोहावली छन्दमाला, मोती 67 of 136

पुनीत छन्द[67]

[66] तेषां मां विद्धि कर्तारं त्वमकर्तारमव्ययम् = तेषां कर्तारं मां विद्धि त्वं अकर्तारम् अव्ययम्

[67] ♪ **पुनीत छन्द** : इस 15 मात्रा वाले तैथिक छन्द के अन्त में त गण (ऽ ऽ ।) आता है । मात्रा 11-15 का

10 + ऽ ऽ ।

(गुणवर्ण)

बरण गुण का लिए आधार,

रचे मैंने, वर्ण हैं चार ।। 1

मगर, जनम कुल के आधार,

यह जाति स्वार्थ का व्यापार ।। 2

।। 4.14 ।। **न मां कर्माणि लिम्पन्ति न मे कर्मफले स्पृहा ।**
इति मां योऽभिजानाति कर्मभिर्न स बध्यते ।।

कर्माणि मां न लिम्पन्ति न मेऽस्ति कर्मणां स्पृहा ।
ज्ञातमेतद्रहस्यं मे तेन मुक्तिरवाप्यते ।। 507/1447

दोहा॰ **कर्म मुझे छूते नहीं, ना ही मुझको चाह ।**
जो जाने इस गुह्य को, उसे मुक्ति की राह ।। 686/1779

।। 4.15 ।। **एवं ज्ञात्वा कृतं कर्म पूर्वैरपि मुमुक्षुभिः ।**
कुरु कर्मैव तस्मात्त्वं पूर्वैः पूर्वतरं कृतम् ।।

एतज्ज्ञात्वा हि कर्माणि कृतानि च मुमुक्षुभिः ।
तथैव कुरु कर्माणि यथा यथा कृतानि तैः ।। 508/1447

दोहा॰ **मुमुक्षुओं ने हैं किए, इसी भाँति से कर्म ।**
तुम भी वैसे ही करो, उनके यथा सुकर्म ।। 687/1779

।। 4.16 ।। **किं कर्म किमकर्मेति कवयोऽप्यत्र मोहिताः ।**
तत्ते कर्म प्रवक्ष्यामि यज्ज्ञात्वा मोक्ष्यसेऽशुभात् ।।

ज्ञानिनोऽपि सखे भ्रान्ताः कर्म च किमकर्म किम् ।
धर्मं तं ते प्रवक्ष्यामि यज्ज्ञात्वा त्वं विमोक्ष्यसे ।। 509/1447

अंतिम त गण है । आदि में सम कल (6 मात्रा) के बाद विषम कल (5 मात्रा) आता है । उपरोक्त उदाहरण के पद्य में मात्रा 2–7 का सम कल है और उसके बाद मात्रा 8–12 का विषम कल है । इसका तात्पर्य यह है कि पुनीत छन्द की 15 मात्रा में 11 मात्रा का एक ऐसा समूह होता है जिसकीं छठीं और सातवीं मात्रा मिल कर एक गुरु (ऽ) मात्रा नहीं होनी चाहिये ।

▶ लक्षण गीत : **दोहा॰ मात्रा पन्द्रह हों जहाँ, गुरु गुरु लघु से अंत ।**
पहले सम-कल, विषम फिर, ऐसा "पुनीत" छंद ।। 688/1779

🕉️ दोहा॰ कर्म क्या अरु अकर्म क्या, ज्ञानी को भी भ्रांत ।
सुनो धर्म मैं वो कहूँ, जो करता अघ शाँत ॥ 689/1779

|| 4.17 || कर्मणो ह्यपि बोद्धव्यं बोद्धव्यं च विकर्मण: ।
अकर्मणश्च बोद्धव्यं गहना कर्मणो गति: ॥

(कर्म विकर्म अकर्म ज्ञानी योगी च)

🕉️ कर्म विकर्म चाकर्म किं कृत्स्नं ज्ञातुमर्हसि ।
जानीहि त्वं गतिं पार्थ कर्मणो गहना हि या ॥ 510/1447

🕉️ दोहा॰ कर्म विकर्म अकर्म को, जानत लोग सुजान ।
गहरी गति है कर्म की, पार्थ! इन्हें लो जान ॥ 690/1779

|| 4.18 || कर्मण्यकर्म य: पश्येदकर्मणि च कर्म य: ।
स बुद्धिमान्मनुष्येषु स युक्त: कृत्स्नकर्मकृत् ॥

🕉️ यत: सर्वा: क्रिया: पार्थ कर्माणि भणितानि वै ।
अकर्मण: क्रिया चापि कर्मैव गदिता सदा ॥ 511/1447

🕉️ दोहा॰ कुछ भी करना कर्म है, यही कर्म का धर्म ।
ना "करना" भी कर्म है, अकर्म भी है कर्म ॥ 691/1779

🕉️ कर्मण्यकर्म पश्येद्यो तथाऽकर्मणि कर्म य: ।
स हि ज्ञानी, स योगी च कर्माकर्म च वेत्ति स: ॥ 512/1447

🕉️ दोहा॰ अकर्म देखे कर्म में, कर्म अकर्म के साथ ।
योगी ज्ञानी है वही, ज्ञान कर्म का नाथ ॥ 692/1779

 संगीत-गीता-दोहावली गीतमाला, पुष्प 71 of 205

योगी

स्थायी

बं–दा..., योगी वही है जाना... । अरे! ज्ञानी वही है माना...॥

♪ पमग–, प–म गरे– सा– रे–ग– । सासा! ध–प मप– म– गरेसा– ॥

अंतरा–1

तैल समाना जब संसारी, अलिप्त भव-जल से, मझधारी ।

उसने, भव तर जाना ।।

♫ सां-नि धप-ध- धध प-म-प-, सांसां-नि धध पप नि, धपम-प- ।

सासाध-, पप मम गरेसा- ।।

अंतरा-2

इच्छा फल की जिसने त्यागी, काम वासना मन से भागी ।

उसने, योग है जाना ।।

अंतरा-3

कर्म में जिसने अकर्म देखा, अकर्म से ही कर्म को सीखा ।

उसने, जग पहिचाना ।।

(स्वकार्यम् अकार्यं स्वधर्मः अधर्मः च)

ॐ **स्वकार्यं वेत्ति धर्मं यो धर्मं कार्यं च मन्यते ।**
स हि ज्ञानी च योगी च स्वकर्म धर्मवद्धि तम् ।। 513/1447

✍दोहा॰ **स्वकार्य जिसको धर्म है, और स्वधर्म स्वकार्य ।**
वही जानता धर्म है, वही जानता कर्म ।। 693/1779

।। 4.19 ।। **यस्य सर्वे समारम्भाः कामसङ्कल्पवर्जिताः ।**
ज्ञानाग्निदग्धकर्माणं तमाहुः पण्डितं बुधाः ।।

ॐ **उद्यमा निरपेक्षाश्च यस्य सङ्कल्पवर्जिताः ।**
पण्डितमिति तं सर्वे वदन्ति योगिनं बुधाः ।। 514/1447

✍दोहा॰ **बिना-वासना जो करे, उद्यम अरु संकल्प ।**
ज्ञानी सब देते उसे, "पंडित" संज्ञा स्वल्प ।। 694/1779

।। 4.20 ।। **त्यक्त्वा कर्मफलासङ्गं नित्यतृप्तो निराश्रयः ।**
कर्मण्यभिप्रवृत्तोऽपि नैव किञ्चित्करोति सः ।।

ॐ **निःस्पृहो नित्यतृप्तश्च निर्ममश्च निराश्रितः ।**
कृत्वाऽपि सर्वकर्माणि सोऽकर्तृवद्धि शोभते ।। 515/1447

✍दोहा॰ **जो निःस्पृह है, तृप्त है, वासना से अलिप्त ।**
सब कुछ करके कर्म वो, नाम "अकर्ता" प्राप्त ।। 695/1779

।। 4.21 ।।

निराशीर्यतचित्तात्मा त्यक्तसर्वपरिग्रहः ।
शारीरं केवलं कर्म कुर्वन्नाप्नोति किल्बिषम् ।।

निराशी च निराधारो वाञ्छां त्यक्त्वा करोति यः ।
कृत्वाऽपि देहमात्रेण निष्पापो वर्तते सदा ।। **516**/1447

दोहा॰ बिन आशा-आधार जो, बिना किसी भी ताप ।
गात्र-मात्र से सब किए, सदा रहे निष्पाप ।। **696**/1779

।। 4.22 ।।

यदृच्छालाभसन्तुष्टो द्वन्द्वातीतो विमत्सरः ।
समः सिद्धावसिद्धौ च कृत्वापि न निबद्ध्यते ।।

विरक्तो द्वन्द्वभावेभ्यो यत्प्राप्तं तत्सुखावहम् ।
लाभालाभौ समौ बुद्ध्वा निरासक्तः स कर्मसु ।। **517**/1447

दोहा॰ मिला उसी में हृष्ट जो, द्वंद्व प्रभाव विमुक्त ।
लाभ-हानि से जो परे, कर्म बंध से मुक्त ।। **697**/1779

।। 4.23 ।।

गतसङ्गस्य मुक्तस्य ज्ञानावस्थितचेतसः ।
यज्ञायाचरतः कर्म समग्रं प्रविलीयते ।।

(यज्ञविविधता)

सर्वस्पर्शेषु निस्सङ्गो ज्ञानयोगे सदा स्थितः ।
कृत्वा यागनिमित्तेन कर्म कृत्स्नं प्रलीयते ।। **518**/1447

दोहा॰ बाह्य स्पर्श से दूर जो, ज्ञान योग से युक्त ।
यज्ञ हेतु से सब किए, कर्म पाश से मुक्त ।।।। **698**/1779

संगीत-गीता-दोहावली गीतमाला, पुष्प 72 of 205

(ज्ञान योग का निरूपण)

स्थायी

स्वरदा ने सुंदर गाया है, नारद ने साज बजाया है ।
रतनाकर गीत रचाया है ।।

सानि़सा- गरे सा-नि़नि़ सा-रेम ग-, गममग पम ग-रे सासा-रेम ग- ।
गगरेसासासा रे-ग मगरेसानि़ सा- ।।

अंतरा-1

"गुण को कर्ता है," कहत सही, अपने को कर्ता कहत नहीं ।
निरपेक्षा का जो भोगी है, कर्तापन का जो त्यागी है ।
वह ज्ञान योगी कहलाया है ।।

♪ "पप मरे ममप- पम," पनिध पप-, पपमग गसा सागमप गरेसा निसा- ।
सानिसा-गरे सा- नि- सा-रेम ग-, सानिसा-गरे सा- नि- सा-रेम ग- ।
गग रेसासा रे-रे गमगरेसानि सा- ।।

अंतरा-2

भय राग क्रोध मद तजता है, मत्पर मुझको जो भजता है ।
नर ज्ञान योग से पुनीत वो, सब पाप ताप को धो कर वो ।
शरणन में मेरी आया है ।।

अंतरा-3

भजता मुझको जो जैसा है, फल पाता नर वो वैसा है ।
सब स्पर्शों से निःसंगी है, नित ज्ञान योग में रंगी है ।
वह कर्म मुक्त कहलाया है ।।

गीता दोहावली
चदहवाँ तरंग

18. यज्ञ-विविधता का निरूपण :

♪ **संगीत-गीता-दोहावली छन्दमाला, मोती 68 of 136**

फटका छन्द

8 + 8 + 8 + 6/5
(यज्ञ विविधता)

कहे वेद ने, यज्ञ विविध विध,
सभी कर्म के, कारण हैं ।।
ज्ञान यज्ञ तप, दान कर्म सब,
कहे स्वर्ग के, साधन हैं ।।

श्रीभगवानुवाच ।

|| 4.24 ||
ब्रह्मार्पणं ब्रह्म हविर्ब्रह्माग्नौ ब्रह्मणा हुतम् ।
ब्रह्मैव तेन गन्तव्यं ब्रह्मकर्मसमाधिना ॥

अग्निर्ब्रह्म क्रतुर्ब्रह्म चाहुतिर्ब्रह्म ब्रह्मणि ।
ब्रह्मैव यस्य कर्माणि ब्रह्म स ह्यधिगच्छति ॥ 519/1447

दोहा॰ अग्नि देवता ब्रह्म है, यज्ञ आहुति ब्रह्म ।
ब्रह्म उसी को प्राप्त है, ब्रह्म उसी के कर्म ॥ 699/1779

|| 4.25 ||
दैवमेवापरे यज्ञं योगिनः पर्युपासते ।
ब्रह्माग्नावपरे यज्ञं यज्ञेनैवोपजुह्वति ॥

केचिद्योगिजना यज्ञं कुर्वन्ति दैवरूपिणम् ।
जुह्वति यज्ञमन्ये च ब्रह्माग्नौ यज्ञपण्डिताः ॥ 520/1447

दोहा॰ कोई करते यज्ञ हैं, दैव रूप सम्पन्न ।
यज्ञ कुंड में अन्य हैं, अर्पण करते अन्न ॥ 700/1779

|| 4.26 ||
श्रोत्रादीनीन्द्रियाण्यन्ये संयमाग्निषु जुह्वति ।
शब्दादीन्विषयानन्य इन्द्रियाग्निषु जुह्वति ॥

संयमाग्नौ च गात्राणि जुह्वति योगिनोऽपरे ।
विषयानिन्द्रियाग्नेस्ते यज्ञे जुह्वति योगिनः ॥ 521/1447

दोहा॰ संयमाग्नि में अन्य जन, अर्पण करते गात्र ।
ज्ञानाग्नि में विषय वे, अर्पण करते मात्र ॥ 701/1779

|| 4.27 ||
सर्वाणीन्द्रियकर्माणि प्राणकर्माणि चापरे ।
आत्मसंयमयोगाग्नौ जुह्वति ज्ञानदीपिते ॥

नैके योगीजनाः प्राणं यज्ञे तपन्ति कर्मणा ।
मनः संयमितं कृत्वा ज्ञानज्योतिश्च जाग्रति ॥ 522/1447

दोहा॰ कोई योगी यज्ञ में, करते अर्पण प्राण ।
मन अपना संयत किए, जागृत करते ज्ञान ॥ 702/1779

|| 4.28 ||
द्रव्ययज्ञास्तपोयज्ञा योगयज्ञास्तथापरे ।

स्वाध्यायज्ञानयज्ञाश्च यतयः संशितव्रताः ।।

केचिच्च द्रव्यदानेन यज्ञं कुर्वन्ति दानिनः ।
स्वाध्यायप्रेमिणो यज्ञं व्रतैः कुर्वन्ति ज्ञानिनः ।। **523**/1447

दोहा॰ कोई करते यज्ञ हैं, किए द्रव्य का दान ।
अनुरागी स्वाध्याय के, व्रत करते आसान ।। 703/1779

।। 4.29 ।। अपाने जुह्वति प्राणं प्राणेऽपानं तथापरे ।
प्राणापानगती रुद्ध्वा प्राणायामपरायणाः ।।

इतरे योगिनः प्राणम्–अपाने नाम जुह्वति ।
प्राणापानगती रुद्ध्वा प्राणायामे गता रताः ।। **524**/1447

दोहा॰ अन्य योगी जन प्राण में, करते हवन अपान ।
श्वासों की गति रोक कर, करते प्राणायाम ।। 704/1779

।। 4.30 ।। अपरे नियताहाराः प्राणान्प्राणेषु जुह्वति ।
सर्वेऽप्येते यज्ञविदो यज्ञक्षपितकल्मषाः ।।

कश्चिद्योगी मिताहारी प्राणं प्राणे युनाति च ।
अनघो यागज्ञाता स पापं यज्ञे जुहोति च ।। **525**/1447

दोहा॰ मित आहारी करत हैं, हवन प्राण में प्राण ।
यज्ञ विज्ञ निष्पाप वे, पाते हैं कल्याण ।। 705/1779

संगीत–गीता–दोहावली गीतमाला, पुष्प 73 **of 205**

प्रभु तेरी माया

स्थायी

शिखरिणी छन्द

। ऽ ऽ, ऽ ऽ ऽ, । । ।, । । ऽ, ऽ । ।, । ऽ

♫ सारे–! सानि॒सा– रेग॒रे–, रेरेरे ग॒पमग॒ रेग॒ रेग॒रे सा–

प्रभो! तेरी माया, ग्रहण करने में गहन है ।
मगर सच्चे मन से, स्मरण करके वो सुगम है ।।

अंतरा–1

पृथ्वी छन्द + शिखरिणी छन्द

। ऽ ।, । । ऽ, । ऽ ।, । । ऽ, । ऽ ऽ, । ऽ
। ऽ ।, । । ऽ, । ऽ ।, । । ऽ, । ऽ ऽ, । ऽ
। ऽ ऽ, ऽ ऽ ऽ, । । ।, । । ऽ, ऽ । ।, । ऽ
। ऽ ऽ, ऽ ऽ ऽ, । । ।, । । ऽ, ऽ । ।, । ऽ

♫ मप- धपम ग-, गम- पमग रे-, सारे- मगरेसा-

कोई नमन से, कोई भजन से, तुझे पूजता ।
कोई धन तथा, कोई सुख सदा, तुझे माँगता ।।
प्रभो! तेरी लीला, बरन करने में कठिन है ।
मगर पक्के मन से, मनन करना ही यजन है ।।

अंतरा-2

सदा चरण में, रहो शरण तो हरि साथ है ।
सभी जगत का, अनाथ जन का, वही नाथ है ।।
हरे! तेरी सेवा परम करना धरम है ।
सतत सच्चे मन से, करम करना उद्धरण है ।।

।। 4.31 ।। यज्ञशिष्टामृतभुजो यान्ति ब्रह्म सनातनम् ।
नायं लोकोऽस्त्ययज्ञस्य कुतोऽन्यः कुरुसत्तम ।।

ॐ अश्नन्ति यज्ञशेषान्नं ब्रह्म गच्छन्ति ते जनाः ।
अयज्ञा न तरन्तीह तर्हि परत्र ते कथम् ।। **526**/1447

✍दोहा॰ यज्ञ शेष जो भक्षते, ब्रह्म प्राप्त वे लोग ।
अयज्ञ को इह ना मिले, न ही स्वर्ग का भोग ।। **706**/1779

।। 4.32 ।। एवं बहुविधा यज्ञा वितता ब्रह्मणो मुखे ।
कर्मजान्विद्धि तान्सर्वानेवं ज्ञात्वा विमोक्ष्यसे ।।

ॐ एवं ये विविधा यज्ञाः प्रचलिताः श्रुतेर्मुखात् ।
बुद्ध्वा तान्कर्मणां मूलं परन्तप विमोक्ष्यसे ।। **527**/1447

✍दोहा॰ इस भाँति से विविध ये, यज्ञ बताते वेद ।
कहे कर्म के मूल हैं, यही मुक्ति का भेद ।। **707**/1779

।। 4.33 ।। श्रेयान्द्रव्यमयाद्यज्ञाज्ज्ञानयज्ञः परन्तप ।

सर्वं कर्माखिलं पार्थ ज्ञाने परिसमाप्यते ।।

(ज्ञानर्जनम्)

ॐ ज्ञानयज्ञः सदा श्रेयो द्रव्ययज्ञात्परन्तप ।
समग्रं कर्म ज्ञाने हि यथार्थेन समाप्यते ।। 528/1447

दोहा॰ द्रव्य यज्ञ से श्रेष्ठ जो, ज्ञान यज्ञ है, पार्थ! ।
सर्व कर्म ही ज्ञान में, होत समाप्त यथार्थ ।। 708/1779

|| 4.34 ||

तद्विद्धि प्रणिपातेन परिप्रश्नेन सेवया ।
उपदेक्ष्यन्ति ते ज्ञानं ज्ञानिनस्तत्त्वदर्शिनः ।।

ॐ साष्टाङ्गप्रणिपातेन प्रश्नान्पृष्ट्वा च सेवया ।
उपदेक्ष्यन्ति विद्वांसः-तुभ्यं ज्ञानस्य वार्तिकम् ।। 529/1447

दोहा॰ पूछोगे यदि तुम, किए, साष्टांग नमस्कार ।
गुरु जन देंगे ज्ञान वो, जिससे भव हो पार ।। 709/1779

|| 4.35 ||

यज्ज्ञात्वा न पुनर्मोहमेवं यास्यसि पाण्डव ।
येन भूतान्यशेषेण द्रक्ष्यस्यात्मन्यथो मयि ।।

(ज्ञानप्रभावः)

ॐ न यास्यसि पुनर्मोहम्-एवं ज्ञात्वा त्वमर्जुन ।
विशुद्धेन विवेकेन तटस्थः सर्वप्राणिषु ।। 530/1447

दोहा॰ पाकर तुम उस ज्ञान को, पुनः न होगा मोह ।
उदासीन सब भूत में, राग न होगा कोह ।। 710/1779

|| 4.36 ||

अपि चेदसि पापेभ्यः सर्वेभ्यः पापकृत्तमः ।
सर्वं ज्ञानप्लवेनैव वृजिनं सन्तरिष्यसि ।।

ॐ असि चेत्त्वं महापापः सर्वपापेषु भारत ।
आदाय ज्ञाननावं त्वं भवसिन्धुं तरिष्यसि ।। 531/1447

दोहा॰ चाहे तुम हो पातकी, जो करता अपकार ।
नौका तुमको ज्ञान की, ले जावे उस पार ।। 711/1779

 संगीत-गीता-दोहावली गीतमाला, पुष्प 74 of 205

खयाल : राग पूरिया,[68] तीन ताल 16 मात्रा

भव सागर

स्थायी

पार करो मेरी भव नैया,

तार करो मेरा अंबे मैया ।

♪ गमंधमंगरेगमंगमंग रेसा- निसारेसा नि ध निरेंसा-,
मंग मंगरे सासा निरेंनिध मंधमंग ।

अंतरा-1

लुट गयी मेरी प्रेम की नगरी, नाथ न आये दैया दैया! ।

♪ मंमं गग मंध- मंधसांसां सां निरेंसां-, निरेंनि ध मंधमंग मंरेगमं गमंधमंगरेसा- ।

अंतरा-2

लगती सूनी गाँव की डगरी, राह तकूँ मैं आवे सैंया ।

|| 4.37 || यथैधांसि समिद्धोऽग्निर्भस्मसात्कुरुतेऽर्जुन ।
ज्ञानाग्निः सर्वकर्माणि भस्मसात्कुरुते तथा ।।

(ज्ञानस्य परमपूज्यता)

🕉 यथा हि पावको दीप्तो भस्मसात्कुरुते वनम् ।
अज्ञानं भस्मसात्पार्थ ज्ञानाग्निः कुरुते तथा ।। 532/1447

🎵 दोहा॰ दावाग्नि का ज्वल यथा, वन को राख बनाय ।
प्रदीप्त ज्वाला ज्ञान की, अज्ञान को जलाय ।। 712/1779

|| 4.38 || न हि ज्ञानेन सदृशं पवित्रमिह विद्यते ।
तत्स्वयं योगसंसिद्धः कालेनात्मनि विन्दति ।।

---

[68] 🎼 राग पूरिया : यह मारवा ठाठ का राग है । इसका आरोह है : सा, नि रे ग, मं ध नि रें सां । अवरोह है : रें नि ध, मं ध ग मं ग, रे सा ।

▶ लक्षण गीत : 🎵 दोहा॰ मध्यम स्वर जब तीव्र हो, वर्जित पंचम नाद ।
रे कोमल से "पूरिया," ग नि वादी संवाद ।। 713/1779

ॐ साधनं नास्ति कुत्रापि ज्ञानाच्छ्रेष्ठं सहायकम् ।
स्वयं प्राप्नोति तज्ज्ञानं योगी तस्माद्यथा गतिः ॥ 533/1447

दोहा॰ साधन कछु ना अन्य है, पार्थ! ज्ञान से श्रेष्ठ ।
प्राप्त करोगे ज्ञान वो, जब हो काल यथेष्ट ॥ 714/1779

॥ 4.39 ॥ श्रद्धावाँल्लभते ज्ञानं तत्परः संयतेन्द्रियः ।
ज्ञानं लब्ध्वा परां शान्तिमचिरेणाधिगच्छति ॥

(अज्ञानप्रभावः)

ॐ ज्ञानं विन्दति भक्तः स यः श्रद्धालुश्च संयतः ।
ज्ञानी ज्ञानमिदं प्राप्य शान्तिमृच्छति नैष्ठिकीम् ॥ 534/1447

दोहा॰ प्राप्त करे इस ज्ञान को, जो है श्रद्धावान ।
ज्ञानी पाकर ज्ञान को, मिले शाँति का स्थान ॥ 715/1779

॥ 4.40 ॥ अज्ञश्चाश्रद्दधानश्च संशयात्मा विनश्यति ।
नायं लोकोऽस्ति न परो न सुखं संशयात्मनः ॥

ॐ संशयी नास्तिको मूढो नरो नश्यति निश्चितम् ।
हित्वाऽयं च परं लोकं प्रसादेभ्यश्च वञ्चितः ॥ 535/1447

दोहा॰ मूरख नास्तिक नर शकी, खोकर प्रभु विश्वास ।
मिलता दोनों लोक में, उसे अवश्य विनास ॥ 716/1779

जो है नास्तिक संशयी, निश्चित उसे विनाश ।
खोकर सुर का लोक वह, पाता भव का पाश ॥ 717/1779

॥ 4.41 ॥ योगसंन्यस्तकर्माणं ज्ञानसञ्छिन्नसंशयम् ।
आत्मवन्तं न कर्माणि निबध्नन्ति धनञ्जय ॥

ॐ योगशक्त्या त्यजेत्कामं तथा ज्ञानेन संशयम् ।
आत्मपरायणो योगी कर्मपाशैर्न बध्यते ॥ 536/1447

दोहा॰ नर जो तज कर वासना, दूर करे संदेह ।
आत्मपरायण भक्त वो, अबद्ध निःसंदेह ॥ 718/1779

॥ 4.42 ॥ तस्मादज्ञानसम्भूतं हृत्स्थं ज्ञानासिनात्मनः ।
छित्त्वैनं संशयं योगमातिष्ठोत्तिष्ठ भारत ॥

ज्ञानशस्त्रेण युक्तस्त्वं मनसा गतसंशयः ।
उत्तिष्ठ पार्थ सन्नद्धो भूत्वा योगाश्रयी सखे ।। 537/1447

दोहा॰ ज्ञान-शस्त्र यह तुम लिए, उठो, पार्थ! तैयार ।
नष्ट करो अज्ञान को, अरि की होगी हार ।। 719/1779

संगीत-गीता-दोहावली गीतमाला, पुष्प 75 of 205

पर हित

स्थायी

अगर पथ ये तू अपना ले, तो ऋण अपने चुका देगा ।
अहम अपना नवा दे तो, तू दुनिया को झुका देगा ।।

♫ सासासा रेरे ग- प मगरे- सा-, ध धध पमप- गम- प-ध- ।
सांसारें सांनिध- निध- पम ग-, सा सासारे- ग- पमग रेगसा- ।।

अंतरा-1

पर हित में हि भलाई है, सेवा धर्म कहाई है ।
करम तेरा अमर होगा, जगत में तू सुहावेगा ।।

♫ मम पप ध- ध सांनिधपध म-, ध-प- म-म मगरे-गरे सा- ।
सासासा रेग- पमग रेगसा-, धधध प- म- पमगरेगसा- ।।

अंतरा-2

जग माया का मेला है, तीन गुणों का खेला है ।
अगर मन को तू रोक सका, तो अघ सारे रुका देगा ।।

अंतरा-3

प्रभु चरणों में सहारा ले, सहज भव का किनारा है ।
अगर दुख तू मिटा देगा, तो सुख सारे लुटावेगा ।।

संगीत-गीता-दोहावली गीतमाला, पुष्प 76 of 205

(यज्ञ विविधता का निरूपण)

स्थायी

स्वरदा ने सुंदर गाया है, नारद ने साज बजाया है ।
रतनाकर गीत रचाया है ।।

♫ सानि़सा- गरे सा-नि़नि़ सा-रेम ग-, गममग पम ग-रे सासा-रेम ग- ।
गगरेसासासा रे-ग मगरेसानि़ सा- ।।

अंतरा-1

सब अर्पण अऽग्निऽ ब्रह्म में है, सब यज्ञ आहुतिऽ ब्रह्म हि है ।
सब अर्पण जिसका ब्रह्म में है, सब तर्पण जिसका ब्रह्म में है ।
सद् ब्रह्म उसीने पाया है ।।

♫ पप मरेमम प-पम पनिध प प-, पप मगग सागमप- गरेसा नि़ सा- ।
सानि़ सा-गरे सासानि़- सा-रे म ग-, सानि़ सा-गरे सासानि़- सा-रे म ग- ।
गग रेसासा सारे-गम गरेसानि़ सा- ।।

अंतरा-2

है ब्रह्म दैव अरु प्राण जिसे, है ब्रह्म यज्ञ सब ज्ञान भी है ।
है ब्रह्म द्रव्य अरु ध्यान जिसे, है ब्रह्म गतिऽ सत् पुण्य जिसे ।
सद् ब्रह्म उसीने पाया है ।।

अंतरा-3

है ज्ञान द्रव्य से श्रेष्ठ कहा, अरु ज्ञान से जाना कछु न महा ।
है ज्ञान प्राप्त जो भक्त मेरा, है उसको शाँतिऽ ने घेरा ।
सद् ब्रह्म उसीने पाया है ।।

शोक संविग्नमानसः।

श्रीमद्-भगवद्-गीता का पाँचवाँ अध्याय।
कर्म-संन्यास योग ।

संगीत-गीता-दोहावली गीतमाला, पुष्प 77 of 205

कीर्तन

जय शिव गौरी नाथ!

स्थायी

जय शिव गौरी नाथा जै जै, भोले भंडारी की, जै जै ।

♫ मम मम म-पम ग-ग- रे- सा-, सापप- पमपधम- - रे, म- म- ।

अंतरा-1

भोलेनाथा दिगंबरा, शिव शिव शिव शिव सदाशिवा ओम् ।
शिव शिव शिव शिव सदाशिवा ।।

♫ ध-ध-ध-ध- पध-सांनिधपम, गग पप धध सांसां पप-मम- म- ।
गग पप धध सांसां पप-मम- - - ।।

अंतरा-2

गौरीनाथा निरंजना, जय जय जय जय जटाधरा ओम् ।
जय जय जय जय जटाधरा ।।

अंतरा-3

शंभूनाथा प्रभंजना, भव भव भव भव जनार्दना ओम् ।
भव भव भव भव जनार्दना ।।

अंतरा-4

चंडीनाथा पुरंदरा, हर हर हर हर त्रिलोचना ओम् ।
हर हर हर हर त्रलोचना ।।

संगीत-गीता-दोहावली गीतमाला, पुष्प 78 of 205

आरती : कहरवा ताल 8 मात्रा

राम कृष्ण शिव

निस दिन राम कृष्ण शिव गाओ,

राम कृष्ण शिव राम कृष्ण शिव,

राम कृष्ण शिव गाओ, निस दिन ।

♫ सागा मप ध-म प-म गसा ग-म-,

ध-ध ध-ध निनि ध-ध प-ध मप,

ध-म प-म गसा ग-म-, सागा मप ।

अंतरा–1

रघुपति राघव राजा राम, जानकी जीवन सीता राम राम ।

राम राम हरे राम, हरे कृष्ण हरे राम ।।

♫ सांसांसांसां निसांधनि सां-सां सांगं सां-, नि-निनि नि-धम नि-नि- नि- नि-।

ध- धम पम पग, सागा मध पप म- ।।

अंतरा–2

भजु मन मेरे, राधे श्याम, अह निश गा रे, राधे श्याम ।

राधे श्याम राधे श्याम, हरे कृष्ण हरे राम ।।

अंतरा–3

भोले शंकर हरि घनश्याम, सांब सदाशिव भज सियाराम ।

शिव नाम शिव नाम, हरे कृष्ण हरे राम ।।

गीता दोहावली

पन्द्रहवाँ तरंग

19. कर्तृपद के संन्यास का निरूपण :

♫ संगीत-गीता-दोहावली छन्दमाला, मोती 69 of 136

रसाल छन्द[69]

10 + । – 10 + । + 2

(कर्तापन)

ईश का नहीं काम, कर्म फल कर्तापन भी ।। 1
गुण माया के नाम, प्रकृति करती यह सभी ।। 2

श्रीमद्भगवद्गीता पञ्चमोऽध्यायः ।

अर्जुन उवाच ।

।। 5.1 ।।

संन्यासं कर्मणां कृष्ण पुनर्योगं च शंससि ।
यच्छ्रेय एतयोरेकं तन्मे ब्रूहि सुनिश्चितम् ।।

दोहा छंद में गीतोपनिषद् ।

(अर्जुनस्य पुनस्सन्देहः)

शंससि कर्मन्यासं त्वं कर्मयोगं ततः प्रभो ।
एकमेवैतयोः श्रेयो यत्स्याद्ब्रूहि सुनिश्चितम् ।। 538/1447

दोहा॰ कहा, त्याग ही श्रेष्ठ है, फिर दिया कर्म का ज्ञान ।
कहो एक निश्चित, प्रभो! जिसमें हो कल्याण ।। 720/1779

श्रीभगवानुवाच ।

।। 5.2 ।।

संन्यासः कर्मयोगाश्च निःश्रेयसकरावुभौ ।
तयोस्तु कर्मसंन्यासात्कर्मयोगो विशिष्यते ।।

(योगः संन्यासात् श्रेष्ठः)

ज्ञानमार्गो महाबाहो योगश्च हितकारकः ।
उभयोर्हि समौ लाभौ कर्मयोगो वरो मतः ।। 539/1447

दोहा॰ योग सांख्य अरु कर्म के, दोनों एक समान ।
फिर भी जानो कर्म का, योग अधिक हितवान ।। 721/1779

---

[69] **रसाल छन्द छन्द :** इस 24 मात्रा वाले अवतारी छन्द के विषम चरण 11 मात्रा के और सम चरण 13 मात्रा के होते हैं और चारों चरणों की 11वीं मात्रा लघु होती है ।

▶ लक्षण गीत : **दोहा॰ ग्यारह कल, पद विषम में, सम तेरह कल अंत ।**
ग्यारहवीं कल लघु सदा, जानो "रसाल" छंद ।। 723/1779

यद्ध्येयं ज्ञानमार्गस्य बुद्धिमार्गस्य चैव तत् ।
जानाति कर्मयोगं यो चिन्ता विघ्नो न तस्य वै ।। 540/1447

दोहा॰   ज्ञान, बुद्धि अरु कर्म के, योग[70] तीन हैं ज्ञात ।
         ध्येय एक हैं तीन के, यथा बिल्व के पात ।। 724/1779

🎵 संगीत-गीता-दोहावली छन्दमाला, मोती 70 of 136

फटका छन्द

8 + 8 + 8 + 6/5

(योग)

ज्ञान मार्ग का मतलब देखा,
बुद्धि योग का सो ही है ।
कर्मयोग है जिसने सीखा,
फिकर न फ़ाक़ा कोई है ।।

🎵 संगीत श्रीकृष्णरामायण छन्दमाला, मोती 71 of 136

स्रग्धरा छन्द[71]

ऽ ऽ ऽ, ऽ । ऽ, ऽ । । , । । । , । ऽ ऽ, । ऽ ऽ, । ऽ ऽ

(गीता के छः योग)

कीन्हा जो कार्य इच्छा तज कर फल की, कर्म का योग जाना ।
कर्ता दूजा नहीं है अतुल गुण सिवा, ज्ञान का योग माना ।। 1
आत्मा का ज्ञान देही अजर अमर का, सांख्य है योग जाना ।
मित्रारी[72] द्वंद्व में जो नित सम मति वो, बुद्धि का योग माना ।। 2

---

[70] **The Six Yogas of the Gita :** *When you perform a duty without expecting its fruit, you are doing* **Karma yoga**. *When you do the same duty without expecting its authorship, you are doing* **Jnana yoga**. *Knowing that atma is immutable and body is mutable is* **Sankhya yoga**. *Performing a duty with equanimity of mind, being indifferent to loss or gain, is* **Buddhi yoga**. *Doing a duty with faith in the name of the Lord is* **Bhakti yoga**. *The one pointed practice of attaining the aim is* **Abhyasa yoga**.

[71] **स्रग्धरा छन्द :** इस 21 वर्ण, 33 मात्रा वाले छन्द में म र भ न य य य गण आते हैं । इसका लक्षण सूत्र ऽ ऽ ऽ, ऽ । ऽ, ऽ । ।, । । ।, । ऽ ऽ, । ऽ ऽ, । ऽ ऽ इस प्रकार है । यति 7-7-7 पर विकल्प से आता है ।

▶ लक्षण गीत :   दोहा॰ म र भ न य य य समूह का, मत्त तैंतीस वृंद ।
                   यति, प्रति सप्तम मत्त में, सजे "स्रग्धरा" छंद ।। 725/1779

[72] मित्रारी = न॰ मित्र + पु॰ अरि = द्वंद्व समास द्वितीया द्विवचन = मित्रारी ।

आस्था से कार्य सारा अविचल करना, भक्ति का योग जाना ।
ध्येयोक्ता कार्य माला अविरत करना, योग अभ्यास माना ।। 3

(ज्ञानबुद्धिकर्मयोगत्रयम्)

एकं हि मूलरूपेण बिल्वपत्रत्रयं यथा ।
एकश्च ध्येयरूपेण तथा योगपथत्रयम् ।। **541**/1447

दोहा॰ योग ज्ञान का जो कहा, वही बुद्धि का योग ।
कर्मयोग अपनाइके, मिले तीन का भोग ।। 726/1779

।। 5.3 ।। ज्ञेयः स नित्यसंन्यासी यो न द्वेष्टि न काङ्क्षति ।
निर्द्वन्द्वो हि महाबाहो सुखं बन्धात्प्रमुच्यते ।।

(नित्यसंन्यासी)

ज्ञातः स 'नित्यसंन्यासी' द्वेषो वाञ्छा न वा क्षतिः ।
द्वन्द्वभावादतीतः स कर्मबन्धात्प्रमुच्यते ।। **542**/1447

दोहा॰ आस द्वेष से जो परे, संन्यासी है नित्य ।
द्वंद्व-भाव से अलग जो, बंध-मुक्त वह सत्य ।। 727/1779

।। 5.4 ।। साङ्ख्ययोगौ पृथग्बालाः प्रवदन्ति न पण्डिताः ।
एकमप्यास्थितः सम्यगुभयोर्विन्दते फलम् ।।

(अपृथक् सांख्ययोगौ)

साङ्ख्ययोगौ पथौ भिन्नौ ब्रूते मूढो न पण्डितः ।
पथमेकतरं गत्वा स प्राप्नोत्युभयोः फलम् ।। **543**/1447

दोहा॰ सांख्य, कर्म से भिन्न है, कहत अनाड़ी लोग ।
किसी एक को पाइके, मिले उभय का भोग ।। 728/1779

सांख्य कर्म से भिन्न हैं, कहते अनपढ़ लोग ।
ज्ञानी कहते एक हैं, ज्ञान कर्म के भोग ।। 729/1779

।। 5.5 ।। यत्साङ्ख्यैः प्राप्यते स्थानं तद्योगैरपि गम्यते ।
एकं साङ्ख्यं च योगं च यः पश्यति स पश्यति ।।

स्थानं प्राप्नोति यज्ज्ञानी योगिना लभ्यते च तत् ।
सांख्ययोगौ समौ यस्मै तथ्यं जानाति सर्वथा ।। **544**/1447

✍दोहा॰ स्थान प्राप्त जो ज्ञान से, वही कर्म से प्राप्त ।
ज्ञान, कर्म हैं सम जिसे, वही योग से व्याप्त ।। 730/1779

🌹 संगीत-गीता-दोहावली गीतमाला, पुष्प 79 of 205

बुद्धियोग

स्थायी

आसमान से पानी बरसे, बहता जावे भिन्न पथों से ।
धार नदी की बन कर, आखिर, सागर में हि समाए ।।

♫ रे-गम-म म- प-म- गगरे-, सासासा- रे-ग- प-म गरे- ग- ।
ध-ध पम- म- गग मम, प-मम, प-मग रे- ग मगरेसा- ।।

अंतरा-1

ज्ञान मार्ग से, कर्म योग से, भक्ति मार्ग से, बुद्धि योग से ।
एक ही श्रेय कमाए, आखिर, एक ही ध्येय सधाए ।।

♫ सा-रे ग-रे ग-, प-म ग-रे ग-, म-प ध-प म-, प-म ग-रे सा- ।
सा-सा सा रे-रे रेग-म-, प-मम, प-म ग म-ग मगरेसा- ।।

अंतरा-2

नाम राम का, जाप श्याम का, जाना सुमिरन परम काम का ।
राह परम मिल जाए, आखिर, हरि चरणन में आए ।।

अंतरा-3

नाम कमाया, मान मिलाया, दान धरम कर पाप घटाया ।
राजा रंक भिकारी, आखिर, गोद भूमि की पाए ।।

।। 5.6 ।। संन्यासस्तु महाबाहो दुःखमाप्तुमयोगतः ।
योगयुक्तो मुनिर्ब्रह्म नचिरेणाधिगच्छति ।।

(योगाचरणम्)

ॐ सिद्धिः क्लिष्टा विनायोगं संन्यसनस्य ज्ञानिने ।
अक्लिष्टा ब्रह्मसिद्धिश्च कर्मयोगस्य ध्यानिने ।। 545/1447

✍दोहा॰ विना त्याग के योग की, सिद्धि बहुत है क्लिष्ट ।

कर्म योग से ब्रह्म की, सिद्धि कही अक्लिष्ट ।। 731/1779

|| 5.7 || योगयुक्तो विशुद्धात्मा विजितात्मा जितेन्द्रिय: ।
सर्वभूतात्मभूतात्मा कुर्वन्नपि न लिप्यते ।।

🕉 योगयुक्तं मनो यस्य विशुद्धा च मतिस्तथा ।
भूतमात्रेषु सम्बद्ध: स कर्मसु न बद्धते ।। 546/1447

✍दोहा॰ योग युक्त है मन सदा, मति है जिसे विशुद्ध ।
सर्वभूत-संबद्ध जो, वह कर्म से अबद्ध ।। 732/1779

|| 5.8 || नैव किञ्चित्करोमीति युक्तो मन्येत तत्त्ववित् ।
पश्यञ्शृण्वन्स्पृशञ्जिघ्रन्नश्नन्गच्छन्स्वपञ्श्वसन् ।।

(कर्तृपदन्यास: साङ्ख्य:)

🕉 नहि किञ्चित्करोमीति मया च कर्म कार्यते ।
पश्यति तत्त्वमेवं यो योगं सम्यक्स बोधति ।। 547/1447

✍दोहा॰ मैं कुछ भी करता नहीं, गात्र करत हैं कर्म ।
यही जानना सत्य है, गुण-कर्मों का धर्म ।। 733/1779

|| 5.9 || प्रलपन्विसृजन्गृह्णन्नुन्मिषन्निमिषन्नपि ।
इन्द्रियाणीन्द्रियार्थेषु वर्तन्त इति धारयन् ।।

🕉 इत्यं तदनुसारं य: पश्यन्नच्छन्स्वपञ्श्वसन् ।
अश्नन्पिबन्स्पृशञ्जिघ्रन्-सर्वं कुर्वन्स वर्तते ।। 548/1447

✍दोहा॰ इसी तत्त्व से विज्ञ वो, करता अपने काम ।
आना-जाना बैठना, सब कुछ प्रभु के नाम ।। 734/1779

🕉 कुर्वन्स सर्वमेवापि तत्त्वविन्मन्यते सदा ।
करोम्यहं न कर्माणि देहेनैव कृतानि वै ।। 549/1447

✍दोहा॰ इसी भाँति से सर्व वो, करके भी व्यवहार ।
कहता है, "ये हो रहा, देह मात्र व्यापार" ।। 735/1779

|| 5.10 || याधाय कर्माणि सङ्गं त्यक्त्वा करोति य: ।
लिप्यते न स पापेन पद्मपत्रमिवाम्भसा ।।

🕉 ब्रह्मार्पणं सदा तस्य निष्कामकर्म वर्तते ।

पापानि तं न लिम्पन्ति नीरजं न जलं यथा ।। 550/1447

दोहा॰ ब्रह्मार्पित जिसका सभी, योगी है वह धीर ।
अलिप्त पापों से यथा, पद्मपत्र से नीर ।। 736/1779

।। 5.11 ।। कायेन मनसा बुद्ध्या केवलैरिन्द्रियैरपि ।
योगिनः कर्म कुर्वन्ति सङ्गं त्यक्त्वात्मशुद्धये ।।

(युक्तयोगी च अयुक्तयोगी च)

योगी सर्वाणि कर्माणि केवलैरिन्द्रियैः सदा ।
आत्मनः शुद्धये सर्वं सङ्गं त्यक्त्वा करोति वै ।। 551/1447

दोहा॰ गात्र-मात्र से सब किए, तज कर फल-अनुराग ।
आत्मशुद्धि योगी करे, वही योग का याग ।। 737/1779

।। 5.12 ।। युक्तः कर्मफलं त्यक्त्वा शान्तिमाप्नोति नैष्ठिकीम् ।
अयुक्तः कामकारेण फले सक्तो निबद्ध्यते ।।

युक्तः स शान्तिमाप्नोति फलाशारहितो यतिः ।
अयुक्तो बध्यते धृत्वा मनसि फलकामनाम् ।। 552/1447

दोहा॰ फल की आशा छोड़ कर, शाँति होत है प्राप्त ।
फल की आशा जो करे, उसका योग समाप्त ।। 738/1779

।। 5.13 ।। सर्वकर्माणि मनसा संन्यस्यास्ते सुखं वशी ।
नवद्वारे पुरे देही नैव कुर्वन्न कारयन् ।।

जितेन्द्रियस्य साक्षी च देही स देहधारिणः ।
नवद्वारान्विते देहे निवसति सुखेन हि ।। 553/1447

दोहा॰ देही बसता देह में, नौ द्वारों का गेह ।
साक्षी बन कर देह में, देही बसे स-नेह ।। 739/1779

।। 5.14 ।। न कर्तृत्वं न कर्माणि लोकस्य सृजति प्रभुः ।
न कर्मफलसंयोगं स्वभावस्तु प्रवर्तते ।।

(गुणाः कर्तारः)

न करोतीश्वरः कर्म न कर्तृत्वं न वा फलम् ।
कर्माण्येतानि सर्वाणि कारयन्ते गुणैः सदा ।। 554/1447

दोहा॰ ईश्वर करता कुछ नहीं, कर्म न फल के काम ।
करवाती है प्रकृति, गुणमाया के नाम ।। 740/1779

।। 5.15 ।। नादत्ते कस्यचित्पापं न चैव सुकृतं विभुः ।
अज्ञानेनावृतं ज्ञानं तेन मुह्यन्ति जन्तवः ।।

(ज्ञानप्रभावः)

न जातु कारणं देवः कस्यचित्पापपुण्ययोः ।
अज्ञानेनावृता बुद्धिः प्राणिनः पापकारणम् ।। 555/1447

दोहा॰ ईश्वर तुमरे पाप का, कारण ना करतार ।
अज्ञान बुद्धि को ढके, करवाता कुविचार ।। 741/1779

।। 5.16 ।। ज्ञानेन तु तदज्ञानं येषां नाशितमात्मनः ।
तेषामादित्यवज्ज्ञानं प्रकाशयति तत्परम् ।।

अज्ञानं निर्गतं यस्य ज्ञानेन तमसात्मकम् ।
प्रदीप्तं तस्य तज्ज्ञानं ददाति तत्त्वदर्शनम् ।। 556/1447

दोहा॰ दूर तमस मन से हुआ, मिटा सभी अज्ञान ।
ज्ञान दीप वो काँति का, दरसाता भगवान ।। 742/1779

♫ संगीत-गीता-दोहावली छन्दमाला, मोती 72 of 136

वंशस्थ छन्द[73]

। ऽ।, ऽ ऽ।, । ऽ।, ऽ। ऽ

(ज्ञानदीप)

भजो महा पावन नाम श्याम का ।
सदा रटो रे! शुभ जाप राम का ।। 1
जभी जले अंदर दीप ज्ञान का ।
तभी खुले फाटक स्वर्ग धाम का ।। 2

---

[73] ♫ **वंशस्थ छन्द** : इस छन्द के चरणों में बारह वर्ण की 18 मात्रा होती हैं । इसमें ज त ज र गण आते हैं । इसका लक्षण सूत्र । ऽ।, ऽ ऽ।, । ऽ।, ऽ। ऽ इस प्रकार है । पदान्त में विराम होता है ।

▶ लक्षण गीत : दोहा॰ मत्त अठारह से सजा, ज त ज र गण का वृंद ।
वर्ण बारह का बना, कहा "वंशस्थ" छंद ।। 743/1779

(कर्तापन के न्यास का निरूपण)

स्थायी

स्वरदा ने सुंदर गाया है, नारद ने साज बजाया है ।
रतनाकर गीत रचाया है ।।

♫ सानि़सा- गरे सा-नि़नि़ सा-रेम ग-, गममग पम ग-रे सासा-रेम ग- ।
गगरेसासासा रे-ग मगरेसानि़ सा- ।।

अंतरा-1

जो ज्ञान योग का मतलब है, अरे! बुद्धि योग का सो ही है ।
यह कर्म योग जिन सीखा है, ना फिकर न कोई फ़ाक़ा है ।
वह कर्म योगी कहलाया है ।।

♫ प- मरेम प-प पम पनिधप प-, पप! मगग सागम प- गरे सानि़ सा- ।
सानि़ सा-ग रे-सा नि़नि़ सा-रेम ग-, सानि़ सासाग रे सा-नि़- सा-रेम ग- ।
गग रेसासा रे-रे गमगरेसानि़ सा- ।।

अंतरा-2

कर्ताऽपन का जो त्यागी है, वह ज्ञान योग का योगी है ।
जो स्थान ज्ञान से आता है, सो कर्म योग भी देता है ।
सब एक योग की माया है ।।

अंतरा-3

जब ज्ञान ज्योति से तमस् गया, तब भस्मसात अज्ञान भया ।
जो ज्ञान दीप चमकाता है, जो परम तत्त्व दरसाता है ।
वह ज्ञान योग कहलाया है ।।

गीता दोहावली
सोलहवाँ तरंग

20. ब्रह्म सम्पदा का निरूपण :

♫ संगीत-गीता-दोहावली छन्दमाला, मोती 73 of 136

फटका छन्द

8 + 8 + 8 + 6/5

(ब्रह्म संपदा)

नर जो नित है, जन हित रत है, द्वंद्व विरहित है सर्वदा ।
सम मति युत है, अघ पुनीत है, ब्रह्म उसी की है संपदा ।। 1
नर जो नित है, क्रोध रहित है, शाँति सहित है जो सर्वदा ।
मन अर्पित है, चित संयत है, ब्रह्म उसी की है संपदा ।। 2
नर जो नित है, राग रहित है, काम विवर्जित है सर्वदा ।
ज्ञानार्जित है, ध्यानांकित है, ब्रह्म उसी की है संपदा ।। 3

श्रीभगवानुवाच ।

।। 5.17 ।।

तद्बुद्धयस्तदात्मानस्तन्निष्ठास्तत्परायणाः ।
गच्छन्त्यपुनरावृत्तिं ज्ञाननिर्धूतकल्मषाः ।।

ॐ ब्रह्मैव जीवनं यस्य प्रतिभा ब्रह्मरूपिणी ।
ब्रह्मणि यस्य ध्यानञ्च ब्रह्मनिष्ठा च भावना ।। **557**/1447

दोहा॰ जीवन जिसका ब्रह्म है, ब्रह्मरूप अभिधान ।
ध्यान निरंतर ब्रह्म में, ब्रह्मनिष्ठ प्रज्ञान ।। 744/1779

ॐ ब्रह्मज्ञानं स प्राप्नोति ब्रह्मयुक्तेन चेतसा ।
ज्ञानेनैतेन निष्पापो भवबन्धाद्विमुच्यते ।। **558**/1447

दोहा॰ ब्रह्म युक्त मन है जिसे, उसे ब्रह्म का ज्ञान ।
ब्रह्मभूत निष्पाप वो, जाता भव को फान ।। 745/1779

।। 5.18 ।।

विद्याविनयसम्पन्ने ब्राह्मणे गवि हस्तिनि ।
शुनि चैव श्वपाके च पण्डिताः समदर्शिनः ।।

(बुद्धेः प्रभावः)

ॐ विद्याविनयसम्पन्नं द्विजं शूद्रं गजं शुनिम् ।
ज्ञानी समं सदा पश्येत्-नरं नारीं च सर्वथा ।। **559**/1447

दोहा॰ ब्रह्मभूत उस विज्ञ को, द्विज गुरु गज गौ श्वान ।

नर नारी सब एक हैं, पंडित शूद्र समान ।। 746/1779

|| 5.19 ||

इहैव तैर्जितः सर्गो येषां साम्ये स्थितं मनः ।
निर्दोषं हि समं ब्रह्म तस्माद्ब्रह्मणि ते स्थिताः ।।

ॐ विजितं जन्म तेनेह साम्ये स्थिरेण चेतसा ।
अकलुषे समे तस्य स्थानं ब्रह्मणि सर्वदा ।। 560/1447

दोहा॰ जीता जिसने जन्म है, लिए ब्रह्म का ज्ञान ।
अकलुष निर्मल ब्रह्म में, उसे परम है स्थान ।। 747/1779

|| 5.20 ||

न प्रहृष्येत्प्रियं प्राप्य नोद्विजेत्प्राप्य चाप्रियम् ।
स्थिरबुद्धिरसम्मूढो ब्रह्मविद्ब्रह्मणि स्थितः ।।

(स्थिरमतेः सिद्धिप्राप्तिः)

ॐ न च हर्षः प्रिये यस्य दुःखं खेदो न चाप्रिये ।
स्थिरबुद्धिर्मतो योगी ब्रह्मज्ञाने रतः सदा ।। 561/1447

दोहा॰ जिसे न प्रिय में हर्ष है, ना ही दुख में क्रोध ।
उस योगी स्थिरबुद्धि को, ब्रह्म ज्ञान का बोध ।। 748/1779

|| 5.21 ||

बाह्यस्पर्शेष्वसक्तात्मा विन्दत्यात्मनि यत्सुखम् ।
स ब्रह्मयोगयुक्तात्मा सुखमक्षयमश्नुते ।।

ॐ बाह्यसुखेषु निर्लिप्तः शान्तियुक्तः स चेतसा ।
बह्मयुक्तो महात्मा स परमं सुखमश्नुते ।। 562/1447

दोहा॰ बाह्य सुखों से विमुख जो, शाँति पूर्ण हैं गात्र ।
ब्रह्मयुक्त वह आतमा, परम सुखों का पात्र ।। 749/1779

|| 5.22 ||

ये हि संस्पर्शजा भोगा दुःखयोनय एव ते ।
आद्यन्तवन्तः कौन्तेय न तेषु रमते बुधः ।।

ॐ भोगा मूलं हि दुःखानां बाह्यस्पर्शैर्भवन्ति ते ।
आगच्छन्ति च गच्छन्ति विद्वान्न जुषते ततः ।। 563/1447

दोहा॰ बाह्य स्पर्श के भोग ये, सभी दुखों के मूल ।
आते-जाते क्षणिक हैं, ज्ञानी करे न भूल ।। 750/1779

♫ संगीत-गीता-दोहावली छन्दमाला, मोती 74 of 136

निधि छन्द

6 + ऽ। अथवा 5 + । ऽ।

(बाह्य स्पर्श)

बाह्यस्पर्श भोग । सुखदुःखद रोग ।। 1

क्षणभंगुर हीन । न हो तू अधीन ।। 2

।। 5.23 ।।

शक्नोतीहैव यः सोढुं प्राक्शरीरविमोक्षणात् ।
कामक्रोधोद्भवं वेगं स युक्तः स सुखी नरः ।।

कामक्रोधोद्भवं वेगं सोढुं शक्नोति यो नरः ।
युक्तः स एव मन्तव्यो, नरश्चिरसुखे हि सः ।। 564/1447

दोहा॰ **राग-क्रोध सहिष्णु जो, काम लोभ से मुक्त ।**
जाना योगी युक्त वो, परम सुखों से पृक्त ।। 751/1779

।। 5.24 ।।

योऽन्तःसुखोऽन्तरारामस्तथान्तर्ज्योतिरेव यः ।
स योगी ब्रह्मनिर्वाणं ब्रह्मभूतोऽधिगच्छति ।।

अन्तर्ज्योतिः स्वधा यस्य योऽन्तस्सुखी च सर्वथा ।
ब्रह्मयुक्तस्तदाकारः प्राप्नोति सद्गतिं ततः ।। 565/1447

दोहा॰ **अन्तर्ज्योति जिसमें जगी, अन्तःसुखों से व्याप्त ।**
ब्रह्मरूप योगी वही, उसको सद्गति प्राप्त ।। 752/1779

संगीत-गीता-दोहावली गीतमाला, पुष्प 81 of 205

ब्रह्म वैभव

अनघा यं समाबुद्धिः-रतो जनहिते सदा ।
निर्द्वन्द्वो समबुद्धिर्यो ब्रह्म तस्यैव वैभवम् ।।

नर जो नित है, जन हित रत है, द्वंद्व विरहित है सर्वदा ।
सम मति युत है, अघ पुनीत है, ब्रह्म उसी की है संपदा ।
ब्रह्म उसी का वैभव है ।। 1

♫ रेरेरे- ग- मग-रे-ग-, मप- मगरेग- मप- ।

ध-प-म- धपम-ग-म-, रे-ग म-प-म ग-रेसा- ।
रेरे रे- मग रे-, गग गग पम ग-, म-म मममम प म-गरे- ।
मम पप धध प-, मम मप-म ग-, रे-रे रेग- म- प म-गरे- ।
रे-रे रेग- म- पमगरे सा- ।।

संयतः शान्तियुक्तश्च रागक्रोधविवर्जितः ।
मनो मय्यर्पितं यस्य ब्रह्म तस्यैव वैभवम् ।।
नर जो नित है, क्रोध रहित है, शांति सहित है जो सर्वदा ।
मन अर्पित है, चित संयत है, ब्रह्म उसी की है संपदा ।।
ब्रह्म उसी का वैभव है ।। 2

कामद्वेषौ गतौ यस्य ज्ञानी दानी व यो नरः ।
ज्ञानार्जितश्च यो ध्यानी ब्रह्म तस्यैव वैभवम् ।।
नर जो नित है, राग रहित है, काम विवर्जित है सर्वदा ।
ज्ञानार्जित है, ध्यानांकित है, ब्रह्म उसी की है संपदा ।।
ब्रह्म उसी का वैभव है ।। 3

।। 5.25 ।।

लभन्ते ब्रह्मनिर्वाणमृषयः क्षीणकल्मषाः ।
छिन्नद्वैधा यतात्मानः सर्वभूतहिते रताः ।।

ॐ जनहिते रतो नित्यो द्वन्द्वविरहितः सदा ।
अनघः समबुद्धिर्यो ब्रह्म तस्यैव वैभवम् ।। **566**/1447

दोहा॰ सर्वभूत हित में लगा, द्वंद्व-भाव निवृत्त ।
समबुद्धि निष्पाप जो, ब्रह्म उसी का वित्त ।। 753/1779

।। 5.26 ।।

कामक्रोधवियुक्तानां यतीनां यतचेतसाम् ।
अभितो ब्रह्मनिर्वाणं वर्तते विदितात्मनाम् ।।

(नित्यनरः)

ॐ क्रोधविरहितो नित्यो शान्तियुक्तश्च संयतः ।
मय्यर्पितं मनो यस्य ब्रह्म तस्यैव वैभवम् ।। **567**/1447

दोहा॰ क्रोध शून्य जो नित्य है, शाँति युक्त है चित्त ।
मम भक्ति में मत्त जो, ब्रह्म उसी का वित्त ।। 754/1779

रागविरहितो नित्यः कामविवर्जितश्च यः ।
ज्ञानार्जितश्च ध्यानी यो ब्रह्म तस्यैव वैभवम् ।। 568/1447

दोहा॰ **राग-क्रोध से मुक्त जो, काम वासना मुक्त ।**
ब्रह्म उसी की संपदा, ज्ञान ध्यान से युक्त ।। 755/1779

संगीत-गीता-दोहावली छन्दमाला, मोती 75 of 136

हीर छन्द[74]

ऽ + 4, 6, 6 + ऽ। ऽ

(ब्रह्म संपदा)

क्रोध रहित, शाँति युक्त, अनघ नित्य सर्वथा ।
राग रहित, मत्पर नर, ज्ञानार्जित, जो सदा ।। 1
वो जनहित में रत नर, द्वंद्व हीन सर्वदा ।
ब्रह्म परम, समा-बुद्धि, उस नर की संपदा ।। 2

संगीत-गीता-दोहावली गीतमाला, पुष्प 82 of 205

असतो मा सद्गमय

स्थायी

असतो मा सद्गमय, तमसो मा ज्योतिर्गमय ।
यहि हमारी प्रार्थना, प्रभो! हमारी याचना ।।

सासासा- रे- ग-गगग-, रेरेग- म- ध-प-मगरे- ।
धप- मग-रे- ग-रेम-, धप-! मग-रे- ग-रेसा- ।।

अंतरा-1

मन नियमित हो, क्रोध रहित हो, शांति सहित हो, आतमा - - - ।
अघ विरहित हो, राग विवर्जित रहे हमारी साधना - - - - ।।

सासा रेरेगग म-, ध-प मगग म-, प-प पधप म-, ग-रेसा- - - ।

---

[74] **हीर** : इस 23 मात्रा वाले रौद्रक छन्द के आदि में गुरु मात्रा और अन्त में र गण आता है । इसका लक्षण सूत्र ऽ + 4, 6, 6 + ऽ। ऽ इस प्रकार होता है ।

▶ लक्षण गीत : **दोहा॰ मत्त तेईस का बना, गुरु आदि, र गण अंत ।**
हर छः कल पर यति जहाँ, वहाँ "हीर" है छंद ।। 756/1779

सासा रेरेगम म–, ध–प मग–मम रेग– मप–म– ग–रेसा– ।।

अंतरा–2

ज्ञानार्जित हो, ध्यानांकित हो, प्रिय परम परमातमा ।

जन हित रत हो, द्वंद्व विवर्जित हो हमारी भावना ।।

अंतरा–3

मल निर्गत हो, मन निर्मल हो, सर्व दुखों का खातमा ।

सम मति युत हो, पाप विवर्जित हो हमारी कामना ।।

।। 5.27 ।। **स्पर्शान्कृत्वा बहिर्बाह्यांश्चक्षुश्चैवान्तरे भ्रुवोः ।**
प्राणापानौ समौ कृत्वा नासाभ्यन्तरचारिणौ ।।

(मुक्तेः उपायः)

बाह्यस्पर्शान्बहिष्कृत्वा चक्षुषी च भ्रुवोः स्थिरे ।
प्राणापानौ समौ धृत्वा नासिकयोः समान्तरौ ।। 569/1447

दोहा॰ **बाह्य स्पर्श बाहर रखे, धरे भृकुटी में चक्ष ।**
नासा में सम श्वास हो, ब्रह्म ध्यान में लक्ष्य ।। 757/1779

।। 5.28 ।। **यतेन्द्रियमनोबुद्धिर्मुनिर्मोक्षपरायणः ।**
विगतेच्छाभयक्रोधो यः सदा मुक्त एव सः ।।

इन्द्रियाणि मनो बुद्धिं वशे कृत्वा यतिर्मुनिः ।
वीतरागो भयातीतः सिद्धिं याति परायणः ।। 570/1447

दोहा॰ **मन बुद्धि अरु गात्र को, वश करके पर्याप्त ।**
वीतराग जो अभय हो, उसे सिद्धि है प्राप्त ।। 759/1779

।। 5.29 ।। **भोक्तारं यज्ञतपसां सर्वलोकमहेश्वरम् ।**
सुहृदं सर्वभूतानां ज्ञात्वा मां शान्तिमृच्छति ।।

यो मां जानाति युक्तात्मा भोक्तारं तपयज्ञयोः ।
धातारं सर्वभूतानां मुक्तिं गच्छति मत्परः ।। 571/1447

दोहा॰ **"यज्ञ तपों से तृप्त मैं, सब भूतों का तात ।**
मुक्ति उसे ही प्राप्त है, जो जाने यह बात" ।। 760/1779

संगीत-गीता-दोहावली गीतमाला, पुष्प 83 of 205

संस्कृत भजन

वन्दे दामोदरम्

स्थायी

वन्दे दामोदरं मुकुन्दम्, आनन्दकन्दं करुणाकरम् ।
नन्दनन्दनं चित्तरञ्जनं, वन्दे रत्नाकरम् ।।

♫ ऩि-सा- रे-सा-ऩिसा- रेग-रे-, रे-ग-मप-म- गमग-रेसा- ।
सा-रेग-गग- ध-पम-गरे-, ग-ग- रे-सा-ऩिसा- ।।

अंतरा-1

सागरतरणं भवभयहरणं, अविरतस्मरणं चिरसुखकरणम् ।
सदयं हृदयं सच्चिदानन्दं, वन्दे पद्माकरम् ।।

♫ सा-सासारेरेग- रेरेगगपमग-, धपमगरेगम- पमगरेगरेसा- ।
रेरेरे- गगग- धपम-ग-म-, म-ग- रे-सा-ऩिसा- ।।

अंतरा-2

मंगलवदनं सुन्दरनयनं, मयूरमुकुटं कमलचरणम् ।
अमलं विमलं शशिरविनेत्रं, वन्दे मुरलीधरम् ।।

अंतरा-3

नन्दकिशोरं राधारमणं, श्याममाधवं हरिहरकृष्णम् ।
परमं पुरुषं विश्वतोमुखं, वन्दे योगेश्वरम् ।।

श्रीमद्-भगवद्-गीता का छठा अध्याय ।
आत्म-संयम योग ।

संगीत-गीता-दोहावली गीतमाला, पुष्प 84 of 205

कीर्तन : राग दुर्गा, कहरवा ताल 8 मात्रा

जय अंबे!

स्थायी

काली कराली जै जै माँ, चंडी भवानी जै अंबा ।

♫ सा-सा- रेम-म रे- म- प-, ध-प- मप-प रे- प-म- ।

अंतरा-1

परमेश्वरी तू, भुवनेश्वरी तू, जननी मेरी तू, जगदंबा ।

ज्योतिर्मयी तू, भाग्योदयी तू, सबकी माई तू, जय रंभा ।।

♫ सारेम-मम- म, रेमप-पप- प, मपध- धध- ध, पमरे-प- ।

सां-ध-पप- प, ध-प-मम- म, प-म- रे-रे- रे, सारे प-म- ।।

अंतरा-2

शेराँवाली तू, ज्योताँवाली तू, लाटाँवाली तू, हर गंगा ।

सुर नंदिनी तू, असुर मर्दिनी तू, दुखभंजिनी तू, माँ नंदा ।।

अंतरा-3

शिव शक्ति तू, शिव भक्ति तू, अघ भक्षी तू, शिवगंधा ।

कंकालिनी तू, सिंहारिणी तू, मंदाकिनी तू, चामुंडा ।।

संगीत-गीता-दोहावली गीतमाला, पुष्प 85 of 205

(ब्रह्म संपदा का निरूपण)

स्थायी

स्वरदा ने सुंदर गाया है, नारद ने साज बजाया है ।

रतनाकर गीत रचाया है ।।

♫ सानि़सा- गरे सा-नि़नि़ सा-रेम ग-, गममग पम ग-रे सासा-रेम ग- ।

गगरेसासासा रे-ग मगरेसानि़ सा- ।।

अंतरा-1

जिस नर ने द्वंद्व को छोड़ा है, नित सम बुद्धिऽ को जोड़ा है ।

अघ कर्मों से मुख मोड़ा है, जो जन हित का पट ओढ़ा है ।

वह ब्रह्म संपदा पाया है ।।

♫ पप मरे म- प-प म पनिधप प-, पप मग गसासाग मप गरेसानि़ सा- ।

सानि़ सा-गरे सा- नि़नि़ सा-रेम ग-, सानि़ सासा गरे सा- नि़नि़ सा-रेम ग- ।

गग रेसासा रे-गम- गरेसानि़ सा- ।।

अंतरा–2

मद राग क्रोध को छोड़ा है, नित मुझमें मन को जोड़ा है ।
मनमौजी से मुख मोड़ा है, जो संयम का पट ओढ़ा है ।
वह ब्रह्म संपदा पाया है ।।

अंतरा–3

लालच को जिसने छोड़ा है, नित ज्ञान ध्यान को जोड़ा है ।
तम विषयों से मुख मोड़ा है, जो श्रद्धा का पट ओढ़ा है ।
वह ब्रह्म संपदा पाया है ।।

गीता दोहावली
सत्रहवाँ तरंग

21. आत्म–संयम का निरूपण :

संगीत–गीता–दोहावली छन्दमाला, मोती 76 of 136

फटका छन्द, अनुप्रास

8 + 8 + 8 + 6/5

(आत्मसंयम)

आपा अपने, आपे में हो,
तो आप अपने, आप हो ।
न आप अपने, आपे में हो,
तो आप अप ने, अप–आप हो ।।

श्रीमद्भगवद्गीता षष्ठमोऽध्यायः ।

श्रीभगवानुवाच ।

।। 6.1 ।।

अनाश्रितः कर्मफलं कार्यं कर्म करोति यः ।
स संन्यासी च योगी च न निरग्निर्न चाक्रियः ।।

दोहा छंद में गीतोपनिषद् ।

(संन्यासयोगयोः साम्यत्वम्)

आशां फलस्य त्यक्त्वा हि करणं नियतस्य यत् ।
व्याख्या सा कर्मयोगस्य संन्यासस्य च वर्णनम् ।। 572/1447

दोहा॰ फल की आशा छोड़ कर, किया कर्म निष्काम ।
वही सांख्य का योग है, कर्मयोग भी नाम ।। 761/1779

अक्रियो निष्क्रियश्चैव निर्यज्ञश्च फलेच्छुकः ।
न स ज्ञानी न योगी च सोऽज्ञानी साङ्ख्ययोगयोः ।। 573/1447

दोहा॰ अक्रिय निष्क्रिय मूढ़ जो, निर्यज्ञ है सकाम ।
न ही जानता सांख्य वो, न ही कर्म निष्काम ।। 762/1779

।। 6.2 ।।
यं संन्यासमिति प्राहुर्योगं तं विद्धि पाण्डव ।
न ह्यसंन्यस्तसङ्कल्पो योगी भवति कश्चन ।।

संन्यास इति यो ज्ञातो योगः स एव भारत ।
विना संन्याससङ्कल्पं कृतो योगो निरर्थकः ।। 574/1447

दोहा॰ जिसे कहा "संन्यास" है, वही कर्म का योग ।
संन्यास, बिन-संकल्प के, न दे योग का भोग ।। 763/1779

विलासिता-छन्दः

ऽ ऽ ऽ, ऽ । ।, । । ऽ, ऽ

संन्यासयोगौ

यं सन्यासं वदति स ज्ञानी ।
योगः कार्यः स च समबुद्ध्या ।। 1
कुर्वन्कर्मापि भवति योगः ।
त्यक्त्वा सर्वं न चलति यात्रा ।। 2

भुजङ्गप्रयात-छन्दः

। ऽ ऽ, । ऽ ऽ, । ऽ ऽ, । ऽ ऽ

♫ सारे- ग-मप- म-ग रे-म- ग रे-सा-

कर्मबुद्धियोगौ

विना कामनां कर्म सर्वञ्च कृत्वा ।
सदा लाभहानी समाने च मत्वा ।। 1

स निष्कामकार्यैर्भवेत्कर्मयोगः ।
स एवास्ति ज्ञातो बुधैर्बुद्धियोगः ।। 2

♫ <u>संगीत-गीता-दोहावली छन्दमाला, मोती 77 of 136</u>

संपदा छन्द[75]

11, 8 । ऽ ।

(कर्म-संन्यास)

फल की इच्छा छोड़, किया जो कारज काम ।
कर्म योग वो कहा, उसे हि संन्यास नाम ।। 1
वश में मन हो जिसे, "योगी" उसे अभिधान ।
नर ज्ञानी है वही, सांख्य कौशल परिधान ।। 2

।। 6.3 ।।

आरुरुक्षोर्मुनेर्योगं कर्म कारणमुच्यते ।
योगारुढस्य तस्यैव शमः कारणमुच्यते ।।

(श्रीभगवानुवाच)

(योगसाधनायाः साधनं च कारणं च)

ॐ उच्यते साधनं कर्म कर्तुं योगस्य साधनाम् ।
योगिनो योगसिद्धस्य चित्तशान्तिश्च कारणम् ।। **575**/1447

✍दोहा॰ योग-साधना के लिए, साधन कर्म प्रधान ।
योगसिद्ध के चित्त को, करता शाँति प्रदान ।। **764**/1779

।। 6.4 ।।

यदा हि नेन्द्रियार्थेषु न कर्मस्वनुषज्जते ।
सर्वसङ्कल्पसंन्यासी योगारुढस्तदोच्यते ।।

(योगारूढः योगी)

ॐ कर्मसु यो निरासक्तो विषयेभ्यस्तटस्थता ।
सङ्कल्पेभ्यो विमुक्तो यो 'योगारूढः' स उच्यते ।। **576**/1447

---

[75] ♫ **संपदा** : इस 23 मात्रा वाले रौद्रक छन्द के अन्त में ज गण आता है । इसका लक्षण सूत्र 11, 8 । ऽ । इस प्रकार होता है ।

▶ लक्षण गीत : ✍ **दोहा॰ मत्त तेईस का जभी, लघु गुरु लघु से अंत ।
ग्यारह कल पर यति जहाँ, वहीं "संपदा" छंद ।। 765**/1779

(योगारूढ़ योगी)

✍दोहा॰ आसक्ति नहीं कर्म में, न ही विषय में राग ।
'योगारूढ' जाना वही, संकल्प से विराग ।। 766/1779

|| 6.5 ||
उद्धरेदात्मनात्मानं नात्मानमवसादयेत् ।
आत्मैव ह्यात्मनो बन्धुरात्मैव रिपुरात्मनः ।।

ॐ उद्धरेत्स्वयमात्मानं न चात्मानं स्वयं हतात् ।
मनुष्व मित्रमात्मानं नोचेदात्मा भवद्रिपुः ।। 577/1447

✍दोहा॰ उबार अपना कीजिए, करो न अपना घात ।
आत्मा अपना मित्र है, वरना अरि वह ज्ञात ।। 767/1779

|| 6.6 ||
बन्धुरात्मात्मनस्तस्य येनात्मैवात्मना जितः ।
अनात्मनस्तु शत्रुत्वे वर्तेतात्मैव शत्रुवत् ।।

(आत्मोद्धारः)

(अनुप्रासः)

ॐ आरक्षेदात्मनाऽऽत्मानमात्मैवात्मानमात्मकः ।
आत्माऽऽत्मनाऽवसन्नोऽप्यपकृतात्माऽरिरात्मनः ।। 578/1447

✍दोहा॰ आत्म विनिग्रह है जिसे, वही है अपना मीत ।
वरना आत्मा शत्रु है, यही चलन की रीत ।। 768/1779

|| 6.7 ||
जितात्मनः प्रशान्तस्य परमात्मा समाहितः ।
शीतोष्णसुखदुःखेषु तथा मानापमानयोः ।।

(समबुद्धिः)

ॐ सुखे दुःखे तटस्थो यः-तथा मानापमानयोः ।
शान्तचेतो मनोजेता समबुद्धिश्च सर्वथा ।। 579/1447

✍दोहा॰ सुख-दुखों से विमुख जो, मान अमान समान ।
संयत हो मन, शाँत हो, वह समबुद्धि महान ।। 769/1779

|| 6.8 ||
ज्ञानविज्ञानतृप्तात्मा कूटस्थो विजितेन्द्रियः ।
युक्त इत्युच्यते योगी समलोष्टाश्मकाञ्चनः ।।

(युक्तः)

शास्त्रयुक्तश्च ज्ञानेन शान्तमनो जितेन्द्रियः ।
अश्मस्वर्णे समे यस्मै योगी 'युक्तः' स उच्यते ।। **580**/1447

दोहा॰ साधु मित्र गुरु शत्रु में, समान जिसका भाव ।
उसकी सात्त्विक बुद्धि है, उसका परम स्वभाव ।। 770/1779

।। 6.9 ।।
सुहृन्मित्रार्युदासीनमध्यस्थद्वेष्यबन्धुषु ।
साधुष्वपि च पापेषु समबुद्धिर्विशिष्यते ।।

स्नेहिवैरितटस्थेषु पातकिसाधुबन्धुषु ।
सर्वभूतेषु यो योगी समबुद्धिर्विशिष्यते ।। **581**/1447

दोहा॰ स्नेही, वैरी, पातकी, तापस, बंधु, उदास ।
सर्व भूत हो सम जिसे, वह योगी है खास ।। 771/1779

।। 6.10 ।।
योगी युञ्जीत सततमात्मानं रहसि स्थितः ।
एकाकी यतचित्तात्मा निराशीरपरिग्रहः ।।

(योगोपासना)

सर्वेन्द्रियाणि संयम्य लिप्सानां न वशी भवेत् ।
योगी रहसि मौनेन सुचिन्तयेन्निरन्तरम् ।। **582**/1447

दोहा॰ सर्व गात्र संयत किए, वासना से अलिप्त ।
योगी मौन प्रशाँत हो, रहे ध्यान में लिप्त ।। 772/1779

।। 6.11 ।।
शुचौ देशे प्रतिष्ठाप्य स्थिरमासनमात्मनः ।
नात्युच्छ्रितं नातिनीचं चैलाजिनकुशोत्तरम् ।।

अवेक्ष्य च शुचिं स्थानं नातिनीचं न चोच्छ्रितम् ।
कुशदर्भं च विस्तीर्य तत ऊर्ध्वं मृगत्वचाम् ।। **583**/1447

दोहा॰ ना नीचा ना उच्च हो, निर्मल स्थान त्रिकाल ।
कुश की दर्भ बिछाय कर, ऊपर मृग की छाल ।। 773/1779

।। 6.12 ।।
तत्रैकाग्रं मनः कृत्वा यतचित्तेन्द्रियक्रियः ।
उपविश्यासने युञ्ज्याद्योगमात्मविशुद्धये ।।

शुभ्रं वस्त्रं ततः स्तृत्वा पीठं योगाय स्थापयेत् ।
उपविश्यासने तस्मिन्-ध्यायेत्प्रशान्तचेतसा ।। **584**/1447

244
रत्नाकररचितं गीतोपनिषद्

✍दोहा॰ शुभ्र वस्त्र विस्तार कर, आसन हो तैयार ।
उस आसन पर बैठ कर, चिंतन है हितकार ।। 774/1779

।। 6.13 ।। समं कायशिरोग्रीवं धारयन्नचलं स्थिरः ।
सम्प्रेक्ष्य नासिकाग्रं स्वं दिशश्चानवलोकयन् ।।

ॐ ध्यायन्नेकाग्रचित्तेन योगी मनो वशे नयेत् ।
पूतेन हृदयेनैवं स कुर्यादात्मशोधनम् ।। **585**/1447

✍दोहा॰ एक अग्र के चित्त से, वश में अंतर्याम ।
आत्म शोधना में लगा, मन हो चारों याम ।। 775/1779

।। 6.14 ।। प्रशान्तात्मा विगतभीर्ब्रह्मचारिव्रते स्थितः ।
मनः संयम्य मच्चित्तो युक्त आसीत मत्परः ।।

(युक्तयोगिनः आचरणम्)

ॐ ब्रह्मचर्ये मनो नित्यं निर्भयं निर्मलं तथा ।
संयतं सम्मतं मुग्धं मत्परं च युतं मयि ।। **586**/1447

✍दोहा॰ ब्रह्मचर्य में मन लगा, निर्मल निर्भय नित्य ।
संयत संमत मुग्ध वो, मुझे परायण सत्य ।। 776/1779

।। 6.15 ।। युञ्जन्नेवं सदात्मानं योगी नियतमानसः ।
शान्तिं निर्वाणपरमां मत्संस्थामधिगच्छति ।।

ॐ एवं नियमितं चित्तं योगिनो यस्य सर्वदा ।
योगी प्राप्नोति शान्तिं तां दैवीं चिरां स्थिरां मयि ।। **587**/1447

✍दोहा॰ योगी जो इस भाँति से, चित्त करे स्वाधीन ।
शाश्वत पाता शाँति है, अक्षय चिंताहीन ।। 777/1779

संगीत-गीता-दोहावली गीतमाला, पुष्प 86 of 205

योग

स्थायी

है, नाम इसी का यो...ग, है, नाम इसी का योग ।

♪ सानि़, सा-रे रेग- म- पमगरेसा, रेसा, रे-रे गमग रेसा रे- - - - रे ।

अंतरा–1

तन निर्मल हो, मन निश्चल हो,

दूर हों सुख के भो...ग । तू, जान इसी को योग ।।

♫ सानि़ सा–रेरे ग–, रेग म–गरे सा–,

म–म म पम गरे सा– – सा, रे–, रे–रे गपम गरे सा– ।।

अंतरा–2

नर निर्भय हो, दृढ़ निश्चय हो,

संयम का उपयोग । तू, जान इसी को योग ।।

अंतरा–3

स्थल प्रशांत हो, चित नितांत हो,

सत् जन का संजोग । तू, जान इसी को योग ।।

अंतरा–4

कोई न अपना, ना हि पराया,

सम जाने सब लोग । तू, जान इसी को योग ।।

अंतरा–5

पूर्ण अहिंसा, तन मन वच से,

कोह रहे ना सोग । तू, जान इसी को योग ।।

अंतरा–6

फल की कामना, विषय वासना,

ना हों ये सब रोग । तू, जान इसी को योग ।।

।। 6.16 ।।

नात्यश्नतस्तु योगोऽस्ति न चैकान्तमनश्नतः ।
न चाति स्वप्नशीलस्य जाग्रतो नैव चार्जुन ।।

(योगी कः)

ॐ नरो मतो न योगी यो घस्मरः क्षुधितः सदा ।
पेचक इव जागर्ति निद्रालुः कुम्भकर्णवत् ।। **588**/1447

✍दोहा॰ भोगी नर योगी नहीं, न ही बुभुक्षित जीर्ण ।
या उलूक जागे यथा, निद्रालु कुंभकर्ण ।। 778/1779

नित निद्रा में मस्त जो, या जागे दिन-रात ।
पेटू नर योगी नहीं, ना ही भूक्खड़ गात ।। 779/1779

|| 6.17 || युक्ताहारविहारस्य युक्तचेष्टस्य कर्मसु ।
युक्तस्वप्नावबोधस्य योगो भवति दुःखहा ।।

🕉 योगी स यो मिताहारी मितनिद्रश्च जागृकः ।
मितो यस्य विहारश्च योगस्तस्य हि दुःखहा ।। 589/1447

दोहा॰ जो खाता है सम सदा, सम जिसकी है नींद ।
सम आहार विहार है, योग उसे हितमंद ।। 780/1779

🎵 संगीत-गीता-दोहावली छन्दमाला, मोती 78 of 136
गगनांगना छन्द[76]

16, 4 + S । S
(मिताहारी)

सतत मितभोज मितनिद्र सजग, अविचल जो महा ।
मिताहार मितवचन यतचित्त, वह "योगी" कहा ।।

|| 6.18 || यदा विनियतं चित्तमात्मन्येवावतिष्ठते ।
निःस्पृहः सर्वकामेभ्यो युक्त इत्युच्यते तदा ।।

🕉 जितेन्द्रियो यतात्मा च वासनाभ्यो विवर्जितः ।
योगी नियतचित्तः स 'युक्त' इत्युच्यते बुधैः ।। 590/1447

दोहा॰ जीते जिसने गात्र हैं, मन पर निग्रह जोड़ ।
योगी जाना "युक्त" वो, मनो वासना छोड़ ।। 781/1779

|| 6.19 || यथा दीपो निवातस्थो नेङ्गते सोपमा स्मृता ।
योगिनो यतचित्तस्य युञ्जतो योगमात्मनः ।।

(दृष्टान्तः)

---

[76] 🎵 गगनांगना : इस 25 मात्रा वाले महावतारी छन्द के अन्त में र गण आता है । इसके प्रत्येक चरण में 5 गुरु और 15 लघु मात्राएँ होती है । इसका लक्षण सूत्र 16, 4 + S । S इस प्रकार होता है ।

▶ लक्षण गीत : दोहा॰ पच्चीस मत्त हों जहाँ, गुरु लघु गुरु से अंत ।
सोलह कल पर यति रहे, वह "गगनांगन" छंद ।। 782/1779

❂ निर्वाति नेङ्गते ज्योति:-यथा दीपस्य निश्चला ।
उपमा शोभते सा च योगिनं शान्तचेतसम् ॥ 591/1447

✎दोहा॰ यथा शाँत निवांत में, जलता अविचल दीप ।
योगी की उपमा वही, जिसका चिंतन ठीक ॥ 783/1779

|| 6.20 || यत्रोपरमते चित्तं निरुद्धं योगसेवया ।
यत्र चैवात्मनात्मानं पश्यन्नात्मनि तुष्यति ॥

(योगस्थिति:)

❂ योगे विलीयते चित्तं विषयाभिमुखं यदा ।
आत्माऽऽत्मनि प्रसन्न: स आत्माऽऽत्मन्येव तिष्ठति ॥ 592/1447

✎दोहा॰ चित्त योग में जब लगे, विषय वासना छोड़ ।
प्रसन्न आत्मा है वही, आप आप में जोड़ ॥ 784/1779

|| 6.21 || सुखमात्यन्तिकं यत्तद्बुद्धिग्राह्यमतीन्द्रियम् ।
वेत्ति यत्र न चैवायं स्थितश्चलति तत्त्वत: ॥

❂ आनन्दो बुद्धिगम्यो यो देहातीतश्च यो मत: ।
रममाणश्च तस्मिन्स न पतति पुनस्तत: ॥ 593/1447

✎दोहा॰ बुद्धिगम्य आनंद जो, परम इन्द्रियातीत ।
योगी उस आनंद से, होता पतनातीत ॥ 785/1779

|| 6.22 || यं लब्ध्वा चापरं लाभं मन्यते नाधिकं तत: ।
यस्मिन्स्थितो न दु:खेन गुरुणापि विचाल्यते ॥

❂ यस्मिन्स्थितौ स दु:खानि सहते निर्भयो नर: ।
तां स्थितिं प्राप्य तस्माद्धि श्रेयस्तरं न विद्यते ॥ 594/1447

✎दोहा॰ योगी जिस आनंद में, पाता धैर्य यथेष्ट ।
पाकर उस आनंद को, और न कुछ भी श्रेष्ठ ॥ 786/1779

|| 6.23 || तं विद्याद्दु:खसंयोगवियोगं योगसंज्ञितम् ।
स निश्चयेन योक्तव्यो योगोऽनिर्विण्णचेतसा ॥

❂ स्थैर्येण वर्तनीया सा तटस्थतां ददाति या ।
दु:खहीना च स्वाधीना स्थिति: सा 'योग' उच्यते ॥ 595/1447

✎ दोहा॰ वर्तनीय है स्थैर्य से, निर्दुख यह संजोग ।
तटस्थ जो मन को करे, कहलाता है "योग" ।। 787/1779

 संगीत-गीता-दोहावली गीतमाला, पुष्प 87 of 205

संस्कृत गीत

अथ योगानुशासनम्

स्थायी

चित्तवृत्तिनिरोधो हि ज्ञातं योगानुसाधनम् ।
स्वरूपसमवस्थानम् । अथ योगानुशासनम् ।। 870/1447

♪ ग-गग-ग-गरे-म- ग-, म-म- म-म-पम-गरे- ।
मप-पपधप-म-प- । मग रे-सा-रेग-मग- ।।

अंतरा-1

निर्ममता च निष्कामो निग्रहश्च तटस्थता ।
क्लेशो न क्लिष्टकार्येषु न प्रीति: प्रियकर्मसु ।। 871/1447
इति योगस्य पालनम् । मतं योगानुशासनम् ।।

♪ म-ममम- ग म-प-म-, प-मगम- निधपम- ।
प-म- ग रे-सारे-म-ग-, नि ध-प- मगम-पम- ।।
मग म-प-ध प-मप । मग- रे-सा-रेग-मग- ।।

अंतरा-2

समं सुखञ्च दु:खञ्च लाभालाभौ जयाजयौ ।
समत्वं शत्रुमित्रेषु तथा मानापमानयो: ।। 872/1447
इति योगस्य लक्षणम् । मतं योगानुशासनम् ।।

अंतरा-3

प्रीतिदयाक्षमायुक्त: क्रोधलोभविवर्जित: ।
यस्मान्नोद्विजते कोऽपि किञ्चिन्नोद्विजते च यम् ।। 873/1447
इति योगस्य धारणम् । मतं योगानुशासनम् ।।

अंतरा-4

निस्स्पृहो निर्ममो युक्तो निर्विषादो निरामयः ।
विहीनः कर्तृभावेन निष्ठो भक्तो विना रजः ।। 874/1447
इति योगस्य साधनम् । मतं योगानुशासनम् ।।

अंतरा–5

निर्मलो निरहङ्कारः शोकदोषविवर्जितः ।
आत्मयुक्तः घृणामुक्तः स्थिरमतिर्मनोबलः ।। 875/1447
इति योगस्य चालनम् । मतं योगानुशासनम् ।।

अंतरा–6

अनिकेतो ब्रह्मचारी निरासक्तो निरङ्कुशः ।
संयतात्मा मिताहारी निर्दुःखः शान्तमानसः ।। 876/1447
इति योगस्य वाहनम् । मतं योगानुशासनम् ।।

(रत्नाकर उवाच)

साम्येन वासनात्यागं मनसा देहनिग्रहम् ।
चित्तवृत्तेर्निरोधञ्च ब्रूते योगं पतञ्जलिः ।। 596/1447

दोहा॰ तज कर मन से वासना, सम मति का संजोग ।
चित्त वृत्ति के रोध को, कहे पतंजलि "योग" ।। 788/1779

64. संस्कृतगीतम्

योगः

स्थायी

विद्धि त्वं, एतद्धि योगम्... । त्वं, जानीहि योगम् ।।

♫ रे–म ग–, प–म–ग– रे–ग– । म–, प–मग– रे–सा– ।।

अंतरा–1

निर्मलतनुषा, निश्चलमनसा ।
विग्रहनिग्रहणम्... । त्वं, जानीहि योगम्... ।।

♫ रे–सासारेरेग–, प–ममगगरे– ।
सा–रेगम–गरेसा– । म–, प–मग– रे–सा– ।।

अंतरा–2

निर्भयभवनं, निश्चयकरणम् ।

सुखबन्धनत्यजनम् । त्वं, जानीहि योगम्... ।।

अंतरा–3

प्रशान्तस्थानं, नितान्तध्यानम् ।

सज्जनसंयोगम् । त्वं–, जानी–हि यो–गम्... ।।

अंतरा–4

परजनभजनं, यद्वत् स्वजनम् ।

जनगणपरिचरणम् । त्वं–, जानी–हि यो–गम्... ।।

अंतरा–5

न विषयग्रहणं, धनसंग्रहणम् ।

न क्रोधरागमदम् । त्वं–, जानी–हि यो–गम्... ।।

।। 6.24 ।। सङ्कल्पप्रभवान्कामांस्त्यक्त्वा सर्वानशेषतः ।
मनसैवेन्द्रियग्रामं विनियम्य समन्ततः ।।

(युक्तयोगी)

ॐ सङ्कल्पजनितां सर्वां त्यक्त्वा विषयवासनाम् ।
सर्वेन्द्रियाणि संयम्य मनो नियुज्य सर्वथा ।। **597**/1447

दोहा॰ विषय वासना छोड़ कर, लालच रहे न कोय ।
सभी ओर से जोड़ कर, मन का निग्रह होय ।। **789**/1779

।। 6.25 ।। शनैः शनैरुपरमेद्बुद्ध्या धृतिगृहीतया ।
आत्मसंस्थं मनः कृत्वा न किञ्चिदपि चिन्तयेत् ।।

ॐ धैर्ययुक्तेन चित्तेन शान्तेन मनसा तथा ।
विषयाभिमुखो भूत्वा योगी सदाऽनुचिन्तयेत् ।। **598**/1447

दोहा॰ स्थैर्य जोड़ कर धैर्य से, मन को करके शाँत ।
विषयों को रख कर परे, चिंतन करो नितांत ।। **790**/1779

संगीत–गीता–दोहावली गीतमाला, पुष्प 88 of 205

गीत : दादरा ताल

जिंदगी

स्थायी

तू बखेड़े में ना दिल लगाना, जिंदगी का अकेला सफर है ।

♫ ध़- निसा-रे- सा नि़- ध़- नि़सा-रे-, सा-रेग- म- पम-ग- मगरे सा- ।

अंतरा-1

रात दिन वो है तेरा सहारा, एक वो ही तेरा है किनारा ।

ये जीवन सफर है सुहाना, तू हरि का दीवाना अगर है ।।

♫ सां-नि ध- नि- धप- नि- धप-म-, सां-नि ध- नि- धप- नि- धप-म- ।

रे ग-म- पम- ग- रेग-म-, सा- रेग- म- पम-ग- मगरे सा- ।।

अंतरा-2

नाम, पापों को तेरे जलाता, पुण्य भागों में तेरे लगाता ।

ये तरीका सदियों पुराना, हरि ने बताया अमर है ।।

अंतरा-3

लोग सारे हैं मतलब के भाई, प्रीत में है न कोई सचाई ।

ये जहर से भरा है जमाना, किसी की न कोई कदर है ।।

।। 6.26 ।।

यतो यतो निश्चरति मनश्चञ्चलमस्थिरम् ।
ततस्ततो नियम्यैतदात्मन्येव वशं नयेत् ।।

(मनस्संयमः)

नियन्त्रितं हि योगेन यत्रोपरमते मनः ।
तस्मादात्मनि संरुद्ध्य वशं नयेत्तदात्मनः ।। **599**/1447

दोहा॰ मन चंचल भटका हुआ, वापस वश में लाय ।
यही आत्म चिंतन कला, "आत्म शोध" कहलाय ।। **791**/1779

।। 6.27 ।।

प्रशान्तमनसं ह्येनं योगिनं सुखमुत्तमम् ।
उपैति शान्तरजसं ब्रह्मभूतमकल्मषम् ।।

अनघं च रजोहीनं प्रशान्तं च मनो यदा ।
ब्रह्मभूतो नरस्तस्मात्-शाश्वतं सुखमश्नुते ।। **600**/1447

दोहा॰   रजस रहित निष्पाप जो, मन से पीड़ा-हीन ।
        ब्रह्मभूत होकर वही, शाश्वत सुख में लीन ॥ 792/1779

॥ 6.28 ॥   युञ्जन्नेवं सदात्मानं योगी विगतकल्मषः ।
           सुखेन ब्रह्मसंस्पर्शमत्यन्तं सुखमश्नुते ॥

ॐ   ईदृशो धौतपापो यो नरो योगे रतः सदा ।
    युक्तः स सर्वथा योगी नन्दति सुखसागरे ॥ 601/1447

दोहा॰   धोकर अपने पाप जो, सदा योग तल्लीन ।
        योग युक्त वह सर्वथा, सुख सागर में लीन ॥ 793/1779

॥ 6.29 ॥   सर्वभूतस्थमात्मानं सर्वभूतानि चात्मनि ।
           ईक्षते योगयुक्तात्मा सर्वत्र समदर्शनः ॥

ॐ   एवं यदा मनो युक्तं दृष्टिश्च सर्वदा समा ।
    सर्वेषु स्वं च सर्वं तम्-आत्मनि दृश्यते तदा ॥ 602/1447

दोहा॰   योग युक्त वह नर सदा, समबुद्धि अवधूत[77] ।
        देखे सबको आप में, अपने में सब भूत ॥ 794/1779

॥ 6.30 ॥   यो मां पश्यति सर्वत्र सर्वं च मयि पश्यति ।
           तस्याहं न प्रणश्यामि स च मे न प्रणश्यति ॥

(समदर्शी योगी)

ॐ   मां यो पश्यति सर्वेषु मयि सर्वं च पश्यति ।

---

[77] **अवधूत** = विरक्त, संन्यासी ।

नाहमगोचरस्तस्य न च सोऽगोचरो मम ।। 603/1447

दोहा॰ सबमें मुझको जो लखे, मुझमें सारे भूत ।
उसको मैं गोचर सदा, वह न मुझे है दूर ।। 795/1779

|| 6.31 || सर्वभूतस्थितं यो मां भजत्येकत्वमास्थितः ।
सर्वथा वर्तमानोऽपि स योगी मयि वर्तते ।।

ज्ञात्वैवं विश्वरूपं मां नित्यं भजति यो नरः ।
कुर्वन्नपि स सर्वं हि सर्वथा मयि वर्तते ।। 604/1447

दोहा॰ मुझे सर्वगत जान कर, जो भजता दिन-रात ।
सर्व कर्म करके सदा, मेरे चरणन पात ।। 796/1779

|| 6.32 || आत्मौपम्येन सर्वत्र समं पश्यति योऽर्जुन ।
सुखं वा यदि वा दुःखं स योगी परमो मतः ।।

यथा स्वस्य सुखं दुःखं यस्मै च सर्वप्राणिनाम् ।
सर्वथा समदर्शी स सर्वश्रेष्ठो मतो मया ।। 605/1447

दोहा॰ दुख में जैसा वह दुखी, वैसा सबको जान ।
समदर्शी नर सर्वथा, रखता सबका ध्यान ।। 797/1779

(पुनः संदेहः)

ज्ञानं श्रुत्वाऽपि कृष्णात्स पार्थो भ्रान्तो हि पूर्ववत् ।
अपृच्छच्च नवान्प्रश्नान्-ज्ञापितः सोऽप्यनेकधा ।। 606/1447

दोहा॰ सुन कर सब श्रीकृष्ण से, कर्म धर्म का न्यास ।
कुतुहल जागृत पार्थ को, नये प्रश्न की प्यास ।। 798/1779

अर्जुन उवाच ।

|| 6.33 || योऽयं योगस्त्वया प्रोक्तः साम्येन मधुसूदन ।
एतस्याहं न पश्यामि चञ्चलत्वात्स्थितिं स्थिराम् ।।

|| 6.34 || चञ्चलं हि मनः कृष्ण प्रमाथि बलवद्दृढम् ।
तस्याहं निग्रहं मन्ये वायोरिव सुदुष्करम् ।।

बुद्धियोगमहं मन्ये पार्थः कृष्णमुवाच वै ।
अस्थिरो दुष्करोऽस्थायी मनो विचलितं यतः ।। 6071848

✍ दोहा॰ बुद्धि योग को, कृष्ण! मैं, समझूँ अस्थिर कर्म ।
         मन के चंचल भाव से, क्षणिक उसे गुणधर्म ॥ 799/1779

                                                        श्रीभगवानुवाच ।

॥ 6.35 ॥   असंशयं महाबाहो मनो दुर्निग्रहं चलम् ।
            अभ्यासेन तु कौन्तेय वैराग्येण च गृह्यते ॥

(श्रीभगवानुवाच)
🕉 उत्तेजकं मनः पार्थ चञ्चलं क्षोभकं हठि ।
   असंशयं दृढं स्वैरं वायोरिव निरङ्कुशम् ॥ 608/1447

✍ दोहा॰ मन चंचल है वायु सा, उचित तुम्हें संदेह ।
         उस अड़ियल का वश कहा, दुष्कर निस्संदेह ॥ 800/1779

॥ 6.36 ॥   असंयतात्मना योगो दुष्प्राप इति मे मतिः ।
            वश्यात्मना तु यतता शक्योऽवाप्तुमुपायतः ॥

🕉 निर्बन्धं च मनो मन्ये निग्रहितुं च दुर्घटम् ।
   अभ्यासेन च त्यागेन मनोवशस्तु शक्यते ॥ 609/1447

✍ दोहा॰ मन का वश दुर्घट, सखे! माना मैंने, पार्थ! ।
         मगर त्याग अभ्यास से, वश है शक्य यथार्थ ॥ 801/1779

                                                        अर्जुन उवाच ।

॥ 6.37 ॥   अयतिः श्रद्धयोपेतो योगाच्चलितमानसः ।
            अप्राप्य योगसंसिद्धिं कां गतिं कृष्ण गच्छति ॥

🕉 अनियतं मनो यस्य योगस्तस्य न सिद्ध्यते ।
   नियन्त्रितं मनो यस्य योगो तेनैव साधितः ॥ 610/1447

✍ दोहा॰ जिस मन पर काबू नहीं, उसको योग असाध्य ।
         मन जिससे जीता गया, योग उसे है साध्य ॥ 802/1779

🎵 संगीत-गीता-दोहावली छन्दमाला, मोती 79 of 136
   निश्चल छन्द[78]

---

[78] 🎵 निश्चल : इस 23 मात्रा वाले रौद्रक छन्द के अन्त में एक गुरु और एक लघु मात्रा है । इसका लक्षण

16, 6 + ऽ।

(मनोनिग्रह)

मन चंचल है उत्तेजक है, यथा पवन मुक्त ।
निःसंदेह मन निरंकुश है, हठी जबर युक्त ।। 1
मगर संयम के अभ्यास से, मन का वश, पार्थ! ।
सिद्धि योग की धीरे-धीरे, शक्य है यथार्थ ।। 2

संगीत-गीता-दोहावली गीतमाला, पुष्प 89 of 205

चंचल मन

स्थायी

मन चंचल जस जल की धारा, बही बही जावे जिधर उतारा ।

♫ रेरे ग–मम पप मग रे– ग–म–, पध पध मगरे– ममम गरे–सा– ।

अंतरा–1

पहल करे ना उचित विचारा, फिर पछतावे सतत बिचारा ।

♫ ममप धनि– ध– सांसांनि धप–ध–, पध निधपमप– ममम गरे–सा– ।

अंतरा–2

रोका तिन जितना बहुतेरा, अड़ियल सा उतना ही बतेरा ।

अंतरा–3

पवन समाना अधीर अपारा, भटके यूँ जस मेघ अवारा ।

।। 6.38 ।।
कच्चिन्नोभयविभ्रष्टश्छिन्नाभ्रमिव नश्यति ।
अप्रतिष्ठो महाबाहो विमूढो ब्रह्मणः पथि ।।

(अर्जुनस्य पुनः प्रश्नौ)

ॐ यस्य योगो न यत्नोऽपि परं श्रद्धालुरस्ति यः ।
ब्रूहि कृष्ण गतिं कां स सिद्धिं न प्राप्य गच्छति ।। 611/1447

दोहा॰ जिसको योग न सिद्ध है, न ही यत्न परिधान ।

सूत्र 16, 6 + ऽ। ऽ इस प्रकार होता है ।

▶ लक्षण गीत : दोहा॰ मत्त तेईस से बना, गुरु लघु सेती अंत ।
कल सोलह पर यति रहे, वह "निश्चल" है छंद ।। 803/1779

उसकी गति क्या, कृष्ण! है, जो है श्रद्धावान ।। 804/1779

पतितो ब्रह्ममार्गात्स निमज्जो भवसागरे ।
भ्रष्टः किं द्विविधः कृष्ण छिन्नाभ्रवत्स नश्यति ।। 612/1447

दोहा॰ ब्रह्म मार्ग से पतित वो, भव बंधन से ऊब ।
छिन्न मेघ सा टूट कर, जाता है क्या डूब ।। 805/1779

।। 6.39 ।।
एतन्मे संशयं कृष्ण छेत्तुमर्हस्यशेषतः ।
त्वदन्यः संशयस्यास्य छेत्ता न ह्युपपद्यते ।।

एष मम भ्रमो गूढो मन्मनसोऽपसारितुम् ।
छेत्ता तु संशयस्यास्य त्वदन्यो नोपपद्यते ।। 613/1447

दोहा॰ भ्रम यह मेरे चित्त का, कृष्ण! भगाने दूर ।
और न दूजा अन्य है, करने विभ्रम चूर ।। 806/1779

श्रीभगवानुवाच ।

।। 6.40 ।।
पार्थ नैवेह नामुत्र विनाशस्तस्य विद्यते ।
न हि कल्याणकृत्कश्चिद्दुर्गतिं तात गच्छति ।।

विनाशः पुण्यकर्तुर्हि नेह नामुत्र विद्यते ।
न पतति सदाचारी न च गच्छति दुर्गतिम् ।। 614/1447

दोहा॰ सुकृत कर्ता का नहीं, होता कभी विनाश ।
ना जग में, ना स्वर्ग में, उसे कहीं है नाश ।। 807/1779

।। 6.41 ।।
प्राप्य पुण्यकृतां लोकानुषित्वा शाश्वतीः समाः ।
शुचीनां श्रीमतां गेहे योगभ्रष्टोऽभिजायते ।।

(योगपतितेभ्यश्च सिद्धिः)

पुण्यलोके पदं योगी पथभ्रष्टोऽपि विन्दति ।
लभते दीर्घकालेन जन्म वेश्मनि धीमताम् ।। 615/1447

दोहा॰ दीर्घ काल के योग से, पथभ्रष्ट भी देह ।
पा सकता पद स्वर्ग में, बुद्धिमान का गेह ।। 808/1779

।। 6.42 ।।
अथवा योगिनामेव कुले भवति धीमताम् ।
एतद्धि दुर्लभतरं लोके जन्म यदीदृशम् ।।

ॐ अथवा प्राप्यते योगी जन्म स ज्ञानिनः कुले ।
ईदृशं जन्म लोके तु यदि हि, दुर्लभं खलु ।। **616**/1447

दोहा॰ कुटुंब मिलता है उसे, ज्ञानी जन के गेह ।
मगर कठिन है जन्म यों, जग में नि:संदेह ।। **809**/1779

।। 6.43 ।। तत्र तं बुद्धिसंयोगं लभते पौर्वदेहिकम् ।
यतते च ततो भूयः संसिद्धौ कुरुनन्दन ।।

ॐ पूर्वां सङ्ग्रहितां बुद्धिं गृहीत्वा जन्मजन्मनाम् ।
योगी सिद्धिं ततः प्राप्तुं यतते स पुनः पुनः ।। **617**/1447

दोहा॰ पूर्व संचित बुद्धि से, होकर योगी व्याप्त ।
करता है फिर यत्न वो, करने सिद्धि प्राप्त ।। **810**/1779

।। 6.44 ।। पूर्वाभ्यासेन तेनैव ह्रियते ह्यवशोऽपि सः ।
जिज्ञासुरपि योगस्य शब्दब्रह्मातिवर्तते ।।

।। 6.45 ।। प्रयत्नाद्यतमानस्तु योगी संशुद्धकिल्बिषः ।
अनेकजन्मसंसिद्धस्ततो याति परां गतिम् ।।

ॐ पापं प्रक्षाल्य योगेन साधनया च जन्मनाम् ।
अतीतं स स्वयं योगी गच्छति शब्दब्रह्मणः ।। **618**/1447

दोहा॰ किए साधना योग से, धोकर अपने पाप ।
शब्द-ब्रह्म के पार है, योगी जाता आप ।। **811**/1779

।। 6.46 ।। तपस्विभ्योऽधिको योगी ज्ञानिभ्योऽपि मतोऽधिकः ।
कर्मिभ्यश्चाधिको योगी तस्माद्योगी भवार्जुन ।।

(योगी श्रेष्ठतमः)

ॐ भोगिभ्यः कर्मठेभ्यश्च तपस्विभ्यश्च ज्ञानिषु ।
योगी श्रेष्ठतमो ज्ञातो योगी तस्माद्भवार्जुन ।। **619**/1447

दोहा॰ योगी, भोगी, सिद्ध या, कर्मठ जिनमें स्वार्थ ।
योगी सबसे श्रेष्ठ है, योगी हो तुम, पार्थ! ।। **812**/1779

।। 6.47 ।। योगिनामपि सर्वेषां मद्गतेनान्तरात्मना ।
श्रद्धावान्भजते यो मां स मे युक्ततमो मतः ।।

स हि योगिषु सर्वेषु मतः श्रेष्ठतमो मया ।
यः पूजयति मां भक्त्या श्रद्धायुक्तश्च मत्परः ।। **920**/1447

दोहा॰ श्रेष्ठ कहा योगी वही, जो है मेरा भक्त ।
मुझे पूजता सर्वदा, हो कर श्रद्धा युक्त ।। 813/1779

संगीत-गीता-दोहावली गीतमाला, पुष्प 90 of 205

हरि प्रेम

स्थायी

हरि के प्यार में अंधा है, अमर वो मर के बंदा है ।
हरिऽ पर सौंप दें सारा, वो, कच्चे धागे बंधा है ।।

♫ सारे- ग- प-म ग रे-ग- म-, पपध म- पध प म-गरे सा- ।
सारे- गग- प-म ग- म-प-, ध, प-म- प-म ग-रे- सा- ।।

अंतरा-1

प्यार हरि का जो पाता है, आप ही खींचा जाता है ।
हरि नयनन का बन कर तारा, वो, गुलशन में मकरंदा है ।।

♫ सा-रे गरे- म- प- मगरे- म-, ध-प म प-ध- प-म प- ।
पप ममगग म- पप मग- रे-म-, रे, पपमम ग ममग-रे- सा- ।।

अंतरा-2

नाम हरि का जो गाता है, भगत हरि को भाता है ।
रस मय उसकी जीवन धारा, वो, अमृत पी कर जिंदा है ।।

अंतरा-3

हरि चरणन में जो आता है, भव तारण का ज्ञाता है ।
सुख मय उसका है जग सारा, वो, हर जन गण का नंदा है ।।

अंतरा-4

साबुन मल मल खूब नहाया, तीरथ चारों फिर कर आया ।
हरि शरणन में जो नहीं आया, वो, गंगा नहाय गंदा है ।।

संगीत-गीता-दोहावली गीतमाला, पुष्प 91 of 205

राग भैरवी, कहरवा ताल 8 मात्रा

आत्मसंयम का निरूपण

स्थायी

सुनो शारद मंजुल गाया है, मुनि नारद बीन बजाया है ।
रत्नाकर गीत रचाया है ।।

♫ सानि़ सा–गरे सा–नि़नि़ सा–रेम ग–, गम मगपम ग–रे सासा–रेम ग– ।
गगरेसासासा रे–ग मगरेसानि़ सा– ।।

अंतरा–1

जब कर्तापन का त्याग किया, तब नाम उसे संन्यास दिया ।
जो अति खाता अति सोता है, अति जागे भूखा मरता है ।
उसके बस योग न आया है ।।

♫ पप मरेम–पप पम पनिध पप–, पप मगग सासाग मपगरेसा निसा– ।
सानि़ सासा गरेसा– नि़नि़ सा–रेम ग–, सानि़ सा–गरे सा–नि़– सासारेम ग– ।
गगरेसा सासा रे–ग म गरेसानि़ सा– ।।

अंतरा–2

सब गात्रों को संयत करके, सब लिप्सा को बस में धरके ।
जो सब भूतों का गम जाने, जो शत्रु मित्र को सम माने ।
वह समबुद्धिऽ कहलाया है ।।

अंतरा–3

सुख दुख में जो नित तटस्थ है, अपमान मान सम समस्त हैं ।
जो शांत चित्त मन जीता है, जिन राग क्रोध सब बीता है ।
वह समबुद्धिऽ बतलाया है ।।

श्रीमद्-भगवद्-गीता का सातवाँ अध्याय ।

ज्ञान-विज्ञान योग ।

संगीत-गीता-दोहावली छन्दमाला, मोती 80 of 136

अपरवक्त्र छन्द[79]

।।।, ।।।, ऽ।ऽ, ।ऽ

।।।, ।ऽ।, ।ऽ।, ऽ।ऽ

(कृष्ण चिंतन)

मनन मगन ध्यान में लगे ।

अविरत चिंतन कृष्ण का करे ।। 1

तन मन हरि में सदा धरे ।

भगत सुधी भव पार वो तरे ।। 2

संगीत-गीता-दोहावली गीतमाला, पुष्प 92 of 205

माता भवानी

स्थायी

माता भवानी जै जय दुर्गे, काली कराली जय अंबे ।

देवी शारदे शुभ वर दे ।।

-ग-ग परे-सा - - निप रेरे गरेसा-, -पगप पनिसांरेसां -पग गप रे-सा ।

-ग-ग परे- सासा निप रेरेगरेसा ।।

अंतरा-1

अखिल जगत की, पावन जननी । भव सागर भय भार हारिणी ।

तेरी कृपा हो जगदंबे ।।

-पगप पसांसां सां- -, नि-निरें निध-प, -पग प-सांसां सांसां नि-नि निरेंनिध-प ।

-ग-ग परे- सा- निपरेरेगरेसा ।।

---

[79] **अपरवक्त्र छन्द :** इस अर्धसम वर्णवृत्त के विषम चरणों में न न र गण व लघु गुरु वर्ण के 11 वर्ण और सम चरणों में न ज ज र गण के 12 वर्ण आते हैं । इसका लक्षण सूत्र (सम) ।।।, ।।।, ऽ।ऽ, ।ऽ और (सम) ।।।, ।ऽ।, ।ऽ।, ऽ।ऽ इस प्रकार होता है । इसके 23 अक्षरोंमे 30 मात्रा होती हैं । पदान्त विराम है ।

▶ लक्षण गीत : **दोहा॰ न न र ल ग विषम में रहे, सम में न ज ज र वृंद ।**

ग्यारह-बारह वर्ण का, "अपरवक्त्र" है छंद ।। 814/1779

अंतरा–2

चारों दिशा में तेरी महति । सबके दिल में तू है रहती ।

सद्‌गुण से मम मन भर दे ।।

अंतरा–3

ज्ञान मान का दान दायिनी । स्वर सुंदर का गान दायिनी ।

सारे जग में सुख भर दे ।।

गीता दोहावली
अठारहवाँ तरंग

संगीत–गीता–दोहावली गीतमाला, पुष्प 93 of 205

खयाल : राग बिहाग, तीन ताल 16 मात्रा

सुमिरन

स्थायी

नैनन में तुमरी मूरतिया, मन में डोले तव सूरतिया ।

सुमिरन में बीते दिन रतिया ।।

♫ सा–गम प– निनिसां– निधनिपमंगमग, गमप गम गरेसा– नि़प़ नि़–सासासा– ।

सानि़साम गम पनिपमं गम गरेसा– ।।

अंतरा–1

कछु न शोरबा ना कटु बतिया, भव सागर हो अमृत पनिया ।

♫ मग म प–पनि– सां– सांसां निरेंसां–, पनि सांगंगरें सांनि पमंगम गरेसा– ।

अंतरा–2

स्नेह प्यार में गुजरें सदियाँ, गंगा जल सी बहती नदिया ।

22. ज्ञान–विज्ञान का निरूपण :

🎵 संगीत-गीता-दोहावली छन्दमाला, मोती 81 of 136

भुजंगप्रयात छन्द

। ऽ ऽ, । ऽ ऽ, । ऽ ऽ, । ऽ ऽ

🎵 सारे- ग-म प-म- गरे- म-गरे- सा-

(ज्ञान-विज्ञान)

करे यत्न कोई मुझे जानने है ।
भला एक कोई मुझे जानता है ।। 1
मुझे जानना ज्ञान जाना खरा है ।
वही बुद्धि विज्ञान की धारणा है ।। 2

श्रीमद्भगवद्गीता सप्तमोऽध्यायः ।

श्रीभगवानुवाच ।

।। 7.1 ।।
मय्यासक्तमनाः पार्थ योगं युञ्जन्मदाश्रयः ।
असंशयं समग्रं मां यथा ज्ञास्यसि तच्छृणु ।।

ॐ दोहा छंद में गीतोपनिषद्

(श्रीभगवानुवाच)

(भगवत्प्राप्तिः)

ॐ मयि युक्तं मनः कृत्वा लीनो भूत्वा च भारत ।
अवाप्स्यसि कथं मां त्वं शृणु मामेकचेतसा ।। 621/1447

दोहा॰ भक्ति युक्त मन को किए, मुझमें होकर लीन ।
मुझे प्राप्त कैसे करें, सुनलो शंका हीन ।। 815/1779

।। 7.2 ।।
ज्ञानं तेऽहं सविज्ञानमिदं वक्ष्याम्यशेषतः ।
यज्ज्ञात्वा नेह भूयोऽन्यज्ज्ञातव्यमवशिष्यते ।।

ॐ ज्ञानं शृणु सविज्ञानं वदामि त्वां सविस्तरम् ।
नास्त्यस्मात्परमं ज्ञानम्-अन्यत्कुत्रापि पाण्डव ।। 622/1447

दोहा॰ सुनो, पार्थ! विज्ञान से, कहता हूँ सब बात ।
जिसके आगे कुछ नहीं, तीनों जग में, तात! ।। 816/1779

 संगीत-गीता-दोहावली गीतमाला, पुष्प 94 of 205

सत् चित आनंद

स्थायी

प्रभु, श्रद्धा से मिल जा-वे- - - ।

♫ सारे-, प-म- ग- रेम गरेसा- - - ।

अंतरा-1

कोना कोना जब हिरदय का, कण कण अंकुर बने विनय का ।

सत् चित, आनंद आनंद पावे ।।

♫ सा-रे- ग-म- पप ममगरे म-, निनि धध प-मम गम- पमम ग- ।
सासा रेरे, प-मग रे-मग रे-सा- ।।

अंतरा-2

गंगा धारा निर्मल मन की, स्नेह सरिता शुभ सद् गुन की ।

भव जल, जब अमृित बन जावे ।।

अंतरा-3

भक्ति भावना ज्योति जगा के, एक चित्त मन, कछु न सतावे ।

तन में मन, मंदिर बन जावे ।।

।। 7.3 ।।

मनुष्याणां सहस्रेषु कश्चिद्यतति सिद्धये ।
यततामपि सिद्धानां कश्चिन्मां वेत्ति तत्त्वतः ।।

(अपराप्रकृतिः)

शतेषु कश्चिदेको हि ज्ञातुं मां यतते नरः ।
तेष्वपि कश्चिदेकश्च जानाति मां यथार्थतः ।। 623/1447

दोहा॰ सौ लोगों में एक ही, प्रयत्न करता, पार्थ! ।
उनमें भी बस एक ही, जाने मुझे यथार्थ ।। **817**/1779

।। 7.4 ।।

भूमिरापोऽनलो वायुः खं मनो बुद्धिरेव च ।
अहङ्कार इतीयं मे भिन्ना प्रकृतिरष्टधा ।।

मनो बुद्धिरहङ्कारो भूर्द्यौर्वायुर्ज्वलो जलम् ।
एवमष्टगुणी पार्थ प्रकृतिर्मम विद्यते ।। 624/1447

दोहा॰ अहंकार, मन, बुद्धि, द्यू, पवन, भूमि, जल, आग ।

जानो मेरी प्रकृति, अर्जुन! है अष्टांग ।। 818/1779

|| 7.5 ||

अपरेयमितस्त्वन्यां प्रकृतिं विद्धि मे पराम् ।
जीवभूतां महाबाहो ययेदं धार्यते जगत् ।।

(पराऽपरे प्रकृती)

ॐ प्रकृतिमपरामन्यां त्वमिदानीं परां शृणु ।
यस्या गत्या धरा पार्थ चरा सर्वा सचेतना ।। 625/1447

दोहा॰ दूजी मेरी प्रकृति, "परमा" जिसका नाम ।
जिसकी माया से सभी, मिले जीव को प्राण ।। 819/1779

|| 7.6 ||

एतद्योनीनि भूतानि सर्वाणीत्युपधारय ।
अहं कृत्स्नस्य जगतः प्रभवः प्रलयस्तथा ।।

ॐ एवं पराऽपराभ्यां हि जायन्ते प्राणिनः सदा ।
प्राणिनां प्राणदाताऽहं प्रलीयन्ते च ते मयि ।। 626/1447

दोहा॰ पराऽपरा की गति लिए, आते-जाते जीव ।
सब भूतों का प्राण मैं, जन्म-मृत्यु की नींव ।। 820/1779

|| 7.7 ||

मत्तः परतरं नान्यत्किञ्चिदस्ति धनञ्जय ।
मयि सर्वमिदं प्रोतं सूत्रे मणिगणा इव ।।

(विभूतिविस्तरः)

ॐ नास्ति किञ्चिदतीतं मे सर्वं सन्धारयाम्यहम् ।
मौक्तिका इव प्रोतानि सर्वभूतानि भोः मयि ।। 627/1447

दोहा॰ न्यारा मुझसे कुछ नहीं, सब मेरा विस्तार ।
सब कुछ मुझमें प्रोत है, यथा रत्न का हार ।। 821/1779

♫ संगीत-गीता-दोहावली छन्दमाला, मोती 82 of 136

शोभन छन्द[80]

---

[80] ♫ **शोभन छन्द** : इस 24 मात्रा वाले अवतारी छन्द के अन्त में ज गण आता है । इसका लक्षण सूत्र 14, 6 + ।ऽ। है । इसका अन्य नाम ♫ **सिंहिका छन्द** है ।

▶ लक्षण गीत : **दोहा॰ मत्त चौबीस का रचा, लघु गुरु लघु से अंत ।**

14, 6 + ।ऽ।

(विभूति विस्तार)

मेरे परे कुछ भी नहीं, न चर न अचर भूत ।
मणि बने मुझमें प्रोत हैं, विभूति के स्वरूप ।। 1
पहनूँ ये भुवन भार मैं, गले में मणि हार ।
यही विभूति विस्तार है, जिसे व्याप अपार ।। 2

।। 7.8 ।। **रसोऽहमप्सु कौन्तेय प्रभास्मि शशिसूर्ययोः ।**
प्रणवः सर्ववेदेषु शब्दः खे पौरुषं नृषु ।।

ॐ **अम्भसोऽहं द्रवः पार्थ भाः शशिसूर्ययोरहम् ।**
प्रणवोऽहं च वेदानाम्-ओङ्कारोऽहं ध्वनिश्च खे ।। 628/1447

दोहा॰ **जल की द्रवता, पार्थ! मैं, प्रदीप्त सूरज सोम ।**
प्रणव शब्द मैं वेद का, अंबर का ध्वनि ओम् ।। 822/1779

संगीत-गीता-दोहावली गीतमाला, पुष्प 95 of 205

राग दरबारी कान्हड़ा, कहरवा ताल 8 मात्रा

प्रणव

पद

गुरुदेव! गुरुदेव! गुरुदेव !

♫ सानि़सा-! रेगरे-! गगम-!

स्थायी

मेरे प्रभु श्री प्रणवानंदा, कृपा तेरी शुभ सच्चिदानंदा ।

♫ सानि़सारे साध़- ध़नि़ नि़रेरेसा सा-सा-, मम- मप- पप पमपनिपग मरेसा ।

अंतरा-1

रूप सुमंगल त्रिशूल धारी, छवि निरंजन सुंदर सारी ।
उबारियो, बचाइयो, दुआ दीजो, शिव जगदानंदा ।।

♫ म-प पनिध-निनि सांसां-सां रें निसां-, निनिसांरें रेंरें-सांसां सांनिरेंसां ध-निप ।

चौदह कल पर यति जहाँ, वह है "शोभन" छंद ।। 823/1779

परें-रेंरें- - -, रेंरेंसांरेंमंगं- - -, मपसां सांसां- पप पमपनिपगमरेसा ।।

अंतरा–2

अरुण वसन तव शुचि नारंगी, गल माला रुद्राक्ष की लंबी ।
उबारियो, बचाइयो, दुआ दीजो, गुरु परमानंदा ।।

अंतरा–3

मृग छाला पर बैठा जोगी, राह दिखावे जग उपयोगी ।
उबारियो, बचाइयो, दुआ दीजो, प्रभु आनंदकंदा ।।

।। 7.9 ।। **पुण्यो गन्धः पृथिव्यां च तेजश्चास्मि विभावसौ ।**
जीवनं सर्वभूतेषु तपश्चास्मि तपस्विषु ।।

विभावसौ च भासोऽहं तपोऽहं च तपस्विषु ।
सुगन्धोऽहं शुभो भूमौ तेजो वैश्वानरस्य च ।। 629/1447

दोहा॰ तपस्वियों का तप तथा, तेजस्वी का तेज ।
शुभ सुगंध मैं भूमि का, यज्ञ अग्नि की सेज ।। 824/1779

संगीत-गीता-दोहावली छन्दमाला, मोती 83 of 136

मुक्तामणि छन्द[81]

13, 8 + ऽ ऽ

(कृष्ण विभूति-1)

जल की द्रवता कृष्ण है, चंद्र सूर्य की आभा ।
ओंकार ध्वनि अंबर का, प्रणव वेद की शोभा ।। 1
भूमि का शुभ सुगंध है, तेजस् तेजस्वी का ।
कृष्ण जीवन भूतों का, वही तप तपस्वी का ।। 2

।। 7.10 ।। **बीजं मां सर्वभूतानां विद्धि पार्थ सनातनम् ।**
बुद्धिर्बुद्धिमतामस्मि तेजस्तेजस्विनामहम् ।।

---

[81] **मुक्तामणि छन्द :** इस 25 मात्रा वाले महावतारी छन्द के अन्त में दो दीर्घ मात्रा आती हैं । इसका लक्षण सूत्र 13, 8 + ऽ ऽ इस प्रकार होता है ।

► लक्षण गीत : **दोहा॰ मत्त पच्चीस का रचा, गुरु गुरु कल से अंत ।**
तेरह कल पर यति जहाँ, "मुक्तामणि" है छंद ।। 825/1779

बीजोऽहं सर्वभूतानां चेतनानां च चेतना ।
बुद्धिश्च ज्ञानिनामस्मि मनुष्यत्वमहं नृषु ।। **630**/1447

दोहा॰ सर्व भूत का आदि मैं, पार्थ! सनातन बीज ।
बुद्धिमान की बुद्धि मैं, तेज युक्त मैं चीज ।। **826**/1779

।। 7.11 ।। बलं बलवतामस्मि कामरागविवर्जितम् ।
धर्माविरुद्धो भूतेषु कामोऽस्मि भरतर्षभ ।।

बलं च बलिनामस्मि कामरागविवर्जितम् ।
धार्मिको कर्मभावश्च सर्वेषां प्राणिनामहम् ।। **631**/1447

दोहा॰ बलशाली की शक्ति मैं, विना काम अनुराग ।
सब भूतों में जो उठे, धर्म-भावना जाग ।। 827/1779

संगीत-गीता-दोहावली छन्दमाला, मोती 84 of 136

सुगीतिका छन्द[82]

। + 14, 7 + ऽ।

(कृष्ण विभूति-2)

सब भूत का कृष्ण बीज है, जीव का है प्राण ।
मनीषा है बुद्धिमान की, मनुष का है त्राण ।। 1
बलशाली की वह शक्ति है, काम प्रमाद छोड़ ।
धरम की धार्मिक बुद्धि कृष्ण, देह देही जोड़ ।। 2

।। 7.12 ।। ये चैव सात्त्विका भावा राजसास्तामसाश्च ये ।
मत्त एवेति तान्विद्धि न त्वहं तेषु ते मयि ।।

(गुणत्रय:)

त्रिगुणाश्च मया विद्धि सद्रजश्च तमस्तथा ।
नाहं तेषु गुणेष्वस्मि सगुणोऽहं तु ते मयि ।। **632**/1447

[82] **सुगीतिका छन्द** : इस 25 मात्रा वाले महावतारी छन्द के आदि में एक लघु मात्रा और अन्त में एक दीर्घ और एक लघु मात्रा आती है । इसका लक्षण सूत्र । + 14, 7 + ऽ। इस प्रकार से होता है ।

▶ लक्षण गीत : दोहा॰ मत्त पच्चीस से बना, गुरु लघु कल से अंत ।
कल पन्द्रह पर यति जहाँ, "सुगीतिका" वह छंद ।। 828/1779

✍दोहा॰ सत् रज तम ये गुण सभी, जानो मेरे काम ।
उन तीनों में मैं नहीं, मुझमें उनका नाम ।। 829/1779

|| 7.13 ||
त्रिभिर्गुणमयैर्भावैरेभिः सर्वमिदं जगत् ।
मोहितं नाभिजानाति मामेभ्यः परमव्ययम् ।।

ॐ त्रिषु गुणेषु सम्मूढं सर्वं विश्वमिदं यतः ।
न वेत्ति त्रिगुणातीतं स्वरूपं मम दैविनम् ।। 633/1447

✍दोहा॰ मोहित हैं गुण तीन से, सभी जगत के जीव ।
नहीं जानते वे मुझे, त्रिगुण अतीत अतीव ।। 830/1779

|| 7.14 ||
दैवी ह्येषा गुणमयी मम माया दुरत्यया ।
मामेव ये प्रपद्यन्ते मायामेतां तरन्ति ते ।।

ॐ दैविनीमपरां मायां मे सगुणामगोचराम् ।
भक्तः स एव जानाति याति यः शरणं मम ।। 634/1447

✍दोहा॰ माया मेरी दैविनी, सगुणा अपरंपार ।
उसे भगत जन जानते, आकर मेरे द्वार ।। 831/1779

संगीत-गीता-दोहावली गीतमाला, पुष्प 96 of 205

हरिहर कृष्ण

स्थायी

कण कण में जो भरी है माया, जग जिसमें भरमाया ।
जानो उसको कौन है करता, हरिहर नाम है उसका ।।

♫ सासा रेरे ग- प- गम- ग रे-सा-, रेरे गमप- मगरे-म- ।
प-सां- निनिध- नि-ध प ममप-, गगगग म-प म गरेसा- ।।

अंतरा-1

सूरज में जो भरी रोशनी, चाँद में जो चाँदनी ।
ओम् प्रणव का ध्वनि अंबर में; बना तरल है पानी ।
बोलो, ये सब काम है किसका, हरिहर नाम है उसका ।।

♫ प-पप ध- नि- सांनि- ध-पम-, प-प ध- नि- सांनिधप- ।

सां-नि धपप म- पध नि-धप म-, गम- पपप ध- प-म- ।
सा-रे, ग- मम प-म ग रेरेम-, गगगग म-प म गरेसा- ॥

अंतरा–2

जाप ताप से बने तपस्वी, बल वाले बलशाली ।
तेज चमक से जलती अग्नी; बने ज्ञान से ज्ञानी ।
बोलो, ये सब काम है किसका, हरिहर नाम है उसका ॥

अंतरा–3

बने धर्म से नर धर्मात्मा, कर्म योग से योगी ।
सदाचार से बने सयाना, नर जग में उपयोगी ।
बोलो, ये सब देन है किसकी, हरिहर नाम है उसका ॥

|| 7.15 || न मां दुष्कृतिनो मूढाः प्रपद्यन्ते नराधमाः ।
              माययाऽपहृतज्ञाना आसुरं भावमाश्रिताः ॥

(अज्ञानी च ज्ञानी च)

🕉 शठा नराधमा दुष्टा ये न पार्थ भजन्ति माम् ।
   आसुराः पापिनो मूढाः सद्विवेकं त्यजन्ति ते ॥ 635/1447

✍ दोहा॰ मूढ़ न मुझको पूजते, अधम बुद्धि के लोग ।
        पापी चौपट ज्ञान के, जिन्हें आसुरी रोग ॥ 832/1779

        असुर नराधम दुष्ट वे, मूढ़ जिन्हें अविचार ।
        मुझे नहीं वे पूजते, पापी तज सुविचार ॥ 833/1779

|| 7.16 || चतुर्विधा भजन्ते मां जनाः सुकृतिनोऽर्जुन ।
               आर्त्तो जिज्ञासुरर्थार्थी ज्ञानी च भरतर्षभ ॥

(चत्वारः भक्ताः)

🕉 भजन्ते ये तु कौन्तेय सुकृतिनश्चतुर्विधाः ।
   ज्ञानिनो दुःखिनो लुब्धाः सुखार्थिनश्च मानवाः ॥ 636/1447

✍ दोहा॰ मुझको ज्ञानी पूजते, जिनमें है सुविचार ।
        दुखी, सुखार्थी, लुब्ध भी, भगतन चार प्रकार ॥ 834/1779

|| 7.17 || तेषां ज्ञानी नित्ययुक्त एकभक्तिर्विशिष्यते ।

प्रियो हि ज्ञानिनोऽत्यर्थमहं स च मम प्रियः ।।

🕉 तेषां विशिष्यते ज्ञानी युक्तो नित्यपरायणः ।
मन्यते मां प्रियं ज्ञानी स च भक्तः प्रियो मम ।। 637/1447

दोहा॰ ज्ञानी उनमें श्रेष्ठ है, नित्यपरायण भक्त ।
मुझको प्रिय वह जान कर, याद करे हर वक्त ।। 835/1779

|| 7.18 ||
उदाराः सर्व एवैते ज्ञानी त्वात्मैव मे मतम् ।
आस्थितः स हि युक्तात्मा मामेवानुत्तमां गतिम् ।।

🕉 आत्मैव भासते ज्ञानी भक्ताः सर्वे हि मे यदि ।
स्थितो मयि स मुक्तात्मा तस्याहं परमा गतिः ।। 638/1447

दोहा॰ आत्मा मुझको वह लगे, ज्ञानी भक्त सुजान ।
उसकी मैं परमा गति, मुझमें उसका धाम ।। 836/1779

|| 7.19 ||
बहूनां जन्मनामन्ते ज्ञानवान्मां प्रपद्यते ।
वासुदेवः सर्वमिति स महात्मा सुदुर्लभः ।।

(अनन्या च अन्या च भक्तिः)

🕉 जानाति परमं मां यो महात्मा दुर्लभो हि सः ।
भजते वासुदेवं मां ज्ञात्वा जन्मनि जन्मनि ।। 639/1447

दोहा॰ दुर्लभ ऐसा भक्त है, जिसको मेरा ज्ञान ।
जनम-जनम भज कर मुझे, पाता मुझमें स्थान ।। 837/1779

|| 7.20 ||
कामैस्तैस्तैर्हृतज्ञानाः प्रपद्यन्तेऽन्यदेवताः ।
तं तं नियममास्थाय प्रकृत्या नियताः स्वया ।।

(अभक्तः)

🕉 अन्ये तु ये गुणासक्ताः कामनालोलुपा जनाः ।
पार्थ विनष्टज्ञानास्ते भिन्ना भजन्ति देवताः ।। 640/1447

दोहा॰ अज्ञानी जो अन्य हैं, तजते मेरा नाम ।
भजते नाना देवता, उन्हें न मुझमें धाम ।। 838/1779

|| 7.21 ||
यो यो यां यां तनुं भक्तः श्रद्धयार्चितुमिच्छति ।
तस्य तस्याचलां श्रद्धां तामेव विदधाम्यहम् ।।

यं यं भजन्ति देवं ते जनाश्च तत्परायणाः ।
श्रद्धां तेषां तथा पार्थ तत्रैव विदधाम्यहम् ।। **641**/1447

दोहा॰ जो भजता जिस देव को, होकर श्रद्धा युक्त ।
उस श्रद्धा से मैं उसे, करता हूँ संपृक्त ।। **839**/1779

संगीत-गीता-दोहावली छन्दमाला, मोती 85 of 136

मोहन छन्द[83]

5, 6, 6, 6

(श्रद्धा)

जिस देव को भजता जो जो जिस श्रद्धा से ।
पार्थ! मैं यथा कर्म देता फल तथा उसे ।। 1
भक्ति का दैवी यह सद् गुण हो ज्ञात तुझे ।
श्रद्धालु मत्पर वह पाता है, पार्थ! मुझे ।। 2

।। 7.22 ।।

स तया श्रद्धया युक्तस्तस्याराधनमीहते ।
लभते च ततः कामान्मयैव विहितान्हि तान् ।।

(श्रद्धायुक्तः)

श्रद्धायुक्तस्य भक्तस्य मनसि देवता तु या ।
तस्मै ददामि भक्ताय यथाभक्तिः फलं तथा ।। **642**/1447

दोहा॰ वही देव फल में मिले, भजलो जिसका नाम ।
मम पूजक पाता मुझे, त्यों ही फल ज्यों काम ।। **840**/1779

।। 7.23 ।।

अन्तवत्तु फलं तेषां तद्भवत्यल्पमेधसाम् ।
देवान्देवयजो यान्ति मद्भक्ता यान्ति मामपि ।।

(अज्ञानी)

सुरार्चकाश्च निर्बुद्धाः प्राप्नुवन्ति फलं लघु ।

---

[83] **मोहन छन्द** : इस 23 मात्रा वाले रौद्रक छन्द में 5-6-6-6 पर यति आता है । इसका लक्षण सूत्र 5, 6, 6, 6 है ।

▶ लक्षण गीत : **दोहा॰ मत्त तेईस से बना, देता जो आनंद ।**
पंचम, छः-छः यति जहाँ, "मोहन" है वह छंद ।। 841/1779

सुरभक्ताः सुरान्यान्ति मद्भक्ताः प्राप्नुवन्ति माम् ।। **643**/1447

✍दोहा॰ सुर अर्चक निर्बुद्ध वे, फल पाते हैं हीन ।
सुर अर्चक सुर को मिलें, मेरे मुझमें लीन ।। 842/1779

।। 7.24 ।। अव्यक्तं व्यक्तिमापन्नं मन्यन्ते मामबुद्धयः ।
परं भावमजानन्तो ममाव्ययमनुत्तमम् ।।

ॐ अव्यक्तमुत्तमं रूपं न जानन्ति जडा मम ।
अक्षयं दैविनं तं ते मन्यन्ते व्यक्तमानुषम् ।। **644**/1447

✍दोहा॰ नर अज्ञानी मूढ़ जो, अन्य देवता भक्त ।
मेरे दैवी रूप को, कहत "मानवी-व्यक्त" ।। 843/1779

।। 7.25 ।। नाहं प्रकाशः सर्वस्य योगमायासमावृतः ।
मूढोऽयं नाभिजानाति लोको मामजमव्ययम् ।।

ॐ योगमायाऽऽवृतं रूपं सर्वैर्नेत्रैर्न दृश्यते ।
मामजमव्ययं मूढा नाभिजानन्ति सर्वथा ।। **645**/1447

✍दोहा॰ यौगिक माया से ढके, मुझे न पाते जान ।
दैवी अज अव्यक्त को, नर लेते हैं मान ।। 844/1779

।। 7.26 ।। वेदाहं समतीतानि वर्तमानानि चार्जुन ।
भविष्याणि च भूतानि मां तु वेद न कश्चन ।।

ॐ वर्तमानानि भूतानि भविष्याणि च प्राणिनः ।
सर्वान्सर्वत्र जानामि न ते जानन्ति मां परम् ।। **646**/1447

✍दोहा॰ थे, हैं, होंगे जो सभी, मुझे ज्ञात सब होय ।
सबका, सब मैं जानता, मुझे न जाने कोय ।। 845/1779

संगीत-गीता-दोहावली गीतमाला, पुष्प 97 of 205

राग भैरवी, कहरवा ताल 8 मात्रा

ज्ञान विज्ञान का निरूपण

स्थायी

स्वरदा ने सुंदर गाया है, नारद ने साज बजाया है ।
रतनाकर गीत रचाया है ।।

♪ सानि़सा– गरे सा–नि़नि़ सा–रेम ग–, गममग पम ग–रे सासा–रेम ग– ।
गगरेसासासा रे–ग मगरेसानि़ सा– ।।

अंतरा–1

अब ज्ञान सुनो विज्ञान, सखा! जिसके आगे अरु कछु न रखा ।
जन शत कोटी इसमें उलझे, पर बिरला ही इसमें सुलझे ।
वह ज्ञान यहाँ बतलाया है ।।

♪ पप मरेम मप– पमपनिध, पप–! पपमग गसासाग मप गरे सा निसा– ।
सानि़ सासा गरेसा– नि़नि़सा– रेमग–, सानि़ सासागरे सा– नि़नि़सा– रेमग– ।
गग रेसासा सारे– गमगरेसानि़ सा– ।।

अंतरा–2

गुण तीन भूत कुल पाँच कहे, भव प्रकृति जिसका नाम रहे ।
मैं अपरा गति हूँ इनसे परे, लय उद्गम जिसमें से विचरे ।
वह दैवी मेरी माया है ।।

अंतरा–3

मैं बीज आदि सब भूतों का, मैं मात पिता सब पूतों का ।
मैं जानूँ सब विध भूत सभी, पर कोई न समझा मुझे कभी ।
यह अगम्य मेरी माया है ।।

23. द्वंद्व–भाव का निरूपण :

श्रीभगवानुवाच ।

।। 7.27 ।।

इच्छाद्वेषसमुत्थेन द्वन्द्वमोहेन भारत ।
सर्वभूतानि सम्मोहं सर्गे यान्ति परन्तप ।।

(श्रीभगवानुवाच)

सर्वस्थो द्वन्द्वभावः स सर्वगो रागद्वेषयोः ।
विमोहयति भूतानि लोलुप्तानि परन्तप ।। 647/1447

दोहा॰ राग–द्वेष का द्वंद्व है, सकल जगत में छात ।
द्वंद्वों से सब जीव को, पड़े मोह आघात ।। **846**/1779

♪ **संगीत–गीता–दोहावली छन्दमाला, मोती 86 of 136**

चामर-1 छन्द[84]

ऽ। ऽ, । ऽ।, ऽ। ऽ, । ऽ।, ऽ। ऽ

(द्वंद्व-भाव)

राग क्रोध दुःख मोद, लाभ-हानि द्वंद्व हैं ।
श्वेत कृष्ण शीत उष्ण, द्वंद्व राग रम्य है ।। 1
जन्म-मृत्यु पाप पुण्य, शत्रु मित्र अन्य हैं ।
जो न द्वंद्व-भाव मुग्ध, सो महान धन्य है ।। 2

रत्नाकर उवाच

(द्वन्द्वं किम्, कतिपय उदाहरणानि)

ॐ **शीतोष्णे शुक्लकृष्णे च युग्मौ जयाजयौ तथा ।**
अङ्गे हि द्वे च द्वन्द्वस्य लाभालाभौ गतागतौ ।। 648/1447

दोहा॰ शीत-उष्ण गुण युग्म हैं, विजय-पराजय द्वंद्व ।
गत-आगत भी द्वंद्व है, लाभ-हानि मय द्वंद्व ।। 847/1779

ॐ **जन्ममृत्यू जराबाल्ये सुखदुःखे च चक्रवत् ।**
सन्ध्या प्रातर्निजापरौ सर्वे द्वन्द्वे समागताः ।। 649/1447

दोहा॰ जन्म-मृत्यु है, जरा-यवन है, सुख-दुख जानो द्वंद्व ।
सुबह-शाम दो याम हैं, निज-पर मानो द्वंद्व ।। 848/1779

ॐ **मित्रारी रागद्वेषौ च मोदखेदौ विषामृते ।**
हर्षशोकौ दिवा नक्तं द्वन्द्वे सर्वं व्यवस्थितम् ।। 650/1447

दोहा॰ राग-द्वेष, अरि-मित्र हैं, मोद-खेद है द्वंद्व ।
विष-अमृत, अघ-पुण्य हैं, दिवस-रात्र है द्वंद्व ।। 849/1779

ॐ **सत्यासत्ये स्थिरो लोलः कृत्याकृत्ये शुभाशुभे ।**
सिद्ध्यसिद्धी सखा शत्रुः क्रोधाक्रोधौ बुधाबुधौ ।। 651/1447

---

[84] ♪ **चामर-1 छन्द** : इस छन्द के चरणों में पन्द्रह वर्ण 23 मात्रा होती हैं, विराम 8, 7 पर आता है । इसमें र ज र ज र गण आते हैं, अर्थात् गुरु लघु वर्ण क्रम की पुनरावृत्ति होती है । **चामर-2 छन्द** आगे दिया गया है ।

▶ लक्षण गीत : **दोहा॰ मत्त तेईस से सजा, जहाँ र ज र ज र वृंद ।**
पन्द्रह अक्षर का कहा, "पहला-चामर" छंद ।। 850/1779

दोहा॰ सत्य-झूठ, दृढ-लोल हैं, सिद्ध्यसिद्धि भी द्वंद्व ।
कृत्य और अकृत्य भी, सखा-शत्रु है द्वंद्व ॥ 851/1779

क्रोध और अक्रोध भी, ज्ञान तथा अज्ञान ।
शुभ के प्रतिमुख अशुभ है, यही द्वंद्व पहिचान ॥ 852/1779

धर्माधर्मौ हितं हानि:-भद्राभद्रे कृपाऽकृपे ।
पूर्णशून्ये च द्वन्द्वानि सुकृतदुष्कृते तथा ॥ 652/1447

दोहा॰ कृपा-अवकृपा द्वंद्व है, लाभ-हानि है द्वंद्व ।
प्रतिमुख धर्माधर्म हैं, सज्जन-दुर्जन द्वंद्व ॥ 853/1779

पूर्ण-शून्य भी द्वंद्व है, सुकृत-दुष्कृत द्वंद्व ।
बुद्धि-कुबुद्धि द्वंद्व है, प्रकृति में सब द्वंद्व ॥ 854/1779

संगीत-गीता-दोहावली गीतमाला, पुष्प 98 of 205

पूर्णमिदम्

श्लोक:

इदं पूर्णं च तत्पूर्णं पूर्णे पूर्णं विलीयते ।
पूर्णात्पूर्णमृणं कृत्वा शेषं पूर्णैव विद्यते ॥ 934/1447

♪ सांनि- धनि- सां नि-ध-प-, ध-प- म-प- गम-पम- ।
रे-ग-म-ग- पम- ग-रे-, ग-म- प-म-ग रे-गसा- ॥

स्थायी

पूर्ण ये भी है, वो भी पूर्ण है, पूर्ण से मिलता सो पूर्ण है ।
पूर्ण से निकला यदि पूर्ण तो, बाकी बचेगा सो पूर्ण है ॥

♪ रे-रे रेग रे सा-, रेग रे गमग रे-, सा-सा सा रेरेग- प म-ग रे- ।
म-म म पपप- धनि- ध-प म-, म-प धप-म- ग रे-ग सा- ॥

अंतरा-1

मूल शून्य ही ब्रह्म खर्व है, शून्य से निकला ये सर्व है ।
शून्य नाम ही व्योम पूर्ण है, शून्य से मिल कर वो शून्य है ॥

♪ सां-नि ध-नि ध- सां-नि ध-प म-, ध-ध ध पपम- ध प-म ग- ।
रे-ग म-म म- प-म ग-रे ग-, रे-रे रे गग मम ग रे-ग सा- ॥

अंतरा–2

भूत पाँच गुण तीन हैं कहे, अष्ट वर्ग से ये पूर्ण है ।
पूर्ण ऊर्ध्व अरु मध्य पूर्ण है, अंत में जाकर वो शून्य है ।।

अंतरा–3

आत्म पूर्ण है परमात्म वही, पूर्ण से मिल कर ये पूर्ण है ।
ये भी पूर्ण और पूर्ण वही है, शून्य से मिल कर वो शून्य है ।।

अंतरा–4

प्राण प्राणियों में सब जिसने, डाली धड़कन हर दिल में ।
साँस साँस में पूर्ण रहे वो, बिन जिसके सब अपूर्ण है ।।

अंतरा–5

कण कण में है एक ईश सना है, शून्य से बढ़ कर विश्व बना ।
जड़ चेतन सब भव्य सृष्टि में, अगम्य होकर भी गम्य है ।।

श्लोकः।

इदं शून्यं च तच्छून्यं शून्याच्छुन्यं हि जायते ।
शून्ये शून्यं समायुज्य पूर्णं शून्यं हि वर्तते ।। **935**/1447

♪ रेग- म-म- प म-ग-रे-, प-म-ग-रे- म ग-रेसा- ।
रे-रे- ग-ग- मप-म-ग-, प-म- ग-रे- म रे-गसा- ।।

ॐ अन्तर्बाह्ये तलं मूर्धा प्रागूर्ध्वं पूर्वपश्चिमे ।
यदा तदा तथा श्वो ह्यो द्वन्द्वञ्च वामदक्षिणे ।। **653**/1447

दोहा॰ अंतर्बाह्य भी द्वंद्व है, नीचे-ऊपर द्वंद्व ।
प्राची-पश्चिम द्वंद्व है, पाँव-सिरा है द्वंद्व ।। **855**/1779

ॐ शुद्धाशुद्धे गुरुह्रस्वौ क्षुद्राक्षुद्रे दृढादृढे ।
आदिरन्तो लघुर्दीर्घो शीघ्रमन्दौ जडाजडौ ।। **654**/1447

दोहा॰ शुद्ध-अशुध भी द्वंद्व है, दीर्घ-ह्रस्व है द्वंद्व ।
छोटा-मोटा द्वंद्व है, दृढ़-अदृढ़ है द्वंद्व ।। **856**/1779

आदि-अंत भी द्वंद्व है, लघु-गुरु जानो द्वंद्व ।
शीघ्र-मंद भी द्वंद्व है, जड़-अजड़ है द्वंद्व ।। **857**/1779

निद्राऽनिद्रे शिला स्वर्णं हसनं परिदेवनम् ।
आर्द्रशुष्कौ नरो नारी मर्त्यामर्त्ये सुरासुरौ ।। **655**/1447

दोहा॰ नींद अनिद्रा द्वंद्व है, शिला स्वर्ण भी द्वंद्व ।
हँसना रोना द्वंद्व है, आर्द्र शुष्क है द्वंद्व ।। **858**/1779

नर नारी भी द्वंद्व है, मर्त्य अमर है द्वंद्व ।
सुर राक्षस भी द्वंद्व है, मिट्टी सोना द्वंद्व ।। **859**/1779

छायाऽऽतपः स्तुतिर्निन्दा क्षयाक्षये क्षराक्षरे ।
इहामुत्र च तत्रात्र शान्त्यशान्ती यदा कदा ।। **656**/1447

दोहा॰ छाया-आतप द्वंद्व है, स्तुति-निंदा भी द्वंद्व ।
क्षय-अक्षय भी द्वंद्व है, क्षर-अक्षर है द्वंद्व ।। **860**/1779

भूमि-स्वर्ग भी द्वंद्व है, यहाँ-वहाँ है द्वंद्व ।
शाँति-अशाँति द्वंद्व है, जभी-तभी है द्वंद्व ।। **861**/1779

घनं द्रवश्च द्वन्द्वो हि नीचतुङ्गे नृतानृते ।
स्मृतिश्च विस्मृतिर्द्वन्द्वं पुरुषः प्रकृतिस्तथा ।। **657**/1447

दोहा॰ नीचा-ऊँचा द्वंद्व है, नृत-अनृत भी द्वंद्व ।
स्मृति-विस्मृति भी द्वंद्व है, पुरुष-प्रकृति द्वंद्व ।। **862**/1779

संगीत-गीता-दोहावली गीतमाला, पुष्प 99 of 205

निर्गुण ब्रह्म

स्थायी

रे हरि तेरा निर्गुण ब्रह्म बसेरा ।

सा ऩिसा ध़ऩि- रे-साऩि सा-ग रेऩि-सा- ।

अंतरा-1

तीन रंग के पँच अंग में, चलाचली के द्वंद्व भाव से ।
भरमाया जग सारा । रे हरि सखे! झेल बखेड़ा मेरा ।।

ध़-ऩि रे-ऩि सा- ग-रे ऩि-रे सा-, रे-गपम- ग- प-प म-ग रे- ।
गगम-ग- रेसा ऩि-रे- । सा ऩिसा ध़ऩि! रे-सा ऩिसा-गरे ऩि-सा- ।।

अंतरा-2

सुख दुःखन के राग द्वेष में, जरा यवन के नित्य दोष से ।
भगत तेरा नहीं हारा । रे हरि, तूही आज अकेला मेरा ।।

अंतरा-3

पाप पुण्य के महा युद्ध में, हिरस हवस के घोर भँवर से ।
तूने जगत उबारा । रे हरि, तूही एक सहारा मेरा ।।

श्रीभगवानुवाच ।

।। 7.28 ।।
येषां त्वन्तगतं पापं जनानां पुण्यकर्मणाम् ।
ते द्वन्द्वमोहनिर्मुक्ता भजन्ते मां दृढव्रताः ।।

(श्रीभगवानुवाच)

(ज्ञानी)

ॐ एषु द्वन्द्वेषु ये धीराः-तटस्थाश्चानघास्तथा ।
पुण्यशीला महाभाग्या मद्भक्ता मत्परायणाः ।। **658**/1447

दोहा॰ इन द्वंद्वों में धीर जो, तटस्थ हैं दिन-रात ।
पुण्यशील वे भक्त हैं, अर्जुन! मुझको ज्ञात ।। 863/1779

।। 7.29 ।।
जरामरणमोक्षाय मामाश्रित्य यतन्ति ये ।
ते ब्रह्म तद्विदुः कृत्स्नमध्यात्मं कर्म चाखिलम् ।।

ॐ येन प्राप्तास्ति छाया मे जरामरणवर्जिता ।
स एव ब्रह्मकर्मज्ञः स आत्मज्ञश्च सात्त्विकः ।। **659**/1447

दोहा॰ जिसको मेरी छाँव है, जरा मरण से मुक्त ।
ब्रह्म-कर्म विद्वान वो, आत्मज्ञान से युक्त ।। 864/1779

संगीत-गीता-दोहावली गीतमाला, पुष्प 100 of 205

हरि नाम जप ले

स्थायी

जब जावेगा छोड़ बखेड़, साथ न होगा हाथी घोड़ा ।

♪ सासा रे-ग-ग- प-म गम-रे-, सा-रे रे ग-ग- प-मग रे-सा- ।

अंतरा-1

चल तू लुटाता प्रेम खजाना, रटता चल तू राघव नामा ।
जग को कहने दे दीवाना, राम नाम तू जप ले थोड़ा ।।

♪ मम म- पप-प- नि-ध पम-प-, सांसांनि- धध प- नि-धप म-प- ।
मप म- पपप- नि- धपम-प-, सा-रे ग-ग ग- पम ग- रे-सा- ।।

अंतरा-2
जन सेवा का उठाय बीड़ा, मिट जावेगी तेरी पीड़ा ।
हरि किरपालु नाथ हमारा, आयेगा वो, भागा दौड़ा ।।

अंतरा-3
फेर न ले तू, अपना मुखड़ा, मत कर तू मुख, उखड़ा उखड़ा ।
हरि हर लेंगे तेरा दुखड़ा, मिट जायेगा, सारा झगड़ा ।।

अंतरा-4
भज ले तू श्री राम रमैया, जप ले निश दिन कृष्ण कन्हैया ।
भव से पार करेंगे नैया, विश्वास रहे, मन में जोड़ा ।।

|| 7.30 || साधिभूताधिदैवं मां साधियज्ञं च ये विदुः ।
प्रयाणकालेऽपि च मां ते विदुर्युक्तचेतसः ।।

ॐ अधिभूताधियज्ञौ च अधिदैवं च मामकम् ।
रूपं जानाति धीमान्यो मद्भावमधिगच्छति ।। 660/1447

दोहा॰ मुझे कहे अधिभूत जो, अधियज्ञ व अधिदैव ।
वही जानता है सही, मेरा भाव सदैव ।। 865/1779

 संगीत-गीता-दोहावली गीतमाला, पुष्प 101 of 205

एक देह, दो नाम

स्थायी
राम मनोहर दशरथ नंदन, गोकुल वाला हरि घनश्याम ।
एक देह के दो दो नाम ।।

♪ सा-सा सारे-रेरे गरेगग म-गरे, ग-गग म-म- गपमग म- ।
सा-सा रे-रे ग- प- मग रे-रे ।।

अंतरा-1

नर अवतारा देवकी नंदन, साधु रक्षक, दुष्ट निकंदन ।

नर-नारायण वो भगवान, एक रूप में दो दो काम ।।

♫ सासा रेरेग-ग- म-पध नि-धप, नि-ध- प-पप, सां-नि धप-मम ।

पप-म-ग-रेरे म- गगरे-रे, सा-सा रे-रे ग- प- मग रे-रे ।।

अंतरा-2

कर्म योग जो कहे जमाना, सांख्य योग उसको ही माना ।

राह वही दो हैं अंजाम, एक योग में दो दो ज्ञान ।।

अंतरा-3

बेटी किसी की कही है माता, किसी का बेटा किसी का पिता ।

उसी धूप से बनती छाँव, एक द्वंद्व में दो दो भाव ।।

अंतरा-4

राम रमैया कृष्ण कन्हैया, उभय उबारे भव से नैया ।

श्याम कहो हरि बोलो राम, एक शब्द में दो दो नाम ।।

संगीत-गीता-दोहावली गीतमाला, पुष्प 102 of 205

(द्वंद्व का निरूपण)

स्थायी

स्वरदा ने सुंदर गाया है, नारद ने साज बजाया है ।

रतनाकर गीत रचाया है ।।

♫ सानि़सा- गरे सा-नि़नि़ सा-रेम ग-, गममग पम ग-रे सासा-रेम ग- ।

गगरेसासासा रे-ग मगरेसानि़ सा- ।।

अंतरा-1

भव जिस भ्रम ने भरमाया है, वह द्वंद्वों की सब माया है ।

कहीं धूप कहीं पर छाया है, कहीं राग-द्वेष का साया है ।

कण-कण में द्वंद्व समाया है ।।

♫ पप मरे मम प- पमपनिधप प-, पप मगगसा साग मप गरेसानि़ सा- ।

सानि़ सा-ग रेसा- नि़नि़ सा-रेम ग-, सानि़ सा-ग रे-सा नि़- सा-रेम ग- ।

गग रेसा सा- रे-ग मगरेसानि़ सा- ।।

अंतरा-2

कहीं शीत उष्ण कहीं सुख-दुख है, कहीं पूर्ण शून्य तुक बेतुक है ।
जो जन्म-मृत्यु का फेरा है, वो पाप-पुण्य ने घेरा है ।
सब भेद ये द्वंद्व कहाया है ।।

अंतरा-3

पुरुष-प्रकृतिऽ क्षर-अक्षर है, अरु जरा यौवन स्थिर अस्थिर है ।
जो सब द्वंद्वों में तटस्थ है, भव उसने जीता समस्त है ।
सब द्वंद्व-भाव कहलाया है ।।

श्रीमद्-भगवद्-गीता का आठवाँ अध्याय ।

अक्षर-ब्रह्म योग ।

संगीत-गीता-दोहावली गीतमाला, पुष्प 103 of 205

भजन : राग दुर्गा, कहरवा ताल 8 मात्रा

दुर्गा माता

आलाप

जै जै माँ, दुर्गे माँ । जै जै माँ, अंबे माँ ।।

♫ सा सा रे – – – – –, मरे सा – – – – – ।
सा रे प – – – – –, मरे म – – – – – ।।

स्थायी

मोहे, भव से तारो दुर्गे माँ । मोरे, विघ्न उतारो अंबे माँ ।
तुम बिन कोई राह नहीं है, भवसागर में चाह नहीं ।।

♫ मप, धसां धप म-रेसा रेरेप- प-। मप, धसांध पम-रेसा रे-प- म- ।
मम पध सां-सां- धसांरें सांधप म-, पपप-धम पध पधम रेंसा- ।।

अंतरा-1

माता तुम हो काली कराली, देवी भवानी शेरोंवाली ।
लीला तुमरी सब जग जानत, नारद शारद बरनत माँ ।।

♫ म-म- पपध- सां-सां सांरेंधसां-, ध-ध धसां-सां- धसांरेंसां धपम- ।
प-प- धमपध पध मम रे-सासा, सां-सांसां रें-सांसां धधमम प- ।।

अंतरा-2

नाता तुमरा आदि जनम का, जय जगदंबे जोताँवाली ।
दे दो दरशन सपनन आकर, सुंदर मंगल सज धज माँ ।।

अंतरा–3

माया तुमरी न्यारी निराली, जय जगवंदे लाटाँवाली ।
जै जै करते महिमा गाकर, शंकर किन्नर भगतन माँ ।।

गीता दोहावली
उन्नीसवाँ तरंग

24. ब्रह्म का निरूपण :

♫ संगीत–गीता–दोहावली छन्दमाला, मोती 89 of 136

प्रमाणिका छन्द[85]

। ऽ।, ऽ। ऽ, । ऽ

(स्वर्गप्राप्ति)

भला बुरा समान हो, बुखार द्वंद्व का न हो ।
गुमान को परे रखो, विनम्र भाव से लखो ।। 1
सदैव शाँति से रहो, सदा हि "ठीक है" कहो ।
यही सुकर्म योग का, उपाय स्वर्ग भोग का ।। 2

रत्नाकर उवाच ।

---

[85] ♫ **प्रमाणिका छन्द :** इस 8 वर्ण, 12 मात्रा वाले अनुष्टुप् छन्द के चरणों में ज र गण और अन्त में लघु-गुरु वर्ण आते हैं । इसका लक्षण सूत्र । ऽ।, ऽ। ऽ, । ऽ इस प्रकार होता है । यह छन्द स्फूर्ति गीत गाने के लिए बहुत उपयुक्त है ।

▶ लक्षण गीत : **दोहा॰ बारह मात्राएँ सजीं, लघु गुरु कल से अंत ।**
लघु गुरु कल का क्रम जहाँ, "प्रमाणिका" है छंद ।। 866/1779

अनुष्टुभ्-छन्दसि गीतोपनिषद् ।

(रत्नाकर उवाच)

ॐ श्रुत्वा ज्ञानोपदेशं तं जिज्ञासुः सोऽभवत्तदा ।
ततोऽपृच्छन्नवान्प्रश्नान्-जिज्ञासया पुनः हरिम् ॥ 661/1447

दोहा॰ सुन कर कहना कृष्ण का, अर्जुन के मन जोश ।
पूछने लगा प्रश्न वो, पुनः सँभाले होश ॥ 867/1779

ॐ निर्गतश्च भ्रमस्तस्य तृषितस्य शनैः शनैः ।
आत्मज्ञानस्य दीपश्चाभ्यन्तरे जागृतोऽभवत् ॥ 662/1447

दोहा॰ आत्मशोध के बोध से, भ्रम का हुआ विनाश ।
आत्मज्ञान के दीप से, मन में पड़ा प्रकाश ॥ 868/1779

श्रीमद्भगवद्गीता अष्टमोऽध्यायः ।
अर्जुन उवाच ।

‖ 8.1 ‖   किं तद्ब्रह्म किमध्यात्मं किं कर्म पुरुषोत्तम ।
अधिभूतं च किं प्रोक्तमधिदैवं किमुच्यते ॥

(अर्जुनप्रश्नाः)

ॐ ब्रह्म किमधिभूतं किम्-अध्यात्मं किं च कर्म किम् ।
ब्रूहि मां तत्समासेन श्रोतुमिच्छामि माधव ॥ 663/1447

दोहा॰ ब्रह्म क्या, अध्यात्म क्या, कर्म क्या, हृषीकेश! ।
अधिभूत क्या, विस्तृत कहो, मुझको सब निःशेष ॥ 869/1779

‖ 8.2 ‖   अधियज्ञः कथं कोऽत्र देहेऽस्मिन्मधुसूदन ।
प्रयाणकाले च कथं ज्ञेयोऽसि नियतात्मभिः ॥

ॐ अधिभूतश्च को देहे जानीयां वै कथं च तम् ।
अन्तकाले कथं त्वां च ज्ञास्यामि युक्तचेतसा ॥ 664/1447

दोहा॰ शरीर में अधिभूत को, कैसे जानूँ, तात! ।
अंतकाल में, कृष्ण! ये, कैसे होगा ज्ञात ॥ 870/1779

श्रीभगवानुवाच ।

‖ 8.3 ‖   अक्षरं ब्रह्म परमं स्वभावोऽध्यात्ममुच्यते ।

भूतभावोद्भवकरो विसर्गः कर्मसंज्ञितः ।।

(श्रीभगवानुवाच)

(व्याख्याः)

अध्यात्ममात्मज्ञानं हि ब्रह्म परममक्षरम् ।
सृजति भूतभावं यो विसर्गः 'कर्म' संज्ञितः ।। 665/1447

दोहा॰ आत्मज्ञान अध्यात्म है, परमाक्षर है "ब्रह्म" ।
भूत-भाव विरचित करे, वही कहा है "कर्म" ।। 871/1779

।। 8.4 ।। अधिभूतं क्षरो भावः पुरुषश्चाधिदैवतम् ।
अधियज्ञोऽहमेवात्र देहे देहभृतां वर ।।

अधिभूतं चिरं तत्त्वं, विद्ध्यधिदैवमीश्वरम् ।
अधियज्ञं च देहे मां विद्धि सत्तत्त्वमक्षरम् ।। 666/1447

दोहा॰ अजर तत्त्व "अधिभूत" है, ईश्वर है "अधिदैव" ।
जान मुझे "अधियज्ञ" तू, तत्त्व कहा जो दैव ।। 872/1779

।। 8.5 ।। अन्तकाले च मामेव स्मरन्मुक्त्वा कलेवरम् ।
यः प्रयाति स मद्भावं याति नास्त्यत्र संशयः ।।

(श्रीभगवतः स्मरणप्रभावः)

स्मरन्प्रयाणकाले मां देहं त्यजति यो नरः ।
मामेव याति ध्यायन्स मद्भक्तः पार्थ निश्चितम् ।। 667/1447

दोहा॰ ओम्! ओम्! कहता हुआ, नम्र हृदय के साथ ।
अंत्य साँस जो नर तजे, वह मुझमें हि समात ।। 873/1779

♫ संगीत-गीता-दोहावली छन्दमाला, मोती 90 of 136

मनमोहन छन्द[86]

8, 3, ।।।

---

[86] ♫ **मनमोहन छन्द** : इस 14 मात्रा वाले छन्द के अन्त में तीन लघु वर्ण आते हैं । इसका लक्षण सूत्र 8, 3, ।।। इस प्रकार होता है । यति आठवे अक्षर पर ।

▶ लक्षण गीत : **दोहा॰ चौदह मात्राएँ सजीं, मत्त तीन लघु अंत ।**
आठ मत्त पर यति जहाँ, "मनमोहन" है छंद ।। 874/1779

(अंतकाल)
ध्यान लगाया, करत नमन,
त्यागे तन जो, सतत स्मरण ।
जब आवेगा अंतिम क्षण,
निश्चित उसको, मम चरणन ।।

|| 8.6 || यं यं वाऽपि स्मरन्भावं त्यजत्यन्ते कलेवरम् ।
तं तमेवैति कौन्तेय सदा तद्भावभावितः ।।

🕉 अन्ते च समये यं हि भावं धृत्वा स गच्छति ।
स तदेवाप्स्यते देहं भावं तं मनसा स्मरन् ।। 668/1447

दोहा॰ अंत काल में मन रहे, जिसी देव को ध्यात ।
उसी ध्यान की चाह से, वही देव नर पात ।। 875/1779

|| 8.7 || तस्मात्सर्वेषु कालेषु मामनुस्मर युध्य च ।
मय्यर्पितमनोबुद्धिर्मामेवैष्यस्यसंशयम् ।।

(अतः)
🕉 स्मरन्मां पार्थ तस्माद्धि कर्तव्यं कुरु त्वं रणे ।
एवं परायणो भूत्वा नूनं मामेव यास्यसि ।। 669/1447

दोहा॰ अतः, पार्थ! मत्पर हुए, रखो मुझी पर ध्यान ।
रण पर कर कर्तव्य तुम, मुझे मिलोगे आन ।। 876/1779

🕉 को जानाति कदा कस्य कुत्र मृत्युर्भविष्यति ।
मुक्तिं प्राप्तुमतो नाम निरन्तरं मुखे भवेत् ।। 670/1447

दोहा॰ को जाने कब कौन रे! प्राण छोड़ कर जाय ।
हरि! हरि! हो मुख में सदा, पीछे मत पछताय ।। 877/1779

🎵 संगीत-गीता-दोहावली छन्दमाला, मोती 91 of 136
मदनाग छन्द[87]

---

[87] 🎵 मदनाग छन्द : इस 25 मात्रा वाले महावतारी छन्द के अन्त में एक दीर्घ मात्रा आती है । इसका लक्षण सूत्र 12 + S I S, 4 + I I S इस प्रकार होता है ।

12 + ऽ। ऽ, 4 + ।। ऽ

(परायणता)

भावना मन जो अंत काल में, उपस्थित रही ।
मत्पर मानुष को मम पाद में, मिले गति वही ।। 1
किसने जाना कब किसको कहाँ, होगा मरना ।
अतः अर्जुन! जाप मम नाम का, अविरत करना ।। 2

संगीत-गीता-दोहावली गीतमाला, पुष्प 104 of 205

जप ले नाम

स्थायी

जप ले नाम तू निशदिन बंदे, छोड़ बखेड़ा जाना है ।
अरे, बुलावा कब आजावे, कल को किसने जाना है ।।

♫ सासा रे- ग-म म पमगरे म-म-, रे-ग मप-मग ध-प- म- ।
निध-, पम-ग- मम ग-रे-म-, पप मग रेगम- पमगरे सा- ।।

अंतरा-1

हर दम नाम हो जिसके मुख में, अंत न उसका होगा दुख में ।
जीवन उसका सदा हि सुख में, बंदा वो ही सयाना है ।।

♫ सासा रेरे ग-म ग- ममप- मग रे-, ध-प म गगम- ग-म- पप म- ।
नि-धप ममप- गम- प मग रे-, प-मग रे- म पम-गरे सा- ।।

अंतरा-2

अंतकाल जिसका सुमिरण में, जीता उसने स्वर्ग मरण में ।
हरि चरणों में, वो जीता है, योगी वो ही महाना है ।।

अंतरा-3

काम करे जा हरि नाम से, निष्काम कर्म करो तन मन से ।
योग सदीयों पुराना है, राग अमर का तराना है ।।

▶ लक्षण गीत : ✍ दोहा॰ मत्त पच्चीस का जहाँ, लघु लघु गुरु से अंत ।
बारह कल पर यति किए, "मदनाग" बने छंद ।। 878/1779

|| 8.8 ||
अभ्यासयोगयुक्तेन चेतसा नान्यगामिना ।
परमं पुरुषं दिव्यं याति पार्थानुचिन्तयन् ।।

(पुरुषोत्तमप्राप्ति:)

ॐ अभ्यासे रतो भूत्वा करोति चित्तसाधनाम् ।
युक्त्वा चिन्तने नित्यं स प्राप्नोति पुरुषोत्तमम् ।। 671/1447

दोहा॰ योग पठन में जो लगा, हरि चिंतन से व्याप्त ।
किए निरंतर साधना, पुरुषोत्तम है प्राप्त ।। 879/1779

|| 8.9 ||
कविं पुराणमनुशासितारमणोरणीयांसमनुस्मरेद्य: ।
सर्वस्य धातारमचिन्त्यरूपमादित्यवर्णं तमस: परस्तात् ।।

ॐ दोहा छंद में गीतोपनिषद्

ॐ सदा भजति सर्वज्ञम्-ईशं यो विश्वपालकम् ।
कविं सर्वस्य धातारं सूक्ष्मतमं सनातनम् ।। 672/1447

दोहा॰ सदा भजो परमेश वो, सर्व सनातन ईश ।
सबका ज्ञाता है वही, विश्वपाल जगदीश ।। 880/1779

|| 8.10 ||
प्रयाणकाले मनसाऽचलेन भक्त्या युक्तो योगबलेन चैव ।
भ्रुवोर्मध्ये प्राणमावेश्य सम्यक्स तं परं पुरुषमुपैति दिव्यम् ।।

ॐ प्राणं मूर्ध्नि स्थिरं कृत्वा भक्तियुक्तेन चेतसा ।
अन्तकाले रतो योगी लभते पुरुषं परम् ।। 673/1447

दोहा॰ प्राण भौंह में स्थिर किए, चित्त भक्ति से युक्त ।
परम पुरुष को प्राप्त वो, अंत समय में मुक्त ।। 881/1779

|| 8.11 ||
यदक्षरं वेदविदो वदन्ति विशन्ति यद्यतयो वीतरागा: ।
यदिच्छन्तो ब्रह्मचर्यं चरन्ति तत्ते पदं सङ्ग्रहेण प्रवक्ष्ये ।।

(परमधाम)

ॐ अक्षरमिति यत्प्राहु:-ज्ञानिनो वेदपण्डिता: ।
यान्ति संन्यासिनो यत्र परमं तत्पदं शृणु ।। 674/1447

दोहा॰ अक्षर कहते धाम जो, जिन्हें वेद का ज्ञान ।
सुनो परम पद वो जहाँ, संन्यासी को स्थान ।। 882/1779

|| 8.12 ||

सर्वद्वाराणि संयम्य मनो हृदि निरुध्य च ।
मूर्ध्न्याधायात्मनः प्राणमास्थितो योगधारणाम् ।।

ॐ नवद्वाराणि संयम्य मनो पूर्णं वशी कृतम् ।
प्राणं च मूर्ध्नि संहृत्य करोति योगधारणाम् ।। 675/1447

दोहा॰ नौ द्वारों के देह के, वश में करके गात्र ।
प्राण शीश में स्थिर जिसे, योग साधना पात्र ।। 883/1779

|| 8.13 ||

ओमित्येकाक्षरं ब्रह्म व्याहरन्मामनुस्मरन् ।
यः प्रयाति त्यजन्देहं स याति परमां गतिम् ।।

ॐ ओमोम्मुखे सदा यस्य मनसि चिन्तनं मम ।
त्यक्त्वा देहं स प्राप्नोति मद्धाम च परां गतिम् ।। 676/1447

दोहा॰ मन में जो भजता मुझे, लिए ओम् का नाम ।
तन तज कर मिलता उसे, परम शाँति का धाम ।। 884/1779

|| 8.14 ||

अनन्यचेताः सततं यो मां स्मरति नित्यशः ।
तस्याहं सुलभः पार्थ नित्ययुक्तस्य योगिनः ।।

ॐ अनन्यमनसा यो मां प्रीत्या भजति सर्वदा ।
प्राप्तो भवामि तेनाहं सुगमः सुलभः सदा ।। 677/1447

दोहा॰ जो भजता है सर्वदा, लेकर मेरा नाम ।
प्राप्त उसे मैं हूँ सदा, उसको मेरा धाम ।। 885/1779

संगीत-गीता-दोहावली गीतमाला, पुष्प 105 of 205

हरि हरि

स्थायी

मन में मूरत, मुख में ना - - म ।

♪ सासा रे- ग-रेसा, मम गरे सा- - सा ।

अंतरा-1

चंचल मन पे बंधन दीना, तन के अंदर संयम कीना ।

निश दिन हरि जप चारों या - - म ।

सुंदर सूरत हरि घनश्या – – म ।।

♪ सा–सासा रेरे ग– प–मग रे–म–, मम गरे म–मम प–मग म–प– ।

धध पप मम गग प–मग रे– – रे ।

सा–रेरे ग–रेसा मम गरेसा– – सा ।।

अंतरा–2

संत जनन के संग मुकामा, अंग बिभूति चंदन माला ।

मुख में घड़ी घड़ी हरि गुण गा – – न ।

अंत में मिलता स्वर्ग का धा – – म ।।

अंतरा–3

अंबर से भूमि पर आया, नंद का नंदन मंगल काया ।

वंदन शिर सष्टांग प्रणा – – म ।

तुझ पर अर्पण हमरे प्रा – – ण ।।

।। 8.15 ।। **मामुपेत्य पुनर्जन्म दुःखालयमशाश्वतम् ।**
नाप्नुवन्ति महात्मानः संसिद्धिं परमां गताः ।।

ॐ **गच्छति शरणं यो मां सिद्धो महाजनो नरः ।**
नश्वरं दुःखदं तस्य पुनर्जन्म न विद्यते ।। 678/1447

✍**दोहा॰** **आता जो मम शरण में, भगत भक्ति से युक्त ।**
नर वह दुखमय जगत में, पुनर्जन्म से मुक्त ।। 886/1779

♫ **संगीत–गीता–दोहावली छन्दमाला, मोती 92 of 136**

शंकर छन्द[88]

16, 7 + ऽ।

(नाम जप)

जो भजता है भगत सर्वदा, लिए मेरा नाम ।

---

[88] ♫ **शंकर छन्द :** इस 26 मात्रा वाले महाभागवत छन्द के अन्त में एक गुरु और एक लघु मात्रा आती है । इसका लक्षण सूत्र 16, 7 + ऽ। होता है ।

▶ लक्षण गीत : ✍ **दोहा॰ मत्त बत्तीस पूज्य का, मात्रा गुरु लघु अंत ।**
सोलहवीं पर यति सजे, पावन “शंकर” छंद ।। 887/1779

मिलता है पार्थ! निश्चित उसे, परम मेरा धाम ।। 1
चिंतन मन में ओम्! ओम्! का, करत तजता प्राण ।
तज कर देह नर पाता मुझे, घटत भव कल्याण ।। 2

।। 8.16 ।।

आब्रह्मभुवनाल्लोकाः पुनरावर्तिनोऽर्जुन ।
मामुपेत्य तु कौन्तेय पुनर्जन्म न विद्यते ।।

(पुनर्जन्म)

यातायातस्य चक्रं यं ब्रह्मलोकं स गच्छति ।
जन्ममृत्योर्विमुक्तः स यो याति शरणं मम ।। **679**/1447

दोहा॰ आना-जाना है उसे, जिसे ब्रह्म का धाम ।
मेरे आश्रय में नहीं, पुनर्जन्म का नाम ।। 888/1779

।। 8.17 ।।

सहस्त्रयुगपर्यन्तमहर्यद्ब्रह्मणो विदुः ।
रात्रिं युगसहस्रान्तां तेऽहोरात्रविदो जनाः ।।

(अहोरात्रज्ञाता)

निशा शतयुगा दीर्घा तावद्दिनं च ब्रह्मणः ।
गती ज्ञाते तयोर्येन स जानाति निशां दिनम् ।। **680**/1447

दोहा॰ शत युग रैना ब्रह्म की, उतना ही दिनमान ।
जानी जिसने यह गति, उसे "अहो-निश" ज्ञान ।। 889/1779

।। 8.18 ।।

अव्यक्ताद्व्यक्तयः सर्वाः प्रभवन्त्यहरागमे ।
रात्र्यागमे प्रलीयन्ते तत्रैवाव्यक्तसंज्ञके ।।

प्रभाते ब्रह्मणो जीवा व्यक्ता भवन्ति गोचराः ।
सन्ध्यायां च पुनः सर्वे ते पूर्ववदगोचराः ।। **681**/1447

दोहा॰ प्रभात होते ब्रह्म की, प्राणी सजीव व्यक्त ।
ब्रह्माजी की रात्र में, निर्जिव सब अव्यक्त ।। 890/1779

।। 8.19 ।।

भूतग्रामः स एवायं भूत्वा भूत्वा प्रलीयते ।
रात्र्यागमेऽवशः पार्थ प्रभवत्यहरागमे ।।

गमनागमनं तेषां चक्राकारं निरन्तरम् ।
आगमनं दिवा तेषां नक्तं च गमनं तथा ।। **682**/1447

✍दोहा॰ आनी-जानी यों लगी, अथक चक्र की तौर ।
दिन में आते हैं सभी, जाते निश में और ।। 891/1779

🌹 संगीत-गीता-दोहावली गीतमाला, पुष्प 106 of 205

जीवन चक्र

स्थायी

ऐसी ये दासताँ है, जो ना कभी रुकी है ।
जानी जहाँ खतम है, होती शुरू वहीं है ।।

♫ म-प- म ग-मप- ध-, प- नि- धप- धप- म- ।
गम- पध- पधध नि-, ध-प- मप- मगरे सा- ।।

अंतरा-1

लंबी सहस्त्र जुग की, ब्रह्मा की रात जानी ।
उतनी ही दिन की लंबी, यात्रा पुनः कही है ।।

♫ सा-रे- गग-ग मम प-, नि-ध- प ध-प म-प- ।
पपम- ग रेरे ग म-प-, ध-प- मप- मगरे सा- ।।

अंतरा-2

दिन में ये भूत प्यारे, होते हैं व्यक्त सारे ।
अव्यक्त फिर निशा में, जीवन मरण यही है ।।

अंतरा-3

ब्रह्मा है प्राण दाता, वो ही है मुक्ति देता ।
"भगवन्! तू हमको पाहि," ये प्रार्थना सही है ।।

।। 8.20 ।।

परस्तस्मात्तु भावोऽन्योऽव्यक्तोऽव्यक्तात्सनातनः ।
यः स सर्वेषु भूतेषु नश्यत्सु न विनश्यति ।।

(परमगतिः)

ॐ उच्चतमैतयोर्भिन्ना गतिः पार्थ सनातना ।
न गच्छति न चायाति विनाशे न विनश्यति ।। 683/1447

दोहा॰ इनसे बढ़ कर तीसरी, गति दैविनी पुराण ।
नश्वर जग में, शाश्वती, "परमा" कही महान ।। 892/1779

|| 8.21 || अव्यक्तोऽक्षर इत्युक्तस्तमाहुः परमां गतिम् ।
यं प्राप्य न निवर्तन्ते तद्धाम परमं मम ।।

(परमगतिप्राप्तिः)

गति सा परमा पार्थ मम धामापि कथ्यते ।
यत्रागत्य न गन्तव्यं परमं धाम तन्मम ।। 684/1447

दोहा॰ दैवी यह परमा गति, जानो मेरा धाम ।
पाकर वह परमा गति, लौटना नहीं नाम ।। 893/1779

संगीत-गीता-दोहावली छन्दमाला, मोती 93 of 136

शिव छन्द[89]

2 + । + 2 + ।ऽ।ऽ
अथवा 2 + । + 2 + ।।।। ऽ
अथवा 2 + । + 2 + । + 2 + ।।।

(परमतत्त्व)

उगम पँच भूत का, जगत जहँ हि सृष्ट है ।
परम अचल भक्ति से, परम तत्त्व दृष्ट है ।।

|| 8.22 || पुरुषः स परः पार्थ भक्त्या लभ्यस्त्वनन्यया ।
यस्यान्तःस्थानि भूतानि येन सर्वमिदं ततम् ।।

उद्गमः पञ्चभूतानां सृष्टं यस्मादिदं जगत् ।
सर्वैर्हि प्राप्यते भक्त्या परमात्मा स श्रद्धया ।। 685/1447

दोहा॰ पंचभूत का मूल जो, प्रकृति का यजमान ।
भक्ति से जो प्राप्त है, "परमात्मा" है नाम ।। 894/1779

---

[89] **शिव छन्द** : इस 11 मात्रा वाले रौद्र छन्द के अन्त में स गण (।। ऽ), अथवा र गण (ऽ। ऽ) अथवा न गण (।।।) आता है । इसकी 3, 6, 9-वीं मात्रा लघु होती है । यति चरणान्त ।

▶ लक्षण गीत : **दोहा॰ ग्यारह मात्रा रौद्र का, स र न गणों से अंत ।
त्रय छः नौ लघु पर हों जहाँ, मंगल वह "शिव" छंद ।। 895/1779**

 संगीत–गीता–दोहावली गीतमाला, पुष्प 107

भजन
ओ हरि!

स्थायी

मंगल हरि काम तेरा, परम धाम है – – ।
♪ प–मग़ रे ग़ म–ग़ रे ग़–, पमग़ रे–ग़ सा– ।

अंतरा–1

सुंदर शुभ शांत सुभग छवि, तेरी सुखारी ।
कोटि कोटि संत करें, वंदना तिहा – – – री ।
गिरिधर गोविंद तेरा, मधुर नाम है – – ।।
♪ म–ग़रे ग़ग़ प–म ग़ग़ग़ ग़रे–, प–म ग़रे–म– ।
नि–ध प–ध नि–ध पम–, प–मग़– रे ग़– – म– ।
पपपप प–मग़ रे ग़–, पमग़ रे–ग़ सा– – ।।

अंतरा–2

स्वर्ग से बढ़ के पवित्र प्रभु! तेरा ठिकाना ।
भक्ति भाव से हि मिले, अमर ऐसा मुका – – – मा ।
चरणन में आके तेरे–, सब ललाम है – – ।।

अंतरा–3

हिरदय का एक छोटा कोना, तेरा है धामा ।
भगतन के मन में ए–क बसा, तेरा है ना – – – मा ।
लाख लाख कृष्ण तुझे, शत शत प्रणाम हैं – – ।।

|| 8.23 || यत्र काले त्वनावृत्तिमावृत्तिं चैव योगिनः ।
प्रयाता यान्ति तं कालं वक्ष्यामि भरतर्षभ ।।

(कृष्णशुक्लौ पथौ)

शृणु पार्थ क्षणे द्वेऽपि प्रत्यागमोऽस्ति वा न वा ।
एकस्मिन्नास्ति यात्रा त्वन्यस्मिन्प्रत्यागमो भवेत् ।। 686/1447

दोहा॰   सुनो, पार्थ! अब समय दो, जो देते दो धाम ।

एक देत धरती पुन:, अपर स्वर्ग में स्थान ॥ 896/1779

|| 8.24 || अग्निर्ज्योतिरह: शुक्ल: षण्मासा उत्तरायणम् ।
तत्र प्रयाता गच्छन्ति ब्रह्म ब्रह्मविदो जना: ॥

🕉 अग्निज्योते: क्षणे यद्वा प्रकाशदिवसक्षणे ।
अवधौ शुक्लपक्षस्य षण्मासे उत्तरायणे ॥ 687/1447

✒ दोहा॰   अग्नि ज्योति का काल हो, या हो दिवस प्रकाश ।
उत्तरायण रवि की गति, शुक्ल पक्ष अवकाश ॥ 897/1779

🕉 ब्रह्मज्ञानी त्यजेद्देहम्-एतेषु समयेषु य: ।
परं ब्रह्मपदं प्राप्य योगी तदात्मको हि स: ॥ 688/1447

✒ दोहा॰   जो योगी तन त्यागता, इन समयों के बीच ।
स्थान चरम उसको मिले, ब्रह्म परम में ऊँच ॥ 898/1779

|| 8.25 || धूमो रात्रिस्तथा कृष्ण: षण्मासा दक्षिणायनम् ।
तत्र चान्द्रमसं ज्योतिर्योगी प्राप्य निवर्तते ॥

🕉 कृष्णपक्षे निशाकाले षण्मासे दक्षिणायने ।
चन्द्रकिरणमारुह्य प्रत्यागच्छति भूतले ॥ 689/1447

✒ दोहा॰   दक्षिण पथ में सूर्य हो, कृष्ण पक्ष की रात ।
आता योगी भूमि पर, चंद्र किरण के साथ ॥ 899/1779

|| 8.26 || शुक्लकृष्णे गती ह्येते जगत: शाश्वते मते ।
एकया यात्यनावृत्तिमन्ययावर्तते पुन: ॥

(पथौ ज्ञातव्यौ)

🕉 शुक्लकृष्णौ पथौ द्वौ च जगति शाश्वतौ मतौ ।
एको ददाति मुक्तिं तु द्वितीयो भवसागरम् ॥ 690/1447

✒ दोहा॰   शुक्ल कृष्ण दो पक्ष के, पथ शाश्वत हैं ज्ञात ।
मिले एक से मुक्ति है, दूजे से भव प्राप्त ॥ 900/1779

|| 8.27 || नैते सृती पार्थ जानन्योगी मुह्यति कश्चन ।
तस्मात्सर्वेषु कालेषु योगयुक्तो भवार्जुन ॥

🕉 यो जानाति पथौ योगी मोहातीत: सदा हि स: ।

तस्मात्त्वं सर्वदा पार्थ ज्ञानयोगं समाचर ।। **691**/1447

दोहा॰ शुक्ल कृष्ण दोनों हुए, पथ जिसको हैं याद ।
वह ज्ञानी निर्मोह है, बनो ज्ञानी तुम, तात! ।। **901**/1779

।। 8.28 ।। वेदेषु यज्ञेषु तपःसु चैव दानेषु यत्पुण्यफलं प्रदिष्टम् ।
अत्येति तत्सर्वमिदं विदित्वा योगी परं स्थानमुपैति चाद्यम् ।।

ॐ दोहा छंद में गीतोपनिषद् ।

ॐ यज्ञेन तपसा दानैः श्रुतिर्वदति यत्फलम् ।
तस्मात्पुण्यतरं पार्थ ज्ञानेन प्राप्यते वरम् ।। **692**/1447

दोहा॰ फल जो कहते वेद हैं, किए यज्ञ तप दान ।
उनसे बड़ फल देत है, ज्ञान योग का ज्ञान ।। **902**/1779

संगीत-गीता-दोहावली गीतमाला, पुष्प 108 of 205

राग वृंदावनी सारंग, कहरवा ताल 8 मात्रा

नंद किशोर

स्थायी

नंद किशोर को याद करले,
सुख दुख चिंता उस पर छोड़ दे ।

♫ सां-नि पमरेनि़ सा रे - - रे मरेनि़सा,
नि़नि़ सासा रे-सा- रेरे पम रे-सा सा ।

अंतरा-1

प्रभु बिन अब तेरा, कौन है कौन है ।
जरा दिल की सुन, हरि बिन दुखिया ।।

♫ मम पप निप निनि, सां-सां सां रें-सां सां ।
निसां रेंरें रें- सांसां, निसां रेंसां निसांनिप ।।

अंतरा-2

अरज बिना प्रभु, मौन है मौन है ।
याद करे तो, जीवन उजियारा ।।

अंतरा-3

हरि बिन क्या कुछ, और है और है ।

अरु कछु हो न हो, उस बिन नहीं चारा ।।

संगीत-गीता-दोहावली गीतमाला, पुष्प 109 of 205

(ब्रह्मज्ञान का निरूपण)

स्थायी

स्वरदा ने सुंदर गाया है, नारद ने साज बजाया है ।

रतनाकर गीत रचाया है ।।

♫ सानि़सा- गरे सा-नि़नि़ सा-रेम ग-, गममग पम ग-रे सासा-रेम ग- ।

गगरेसासासा रे-ग मगरेसानि़ सा- ।।

अंतरा-1

जो ज्ञानी कहते अक्षर है, अविनाशी शाश्वत चिर स्थिर है ।

सब गोचर हैं, जिसके दिन में, अरु निश में अगोचर हैं फिर से ।

वह ब्रह्म सनातन जाना है ।।

♫ प- मरेम- पपपम पनिधप प-, पपमगगसा सागमप गरे सानि़ सा- ।

सानि़ सा-गरे सा-, नि़नि़सा- रेम ग-, सानि़ सासा ग रेसा-नि़नि़ सा- रेम ग- ।

गग रेसासा सारे-गम गरेसानि़ सा- ।।

अंतरा-2

जिस जग में आनी-जानी है, वह ब्रह्म गतिऽ भी मानी है ।

जित जाकर लौटन नाही है, सत् परम धाम मम ताही है ।

मम भगतों ने वो पाया है ।।

अंतरा-3

जो यज्ञ दान तप का फल है, उससे पावन ज्ञान का बल है ।

वह ज्ञानी नर कहलाया है, वह मम शरणन को पाया है ।

जो मम चरणन में आया है ।।

श्रीमद्-भगवद्-गीता का नौवाँ अध्याय ।

राजविद्या-राजगुह्य योग ।

संगीत-गीता-दोहावली गीतमाला, पुष्प 110 of 205

खयाल : राग भैरव,[90] तीन ताल 16 मात्रा

जै महेश!

जै महेश, निर्‌गम तेरी माया, लीला से जगत तू भरमाया ।
धूप कहीं पर है कहीं है छाया ।।

♫ मपध पमपधप, ममगग मम रे-सा-, ऩिधऩिसा रे- सासा गम पमरे-सा- ।
ऩिसाग मपध पप मध सांनि धनिसांनिधपमप ।।

अंतरा-1

साँप गले में डाला तूने, गंगा मैया तेरी जटा में ।
आँख तीसरी विनाश लाने, नारी नटेश्वर अनुपम काया ।।

♫ म-प पध- नि- सां-सां- निरेंसां-, ध-ध- निसांसां- निसांरेंसां सांनिसां धप ।
गमप धसांनिधप मगमम रे-सा-, ऩिसाग मपधपप मधसांनि धनिसांनिधपमप ।।

अंतरा-2

छाला हिरन की तेरी कटी पे, चंदा साजे तेरी जटा में ।
पाहि पाहि रे कृपालु प्यारे, दास तुम्हारी शरण में आया ।।

गीता दोहावली
बीसवाँ तरंग

25. गीता-रहस्य का निरूपण :

---

[90] **राग भैरव** : यह भैरव ठाठ का राग है । यह सबसे पुरातन राग है । इसका आरोह है : सा रे ग म प ध नि सां । अवरोह है : सां नि ध प म ग रे सा ।

▶ लक्षण गीत : **दोहा॰ कोमल स्वर दो रे ध हैं, ध रे वादि संवाद ।**
गंभीर, प्रात काल का, "भैरव" राग अगाध ।। 903/1779

संगीत-गीता-दोहावली छन्दमाला, मोती 94 of 136

फटका छन्द

8 + 8 + 8 + 6/5

(गीता रहस्य)

कर्म फलों का, होनी योनि का, नाता जिसको दिखता है ।
नर वह ज्ञानी, अपनी होनी, स्वयं आप ही लिखता है ।। 1
स्वरूप मेरा, न देव जाने, न मानुषों में कोई है ।
रहस्य इसका, जिसने जाना, मुझको पाता सोही है ।। 2

श्रीमद्भगवद्गीता नवमोऽध्यायः ।

श्रीभगवानुवाच ।

।। 9.1 ।।
इदं तु ते गुह्यतमं प्रवक्ष्याम्यनसूयवे ।
ज्ञानं विज्ञानसहितं यज्ज्ञात्वा मोक्ष्यसेऽशुभात् ।।

ॐ दोहा छंद में गीतोपनिषद् ।

(श्रीभगवानुवाच)

(राजविद्या च राजगुह्यं च)

ॐ गुह्यं हितकरं ज्ञानम्-अवदमहमुत्तमम् ।
पुनः शृणु सविज्ञानं गुडाकेश वदामि त्वाम् ।। **693**/1447

दोहा॰ रहस्य मय तुझको कहा, हित दायक जो ज्ञान ।
पुनः सुनो, अर्जुन सखे! वही सहित विज्ञान ।। **904**/1779

ॐ सन्तरिष्यसि ज्ञानेन सहजं भवसागरम् ।
प्राप्स्यसि निश्चितं मुक्तिम्-इदं ज्ञात्वा यथार्थतः ।। **694**/1447

दोहा॰ पाकर इस शुभ ज्ञान को, भवसागर है पार ।
योग जान कर ज्ञान का, मिले स्वर्ग का द्वार ।। **905**/1779

।। 9.2 ।।
राजविद्या राजगुह्यं पवित्रमिदमुत्तमम् ।
प्रत्यक्षावगमं धर्म्यं सुसुखं कर्तुमव्ययम् ।।

ॐ राज्ञी सा सर्वविद्यानां सूर्यवज्ज्ञानदीपिका ।
अव्ययिनी च विद्या सा गूढा श्रेष्ठा च पावना ।। **695**/1447

दोहा॰ राजा है यह ज्ञान का, उज्ज्वल सूर्य समान ।
पवित्र शाश्वत श्रेष्ठ है, धार्मिक पूज्य महान ॥ 906/1779

॥ 9.3 ॥ अश्रद्दधाना: पुरुषा धर्मस्यास्य परन्तप ।
अप्राप्य मां निवर्तन्ते मृत्युसंसारवर्त्मनि ॥

ॐ सद्धर्मे नास्ति विश्वासो यस्य नरस्य पाण्डव ।
पतति स न मां प्राप्य मृत्युसंसारसागरे ॥ 696/1447

दोहा॰ श्रद्धा जिस नर की नहीं, पाने में यह ज्ञान ।
मूरख वह खोता मुझे, भव में उसके प्राण ॥ 907/1779

॥ 9.4 ॥ मया ततमिदं सर्वं जगदव्यक्तमूर्तिना ।
मत्स्थानि सर्वभूतानि न चाहं तेष्ववस्थित: ॥

(नाहं तेषु)

ॐ सर्वगोऽहं निराकार: सर्वभूतेषु भारत ।
मयि तिष्ठन्ति सर्वाणि नाहं तेषु धनञ्जय ॥ 697/1447

दोहा॰ निराकार आधार मैं, सब भूतों का, पार्थ! ।
आश्रित वे मुझमें सभी, मुझे न उनमें स्वार्थ ॥ 908/1779

॥ 9.5 ॥ न च मत्स्थानि भूतानि पश्य मे योगमैश्वरम्[91] ।
भूतभृन्न च भूतस्थो ममात्मा भूतभावन: ॥

(नाहं तेषु)

ॐ न पश्य मयि भूतानि; पश्य मे योगमैश्वरम् ।
अहं तेषां समुद्धर्ता कर्ता धाता च सर्वथा ॥ 698/1447

दोहा॰ अचरज से मत देख तू, मुझमें जो स्थित भूत ।
देखो मेरे योग को, जो है ईश्वर रूप ॥ 909/1779

॥ 9.6 ॥ यथाकाशस्थितो नित्यं वायु: सर्वत्रगो महान् ।
तथा सर्वाणि भूतानि मत्स्थानीत्युपधारय ॥

(पुनर्जन्म)

---

[91] न च मत्स्थानि भूतानि पश्य मे योगमैश्वरम् = "पश्य मे योगमैश्वरम् न च मत्स्थानि भूतानि" इति ज्ञातव्यम् ।

ॐ आकाशे मुक्तवायुः स विशाले सर्वगो यथा ।
प्राणोऽपि सर्वभूतानां विशति निश्चितं मयि ।। 699/1447

दोहा॰ वायु विचरता गगन में, यथा मुक्त सब ओर ।
आते-जाते भूत हैं; शाश्वत मुझमें ठौर ।। 910/1779

।। 9.7 ।। सर्वभूतानि कौन्तेय प्रकृतिं यान्ति मामिकाम् ।
कल्पक्षये पुनस्तानि कल्पादौ विसृजाम्यहम् ।।

ॐ मयि तिष्ठन्ति जीवास्ते कल्पान्ते लयमागताः ।
निवर्तन्ते पुनः सर्वे कल्पादौ गोचरां गतिम् ।। 700/1447

दोहा॰ भूत कल्प के अंत में, मुझमें पाते ठौर ।
आते वापस भूमि पर, नये कल्प में और ।। 911/1779

।। 9.8 ।। प्रकृतिं स्वामवष्टभ्य विसृजामि पुनः पुनः ।
भूतग्राममिमं कृत्स्नमवशं प्रकृतेर्वशात् ।।

ॐ प्रकृतेर्विवशाः सर्वे जीवा ममाश्रिताः खलु ।
मायया मे हि जायन्ते भिन्नाकारा यथा गतिः ।। 701/1447

दोहा॰ मेरे आश्रय में सभी, प्रकृति के अनुसार ।
माया मम देती उन्हें, भिन्न रूप आकार ।। 912/1779

।। 9.9 ।। न च मां तानि कर्माणि निबध्नन्ति धनञ्जय ।
उदासीनवदासीनमसक्तं तेषु कर्मसु ।।

ॐ कृत्वाऽपि सर्वकर्माणि तटस्थोऽहं तु कर्मसु ।
अनासक्तश्च निर्बद्धः सदा कर्म करोम्यहम् ।। 702/1447

दोहा॰ करके सब ये कर्म भी, मुझे नहीं अनुराग ।
अनासक्त निर्बद्ध मैं, करूँ कर्म बेदाग ।। 913/1779

(कर्म-फल-होनी-योनि-सिद्धान्तः)

ॐ यस्य यस्य यथा कर्म मिलेद्योनिस्तथा तथा ।
सा पूर्वकर्मणां लीला भाग्यमित्युच्यते जनैः ।। 703/1447

दोहा॰ जिसका जैसा कर्म हो, योनि तथा सदैव ।
लीला संचित कर्म की, जग में जानी "दैव" ।। 914/1779

दुष्कृतो जायते पापी पुण्यवान्सुकृतस्तु यः ।
कृतं कर्म यथा येन जन्म तस्य तथैव हि ।। 704/1447

दोहा॰ पापी बनता पाप से, पुण्य देत स्वर्लोक ।
कर्म फलों का खेल ये, "होनी" कहते लोग ।। 915/1779

संगीत-गीता-दोहावली गीतमाला, पुष्प 111 of 205

बोले सत्नाम

स्थायी

ज्याहि विध होवे काम, ताहि विध धाम ।

♫ पप मम गम प-प, पम गरे सा-सा ।

अंतरा-1

सद्गुण देता मन की शुद्धि, पुण्य करन की सात्त्विक बुद्धि ।
ऋद्धि सिद्धि दे, बोले सत्नाम ।।

♫ नि़नि़धऩि सा-सा- रेरे ग- म-म-, प-म गरेग म- ध-पम ग-म- ।
नि-ध प-ध म-, पम गरेसा-सा ।।

अंतरा-2

गुण राजस में शान सुहानी, अहंकार हठ मान खुमारी ।
दंभ दर्प अरु, आत्मगुमान ।।

अंतरा-3

तामस गुण में भरा अंधेरा, काम क्रोध मद मत्सर माया ।
अज्ञानी को, नरक में स्थान ।।

अंतरा-4

पाप ताप सब भार हराने, भवसागर दुख पार कराने ।
निश दिन जपियो, हरि! हरि! नाम ।।

यथा कर्म तथा योनिः धर्मोऽस्ति प्रकृतेर्ध्रुवः ।
धर्मं ज्ञात्वा कृतिर्यस्य भाग्यं तेन स्वयं कृतम् ।। 705/1447

दोहा॰ "योनि मिलती है तथा, यथा हि जिसका कर्म" ।
लिखे स्वयं निज भाग्य वो, जो जाने यह धर्म ।। 916/1779

 संगीत-गीता-दोहावली गीतमाला, पुष्प 112 of 205

राग रत्नाकर, कहरवा ताल 8 मात्रा

राम नाम

स्थायी चौपाई, अंतरा दोहा

स्थायी

कहि कहि राम नाम शत बारी, पार सरत भव सागर तोय ।

♪ सानि॒ सारे ग॒-रे प-म ग॒रे सा-रे-, प-म ग॒रेरे ग॒म ग॒रेसानि॒ सा-सा ।

अंतरा-1

काम विषय मल धोय के, राम राम कहि कोय ।
मन सुमिरन बिच खोय के, नाम काम का होय ।।

♪ सा-रे रेग॒ग॒ मम प-म प-, म-प म-ग॒ रेग॒ म-म ।
पप ममग॒ग॒ रेसा रे-ग॒ रे-, म-ग॒ रे-सा नि॒- सा-सा ।।

अंतरा-2

देना दिल को खोल के, बिन भीतर से रोय ।
सद् बुद्धि का दान वो, काम ज्ञान का होय ।।

अंतरा-3

जपन तपन मन मोड़ के, चार दिशा से तोड़ ।
एक चित्त को जोड़ के, जाप ध्यान का होय ।।

🕉 कर्मफलस्य सम्बन्ध: सह दैवेन वेत्ति य: ।
दैवं स्वस्य नरो ज्ञानी लिखति स यथेच्छया ।। 706/1447

✍ दोहा॰ नाता होनी योनि का, कर्मफलों के साथ ।
जाना जिस विद्वान ने, योनि उसी के हाथ ।। 917/1779

🕉 सत्कार्यै कर्मयोगेन युञ्जाते यो नर: सदा ।
मुञ्चते योनिचक्रात्स पण्डितो मत्परायण: ।। 707/1447

✍ दोहा॰ कर्म योग से जो सदा, करता नित सत्कार्य ।
योनि-चक्र से मुक्त है, मत्पर नर वह आर्य ।। 918/1779

🕉 कर्ताऽहं कर्मणां तेषां तेष्वबद्धस्तथाप्यहम् ।

उदासीनो निरासक्त: कर्मस्वहं धनञ्जय ।। 708/1447

दोहा॰   कर्ता मैं उन कर्म का, उनसे सदा अबद्ध ।
निरासक्त निष्पक्ष मैं, करतब में कटिबद्ध ।। 919/1779

|| 9.10 ||

मयाध्यक्षेण प्रकृति: सूयते सचराचरम् ।
हेतुनानेन कौन्तेय जगद्विपरिवर्तते ।।

ममाज्ञया जगत्सर्वं विकसितं चराचरम् ।
तस्मादिदं जगत्कृत्स्नं नित्यश: परिवर्तते ।। 709/1447

दोहा॰   आज्ञा मेरी पाइके, चले जगत की बात ।
आनी-जानी के उसे, चक्र मिले दिन-रात ।। 920/1779

|| 9.11 ||

अवजानन्ति मां मूढा मानुषीं तनुमाश्रितम् ।
परं भावमजानन्तो मम भूतमहेश्वरम् ।।

(आस्तिक: च दैत्य: च)

ईशोऽहं सर्वभूतानां यो न जानाति तत्त्वत: ।
कृत्वा तेनावमानो मे तेनाहं मानवो मत: ।। 710/1447

दोहा॰   सब भूतों का ईश मैं, जिन्हें नहीं यह ज्ञान ।
मुझको मानव मान कर, करता मम अपमान ।। 921/1779

|| 9.12 ||

मोघाशा मोघकर्माणो मोघज्ञाना विचेतस: ।
राक्षसीमासुरीं चैव प्रकृतिं मोहिनीं श्रिता: ।।

संयुक्तो दैत्यभावेन बुद्धिहीनो नराधम: ।
वृथेच्छुको वृथाकर्मी मोघज्ञानी कुचिन्तक: ।। 711/1447

दोहा॰   दैत्य-भाव से युक्त वो, बुद्धि हीन निकृष्ट ।
निरर्थकर्मी नर वही, "अज्ञानी" है दुष्ट ।। 922/1779

|| 9.13 ||

महात्मानस्तु मां पार्थ दैवीं प्रकृतिमाश्रिता: ।
भजन्त्यनन्यमनसो ज्ञात्वा भूतादिमव्ययम् ।।

(दैवीप्रकृति:)

एकभक्तास्तु कौन्तेय दैवीजना: सुबुद्धय: ।
आदिं मां सर्वभूतानां विदुर्बीजं सनातनम् ।। 712/1447

दोहा॰ मेरी दैवी शक्ति से, बने यहाँ हर चीज ।
सुबुद्धि वाले जानते, मुझे सनातन बीज ।। 923/1779

।। 9.14 ।। सततं कीर्तयन्तो मां यतन्तश्च दृढव्रताः ।
नमस्यन्तश्च मां भक्त्या नित्ययुक्ता उपासते ।।

जानन्ति महिमानं मे यत्नशीला दृढव्रताः ।
पूजका मम ते दासा मद्भक्ताः शरणागताः ।। 713/1447

दोहा॰ मेरी महिमा जान कर, मत्पर मेरे भक्त ।
यत्नशील वे दृढव्रती, मुझे पूजते फक्त ।। 924/1779

।। 9.15 ।। ज्ञानयज्ञेन चाप्यन्ये यजन्तो मामुपासते ।
एकत्वेन पृथक्त्वेन बहुधा विश्वतोमुखम् ।।

(अन्यजनाः)

अपरे पूजका भक्ता विश्वरूपं नमन्ति मे ।
एकाग्रं ज्ञानयज्ञेन पृथक्त्वेन पुनः पुनः ।। 714/1447

दोहा॰ मेरे पूजक दूसरे, देख विश्व का रूप ।
ज्ञान यज्ञ से पूजते, मेरे अन्य स्वरूप ।। 925/1779

।। 9.16 ।। अहं क्रतुरहं यज्ञः स्वधाहमहमौषधम् ।
मन्त्रोऽहमहमेवाज्यमहमग्निरहं हुतम् ।।

(भगवतः विभूतयः)

यज्ञाहुतिर्घृतं पार्थ स्वधा वनस्पतिस्तथा ।
क्रतुरहं च यज्ञश्च यज्ञमन्त्रश्च पावकः ।। 715/1447

दोहा॰ यज्ञ आहुति घृत तथा, वनस्पति मैं, पार्थ! ।
मंत्र दक्षिणा अग्नि मैं, मैं पावन परमार्थ ।। 926/1779

।। 9.17 ।। पिताहमस्य जगतो माता धाता पितामहः ।
वेद्यं पवित्रमोङ्कारऋक्साम यजुरेव च ।।

माताऽहं च पिता धाता जगतश्च पितामहः ।
ऋक्सामयजुषां कर्ता पूज्योऽहं प्रणवस्तथा ।। 716/1447

दोहा॰ माता मैं ताता तथा, धाता पितामहान ।

वेत्ता मैं त्रैवेद का, पूज्य प्रणव प्रणिधान ।। 927/1779

 संगीत-गीता-दोहावली गीतमाला, पुष्प 113 of 205

बिभूति

स्थायी

जानता जो चराचर बिभूति मेरी, सच्चिदानंद निष्ठा उसी की खरी ।

♪ सा-नि॒सा- सा- ग॒रे-ग॒- ग॒रे-ग॒- मप-, सां-नि॒ध-प-म प-ध॒- पम- ग॒- रेसा- ।

अंतरा-1

यज्ञ की आहुति मैं स्वधा अर्चना, चार वेदों में गायी प्रणव मंत्रणा ।
योगीभिर्ध्यानिगम्या मैं आराधना, चक्रधारी कनाई मुरारी हरि ।।

♪ सा-सा रे- ग॒-मग॒ रे- ग॒म- प-मग॒-, नि॒ध प-म- ग॒ म-प- मपम ग॒-रेसा- ।
सा-रेग॒-ग॒म-ग॒ रे ग॒-म-पम-, सां-नि॒ध-प- मप-ध॒- पम- ग॒- रेसा- ।।

अंतरा-2

बंधु भाई सखा स्नेही माता पिता, जन्म मृत्यु अमरता का मैं देवता ।
चाँद सूरज सितारों में तेजस्विता, चेतना प्रकृति में है मैंने भरी ।।

अंतरा-3

आसमाँ से धरा तक भुवन तीन में, जो भी दैवी है शक्ति मेरी देन है ।
जो भी मेरे धरम का रजामंद है, मेरे बिभूति की परखन उसी ने करी ।।

|| 9.18 || गतिर्भर्ता प्रभुः साक्षी निवासः शरणं सुहृत् ।
प्रभवः प्रलयः स्थानं निधानं बीजमव्ययम् ।।

भर्ता साक्षी गतिः स्नेही निवासोऽहं प्रभुस्तथा ।
सर्वेषां मूलबीजोऽहं प्रलयश्च सनातनः ।। 717/1447

दोहा॰ भर्ता साक्षी बंधु मैं, सबका शरण निधान ।
जन्म-मृत्यु की मैं गति, मूल बीज, भगवान ।। 928/1779

|| 9.19 || तपाम्यहमहं वर्षं निगृह्णाम्युत्सृजामि च ।
अमृतं चैव मृत्युश्च सदसच्चाहमर्जुन ।।

तेजस्वी दिवि सूर्योऽहं पर्जन्यकारकस्तथा ।

मृत्युदोऽमरतादश्च सदसच्चाहमर्जुन ।। **718**/1447

✍दोहा॰ सूरज बन कर तेज मैं, वर्षा का करतार ।

मृत्यु अमरता सत् असत्, प्रकृति का भरतार ।। **929**/1779

♫ <u>संगीत–गीता–दोहावली छन्दमाला, मोती 95 of 136</u>

शंकर छन्द

16, 7 + ऽ।

(कृष्ण विभूति–3)

भर्ता साक्षी सद्गति स्नेही, कृष्ण परम निवास ।

सब भूतों का बीज कृष्ण है, वही प्रलय विनाश ।। 1

जन्म–मृत्यु सुरपुर का दाता, प्रखर सूर्य प्रकाश ।

सत् असत् पर्जन्य अनावृष्टि, कृष्ण ही आकाश ।। 2

<u>संगीत–गीता–दोहावली गीतमाला, पुष्प 114 of 205</u>

संस्कृत गीत

राग बिलावल : कहरवा ताल 8 मात्रा

सूर्य नारायण वन्दना

स्थायी

नमामि भास्करं चन्द्रं मङ्गलं च बुधं गुरुम् ।

शुक्रं शनिं च राहुं च केतुयुक्तान्नवग्रहान् ।।

♫ सागग–ग– ग–गरे– म–ग–, रे–गरे– ग– पम– गरे– ।

रे–ग– रेग– म पम– ग–, रे–गरे–ग–मग–रेसा– ।।

अंतरा–1

आदित्यं भास्वरं भानुं रविं सूर्यं प्रभाकरम् ।

अरुणं मिहिरं मित्रं पूर्णभक्त्या नमाम्यहम् ।।

♫ प–प–प– ध–पम– ग–प–, गम– प–म– गरे–गम– ।

सासासा– रेरेरे– ग–म–, ग–मग–रे– मग–रेसा– ।।

अंतरा–2

तमोरिं तारकानाथं पापघ्नं रात्रिभूषणम् ।
इन्दुं चन्द्रं विधुं सोमं दण्डवत्प्रणमाम्यहम् ।।

अंतरा–3

मङ्गलाङ्गं महाकायं ग्रहराजं ग्रहाधिपम् ।
अङ्गारकं महाभागं साष्टाङ्गः प्रणमाम्यहम् ।।

अंतरा–4

बुद्धिमतां बुधं श्रेष्ठं नक्षत्रेशं मनोहरम् ।
बुद्धिदं पुण्डरीकाक्षं कृताञ्जलिर्नमाम्यहम् ।।

अंतरा–5

सौम्यमूर्तिं ग्रहाधीशं पीताम्बरं बृहस्पतिम् ।
तारापतिं सुराचार्यं प्रणिपातो नमाम्यहम् ।।

अंतरा–6

भार्गवं वृष्टिकर्तारं स्वभासाभासिताम्बरम् ।
प्रकाशं शङ्करं शुक्रं सायं प्रातो नमाम्यहम् ।।

अंतरा–7

विघ्नराजं यमं रौद्रं सर्वपापविनाशकम् ।
शनीश्वरं शिवं शुभ्रं शतशः प्रणमाम्यहम् ।।

अंतरा–8

विप्रचित्तिसुतं राहुं रक्ताक्षमर्धविग्रहम् ।।
सिंहिकानन्दनं दैत्यं पुनः पुनो नमाम्यहम् ।।

अंतरा–9

रुद्रप्रियग्रहं कालं धूम्रकेतुं विवर्णकम् ।
लोककेतुं महाकेतुं मुहुर्मुहुर्नमाम्यहम् ।।

।। 9.20 ।।

त्रैविद्या मां सोमपाः पूतपापा यज्ञैरिष्ट्वा स्वर्गतिं प्रार्थयन्ते ।
ते पुण्यमासाद्य सुरेन्द्रलोकमश्नन्ति दिव्यान्दिवि देवभोगान् ।।

ॐ दोहा छंद में गीतोपनिषद् ।

(कर्मफलं यत्प्राप्यते श्वः)

ॐ **वेदत्रयस्य ज्ञातारः पूतपापाश्च सोमपाः ।**
अनघा यागकर्तारः स्मरन्ति मम नाम ये ।। 719/1447

✍दोहा॰ ज्ञाता तीनों वेद के, मुझे पूजते लोग ।
पुण्यवान निष्पाप वे, जिन्हें सोम का भोग ।। **930**/1779

।। 9.21 ।। ते तं भुक्त्वा स्वर्गलोकं विशालं क्षीणे पुण्ये मर्त्यलोकं विशन्ति ।
एवं त्रयीधर्ममनुप्रपन्नाः गतागतं कामकामा लभन्ते ।।

ॐ **सुकर्म सुकृतं कृत्वा स्वर्गलोकं विशन्ति ते ।**
स्वर्गभोगांश्च भुञ्जन्ति शक्रलोके ततो दिवि ।। 720/1447

✍दोहा॰ करके सुकृत कर्म ही, मिले स्वर्ग का लोक ।
इन्द्र लोक में वे करें, विलास के उपभोग ।। **931**/1779

ॐ **स्वर्गलोके सुखं भुक्त्वा बहुलं परमात्मकम् ।**
क्षीणे पुण्ये निवर्तन्ते भूमौ पुनश्च ते जनाः ।। 721/1447

✍दोहा॰ समाप्त संचित पुण्य के, फल हों जब निःशेष ।
उन्हें भूमि पर लौटने, मिले पुनः आदेश ।। **932**/1779

ॐ **त्रयीधर्मस्य कौन्तेय लीनाः कर्मफलेषु ये ।**
पतन्ति मृत्युचक्रे ते जनाः स्वर्गपरायणाः ।। 722/1447

✍दोहा॰ शास्त्रों में जो फल कहे, कर्मकांड के मिष्ट ।
उन्हें परायण लोग जो, आते भव में क्लिष्ट ।। **933**/1779

।। 9.22 ।। अनन्याश्चिन्तयन्तो मां ये जनाः पर्युपासते ।
तेषां नित्याभियुक्तानां योगक्षेमं वहाम्यहम् ।।

(एकनिष्ठा)

ॐ **भक्तिरेकशिखा यस्य पूजनं चिन्तनं तथा ।**
नित्ययुक्तस्य तस्याहं योगक्षेमं वहाम्यहम् ।। 723/1447

✍दोहा॰ एक निष्ठ भजते मुझे, जन जो मन के साथ ।
योगक्षेम उनका सदा, मैं करता हूँ पार्थ! ।। **934**/1779

|| 9.23 ||

येऽप्यन्यदेवताभक्ता यजन्ते श्रद्धयान्विताः ।
तेऽपि मामेव कौन्तेय यजन्त्यविधिपूर्वकम् ।।

राध्नोति देवता भिन्नाः पूजको यस्तु श्रद्धया ।
स पूजयति मामेव ब्रमादविधिपूर्वकम् ।। **724**/1447

दोहा॰ अन्य देवता भक्त जो, भजते पाने मोक्ष ।
मुझको ही वे पूजते, जाने बिना, परोक्ष ।। **935**/1779

|| 9.24 ||

अहं हि सर्वयज्ञानां भोक्ता च प्रभुरेव च ।
न तु मामभिजानन्ति तत्त्वेनातश्च्यवन्ति ते ।।

भोक्ताऽहं सर्वयज्ञानां भूतानां प्रभुरेव च ।
यो न जानाति मां सत्यम्-अधोगतिं स गच्छति ।। **725**/1447

दोहा॰ सब यज्ञों का रसिक मैं, भूतों का हूँ ईश ।
जो ना जाने सत्य ये, पाप चढ़े उस शीश ।। **936**/1779

|| 9.25 ||

यान्ति देवव्रता देवान्पितॄन्यान्ति पितृव्रताः ।
भूतानि यान्ति भूतेज्या यान्ति मद्याजिनोऽपि माम् ।।

सुरभक्तः सुरं यात्यसुरभक्तोऽसुरं तथा ।
पितरं पितृनिष्ठश्च मद्भक्तो याति मां सखे ।। **726**/1447

दोहा॰ सुर पाते सुर भक्त हैं, असुरन असुरासक्त ।
पितृ भक्त भी पितृ को, मुझको मेरे भक्त ।। **937**/1779

|| 9.26 ||

पत्रं पुष्पं फलं तोयं यो मे भक्त्या प्रयच्छति ।
तदहं भक्त्युपहृतमश्नामि प्रयतात्मनः ।।

सच्चित्तो भक्तिभावेन यत्किमपि प्रयच्छति ।
प्रेम्णा तदहमश्नामि पुष्पं पर्णं फलं जलम् ।। **727**/1447

दोहा॰ पर्ण फूल फल भक्ति से, अर्पण जो है तोय ।
ग्रहण करूँ मैं स्नेह से, पुण्य कर्म वह होय ।। **938**/1779

|| 9.27 ||

यत्करोषि यदश्नासि यज्जुहोषि ददासि यत् ।
यत्तपस्यसि कौन्तेय तत्कुरुष्व मदर्पणम् ।।

दानकर्म तपो यज्ञं यत्कृतं तर्पणं तथा ।

अशनं ग्रहणं पानं सर्वं मदर्पणं कुरु ।। 728/1447

दोहा॰ सब कुछ हो अर्पण मुझे, जो भी देना दान ।
यज्ञ जाप तर्पण तथा, खाना हो या पान ।। 939/1779

संगीत-गीता-दोहावली छन्दमाला, मोती 96 of 136

विष्णुपद छन्द[92]

16, 7 + ऽ।

(भक्तिभाव)

शुद्ध चित्त के भक्ति-भाव से, जो हि किया प्रदान ।
पुष्प पर्ण फल नीर प्रेम से, ग्रहण करूँ प्रणाम ।। 1
दान कर्म जो धर्म भी किया, खान हो या पान ।
अर्पण मुझमें सब करो, पार्थ! सभी मेरे नाम ।। 2

।। 9.28 ।। शुभाशुभफलैरेवं मोक्ष्यसे कर्मबन्धनैः ।
संन्यासयोगयुक्तात्मा विमुक्तो मामुपैष्यसि ।।

मुक्तः शुभाशुभाभ्यां च योऽबद्धः कर्मबन्धनैः ।
युक्तः स ज्ञानयोगेन कौन्तेय मामुपैष्यति ।। 729/1447

दोहा॰ उदासीन शुभ-अशुभ में, कर्म बंध से मुक्त ।
ज्ञान योग से युक्त वो, मेरा भक्त प्रयुक्त ।। 940/1779

।। 9.29 ।। समोऽहं सर्वभूतेषु न मे द्वेष्योऽस्ति न प्रियः ।
ये भजन्ति तु मां भक्त्या मयि ते तेषु चाप्यहम् ।।

शत्रुर्मित्रं न मे कोऽप्यहं सर्वैः पूजितः समः ।
अहं स्नेहेन सर्वेषाम्-आश्रिता ये जना मयि ।। 730/1447

दोहा॰ मुझे शत्रु ना मित्र है, मुझको सबसे स्नेह ।
सबसे पूजित मैं सदा, सबको मुझमें गेह ।। 941/1779

---

[92] **विष्णुपद छन्द** : इस 26 मात्रा वाले महाभागवत छन्द के अन्त में एक गुरु और लघु मात्रा आती है । इसका लक्षण सूत्र 16, 7 + ऽ। होता है ।

▶ लक्षण गीत : **दोहा॰ मत्त छब्बीस हों जहाँ, गुरु लघु से हो अंत ।
यति कल सोलह पर दिए, पुण्य "विष्णुपद" छंद ।। 942/1779**

संगीत-गीता-दोहावली छन्दमाला, मोती 97 of 136

कामरूप छन्द[93]

9, 7, 8 + ऽ

(भक्त)

शत्रु मित्र नहीं पार्थ! मेरा, जग में कोई भी ।
सत् मत्परायण भगत मेरे, प्रिय मुझे हैं सभी । 1
आश्रित हुआ नर मम चरण में, एक मन से जभी ।
पूजित मैं सदा उस भगत से, समबुद्धि से तभी ।। 2

।। 9.30 ।।

अपि चेत्सुदुराचारो भजते मामनन्यभाक् ।
साधुरेव स मन्तव्यः सम्यग्व्यवसितो हि सः ।।

यः पूजयति मामेव यदि हि कोऽपि दुर्जनः ।
योग्यवर्त्मनि भक्तः स प्रियो मम धनञ्जय ।। 731/1447

दोहा॰ **कोई दुर्जन भी अगर, मुझे पूजता नित्य ।**
सही मार्ग पर भक्त वो, मैंने माना सत्य ।। 943/1779

संगीत-गीता-दोहावली गीतमाला, पुष्प 115 of 205

भजन : राग रत्नाकर, कहरवा ताल 8 मात्रा

पाहि माम्!

स्थायी

रे हरि तुम, सबसे करुण जग माँही ।

सा नि़ध़ नि़सा–, रेरेरे गमग रेसा नि़–सा– ।

अंतरा–1

ना कोई अपना, ना ही पराया, सभी जगत पर तेरा साया ।

---

[93] **कामरूप छन्द** : इस 26 मात्रा वाले महाभागवत छन्द के अन्त में एक गुरु मात्रा आती है । इसका लक्षण सूत्र 9, 7, + ऽ होता है ।

▶ लक्षण गीत : **दोहा॰ मत्त छब्बीस से बना, गुरु मात्रा से अंत ।**
नौ सोलह पर यति जहाँ, "कामरूप" है छंद ।। 944/1779

साधु संतन, अरु दुखी दीनन, तेरे चरणन माँही ।

रे हरि हम, तेरे भगत, पाहि पाहि ।।

♪ रे- सारे गगम-, प- म गरे-म-, पम- गमम पप सां-निध प-ध- ।

सां-नि- ध-पप, मम पप ध-पप, ध-प- ममगग रे-सा- ।

सा निध़ निसा-, रे-रे गमग, रेसा नि-सा- ।।

अंतरा-2

नारी नर हम बालक बूढ़े, सामने खड़े हाथ को जोड़े ।

आस लगाये, प्यास बुझाने, तेरा दरशन चाही ।

रे हरि अब, कोई हमें डर नाही ।।

अंतरा-3

नैया भव जल पार करायो, दासन की तू इक छन माँही ।

लीला तेरी, सबसे न्यारी, तूने जगको दिखायी ।

रे हरि हम, तेरी डगर के राही ।।

।। 9.31 ।। क्षिप्रं भवति धर्मात्मा शश्वच्छान्तिं निगच्छति ।
कौन्तेय प्रतिजानीहि न मे भक्तः प्रणश्यति ।।

(शीघ्रमुपैति धर्मात्मा)

ॐ शीघ्रमुपैति धर्मात्मा चिरां शान्तिं पदे पदे ।
भक्तो मे न कदापीह विनश्यति परन्तप ।। 732/1447

दोहा॰ धर्मनिष्ठ वह शीघ्र ही, पाता परम निवास ।
पार्थ! भक्त मेरा कभी, पाता नहीं विनाश ।। 945/1779

।। 9.32 ।। मां हि पार्थ व्यपाश्रित्य येऽपि स्युः पापयोनयः ।
स्त्रियो वैश्यास्तथा शूद्रास्तेऽपि यान्ति परां गतिम् ।।

ॐ वैश्यः शूद्रो नरो नारी साधुः पापी च स्याद्यदि ।
गृह्णाति शरणं यो मे तस्याहं परमा गतिः ।। 733/1447

दोहा॰ नर नारी द्विज शूद्र हो, वैश्य साधु या दुष्ट ।
जो आवे मम शरण में, सदा रहेगा तुष्ट; ।। 946/1779

।। 9.33 ।। किं पुनर्ब्राह्मणाः पुण्या भक्ता राजर्षयस्तथा ।

अनित्यमसुखं लोकमिमं प्राप्य भजस्व माम् ।।

तत्र साधुद्विजानां च पावनानां च का कथा ।
दु:खमये भवे तस्मात्-कौन्तेय भज मां सखे ।। 734/1447

दोहा॰ तो फिर पावन पुरुष का, क्यों ना हो कल्याण ।
दुख मय इस संसार में, ले लो मेरा नाम ।। 947/1779

।। 9.34 ।।

मन्मना भव मद्भक्तो मद्याजी मां नमस्कुरु ।
मामेवैष्यसि युक्त्वैवमात्मानारायणः ।।

पूजनं साधनां भक्तिं युज्यस्व हृदये तव ।
एवं परायणो भूत्वा पार्थ त्वं मामुपैष्यसि ।। 735/1447

दोहा॰ यजन भजन भक्ति मुझे, जोड़ो मुझको हाथ ।
आन मिलोगे तुम सखे! निश्चित प्रण के साथ ।। 948/1779

संगीत-गीता-दोहावली गीतमाला, पुष्प 116 of 205

राग भैरवी, कहरवा ताल 8 मात्रा

गीता रहस्य का निरूपण

स्थायी

सुनो शारद मंजुल गाया है, मुनि नारद बीन बजाया है ।
रत्नाकर गीत रचाया है ।।

सानि़ सा-गरे सा-नि़नि़ सा-रेम ग-, गम मगपम ग-रे सासा-रेम ग- ।
गगरेसासासा रे-ग मगरेसानि़ सा- ।।

अंतरा-1

प्रभु मातु पिता जग धाता मैं, ऋक् साम यजुस् का ज्ञाता मैं ।
मैं मृत्यु अमरता का दाता, ओंकार प्रणव का मैं सोता ।
त्रिभुवन ये मेरी माया है ।।

पप मरेम मप- पम पनिधप प-, पप मगग सासाग मप गरेसानि सा- ।
सानि़ सा-ग रेसासानि़- सा- रेमग-, सानि़सा-ग रेसासा नि़- सा- रेमग- ।
गगरेसा सा- रे-गम गरेसानि़ सा- ।।

अंतरा-2

जप यज्ञ दान तप तर्पण जो, जल पुष्प पर्ण फल अर्पण जो ।
जो खाया पीया लिया दिया, जो भक्ति भाव से हवन किया ।
वह मैंने प्रेम से पाया है ।।

अंतरा–3

जो नारी नर मुझको ध्याता, वो भगत मेरा मुझको भाता ।
वह धर्मात्मा शांतिऽ पाता, जो मेरी शरणन में है आता ।
यह रहस्य सबसे सवाया है ।।

संगीत–गीता–दोहावली गीतमाला, पुष्प 117 of 205

(गीता रहस्य का निरूपण)

स्थायी

स्वरदा ने सुंदर गाया है, नारद ने साज बजाया है ।
रतनाकर गीत रचाया है ।।

♫ सानि़सा– गरे सा–नि़नि़ सा–रेम ग–, गममग पम ग–रे सासा–रेम ग– ।
गगरेसासासा रे–ग मगरेसानि़ सा– ।।

अंतरा–1

प्रभु मातु पिता जग धाता मैं, ऋक् साम यजुस् का ज्ञाता मैं ।
मैं मृत्यु अमरता का दाता, ओंकार प्रणव का मैं सोता ।
त्रिभुवन ये मेरी माया है ।।

♫ पप मरेम मप– पम पनिधप प–, पप मगग सासाग मप गरेसानि़ सा– ।
सानि़ सा–ग रेसासानि़– सा– रेमग–, सानि़सा–ग रेसासा नि़– सा– रेमग– ।
गगरेसा सा– रे–गम गरेसानि़ सा– ।।

अंतरा–2

जप यज्ञ दान तप तर्पण जो, जल पुष्प पर्ण फल अर्पण जो ।
जो खाया पीया लिया दिया, जो भक्ति–भाव से हवन किया ।
वह मैंने प्रेम से पाया है ।।

अंतरा–3

जो नारी नर मुझको ध्याता, वो भगत मेरा मुझको भाता ।
वह धर्मात्मा शाँतिऽ पाता, जो मेरी शरणन में है आता ।
यह रहस्य सबसे सवाया है ।।

श्रीमद्-भगवद्-गीता का दसवाँ अध्याय ।
विभूति योग ।

 संगीत-गीता-दोहावली गीतमाला, पुष्प 118 of 205

कीर्तन : कहरवा ताल 8 मात्रा

पिता महादेवा

स्थायी

पिता महादेवा, माता पार्वती, पावन पुत्र गणेशा ।

♪ गसा गगम-म-, गसाग गममम-, पसांसांसां निपम गप- - -म- - - ।

अंतरा-1

शंभो शंकर, हे मन भावन, तेरा कीर्तन सब से पावन ।

जय जय जय गण नाथा ।।

♪ निपनि- सां-सांसां, नि- सांगं रें-सांसां, निपनि- सां-सांसां निसां गंरें सां-सांसां ।

पसां सांसां निप मग प- - -म- - - ।।

अंतरा-2

दुर्गे देवी, गौरी भवानी, तेरी माया है जग जानी ।

जय जय जय जग माता ।।

अंतरा-3

बुद्धि दायक, सिद्धि विनायक, तेरी किरपा है सुख दायक ।

जय जय जय गुण दाता ।।

गीता दोहावली
इक्कीसवाँ तरंग

26. दैवी-विभूति का निरूपण :

♫ संगीत-गीता-दोहावली छन्दमाला, मोती 98 of 136

फटका छन्द

8 + 8 + 8 + 6/5

(विभूति-3)

जहाँ कहीं जो, तत्त्व दिव्य है,
विश्व चराचर में अपार ।
अंश एक वो, मेर जानो,
मेरी विभूति का विस्तार ।।

श्रीमद्भगवद्गीता दशमोऽध्यायः ।

श्रीभगवानुवाच ।

।। 10.1 ।। भूय एव महाबाहो शृणु मे परमं वचः ।
यत्तेऽहं प्रीयमाणाय वक्ष्यामि हितकाम्यया ।।

दोहा छंद में गीतोपनिषद् ।

(श्रीभगवानुवाच)

पुनर्वदामि योगं त्वां वचनं शृणु भारत ।
सखा मे त्वं प्रियः पार्थ तस्माद्वदामि त्वां हितम् ।। 736/1447

दोहा॰ योग पुनः कहता तुम्हें, सुनो, पार्थ! हित बात ।
मेरा तू प्रिय है सखा, सुनो वचन मम, तात! ।। 949/1779

।। 10.2 ।। न मे विदुः सुरगणाः प्रभवं न महर्षयः ।
अहमादिर्हि देवानां महर्षीणां च सर्वशः ।।

नावगच्छन्ति देवाश्च विभूतिं विस्तरेण मे ।
यद्यप्यहं पिता तेषां कर्ता धाता च सर्वथा ।। 737/1447

दोहा॰ ऋषि-मुनि देव न जानते, मेरा अमित प्रभाव ।
महापिता मैं जगत का, मेरा दिव्य स्वभाव ।। 950/1779

।। 10.3 ।। यो मामजमनादिं च वेत्ति लोकमहेश्वरम् ।
असम्मूढः स मर्त्येषु सर्वपापैः प्रमुच्यते ।।

(ज्ञानी)

ॐ यो जानाति यथार्थेन मामजं परमेश्वरम् ।
पापात्स मुञ्च्यते ज्ञानी निर्भ्रमो निर्ममो नरः ।। 738/1447

दोहा॰ जिसने जाना है मुझे, अनादि अज भगवान ।
पाता मोचन पाप से, निर्भ्रम श्रद्धावान ।। 951/1779

|| 10.4 || बुद्धिर्ज्ञानमसम्मोहः क्षमा सत्यं दमः शमः ।
सुखं दुःखं भवोऽभावो भयं चाभयमेव च ।।

|| 10.5 || अहिंसा समता तुष्टिस्तपो दानं यशोऽयशः ।
भवन्ति भावा भूतानां मत्त एव पृथग्विधाः ।।

ॐ बुद्धिर्ज्ञानं क्षमा शान्तिः-निर्मोहता सुखं च स्यात् ।
अहिंसा समता सत्यं निर्ममता च साहसम् ।। 739/1447

दोहा॰ बुद्धि योग का ज्ञान हो, क्षमा, शाँति, निर्मोह ।
पूर्ण अहिंसा, सत्य हो, मन में ना हो कोह; ।। 952/1779

निर्ममता का भाव हो, शम, दम, समता, ध्यान ।
सुख-दुख का अहसास हो, साहस, जप, तप, दान ।। 953/1779

संगीत-गीता-दोहावली गीतमाला, पुष्प 119 of 205

राग रत्नाकर, कहरवा ताल 8 मात्रा

प्रभु! तेरी लीला

स्थायी

रे प्रभु! तूने, लीला है जग में भरी ।

♫ रे सारे! गरे-, प-म ग रेरे- ग रेसा- ।

अंतरा-1

सत्य अहिंसा मन वाणी में, दया क्षमा शांति प्राणी में ।
जगत पे, किरपा तेरी है बड़ी ।।

♫ म-ग रेग-म- धप म-ग- म-, सांनि- धप- म-गरे ग-म- म- ।
पपप म-, गगरे गम- ग रेसा- ।।

अंतरा-2

कीर्ति मेधा ह्री नारी में, आग चमक चिनगारी में ।

जगत का, कण कण तू है, हरि! ।।

अंतरा–3

सदाचार का मार्ग दिखायो, निर्ममता निर्मोह सिखायो ।

चरणन में तेरे, मुक्ति खरी ।।

।। 10.6 ।। महर्षयः सप्त पूर्वे चत्वारो मनवस्तथा ।
मद्भावा मानसा जाता येषां लोक इमाः प्रजाः ।।

(प्रजानिर्मितिः)

ॐ सप्त महर्षयः पूर्वे मनवश्च चतुर्दश ।
द्वौ कुमारौ च, सर्वे हि मनोजास्ते प्रजाकराः ।। **740**/1447

✍दोहा॰ "सात महर्षि, कुमार दो, चौदह मनु मनजात ।
प्रजापति मैंने किए," बोले ब्रह्मा तात ।। **954**/1779

।। 10.7 ।। एतां विभूतिं योगं च मम यो वेत्ति तत्त्वतः ।
सोऽविकम्पेन योगेन युज्यते नात्र संशयः ।।

(विभूतिज्ञानम्)

ॐ मम योगं विभूतिं च जानाति यो यथार्थतः ।
असंशयं हि ज्ञानी स योगेन युज्यते सदा ।। **741**/1447

✍दोहा॰ मेरी विभूति योग को, जाने जो धीमान ।
निःसंशय वह नर सदा, योग प्रयुक्त सुजान ।। **955**/1779

।। 10.8 ।। अहं सर्वस्य प्रभवो मत्तः सर्वं प्रवर्तते ।
इति मत्वा भजन्ते मां बुधा भावसमन्विताः ।।

ॐ सर्वेषामुद्गमो मत्तः–तेषामभ्युदयोऽप्यहम् ।
एवं ज्ञात्वा प्रबुद्धास्ते रमन्ते विलसन्ति च ।। **742**/1447

✍दोहा॰ मुझसे सबका उदय है, मुझसे उन्हें विकास ।
जिनको यह विश्वास है, मन में उन्हें विलास ।। **956**/1779

।। 10.9 ।। मच्चित्ता मद्गतप्राणा बोधयन्तः परस्परम् ।

कथयन्तश्च मां नित्यं तुष्यन्ति च रमन्ति च ॥

जना मोदेन ते सर्वे चर्चायां च रता मम ।
ध्यानमग्नास्ततो भूत्वा मयि ते मत्परायणाः ॥ 743/1447

दोहा॰ मेरी चर्चा में लगे, रमते लोग सुजान ।
मत्पर होकर भक्त वे, मुझमें धरते ध्यान ॥ 957/1779

॥ 10.10 ॥ तेषां सततयुक्तानां भजतां प्रीतिपूर्वकम् ।
ददामि बुद्धियोगं तं येन मामुपयान्ति ते ॥

एवं विधं च ध्यानेन पूजयन्ति प्रणेन ये ।
ददामि बुद्धियोगं तान्-लीयन्ते येन ते मयि ॥ 744/1447

दोहा॰ मुझे पूजते ध्यान से, तन मन से जो लोग ।
देता मैं अति प्रेम से, उन्हें बुद्धि का योग ॥ 958/1779

॥ 10.11 ॥ तेषामेवानुकम्पार्थमहमज्ञानजं तमः ।
नाशयाम्यात्मभावस्थो ज्ञानदीपेन भास्वता ॥

तेषामहं मनो भूत्वा स्नेहेन दयया तथा ।
प्रज्ज्वालयाम्यहं पार्थ ज्ञानदीपं तमोहरम् ॥ 745/1447

दोहा॰ भगतन के मैं हृदय में, बसता बन कर प्राण ।
ज्ञान दीप की ज्योति से, करता मैं कल्याण ॥ 959/1779

अर्जुन उवाच ।

॥ 10.12 ॥ परं ब्रह्म परं धाम पवित्रं परमं भवान् ।
पुरुषं शाश्वतं दिव्यमादिदेवमजं विभुम् ॥

(अर्जुन उक्तवान्)

पूज्यतमो मनोहारी पुण्यदाता भवान्हरे ।
सुखकर्ता व्यथाहर्ता पापहन्ता च त्वं प्रभो ॥ 746/1447

दोहा॰ परम ब्रह्म, शिव आप हैं, अमर, पवित्तर धाम ।
पुरुष, शाश्वत, दिव्य हैं, अक्षर, प्रभु! तव नाम ॥ 960/1779

परब्रह्मोत्तमं धाम पूजनीयः सनातनः ।
सर्वेषां च पिता कृष्ण त्वमजोऽनादिरव्ययः ॥ 747/1447

✍दोहा॰ परम सनातन आप हैं, पूज्य ब्रह्म के धाम ।
पिता सभी के आप हैं, अज अव्यय सत्नाम ।। **961**/1779

🌹 <u>संगीत-गीता-दोहावली गीतमाला, पुष्प 120 of 205</u>

राग रत्नाकर, कहरवा ताल 8 मात्रा

प्रभु! तेरे उपकार

स्थायी

हरि रे तेरे, मंगल हैं उपकार ।

♫ गम प मग-, ध-पम ग- मगरे-रे ।

अंतरा-1

सबसे पावन, मन के भावन, पुण्य लगावन आप हैं ।
सुख के आवन, दुख के जावन । तुम ही हो आधार ।।

♫ सासासा रे-रेरे-, गग ग- प-मग-, प-प धनि-धप- सां-नि ध- ।
पप प म-गग-, रेरे रे ग-मम- । धप म प- मगरे-रे ।।

अंतरा-2

ब्रह्म परम हैं, धाम चरम हैं, पूज्य सनातन आप हैं ।
निर्मल पायस, प्रेम सुधारस । गंगा की तुम धार ।।

अंतरा-3

नारद शारद, गान स्तुति के, गाते मुनिवर व्यास हैं ।
भजत जनन सब, सिमरत निश दिन । तेरे ही आभार ।।

।। 10.13 ।। आहुस्त्वामृषयः सर्वे देवर्षिर्नारदस्तथा ।
असितो देवलो व्यासः स्वयं चैव ब्रवीषि मे ।।

ॐ यत्त्वं भणसि रूपं ते तस्यैव दर्शनाय च ।
देवलश्चासितो व्यासः स्तवीति त्वां च नारदः ।। **748**/1447

✍दोहा॰ केशव! मंगल आपके, रूप दरस की आस ।
लेकर नारद हैं सदा, देवल आसित व्यास ।। **962**/1779

।। 10.14 ।। सर्वमेतदृतं मन्ये यन्मां वदसि केशव ।

न हि ते भगवन्व्यक्तिं विदुर्देवा न दानवा: ॥

यन्मां त्वमगद: पूर्वं मन्ये सर्वमृतं प्रभो ।
नहि जानन्ति देवाश्च मायां ते दानवास्तथा ॥ 749/1447

दोहा॰ जैसा तुमने है कहा, वैसा तुमरा रूप ।
सोचा ना देखा कभी, विभूति युक्त स्वरूप ॥ 963/1779

॥ 10.15 ॥ स्वयमेवात्मनात्मानं वेत्थ त्वं पुरुषोत्तम ।
भूतभावन भूतेश देवदेव जगत्पते ॥

पुरुषोत्तम देवेश प्राणदस्त्वं प्रभुर्महान् ।
त्वमेव तव ज्ञाताऽसि देवदेव जगत्पिता ॥ 750/1447

दोहा॰ महान-प्रभु तू प्राणदा, पुरुषोत्तम, देवेश ।
तुम ही दाता हो, प्रभो! जगत्पिता, परमेश ॥ 964/1779

॥ 10.16 ॥ वक्तुमर्हस्यशेषेण दिव्या ह्यात्मविभूतय: ।
याभिर्विभूतिभिर्लोकानिमांस्त्वं व्याप्य तिष्ठसि ॥

विभूतेस्तव गोविन्द यया सर्वमिदं ततम् ।
गौरवं श्रोतुमिच्छामि तव मुखाज्जनार्दन ॥ 751/1447

दोहा॰ तुमरी विभूति ने सभी, जगत किया है व्याप्त ।
तुमरे मुख से कथन मैं, करना चाहूँ प्राप्त ॥ 965/1779

॥ 10.17 ॥ कथं विद्यामहं योगिंस्त्वां सदा परिचिन्तयन् ।
केषु केषु च भावेषु चिन्त्योऽसि भगवन्मया ॥

केषु रूपेषु योगेश ज्ञास्यामि त्वां मनोहर ।
कथं विद्यामहं त्वां नु ध्यानयोगे रत: सदा ॥ 752/1447

दोहा॰ किन रूपों में मैं तुम्हें, जान सकूँ, भगवान! ।
कैसे पहिचानूँ मैं तुम्हें, कृष्ण! लगा कर ध्यान ॥ 966/1779

॥ 10.18 ॥ विस्तरेणात्मनो योगं विभूतिं च जनार्दन ।
भूय: कथय तृप्तिर्हि शृण्वतो नास्ति मेऽमृतम् ॥

शृण्वतो नास्ति तृप्तिर्मे त्वत्तस्ते कथनामृतम् ।
विभूतिं ते च योगं च कथय विस्तरेण माम् ॥ 753/1447

दोहा॰ सुनते तुमरे वचन को, भरे न चित्त हमार ।
कहो मुझे, प्रभु! प्यार से, विभूति का विस्तार ।। 967/1779

संगीत-गीता-दोहावली गीतमाला, पुष्प 121 of 205

प्रभु का धाम

स्थायी

प्रभु जी! किसमें रहते तुम, बताओ श्रवण प्यासे हम ।
प्रभोः भोः! कुत्र तिष्ठसि त्वं, वदतु मां, ज्ञातुमिच्छामि ।।

मगम रे-! धपम गगम प-, सांनिधप- मगरे ग-म- रे- ।
सानि़सा रे-! प-म ग-रेग म-, पमग रे-, प-मग-रे- सा- ।।

अंतरा-1

जहाँ पर नाद ब्रह्मा का, जहाँ पर राग सरगम का ।
वहाँ पर स्थान है मेरा, अरे! हम, "तत्र तिष्ठामि" ।।

धप- मग- रे-ग म-ग- प-, मग- रेरे- ग-म पपमग रे- ।
सानि़ सासा- म-ग रे- ग-म-, निध-! प-, "ग-ग म-रे-सा-" ।।

अंतरा-2

जहाँ पर है दिलों में गम, जहाँ पर बेदिली है कम ।
वहाँ पर वास है मेरा, सुनो! हम, "तत्र विष्ठामि" ।।

अंतरा-3

जहाँ पर पाप का नहीं दम, जहाँ पर पुण्य है हरदम ।
वहाँ आधार है मेरा, सखे! हम, "भद्र रक्षामि" ।।

अंतरा-4

कहीं ना धाम है ऐसा, कोई ना नाम है ऐसा ।
जहाँ ना वास है मेरा, सदा "सर्वत्र गच्छामि" ।।

संगीत-गीता-दोहावली छन्दमाला, मोती 99 of 136

ललितपद छन्द[94]

16, 8 + ऽ ऽ, अथवा 16, 8 + ।। ऽ अथवा 16, 8 + ।।।।

(सर्वगामी)

प्रभु जी तुम किसमें रहते हो, कहो सुनन मैं चाहूँ ।
जहाँ सरगम नाद ब्रह्मा का, वहीं वास करता हूँ ।। 1
जहाँ पर पुण्य की है प्रभुता, जहाँ सत्य है रहता ।
जहाँ पर पाप की निर्धनता, वहाँ नित्य मैं रहता ।। 2
ना कहीं भी स्थान है ऐसा, ना कोई है वह कण ।
जहाँ ना अस्तित्व है मेरा, ना मेरी है धड़कन ।। 3

श्रीभगवानुवाच ।

।। 10.19 ।। **हन्त ते कथयिष्यामि दिव्या ह्यात्मविभूतयः ।**
प्राधान्यतः कुरुश्रेष्ठ नास्त्यन्तो विस्तरस्य मे ।।

(विभूतिविस्तरः)

साधु पृष्टं त्वया पार्थ शृणु वदामि त्वां सखे ।
विभूतयस्तु दिव्यैव विस्तृताः प्रसृता यतः ।। 754/1447

दोहा॰ **सही कहा तूने, सखे! सुनो सर्व सह प्यार ।**
कहता हूँ जो दिव्य हैं, अनंत है विस्तार ।। 968/1779

।। 10.20 ।। **अहमात्मा गुडाकेश सर्वभूताशयस्थितः ।**
अहमादिश्च मध्यं च भूतानामन्त एव च ।।

आत्मा यो हृदि सर्वस्य स्थितो नित्योऽहमर्जुन ।
आदिर्मध्यश्च भूतानाम्–अहमन्तश्च भारत ।। 755/1447

दोहा॰ सब भूतन की आतमा, जन्म तथा मैं प्राण ।

---

[94] **ललितपद छन्द** : इस 28 मात्रा वाले यौगिक छन्द के अन्त में दो गुरु, अथवा दो लघु और एक गुरु, अथवा चार लघु मात्रा की चौकल आती हैं । ये तीनों प्रकार ऊपर के पद्य में (1, 2, 3) प्रयुक्त हैं । इसका लक्षण सूत्र 16, 8 + ऽ ऽ, अथवा 16, 8 + ।। ऽ अथवा 16, 8 + ।।।। होता है । इसका अन्य नाम **सार छन्द** है ।

▶ लक्षण गीत : **दोहा॰ मात्रा अठ्ठाईस का, ग ग, ल ल, ल ल ल ल अंत ।**
सोलह कल पर यति किए, बने "ललितपद" छंद ।। 969/1779

मध्य सभी का पार्थ! मैं, अंत मुझी को जान ।। 970/1779

।। 10.21 ।। आदित्यानामहं विष्णुर्ज्योतिषां रविरंशुमान् ।
मरीचिर्मरुतामस्मि नक्षत्राणामहं शशी ।।

विद्ध्यादित्येषु मां विष्णुं मरीचिं मरुतेषु च ।
ज्योतिर्मयेषु सूर्योऽहं नक्षत्रेषु च चन्द्रमा ।। 756/1447

दोहा॰ आदित्यों में "विष्णु" मैं, ज्योतिर्मयी "दिनेश" ।
नक्षत्रों में "चंद्रमा," "मरीचि" मैं मरुतेश ।। 971/1779

संगीत-गीता-दोहावली छन्दमाला, मोती 100 of 136

विधाता छन्द[95]

। + 6 + । + 6, । + 9 + ऽ ऽ

(कृष्ण विभूति-4)

सदा स्थित हृदय में आत्मा, समझ ले पार्थ! मुझको तू ।
सकल भव जीव भूतन का, सद् बीज जान मोहे तू ।। 1
मुझे ही आदि भूतों का, तथा मध्य भी जाने तू ।
मरीचि मरुत गण में पार्थ! मुझे रवि शशी माने तू ।। 2

।। 10.22 ।। वेदानां सामवेदोऽस्मि देवानामस्मि वासवः ।
इन्द्रियाणां मनश्चास्मि भूतानामस्मि चेतना ।।

सामवेदोस्मि वेदेषु देवेष्विन्द्रोऽहमर्जुन ।
मनोऽहमिन्द्रियाणाञ्च भूतानां चेतना तथा ।। 757/1447

दोहा॰ त्रैवेदों में "साम" मैं, "इन्द्र" सुरों का राज ।
सब भूतों की "चेतना," "मन, इन्द्रियाँ, मिजाज" ।। 972/1779

।। 10.23 ।। रुद्राणां शङ्करश्चास्मि वित्तेशो यक्षरक्षसाम् ।

---

[95] **विधाता छन्द** : इस 28 मात्रा वाले यौगिक छन्द की पहली, आठवीं और पन्द्रहवीं मात्रा लघु होती है और अन्त में दो गुरु आती हैं । इसका लक्षण सूत्र । + 6 + । + 6, । + 9 + ऽ ऽ इस प्रकार से होता है ।

▶ लक्षण गीत : दोहा॰ मात्रा अट्ठाईस हों, दो गुरु कल से अंत ।
एक आठ पन्द्रह लघु, वही "विधाता" छंद ।। 973/1779

वसूनां पावकश्चास्मि मेरुः शिखरिणामहम् ॥

रुद्रेषु च महेशोऽहं कुबेरो यक्षरक्षसाम् ।
मेरुरहं गिरीणाञ्च वसूनां पावकस्तथा ॥ 758/1447

दोहा॰ शिव शंकर हूँ "रुद्र" मैं, यक्ष गण में "कुबेर" ।
वसुअन में मैं "अग्नि" हूँ, पर्वतराज "सुमेर" ॥ 974/1779

♪ संगीत-गीता-दोहावली छन्दमाला, मोती 101 of 136

विद्या छन्द[96]

। + 13, 10 + ऽ ऽ

(कृष्ण विभूति-5)

सुरेंद्र देव-जगत का मैं, मन मैं इन्द्रिय का राजा ।
सकल वेदों में साम मैं, भूत चेतना मैं साजा ॥ 1
कुबेर यक्ष गणों में हूँ, महेश मैं रुद्रों में हूँ ।
वसुओं में वैश्वानर मैं, मेरु मैं गिरिवरों में हूँ ॥ 2

॥ 10.24 ॥ पुरोधसां च मुख्यं मां विद्धि पार्थ बृहस्पतिम् ।
सेनानीनामहं स्कन्दः सरसामस्मि सागरः ॥

सुरसेनापतिः स्कन्दः सागरः सरसामहम् ।
बृहस्पतिं च मां विद्धि देवानां च पुरोहितम् ॥ 759/1447

दोहा॰ पुजारियों का मुख्य मैं, "बृहस्पति" पहिचान ।
सुरसेनापति "स्कंद" मैं, "सागर" जलधि महान ॥ 975/1779

♪ संगीत-गीता-दोहावली छन्दमाला, मोती 102 of 136

चुलियाला-1 छन्द[97]

---

[96] ♪ विद्या छन्द : इस 28 मात्रा वाले यौगिक छन्द की पहली लघु और अन्त में दो गुरु मात्रा आती हैं । इसका लक्षण सूत्र । + 13, 10 + ऽ ऽ होता है ।

▶ लक्षण गीत : दोहा॰ मात्रा अट्ठाईस में, आदि ल, दो गुरु अंत ।
कल चौदह पर यति जहाँ, वह है "विद्या" छंद ॥ 976/1779

[97] ♪ चुलियाला-1 छन्द : इस 29 मात्रा वाले दो पदों के महायौगिक छन्द के अन्त में एक लघु मात्रा और फिर एक भ (ऽ।।) गण आता है । इसका लक्षण सूत्र 13, 11 + ।ऽ।। होता है ।

13, 11 + ।ऽ।।

(कृष्ण विभूति-6)

सुर सेनापति स्कंद मैं, पुष्करों में मैं पार्थ! सागर ।
बृहस्पति देव-पुरोहित, दैवी गुण का मैं भव आगर ।।

।। 10.25 ।। **महर्षीणां भृगुरहं गिरामस्म्येकमक्षरम् ।**
यज्ञानां जपयज्ञोऽस्मि स्थावराणां हिमालयः ।।

शब्दानामहमोङ्कारो महर्षीणां भृगुस्तथा ।
यज्ञेषु जपयज्ञोऽहं स्थावरेषु हिमालयः ।। 760/1447

दोहा॰ महर्षियों में मैं "भृगु," अक्षरों में "अकार" ।
गिरिवर मैं "हिमवान्" हूँ, मैं "जप" यज्ञ प्रकार ।। 977/1779

संगीत-गीता-दोहावली गीतमाला, पुष्प 122 of 205

राग बिलावल, कहरवा ताल 8 मात्रा

विभूति विस्तार

स्थायी

भँवर ये, तेरी विभूति ने घेरा, जहाँ भी जो अमर है, वो तेरा ।

♪ गरेग म-, ध-प मग-म ग रेम-, धप- म- ध- पमग म-, ग रेम- ।

अंतरा-1

सब हृदयों में बसा आतमा, आदि अंत और मध्य जीवों का ।
आदित्यों में महाविष्णु तू, चाँद गगन में सूर्य सितारा ।
जगत में, जो भी अजब है, वो तेरा ।।

♪ रेरे गगम- म- धप- म-गरे-, सा-रे ग-ग गग प-म गरे- सा- ।
सा-रे-ग- ग- पम-ग-रे ग-, ध-प मगग म- ग-म गरे-सा- ।
गरेग म-, ध-प मगग म, ग रेम- ।।

अंतरा-2

▶ लक्षण गीत : **दोहा॰ बना मत्त उनतीस का, लघु गुरु लघु लघु अंत ।**
तेरह पर हो यति जहाँ, वह "चुलियाला" छंद ।। 978/1779

तू रुद्रों में शिव शंकर है, यक्ष गणों में धन कुबेर है ।
सेनापति तू स्कंद सुरों का, बृहस्पति तू बैद अपारा ।
भुवन में, जो भी अलग है, वो तेरा ।।

अंतरा-3

व्यास मनीषी मुनिजनों में, महर्षियों में भृगु तुझे कहा ।
तपस्वी नारद देवर्षि तू, अर्जुन तू है पांडव प्यारा ।
भगतों में, जो भी परम है, वो तेरा ।।

।। 10.26 ।। अश्वत्थः सर्ववृक्षाणां देवर्षीणां च नारदः ।
गन्धर्वाणां चित्ररथः सिद्धानां कपिलो मुनिः ।।

ॐ चित्ररथश्च गन्धर्वः सिद्धानां कपिलो मुनिः ।
वृक्षाणामहमश्वत्थो देवर्षिषु च नारदः ।। 761/1447

दोहा॰ वृक्षों में "अश्वत्थ" मैं, "नारद" मैं हि ऋषीश ।
"चित्ररथ" गंधर्व मुझे, जानो "कपिल" मुनीश ।। 979/1779

संगीत-गीता-दोहावली छन्दमाला, मोती 103 of 136

चुलियाला-2 छन्द[98]

13, 11 + । ऽ ऽ

(कृष्ण विभूति-7)

शब्दों में ओंकार मैं, ऋषियों में भृगु ऋषिवर मैं हूँ ।
यज्ञों में जपयज्ञ मैं, अचल हिमाचल गिरिवर मैं हूँ ।। 1
वृक्षों में अश्वत्थ मैं, चित्ररथ गंधर्ववर मैं हूँ ।
कपिल सिद्धवर पार्थ! मैं, नारद दैवी मुनिवर मैं हूँ ।। 2

।। 10.27 ।। उच्चैःश्रवसमश्वानां विद्धि माममृतोद्भवम् ।

---

[98] **चुलियाला-2 छन्द** : इस 29 मात्रा वाले **चार** पदों के महायौगिक छन्द के अन्त में य गण (। ऽ ऽ) आता है । इसका लक्षण सूत्र 13, 11 + । ऽ ऽ होता है ।

▶ लक्षण गीत : **दोहा॰ बना मत्त उनतीस का, लघु गुरु गुरु हो अंत ।**
तेरह पर है यति जहाँ, "चुलियाला-दो" छंद ।। 980/1779

ऐरावतं गजेन्द्राणां नराणां च नराधिपम् ।।

उच्चैश्रवोऽहमश्वानां गुडाकेशामृतोद्धुतः ।
नृषु नराधिपश्चाहम्-ऐरावतो गजेषु च ।। 762/1447

दोहा॰ सागर से निकला हुआ, "ऐरावत" मैं गजेन्द्र ।
अश्वों में "उच्चैश्रवा," नर जाति में "नरेन्द्र" ।। 981/1779

।। 10.28 ।।

आयुधानामहं वज्रं धेनूनामस्मि कामधुक् ।
प्रजनश्चास्मि कन्दर्पः सर्पाणामस्मि वासुकिः ।।

कन्दर्पश्च प्रजाकारो महासर्पेषु वासुकिः ।
अस्त्राणां च महावज्रं कामधेनुर्गवामहम् ।। 763/1447

दोहा॰ शस्त्रों में मैं "वज्र" हूँ, "कामधेनु" गौ आप ।
जननकार "कंदर्प" मैं, अहीश "वासुकि" साँप ।। 982/1779

संगीत-गीता-दोहावली छन्दमाला, मोती 104 of 136

मरहटा छन्द[99]

10, 8, 8 + ऽ।

(कृष्ण विभूति-8)

उच्चैश्रवा अश्व मैं अश्वों में, नरेंद्र मैं नरराज ।
ऐरावत मैं गज चार दंत का, गजेंद्र हूँ गजराज ।। 1
सर्पराज अहि वर मैं वासुकि हूँ, कन्दर्प प्रजाकार ।
शस्त्रास्त्रों में मैं वज्रायुध हूँ, कामधेनु मैं गाय ।। 2

।। 10.29 ।।

अनन्तश्चास्मि नागानां वरुणो यादसामहम् ।
पितॄणामर्यमा चास्मि यमः संयमतामहम् ।।

सर्पाणां शेषनागोऽहं पितॄणामहमर्यमा ।

---

[99] **मरहटा छन्द** : इस 29 मात्रा वाले महायौगिक छन्द के अन्त में एक गुरु और एक लघु मात्रा आती है । इसका लक्षण सूत्र 10, 8, 8 + ऽ। इस प्रकार होता है ।

▶ लक्षण गीत : **दोहा॰ उनतीस मत्त का बना, गुरु लघु कल हों अंत ।
दस अठरह पर यति जहाँ, वहाँ "मरहटा" छंद ।। 983/1779**

यमो नियन्त्रकाणां च वरुणो जलदेवता ।। **764**/1447

दोहा० "वरुण" विमल जल-देवता, नागों में मैं "शेष" ।
पितृ गणों में "अर्यमा," "यम" मैं धर्म विशेष ।। **984**/1779

|| 10.30 || प्रह्लादश्चास्मि दैत्यानां कालः कलयतामहम् ।
मृगाणां च मृगेन्द्रोऽहं वैनतेयश्च पक्षिणाम् ।।

दितिसुतेषु प्रह्लादो वैनतेयः खगेषु च ।
सिंहराजो मृगाणां च कालोऽहं गणनाकरः ।। **765**/1447

दोहा० दैत्यों में "प्रह्लाद" मैं, काल गणक "यमराज" ।
मृगेन्द्र वनचर "सिंह" मैं, "वैनतेय" खगराज ।। **985**/1779

|| 10.31 || पवनः पवतामस्मि रामः शस्त्रभृतामहम् ।
झषाणां मकरश्चास्मि स्त्रोतसामस्मि जाह्नवी ।।

पवतामस्मि वायुश्च गङ्गा च स्त्रोतसामहम् ।
जलचरेषु नक्रोऽहं रामोऽहं शस्त्रधारिणाम् ।। **766**/1447

दोहा० पावन कर्ता "पवन" मैं, सरिताओं में "गंग" ।
जलचरों में "मगरमच्छ," शस्त्रधर "रामचंद्र" ।। **986**/1779

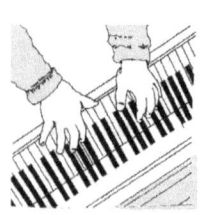

संगीत-गीता-दोहावली गीतमाला, पुष्प 123 of 205

राग रत्नाकर, कहरवा ताल 8 मात्रा

हरि नाम

स्थायी

कहो हरि का नाम, जीवन बीते रे ।

♫ गम- पध- प- म-ग, रे-गम प-मग रे- - - ।

अंतरा-1

शस्त्रधारी जब राम हरि हैं, वहाँ दुखों का नाम नहीं है ।

छोड़ हरि पर भार, रक्षक हैं तेरे ।।

♫ सा-रेग-ग गग ध-प मग- म-, सांनि- धप- ध- नि-ध पम- प- ।
ग-म पध- पप म-ग, रे-गम प- मगरे- ।।

अंतरा-2

जिस कण में रोशनी भरी है, उस कण की चेतना हरि हैं ।

जोड़ हरि से प्यार, ईश्वर हैं तेरे ।।

अंतरा–3

भव सागर के बीच खड़ा है, घिर घिर संकट आन पड़ा है ।

सौंप हरि को नाव, केवट हैं तेरे ।।

।। 10.32 ।। सर्गाणामादिरन्तश्च मध्यं चैवाहमर्जुन ।
अध्यात्मविद्या विद्यानां वादः प्रवदतामहम् ।।

आदिमन्तं तथा मध्यं सृष्टेर्मां विद्धि पाण्डव ।
विद्यानां ब्रह्मविद्याऽहं तर्कः प्रवदतामहम् ।। 767/1447

दोहा॰ "आदि अंत अरु मध्य" मैं, सृष्टि का उत्पाद ।
"ब्रह्मज्ञान" मैं ज्ञान में, तर्कों का मैं "वाद" ।। 987/1779

संगीत–गीता–दोहावली छन्दमाला, मोती 105 of 136

मरहटा माधवी छन्द[100]

11, 8, 7 + । ऽ

(कृष्ण विभूति–9)

वैनतेय विहग मैं, हवा पवन मैं, मिरग मैं केसरी ।
जलचर नक्र सुविमल, पावन निर्मल, गंगा नीर–झरी ।। 1
काल चक्र गणक मैं, वाद तर्क मैं, ज्ञान सरिता भरी ।
रामचंद्र शस्त्रधर, की भगतन पर, किरपा दृष्टि खरी ।। 2

।। 10.33 ।। अक्षराणामकारोऽस्मि द्वन्द्वः सामासिकस्य च ।
अहमेवाक्षयः कालो धाताहं विश्वतोमुखः ।।

अक्षराणामकारोऽहं द्वंद्वः सामासिकेषु च ।

---

[100] **मरहटा माधवी छन्द** : इस 29 मात्रा के महायौगिक छन्द के अन्त में एक लघु और एक गुरु मात्रा आती है । इसका लक्षण सूत्र 11, 8, 7 + । ऽ इस प्रकार होता है ।

▶ लक्षण गीत : **दोहा॰ उनतीस मत्त का बना, लघु गुरु कल से अंत ।
यति ग्यारह उन्नीस पर, वही "माधवी" छंद ।। 988/1779**

अक्षय: शाश्वत: कालो ब्रह्मा विष्णु: शिवस्तथा ।। 768/1447

दोहा॰ अक्षरों में "अकार" मैं, अक्षय शाश्वत काल ।
"शंकर ब्रह्मा विष्णु" मैं, मंगल मैं जगपाल ।। 989/1779

।। 10.34 ।।

मृत्यु: सर्वहरश्चाहमुद्भवश्च भविष्यताम् ।
कीर्ति: श्रीर्वाक्च नारीणां स्मृतिर्मेधा धृति: क्षमा ।।

ॐ भविष्यतामहं जन्म मृत्युश्चैवाहमर्जुन ।
अहं कर्ता च हर्ता च धाता त्राता तथा सखा ।। 769/1447

दोहा॰ सब भूतों का "जन्म" मैं, भगत जनन का प्राण ।
जन्म सभी का, "मृत्यु" मैं, "मध्य" मुझे ही जान ।। 990/1779

ॐ वाणी मेधा क्षमा कीर्ति:-लक्ष्मी प्रीतिर्धृतिस्स्मृति: ।
अष्टैतानि हि नारीणां लक्षणान्यहमर्जुन ।। 770/1447

दोहा॰ "लक्ष्मी," "वाणी" मैं तथा, "मेधा," "स्मृति" मैं "प्यार" ।
"क्षमा," "कीर्ति," "धृति" नारी के, आठ-गुणों का सार ।। 991/1779

♫ संगीत-गीता-दोहावली छन्दमाला, मोती 106 of 136

धारा माधवी छन्द[101]

15, 12 + ऽ

(कृष्ण विभूति-10)

मैं हूँ अक्षरों में अकार, समासों में द्वंद्व मैं हूँ ।
मैं हूँ शाश्वत अक्षय काल, ब्रह्मा विष्णु रुद्र मैं हूँ ।। 1
मैं हूँ सब भूतों का जन्म, सब प्राणियों का प्राण हूँ ।
मैं ही सब भूतन का अंत, मध्य भी मैं ही जान हूँ ।। 2

संगीत-गीता-दोहावली गीतमाला, पुष्प 124 of 205

---

[101] ♫ **धारा छन्द** : इस 29 मात्रा वाले महायौगिक छन्द के अन्त में एक गुरु मात्रा आती है । इसका लक्षण सूत्र 15, 12 + ऽ इस प्रकार होता है ।

▶ लक्षण गीत : दोहा॰ उनतीस मत्त से बना, गुरु मात्रा हो अंत ।
पन्द्रहवीं पर यति जहाँ, जानो "धारा" छंद ।। 992/1779

राग रत्नाकर, कहरवा ताल 8 मात्रा

नारी

स्थायी

नारी ममता की फुलवारी, हर माँ बेटी प्यारी है ।

♫ रेगम- धधप- म- गगम-प-, मम प- निधप- मगमग रे- ।

अंतरा-1

क्षमा तितिक्षा, अमृत वाणी । मेधा कीर्ति, देवी भवानी ।

हर, माता विश्व दुलारी है ।।

♫ रेग- मम-प-, नि-धप म-प-, सांनिध- प-ध-, नि-ध पम-प- ।
मम, प-प- नि-ध पमगमग रे- ।।

अंतरा-2

तारा द्रौपदी, झाँसी रानी । राधा सीता, मीरा दीवानी ।

हर, कन्या राजकुमारी है ।।

अंतरा-3

गंगा जमुना, पावन पानी । सेवा नेहा, प्रेम कहानी ।

हर, नारी जन हितकारी है ।।

अंतरा-4

भाभी बहिना, बहू दरानी । मौसी दादी, नानी सयानी ।

सुंदर हिरदय, सारी हैं ।।

।। 10.35 ।।

बृहत्साम तथा साम्नां गायत्री छन्दसामहम् ।
मासानां मार्गशीर्षोऽहमृतूनां कुसुमाकरः ।।

ॐ मार्गशीर्षञ्च मासानाम्-ऋतुराट्कुसुमाकरम् ।
मां बृहत्साम साम्नां च गायत्रीं विद्धि छन्दसाम् ।। 771/1447

✍दोहा॰ "मार्गशीर्ष" हूँ मास मैं, ऋतुराज मैं "बसन्त" ।
"बृहत्साम" मैं साम का, "गायत्री" का छन्द ।। 993/1779

♫ संगीत-गीता-दोहावली छन्दमाला, मोती 107 of 136

तार्टक छन्द[102]

16, 8 + ऽ ऽ ऽ

(कृष्ण विभूति-11)

अष्ट स्त्री गुण प्रीति धृति स्मृति श्री, कीर्ति क्षमा प्रज्ञा वाणी ।
मेरे कारण हैं अर्जुन! सब, जो जाने सो है ज्ञानी ।। 1
मार्गशीर्ष मैं सब मासों में, ऋतु बसंती हरी-धानी ।
बृहत्साम मैं साम वेद का, छंदस् गायत्री रानी ।। 2

संगीत-गीता-दोहावली गीतमाला, पुष्प 125 of 205

खयाल : राग बहार, एक ताल 12 मात्रा

ऋतु बसंत

स्थायी

बिंदु बिंदु अंबु झरत, ऋतु बसंत आयी ।
शीतल पवन पुरवाई, मन में उमँग है लायी ।।

♪ नि सां रेंसांनि सांनिधनिप पपप, मप निपग-म मनिधनि-सां ।
निधनिपप मपग गमरे-सा, साम म पगमनि धनि-सां- ।।

अंतरा-1

रंग रंग मंजरियाँ, फूल फूल चंचरीक ।
पपैया की मधुर तान, मोरे मन भायी ।।

♪ मगम निधनि सां-सांनिसां-, नि- नि निसांसां निसांरेंसांनिधध ।
सांमंगंमंरेंगं रें निसांरेंसां निधध, धधसांरेंसांसांधनिसांसांनिप मपनिनिनिपम गमरेसानि़सा ।।

।। 10.36 ।।

द्यूतं छलयतामस्मि तेजस्तेजस्विनामहम् ।
जयोऽस्मि व्यवसायोऽस्मि सत्त्वं सत्त्ववतामहम् ।।

छलं छलयतां विद्धि द्यूतकारस्य कैतवम् ।

---

[102] ♪ **तार्टक छन्द :** इस 29 मात्रा वाले महायौगिक छन्द के अन्त में तीन गुरु मात्रा आती हैं । इसका लक्षण सूत्र 16, 8 + ऽ ऽ ऽ इस प्रकार होता है ।

▶ लक्षण गीत : **दोहा॰ उनतीस मत्त से बना, मत्त तीन गुरु अंत ।**
सोलहवीं पर यति जहाँ, वही "तार्टक" छंद ।। 994/1779

व्यवसायं च मां पार्थ दृढानां व्यवसायिनाम् ।। 772/1447

दोहा० "द्यूत" खेल मैं भाग्य का, तेजवान का "तेज" ।
सद्गुणियों का "सत्त्व" मैं, व्यवसायिन की "सेज" ।। 995/1779

ॐ विजयोऽहं विजेतॄणां निर्धारिणां च निश्चयः ।
सात्त्विका सत्त्वशीलानां सद्बुद्धिश्च धनञ्जय ।। 773/1447

दोहा० विजयश्री का "विजय" मैं, निश्चय का "निर्धार" ।
सत्त्वशील का "सत्त्व" मैं, सद्बुद्धि का सार ।। 996/1779

।। 10.37 ।।

वृष्णीनां वासुदेवोऽस्मि पाण्डवानां धनञ्जयः ।
मुनीनामप्यहं व्यासः कवीनामुशना कविः ।।

ॐ वृष्णीनां वसुदेवोऽहं पाण्डवेष्वहमर्जुनः ।
कवीनामुशना पार्थ व्यासदेवो मुनीश्वरः ।। 774/1447

दोहा० मुनियों में मुनि "व्यास" मैं, वृष्णि कुलज "वसुदेव" ।
पांडुकुलज मैं "पार्थ" हूँ, "उशना" मैं कविदेव ।। 997/1779

♫ संगीत-गीता-दोहावली छन्दमाला, मोती 108 of 136

कुकुभ छन्द[103]

16, 10 + ऽ ऽ

(कृष्ण विभूति-12)

सद्गुणियों का, पार्थ! सत्त्व मैं, रहस्य मैं व्यवसायी का ।
विजयी नर का विजय हर्ष मैं, निग्रह मैं निर्धारी का ।। 1
वृष्णि यदुकुल का वसुदेव मैं, "अर्जुन" पांडव धनुधारी ।
परम मुनीश्वर वेद व्यास मैं, उशना मैं कवि अवतारी ।।

।। 10.38 ।।

दण्डो दमयतामस्मि नीतिरस्मि जिगीषताम् ।
मौनं चैवास्मि गुह्यानां ज्ञानं ज्ञानवतामहम् ।।

---

[103] ♫ कुकुभ छन्द : इस 30 मात्रा वाले महायौगिक छन्द के अन्त में दो गुरु मात्रा आती हैं । इसका लक्षण सूत्र 16, 10 + ऽ ऽ इस प्रकार होता है ।

▶ लक्षण गीत : दोहा० तीस मत्त का जो बना, दो गुरु कल से अंत ।
सोलहवीं पर यति रहे, वही "कुकुभ" है छंद ।। 998/1779

राजनीतिर्नृपाणां च दण्डोऽहं शासनस्य च ।
गोपनीयेषु मौनं च ज्ञानं च ज्ञानिनामहम् ।। 775/1447

दोहा॰ शासनकारी "दंड" मैं, "गुह्य" मर्म का ध्यान ।
जिगीषुओं की "नीति" मैं, ज्ञानवान का "ज्ञान" ।। 999/1779

।। 10.39 ।। यच्चापि सर्वभूतानां बीजं तदहमर्जुन ।
न तदस्ति विना यत्स्यान्मया भूतं चराचरम् ।।

पार्थ गतागतानां च भूतानां विद्धि मां गतिम् ।
अत्र ये येऽपि जायन्ते बीजं तेषां च प्राक्तनम् ।। 776/1447

दोहा॰ अचर तथा चर भूत का, जान मुझे ही "बीज" ।
त्रिभुवन में मेरे बिना, कोई भी ना चीज ।। 1000/1779

संगीत-गीता-दोहावली छन्दमाला, मोती 109 of 136

रुचिरा छन्द[104]

14, 14 + ऽ

(कृष्ण विभूति-13)

शासक की राजनीति मैं, डंडा शासनाधिकारी का ।
गोपनीय का रहस्य मैं, ज्ञान ज्ञानी सदाचारी का ।। 1
पार्थ! आदि मूल बीज मैं, सर्व चराचर तनधारी का ।।
मेरे बिन कुछ नहीं कहीं, तीन लोक में नामवरी का ।। 2

संगीत-गीता-दोहावली गीतमाला, पुष्प 126 of 205

भजन : राग रत्नाकर, कहरवा ताल 8 मात्रा

अद्भुत काम

स्थायी

अद्भुत जितने काम जगत के, मंगल उतने नाम तिहारे ।

---

[104] **रुचिरा छन्द** : इस 30 मात्रा वाले महायौगिक छन्द के अन्त में एक गुरु मात्रा आती है । इसका लक्षण सूत्र 14, 14 + ऽ इस प्रकार होता है ।

► लक्षण गीत : **दोहा॰ तीस मत्त का जो हुआ, गुरु मात्रा से अंत ।
कल चौदह पर यति जहाँ, वह है "रुचिरा" छंद** ।। 1101/1779

♫ ग-रेरे गगम- ध-प मगग म-, नि-धप ममप- ध-प मग-म- ।

अंतरा -1

कोई कहे गोविंद, कंस निकंदन । कोई कहे मोहन, कालियामर्दन ।

दीन दयाला, हे जगपाला! पाहि हमको, हरे मुरारे! ।।

♫ गरे सारे ग-म-म, ध-प मग-मम । निध पम प-धध, सां-निधप-धध ।

प-म गरे-ग-, प- मगरे-ग-! सा-रे- गगम-, ध-प मग-म-! ।।

अंतरा -2

मुकुंद माधव, मुरली मनोहर । कोई कहे यादव, गोवर्धन-धर ।

श्यामल सुंदर, हे योगेश्वर! भगत जन भये शरण तिहारे ।।

अंतरा -3

देवकी नंदन, कृष्ण दमोदर । मीरा के प्रभु, गिरिधर नागर ।

कोई कहे केशव, हे दुख भंजन! निश दिन करना काज हमारे ।।

।। 10.40 ।।

नान्तोऽस्ति मम दिव्यानां विभूतीनां परन्तप ।
एष तूद्देशतः प्रोक्तो विभूतेर्विस्तरो मया ।।

ॐ **दैविनां हि विभूतीनां नास्त्यन्तो मे यतः सखे ।**
अवदमत्र स्वल्पेन व्याप्तिं तेषां तु भारत ।। 777/1447

✍दोहा॰ मेरी दिव्य विभूति का, पार्थ! नहीं है अंत ।
स्वल्प रीति से है कहा, विस्तार जो अनंत ।। 1102/1779

।। 10.41 ।।

यद्यद्विभूतिमत्सत्त्वं श्रीमदूर्जितमेव वा ।
तत्तदेवावगच्छ त्वं मम तेजोंऽशसम्भवम् ।।

ॐ **श्रीयुक्तं च प्रभावी च यदप्यस्त्यत्र तत्र वा ।**
तदस्ति पार्थ जानीहि मम तेजोंऽशसम्भवम् ।। 778/1447

✍दोहा॰ "जहाँ कहीं जो दिव्य है, परम चराचर भूत ।
वो है मेरे अंश का," तू जानले सबूत ।। 1103/1779

।। 10.42 ।।

अथवा बहुनैतेन किं ज्ञातेन तवार्जुन ।
विष्टभ्याहमिदं कृत्स्नमेकांशेन स्थितो जगत् ।।

ॐ **ज्ञात्वा सूक्ष्मेन किं पार्थ जानीहि यावदेव त्वम् ।**

ब्रह्माण्डमंशमात्रेण सम्भूतं मम तेजसः ।। 779/1447

दोहा॰ अर्जुन! विस्तर जान कर, रण पर क्या कल्याण ।
"मेरे कण से विश्व है," बस इतना हो ज्ञान ।। 1104/1779

संगीत-गीता-दोहावली गीतमाला, पुष्प 127 of 205

ओ बनवारी!

स्थायी

मोरी बिगड़ी बनादो बनवारी, तोरी किरपा अनूठी, गिरिधारी! ।

♫ सारे- ममम पम-प- सांधपमप-, मप सांधप मप-ध-, धपमगम-! ।

अंतरा-1

दाता तुम हो कृष्ण मुरारी, गोविंद माधव कुंज विहारी ।
लीला तुमरी सब जग जानत, शंकर किन्नर, गात हरि! ।।

♫ म-प- धध नि- सां-सां सांनि-सां-, नि-निनि सां-सांसां निसांरें सांनिधप- ।
सा-रे- ममम- पप मप सां-धप, म-पप ध-पम, प-म गम-! ।।

अंतरा-2

राधा रमण हरि, बिरज बिहारी, दुष्ट दमन को तू अवतारी ।
तू सुखकारी भद्र जनन का, दीन दयाला राम हरि ।।

संगीत-गीता-दोहावली गीतमाला, पुष्प 128 of 205

(विभूति विस्तार का संक्षिप्त निरूपण)

स्थायी

स्वरदा ने सुंदर गाया है, नारद ने साज बजाया है ।
रतनाकर गीत रचाया है ।।

♫ सानि़सा- गरे सा-नि़नि़ सा-रेम ग-, गममग पम ग-रे सासा-रेम ग- ।
गगरेसासासा रे-ग मगरेसानि़ सा- ।।

अंतरा-1

सब भव का उद्‌गम आदिऽ मैं, अरु मध्य अंत मैं अनादिऽ हूँ ।
मैं साम वेद हूँ शास्त्रों में, मैं रामचंद्र हूँ क्षात्रों में ।
मैं सुरपति इंद्र कहाया हूँ ।।

♪ पप मरे म– प–पम पनि॒धप प–, पप मग॒ग॒ सा–ग॒ म पग॒रेसानि़ सा– ।
सानि़ सा–ग॒ रे–सा नि़– सा–रेम ग॒–, सानि़ सा–ग॒रे–सा नि़– सा–रेम ग॒– ।
ग॒– रेसासासा रे–ग॒ मग॒रेसानि़ सा– ।।

अंतरा–2

मैं गिरिवर हिमगिरि शैलों में, मैं भागिरथी सरिताओं में ।
मैं मार्गशीर्ष हूँ मासों में, मैं शेष नाग हूँ साँपों में ।।
सेनापति स्कंद कहाया हूँ ।।

अंतरा–3

मैं देवर्षिऽ मुनि नारद हूँ, मैं व्यास मुनीश विषारद हूँ ।
मैं वाणी मेधा धृति स्मृति हूँ, मैं नारी की शुभ कीर्ति हूँ ।
मैं नभ का चंद्र कहाया हूँ ।।

श्रीमद्–भगवद्–गीता का ग्यारहवाँ अध्याय ।
विश्वरूप–दर्शन योग ।

♪ संगीत–गीता–दोहावली छन्दमाला, मोती 110 of 136

फटका छन्द

8 + 8 + 8 + 6/5
(विश्वरूप)

श्रीभगवन् ने, असीम अपनी, विभूतियों का, केवल एक ।
अंश मात्र ही, उसे कहा था, प्रमाण देने, उसको नेक ।। 1
उसको सुन कर, पार्थ ने जाना, दैवी कैसा, स्वभाव है ।
जहाँ जो कहीं, विश्वरूप है, केशव का ही, प्रभाव है ।। 2

संगीत–गीता–दोहावली गीतमाला, पुष्प 129 of 205

भजन : राग अहीर भैरव, कहरवा ताल 8 मात्रा

उमापति!

स्थायी

अर्पण है अहिधारी, उमापति! दर्शन दो त्रिपुरारि ।
नाथ हमारे भोले भाले, हम हैं तेरी बलिहारी ।

हम हैं तेरी बलिहारी ।।

♫ -मगरेसा निप -निरे सा-सा, साम-गग! -मगरेसा निप -निरेसा-सा- - - - - ।
- मगरे निरे-रे - - सारेमग म-म-, -मध ध धधनि -सांरेंसां-सां-निधपम ।।
-गप ग रेसानि -निरेसा-सा सानिपरेरे ।।

अंतरा-1

आस लगाये साँझ सकारे, दया दिखा दो शेखर प्यारे ।
शिव शंकर जी लीला दिखा दो, भाल चंद्र शशिधारी ।
उमापति! अर्पण है अहिधारी ।।

♫ -मध निसां-सांनि- रें-रें सांनिरेंसां-, -मध निसां-सांनि- रें-रेंसां निरेंसां- ।
-सांरें गंरेंसांसां निधपध- निधप मम- पग, -गपग रेसानि निरे सा-सा ।
सानिपरेरे! -मगरेसा निप -निरेसा-सा- - - - - ।।

अंतरा-2

सांब सदाशिव खेवन हारे, तुम्हें मनाते भगतन सारे ।
भव सागर को पार कराओ, गंगाधर हितकारी ।
उमापति! अर्पण है अहिधारी ।।

गीता दोहावली
बाईसवाँ तरंग

27. विश्वरूप-दर्शन की कथा :

रत्नाकर उवाच ।

ॐ दोहा छंद में गीतोपनिषद् ।

रत्नाकर उवाच

ॐ दातुमृतं प्रमाणं तं श्रीभगवान्धनञ्जयम् ।

विभूतिविस्तरस्यैकम्-अंशमात्रमवर्णयत् ।। 780/1447

दोहा॰ प्रमाण देने पार्थ को, विभूति का संक्षिप्त ।
अंश मात्र विस्तार का, कहा कथन पर्याप्त ।। 1105/1779

श्रुत्वा तमर्जुनोऽजानाद्-दैवी भावः कथं च कः ।
यद्यद्विभूतिमत्तत्त्वं विश्वे तेजो हरेर्हि तत् ।। 781/1447

दोहा॰ सुन कर वर्णन कृष्ण से, अर्जुन जाना सत्य ।
"जग में जो भी दिव्य है, तेज कृष्ण का स्तुत्य" ।। 1106/1779

गतभ्रमश्च निःशङ्कोऽचिन्तयत्कुरुनन्दनः ।
यस्येयत्सुन्दरं चित्रं रूपं स्यात्सुन्दरं कियत् ।। 782/1447

दोहा॰ गौरव विभूति का अगर, इतना है सुखकार ।
उसकी मंगल मूर्ति का, कैसा हो दीदार ।। 1107/1779

मङ्गलं मे भवेद्भूरि दर्शनं मां मिलेद्यदि ।
इति बुद्ध्वा स धैर्येण श्रीभगवन्तमब्रवीत् ।। 7835/1447

दोहा॰ "कितना मंगल हो यदि, मिले मुझे दीदार" ।
कहा पार्थ ने कृष्ण को, अपना नम्र विचार ।। 1108/1779

संगीत-गीता-दोहावली गीतमाला, पुष्प 130 of 205

भजन : राग रत्नाकर, कहरवा ताल 8 मात्रा

प्रभु दर्शन

स्थायी

बरनन सुंदर जाको इतनौ, रूप परम होहौ कितनौ ।

♫ रेरेरेरे ग-रेसा रेरे गगम-, ध-प मगग म-प- मगरे- ।

अंतरा -1

किरती जाकी जग तीनि माहीं, प्रीति बिखरी दुखी दीनि माहीं ।
बरतन जाको मंगल इतनौ, दरसन सुभ होहौ कितनौ ।।

♫ मममम- प-प- मग रेग म-म-, प-प- धपम- पध निध प-म- ।
रेरेरेरे गग रेसारेरे गगम-, धधपप मग म-प- मगरे- ।।

अंतरा -2

सुमिरन जाको पुन्य लगावै, सान्ति दैके पाप भगावै ।
सपनन में निर्‌मल इतनौ, अपनन में होहौ कितनौ ।।

अंतरा –3

निराकार निर्‌गुन सुभ काया, कन कन में जाकी है माया ।
रूप अलख न्यारौ इतनौ, गोचर प्यारो होहौ कितनौ ।।

श्रीमद्भगवद्गीता एकादशोऽध्यायः ।

अर्जुन उवाच ।

|| 11.1 ||

मदनुग्रहाय परमं गुह्यमध्यात्मसंज्ञितम् ।
यत्त्वयोक्तं वचस्तेन मोहोऽयं विगतो मम ।।

प्रसादो भवता दत्तः कृपया मे प्रभो त्वया ।
मनसश्च गतः शोको ज्वलिताज्ज्ञानदीपकात् ।। **784**/1447

दोहा॰ सुन कर, प्रभुजी! आपसे, विभूति का विस्तार ।
हटा ज्ञान के दीप से, हिरदय से अँधकार ।। **1109**/1779

|| 11.2 ||

भवाप्ययौ हि भूतानां श्रुतौ विस्तरशो मया ।
त्वत्तः कमलपत्राक्ष माहात्म्यमपि चाव्ययम् ।।

श्रुतवान्वर्णनं त्वत्तो भूतप्रलयसर्गयोः ।
अव्ययं महिमन्तं च भवतः शाश्वतं चिरम् ।। **785**/1447

दोहा॰ सुना आपसे सृष्टि का, उद्‌गम लय व्यापार ।
शाश्वत महिमा आपकी, अद्‌भुत जिसका सार ।। **1110**/1779

|| 11.3 ||

एवमेतद्यथात्थ त्वमात्मानं परमेश्वर ।
द्रष्टुमिच्छामि ते रूपमैश्वरं पुरुषोत्तम ।।

इदानीं वेद्मि रूपं ते त्वया प्रोक्तं तथा हि तत् ।
दर्शय मां वपुर्दिव्यं तव तत्पुरुषोत्तम ।। **786**/1447

दोहा॰ अब मुझको विश्वास है, परम तिहारा रूप ।
जैसा तुमने है कहा, वैसा ही, सुरभूप! ।। **1111**/1779

|| 11.4 ||

मन्यसे यदि तच्छक्यं मया द्रष्टुमिति प्रभो ।

योगेश्वर ततो मे त्वं दर्शयात्मानमव्ययम् ।।

मन्यसे यदि मां पात्रं द्रष्टुं रूपं जनार्दन ।
विस्मयकारि रूपं ते मां योगेश्वर दर्शय ।। **787**/1447

दोहा॰ मुझको तुम समझो अगर, दर्शन पात्र तिहार ।
दिखला दो, प्रभु! आपका, विराट रूप निखार ।। **1112**/1779

श्रीभगवानुवाच ।

।। 11.5 ।। पश्य मे पार्थ रूपाणि शतशोऽथ सहस्रशः ।
नानाविधानि दिव्यानि नानावर्णाकृतीनि च ।।

(श्रीभगवानुवाच)

दिव्यानि पश्य मे पार्थ रङ्गरूपाणि विस्मितः ।
आकारैश्च प्रकारैश्च सहस्रैर्विविधैस्तथा ।। **788**/1447

दोहा॰ तो फिर देखो, पार्थ! तुम, नाना विविध प्रकार ।
अनंत जिसमें दिव्य हैं, रंग रूप आकार ।। **1113**/1779

।। 11.6 ।। पश्यादित्यान्वसून्रुद्रानश्विनौ मरुतस्तथा ।
बहून्यदृष्टपूर्वाणि पश्याश्चर्याणि भारत ।।

विस्मयान्पश्य ये दृष्टाः केनापि न कदाऽपि च ।
आदित्यानश्विनौ पश्य रुद्रान्वसून्मरुद्गणान् ।। **789**/1447

दोहा॰ अपूर्व देखो दृश्य तुम, मन जो करे तुम्हार ।
रुद्र, मरुद्गण, इन्द्र भी, आदित्य दो-कुमार ।। **1114**/1779

।। 11.7 ।। इहैकस्थं जगत्कृत्स्नं पश्याद्य सचराचरम् ।
मम देहे गुडाकेश यच्चान्यद्द्रष्टुमिच्छसि ।।

पश्य त्वं सकलां सृष्टिम्-अत्राद्यैकत्रितां सखे ।
वा यदिच्छसि द्रष्टुं त्वं मनसि वा यदस्ति ते ।। **790**/1447

दोहा॰ देखो तुम सब सृष्टि को, अद्भुत है अंदाज ।
या जो चाहो देखना, तुम्हें दिखेगा आज ।। **1115**/1779

♪ संगीत-गीता-दोहावली छन्दमाला, मोती 111 of 136

नित छन्द[105]

9 + । ऽ अथवा 9 + ।।।

(विश्व दर्शन)

देख मुझमें आज तू । सब विश्व का राज तू ।।
जो हि तेरी आस है । देख मेरे पास है ।।

|| 11.8 || न तु मां शक्यसे द्रष्टुमनेनैव स्वचक्षुषा ।
दिव्यं ददामि ते चक्षुः पश्य मे योगमैश्वरम् ।।

ॐ एताभ्यां तव नेत्राभ्यां नृणां द्रष्टुं न शक्ष्यसि ।
दृष्टिं ददामि दैवीं त्वां द्रष्टुं मे योगमैश्वरम् ।। **791**/1447

दोहा॰ नैन मानवी से नहीं, दिखता दैवी रूप ।
दैवी दृष्टि से लखो, रूप दिव्य अनूप ।। **1116**/1779

सञ्जय उवाच ।

|| 11.9 || एवमुक्त्वा ततो राजन्महायोगेश्वरो हरिः ।
दर्शयामास पार्थाय परमं रूपमैश्वरम् ।।

(सञ्जय उवाच)

ॐ योगेश्वरस्तदा पार्थम्–एतदुक्त्वा महाजनम् ।
रूपं स्वस्य तदाकारं कान्तियुक्तमदर्शयत् ।। **792**/1447

दोहा॰ इतना कह कर कृष्ण ने, दिखलाया वह रूप ।
काँतियुक्त वैभव भरा, जिसका दिव्य स्वरूप ।। **1117**/1779

|| 11.10 || अनेकवक्त्रनयनमनेकाद्भुतदर्शनम् ।
अनेकदिव्याभरणं दिव्यानेकोद्यतायुधम् ।।

ॐ स्मयमयानि दिव्यानि करनेत्रमुखाणि च ।
आभरणानि शस्त्राणि हस्तेषु पुष्कलानि च ।। **793**/1447

---

[105] **नित छन्द** : इस 12 मात्रा वाले आदित्य छन्द के अन्त में एक लघु और एक दीर्घ मात्रा अथवा न गण (।।।) आता है । यति 9–3 पर विकल्प से आता है ।

▶ लक्षण गीत : दोहा॰ बारह मात्रा का बना, ग ल या तीन ल अंत ।
नौवीं कल पर यति जहाँ, कहलावे "नित" छंद ।। **1118**/1779

✍दोहा॰ देखो विराट रूप में, अति विस्मय के साथ ।
भूषण शस्त्र अनेक हैं, नेत्र दाँत मुख हाथ ।। 1119/1779

|| 11.11 ||

दिव्यमाल्याम्बरधरं दिव्यगन्धानुलेपनम् ।
सर्वाश्चर्यमयं देवमनन्तं विश्वतोमुखम् ।।

ॐ अनन्तञ्च विराटञ्च रूपं भव्यं तदैश्वरम् ।
सुगन्धितैश्च पुष्पैश्चोत्तमैर्वस्त्रैः सुशोभितम् ।। 794/1447

✍दोहा॰ रूप अनंत विराट वो, परम ईश्वरी भव्य ।
पुण्य सुशोभित कृष्ण का, पुष्प सुगंधित दिव्य ।। 1120/1779

|| 11.12 ||

दिवि सूर्यसहस्रस्य भवेद्युगपदुत्थिता ।
यदि भाः सदृशी सा स्याद्भासस्तस्य महात्मनः ।।

ॐ सहस्रा गगने सूर्या एकत्रं काशिता यदि ।
कान्त्युज्ज्वलतरा तेभ्यो दृष्टा पार्थेन तत्र सा ।। 795/1447

✍दोहा॰ सूर्य हजारों गगन में, चमके यदि सब ओर ।
प्रभा कृष्ण के रूप की, उनसे बढ़ कर घोर ।। 1121/1779

संगीत-गीता-दोहावली गीतमाला, पुष्प 131 of 205

भजन : राग रत्नाकर, कहरवा ताल 8 मात्रा

आभा

स्थायी

यदि, चमके गगन में सूर्य हजार, हरि! उज्ज्वल उनसे, रूप तिहार ।

♫ रेसा, गगग- ममम प- ध-प मग-ग, सासा! रे-रेरे गगम-, प-म गरे-रे ।

अंतरा-1

प्राण प्राण में ज्योत तिहारी, तेज भरी है सृष्टि सारी ।
बचा न कोई जग अंधियार, हरि! अनुपम तेरा रूप निखार ।।

♫ रे-ग म-म म- ध-प मप-ध-, सांनि धप- ध- निधप मप- ।
साग- ग म-प- धप मगरे-रे, सासा! रेरेरे ग-म- प-म गरे-रे ।।

अंतरा-2

विश्वरूप ये देह तिहारा, अद्‌भुत दैवी साक्षात्कारा ।

देख के उसका परम दीदार, हरि! चकाचौंध हैं नयन हमार ।।

अंतरा–3

आभा तेरी गजब निराली, शोभा तेरी जग उजियारी ।

चाँद सितारे शरण तिहार, हरि! गदगद दुनिया दृश्य निहार ।।

अंतरा–4

किरपा हो प्रभु, हे बनवारी, राधा रमण हरि, कुंज बिहारी! ।

कृष्ण मुरारि, सुख करतार! हरि! तुझ पर भगतन हम बलिहार ।।

।। 11.13 ।।

तत्रैकस्थं जगत्कृत्स्नं प्रविभक्तमनेकधा ।
अपश्यद्देवदेवस्य शरीरे पाण्डवस्तदा ।।

(दिव्यदृष्ट्या)

ॐ पार्थोऽपश्यत्प्रभौ विश्वं कृत्स्नमेकस्थितं तदा ।
शरीरे तत्र देवस्य नानाविधं समाहितम् ।। **796**/1447

दोहा॰ विश्वरूप में पार्थ ने, देखा सब संसार ।
देव–देवता देह में, करत रहे संचार ।। 1122/1779

।। 11.14 ।।

ततः स विस्मयाविष्टो हृष्टरोमा धनञ्जयः ।
प्रणम्य शिरसा देवं कृताञ्जलिरभाषत ।।

ॐ विस्मयेन समापन्नो रोमाञ्चितो धनञ्जयः ।
अवदद्भयभीतः स नतशीर्षः कृताञ्जलिः ।। **797**/1447

दोहा॰ स्वरूप अद्‌भुत देख कर, अर्जुन विस्मय गात ।
डर कर बोला कृष्ण को, जोड़े दोनों हाथ ।। 1123/1779

अर्जुन उवाच ।

।। 11.15 ।।

पश्यामि देवांस्तव देव देहे सर्वांस्तथा भूतविशेषसङ्घान् ।
ब्रह्माणमीशं कमलासनस्थमृषींश्च सर्वानुरगांश्च दिव्यान् ।।

ॐ दोहा छंद में गीतोपनिषद् ।

ॐ हे योगेश्वर पश्यामि शरीरे तव दैविके ।
विष्णुं शिवञ्च ब्रह्माणं देवांश्च कमलासने ।। **798**/1447

दोहा॰ देख रहा हूँ, कृष्ण! मैं, ब्रह्म विष्णु शिव ईश ।

शेषासन आरूढ हैं, योगेश्वर! जगदीश! ।। 1124/1779

।। 11.16 ।। अनेकबाहूदरवक्त्रनेत्रं पश्यामि त्वां सर्वतोऽनन्तरूपम् ।
नान्तं न मध्यं न पुनस्तवादिं पश्यामि विश्वेश्वर विश्वरूप ।।

ॐ अनेकानि च देहे ते नेत्राणि च मुखानि च ।
अनादिर्विश्वरूपस्त्वम्-अनन्त परमेश्वर ।। 799/1447

दोहा॰ अनेक आँखें वदन हैं, विराट तेरा रूप ।
अनंत तू परमेश है, तेरा दिव्य स्वरूप ।। 1125/1779

।। 11.17 ।। किरीटिनं गदिनं चक्रिणं च तेजोराशिं सर्वतो दीप्तिमन्तम् ।
पश्यामि त्वां दुर्निरीक्ष्यं समन्ताद्दीप्तानलार्कद्युतिमप्रमेयम् ।।

ॐ किरीटिनं गदायुक्तं पश्यामि त्वाञ्च चक्रिणम् ।
तेजस्विनं प्रदीप्तं च दुर्निरीक्ष्यं च सर्वत: ।। 800/1447

दोहा॰ गदा चक्र हैं हाथ में, मुकुट शीर्ष पर डाल ।
तेजस्वी तव रूप है, प्रखर आग सम लाल ।। 1126/1779

♫ संगीत-गीता-दोहावली छन्दमाला, मोती 112 of 136

कर्ण छन्द[106]

13, 13 + ऽ ऽ

(कृष्ण विराट रूप-1)

प्रभो! तिहारे देह में, वदन नैना दिखते हैं नाना ।
अनादि विराट रूप है, परम परमेश्वर मैंने माना ।। 1
चक्र गदा हैं हाथ में, शीश मुकुट है अनूप महाना ।
तेजस्वी तव देह है, काँति युक्त तू अनंत सुहाना ।। 2

।। 11.18 ।। वमक्षरं परमं वेदितव्यं त्वमस्य विश्वस्य परं निधानम् ।

---

[106] ♫ **कर्ण छन्द** : इस 30 मात्रा वाले महातैथिक छन्द के अन्त में दो गुरु मात्राएँ आती हैं । इसका लक्षण सूत्र 13, 13 + ऽ ऽ इस प्रकार होता है ।

► लक्षण गीत : दोहा॰ तीस मत्त का जो बना, दो गुरु मात्रा अंत ।
तेरहवीं पर यति जहाँ, कहा "कर्ण" है छंद ।। 1127/1779

त्वमव्ययः शाश्वतधर्मगोप्ता सनातनस्त्वं पुरुषो मतो मे ।।

निधानं त्वं च विश्वस्य वेद्योऽक्षरः सनातनः ।
अव्ययो धर्मगोप्ताऽसि मन्येऽहं यदुनन्दन ।। **801**/1447

दोहा॰ तुम ही विश्व निधान हो, बीज सनातन बाप ।
धर्म सुरक्षक, हे प्रभो! वेद्य सनातन आप ।। 1128/1779

।। 11.19 ।।

अनादिमध्यान्तमनन्तवीर्यमनन्तबाहुं शशिसूर्यनेत्रम् ।
पश्यामि त्वां दीप्तहुताशवक्त्रं स्वतेजसा विश्वमिदं तपन्तम् ।।

न चादिर्न च मध्योऽपि नान्तोऽस्ति तव केशव ।
प्रभो सहस्त्रबाहो त्वं तेजपुञ्जो जनार्दन ।। **802**/1447

दोहा॰ न ही आदि ना मध्य ना, गोचर तुमरा अंत ।
सहस्त्रबाहो! कृष्ण! तू, आग समान ज्वलंत ।। 1129/1779

प्रज्वलितानि वक्त्राणि नेत्राणि चन्द्रसूर्यवत् ।
विश्वं सर्वं त्वया तप्तं प्रभो ज्वालामुखीसमम् ।। **803**/1447

दोहा॰ चंद्र सूर्य सम दीप्त हैं, वदन तिहारे नेत्र ।
ज्वालाग्नि सम तेज से, तप्त विश्व का क्षेत्र ।। 1130/1779

संगीत-गीता-दोहावली छन्दमाला, मोती 113 of 136

पञ्झटिका छन्द[107]

8 + ऽ + 4 + ऽ

(जनार्दन)

दुष्ट जनों का अर्दन करता ।
भद्र जनन का रक्षण करता ।। 1
कृष्ण जनार्दन है सुर जाना ।
पञ्झटिका ये छन्द सुहाना ।। 2

---

[107] **पंझटिका छन्द** : इस 16 मात्रा वाले संस्कारी छन्द के किसी भी चौकल में ज गण (। ऽ।) नहीं आता है । इसकी 9-10 और 15-16 मात्रा गुरु होती है । इसका लक्षण सूत्र 8 + ऽ + 4 + ऽ इस प्रकार होता है ।

▶ लक्षण गीत : दोहा॰ सोलह जिसमें कल रहें, गुरु हों नौ अरु अंत ।
ज गण न चौकल में रहे, "पंझटिका" वह छंद ।। 1131/1779

|| 11.20 || द्यावापृथिव्योरिदमन्तरं हि व्याप्तं त्वयैकेन दिशश्च सर्वाः ।
दृष्ट्वाऽद्भुतं रूपमुग्रं तवेदं लोकत्रयं प्रव्यथितं महात्मन् ।।

ॐ अन्तरालं नभः पृथ्वी स्वर्गोऽपि पूरितस्त्वया ।
तप्तं विश्वमिदं सर्वं पश्यामि तव तेजसा ।। **804**/1447

दोहा॰ व्याप्त किए हैं आपने, तीनों लोक समग्र ।
सर्व विश्व यह तप्त है, तेज तिहारा उग्र ।। 1132/1779

|| 11.21 || अमी हि त्वां सुरसङ्घा विशन्ति केचिद्भीताः प्राञ्जलयो गृणन्ति ।
स्वस्तीत्युक्त्वा महर्षिसिद्धसङ्घा स्तुवन्ति त्वां स्तुतिभिः पुष्कलाभिः ।।

ॐ विशन्ति सुरसङ्घास्ते प्रभो मुखेषु सत्वरम् ।
सिद्धवृन्दश्च देहे ते गायन्स्वस्ति हरे हरे ।। **805**/1447

दोहा॰ तेरे जलते वदन में, शीघ्र गति के साथ ।
सिद्ध वृंद, सुर जा रहे, स्वस्ति! जोड़ कर हाथ ।। 1133/1779

|| 11.22 || रुद्रादित्या वसवो ये च साध्या विश्वेऽश्विनौ मरुतश्चोष्मपाश्च ।
गन्धर्वयक्षासुरसिद्धसङ्घा वीक्षन्ते त्वां विस्मिताश्चैव सर्वे ।।

ॐ रुद्रा मरुद्गणाः सिद्धा अश्विनौ पितरस्तथा ।
वसवो विश्वदेवाश्च गन्धर्वा विस्मिताः प्रभो ।। **806**/1447

दोहा॰ करते जाप, हरे! हरे! विश्वदेव, गंधर्व ।
रुद्र, मरुद्गण, सिद्ध जन, इन्द्र, पितरगण सर्व ।। 1134/1779

|| 11.23 || रूपं महत्ते बहुवक्त्रनेत्रं महाबहो बहुबाहूरुपादम् ।
बहूदरं बहुदंष्ट्राकरालं दृष्ट्वा लोकाः प्रव्यथितास्तथाऽहम् ।।

ॐ दृष्ट्वा दंष्ट्राकरालानि विशालानि मुखानि च ।
हस्तपादोरुनेत्राणि भीतोऽहं च त्रिलोकिनः ।। **807**/1447

दोहा॰ चौभड़ में तेरे, प्रभो! दाँत बहुत विकराल ।
डरे भयानक रूप से, स्वर्ग भुवन पाताल ।। 1135/1779

संगीत–गीता–दोहावली गीतमाला, पुष्प 132 of 205

भजन : राग रत्नाकर, कहरवा ताल 8 मात्रा

विराट रूप

छन्द दोहा

स्थायी

दिव्य रूप प्रभु! आपका, विस्मय पूर्ण अपार ।
दै के दरसन कीजियो, जीवन सफल हमार ।।

♫ रे-ग म-म मम प-मप-, नि-धप ध-नि धप-प ।
नि- ध पपमम प-मग-, रे-रेरे गगम पम-म ।।

अंतरा -1

गल में माला दिव्य हैं, कंचन मोतीयन हार ।
रवि शशि कुंडल कान में, सिर पर मुकुट तिहार ।।

♫ रेरे ग- म-म- प-म प-, नि-धप ध-निध प-प ।
निनि धध प-मम प-म ग-, रेरे रेरे गगम पम-म ।।

अंतरा -2

नाना कर पद नेत्र हैं, मुख में दाँत विशाल ।
गदा चक्र धनु हाथ में, शंख पद्म तलवार ।।

अंतरा -3

अंग वस्त्र जरी तार के, जिनमें रंग हजार ।
कटि पीतांबर धारिके, सोहे रूप निखार ।।

अंतरा -4

दिव्य देव के देह में, त्रिभुवन का दीदार ।
प्रभा आपकी की प्रखर है, सूर्य सहस्त्र समान ।।

अंतरा -5

न आदि न मध्य न अंत है, अद्भुत सुर करतार ।
हरि को लाख प्रणाम हैं, नत सिर बारंबार ।।

अंतरा -6

ऋषि मुनि सुर सब नेह में, विस्मित दृश्य निहार ।
ब्रह्म विष्णु शिव काय में, रूप विराट तिहार ।।

|| 11.24 || नभःस्पृशं दीप्तमनेकवर्णं व्यात्ताननं दीप्तविशालनेत्रम् ।
दृष्ट्वा हि त्वां प्रव्यथितअन्तरात्मा धृतिं न विन्दामि शमं च विष्णो ।।

(अर्जुनः पुनरुवाच)

🕉 अग्नियुक्तं मुखं दीप्तं यस्मिञ्ज्वाला नभस्स्पृशाः ।
रक्त वर्णानि नेत्राणि दीर्घं व्यात्तं मुखञ्च ते ।। 808/1447

✍ दोहा॰   ज्वाला तेरे वदन की, धरती से आकाश ।
विशाल तूने मुख, प्रभो! खोला करन विनाश ।। 1136/1779

|| 11.25 || दंष्ट्राकरालानि च ते मुखानि दृष्ट्वैव कालानलसन्निभानि ।
दिशो न जाने न लभे च शर्म प्रसीद देवेश जगन्निवास ।।

🕉 करालानि च घोराणि दंष्ट्राणि भ्राम्ययन्ति माम् ।
भयङ्करं हि रूपं ते यथा वदसि त्वं तथा ।। 809/1447

✍ दोहा॰   दीर्घ दाँत तेरे, प्रभो! दीन्हे सबको शूल ।
जैसा तुमने है कहा, रूप देत है भूल ।। 1137/1779

 संगीत-गीता-दोहावली गीतमाला, पुष्प 133 of 205

भजन : राग रत्नाकर, कहरवा ताल 8 मात्रा

दैवी रूप

स्थायी

दैया रे दैया! रूप तेरा दैवी, देखो रे भैया! विश्वरूप हरि ।

♪ रे-रे रे ग-म-! प-म गरे- ग-म- - -, धप- म गरे-! ग-मप-म गरे- - - - ।

अंतरा-1

महा काल सा देह धरा है, प्रलय आग सा घोर करा है ।
तेरी, रंग भरी दीप्ति, देखो रे भैया! उग्र भयो है हरि ।।

♪ मग- रे-ग म- ध-प मग- म-, पपप सां-नि ध- सांनि धप- ध- ।
मप, ध-प मग- रे-ग, धप- म गरे-! म-ग मप- म गरे- - - ।।

अंतरा-2

संत जनन का त्राण करेगा, दुष्ट जनन के प्राण हरेगा ।
तेरे, अंग परम शक्ति, देखो रे भैया! रुद्र भयो है हरि ।।

अंतरा–3

पाप करम का ध्वांत पड़ा है, विष्णु ने अवतार धरा है ।
तेरी, रण में जै पक्की, बोलो रे भैया! धन्यवाद! हरि ।।

।। 11.26 ।। अमी च त्वां धृतराष्ट्रस्य पुत्राः सर्वे सहैवावनिपालसङ्घैः ।
भीष्मो द्रोणः सूतपुत्रस्तथासौ सहास्मदीयैरपि योधमुख्यैः ।।

ॐ भीष्मो द्रोणः कृपः कर्णो नृपा भटा जयद्रथः ।
योद्धारो बहवो वीरा अस्माकं सैनिकास्तथा ।। **810**/1447

दोहा॰ भीष्म, द्रोण, कृप, कर्ण हैं, और जयद्रथ, वीर ।
गुरुजन, सारे नृप तथा, अपने भी सब धीर; ।। 1138/1779

।। 11.27 ।। वक्त्राणि ते त्वरमाणा विशन्ति दंष्ट्राकरालानि भयानकानि ।
केचिद्विलग्ना दशनान्तरेषु सन्दृश्यन्ते चूर्णितैरुत्तमाङ्गैः ।।

ॐ शीघ्रेण कृष्ण वेगेन विशन्तस्ते मुखे तव ।
केचन चूर्णिता दन्तैः–बद्धा दन्तान्तरेषु वा ।। **811**/1447

दोहा॰ मुख में तेरे जा रहे, शीघ्र गति के साथ ।
कुछ दाढ़ों में हैं फँसे, चबा रहे हैं दाँत ।। 1139/1779

।। 11.28 ।। यथा नदीनां बहवोऽम्बुवेगाः समुद्रमेवाभिमुखा द्रवन्ति ।
तथा तवामी नरलोकवीरा विशन्ति वक्त्राण्यभिविज्वलन्ति ।।

ॐ प्रविशन्ति यथा सर्वाः सरितः सागरे प्रभो ।
यथा च शलभा दग्धुं विशन्ति पावके द्रुतम् ।। **812**/1447

दोहा॰ सागर में सरिता यथा, करतीं सर्व प्रवेश ।
यथा पतंगे आग में, जलते हैं निःशेष; ।। 1140/1779

।। 11.29 ।। यथा प्रदीप्तं ज्वलनं पतङ्गा विशन्ति नाशाय समृद्धवेगाः ।
तथैव नाशाय विशन्ति लोकास्तवापि वक्त्राणि समृद्धवेगाः ।।

ॐ तथा च सर्वयोद्धारः कूर्दयन्तो मुखे तव ।
आत्मसमर्पणं कर्तुं ज्वालयितुमघानि च ।। **813**/1447

दोहा॰ तथा वीर योद्धा सभी, आत्मसमर्पण काज ।
मुख में तेरे जा रहे, पाप जलाने आज ।। 1141/1779

|| 11.30 || लेलिह्यसे ग्रसमानः समन्ताल्लोकान्समग्रान्वदनैर्ज्वलद्भिः ।
तेजोभिरापूर्य जगत्समग्रं भासस्तवोग्राः प्रतपन्ति विष्णो ॥

ॐ लेलिह्यसे च जिह्वाभिः-त्वं सर्वान्ग्रससे भटान् ।
उग्रया प्रभया विश्वं ज्वालयसि परन्तप ॥ 814/1447

दोहा० आप सभी को खा रहे, तेज दाँत से काट ।
निगल रहे मुख में उन्हें, जिह्वाओं से चाट ॥ 1142/1779

ज्वालाओं की आग से, विश्व हुआ है तप्त ।
उग्र प्रभा से, हे प्रभो! जगत हुआ है लिप्त ॥ 1143/1779

|| 11.31 || आख्याहि मे को भवानुग्ररूपो नमोऽस्तु ते देववर प्रसीद ।
विज्ञातुमिच्छामि भवन्तमाद्यं न हि प्रजानामि तव प्रवृत्तिम् ॥

ॐ उग्ररूपो भवान्कोऽस्ति रहस्यं वदतात्प्रभो ।
वन्देऽहं शतवारं त्वां प्रसीद करुणाकर ॥ 815/1447

दोहा० उग्र रूप में कौन हो, प्रभो! बताओ बात ।
रहस्य यह क्या है कहो, वन्दन तुमको, तात! ॥ 1144/1779

 संगीत-गीता-दोहावली गीतमाला, पुष्प 134 of 205

भजन : तोटक छन्द

। । S, । । S, । । S, । । S

विराट रूप

स्थायी

प्रभु! रूप विराट अनंत किया, किस कारण से यह धारण है ।
यह रूप लखे सब विश्व डरा, अति विस्मय का यह दर्शन है ॥

♪ सानि! सा-ग रेसा-नि निसा-रे मग-, गग रेसासासा रे- गम गरेसानि सा- ।
सानि सा-ग रेसा- निनि सा-रे मग-, गग रेसासासा रे- गम गरेसानि सा- ॥

अंतरा-1

तुमने गल में मणि कांचन के, पहने शुभ हार सुगंध भरे ।
तुम वस्त्र पितांबर सुंदर से, कर चक्र गदा असि शंख धरे ॥

♬ पपमरे मम प– पम पनिधप प–, पपमग गसा सागम पगरेसा निसा– ।
सानि सा–ग रेसा–निनि सा–रेम ग–, गग रेसासा सारे– गम गरेसा निसा– ।।

अंतरा–2

तव आग भरा यह देह सखे! जिसमें बहु आनन दंत दिखे ।
कर पाद अनेक विशाल जिसे, हरि! रूप बड़े विकराल दिसे ।।

अंतरा–3

तुमरे मुख में कटते नर हैं, कुछ दंतन में अटके सर हैं ।
सब वीरों को तुम काट रहे, उनका तुम शोणित चाट रहे ।।

अंतरा–4

भगवान! मुझे तव रूप बड़ा, लगता धरती नभ तेज भरा ।
तुमने रत्नाकर! आज धरा, महिमा मय विष्वक रूप खरा ।।

संगीत–गीता–दोहावली गीतमाला, पुष्प 135 of 205

उग्र रूप

स्थायी

आज गजब हरि! तूने करा, उग्र रूप ये, क्यों है धरा ।
♬ सा–सा रेगग मम! प–म गरे–, ध–प म–ग रे–, म– ग रेसा– ।

अंतरा–1

दुनिया से न्यारा हरि! तेरा ये हिसाब ।
मायावी है काम तेरा, लीला बेहिसाब ।
आज इरादा हरि! क्या है तेरा, विश्व रूप ये, क्यों है धरा ।।
♬ रेरेरे रे गम गरे! पप– म गरे–रे,
ममम ग रे–ग मप–, ध–प म–गरे–रे ।
सासा रेगरे गम–! प– म गरे– – –, ध–प म–ग रे–, म– ग रेसा– ।।

अंतरा–2

दैवी ये दीदार प्रभु! तेरा लाजवाब ।
जादू का ये तेरी कोई, नहीं है जवाब ।
आज जगत हरि! तूने भरा, विराट तन ये, क्यों है धरा ।।

अंतरा–3

जो भी तेरा हेतु हरि! तू है कामयाब ।

पापियों का काम तूने, किया है खराब ।

आज कहर हरि! तूने करा, घोर रूप ये, क्यों है धरा ।।

श्रीभगवानुवाच ।

।। 11.32 ।। कालोऽस्मि लोकक्षयकृत्प्रवृद्धो लोकान्समाहर्तुमिह प्रवृत्तः ।
ऋतेऽपि त्वां न भविष्यन्ति सर्वे येऽवस्थिताः प्रत्यनीकेषु योधाः ।।

ॐ दोहा छंद में गीतोपनिषद् ।

(श्रीभगवानुवाच)

ॐ उग्ररूपो महाकालोऽद्याभवमात्ममायया ।
विनाशोऽपरिहार्योऽस्ति तेषां, त्वं योत्स्यसे न वा ।। **816**/1447

दोहा० महाकाल मैं हूँ बना, करने दुष्ट–विनाश ।
शस्त्र धरे तू या नहीं, इनका होगा नाश ।। **1145**/1779

।। 11.33 ।। तस्मात्त्वमुत्तिष्ठ यशो लभस्व जित्वा शत्रून्भुङ्क्ष्व राज्यं समृद्धम् ।
मयैवैते निहताः पूर्वमेव निमित्तमात्रं भव सव्यसाचिन् ।।

ॐ तस्मादुत्तिष्ठ त्वं पार्थ जित्वा राज्यञ्च त्वं कुरु ।
यशो च वैभवं प्राप्य धर्मं स्थापय त्वं पुनः ।। **817**/1447

दोहा० उठो पार्थ! तैयार हो, करो विजय को प्राप्त ।
पुनः धर्म स्थापित किए, करो अधर्म समाप्त ।। **1146**/1779

संगीत–गीता–दोहावली गीतमाला, पुष्प 136 of 205

राग रत्नाकर, कहरवा ताल 8 मात्रा

महाकाल

स्थायी

महाकाल की, लगी है आग ।

♪ रेग–प–म ग–, पम– ग रे–रे ।

अंतरा –1

रूप भयानक, धरा हुआ है, उग्र गुणों से, भरा हुआ है ।
विशाल आँखे, लंबे हाथ, असुर न कोई जावे भाग ।।

♪ रे-रे रेग-गग, पध- पम- ग-, म-म मप- प-, निध- पध- म- ।
रेरे-रे ग-म-, ध-पम ग-ग, रेरेरे ग म-ग- प-मग रे-रे ।।

अंतरा -2

महाचंडी का, ये अवतारा, अरियन का, करने संघारा ।
यम का फंदा, यहाँ गिरा है, आज डसें जहरीले नाग ।।

अंतरा -3

रुद्र रूप ये, शिव शंकर का, तांडव नाचे, ध्वनि अंबर का ।
प्रचंड गर्जन, हिरदय भंजक, प्रलय काल का, छिड़ा है राग ।।

।। 11.34 ।। द्रोणं च भीष्मं च जयद्रथं च कर्णं तथाऽन्यानपि योधवीरान् ।
मया हतांस्त्वं जहि मा व्यथिष्ठा युद्धयस्व जेतासि रणे सपत्नान् ।।

ॐ पूर्वमेव हताः सन्ति योधवीरास्तवाहिताः ।
भूत्वा निमित्तमात्रं त्वं युद्धायोत्तिष्ठ पाण्डव ।। **818**/1447

✍दोहा॰ अधर्मचारी शत्रु के, उठा चुका हूँ प्राण ।
उठो नाम के मात्र ही, करो धर्म का त्राण ।। 1147/1779

ॐ योधवीरा हताः कर्णो भीष्मो द्रोणो जयद्रथः ।
तेषामर्थे व्यथिष्ठा मा युध्यस्व त्वं धनुर्धर ।। **819**/1447

✍दोहा॰ भीष्म द्रोण कृप कर्ण भी, जयद्रथादिक वीर ।
गतप्राण हैं सब हुए, मन को मत दो पीड़ ।। 1148/1779

सञ्जय उवाच ।

।। 11.35 ।। एतच्छ्रुत्वा वचनं केशवस्य कृताञ्जलिर्वेपमानः किरीटी ।
नमस्कृत्वा भूय एवाह कृष्णं सगद्गदं भीतभीतः प्रणम्य ।।

(सञ्जय उवाच)

ॐ कृष्णस्य कथनं श्रुत्वा वेपमानः कृताञ्जलिः ।
सगद्गदं नमस्कृत्य कृष्णमाह स्मयावृतः ।। **820**/1447

✍दोहा॰ सुन कर बचनन कृष्ण के, पार्थ जोड़ कर हाथ ।

गदगद होकर विनय से, बोला मन की बात ।। 1149/1779

अर्जुन उवाच ।

|| 11.36 ||
स्थाने हृषीकेश तव प्रकीर्त्या जगत्प्रहृष्यत्यनुरज्यते च ।
रक्षांसि भीतानि दिशो द्रवन्ति सर्वे नमस्यन्ति च सिद्धसङ्घाः ।।

🕉 स्थाने केशव कीर्तिस्ते विश्वं चाह्लादते सदा ।
पलायन्त्यधमा भीता दर्शमिच्छन्ति योगिनः ।। 821/1447

📯दोहा० सुन कर कीर्ति आपकी, सुकून पाते लोग ।
डर कर राक्षस भागते, योगी पाते योग ।। 1150/1779

|| 11.37 ||
कस्माच्च ते न नमेरन्महात्मन् गरीयसे ब्रह्मणोऽप्यादिकर्त्रे ।
अनन्त देवेश जगन्निवास त्वमक्षरं सदसत्तत्परं यत् ।।

🕉 सिद्धाः कथं न वन्देरन्-सर्वेषु परमो भवान् ।
आदिकर्ता भवान्ब्रह्मा सदसद्भ्यां परः प्रभो! ।। 822/1447

📯दोहा० पूजक करते वन्दना, कृष्ण–कृपा करतार! ।
ब्रह्म परम पर आप हैं, सत् असत् से पार ।। 1151/1779

|| 11.38 ||
त्वमादिदेवः पुरुषः पुराणस्त्वमस्य विश्वस्य परं निधानम् ।
वेत्तासि वेद्यं च परं च धाम त्वया ततं विश्वमनन्तरूप ।।

🕉 वेत्ता वेद्यश्च सर्वज्ञो विधाता जगतो हरे ।
भवान्सर्वस्य दाता च परमं धाम शाश्वतम् ।। 823/1447

📯दोहा० विश्व विधाता आप हैं, वेद विदित सत् नाम ।
सब सुख दाता आप हैं, शाश्वत मंगल धाम ।। 1152/1779

🎵 संगीत–गीता–दोहावली छन्दमाला, मोती 114 of 136
भुजंगिनी छन्द[108]

---

[108] 🎵 भुजंगिनी छन्द : इस 15 मात्रा वाले तैथिक छन्द के अन्त में ज गण (। ऽ ।) आता है । यति 8-7 पर विकल्प से आता है । इसका अन्य नाम 🎵 गुपाल छन्द है ।

▶ लक्षण गीत : 📯दोहा० मात्रा पन्द्रह की कला, लघु गुरु लघु से अंत ।
मत्त आठ पर यति रहे, "भुजंगिनी" वह छंद ।। 1153/1779

8 + 3 + ।ऽ।

(दीन दयाल)

श्रीधर! तू ही, दीन दयाल,

दुखियन भगतन, का किरपाल । 1

तू आरत का, प्रियतम नाथ,

सबकी मदार, प्रभु! तव हाथ ।। 2

भवाननन्तरूपोऽस्ति ज्ञेयो ज्ञाता जगत्प्रियः ।

अहो जगत्पितः स्वामिन्-विश्वं पूर्णं कृतं त्वया ।। 824/1447

दोहा॰ अनंत रूपी आप हैं, प्रभो! ज्ञेय हैं आप ।

जगत्पिता, प्रभु! आप हैं, विश्वदेव हैं आप ।। **1154**/1779

।। 11.39 ।। वायुर्यमोऽग्निर्वरुणः शशाङ्कः प्रजापतिस्त्वं प्रपितामहश्च ।

नमो नमस्तेऽस्तु सहस्रकृत्वः पुनश्च भूयोऽपि नमो नमस्ते ।।

पवनो वरुणो वह्निः-भवानेव प्रजापतिः ।

भवान्वर्यिमः सोमः कोटि कोटि नमोस्तुते ।। 825/1447

दोहा॰ आप प्रजापति, वरुण हैं, अनल, पवन हैं आप ।

आप सोम, यम, पूज्य हैं, वन्दनीय हैं आप ।। **1155**/1779

।। 11.40 ।। नमः पुरस्तादथ पृष्ठतस्ते नमोऽस्तु ते सर्वत एव सर्व ।

अनन्तवीर्यामितविक्रमस्त्वं सर्वं समाप्नोषि ततोऽसि सर्वः ।।

अनंतविक्रमी त्वञ्च बलशाली च सर्वगः ।

नमामि शतवारं त्वां पृष्ठतः सम्मुखात्तथा ।। 826/1447

दोहा॰ अमित विक्रमी आप हैं, बलशाली हैं आप ।

सर्वेश्वर प्रभु! आप हैं, पूजनीय हैं आप ।। **1156**/1779

।। 11.41 ।। सखेति मत्वा प्रसभं यदुक्तं हे कृष्ण हे यादव हे सखेति ।

अजानता महिमानं तवेदं मया प्रमादात्प्रणयेन वापि ।।

(अर्जुनः क्षमां याचति)

आहूतवानहं प्रेम्णा प्रमादात्कृष्ण यादव ।

ज्ञात्वा त्वां स्नेहिनं बन्धुं लीलामजानता तव ।। 827/1447

दोहा॰ कहा तुम्हें है प्रेम से, मनविनोद के साथ ।

कृष्ण तुम्हें यादव कहा, मित्र जान कर, नाथ! ।। 1157/1779

।। 11.42 ।। यच्चावहासार्थमसत्कृतोऽसि विहारशय्यासनभोजनेषु ।
एकोऽथवाप्यच्युत तत्समक्षं तत्क्षामये त्वामहमप्रमेयम् ।।

मित्रवर्गे विनोदेन स्वपञ्श्वसंश्च क्रीडने ।
असत्कृतोऽसि त्वं यद्वा सर्वमेव क्षमस्व तत् ।। 828/1447

दोहा॰ मित्र वर्ग में भूल मैं, कीन्ही, कृपाअगाध! ।
आते-जाते खेल में, क्षमा करो अपराध ।। 1158/1779

।। 11.43 ।। पितासि लोकस्य चराचरस्य त्वमस्य पूज्यश्च गुरुर्गरीयान् ।
न त्वत्समोऽस्त्यभ्यधिकः कुतोऽन्यो लोकत्रयेऽप्यप्रतिमप्रभाव ।।

चराचरस्य सर्वस्य जगतश्च पिता भवान् ।
त्वया समस्त्रिलोकेषु नास्ति कोऽप्यधिकः कथम् ।। 829/1447

दोहा॰ त्रिलोक के तुम ही पिता, गुरुवर पूज्य महान ।
तुमसे बढ़ कर कछु नहीं, कोई न ही समान ।। 1159/1779

।। 11.44 ।। तस्मात्प्रणम्य प्रणिधाय कायं प्रसादये त्वामहमीशमीड्यम् ।
पितेव पुत्रस्य सखेव सख्युः प्रियः प्रियायार्हसि देव सोढुम् ।।

दासश्चरणयोस्तेऽहं भगवञ्शरणागतः ।
स्वीकुरुतात्प्रभो त्वं मां स्नेहेन शरणागतम् ।। 830/1447

दोहा॰ शरण तिहारे चरण मैं, प्रभो! तिहारा दास ।
वन्दन मेरा लीजिये, मुझे स्नेह की आस ।। 1160/1779

मित्रं मित्रं पिता पुत्रं सखायं सहते सखा ।
प्रेम्णा तथा च देवेश सख्यायं सोढुमर्हसि ।। 831/1447

दोहा॰ पिता पुत्र की झेलता, मित्र मित्र की भूल ।
तथा प्रेम से तुम सहो, मेरी चूक समूल ।। 1161/1779

।। 11.45 ।। अदृष्टपूर्वं हृषितोऽस्मि दृष्ट्वा भयेन च प्रव्यथितं मनो मे ।
तदेव मे दर्शय देव रूपं प्रसीद देवेश जगन्निवास ।।

(सौम्यरूपमिच्छति)

रूपमुग्रं तु दृष्ट्वा तद्-भीतोऽहं सान्त्वनं कुरु ।

प्रसीद देवदेवेश पूर्वरूपः पुनर्भव ।। 832/1447

दोहा॰ डरा हुआ हूँ मैं प्रभो! लख कर विराट रूप ।
अब दिखला दो तुम मुझे, प्रसन्न सौम्य स्वरूप ।। 1162/1779

|| 11.46 || किरीटिनं गदिनं चक्रहस्तमिच्छामि त्वां द्रष्टुमहं तथैव ।
तेनैव रूपेण चतुर्भुजेन सहस्रबाहो भव विश्वमूर्ते ।।

चतुर्भुजो गदायुक्तः-चक्रधारी सुदर्शनः ।
किरीटी विष्णुमूर्तिस्त्वं भूयः सौम्यवपुर्भव ।। 833/1447

दोहा॰ चतुर्बाहु शुभ रूप हो, मोर मुकुट हो शीश ।
चक्र गदा हों हाथ में, सौम्य मूर्ति, जगदीश! ।। 1163/1779

श्रीभगवानुवाच ।

|| 11.47 || मया प्रसन्नेन तवार्जुनेदं रूपं परं दर्शितमात्मयोगात् ।
तेजोमयं विश्वमनन्तमाद्यं यन्मे त्वदन्येन न दृष्टपूर्वम् ।।

(श्रीभगवानुवाच)

हृष्ट्वा त्वयि प्रसन्नेन स्नेहभावेन भारत ।
दर्शितमात्मयोगेन विश्वरूपं मया तदा ।। 834/1447

दोहा॰ प्रसन्न होकर प्रेम से, तुझे दिया दीदार ।
आत्मयोग से था किया, विश्वरूप साकार ।। 1164/1779

रूपं तेजोमयं पूर्वं विराटं परमं मम ।
केनापि न त्वदन्येन दृष्टं कदाऽपि पाण्डव ।। 835/1447

दोहा॰ तेज युक्त मम दिव्य वो, विराट रूप अपूर्व ।
और किसी को ना दिखा, कभी आज के पूर्व ।। 1165/1779

|| 11.48 || न वेदयज्ञाध्ययनैर्न दानैर्न च क्रियाभिर्न तपोभिरुग्रैः ।
एवंरूपः शक्य अहं नृलोके द्रष्टुं त्वदन्येन कुरुप्रवीर ।।

न वेदज्ञानमात्रेण न दानेन धनस्य च ।
न यज्ञेन न ध्यानेन घोरेण तपसा तथा ।। 836/1447

दोहा॰ मात्र वेद के ज्ञान से, ना ही देकर दान ।
ना ही केवल यज्ञ से, न ही लगाए ध्यान; ।। 1166/1779

न भवेद्दर्शनं जातु विश्वरूपस्य मे सखे ।
कस्मै तु सम्भवं भूमौ अन्यस्मै श्रद्धया विना ।। **837**/1447

दोहा॰ दुर्लभ है इस विश्व में, विश्वरूप दीदार ।
मिल भी जाए, तो मिले, श्रद्धा के आधार ।। **1167**/1779

संगीत-गीता-दोहावली गीतमाला, पुष्प 137 of 205

भजन : राग रत्नाकर, कहरवा ताल 8 मात्रा

भगत

स्थायी

तू स्वामी त्रिभुवन का – – – – – – ।

♫ ग– म–गरे गगरेसा रे– – गरे– ।

अंतरा–1

मिलेगा न तू वेदार्जन से, दानार्पण से, पूजार्चन से ।

तू प्यासा चिंतन का – – – – ।।

♫ ग–म–ग– रे ग– म–प–मम ग–, रे–ग–मम प–, प–मगमग रे– ।
ग– म–गरे ग–रेसा रे– – गरे–।।

अंतरा–2

करे पार तू भवसागर से, सब संकट से, हर मुश्किल से ।

अरदासा जीवन का – – – – ।।

अंतरा–3

हमें ध्येय तू तनसा मनसा, ईश्वर प्यारा मन मंदिर का ।

तू प्यासा सुमिरन का – – – – ।।

।। 11.49 ।। मा ते व्यथा मा च विमूढभावो दृष्ट्वा रूपं घोरमीदृङ्ममेदम् ।
व्यपेतभीः प्रीतमनाः पुनस्त्वं तदेव मे रूपमिदं प्रपश्य ।।

(सौम्यरूपदर्शनम्)

आलोक्य घोररूपं तद्–मा भीः कुरुनन्दन ।
अनुग्रं पश्य मे रूपं विगतभीर्भवार्जुन ।। **838**/1447

✍दोहा॰ विश्वरूप को देख कर, मत पाना तू रोष ।
सौम्य रूप अब देख तू, मन पावेगा तोष ।। **1168**/1779

सञ्जय उवाच ।

।। 11.50 ।।	इत्यर्जुनं वासुदेवस्तथोक्त्वा स्वकं रूपं दर्शयामास भूयः । आश्वासयामास च भीतमेनं भूत्वा पुनः सौम्यवपुर्महात्मा ।।

(सञ्जय उवाच)

ॐ एवमुक्त्वा च पार्थं तं सौम्यं रूपमदर्शयत् ।
धैर्यं दत्त्वा हृषीकेशो गुडाकेशमसान्त्वयत् ।। **839**/1447

✍दोहा॰ इतना कह कर कृष्ण ने, रूप दिखाया सौम्य ।
धीरज देने पार्थ को, विष्णुरूप शुभ गम्य ।। **1169**/1779

अर्जुन उवाच ।

।। 11.51 ।।	दृष्ट्वेदं मानुषं रूपं तव सौम्यं जनार्दन । इदानीमस्मि संवृत्तः सचेताः प्रकृतिं गतः ।।

ॐ दृष्ट्वा चतुर्भुजं सौम्यं रूपं ते सुखदायकम् ।
प्रशान्तं मे मनो जातं पूर्ववद्धैर्यवानहम् ।। **840**/1447

✍दोहा॰ विष्णुरूप को देख कर, पार्थ होगया शाँत ।
सुखदायक उस रूप से, हुई विसर्जित भ्रांत ।। **1170**/1779

श्रीभगवानुवाच ।

।। 11.52 ।।	सुदुर्दर्शमिदं रूपं दृष्टवानसि यन्मम । देवा अप्यस्य रूपस्य नित्यं दर्शनकाङ्क्षिणः ।।

(श्रीभगवानुवाच)

(भगवद्दर्शनम्)

ॐ दुर्लभं विश्वरूपं मे दृष्टं पूर्वं त्वया सखे ।
द्रष्टुं तदेव काङ्क्षन्ति देवदेवास्तथा नराः ।। **841**/1447

✍दोहा॰ डरा हुआ था, पार्थ तू, विराट रूप निहार ।
देव-देवता तरसते, पाने वह दीदार ।। **1171**/1779

।। 11.53 ।।	नाहं वेदैर्न तपसा न दानेन न चेज्यया ।

> शक्य एवंविधो द्रष्टुं दृष्टवानसि मां यथा ।।

🕉 न तेऽपि चाधिगच्छन्ति विश्वरूपस्य दर्शनम् ।
वेदमात्र न यज्ञेन ज्ञानेन न तपस्यया ।। 842/1447

दोहा॰   दर्शन विश्व स्वरूप का, मिले न सबको, पार्थ! ।
न यज्ञ दान तप ध्यान से, कोई हुआ समर्थ ।। 1172/1779

🎵 संगीत-गीता-दोहावली छन्दमाला, मोती 115 of 136

बीर छन्द[109]

16, 12 + S।

(कृष्ण विराट रूप-2)

दुर्लभ तेरा विश्वरूप है, कोई सके न उसे निहार ।
सुर असुर मानव सब चाहते, रूप देखने परम तिहार ।। 1
न वेद के भी ब्रह्म ज्ञान से, ना ही करके दान अपार ।
न कठोर तप न किसी यज्ञ से, बस मिले भक्ति के आधार ।। 2

|| 11.54 ||
> भक्त्या त्वनन्यया शक्य अहमेवंविधोऽर्जुन ।
> ज्ञातुं द्रष्टुं च तत्त्वेन प्रवेष्टुं च परन्तप ।।

🕉 अनन्ययैव भक्त्या स भक्तो भवति सक्षमः ।
योक्तुं द्रष्टुं प्रवेष्टुं च यथार्थं कुरुनन्दन ।। 843/1447

दोहा॰   भक्त अनन्या भक्ति से, दर्शन पाता, पार्थ! ।
प्रवेश मुझमें है उसे, मुझको जान यथार्थ ।। 1173/1779

|| 11.55 ||
> मत्कर्मकृन्मत्परमो मद्भक्तः सङ्गवर्जितः ।
> निर्वैरः सर्वभूतेषु यः स मामेति पाण्डव ।।

🕉 सत्परो वैरहीनः स नित्यं यो मयि मत्परः ।
मामेति सत्वरं पार्थ सर्वदा कर्मतत्परः ।। 844/1447

---

[109] 🎵 **बीर छन्द** : इस 31 मात्रा वाले अश्वावतारी छन्द के अन्त में एक गुरु और एक लघु मात्रा आती है । इसका लक्षण सूत्र 16, 12 + S। इस प्रकार होता है ।

▶ लक्षण गीत : दोहा॰ इक्कीस मत्त का खेल ये, गुरु लघु कल से अंत ।
सोलहवीं पर यति रखो, तभी "बीर" है छंद ।। 1174/1779

✍दोहा॰ वैरहीन जो भक्त है, मुझे परायण नित्य ।
मुझको पाता, पार्थ! है, सत्कर्मी वह सत्य ।। 1175/1779

संगीत-गीता-दोहावली गीतमाला, पुष्प 138 of 205

कीर्तन : कहरवा ताल 8 मात्रा

हरि हरि बोल

हरि हरि बोल, हरि हरि बोल ।
राधे मुकुंऽद माऽधव हरि हरि बोल ।।

♫ सांसां सांसां सां - - सां, निध निसां सां-।
मग मध-नि सां-निध मध मग म- ।

अंतरा-1

गोऽपाल गोऽपाल हरि हरि बोल । गोऽविंद गोऽविंद हरि हरि बोल ।
आऽनंद आऽनंद जय जय बोल । गोपाल गोविंद आनंद बोल ।।
राधे मुकुंऽद माऽधव हरि हरि बोल ।।

♫ ध-धध ध-धध पम पनि ध- । नि-निनि नि-निनि धम धनि नि - - -।
सां-सांसां सां-सांसां निध निसां सां - - - । रें-रें-रें रें-रें-रें सांनिसांरें सां- ।
मग मध-नि सां-निध मध मग म- ।।

अंतरा-2

गिरिधारी गिरिधारी हरि हरि बोल, वनमाली वनमाली हरि हरि बोल ।
बनवारी बनवारी जय जय बोल, गोपाल गोविंद आनंद बोल ।
राधे मुकुंऽद माऽधव हरि हरि बोल ।।

अंतरा-3

कान्हा तेरी अचंभे की लीला हो, कान्हा तेरी अनूठी ही माया, हो ।
सखे! कान्हा की राधे की जय जय बोल, गोपाल गोविंद आनंद बोल ।
राधे मुकुंऽद माऽधव हरि हरि बोल ।।

संगीत-गीता-दोहावली गीतमाला, पुष्प 139 of 205

(विश्वरूप दर्शन का निरूपण)

स्थायी

स्वरदा ने सुंदर गाया है, नारद ने साज बजाया है ।

रतनाकर गीत रचाया है ।।

♫ सानि़सा- गरे सा-नि़नि़ सा-रेम ग-, गममग पम ग-रे सासा-रेम ग- ।

गगरेसासासा रे-ग मगरेसानि़ सा- ।।

अंतरा-1

प्रभु! विराट वाला रूप तेरा, लख कर हिरदय आनंद भरा ।

तव सूर्य हजारों सम आभा, जिसने ब्रह्मांड ये है घेरा ।

वह त्रिभुवन को चमकाया है ।।

♫ पप! मरे-म प-पम पनिध पप-, पप मग गसासाग मपगरेसा नि़सा- ।

सानि़ सा-ग रेसा-नि़- सासा रेमग-, सानि़सा- गरेसा-नि़ नि़ सा- रेमग- ।

गग रेसासासा रे- गमगरेसानि़ सा- ।।

अंतरा-2

रवि चंदा हैं नैनन जिसके, शत शत हैं वदन दशन उसके ।

तू मुकुट गदा है चक्र धरा, तव देह अग्नि से पूर्ण भरा ।

यह देख जगत चकराया है ।।

अंतरा-3

तू नर वीरों को काट रहा, तू जिह्वाओं से चाट रहा ।

यह उग्र रूप जो धारण है, बतलादे प्रभु! क्या कारण है ।

क्यों विश्वरूप दरसाया है ।।

श्रीमद्-भगवद्-गीता का बारहवाँ अध्याय ।

भक्तियोग ।

संगीत-गीता-दोहावली गीतमाला, पुष्प 140 of 205

खयाल : राग शंकरा, झपताल

शिव शंभो!

स्थायी

शिव शंभो उमापति, जय भोले भंडारी ।

भव तारी भय हारी, सुख दायी त्रिपुरारि ।।

♫ पनिसां नि-प गपसांनि-, प ग ग-प रेगरेसा-सा ।

साप सा-सा गग प-प, पनिसां नि-प गपरेग-सा ।।[110]

अंतरा-1

गौरी नाथ गंगेश भालचंद्र हित कारी ।

बहुरूपी भैरवी डमरूधर दुख हारी ।।

♫ पगप सां-सां सां-सांनिरेंसां, सांगंगं-पं गरें सांरेंसां- ।

निधनिसांरेंनिसां निधनिप-, सांनिपगप रेगरे ग-सा ।।

संगीत-गीता-दोहावली गीतमाला, पुष्प 141 of 205

भजन : राग रत्नाकर, कहरवा ताल 8 मात्रा

(हरि भजन)

ॐ श्लोक:

(सूक्ति:)

यस्मात्प्रमोदते लोको लोकात्प्रमोदते च य: ।

प्रीतिशान्तिर्धृतिर्युक्तो स हि हरे: प्रियो नर: ।।

स्थायी

हरि के बिना बिरथा जनम रे, निज बल भव-जल कौन तरे ।

♫ सानि़ सा रेरे- - गगरे- गमग रे- -, मम पप धप मम प-म गरे- - - ।

अंतरा-1

काम क्रोध मद काम न आवे, जौबन रौनक साथ न जावे ।

नौका अध बिच टूट पड़े ।।

♫ सा-रे ग-ग गग ध-प म ग-रे-, नि-धप ध-पम प-म ग रे-ग- ।

म-म- पप धध प-म गरे- - - ।।

---

[110] **स्थायी तान :** 1. शिव शंभो उमापति सासा गग पप निसां रेंसां । निध पप गप गरे सासा 2. पग पप निसां रेंसां निसां । निध पप गप गरे सासा 3. सासा गग पप निसां गरें । सानिं पध पप गरे सासा । **अंतरा तान :** 1. गौरी नाथ गंगेश पप गप निसां गरें सांनि । पध पप गप गरे सासा 2. पध पप गप निसां रेंसां । निध पध पप गरे सासा 3. पप गप गरे सारे सासा । निध पध पप गरे सासा ।

अंतरा–2

राम नाम बिन जीवन सूना, नास्तिक–भाव लगावे चूना ।

भाग करम सब रूठ खड़े ।।

संगीत–गीता–दोहावली गीतमाला, पुष्प 142 of 205

भजन : राग रत्नाकर, कहरवा ताल 8 मात्रा

हरि भजन

स्थायी

हरि के बिना बिरथा जनम रे, निज बल भव जल कौन तरे ।

♪ सानि़ सा रेरे- - गगरे- गमग रे- -, मम पप धप मम प–म गरे- - - ।

अंतरा–1

काम क्रोध मद काम न आवे, जौबन रौनक साथ न जावे ।

नौका अध बिच टूट पड़े ।।

♪ सा–रे ग–ग गग ध–प म ग–रे–, नि–धप ध–पम प–म ग रे–ग– ।

म–म– पप धध प–म गरे- - - ।।

अंतरा–2

राम नाम बिन जीवन सूना, नास्तिक भाव लगावे चूना ।

भाग करम सब रूठ खड़े ।।

सूक्तिः

यस्मात्प्रमोदते लोको लोकात्प्रमोदते च यः ।

प्रीतिशान्तिर्धृतिर्युक्तो स हि हरेः प्रियो नरः ।। **845**/1447

गीता दोहावली

तेईसवाँ तरंग

28. भक्तियोग का निरूपण :

शार्दूलविक्रीडित-छन्दः

ऽ ऽ ऽ, । । ऽ, । ऽ ।, । । ऽ, ऽ ऽ ।, ऽ ऽ ।, ऽ

♫ सा-रे- ग-मगरे- गम- पमगरे- ग-प-मग-म-गरे-

श्रीकृष्णवन्दना

वन्दे चक्रधरं हरिं गुरुवरं श्रीकृष्णदामोदरम् ।
योगेशो मम मार्गदर्शकवरो रक्षाकरो ज्ञानदः ।। 1
कृष्णान्नास्ति कृपाकरः प्रियतरः कृष्णैव मे पालकः ।
तस्माद्विघ्नहराय नम्रमनसा कृष्णाय तस्मै नमः ।। 2

ॐ दोहा छंद में गीतोपनिषद् ।

रत्नाकर उवाच

(निर्गुणब्रह्म च सगुणब्रह्म च)

ॐ **ब्रह्मैव निर्गुणं ज्ञातं जीवात्मा जीवकारणम् ।**
मूलं तद्विश्वबीजं च; सगुणात्मक ईश्वरः ।। 846/1447

दोहा॰ **निर्गुण केवल ब्रह्म है; आत्मा जानो प्राण ।**
मूल बीज वह ब्रह्म है; ईश्वर सगुण प्रमाण ।। 1176/1779

<u>संगीत-गीता-दोहावली गीतमाला, पुष्प 4143 of 205</u>

भजन : राग रत्नाकर, कहरवा ताल 8 मात्रा

ओ कन्हैया!

स्थायी

मोहे, आवाज देके बूलाना, मेरी नैया कन्हैया चलाना ।

♫ सानि़, सा-सा-सा ग-रे- गम-प-, गम प-प- मध-प- मग-रे- ।

अंतरा-1

रथ अर्जुन का तूने चलाया, पार रेड़ा वो तूने कराया ।
मेरा बेड़ा फँसा है भँवर में, साथ मेरा है तूने निभाना ।।

♫ मप ध-ध- ध नि-सां- निध-प-, प-ध नि-नि- नि सां-नि- धप-ध- ।
रेग म-म- धप- म- गरेरे ग-, रेग म-म- म ध-प- मग-रे- ।।

अंतरा–2

पथ में तूफान आये या आँधी, द्रौपदी शाटिका तूने बाँधी ।
मेरी लोगों में उड़ती हँसी है, लाज मेरी है तूने बचाना ।।

अंतरा–3

काम दीनों के तूने कराये, गर्व हीनों के तूने गिराये ।
साँस मेरी गले में अड़ी है, नाथ! मुझको गले से लगाना ।।

श्रीमद्भगवद्गीता द्वादशोऽध्यायः ।

अर्जुन उवाच ।

।। 12.1 ।। एवं सततयुक्ता ये भक्तास्त्वां पर्युपासते ।
ये चाप्यक्षरमव्यक्तं तेषां के योगवित्तमाः ।।

इत्थं भक्ताः सदा युक्ताः सगुणं त्वामुपासते ।
अक्षरं च निराकारं निर्गुणं ये, तु के वराः ।। **847**/1447

दोहा॰ सगुण-आप को पूजते, परम भगत जो मौन ।
या निर्गुण को पूजते; श्रेष्ठ भक्त हैं कौन ।। 1177/1779

श्रीभगवानुवाच ।

।। 12.2 ।। मय्यावेश्य मनो ये मां नित्ययुक्ता उपासते ।
श्रद्धया परयोपेतास्ते मे युक्ततमा मताः ।।

(श्रीभगवानुवाच)

भक्ताञ्श्रेष्ठानहं मन्ये नित्यं ये मत्परा मयि ।
एकचित्ता भजन्ते मां सन्तुष्टा ये सदाऽऽत्मनि ।। **848**/1447

दोहा॰ भक्त श्रेष्ठ वे, पार्थ! हैं, मत्पर जो हैं निष्ठ ।
एक चित्त से जो मुझे, भज कर हैं संतुष्ट ।। 1178/1779

भजन्तः सगुणं रूपं भक्तास्ते खलु मे प्रियाः ।
अभीप्सिता मया ते ये योगिनो मत्परायणाः ।। **849**/1447

दोहा॰ जो भजते मुझ सगुण को, भक्त परायण नित्य ।
प्यारे लगते वे मुझे, भक्त नियारे सत्य ।। 1179/1779

तेषां नयामि नौकां तां तारयित्वाऽपरे तटे ।

कृपाश्रयञ्च भक्तेभ्यो ददे जन्मनिजन्मनि ।। 850/1447

दोहा॰ नैया उनकी पार मैं, ले जाता हूँ, पार्थ! ।
उन पर मेरी है कृपा, जनम-जनम के साथ ।। 1180/1779

 संगीत-गीता-दोहावली गीतमाला, पुष्प 144 of 205

हरि सुमिरन

स्थायी

हरि सुमिरन दे, मन को धीर ।

♪ सारे सानिसासा रे-, मम गरे सा-सा ।

अंतरा-1

कार्य भार जब, तन को सतावे, मन उलझन की भीर ।

♪ म-म प-प पप, मप ध पम-ग-, धध पमपप मग रे-रे ।

अंतरा-2

हाथ में बेड़ी, भाग रुलावे, पाँव पड़े जंजीर ।

अंतरा-3

कपट जगत का, समझ न आवे, रोये मन का कीर ।

अंतरा-4

राम नाम की, नाव तरावे, भव सागर का तीर ।

|| 12.3 || ये त्वक्षरमनिर्देश्यमव्यक्तं पर्युपासते ।
सर्वत्रगमचिन्त्यं च कूटस्थमचलं ध्रुवम् ।।

(परन्तु)

ॐ भजन्ति तु निराकारम्-अव्यक्तमचलं ध्रुवम् ।
अचिन्त्यमक्षरं ब्रह्म भक्ता ये सर्वगामिनम् ।। 851/1447

दोहा॰ निराकार अरु निर्गुणी, अचिंत्य, ध्रुव अव्यक्त ।
अक्षर, सर्वग, ब्रह्म को, भजते हैं जो भक्त; ।। 1181/1779

|| 12.4 || सन्नियम्येन्द्रियग्रामं सर्वत्र समबुद्धयः ।
ते प्राप्नुवन्ति मामेव सर्वभूतहिते रताः ।।

(तर्हि)

🕉 सर्वेन्द्रियमनोबुद्धी: सन्नियम्य समानत: ।
तयाप्नुवन्ति मां पार्थ भूतहिते रता: सदा ।। 852/1447

✍ दोहा॰ मन बुद्धि सब इन्द्रियाँ, वश करके नि:स्वार्थ ।
सर्वभूत हित में लगा, पाता मुझको, पार्थ! ।। 1182/1779

|| 12.5 || क्लेशोऽधिकतरस्तेषामव्यक्तासक्तचेतसाम् ।
अव्यक्ता हि गतिर्दु:खं देहवद्भिरवाप्यते ।।

(स्मरत)

🕉 निर्गुणस्य मता क्लिष्टा निराकारस्य साधना ।
नर: कष्टेन प्राप्नोति गतिं निर्गुणब्रह्मण: ।। 853/1447

✍ दोहा॰ निराकार की साधना, कही बहुत है क्लिष्ट ।
गति है निर्गुण ब्रह्म की, नहीं वरण को इष्ट ।। 1183/1779

|| 12.6 || ये तु सर्वाणि कर्माणि मयि संन्यस्य मत्परा: ।
अनन्येनैव योगेन मां ध्यायन्त उपासते ।।

🕉 भक्ता: सर्वाणि कर्माणि परित्यज्य तु ये मयि ।
एकचित्तेन मामेव ध्यायन्ति मत्परायणा: ।। 854/1447

✍ दोहा॰ कर्म मुझी में छोड़ कर, मत्पर जो हैं भक्त ।
एक चित्त के ध्यान से, भजते मुझको फक्त ।। 1184/1779

|| 12.7 || तेषामहं समुद्धर्ता मृत्युसंसारसागरात् ।
भवामि नचिरात्पार्थ मय्यावेशितचेतसाम् ।।

(योगसिद्धे: चत्वार: मार्गा:)

🕉 इत्थं निरन्तरं धृत्वा हृदये चिन्तनं मम ।
तरन्ति कृपया मे ते मृत्युसंसारसागरम् ।। 855/1447

✍ दोहा॰ मन जिनका मुझमें सदा, मुख में मेरा नाम ।
भवसागर को पार कर, पाते मेरा धाम ।। 1185/1779

 संगीत-गीता-दोहावली गीतमाला, पुष्प 145 of 205

भजन : कहरवा ताल 8 मात्रा

शिव ओम् हरि ओम्!

स्थायी

शिव ओम् हरि ओम् शिव बोलो सदा, शिव ओम् हरि ओम् गाओ सदा ।

♫ सागु म- मम म- मम प-गु- मप- -, सांसां निप निनि पम गु-म पम- - ।

अंतरा-1

नमो नमो नमो नमो गजानना, जग जन तारो महेश्वरा ।

नमो नमो नमो नमो नारायणा, शिव० ।।

♫ मम पसां सांसां सांसां निसांगंनिसां-निप, मम पसां सांसांसांसां निसांगंनिसां-निप ।

सांसां निप निनि पम गु-मपम-, सागु ।।

अंतरा-2

शिव शिव शंकर दिगंबरा, हमको वर दो सदाशिवा ।

शिव शिव मंगल निरंजना ।।

अंतरा-3

जय जय जय जय जटाधरा, तुम जग सुंदर सुदर्शना ।

जय जय जय जय जनार्दना ।।

|| 12.8 ||

मय्येव मन आधत्स्व मयि बुद्धिं निवेशय ।
निवसिष्यसि मय्येव अत ऊर्ध्वं न संशयः ।।

मय्यादाय मनो पार्थ बुद्धिं च मयि त्वं सदा ।
अधिगच्छसि मद्भावं कुरुनन्दन निश्चितम् ।। 856/1447

दोहा० मन में मेरा नाम हो, बुद्धि मुझीमें लीन ।
प्राप्त करोगे तुम मुझे, अर्जुन! शंका हीन ।। 1186/1779

संगीत-गीता-दोहावली गीतमाला, पुष्प 146 of 205

भजन : राग रत्नाकर, कहरवा ताल 8 मात्रा

हरि कृपा

स्थायी

कृपा कृष्ण की चाही जिसने, जीवन हरि के सहारे है ।

नैया उसकी भवसागर में, लगती पार किनारे है ।।

♫ रे-सा रे-रे- रे- ग-रे- गगम-, प-पप धध नि धप-ध- नि- ।

सां-नि- धपध- निनिध-पप म-, गगम- ध-प मग-मग रे- ।।

अंतरा-1

छोड़े जिसने क्रोध खेद सब, सुख दुख एक बनाये हैं ।

भोग लोभ रज सब कुछ त्यागे, आता हरि के दुआरे है ।।

♫ म-म- पपप- ध-प म-म मम, गग मम प-प सांनिध- प- ।

सां-नि ध-प धध निनि धप ध-म-, ग-म- धध प मग-मग रे- ।।

अंतरा-2

जोड़ले मन में भाव भक्ति का, हरि नयनन के तारे हैं ।

पाप ताप सब उसके भागे, हरिहर कष्ट उबारे हैं ।।

अंतरा-3

हाथ हरि के जिसकी डोरी, हरि उसके रखवारे हैं ।

ऋद्धि सिद्धि नित चमर डुलावे, उस पर साँझ सकारे हैं ।।

।। 12.9 ।।

अथ चित्तं समाधातुं न शक्नोषि मयि स्थिरम् ।

अभ्यासयोगेन ततो मामिच्छाप्तुं धनञ्जय ।।

ॐ **एवं चित्तं समाधातुं स्थिरं त्वं चेन्न न शक्ष्यसि ।**

योगाभ्यासेन मां प्राप्तुं कुरु यत्नं धनञ्जय ।। 857/1447

✍दोहा॰ **चित्त अगर ना कर सको, मुझमें स्थिर तुम शाँत ।**

किए योग अभ्यास का, मिलो मुझे बिन भ्रांत ।। 1187/1779

।। 12.10 ।।

अभ्यासेऽप्यसमर्थोऽसि मत्कर्मपरमो भव ।

मदर्थमपि कर्माणि कुर्वन्सिद्धिमवाप्स्यसि ।।

ॐ **अक्षमः साधनायै चेत्-मदर्थं कुरु कर्म त्वम् ।**

कार्यं मयि परित्यज्य सिद्धिमापय पाण्डव ।। 858/1447

✍दोहा॰ **अगर साधना के लिए, अक्षम हो तुम, पार्थ! ।**

छोड़ कर्म मुझ पर सभी, करो सफल परमार्थ ।। 1188/1779

रथोद्धता छन्द[111]

S I S, I I I, S I S, I S

(कृष्ण के नाम)

लाभ-हानि सब द्वंद्व जानिये ।
मोद दुःख न चिरायु मानिये ॥
एक काम चिर काल कीजिए ।
नाम कृष्ण हर वक्त लीजिये ॥

|| 12.11 || अथैतदप्यशक्तोऽसि कर्तुं मद्योगमाश्रितः ।
सर्वकर्मफलत्यागं ततः कुरु यतात्मवान् ॥

(फलेच्छत्याग: सर्वश्रेष्ठ:)

🕉 एतदप्यसमर्थोऽसि मद्योगमाश्रितो भव ।
लिप्सां फलेषु त्यक्त्वा त्वं भुङ्क्षादर्जुन तत्फलम् ॥ 859/1447

✍ दोहा॰ अगर न यह तुम कर सको, करो भक्ति का योग ।
फल की आशा छोड़ कर, फल का लो उपभोग ॥ 1189/1779

|| 12.12 || श्रेयो हि ज्ञानमभ्यासाज्ज्ञानाद्ध्यानं विशिष्यते ।
ध्यानात्कर्मफलत्यागस्त्यागाच्छान्तिरनन्तरम् ॥

🕉 अभ्यासाद्धि वरं ज्ञानं ध्यानं ज्ञानाद्वरं सदा ।
ध्यानात्कर्मफलेच्छाया:-त्यागो दत्ते चिरं सुखम् ॥ 860/1447

✍ दोहा॰ ज्ञान श्रेष्ठ अभ्यास से, श्रेष्ठ ज्ञान से ध्यान ।
फल-आशा तज कर मिले, शाँति, विना-व्यवधान ॥ 1190/1779

---

[111] 🎵 **रथोद्धता छन्द** : इस छन्द के चरणों में ग्यारह वर्ण, 16 मात्रा होती हैं । इसमें र न र गण और अन्त में लघु-गुरु वर्ण आते हैं । इसके पद के अन्त में विराम होता है । इसका लक्षण सूत्र S I S, I I I, S I S, I S इस प्रकार होता है ।

▶ लक्षण गीत : ✍ दोहा॰ सोलह कल से जो सजा, आदि र न र, ल ग अंत ।
ग्यारह अक्षर की कला, "रथोद्धता" है छंद ॥ 1191/1779

संगीत-गीता-दोहावली गीतमाला, पुष्प 147 of 205

गीत : राग रत्नाकर, कहरवा ताल 8 मात्रा

निष्कामना

स्थायी

फल की आशा तज कर करना, कर्म वही निष्काम सही ।

♫ मम म म-म- पप पप पपप-, नि-ध पध- नि-ध-प मग- ।

अंतरा-1

मीन धरन बक ध्यान जतावे, स्वाँग वो जाना योग नहीं ।

♫ ग-ग गगग गग रे-रे रेरे-रे-, ग-ग ग म-म- ध-प मग- ।

अंतरा-2

लहू चूसन धुन गीत सुनावे, झिंगुर झिन्नी राग नहीं ।

अंतरा-3

प्यास बुझावन आस लगावे, पपीहे का तप त्याग नहीं ।

अंतरा-4

मीत लभन को ज्योत जगावे, जुगनु चमक सच आग नहीं ।

अंतरा-5

दूध दुहन को दाना देवे, ग्वाले का वो दान नहीं ।

|| 12.13 ||

अद्वेष्टा सर्वभूतानां मैत्रः करुण एव च ।
निर्ममो निरहङ्कारः समदुःखसुखः क्षमी ।।

प्रीतिदयाक्षमायुक्तः समो दुःखसुखेषु यः ।
स्नेही च सर्वभूतानां दम्भी मानी न यो नरः ।। 861/1447

दोहा॰ **तटस्थ सुख-दुख में सदा, दया क्षमा से युक्त ।**
सब भूतों से स्नेह हो, अहंकार से मुक्त ।। 1192/1779

|| 12.14 ||

सन्तुष्टः सततं योगी यतात्मा दृढनिश्चयः ।
मय्यर्पितमनोबुद्धिर्यो मद्भक्तः स मे प्रियः ।।

(श्रीभगवतः प्रीयः कः)

तटस्थः संयमी तुष्टो निरन्तरदृढव्रती ।
मत्परश्च मनोबुद्ध्या मद्भक्तो यः स मे प्रियः ।। 862/1447

दोहा॰ आत्म संयमी, तृप्त जो, दृढ़ व्रत का हो धीर ।
मुझे परायण नित्य जो, प्रिय वह मुझको वीर ।। 1193/1779

तटस्थ मन जो भक्त है, जिसको मुझसे प्रीत ।
मन बुद्धि मुझमें सदा, मेरा है वह मीत ।। 1423/1779

।। 12.15 ।। यस्मान्नोद्विजते लोको लोकान्नोद्विजते च यः ।
हर्षामर्षभयोद्वेगैर्मुक्तो यः स च मे प्रियः ।।

यस्मान्नोद्विजते कोऽपि किञ्चिन्नोद्विजते च यम् ।
मोदः क्रोधश्च लोभश्च येन त्यक्ताः स मे प्रियः ।। 863/1447

दोहा॰ त्रास न जिसको जगत से, जिससे त्रस्त न कोय ।
दुःख दोष से जो परे, प्रिय वह मेरा होय ।। 1194/1779

।। 12.16 ।। अनपेक्षः शुचिर्दक्ष उदासीनो गतव्यथः ।
सर्वारम्भपरित्यागी यो मद्भक्तः स मे प्रियः ।।

निःस्पृहो निर्ममो युक्तो निर्विषादो निरामयः ।
विहीनः कर्तृभावस्य भक्तः सोऽतीव मे प्रियः ।। 864/1447

दोहा॰ तनिक न जिसको आस है, जो न दुखों में रोय ।
निष्ठ उदासी वो सदा, प्रियतम मेरा होय ।। 1195/1779

संगीत-गीता-दोहावली गीतमाला, पुष्प 148 of 205

भजन : राग खमाज, कहरवा ताल 8 मात्रा

भक्ति भाव

स्थायी

भक्ति भाव की जीवन कुंजी, भगत जन जिन पाई है ।

♪ मपनि सां-सां सां- रें-सांनि ध-प-, गमम पप धसां नि-ध प- ।

अंतरा-1

हरि दरशन की पावन पूँजी, उन भगतन ने कमाई है ।

♫ गम पपपप प- सांनिध प-प-, गग ममपप प पधसांनिध प- - - ।

अंतरा-2

दुख देता वो नहीं किसी को, उद्विग्न किसी से नाही है ।

अंतरा-3

भगत प्रभु का वही है प्यारा, हरि किरपा तिन पाई है ।

।। 12.17 ।। **यो न हृष्यति न द्वेष्टि न शोचति न काङ्क्षति ।**
शुभाशुभपरित्यागी भक्तिमान्यः स मे प्रियः ।।

ॐ **निर्मलो निरहङ्कारः शोकदोषविवर्जितः ।**
शुभाशुभे समे यस्य भक्तिनिष्ठः स मे प्रियः ।। 865/1447

दोहा॰ सुख पाने न उतावला, दुख में जो ना रोय ।
सुख-दुख में सम भक्त जो, प्रिय वो मेरा होय ।। 1196/1779

संगीत-गीता-दोहावली गीतमाला, पुष्प 149 of 205

भजन : राग रत्नाकर, कहरवा ताल 8 मात्रा

प्रभु प्रेम

स्थायी

प्रभु से प्रेम पाने का, तरीका ये सुहाना है ।
हरि से प्रीत का सलीका, विनय से सिर झुकाना है ।।

♫ रेगम रे- गमरे ग-म- प-, धप-म- ग- पमगमग रे- ।
धप- म- सां-नि ध- पपध-, पमम ग- प- मगमग- रे- ।।

अंतरा-1

दुखे ना जिससे नर कोई, सुखी हो जिससे हर कोई ।
सभी को यार करना ही, हरि से प्यार करना है ।।

♫ रेधप म- गगरे गग म-प-, धप- म- गमरे मग प-म- ।
रेगम रे- ग-म रेगम- प-, धप- म- ग-प मगमग रे- ।।

अंतरा-2

अगर चंगा कहे कोई, बहुत निंदा करे कोई ।
सदा उपकार करना ही, हरि से प्यार करना है ।।

अंतरा–3
न जिसमें बैर है कोई, न जिसको गैर है कोई ।
सदा सुविचार करना ही, हरि से प्यार करना है ।।

|| 12.18 || समः शत्रौ च मित्रे च तथा मानापमानयोः ।
शीतोष्णसुखदुःखेषु समः सङ्गविवर्जितः ।।

🕉 यस्य शत्रुर्न कोऽप्यस्ति सर्वेऽपि मित्रवज्जनाः ।
जीवनसुखदुःखेषु शीतोष्णेषु न बाधितः ।। 866/1447

✒ दोहा॰ कहो मित्र या शत्रु भी, या करलो अपमान ।
रंज जिसे कोई नहीं, सुख-दुख सभी समान ।। 1197/1779

🕉 यस्य नास्ति रिपुः कोऽपि सर्वैः सह च मित्रवत् ।
नारिं तमपि जानाति यस्तं जानाति शत्रुवत् ।। 867/1447

✒ दोहा॰ शत्रु किसी का जो नहीं, ना ही बैरी कोय ।
जो उसको बैरी कहे, वो भी उसका होय ।। 1198/1779

जिसे किसी से ना घृणा, सबसे जिसको प्रीत ।
जो उसको शत्रु कहे, उसका भी वह मीत ।। 1199/1779

जिसे न कोई शत्रु है, ना ही कोई मीत ।
सभी भूत सम हैं जिसे, उससे मुझको प्रीत ।। 1200/1779

🎵 संगीत-गीता-दोहावली छन्दमाला, मोती 117 of 136

उपेन्द्रवज्रा छन्द[112]

। ऽ ।, ऽ ऽ ।, । ऽ ।, ऽ ऽ

(सर्वभूत समानता)

सगा पराया जिसका न कोई ।

---

[112] 🎵 **उपेन्द्रवज्रा छन्द** : इस छन्द के चरणों में ग्यारह वर्ण, 17 मात्रा होती हैं । इसमें ज त ज गण और दो गुरु वर्ण आते हैं । इसका लक्षण सूत्र । ऽ ।, ऽ ऽ ।, । ऽ ।, ऽ ऽ इस प्रकार होता है । **इन्द्रवज्रा** छन्द का पहला वर्ण लघु करके यह छन्द सिद्ध होता है ।

▶ लक्षण गीत : ✒ दोहा॰ मात्रा सत्रह का बना, आदि ज त ज, ग ग अंत ।
अक्षर ग्यारह से सजा, "उपेन्द्रवज्रा" छन्द ।। 1201/1779

घृणा न ईर्ष्या जिसको किसी से ।। 1

रहे बना जो जग से नियारा ।

लगे सदा वो मुझको पियारा ।। 2

ॐ तत्स करोति सर्वेभ्यो यद्रोचते तमात्मने ।

एवं शत्रौ च मित्रे यः सद्भक्तः स च मे प्रियः ।। **868**/1447

✍दोहा॰ काम दुखारे जो सभी, रहता उनसे दूर ।

काम पियारे जो सदा, करने को आतूर ।। 1202/1779

🌹 संगीत-गीता-दोहावली गीतमाला, पुष्प 150 of 205

भूत दया

स्थायी

सबसे मेरा रहे प्रेम नाता, दृष्टि, ऐसी मुझे देना दाता ।

♫ सा-रे ग-म- पम- ग-रे ग-म-, धध, प-म- गम- प-म ग-रे- ।

अंतरा-1

चाहे जाने वो हमको पराया, द्वेष उसके हो मन में समाया ।

जानूँ उसको भी मैं बंधु भ्राता, बुद्धि, ऐसी मुझे देना दाता ।।

♫ प-ध नि-नि- नि सां-नि- धप-ध-, प-ध नि-नि- नि सां- नि- धप-ध- ।

रेग- म-म- म प- म-ग रे-ग-, गम, प-म- गम- प-म ग-रे- ।।

अंतरा-2

कोई कमजोर हो दीन दुखिया, जिसकी सुनसान बीरान दुनिया ।

उसके कँधे से कँधा लगाना, शक्ति, इतनी मुझे देना दाता ।।

अंतरा-3

हर प्राणी से हो मेरी माया, हर भाई बने मेरा भाया ।

हर माता लगे मेरी माता, प्रीति, ऐसी मुझे देना दाता ।।

अंतरा-4

तेरी किरपा की हो मुझ पे छाया, तेरी सेवा में हो मेरी काया ।

मैं रहूँ तेरे गुन गुनगुनाता, भक्ति, ऐसी मुझे देना दाता ।।

वेद वाणी

स्थायी

जो काम सबका तुम्हें पियारा, जहाँ को वापस वो प्यार दो ।

♫ रे ध-प ममप- गप- धप-म-, रेग- म प-म- प म-ग रे- ।

अंतरा-1

विचार वाणी में हो अहिंसा, प्रयोग में हो कभी न हिंसा ।
जो दोष उनका तुम्हें चुभाता, वही न तुझमें दीदार हो ।।

♫ रेग-म प-म- प ध- निध-प-, धनि-सां नि- ध- पध- नि ध-प- ।
म प-ध पमग- मप- धपमग-, गम- प मगरे- पम-ग रे- ।।

अंतरा-2

न हो जियारा कभी उदासा, रहो प्रभु के चरण में दासा ।
जो कर्म उनका तुम्हें गिराता, जगत में प्यारे! वो ना करो ।।

अंतरा-3

सदाचार की सदा हो भासा, भगत जनन को तुम्ही से आसा ।
जो बोल उनका तुम्हें दुखारा, किसी को प्यारे! वो ना कहो ।।

अंतरा-4

अधर्म का जो करे विनासा, वो कार्य तेरा बने विलासा ।
जो धर्म शांति दया सिखाता, वो राह सत् की स्वीकार हो ।।

अंतरा-5

धरती अंबर तेरा निबासा, दिशाएँ चारों तेरा लिबासा ।
जो जाप मुख में तुम्हें सुहाता, वो नाम हरि का सदा जपो ।।

।। 12.19 ।।

तुल्यनिन्दास्तुतिर्मौनी सन्तुष्टो येन केनचित् ।
अनिकेतः स्थिरमतिर्भक्तिमान्मे प्रियो नरः ।।

ॐ श्रुत्वाऽपि यो स्तुतिं निन्दां समो मानापमानयोः ।
आत्मयुक्तो घृणामुक्तः स्थिरमतिः स मे प्रियः ।। **869**/1447

दोहा॰ निंदा हो अथवा स्तुति, जो संतुष्ट त्रिकाल ।
निराधार उस भक्त का, अर्जुन! मैं किरपाल ।। 1203/1779

।। 12.20 ।। ये तु धर्म्यामृतमिदं यथोक्तं पर्युपासते ।
श्रद्दधाना मत्परमा भक्तास्तेऽतीव मे प्रियाः ।।

धर्म्यामृतमिदं पार्थ भक्तो यः पर्युपासते ।
श्रद्धालुर्मत्परो भक्तो निरासक्तः स मे प्रियः ।। 870/1447

दोहा॰ अमृत मय इस धर्म की, जिसके मन में आस ।
श्रद्धा वाला भक्त वो, प्रिय होता मम खास ।। 1204/1779

संगीत-गीता-दोहावली छन्दमाला, मोती 118 of 136

छप्पय छन्द[113]

रोला + उल्लाला

(भक्तियोग)

योग कहत श्रीकृष्ण, भक्ति से उबारे भगत ।
इस मारग से सत्य, मोचन प्राप्त करत जगत ।।
प्रभो! इसी से नित्य, विनय से शीश होत नत ।
सकल परम प्रिय भगत, तुमरे चरणन पर प्रणत ।।
अर्पण हो प्रभु को हिया, अटूट आस्था से किया ।
प्रेम, विना-आसक्ति का, काहा है योग शक्ति का ।।

---

[113] **छप्पय छन्द** : 6 चरणों का छप्पय होता है । इसमे पहले चार चरण रोला (11,13) छन्द के होते हैं (96 मात्रा) और फिर दो चरण उल्लला (10 + । + 2) छन्द के (52 मात्रा) । इसमें कुल मिला कर (13x4 + 26x2) 148 मात्राएँ होती हैं ।

► लक्षण गीत : **दोहा॰ चौपद रोला प्रथम हो, दो उल्लाला अंत ।**
रोला उल्लाला मिले, छः पद "छप्पय" छंद ।। 1205/1779

रोला छन्द : रोला 11, 13 मात्रा के चार चरणों का होता है । इसमें 4, 4, 3 अथवा 3, 3, 2, 3 की 11 मात्राएँ और 3, 2, 4, 4 अथवा 3, 2, 3, 3, 2 की 13 मात्राएँ होती हैं ।

► लक्षण गीत : **दोहा॰ ग्यारह मात्रा आदि में, तेरह मात्रा अंत ।**
चार चरण जब यों रचे, बनता "रोला" छंद ।। 1206/1779

उल्लाला छन्द : याद रहे, जैसा कि पहले कहा गया है : उल्लाला छन्द की 11वी मात्रा लघु होती है । इसमें 26 (अथवा 28) मात्रा के दो चरण होते हैं ।

 संगीत-गीता-दोहावली गीतमाला,

भजन : राग रत्नाकर

हरि भगत

स्थायी

हर दम जो नाम जपता, प्यारा वो है हरि का ।
निष्काम काम करता, उसका हरि पियारा, पियारा ।।

♪ सा- रे- ग प-म गगरे-, प-म- ग म- धप- म- ।
नि-ध-प ध-प ममग-, रे-ग- मप- मग-रे, गरे-सा- ।।

अंतरा-1

मन में विरक्ति जागी, सब वासनाएँ त्यागी,
जिसको न दुख है जग से, न किसी को दुख है उससे ।
ऐसा भगत निराला, प्यारा हरि को सबसे,
निश दिन जो याद रखता, उसका हरि किनारा, किनारा ।।

♪ म- प- धनि-ध प-ध-, मम प-धनि-ध प-ध-,
ग-म- प ध- प मम ग-, रे गम- प धप म गगम- ।
ध-प- ममम गम-प-, ध-प- मग- रे गगम-,
निनि धध प ध-प ममग-, रे-ग- मप- मग-रे, गरे-सा ।।

अंतरा-2

हरि ओम्-ओम् माला, दर्शनकी दिल में ज्वाला,
जिसने वहम भगाया, विश्वास है जगाया ।
ऐसा भला पुजारी, पावन खरा है सबसे,
जिसको भजन सुखाता, उसका हरि जियारा, जियारा ।।

अंतरा-3

सुंदर स्वभाव जिसका, निर्मल हृदय है गहरा,
जिसको न क्रोध कोई, ईर्ष्या है जिसने खोई ।
ऐसा मनुष महाना, मंगल वही है सबसे,
दूसरों का दुख दुखाता, उसका सही विचारा, विचारा ।।

अंतरा-4

तन मन से तम हटाया, दूसरों से गम बँटाया,
सद्भाव है तरीका, आधार है हरि का ।
ऐसा भगत सयाना, न्यारा जगत में सबसे,
दुनिया का जो दुलारा, उसका हरि सहारा, सहारा ।।

संगीत-गीता-दोहावली गीतमाला, पुष्प 153 of 205

प्रिय भगत

गीत : छन्द दोहा

स्थायी

भगत सदा संतुष्ट जो, जिसका निश्चय ढीठ ।
तन मन से मुझमें लगा, वो है मेरा मीत ।।

♫ रेरेरे रेग- म-प-म प-, धधध- प-मग म-म ।
रेरे गग म- पपध- पध-, प- म- प-मग रे-रे ।।

अंतरा-1

किसी को न जिससे व्यथा, न जो किसी से व्यथित ।
हर्ष दुखों से जो परे, उससे मुझको प्रीत ।।

♫ रेरे- ग- ग ममप- मप-, ध ध- पम- ग मग-ग ।
रे-रे गम- प- ध- पध-, पपम- पपमग रे-रे ।।

अंतरा-2

जिसे न धन की चाह है, जिसे स्पृहा न तनिक ।
शुद्ध उदासी भक्त वो, करता मुझसे प्रीत ।।

अंतरा-3

जो न सुखों का लालची, राग क्रोध अतीत ।
सम सुख दुख में भक्त जो, उसकी सच्ची प्रीत ।।

अंतरा-4

शत्रु मित्र कोई कहे, अपमान किया अगणीत ।
रंज न कोई जिसे, न्यारी उसकी रीत ।।

अंतरा-5
शत्रु किसी का जो नहीं, सबको कहता मीत ।
जो उसको बैरी कहे, उसका भी न अहित ।।

अंतरा-6
दुख देते जों काम हैं, उनसे रहे अतीत ।
लाभ हानि सब एक हों, सदा उसी की जीत ।।

अंतरा-7
हर दम जपता नाम जो, गाता मेरे गीत ।
गान भजन मेरे जिसे, कर्ण मधुर संगीत ।।

अंतरा-8
अमृत मय इस धर्म की, जिसके मन में आस ।
श्रद्धा वाला भक्त वो, मेरा है प्रिय मीत ।।

श्रीमद्-भगवद्-गीता का तेरहवाँ अध्याय ।
क्षेत्र-क्षेत्रज्ञ-विभाग योगः ।

संगीत-गीता-दोहावली गीतमाला, पुष्प 154 of 205

भजन : राग काफी, कहरवा ताल 8 मात्रा

शिव पार्वती गणेश

स्थायी

शिव पार्वती गणेश, जय जय, शिव पार्वती गणेश ।
जय जय, शिव पार्वती गणेश ।
ध्याऊँ तुमको पाऊँ तुम को, वंदन करूँ महेश ।
शिव पार्वती गणेश ।।

♫ -निनि नि-निसांप पपध-प मग सानि़, -नि़सा रेपमरेसा नि़सा - - सा ।
मरे सानि़- नि़सा रेपमरेसा नि़सा- - - - - - सा ।
-मपनि- निनिनि- -सां-सां रेंनिसां-, -नि-निनि धमप धप- - -मधपमगरेसानि़ ।
नि़सा रेपमरेसा नि़सा- - - - - - सा ।।

अंतरा-1

ज्यों हि तुमरे सुमिरण कीने, सपनन तुमने दर्शन दीने ।
भवसागर से सुखसागर में, दूर-हुए क्लेश ।
शिव पार्वती गणेश ।।

♫ -निध म पपप- -नि धमम प-प-, -निधम- पपपसां- निधमम प-प- ।
-मप निनिसां सां- -सांगं रेंसांरेंनि सां-,
-नि-निनिधमप धप- - -मधपमगरेसानि़ ।
नि़सा रेपमरेसा नि़सा- - - - - - सा ।।

अंतरा-2

जो भी तुमरे दर पर आवे, पल में उसके घर भर जावे ।
दुःख जगत के वो तर जावे, तेरी कृपा उमेश ।
शिव पार्वती गणेश ।।

अंतरा–3

कोई तुमसे अलख नहीं है, सारी तुमसे व्याप्त मही है ।

तेरी कृपा से हसरत मेरी, पूर्ण हुई अशेष ।

शिव पार्वती गणेश ।।

संगीत–गीता–दोहावली गीतमाला, पुष्प 155 of 205

खयाल : राग तोड़ी, तीन ताल

जगन्माता

स्थायी

वर दे माँ, जगत माता, वर दे माँ ।

♫ मंध सां–निधमंग रेसा, रेगरे सा–सा, मंध सां–निधमंग रेसा ।

अंतरा–1

आन भगत तोरा नाचत गावत, मनवा मोरा तड़पे, माँ ।

♫ प–प पमंग मंध सां–सांसां निरेंसांसां, धधधगं रें–सां–धनिसां निधमंग रेसा ।

125. भजन : राग रत्नाकर, कहरवा ताल 8 मात्रा

नारायण नारायण

स्थायी

बोलो नारायण श्री, कृष्ण प्रभु को, हरि हरि! ।

प्रसाद खा लो, तीरथ पी लो, आरती गा लो घड़ी घड़ी ।।

♫ रे–ग– म–म–पप प–, ध–प मग– म–, पध– पध–! ।

सांनि–ध प–ध–, नि–धप म– प–, म–गरे ग– म– पध– पम– ।।

अंतरा–1

पूजा पाठ को ध्यान से करना, रीत प्रभु की बड़ी कड़ी ।

बंधु भाई सत् जन सारे, साथ स्नेह की लड़ी लड़ी ।।

♫ रे–ग म–म म– प–म ग रेगम–, ध–प मग– म– पध– पध– ।

ध–प म–प– धध पम ग–रे–, म–ग रे–ग म– पध– पम– ।।

अंतरा–2

व्रत पूजा का फल है मीठा, किस्मत करता हरी भरी ।

निश दिन बोलो लक्ष्मी नारायण, गाँठ खुलेगी अड़ी अड़ी ।।

अंतरा-3

पाप जला लो, पुण्य कमा लो, जप में जादू खरी खरी ।
यज्ञ मना लो, भाग्य जगा लो, बरसे अमृत झड़ी झड़ी ।।

अंतरा-4

नारायण का नाम सिमर ले, आवन जावन खड़ी खड़ी ।
कृष्ण प्रभु का नाम ले रसना, मुख में निठल्ली पड़ी पड़ी ।।

गीता दोहावली
चौबीसवाँ तरंग

29. क्षेत्र-क्षेत्रज्ञ का निरूपण :

♪ संगीत-गीता-दोहावली छन्दमाला, मोती 119 of 136

भुजंगप्रयात छन्द

। S S, । S S, । S S, । S S

♪ सारे-! ग़-म प- म-ग़, रे- म-ग़ रे-सा-

(क्षेत्र क्षेत्रज्ञ)

सुनो! "जीव का देह," है क्षेत्र जाना ।
तथा "क्षेत्र का ज्ञातृ," क्षेत्रज्ञ माना ।।
"सभी क्षेत्र का ज्ञान, सारा जिसे है" ।
वही, पार्थ! "क्षेत्रज्ञ," संज्ञा मुझे है ।।

श्रीमद्भगवद्गीता त्रयोदशोऽध्यायः ।
अर्जुन उवाच ।

|| 13.1 ||

प्रकृतिं पुरुषं चैव क्षेत्रं क्षेत्रज्ञमेव च ।
एतद्वेदितुमिच्छामि ज्ञानं ज्ञेयं च केशव ।।

ॐ दोहा छंद में गीतोपनिषद् ।

(अर्जुनस्य प्रश्ना:)

ॐ क्षेत्रं किं कश्च क्षेत्रज्ञो ज्ञानं ज्ञेयं च किं प्रभो ।
प्रकृतिपुरुषौ कौ च तत्त्वं तेषां च किं हरे ।। **871**/1447

दोहा॰ क्षेत्र क्या, क्षेत्रज्ञ क्या, ज्ञान ज्ञेय क्या तत्त्व ।
प्रकृति क्या है, पुरुष क्या, इन सब में क्या सत्त्व ।। 1207/1779

ॐ लक्षणं किं च क्षेत्रस्य स्वरूपं च गुणास्तथा ।
क्षेत्रं तत्कुत आयाति विकारास्तस्य कृष्ण के ।। **872**/1447

दोहा॰ लक्षण क्या क्षेत्रज्ञ के, क्या उसके गुण रूप ।
आना-जाना क्षेत्र का, विकार किस अनुरूप ।। 1208/1779

श्रीभगवानुवाच ।

|| 13.2 ||

इदं शरीरं कौन्तेय क्षेत्रमित्यभिधीयते ।
एतद्यो वेत्ति तं प्राहुः क्षेत्रज्ञ इति तद्विदः ।।

ॐ क्षेत्रज्ञं कं जना आहुः प्रभावास्तस्य के तथा ।
शृणु वदामि त्वां पार्थ सर्वं स्वल्पेन साम्प्रतम् ।। **873**/1447

दोहा॰ कहा क्षेत्रज्ञ है किसे, कैसे उसे प्रभाव ।
सुनलो सब कुछ, पार्थ! तुम, मेरा स्वल्प सुझाव ।। 1209/1779

(श्रीभगवत उत्तराणि)

ॐ शृणु पार्थ समासेन शरीरं क्षेत्रमुच्यते ।
सर्वक्षेत्राणि जानाति क्षेत्रज्ञः स मतो बुधैः ।। **874**/1447

दोहा॰ कहा देह को "क्षेत्र" है, "क्षेत्रज्ञ" क्षेत्र का ज्ञान ।
क्षेत्र ज्ञात हैं सब जिसे, क्षेत्रज्ञ वह सुजान ।। 1210/1779

|| 13.3 ||

क्षेत्रज्ञं चापि मां विद्धि सर्वक्षेत्रेषु भारत ।
क्षेत्रक्षेत्रज्ञयोर्ज्ञानं यत्तज्ज्ञानं मतं मम ।।

(ज्ञानं च अज्ञानं च)

🕉 क्षेत्रज्ञं सर्वक्षेत्रेषु मां यो वेत्ति स पण्डितः ।
क्षेत्रक्षेत्रज्ञयोरेनं ज्ञानं ज्ञानं मतं मया ॥ 875/1447

(ज्ञान और अज्ञान)

दोहा॰ जानो सारे क्षेत्र का, मुझको ही क्षेत्रज्ञ ।
ज्ञान क्षेत्र-क्षेत्रज्ञ का, कहत "ज्ञान" हैं तज्ञ ॥ 1211/1779

॥ 13.4 ॥ तत्क्षेत्रं यच्च यादृक्च यद्विकारि यतश्च यत् ।
स च यो यत्प्रभावश्च तत्समासेन मे शृणु ॥

(श्रीभगवानुवाच)

🕉 किं क्षेत्रं कश्च क्षेत्रज्ञो मत्तस्त्वं शृणु भारत ।
विकाराश्च तयोः के के समासेन वदामि त्वाम् ॥ 876/1447

दोहा॰ क्षेत्र क्या, क्षेत्रज्ञ क्या, क्या हैं उन्हें विकार ।
कहता हूँ सब, पार्थ! मैं, मेरे सुनो विचार ॥ 1212/1779

॥ 13.5 ॥ ऋषिभिर्बहुधा गीतं छन्दोभिर्विविधैः पृथक् ।
ब्रह्मसूत्रपदैश्चैव हेतुमद्भिर्विनिश्चितैः ॥

🕉 ज्ञानं सर्वमिदं पार्थ सानन्दमृषिभिः पुरा ।
गीतं विविधछन्दोभिः-ब्रह्मसूत्रपदेषु तैः ॥ 877/1447

दोहा॰ ज्ञान क्षेत्र क्षेत्रज्ञ का, गाए ऋषि-मुनि, पार्थ! ।
ब्रह्मसूत्र के साथ ही, विविध छंद से सार्थ ॥ 1213/1779

॥ 13.6 ॥ महाभूतान्यहङ्कारो बुद्धिरव्यक्तमेव च ।
इन्द्रियाणि दशैकं च पञ्च चेन्द्रियगोचराः ॥

(त्रिंशत् क्षेत्रगुणविकाराः)

🕉 अहङ्कारो मनो बुद्धिः-आत्मा भूतानि पञ्च च ।
इन्द्रियाणि शरीरस्य विषयाः पञ्च तेषु च ॥ 878/1447

दोहा॰ अहंकार मन बुद्धि भी, महाभूत हैं पाँच ।
शरीर की दस इंद्रियाँ, विषय उन्हीं के पाँच ॥ 1214/1779

॥ 13.7 ॥ इच्छा द्वेषः सुखं दुःखं सङ्घातश्चेतना धृतिः ।
एतत्क्षेत्रं समासेन सविकारमुदाहृतम् ॥

इच्छा द्वेषः सुखं दुःखं धृतिश्च चेतना तथा ।
त्रिंशत्सहविकारैर्हि संघशः क्षेत्रमुच्यते ।। **879**/1447

दोहा॰ सुख, दुख, इच्छा, द्वेष भी, चेतना, धृति, विकार ।
तीस घटक ये देह के, कहे "क्षेत्र-आधार" ।। 1215/1779

शौन्यं सौक्ष्म्यं घनत्वं च द्राव्यं चौष्म्यं तथाऽपि हि ।।
पञ्चभूतानि मूलानि प्रकृतेस्त्रिगुणैः सह ।। **880**/1447

दोहा॰ अंबर, पृथ्वी, वायु, जल, अग्नि, पाँच हैं भूत ।
सत् रज तम गुण तीन हैं, प्रकृति के सब मूल ।। 1216/1779

एकादश च गात्राणि विषयाः पञ्च कर्मणाम् ।
शब्दो रूपं रसो गन्धो स्पर्शो ज्ञानस्य हेतवः ।। **881**/1447

दोहा॰ इन्द्रियाँ दश देह की, कर्म विषय हैं पाँच ।
गंध रूप रस रव स्पर्श, हेतु ज्ञान के साँच ।। 1217/1779

संगीत-गीता-दोहावली छन्दमाला, मोती 120 of 136

शुद्धध्वनि छन्द[114]

10, 8, 8, 4 + ऽ

(क्षेत्र के गुण-विकार)

भूत पाँच हैं कुल, क्षेत्र के मूल, अहंकार मन, बुद्धि तथा ।
देही इन्द्रिय दश, विषयों के वश, पाँच जो कहे, पाश यथा ।। 1
इच्छा द्वेष दुःख, दुःख द्वंद्व सुख, धैर्य चेतना, प्राण जहाँ ।
शरीर तीस अंग, गुण तीन संग, सविकार संघ, क्षेत्र कहा ।। 2

।। 13.8 ।।

अमानित्वमदम्भित्वमहिंसा क्षान्तिरार्जवम् ।
आचार्योपासनं शौचं स्थैर्यमात्मविनिग्रहः ।।

---

[114] **शुद्धध्वनि छन्द** : इस 32 मात्रा वाले लाक्षणिक छन्द के किसी भी चौकल में ज गण (। ऽ।) आ सकता है । इसके अंत में एक गुरु मात्रा होती है । इसका लक्षण सूत्र 10, 8, 8, 4 + ऽ इस प्रकार होता है ।

▶ लक्षण गीत : दोहा॰ मत्त बत्तीस का बना, गुरु मात्रा से अंत ।
मान्य ज चौकल में जहाँ, वही "शुद्धध्वनि" छंद ।। 1218/1779

ॐ अहिंसा परमो धर्मः परमा च सुशीलता ।
गुरुसेवा च पावित्र्यं मनसि यस्य निग्रहः ।। **882**/1447

दोहा॰ अहिंसा परम धर्म है, विनय चरम है कर्म ।
गुरुसेवा पावित्र्य है, संयम है सत्कर्म ।। 1219/1779

।। 13.9 ।।
इन्द्रियार्थेषु वैराग्यमनहङ्कार एव च ।
जन्ममृत्युजराव्याधिदुःखदोषानुदर्शनम् ।।

ॐ निर्वासना च निर्दम्भो योगक्षेमः शमो दमः ।
जन्ममृत्युजरारोगदुःखेषु दोषदर्शनम् ।। **883**/1447

दोहा॰ विषय वासना से परे, दंभ घमंड अभाव ।
जन्म-मृत्यु जर रोग में, दुःख दोष सुझाव ।। 1220/1779

संगीत-गीता-दोहावली गीतमाला, पुष्प 156 of 205

अहिंसा परमो धर्मः

अहिंसा परमो धर्मो हिंसा हीना कृतिर्मता ।
अहिंसा कर्म भद्राणां हिंसा कर्म तु पापिनाम् ।।

♫ ग॒म-म- पपप- म-प-, ध-प म-ग- रेग-पम- ।
रेग-म- प-म ग-म-प-, नि॒-ध- प-प प ध-पम- ।।

स्थायी

अहिंसा, विधि का विधान है ।

♫ साग-रे-, ऩिसा ऩिध़ ऩिसागरे सा- ।

अंतरा-1

दया क्षमा शम, किरपा शान्ति, घन तन मन वाणी में प्रीति ।
श्रद्धा निष्ठा भक्ति नीति, जानो, ये ज्ञान है ।।

♫ ऩिसा- रेसा- ऩिध़, ऩिऩिसा- ग-रे-, गग मम पप ध-प- म- ग-म- ।
गमपम गमगरे गमपम गरेसा-, ऩिसाऩिध़, ऩि सागरे सा- ।।

अंतरा-2

ईर्ष्या हठ शठ, कलि मल भ्रांति, दंभ दर्प मद छल बल भीति ।
जोर जबर अवमान अनीति, हिंसा, अज्ञान है ।।

अंतरा–3

अपना पराया जहाँ न कोई, राम कृष्ण सबको सुखदायी ।

वसुधा ये एक कुटुंब भाँति, सारे, समान हैं ।।

अंतरा–4

निश दिन मुख में जप ले हरि हरि! याद प्रभु की आवे घड़ी घड़ी ।

समाधान नित सरबस तृप्ति, सुख का, निधान है ।।

।। 13.10 ।।

असक्तिरनभिष्वङ्गः पुत्रदारगृहादिषु ।
नित्यं च समचित्तत्वमिष्टानिष्टोपपत्तिषु ।।

ॐ निर्ममश्च निरासक्तः पुत्रदारधनादिषु ।
प्रियाप्रियौ समौ यस्य तटस्थः सर्ववस्तुषु ।। **884**/1447

दोहा॰ पुत्र दार धन आदि में, जिसे न ममता मोह ।
प्रिय अप्रिय सब सम जिसे, सर्व–भूत निर्मोह ।। 1221/1779

।। 13.11 ।।

मयि चानन्ययोगेन भक्तिरव्यभिचारिणी ।
विविक्तदेशसेवित्वमरतिर्जनसंसदि ।।

ॐ गर्वेण न प्रमत्तो यो मयि यो मत्परायणः ।
असक्तो जनसम्मर्दे मौनभावे सदा सुखी ।। **885**/1447

दोहा॰ निरहंकारी भक्त जो, मुझे परायण नित्य ।
भीड़–भाड़ से दूर जो, सदा सुखी वो सत्य ।। 1222/1779

।। 13.12 ।।

अध्यात्मज्ञाननित्यत्वं तत्त्वज्ञानार्थदर्शनम् ।
एतज्ज्ञानमिति प्रोक्तमज्ञानं यदतोऽन्यथा ।।

ॐ ईक्षणं तत्त्वज्ञानेनात्मज्ञानेन च दर्शनम् ।
प्रोक्तमिति हि यज्ज्ञानं सर्वमज्ञानमन्यथा ।। **886**/1447

दोहा॰ तत्त्व ज्ञान से देखना, आत्म तत्त्व का ज्ञान ।
यहाँ कहा सो ज्ञान है, अन्य सभी अज्ञान ।। 1223/1779

 संगीत-गीता-दोहावली गीतमाला, पुष्प 157 of 205

भजन : राग रत्नाकर कहरवा ताल 8 मात्रा

ब्रह्मज्ञान

स्थायी दोहा, अंतरा फटका

स्थायी

ब्रह्म ज्ञान की है जहाँ, अंतरंग में चाव ।
वही ज्ञान की प्यास है, अज्ञान से बचाव ।।

♪ सां–नि ध–प ध– नि– सांरें–, सां–निध–प ध– नि–नि ।
निध– प–म ग– रे–ग म–, नि–ध–प म– गम–म ।।

अंतरा-1

जिसे अहिंसा परम धर्म है, सुशीलता का लगाव है ।
गुरु सेवा है, पवित्रता है, तन मन पर भी दबाव है ।।

♪ सारे– गम–ग– धपम ग–रे ग–, धप–मग– म– गम–प म– ।
सारे ग–म– प–, धप–मग– रे–, सासा रेरे मग म– पम–ग म– ।।

अंतरा-2

विषय वासना जिसे परे हैं, दंभ दर्प का न घाव है ।
जन्म मृत्यु में, जरा रोग में, दुःख दोष का सुझाव है ।।

अंतरा-3

पुत्र पत्नी में, धन दौलत में, ममत्वता का न भाव है ।
पाया प्रिय हो या अप्रिय हो, समत्वता का ही ठाँव है ।।

अंतरा-4

अनम्रता का नशा न जिसमें, अनन्य हरि में सुभाव है ।
भीड़ भाड़ में अनासक्ति है, असंगति में खिंचाव है ।।

अंतरा-5

तत्त्वज्ञान से अर्थ देख कर, आत्मज्ञान का प्रभाव है ।
ज्ञान यही है, जिसके होते, अज्ञान का फिर अभाव है ।।

|| 13.13 || ज्ञेयं यत्तत्प्रवक्ष्यामि यज्ज्ञात्वामृतमश्नुते ।

अनादिमत्परं ब्रह्म न सत्तन्नासदुच्यते ॥

(ज्ञेयस्वरूपम्)

ॐ ज्ञेयं किं त्वां समासेन वदामि शृणु तत्सखे ।
तदेव ब्रह्म सत्यं च तदेव परमव्ययम् ॥ 887/1447

दोहा॰ सुनो, पार्थ! अब ज्ञेय क्या, वही परम है सत्त्व ।
वही आत्म है, ब्रह्म है, वही अव्ययी तत्त्व ॥ 1224/1779

ॐ न तत्सदुच्यते पार्थ न च तदसदुच्यते ।
तत्त्वं श्रेष्ठमिदं ज्ञात्वा मनुष्योऽमृतमश्नुते ॥ 888/1447

दोहा॰ सत् न असत् जो है कहा, जो है नित्य प्रमाण ।
तत्त्व परम वह पाइके, अमृत होत प्रदान ॥ 1225/1779

॥ 13.14 ॥ सर्वतःपाणिपादं तत्सर्वतोऽक्षिशिरोमुखम् ।
सर्वतःश्रुतिमल्लोके सर्वमावृत्य तिष्ठति ॥

ॐ सर्वज्ञं सर्वगं ज्ञेयं सर्वकरं च सर्वदम् ।
सर्वं ततमनेनेदं सर्वविधं समाहितम् ॥ 889/1447

दोहा॰ जग के कण-कण में भरा, सभी दिशा में एक ।
सब कुछ जिससे व्याप्त है, प्रकार से प्रत्येक ॥ 1226/1779

॥ 13.15 ॥ सर्वेन्द्रियगुणाभासं सर्वेन्द्रियविवर्जितम् ।
असक्तं सर्वभृच्चैव निर्गुणं गुणभोक्तृ च ॥

ॐ गुणभोक्तृ च मायावि निर्गुणं च निरिन्द्रियम् ।
ज्ञेयमेतद्गुणाभासं सर्वभूतेषु भारत ॥ 890/1447

दोहा॰ भोक्ता गुण का, देह में, सब गात्रों में श्रेय ।
यद्यपि गुण की झलक है, निर्गुण जाना ज्ञेय ॥ 1227/1779

॥ 13.16 ॥ बहिरन्तश्च भूतानामचरं चरमेव च ।
सूक्ष्मत्वात्तदविज्ञेयं दूरस्थं चान्तिके च तत् ॥

ॐ चराचरेषु भूतेषु बाह्यान्तरेष्ववस्थितम् ।
सूक्ष्मं शून्यमगम्यं च दूरं च निकटं तथा ॥ 891/1447

दोहा॰ बसा चराचर भूत में, भीतर बाहर ज्ञेय ।

दूर तथा ही निकट है, शून्य सूक्ष्म परिमेय ।। 1228/1779

।। 13.17 ।। अविभक्तं च भूतेषु विभक्तमिव च स्थितम् ।
भूतभर्तृ च तज्ज्ञेयं ग्रसिष्णु प्रभविष्णु च ।।

भूतेषु दृश्यते भिन्नं सर्वेष्वखण्डमेव तु ।
विद्धीदं सर्वभूतानां कर्तृ भर्तृ च हर्तृ त्वम् ।। **892**/1447

दोहा॰ भूत-भूत में है बँटा, फिर भी नित्य अखंड ।
कर्ता भर्ता सर्वथा, हर्ता वही प्रचंड ।। 1229/1779

।। 13.18 ।। ज्योतिषामपि तज्ज्योतिस्तमसः परमुच्यते ।
ज्ञानं ज्ञेयं ज्ञानगम्यं हृदि सर्वस्य विष्ठितम् ।।

ज्योतिश्च ज्योतिषां पार्थ भासातीतं महाप्रभम् ।
ज्ञानमिदं च ज्ञेयं च ज्ञानगम्यमिदं तथा ।। **893**/1447

दोहा॰ ज्योतिर्मय की ज्योति है, सब आभा से पार ।
यही ज्ञान है, ज्ञेय भी, ज्ञानगम्य ओंकार ।। 1230/1779

।। 13.19 ।। इति क्षेत्रं तथा ज्ञानं ज्ञेयं चोक्तं समासतः ।
मद्भक्त एतद्विज्ञाय मद्भावायोपपद्यते ।।

क्षेत्रं ज्ञानं च ज्ञेयं च संक्षेपेनोक्तवानहम् ।
तत्त्वान्येतानि जानाति यः स मामधिगच्छति ।। **894**/1447

दोहा॰ ज्ञान क्षेत्र क्षेत्रज्ञ का, कहा स्वल्प में ज्ञेय ।
जिसने जाना है इसे, परम उसी का ध्येय ।। 1231/1779

।। 13.20 ।। प्रकृतिं पुरुषं चैव विद्ध्यनादी उभावपि ।
विकारांश्च गुणांश्चैव विद्धि प्रकृतिसम्भवान् ।।

(प्रकृतिः च पुरुषः च)

माया मे त्रिगुणी पार्थ प्रकृतिरिति बोधिता ।
पुरुषः स हि क्षेत्रज्ञो जीवात्मा च प्रकीर्तितः ।। **895**/1447

दोहा॰ त्रिगुण मयी माया वही, प्रकृति-पुरुष बनाम ।
अनादि जीवात्मा कहा, उस तत्त्व को प्रणाम ।। 1232/1779

|| 13.21 ||

कार्यकरणकर्तृत्वे हेतुः प्रकृतिरुच्यते ।
पुरुषः सुखदुःखानां भोक्तृत्वे हेतुरुच्यते ।।

प्रकृतिपुरुषौ पार्थ जानीहि तौ सनातनौ ।
प्रकृतिजान्गुणान्विद्धि सविकारान्परन्तप ।। **896**/1447

दोहा॰ जानो प्रकृति-पुरुष को, आदि सनातन मूल ।
समझो त्रिगुण, विकार कों, इनमें ना हो भूल ।। 1233/1779

संगीत-गीता-दोहावली गीतमाला, पुष्प 158 of 205

तीन गुणों की माया

स्थायी

तीन गुणों की माया सारी, नाम उसीका प्रकृति है- - - ।

♪ नि-सां निध- प- नि-धप मंं-प-, ग-प मंग- रे- सा-रेरे ग- - - ।

अंतरा-1

चाँद सा मुखड़ा, मृग सी आँखें, इन्द्रियाँ दस, सुंदर हैं ।
पाँच भूतों का खेल ये सारा, नाम उसीका विकृति है- - - ।।

♪ नि़-रे ग मंमंप-, मंध पमं प-ग-, रे-गमं- मंमं, ध-पमं ग- ।
नि-सां निध- प- नि-ध प मं-प-, ग-प मं-ग रे- सा-रेरे ग- - - ।।

अंतरा-2

कृष्ण है काला, गोरी राधा, प्रेम की मूर्ति, मंगल है ।
दो द्वंद्वों का मेल है न्यारा, मुरली मनोहर आकृति है ।।

अंतरा-3

आदि ब्रह्म है, मध्य विष्णु है, अंत करैया, शंकर है ।
सृष्टिचक्र का शाश्वत फेरा, ब्रह्म-विष्णु-शिव प्रभृति है ।।

(कार्यं करणं परमपुरुषः च)

भूतानि, विषयाः पञ्च, कार्याणि दश विद्धि तान् ।
अहं बुद्धिर्मनो युक्त्वा करणानि त्रयोदश ।। **897**/1447

दोहा॰ भूत विषय भी पाँच जो, “कार्य” कहलाते दस ।
साथ अहं, मन, बुद्धि के, कहे “करण” त्रयोदश ।। 1234/1779

|| 13.22 ||

पुरुषः प्रकृतिस्थो हि भुङ्क्ते प्रकृतिजान्गुणान् ।
कारणं गुणसङ्गोऽस्य सदसद्योनिजन्मसु ।।

(पुरुषप्रकृरिसंबंधः)

भुङ्क्ते प्रकृतिजान्भोगान्-पुरुषः प्रकृतिस्थितः ।
ददाति गुणसङ्गस्तु योनियोनिषु जन्म सः ।। **898**/1447

दोहा॰ प्रकृति स्थित गुण तीन का, पुरुष करत है भोग ।
देता है गुण संग ही, जन्म योनि का योग ।। **1255**/1779

अन्तस्थः स मतेः स्वामी भर्ता च पुरुषो मतः ।
सुखदुःखादि द्वन्द्वानां भोक्ता देही महेश्वरः ।। **899**/1447

दोहा॰ मति का मालिक पुरुष है, वही देह का ईश ।
सुख दुःखादि द्वंद्व का, साक्षी वह जगदीश ।। **1236**/1779

करणदशकार्याणां माता सा प्रकृतिः परा ।
द्वन्द्वभावस्य भोगाय गुणसङ्गो हि कारणम् ।। **900**/1447

दोहा॰ तीन "करण," दस "कार्य" की, प्रकृति जानी मात ।
द्वंद्व-भाव के भोग का, पुरुष कहा है तात ।। **1237**/1779

|| 13.23 ||

उपद्रष्टानुमन्ता च भर्ता भोक्ता महेश्वरः ।
परमात्मेति चाप्युक्तो देहेऽस्मिन्पुरुषः परः ।।

देहे साक्षी च द्रष्टा च भर्ता भोक्ता महेश्वरः ।
धाताऽऽत्मा परमात्मा च परमः पुरुषस्तथा ।। **901**/1447

दोहा॰ देही सक्षी देह में, भर्ता भोक्ता ईश ।
धाता आत्मा है वही, पुरुषोत्तम परमेश ।। **1238**/1779

|| 13.24 ||

य एवं वेत्ति पुरुषं प्रकृतिं च गुणैः सह ।
सर्वथा वर्तमानोऽपि न स भूयोऽभिजायते ।।

नरो यो वेत्ति सम्बन्धं प्रकृतेः पुरुषस्य च ।
स कृत्स्नं कर्म कृत्वाऽपि पुनर्जन्म न भोक्ष्यते ।। **902**/1447

दोहा॰ जाने प्रकृति-पुरुष का, नाता गुण के साथ ।

धोता मेरा भक्त वो, पुनर्जन्म से हाथ ।। 1239/1779

<u>संगीत-गीता-दोहावली गीतमाला, पुष्प 159 of 205</u>

प्रकृति और पुरुष

स्थायी

चला चली का ये जग मेला, पुरुष प्रकृति का है खेला ।
यथा भाग्य हो झेला ।।

♫ सांध- पग- रे- सा- रेरे ग-म-, सांधप ग-रेसा- ध- प- गरेसा- ।
धप- ग-म ग- रे-सा- ।।

अंतरा-1

नौ द्वारों का देह रचाया, प्रकृति की ये है सब माया ।
चालक उसका भूत चेतना, पुरुष बना है अकेला ।।

♫ ग- रे-ग- प- ध-सां धप-ध-, सां-रेंगं रें- सां- रें- सांसां रें-सां- ।
ध-पप गगम- ध-प ग-मग-, धधध मग- म गरे-सा- ।।

अंतरा-2

पाँच तत्त्व में तीन गुणों से, हाड माँस का खड़ा है पुतला ।
रंग रूप ऊपर से सुंदर, जीवन उसमें डाला ।।

अंतरा-3

चार दिनों का समय जहाँ में, बाद बुलावा मिले वहाँ से ।
पुरुष नगर को छोड़ेगा जब, आये अंतिम बेला ।।

अंतरा-4

क्या तू लाया साथ वहाँ से, जावेगा क्या साथ यहाँ से ।
आया वैसा जावेगा जब, होगा अंत झमेला ।।

।। 13.25 ।।

ध्यानेनात्मनि पश्यन्ति केचिदात्मानमात्मना ।
अन्ये साङ्ख्येन योगेन कर्मयोगेन चापरे ।।

(परमपुरुषप्राप्ति:)

केचिदात्मनि विन्दन्ति परमात्मानमात्मना ।
ध्यानेन कर्मयोगेन साङ्ख्यज्ञानेन चापरे ।। 903/1447

दोहा॰ कोई करते पुरुष को, अपने में पर्याप्त ।
कोई करते ध्यान या, कर्म योग से प्राप्त ।। 1240/1779

।। 13.26 ।।

अन्ये त्वेवमजानन्तः श्रुत्वान्येभ्य उपासते ।
तेऽपि चातितरन्त्येव मृत्युं श्रुतिपरायणाः ।।

श्रुत्वैतज्ज्ञानमन्ये च योगिनः पर्युपासते ।
श्रुतिपरायणास्तेऽपि तरन्ति भवसागरात् ।। **904**/1447

दोहा॰ अन्य शास्त्र के भक्त जो, श्रुति परायण लोग ।
पाते वे भी भक्त जन, भव मोचन का भोग ।। 1241/1779

।। 13.27 ।।

यावत्सञ्जायते किञ्चित्सत्त्वं स्थावरजङ्गमम् ।
क्षेत्रक्षेत्रज्ञसंयोगात्तद्विद्धि भरतर्षभ ।।

(क्षेत्रक्षेत्रज्ञयोः क्षराक्षरयोश्च सम्बन्धः)

प्राणी चरोऽचरं वस्तु यत्रकुत्रापि जायते ।
क्षेत्रक्षेत्रज्ञयोर्योगो नैसर्गिकः स भारत ।। **905**/1447

दोहा॰ भूत चराचर जन्मते, जहाँ कहीं भी लोग ।
सभी क्षेत्र क्षेत्रज्ञ का, नैसर्गिक है योग ।। 1242/1779

।। 13.28 ।।

समं सर्वेषु भूतेषु तिष्ठन्तं परमेश्वरम् ।
विनश्यत्स्वविनश्यन्तं यः पश्यति स पश्यति ।।

स्थितः क्षरेषु भूतेषु समत्वेन स ईश्वरः ।
क्षेत्रक्षेत्रज्ञसम्बन्धो येन दृष्टः स पश्यति ।। **906**/1447

दोहा॰ सब भूतों में है बसा, समता से वह ईश ।
दिखता ये सच है जिसे, वो जाने जगदीश ।। 1243/1779

।। 13.29 ।।

समं पश्यन्हि सर्वत्र समवस्थितमीश्वरम् ।
न हिनस्त्यात्मनात्मानं ततो याति परां गतिम् ।।

जानाति समबुद्ध्या यो यस्मत्सर्वमिदं ततम् ।
स न हि हन्ति कञ्श्चिद्धि स च याति परां गतिम् ।। **907**/1447

दोहा॰ "ईश्वर से जग सृष्ट है," जिसको है यह ज्ञात ।
वह न किसी को मारता, ना करता निज घात ।। 1244/1779

|| 13.30 || प्रकृत्यैव च कर्माणि क्रियमाणानि सर्वशः ।
यः पश्यति तथात्मानमकर्तारं स पश्यति ॥

आत्मानं वेत्यकर्तारं कर्त्रीं यः प्रकृतिं तथा ।
ज्ञानी स एव योगी च दिव्यदृष्टिस्तथैव सः ॥ **908**/1447

दोहा॰ "मैं करता कुछ भी नहीं, प्रकृति है करतार" ।
सद् विवेक यह है जिसे, उसका है सुविचार ॥ **1245**/1779

|| 13.31 || यदा भूतपृथग्भावमेकस्थमनुपश्यति ।
तत एव च विस्तारं ब्रह्म सम्पद्यते तदा ॥

एकमूलानि भूतानि किन्तु भिन्नानि बाह्यतः ।
बीजं सर्वस्य ब्रह्मैव यः पश्यति स पश्यति ॥ **909**/1447

दोहा॰ भिन्न भूत जब एक में, दिखे भिन्न में एक ।
तभी विस्तार ब्रह्म का, नर पाता है देख ॥ **1246**/1779

|| 13.32 || अनादित्वान्निर्गुणत्वात्परमात्मायमव्ययः ।
शरीरस्थोऽपि कौन्तेय न करोति न लिप्यते ॥

अनादिः स गुणातीतः स चाकर्ता प्रभुस्तथा ।
स नित्यश्च स सत्यश्च स एकश्च विभुस्तथा ॥ **910**/1447

दोहा॰ गुणातीत वह आदि है, तथा अकर्ता ईश ।
वही नित्य है, सत्य है, वही एक जगदीश ॥ **1247**/1779

♫ संगीत-गीता-दोहावली छन्दमाला, मोती 121 of 136

पद्मावती छन्द[115]

10, 8, 8, 4 + ऽ अथवा 10, 8, 8, 2 + ऽ ऽ

(भूतभूत एकता)

---

[115] ♫ **पद्मावती छन्द** : इस 32 मात्रा वाले लाक्षणिक छन्द के अंत में एक गुरु मात्रा (अथवा पार्याय से दो गुरु मात्रा) आती है । इसका लक्षण सूत्र 10, 8, 12 + ऽ अथवा 10, 8, 8, 2 + ऽ ऽ इस प्रकार होता है । इसके किसी चौकल में ज गण (।ऽ।) नहीं आता है । इस का अन्य नाम ♫ **कमलावती छन्द** है ।

▶ लक्षण गीत : **दोहा॰ मत्त बत्तीस से बना, गुरु मात्रा से अंत ।**
किसी न चौकल में ज हो, "पद्मावती" वह छंद ॥ 1248/1779

भिन्न बाह्यतः यदि, नर पशु खगादि, एक ही मूल अनादि है ।
यहाँ की हर चीज, ब्रह्म है बीज, त्रिभुवन का ब्रह्म आदि है ।। 1
अव्यक्त अगम है, ब्रह्म परम है, सत्य है, अचिंत्य नित्य है ।
निर्गुण निराकार, जगत करतार; भवसागर–जीव मर्त्य हैं ।। 2

।। 13.33 ।।

यथा सर्वगतं सौक्ष्म्यादाकाशं नोपलिप्यते ।
सर्वत्रावस्थितो देहे तथात्मा नोपलिप्यते ।।

ॐ सर्वव्यापि नभः पार्थ सौक्ष्म्यान्न लिप्यते यथा ।
देहे नित्यं स्थितो देही देहे न लिप्यते तथा ।। **911**/1447

✍ दोहा॰ गगन सर्वव्यापी यथा, होता सूक्ष्म अलिप्त ।
तन में स्थित देही तथा, नहीं देह से लिप्त ।। **1249**/1779

।। 13.34 ।।

यथा प्रकाशयत्येकः कृत्स्नं लोकमिमं रविः ।
क्षेत्रं क्षेत्री तथा कृत्स्नं प्रकाशयति भारत ।।

ॐ एकः सूर्यो यथा विश्वं प्रकाशयति तेजसा ।
तथा ज्ञानेन क्षेत्रज्ञो दीप्तं क्षेत्रं करोति सः ।। **912**/1447

✍ दोहा॰ एक अकेला सूर्य ही, करता विश्व प्रदीप्त ।
क्षेत्रज्ञ, क्षेत्र को तथा, करे ज्ञान से दीप्त ।। **1250**/1779

(प्रकृतिपुरुषयोः तुलना)

ॐ एषा हि प्रकृतिर्व्यक्ता क्षणिका नश्वरा तथा ।
एषा विकारयुक्ता च; पुरुषोऽव्यक्त एव सः ।। **913**/1447

✍ दोहा॰ प्रकृति नश्वर व्यक्त है, विकार से भी युक्त ।
पुरुष अव्यक्त चेतना, शाश्वत विकार मुक्त ।। **1251**/1779

ॐ सोऽव्यक्तो निर्विकारश्च स एव भूतचेतना ।
इति यो वेत्ति भेदं स ज्ञाता क्षेत्रज्ञक्षेत्रयोः ।। **914**/1447

✍ दोहा॰ क्षेत्र व्यक्त सविकार है, क्षेत्रज्ञ निर्विकार ।
भेद क्षेत्र–क्षेत्रज्ञ का, ज्ञान कहा सुविचार ।। **1252**/1779

।। 13.35 ।।

क्षेत्रक्षेत्रज्ञयोरेवमन्तरं ज्ञानचक्षुषा ।
भूतप्रकृतिमोक्षं च ये विदुर्यान्ति ते परम् ।।

क्षेत्रक्षेत्रज्ञयोर्भेदं जानाति यो यथार्थतः ।
मार्गं जानाति मोक्षस्य प्राप्नोति ब्रह्मणो गतिम् ।। **915**/1447

दोहा॰ भेद क्षेत्र-क्षेत्रज्ञ का, जाना जभी यथार्थ ।
तभी मार्ग है मुक्ति का, धाम ब्रह्म का, पार्थ! ।। 1253/1779

संगीत-गीता-दोहावली गीतमाला, पुष्प 160 of 205

कीर्तन : तीन ताल 16 मात्रा

(राधे मुकुंद)

स्थायी

राऽधे मुकुंद गोविंदा, आनंद कंद अरविंदा ।

सा-रे- सानि़-ध़ नि़-सा-रे-, म-ग-रे ग-म गगरे-सा- ।

अंतरा-1

हे कुंज कुंज आनंद पुंज, हरि इंद्र चंद्र वैकुंठा ।

प- म-म म-म ग-रे-ग म-म, पप म-म म-म ग-रे-सा- ।

अंतरा-2

हे नंद नंद, केशी निकंद, प्रभु पांडुरंग, श्रीरंगा ।

संगीत-गीता-दोहावली गीतमाला, पुष्प 161 of 205

(क्षेत्र क्षेत्रज्ञ का निरूपण)

स्थायी

स्वरदा ने सुंदर गाया है, नारद ने साज बजाया है ।
रतनाकर गीत रचाया है ।।

सानि़ सा-गरे सा-नि़नि़ सा-रेम ग-, सानि़ सा-गरे सा-नि़नि़ सा-रेम ग- ।
गगरेसासासा रे-ग मगरेसानि़ सा- ।।

अंतरा-1

यह देह क्षेत्र कहलाता है, क्षेत्रज्ञ क्षेत्र का ज्ञाता है ।
यह छन्द राग में गाया है, ऋषि यति मुनियों ने ध्याया है ।।
यह आत्मज्ञान कहलाया है ।।

पप मरेम प-प पमपनिधप प-, प-मगग सा-ग मप गरेसानि़ सा- ।
सानि़ सा-ग रे-सा नि़- सा-रेम ग-, सानि़ सासा गरेसा- नि़- सा-रेम ग- ।

गग रेसासारे-रे गमगरेसानि़ सा- ।।

अंतरा-2

बस एक मूल के सारे हैं, सब बाहर से यदि न्यारे हैं ।
एक बीज सभी का ब्रह्म ही है, ऋत ज्ञान सर्व का मर्म भी है ।
यह सत्य ज्ञान कहलाया है ।।

अंतरा-3

यह व्यक्त प्रकृतिऽ नश्वर है, अव्यक्त पुरुष वह ईश्वर है ।
यह देह क्षणिक वह अक्षर है, वह आत्मा देह में चिर स्थिर है ।
यह तत्त्व ज्ञान कहलाया है ।।

श्रीमद्-भगवद्-गीता का चौदहवाँ अध्याय ।
गुण-त्रय-विभाग योग ।

संगीत-गीता-दोहावली गीतमाला, पुष्प 162 of 205

अंबे माँ!

स्थायी

अंबे माँ वरदान दो मैं, तेरे दुआरे ।
बिंती सुनो मैं आज, ओ मैया तेरे चरन में ।।

♫ -ग-ग गरे गपम- -रे गरे सानि़, सा-रे मगरेसा- ।
-गग गगरे गप म- -रे गरे सानि़ सा-रे मगरे सा- ।।

अंतरा-1

शंभु नंदिनी सिंह विराजे, शंख दुंदुभी डंका बाजे ।
तेरा हि जय जय कार, ओ मैया! तीनों भुवन में ।।

♫ -ग-म प-पम- धध निधपप-, -ग-म प-पपम- धधनि ध-प- ।
-गग ग गरे गप म- -रे, ग- सानि़! सा-रे मगरे सा- - ।।

अंतरा-2

गंध पुष्प फल तुलसी दल से, पूजा तेरी मन निर्मल से ।
माता पिता का प्यार, ओ मैया! तेरे नयन में ।।

अंतरा–3

हाथ चक्र अरु वज्र विराजे, खड्ग पद्म और त्रिशूल साजे ।
असुरन का संघार, ओ मैया! तेरे वतन में ।।

अंतरा–4

भक्तन के तू काज सँवारे, आर्त जनन के कष्ट उबारे ।
दीनन पर उपकार, ओ मैया! तेरी शरण में ।।

गीता दोहावली
पच्चीसवाँ तरंग

30. गुण–त्रय का निरूपण :

रत्नाकर उवाच ।

सूक्तिः

अग्नेः सूक्ष्मः कणश्चापि वह्नेः सर्वैर्गुणान्विता ।
यतो वह्निः कणेभ्यश्च जायते खलु मूलतः ।। **916**/1447

जलं साक्षादशेषेण जलबिन्दुस्तथैवच ।
यत्पिण्डे तद्धि ब्रह्माण्डे लीला गुणत्रयस्य सा ।। **917**/1447

♫ संगीत–गीता–दोहावली छन्दमाला, मोती 122 of 136

फटका छन्द

8 + 8 + 8 + 6/5

(गुणत्रय)

सत् रज तम गुण, पँच भूत सह,
प्रकृति की ये निर्मिति है ।
जिनके द्वारा, सर्व कराती,
काम जीव से, प्रकृति है ।।

श्रीमद्भगवद्गीता चतुर्दशोऽध्यायः ।
श्रीभगवानुवाच ।

|| 14.1 ||
परं भूयः प्रवक्ष्यामि ज्ञानानां ज्ञानमुत्तमम् ।
यज्ज्ञात्वा मुनयः सर्वे परां सिद्धिमितो गताः ॥

ॐ दोहा छंद में गीतोपनिषद् ।

(श्रीभगवानुवाच)

ॐ पुनर्ब्रवीमि गुह्यं ते सर्वज्ञानेषु सत्तमम् ।
यज्ज्ञात्वा मुनयो विश्वे संसिद्धिं परमां गताः ॥ 918/1447

दोहा॰ फिर कहता हूँ, पार्थ! मैं, श्रेष्ठ ज्ञान का योग ।
जिसे जान कर मुक्ति हैं, पाए मुनि जन लोग ॥ 1254/1779

|| 14.2 ||
इदं ज्ञानमुपाश्रित्य मम साधर्म्यमागताः ।
सर्गेऽपि नोपजायन्ते प्रलये न व्यथन्ति च ॥

ॐ आश्रयं मे च ये लब्ध्वा निवसितश्च ये मयि ।
अबद्धा मृत्युचक्रे ते निर्व्यथाः प्रलये तथा ॥ 919/1447

दोहा॰ मेरे आश्रय में बसे, मत्पर जो हैं लोग ।
मृत्यु चक्र से पार वे, विना प्रलय का सोग ॥ 1255/1779

|| 14.3 ||
मम योनिर्महद्ब्रह्म तस्मिन्गर्भं दधाम्यहम् ।
सम्भवः सर्वभूतानां ततो भवति भारत ॥

|| 14.4 ||
सर्वयोनिषु कौन्तेय मूर्तयः सम्भवन्ति याः ।
तासां ब्रह्म महद्योनिरहं बीजप्रदः पिता ॥

ॐ परमं ब्रह्म योनिर्मे बीजं तस्यां दधाम्यहम् ।
विकसति ततः कृत्स्नं पार्थ विश्वं चराचरम् ॥ 920/1447

दोहा॰ परम ब्रह्म मम योनि है, जिसमें बोता बीज ।
विकसित उससे विश्व की, होती है हर चीज 1256/1779

सकल विश्व की कोख में, जो भी जनते भूत ।
ब्रह्म सभी की योनि है, सब मेरे ही पूत ॥ 1257/1779

|| 14.5 ||

सत्त्वं रजस्तम इति गुणाः प्रकृतिसम्भवाः ।
निबध्नन्ति महाबाहो देहे देहिनमव्ययम् ।।

(गुणलक्षणाः)

सद्रजश्च तमः सर्वे प्रकृतिजा मता गुणाः ।
निर्गुणं नित्यमात्मानं देहे बध्नन्ति देहिनम् ।। **921**/1447

दोहा॰ सत् रज तम गुण तीन की, प्रकृति ही है मात ।
देही को इस देह में, बद्ध करत दिन-रात ।। **1258**/1779

|| 14.6 ||

तत्र सत्त्वं निर्मलत्वात्प्रकाशकमनामयम् ।
सुखसङ्गेन बध्नाति ज्ञानसङ्गेन चानघ ।।

शुद्धः शुभः शुचिः शुभ्रः-त्रिषु गुणेषु सद्गुणः ।
जीवं बध्नाति सौख्येन ज्ञानतत्त्वेन भारत ।। **922**/1447

दोहा॰ सद्गुण निर्मल शुभ्र है, बिना कलंक निरोग ।
सत्त्व सदा सुख से करे, ज्ञान सहित संजोग ।। **1259**/1779

संगीत-गीता-दोहावली गीतमाला, पुष्प 163 of 205

सद्गुण

स्थायी

सद्गुरु, सद्गुण से मिल जावे ।

♫ सासानि़ध़, रेरेसानि़ ध़- नि़ध़ नि़-सा- ।

अंतरा-1

शुद्ध शुभ्र शुचि सुंदर सद्गुण, सुख साधन कहलावे ।
शाश्वत शीतल शांत शुगुन शुभ, सत्य शिवं दिखलावे ।
अरे सुनो, सद्गुण तन को सुहावे ।।

♫ सा-सा रे-रे गग प-मग रे-सासा, सासा रे-गग पधग-म- ।
ध-पम ग-मम प-म गमम पप, ध-प मग- मगरे-सा- ।
रेसा नि़ध़, रे-सानि़ सासा नि़ ध़नि़-सा- ।।

अंतरा-2

संत समागम स्वर्ग समाना, सावन के सम जाना ।

सदाचार सत्धर्म सनातन, सुंदर सुख सोपाना ।

सद्‌गुण, सत्त्व शील दरसावे ।।

अंतरा–3

सद्‌गुण जन गण मन को भावे, भव के पाप छुड़ावे ।

आओ सद्‌गुणी के गुण गाएँ, सद्‌गुण के ऋण ध्याएँ ।

सद्‌गुण, जनम जनम को सुखावे ।।

अंतरा–4

राम नाम सत्नाम कहावे, नेह लगावे सुभागा ।

राधे के संग श्यामा आवे, सोने में है सुहागा ।

निश दिन, राम कृष्ण मन गावे ।।

।। 14.7 ।। रजो रागात्मकं विद्धि तृष्णासङ्गसमुद्भवम् ।
तन्निबध्नाति कौन्तेय कर्मसङ्गेन देहिनम् ।।

रजो मूलं हि रागस्य तृष्णासङ्गात्समुद्भुतम् ।
कर्मसङ्गेन बध्नाति देहिनं भरतर्षभ ।। 923/1447

दोहा॰ रज लगाव का मूल है, आस बढ़ावे प्यास ।
निबद्ध करता जीव को, कर्म संग का पाश ।। 1260/1779

संगीत–गीता–दोहावली छन्दमाला, मोती 123 of 136

हरिणी छन्द[116]

।।।, ।। ऽ, ऽ ऽ ऽ, ऽ। ऽ, ।। ऽ, । ऽ

(त्रिगुण)

सद् गुण सुखों में जोड़े है, रजो गुण कर्म में ।
तमस् गुण निद्रा सुस्ती में, सदा मन जोड़ता ।। 1

[116] **हरिणी छन्द** : इस छन्द के चरणों में सत्रह वर्ण 25 मात्रा होती हैं, विराम 10–7 पर आता है । इसमें न स म र स गण और लघु-गुरु वर्ण आते हैं । इस छंद का लक्षण सूत्र ।।।, ।। ऽ, ऽ ऽ ऽ, ऽ। ऽ, ।। ऽ, । ऽ इस प्रकार होता है ।

▶ लक्षण गीत : **दोहा॰ मत्त पच्चीस से बना, लघु गुरु मात्रा अंत ।
आदि न स म र स गण रहें, वह "हरिणी" है छंद** ।। 1261/1779

त्रयगुणमयी माया काली, ढके मन ज्ञान है ।
अविचलित है माया से जो, उसे वर स्थान है ॥ 2

|| 14.8 ||
तमस्त्वज्ञानजं विद्धि मोहनं सर्वदेहिनाम् ।
प्रमादालस्यनिद्राभिस्तन्निबध्नाति भारत ॥

ॐ तमो गुणस्तु मायावी मोहकोऽज्ञानजस्तथा ।
निद्राऽऽलस्यप्रमादै: स बध्नाति देहिनं सदा ॥ 924/1447

दोहा॰ तम जकड़े अज्ञान से, मोहित करके गात्र ।
आलस नींद प्रमाद में, बद्ध करे दिन रात्र ॥ 1262/1779

|| 14.9 ||
सत्त्वं सुखे सञ्जयति रज: कर्मणि भारत ।
ज्ञानमावृत्य तु तम: प्रमादे सञ्जयत्युत ॥

(गुणानां संबंध:)

ॐ सत्त्वं सुखेन बध्नाति रजो युनक्ति कर्मणा ।
तमस्तु ज्ञानमावृत्य निमज्जयति विभ्रमे ॥ 925/1447

दोहा॰ सत्त्व सुखों से जोड़ता, रज कर्मों के साथ ।
ज्ञान ढके तम दे नशा, ये है त्रिगुणी बात ॥ 1263/1779

|| 14.10 ||
रजस्तमश्चाभिभूय सत्त्वं भवति भारत ।
रज: सत्त्वं तमश्चैव तम: सत्त्वं रजस्तथा ॥

ॐ रजस्तमो दमित्वा च सत्त्वं मनसि वर्धते ।
सत्त्वं तमो रजश्चैव सत्त्वं रजस्तमस्तथा ॥ 926/1447

दोहा॰ रज-तम गुण के ह्रास में, सत् का चढ़त प्रभाव ।
सत्-रज नश कर तमस् है, सत्-तम से रज-भाव ॥ 1264/1779

|| 14.11 ||
सर्वद्वारेषु देहेऽस्मिन्प्रकाश उपजायते ।
ज्ञानं यदा तदा विद्याद्विवृद्धं सत्त्वमित्युत ॥

ॐ प्रकाशो देहद्वारेभ्यो ज्ञानस्य जायते यदा ।
ततो मनसि ज्ञातव्यो विवृद्ध: सद्गुण: खलु ॥ 927/1447

दोहा॰ नौ द्वारों से देह में, चमके ज्ञान प्रकाश ।
तभी हुआ है जानिये, सद्भाव का विकास ॥ 1265/1779

|| 14.12 || लोभः प्रवृत्तिरारम्भः कर्मणामशमः स्पृहा ।
रजस्येतानि जायन्ते विवृद्धे भरतर्षभ ।।

ॐ यदा देहे रजो वृद्धा घटते लोभकामना ।
सकामकर्मणो देहे विवृद्धिर्विद्यते तदा ।। **928**/1447

दोहा॰ रज जब बढ़ता देह में, लोभ कामना भाव ।
प्रबल हुआ है जानिये, सकाम-कर्म प्रभाव ।। **1266**/1779

|| 14.13 || अप्रकाशोऽप्रवृत्तिश्च प्रमादो मोह एव च ।
तमस्येतानि जायन्ते विवृद्धे कुरुनन्दन ।।

ॐ यदा प्राप्नोति प्राधान्यं शरीरे तु तमोगुणः ।
प्रमादालस्यनिद्राणां वृद्धिर्भवति भारत ।। **929**/1447

दोहा॰ तम गुण का जब देह में, होता प्रबल प्रभाव ।
आलस निद्रा राग से, होता भ्रमित स्वभाव ।। **1267**/1779

|| 14.14 || यदा सत्त्वे प्रवृद्धे तु प्रलयं याति देहभृत् ।
तदोत्तमविदां लोकानमलान्प्रतिपद्यते ।।

ॐ यदा सद्गुणवृद्धौ हि पञ्चत्वं लभते नरः ।
ज्ञानिनां स्वर्गद्वारं स प्राप्नोति सहजं तदा ।। **930**/1447

दोहा॰ सद्गुण के प्राबल्य में, नर जो त्यागे देह ।
स्वर्ग द्वार उसको मिले, ज्ञानी जन का गेह ।। **1268**/1779

संगीत-गीता-दोहावली गीतमाला, पुष्प 164 of 205

भजन : राग रत्नाकर. कहरवा ताल 8 मात्रा

याद करले

स्थायी

कभी तो याद कर ले तू, अरे! शुभ काम कर ले तू ।
मिला है जिससे सब तुझको, प्रभु का नाम लेले तू ।।

♫ सामग रे- ध-प मग रेग म-, पम-! गरे प-म गरे ग- म- ।
पमग प- निनिध पप धधनि-, धप- म- प-म गरेग- म- ।।

अंतरा–1

रे बंदे, पाप धो ले तू, ए गंदे साफ हो ले तू ।
कभी तो राम कह ले तू, कभी तो श्याम कह ले तू ।।

♫ रे सानि़सा–, म–ग रे– ग– म–, प मगम– ध–प मग म– प– ।
पमग प– नि–ध पपध– नि–, धपम प– ध–प गरेग– म– ।।

अंतरा–2

कभी तो सिर झुका ले तू, कभी तो ऋण चुका ले तू ।
कभी तो, मन मिला ले तू, प्रभु को धन बना ले तू ।।

अंतरा–3

कभी तो गुनगुना ले तू, प्रभु की धुन बना ले तू ।
कभी तो, दर्द पा ले तू, कभी तो डर भगा ले तू ।।

।। 14.15 ।।
रजसि प्रलयं गत्वा कर्मसङ्गिषु जायते ।
तथा प्रलीनस्तमसि मूढयोनिषु जायते ।।

ॐ यदा च रजसो वृद्धौ प्रयाणं याति देहभृत् ।
निश्चितं हि स प्राप्नोति भवनं कर्मसङ्गिनाम् ।। **931**/1447

✍दोहा॰ देह अगर नर त्यागता, जब हो रज का जोर ।
निश्चित उस नर को मिले, कर्म–संग का ठौर ।। **1269**/1779

।। 14.16 ।।
कर्मणः सुकृतस्याहुः सात्त्विकं निर्मलं फलम् ।
रजसस्तु फलं दुःखमज्ञानं तमसः फलम् ।।

ॐ यदा तु तमसो वृद्धौ मृत्युं गच्छति मानवः ।
तमसि च प्रलीनः स मूढयोन्यां हि जायते ।। **932**/1447

✍दोहा॰ मृत्यु अगर नर को मिले, जब तम गुण बलवान ।
पाता नर वह योनि को, विमूढ़ नरक समान ।। **1270**/1779

।। 14.17 ।।
सत्त्वात्सञ्जायते ज्ञानं रजसो लोभ एव च ।
प्रमादमोहौ तमसो भवतोऽज्ञानमेव च ।।

ॐ सत्कर्मणः फलं ज्ञानं पवित्रं निर्मलं शुभम् ।
रजसश्च फलं तृष्णा चाज्ञानं तमसस्तथा ।। **933**/1447

🌿दोहा॰ सत्कर्मों से ज्ञान का, फल है पूज्य प्रदान ।
रज गुण का फल दुःख है, तम का है अज्ञान ॥ 1271/1779

🕉 सत्त्वं ददाति ज्ञानं तु रजो लोभं च लालसाम् ।
तमो ददाति मोहञ्च प्रमादं कुरुनन्दन ॥ 934/1447

🌿दोहा॰ सद्गुण देता ज्ञान है, रज से लोभ प्रदान ।
तमस् गुण भ्रम प्रमाद दे, अज्ञान फिर प्रधान ॥ 1272/1779

॥ 14.18 ॥ ऊर्ध्वं गच्छन्ति सत्त्वस्था मध्ये तिष्ठन्ति राजसाः ।
जघन्यगुणवृत्तिस्था अधो गच्छन्ति तामसाः ॥

🕉 सात्त्विका ऊर्ध्वगच्छन्ति मध्ये प्रेङ्खन्ति राजसाः ।
जघन्ये नरके हीने चाधःपतन्ति तामसाः ॥ 935/1447

🌿दोहा॰ सज्जन जाता स्वर्ग में, रज दे भव का लोग ।
तमोगुणी को अधोगति, हीन नरक का भोग ॥ 1273/1779

॥ 14.19 ॥ नान्यं गुणेभ्यः कर्तारं यदा द्रष्टानुपश्यति ।
गुणेभ्यश्च परं वेत्ति मद्भावं सोऽधिगच्छति ॥

🕉 गुणेभ्योऽन्यो न कर्तास्ति कोऽपि कुत्रापि पाण्डव ।
न च कुर्वन्ति भूतानि न पुरुषः करोति सः ॥ 936/1447

🌿दोहा॰ गुण सिवाय कर्ता कहीं, जग में अन्य न कोय ।
पुरुष, प्रकृति न भूत भी; गुण की माया होय ॥ 1274/1779

॥ 14.20 ॥ गुणानेतानतीत्य त्रीन्देही देहसमुद्भवान् ।
जन्ममृत्युजरादुःखैर्विमुक्तोऽमृतमश्नुते ॥

(गुणातीतः)

🕉 यो मां वेत्ति गुणातीतं ब्रह्मवेत्ता स एव हि ।
मुच्यते स नरो ज्ञानी मृत्युसंसारसागरात् ॥ 937/1447

🌿दोहा॰ मुझ-निर्गुण का ज्ञान है, ब्रह्मज्ञान का सार ।
ब्रह्मज्ञानी नर मुक्त वो, भवसागर से पार ॥ 1275/1779

🕉 जन्मजेभ्यो गुणेभ्यो यः-तटस्थो निग्रही नरः ।
जन्ममृत्युजरातीतः सोऽमृतसागरं तरेत् ॥ 938/1447

✍दोहा॰ जन्मजात गुण में सदा, तटस्थ है जो धीर ।
अमृत है उसके लिए, भव सागर का नीर ।। 1276/1779

संगीत-गीता-दोहावली गीतमाला, पुष्प 165 of 205

हरि

स्थायी

हरि पुरुष है, हरि प्रकृति, हरि परमेश्वर, हरि की जै – – – ।
हरि ब्रह्म है, हरि आत्म है, धर्म सनातन, हरि ही है – – – ।।

♫ नि़ध़– नि़सासा सा–, गरे– सा–नि़सा–, गप मगम–गरे, गम– ग रे– – – ।
गरे– ग–म प–, धप– म–ग म–, प–म गरे-गग, रेसा– नि़ सा– – – ।।

अंतरा–1

राम हरि है, धाम परम है, राधे श्यामा, हरि की जै – – – ।
हरि है सावन, हरि मन भावन, कर्म जो पावन, हरि ही है – – – ।।

♫ सा–नि़ सारे– रे–, म–ग रेगग म–, ध–प म–म मम, पम– ग प– – – ।
रेरे रे– ग–गग, पम गग म–मम, प–म ग रे–गग, रेसा– नि़ सा– – – ।।

अंतरा–2

अमृत धारा, हरि पियारा, हरि जियारा, हरि की जै – – – ।
हरि सहारा, हरि किनारा, स्वर्ग महत्तम, हरि ही है – – – ।।

अंतरा–3

हरि है नैया, हरि खेवैया, हरि कन्हैया, हरि की जै – – – ।
हरि है मैया, हरि रमैया, सत् चित आनंद, हरि ही है – – – ।।

अर्जुन उवाच ।

।। 14.21 ।।
कैर्लिङ्गैस्त्रीन्गुणानेतानतीतो भवति प्रभो ।
किमाचारः कथं चैतांस्त्रीन्गुणानतिवर्तते ।।

(अर्जुन उवाच)

ॐ यो नरस्त्रिगुणातीतो सामर्थ्यं तस्य किं प्रभो ।
लक्षणं ब्रूहि मां तस्य कथं च तस्य रक्षणम् ।। 939/1447

✍दोहा॰ जो त्रिगुणों से पार है, क्या है उसे प्रभाव ।

लक्षण, रक्षण क्या उसे, कैसा उसे स्वभाव ।। 1277/1779

श्रीभगवानुवाच ।

।। 14.22 ।।	प्रकाशं च प्रवृत्तिं च मोहमेव च पाण्डव । न द्वेष्टि सम्प्रवृत्तानि न निवृत्तानि काङ्क्षति ।।

(श्रीभगवानुवाच)

ॐ सद्गुणस्य प्रभावेन प्रकाशो जायते हृदि ।
रजसि कर्मणां वृत्तिः-तमसि मोहवासना ।। **940**/1447

दोहा॰ सद् गुण जिसमें है बसा, उसमें ज्ञान प्रकाश ।
कर्म वासना रजस से, तमस मोह का पाश ।। 1278/1779

ॐ सत्प्रकाशस्तमो मोहः प्रवृत्तिर्रजसात्मिका ।
प्रवृत्तिश्च प्रकाशश्च स्पष्टो मोहश्च स्यात्सदा ।। **941**/1447

दोहा॰ सत् प्रकाश, रज मोद है, तमस मोह अँधकार ।
स्पष्ट सदा हों, पार्थ! ये, गुणत्रय के अधिकार ।। 1279/1779

।। 14.23 ।।	उदासीनवदासीनो गुणैर्यो न विचाल्यते । गुणा वर्तन्त इत्येव योऽवतिष्ठति नेङ्गते ।।

ॐ तटस्थोऽविचलो यो हि त्रिषु गुणेषु सर्वदा ।
गुणा एव हि कर्तारो मत्वैति न विचाल्यते ।। **942**/1447

दोहा॰ तटस्थ अविचल जो सदा, तीन गुणों में धीर ।
"गुण कर्ता हैं," जान कर, दृढ़ रहता है वीर ।। 1280/1779

ॐ यतो वेत्ति स कर्माणि कुर्वन्ति सर्वदा गुणाः ।
उदासीनः स साक्षी च धैर्यशीलो निरापदः ।। **943**/1447

दोहा॰ "कर्ता गुण हैं कर्म के, और न कर्ता कोय" ।
उदासीन साक्षी वही, धैर्यशील नर होय ।। 1281/1779

।। 14.24 ।।	समदुःखसुखः स्वस्थः समलोष्टाश्मकाञ्चनः । तुल्यप्रियाप्रियो धीरस्तुल्यनिन्दात्मसंस्तुतिः ।।

ॐ न काङ्क्षति न यो द्वेष्टि समः स सर्ववस्तुषु ।
तुल्या निन्दा स्तुतिस्तस्मै मानामानौ समौ तथा ।। **944**/1447

✍दोहा॰ निंदा हो या सराहना, मान तथा अपमान ।
जिसे न आस न द्वेष है, समता का वरदान ।। 1282/1779

ॐ आत्मतृप्तः सुखे दुःखे प्रियाप्रियेषु यः समः ।
वीतरागः स्थिरो मौनी नरो 'धीरः' स उच्यते ।। **945**/1447

✍दोहा॰ दुख में ना अतृप्त है, अप्रिय में ना पीड़ ।
वीतराग, स्थिर, मौन जो, जाना है वह "धीर" ।। 1283/1779

।। 14.25 ।।

मानापमानयोस्तुल्यस्तुल्यो मित्रारिपक्षयोः ।
सर्वारम्भपरित्यागी गुणातीतः स उच्यते ।।

(गुणातीतः)

ॐ तुल्यनिन्दास्तुती मानोऽवमानश्च समस्तथा ।
कर्तृत्वस्य च त्यागी यो 'गुणातीतः' स उच्यते ।। **946**/1447

✍दोहा॰ माटी सम सोना जिसे, सुख-दुख में न अधीर ।
स्तुति समान निंदा जिसे, 'गुणातीत' वह धीर ।। 1284/1779

निंदा स्तुति है सम जिसे, मान तथा अपमान ।
कर्तापन तज कर उसे, "गुणातीत" सम्मान 1285/1779

♫ **संगीत-गीता-दोहावली छन्दमाला, मोती 124 of 136**

मत्त सवैया छन्द[117]

पदपादाकुलक x 2

(हरिकृपा)

वाञ्छा द्वेष न अनुराग जिसे, सब भूतन में सम-भाव जिसे ।
निंदा स्तुति सब समतोल जिसे, मिट्टी सोना सब एक जिसे ।
मन निग्रह का न अभाव जिसे, करतापन का न लगाव जिसे ।
सब मान अमान समान जिसे, हरिदास परम का मान उसे ।।

[117] ♫ **मत्त सवैया छन्द :** पदपदाकुलक (16 मात्रा) छन्द के दो चरणों का एक चरण (32 मात्रा) मान कर मत्त सवैया छन्द होता है । पदपादाकुलक छन्द उपरोक्त है ।

▶ लक्षण गीत : ✍ **दोहा॰ आदि द्विकल पद आठ में, सोलह मात्रा वृंद ।**
आदि त्रिकल ना हो तभी, "मत्त सवैया" छंद ।। 1286/1779

|| 14.26 ||

मां च योऽव्यभिचारेण भक्तियोगेन सेवते ।
स गुणान्समतीत्यैतान्ब्रह्मभूयाय कल्पते ।।

मत्परो भक्तियोगेन चैकचित्तेन सेवते ।
ईदृशः स गुणातीतो ब्रह्मभूयाय कल्पते ।। 947/1447

दोहा॰ भक्तियोग से युक्त जो, मुझे परायण गात्र ।
गुणातीत वह भक्त ही, ब्रह्म पात्र है क्षात्र ।। 1287/1779

|| 14.27 ||

ब्रह्मणो हि प्रतिष्ठाहममृतस्याव्ययस्य च ।
शाश्वतस्य च धर्मस्य सुखस्यैकान्तिकस्य च ।।

ब्रह्मणोऽहमधिष्ठानं स्थानं महासुखस्य च ।
शाश्वतस्य च धर्मस्यामृतस्य परमं पदम् ।। 948/1447

दोहा॰ अधिष्ठान मैं ब्रह्म का, महासुखों का स्थान ।
शाश्वत अमृत धर्म का, परम शाँति का धाम ।। 1288/1779

संगीत-गीता-दोहावली गीतमाला, पुष्प 166 of 205

(गुण माया का निरूपण)

स्थायी

स्वरदा ने सुंदर गाया है, नारद ने साज बजाया है ।
रतनाकर गीत रचाया है ।।

♪ सानि़सा- गरे सा-नि़नि़ सा-रेम ग-, गममग पम ग-रे सासा-रेम ग- ।
गगरेसासासा रे-ग मगरेसानि़ सा- ।।

अंतरा-1

सत् रज तम प्रकृति के गुण हैं, देही के तीनों बंधन हैं ।
प्रकृति को सगुणा जाना है, पर आत्मा निर्गुण माना है ।
यह ब्रह्मज्ञान कहलाया है ।।

♪ पप मरे मम प-पम पनि धप प-, प-मग गसा सागमप गरेसानि़ सा- ।
सानि़सासा गरे सासानि़- सा-रेम ग-, सानि़ सा-गरे सा-नि़नि़ सा-रेम ग- ।
गग रेसासारे-रे गमगरेसानि़ सा- ।।

अंतरा-2

सद् गुण निर्मल सुख देता है, रज तृष्णा राग लगाता है ।

तम मायावी मोहक गुण है, दुख आलस का ये कारण है ।
यह गुण वर्णन बतलाया है ।।

अंतरा-3

सत् ज्ञान उदय, रज लोभ करे; तम से नर का अज्ञान बढ़े ।
ना भूत न विभु कुछ करता है, गुण से दूजा नहिँ कर्ता है ।
ये तीन गुणों की माया है ।।

श्रीमद्-भगवद्-गीता का पन्द्रहवाँ अध्याय ।
पुरुषोत्तम योग ।

 संगीत-गीता-दोहावली गीतमाला, पुष्प 167 of 205

गणपति बाप्पा

स्थायी

गणपति बाप्पा गजानना, सिद्धि विनायक गज वदना ।

♪ सारेमग म-म- मगसारेग - - -, सारेमग मं-म- मगसारेग - - - ।

अंतरा-1

शंकर सुवना वरानना, गौरी मनोहर प्रभंजना ।

दुख हर ले तू निकंदना ।।

♪ ग-मप पपप- पपधनिधप-मग, प-म मग-रेरे गपगरेसासा- - - ।
पप मम ग- रे- गपगरेसासा- - - ।।

अंतरा-2

शुभ वर दे दे शुभानना, लंबोदर शिव सुनंदना ।

सब कुछ तू ही सनातना ।।

अंतरा-3

कीर्तन तेरा सुहावना, एक दंती श्री निरंजना ।

जन गण करते हैं वंदना ।।

गीता दोहावली
छब्बीसवाँ तरंग

31. संसार-वृक्ष का निरूपण :

संगीत-गीता-दोहावली छन्दमाला, मोती 125 of 136

फटका छन्द

8 + 8 + 8 + 6/5

(विश्ववृक्ष)

जड़ ऊपर है डारें नीचे, पत्ते जिसके वेद हैं ।
ऐसे अक्षर विश्ववृक्ष का, ज्ञानी जानत भेद हैं ।। 1
भेद यही है उसका जानो, ज्ञानी जन सब कहते हैं ।
इस बरगद के अंग-अंग में, विषय विविध ही रहते हैं ।। 2
आदि पुरुष वह पुरुषोत्तम है, मूल में जिसके बसा हुआ ।
सांसारिक यह वृक्ष अव्ययी, ब्रह्मरूप है बना हुआ ।। 3

संगीत-गीता-दोहावली गीतमाला, पुष्प 268 of 205

गीत : राग कल्याण, कहरवा ताल 8 मात्रा

विश्ववृक्ष

स्थायी

विश्ववृक्ष ये ब्रह्मरूप है, मायावी अवतारी ।
मोह जाल सी जड़ में उसकी, अटके जन संसारी ।।

नि़-रेग-ग ग- मं-धप-मं ग-, रे-ग-मं- गरेग-मं- ।
ध-प मं-प ध- निध प- मंमंप-, धपमं- गग रे-सा-नि़- ।।

अंतरा-1

जड़ ऊपर है, डारें नीचे, पत्ते वेद की वाणी ।

अविनाशी इस विश्वतरु का, भेद जानते ज्ञानी ।।
गुह्य वृक्ष का तुम ये जानो, कहते गहन विचारी ।
इस बरगद के अंग अंग में, विषय विविध अविकारी ।।

♫ सारे ग–गग ग–, ध–पमं ग–मं–, नि–ध– प–मं प ध–नि– ।
सांनिध–प– मंमं ध–पमंग– मं–, ध–प मं–धप– मं–ग– ।।
नि़–रे ग–ग ग– मंमं ध– पमंग–, रेगमं– गगग रेग–मं– ।
धध पमंपप ध– नि–ध प–मं प–, धपमं धपमं गरेसा–नि़– ।।

अंतरा–2

मूल में इसके आदि पुरुष है, पुरुषोत्तम गिरिधारी ।
शाखाओं के योनि रूप से, जनी है जनता सारी ।।
तीन गुणों के माया जल से, बढ़ती दल फुलवारी ।
सांसारिक ये पेड़ अव्ययी, देता फल भवकारी ।।

अंतरा–3

कर्म के लिये कारण जानो, द्रुम है बिखरा भारी ।
फल मोहक में मन ललचाता, रस मादक भ्रमकारी ।।
"काटो बंधन मन में ले कर, अनासक्ति की आरी ।
असंग से भव पार करोगे," बोले कृष्ण मुरारी ।।

✍दोहा॰ बसा है जिसके मूल में, पुरुष, जगत की नींव ।
शाखा योनि रूप में, जग में जनती जीव ।। 1289/1779

सांसारिक यह वृक्ष है, जीव भूत का धाम ।
ब्रह्मरूप अश्वत्थ का, जग में 'बरगद' नाम ।। 1290/1779

प्रकृति के गुण तीन ही, जल का लेकर रूप ।
दल कोमल पोषण करें, तरु है ब्रह्म स्वरूप ।। 1291/1779

श्रीमद्भगवद्गीता पञ्चदशोऽध्यायः ।

श्रीभगवानुवाच ।

।। 15.1 ।।

ऊर्ध्वमूलमधःशाखमश्वत्थं प्राहुरव्ययम् ।
छन्दांसि यस्य पर्णानि यस्तं वेद स वेदवित् ।।

दोहा छंद में गीतोपनिषद् ।

(श्रीभगवानुवाच)

(संसारवृक्षः)

संसारवृक्षमश्वत्थं वेदपर्णमनश्वरम् ।
ऊर्ध्वमूलमधःशाखं गूढं जानन्ति ज्ञानिनः ।। 949/1447

दोहा॰ विश्ववृक्ष अश्वत्थ के, पर्ण वेद के रूप ।
ऊर्ध्व मूल, अध शाख है, शाश्वत ब्रह्म स्वरूप ।। 1292/1779

संगीत-गीता-दोहावली छन्दमाला, मोती 126 of 136

इन्द्रवंशा छन्द[118]

ऽ ऽ।, ऽ ऽ।, । ऽ।, ऽ। ऽ

(संसारवृक्ष)

शाखा अधः औ तरु ऊर्ध्वमूल के ।
डालीन के पल्लव वेदछन्द हैं ।।
अश्वत्थ ये शाश्वत विश्व वृक्ष जो ।
विद्वान सारे कहते अनादि है ।।

गुह्यमेतस्य ज्ञातव्यं तरोर्वदन्ति पण्डिताः ।
एतस्य विविधाङ्गानां विविधान्विषयांञ्शृणु ।। 950/1447

दोहा॰ गुह्य परम इस वृक्ष का, कहते ज्ञानी लोग ।
इसके नाना अंग में, विविध विषय का योग ।। 1293/1779

|| 15.2 || अधश्चोर्ध्वं प्रसृतास्तस्य शाखा गुणप्रवृद्धा विषयप्रवालाः ।
अधश्च मूलान्यनुसन्ततानि कर्मानुबन्धीनि मनुष्यलोके ।।

एतस्य विद्यते मूले पुरुषः पुरुषोत्तमः ।

---

[118] **इन्द्रवंशा छन्द** : यह वंशस्थ छन्द का दूसरा रूप है । इस बारह वर्ण, 19 मात्रा वाले छन्द के चरण में त त ज र गण आते हैं । इसका लक्षण सूत्र ऽ ऽ।, ऽ ऽ।, । ऽ।, ऽ। ऽ इस प्रकार होता है । इसमें पदान्त विराम होता है ।

▶ लक्षण गीत : **दोहा॰ मत्त उन्नीस का बना, त त ज र गण का वृंद ।
नाम "इन्द्रवंशा" जिसे, बारह अक्षर छंद ।। 1295/1779**

शाखाश्च योनिरूपिण्यो जनयन्ति सचेतनान् ।। 951/1447

✍दोहा॰ प्रस्तुत इसके मूल में, पुरुषोत्तम हैं तात ।
शाखा योनि रूप हैं, सर्व भूत की मात ।। 1294/1779

ॐ गुणजलेन वर्धन्ते कोमलाः पल्लवा दलाः ।
एष सांसारिको वृक्षो ब्रह्मरूपः सनातनः ।। 952/1447

✍दोहा॰ कोमल पल्लव वृक्ष के, खिलते विषय स्वरूप ।
संसारिक यह वृक्ष है, ब्रह्म सनातन रूप ।। 1296/1779

संगीत-गीता-दोहावली गीतमाला, पुष्प 169 of 205

सीता प्रकृति है

स्थायी

सीता है प्रकृति माँ, ताता है पुरुष रामा ।
दोनों मिलाके, पूर्ण सृष्टि है ।।

♫ नि़-ध़- नि़ सा-सारे- ग-, रे-ग- ग मंधप मं-ग-।
ग-मं- पध-प, मं-ग रे-सा नि़- ।।

अंतरा-1

पाँचों भूतों की माया, गुण तीन को मिलाया ।
समझे उसी की, दिव्य दृष्टि है ।।

♫ ग-मं- पध- प मं-ग-, मंप ध-नि सां- निध-प- ।
गगमं- पध- प, मं-ग रे-सा नि़- ।।

अंतरा-2

जाने गुणों को कर्ता, बाकी जो सब अकर्ता ।
जाने उसी पर, पुण्य वृष्टि है ।।

अंतरा-3

ये प्रकृति है काया, देही है पुरुष माया ।
बूझे उसी की, तीक्ष्ण बुद्धि है ।।

।। 15.3 ।। न रूपमस्येह तथोपलभ्यते नान्तो न चादिर्न च सम्प्रतिष्ठा ।
अश्वत्थमेनं सुविरूढमूलमसङ्गशस्त्रेण दृढेन छित्त्वा ।।

ॐ ऊर्ध्वमधश्च विस्तीर्णाः शाखा भूमण्डले गुणैः ।
मूलं च प्रसृतं भूत्वा जगति कर्मकारणम् ।। **953**/1447

दोहा॰ गुण के जल से हैं खिलीं, शाखाएँ अरु मूल ।
भूमंडल में फैल कर, देत भूत को भूल ।। **1297**/1779

ॐ अग्रमगोचरं तस्य मध्यं मूलं तथा यदि ।
छेत्तव्यं बन्धनं तस्मात्-त्यागास्त्रेण दृढेन तत् ।। **954**/1447

दोहा॰ अग्र अगोचर वृक्ष का, दिखे न मध्य, न मूल ।
त्याग-शस्त्र से काटिये, बंधन सभी समूल ।। **1298**/1779

।। 15.4 ।। ततः पदं तत्परिमार्गितव्यं यस्मिन्गता न निवर्तन्ति भूयः ।
तमेव चाद्यं पुरुषं प्रपद्ये यतः प्रवृत्तिः प्रसृता पुराणी ।।

।। 15.5 ।। निर्मानमोहा जितसङ्गदोषा अध्यात्मनित्या विनिवृत्तकामाः ।
द्वन्द्वैर्विमुक्ताः सुखदुःखसंज्ञैर्गच्छन्त्यमूढाः पदमव्ययं तत् ।।

(परमधाम)

ॐ मुक्त्वैवं बन्धनाद्याच्यम्-ईशात्तत्पदमव्ययम् ।
निवर्तते न सत्कर्मी यत्र गत्वा नरः पुनः ।। **955**/1447

दोहा॰ बंधन इसके काट कर, होकर उनसे मुक्त ।
करें ईश से याचना, पूर्ण भक्ति से युक्त ।। **1299**/1779

"हमको दे दो, हे प्रभो! अमिट शाँति का धाम ।
लौट जहाँ से फिर नहीं, आने का हो काम" ।। **1300**/1779

।। 15.6 ।। न तद्भासयते सूर्यो न शशाङ्को न पावकः ।
यद्गत्वा न निवर्तन्ते तद्धाम परमं मम ।।

ॐ दिनमणेः प्रकाशो वा रजनीशस्य सा प्रभा ।
काशयते न स्थानं यत्-न ज्योतिर्ज्योतिषां तथा ।। **956**/1447

दोहा॰ स्वयं प्रकाशित स्थान वो, परम शाँति का धाम ।
चंद्र न रवि चमके जहाँ, आभा हैं घनश्याम ।। **1301**/1779

ॐ यतः प्रत्यागमो नास्ति मृत्युचक्रे हि पार्थिवे ।
स्वयम्प्रकाशितं पार्थ धाम तत्परमं मम ।। **957**/1447

दोहा॰ पाकर उस शुभ स्थान को, भव बंधन को तोड़ ।
भव चक्कर से मुक्ति है, हरि-पग माथा जोड़ ।। 1302/1779

।। 15.7 ।। ममैवांशो जीवलोके जीवभूतः सनातनः ।
मनःषष्ठानीन्द्रियाणि प्रकृतिस्थानि कर्षति ।।

(आत्मा च परमात्मा च)

अनादिर्मे कणोऽव्यक्तो देहे भवति चेतना ।
कृषति प्रकृतिस्थानि मनःषष्ठानि पार्थ सः ।। **958**/1447

दोहा॰ एक अनादि कण मेरा, भूत-चेतना रूप ।
लिए मनादि इन्द्रियाँ, बनता आत्म स्वरूप ।। 1303/1779

।। 15.8 ।। शरीरं यदवाप्नोति यच्चाप्युत्क्रामतीश्वरः ।
गृहीत्वैतानि संयाति वायुर्गन्धानिवाशयात् ।।

सुमनेभ्यो यथा वायुः-विष्वङ्वहति सौरभम् ।
देहादेहं तथा देही षष्ठानि नयते सदा ।। **959**/1447

दोहा॰ लेकर सौरभ सुमन से, बहता यथा समीर ।
आत्मा छह लेकर बसे, भूत शरीर शरीर ।। 1304/1779

।। 15.9 ।। श्रोत्रं चक्षुः स्पर्शनं च रसनं घ्राणमेव च ।
अधिष्ठाय मनश्चायं विषयानुपसेवते ।।

रसनं श्रवणं स्पर्शं दृष्टिं च श्वसनं मनः ।
एतान्स इन्द्रियाधारान्-देही देहेषु सेवते ।। **960**/1447

दोहा॰ कर्ण, नयन, जिह्वा, त्वचा, श्वसन गात्र उपयोग ।
पाँच इन्द्रियाँ ज्ञान की, करे देहि उपभोग ।। 1305/1779

।। 15.10 ।। उत्क्रामन्तं स्थितं वापि भुञ्जानं वा गुणान्वितम् ।
विमूढा नानुपश्यन्ति पश्यन्ति ज्ञानचक्षुषः ।।

निवासी स च भोगी च भोक्ता गुणत्रयस्य च ।
एनं मूढा न जानन्ति जानन्ति पार्थ पण्डिताः ।। **961**/1447

दोहा॰ देही वासी देह का, अंतःकरण निधान ।
ज्ञानी इसको जानते, नहीं मूढ़ को ज्ञान ।। 1306/1779

|| 15.11 ||

यतन्तो योगिनश्चैनं पश्यन्त्यात्मन्यवस्थितम् ।
यतन्तोऽप्यकृतात्मानो नैनं पश्यन्त्यचेतसः ॥

ॐ आत्मानमात्मनीक्षन्ते पार्थ यत्नेन ज्ञानिनः ।
यत्नेनापि न जानन्ति विमूढा हतबुद्धयः ॥ 962/1447

दोहा॰ ज्ञानी देखत आत्म को, अपने में ही आप ।
मूढ़ न इसको देखता, करके यत्न अमाप ॥ 1307/1779

 संगीत-गीता-दोहावली गीतमाला, पुष्प 170 of 205

गीत : राग रत्नाकर, कहरवा ताल 8 मात्रा

अहंकार

स्थायी

अहंकार का यह पाप मेरा, मेरी, साँस साँस से, झरने दे ।
प्रभु! मेरी सभ्यता, खोगयी है, अभिमान को मेरे, गिरने दे ॥

♪ सारे-ग-ग ग- गग ध-प मग-, मप, ध-ध ध-ध ध-, सांनिधप ध- ।
मप! ध-ध ध-धध-, नि-सांरें सां-, रेगम-म म प-म-, गरेनि- सा- ॥

अंतरा-1

भगत प्रलाद ने, तोहे पुकारा, भागा भागा तू आया ।
दंभ असुर का तूने गिराया, हिरनकशप का घात कराया ।
गुमान मेरा जो है, क्रोध भरा, उसे, अंदर घुटकर, मरने दे ॥

♪ ममम मप-प प-, धनि- धप-म-, पध- प-ध- सां- निध- ।
सांनि धपप म- नि-ध पम-ग-, गगगगगग म- ध-प मग-रे- ।
रेग-ग गग- ग ग-, ध-प मग-, सारे, ग-गग गगमप, गरेनि- सा- ॥

अंतरा-2

पतिव्रता ने, नाम तिहारा, रो रो कर प्रभु, तोहे बुलाया ।
लंकेसर संहार कराया, सीता को बंदी से छुड़ाया ।
नस नस में भरा ये, गर्व मेरा, हर, स्वेद बिंदु से ढहने दे ॥

अंतरा-3

मथुरा व्रज का, वो हत्यारा, पापी कंस भी, तूने हराया ।

रात आधी में, गोकुल आया, व्रज के जनन को, तूने उबारा ।
हरि! आज मेरा दुख, कहने दे, हर, आँसु आँसु में, बहने दे ।।

।। 15.12 ।।

यदादित्यगतं तेजो जगद्भासयतेऽखिलम् ।
यच्चन्द्रमसि यच्चाग्नौ तत्तेजो विद्धि मामकम् ।।

(श्रीभगवत: विभूतय:)

अग्नेर्ज्योतिर्रविर्भासं रजनीशस्य कौमुदीम् ।
विश्वं भासयते सर्वं तेजस्तद्विद्धि मामकम् ।। **963**/1447

दोहा॰ काँति, अग्नि रवि चंद्र की, करे विश्व जो दीप्त ।
पार्थ! जान वो तेज है, मुझसे हुआ प्रदीप्त ।। 1308/1779

।। 15.13 ।।

गामाविश्य च भूतानि धारयाम्यहमोजसा ।
पुष्णामि चौषधी: सर्वा: सोमो भूत्वा रसात्मक: ।।

अहं भूमौ च भूतानां कौन्तेय चित्तचेतना ।
सोमो भूत्वा च पुष्णामि पादपाञ्च वनस्पतिम् ।। **964**/1447

दोहा॰ भूत चेतना विश्व में, पार्थ! मुझे ही जान ।
सोम रूप मैं डालता, तरु-बेलों में प्राण ।। 1309/1779

।। 15.14 ।।

अहं वैश्वानरो भूत्वा प्राणिनां देहमाश्रित: ।
प्राणापानसमायुक्त: पचाम्यन्नं चतुर्विधम् ।।

जठराग्निरहं भूत्वा प्राणापानसमायुत: ।
उदरे सर्वभूतानां पचाम्यन्नं चतुर्विधम् ।। **965**/1447

दोहा॰ जठराग्नि बन उदर में, करता मैं संचार ।
पानापान निरोध कर, अन्न पचाता चार ।। 1310/1779

।। 15.15 ।।

सर्वस्य चाहं हृदि सन्निविष्टो मत्त: स्मृतिर्ज्ञानमपोहनं च ।
वेदैश्च सर्वैरहमेव वेद्यो वेदान्तकृद्वेदविदेव चाहम् ।।

अहं हृदि समाविष्टो ज्ञानं तर्क: स्मृतिस्तथा ।
वेद्यो वेत्ता विधाता च वेदान्तकृच्च वेदविद् ।। **966**/1447

दोहा॰ स्पंदन मैं हूँ हृदय का, स्मरण, तर्क, मैं ज्ञान ।
वेद-विधाता वेद्य मैं, वेदांत का निधान ।। 1311/1779

संगीत-गीता-दोहावली गीतमाला, पुष्प 171 of 205

भजन : राग रत्नाकर, कहरवा ताल 8 मात्रा

देहि मां शरणम्

स्थायी

केशव माधव देहि शरणं, निरन्तरं मे हृदि तव स्मरणम् ।

♫ म-धप म-गरे गधप- गगम-, निध-पम- प- सांनि धप रेगम- ।

अंतरा-1

अमलं विमलं ते मुखकमलं, याचयामि ते स्पर्ष्टुं चरणम् ।

♫ सासारे- गगम- ध- पमगगम-, सा-रेग-प म- नि-धप रेगम- ।

अंतरा-2

त्वत्तो कोऽपि नह्युपकरणम्, अस्माकं भवसागरतरणम् ।

अंतरा-3

त्वमेव मे खलु भवभयहरणं, प्रभो सुखं मे भवतु मरणम् ।

।। 15.16 ।।

द्वाविमौ पुरुषौ लोके क्षरश्चाक्षर एव च ।
क्षरः सर्वाणि भूतानि कूटस्थोऽक्षर उच्यते ।।

(क्षरम् अक्षरम् आत्मा च)

ॐ लोके स्तो द्विगुणौ पार्थ पुरुषौ द्वौ क्षराक्षरौ ।
भूतं मर्त्यं क्षरं विद्धि चात्मानमक्षरं स्थिरम् ।। **967**/1447

दोहा॰ जग में जाने पुरुष दो, क्षर-अक्षर गुणवान ।
भूत मर्त्य क्षर देह के, देही अक्षर प्राण ।। **1312**/1779

।। 15.17 ।।

उत्तमः पुरुषस्त्वन्यः परमात्मेत्युदाहृतः ।
यो लोकत्रयमाविश्य बिभर्त्यव्यय ईश्वरः ।।

(परमेश्वरः)

ॐ उत्तम एतयोरन्यः पुरुषः पुरुषोत्तमः ।
त्रिभुवनस्य धाता यः परमात्मा प्रकीर्तितः ।। **968**/1447

दोहा॰ पुरुष कहे दो विश्व में, उनसे उत्तम एक ।

क्षर भूत, अक्षर देही, तृतीय है परमेश ।। 1313/1779

|| 15.18 ||

यस्मात्क्षरमतीतोऽहमक्षरादपि चोत्तमः ।
अतोऽस्मि लोके वेदे च प्रथितः पुरुषोत्तमः ।।

अतीतः क्षरभूतेभ्यः परतरोऽहमात्मनः ।
वेदवाक्येषु लोके यः सोऽहमोम्–पुरुषोत्तमः ।। 969/1447

दोहा॰ क्षर–अक्षर से मैं परे, पुरुष परम हो याद ।
वेद वाक्य में जो कहा, ओम् प्रणव का नाद ।। 1314/1779

|| 15.19 ||

यो मामेवमसम्मूढो जानाति पुरुषोत्तमम् ।
स सर्वविद्भजति मां सर्वभावेन भारत ।।

यो यथार्थेन जानाति मामेवं पुरुषोत्तमम् ।
सर्वशः परमेशं माम्–अहं तस्मै न दुर्लभः ।। 970/1447

दोहा॰ जिसने पुरुषोत्तम–मुझे, जाना है परमेश ।
उसको मैं दुर्लभ नहीं, उसका मैं सर्वेश ।। 1315/1779

|| 15.20 ||

इति गुह्यतमं शास्त्रमिदमुक्तं मयानघ ।
एतद्बुद्ध्वा बुद्धिमान्स्यात्कृतकृत्यश्च भारत ।।

एनं गुह्यमयं शास्त्रं यदहमवदं हि त्वाम् ।
विदुषा येन ज्ञातं तत्–कृतकृत्यः स भारत ।। 971/1447

दोहा॰ गुह्य शास्त्र यह जो तुझे, बतलाया है, पार्थ! ।
ज्ञानी उसको जान कर, करे जन्म का सार्थ ।। 1316/1779

संगीत–गीता–दोहावली गीतमाला, पुष्प 172 of 205

भजन : राग रत्नाकर, कहरवा ताल 8 मात्रा

विष्णु

स्थायी

विष्णु स्वाहा है, विष्णु स्वधा है, वषट् विष्णु ही स्वस्ति है ।
विष्णु यज्ञ है, विष्णु हवि है, विष्णु ब्रह्म की हस्ती है ।।

♫ म-ग रेसा- रे-, म-ग रेसा- रे-, सासासा रे-ग म- ध-प म- ।
सां-नि ध-प ध-, नि-ध पम- प-, म-ग रे-ग म- ग-रे सा- ।।

अंतरा-1

विष्णु होम है, विष्णु सोम है, ॐ ॐ का स्तोम है ।
विष्णु व्योम है, विष्णु भौम है, रोम रोम का जोम है ।।

♫ सा-नि़ ध़-नि़ सा-, ग-रे सा-नि़ सा-, प-म ग-रे ग- प-ग म- ।
म-ग रे-सा रे-, म-ग रे-सा रे-, म-ग रे-ग म- ग-रे सा- ।।

अंतरा-2

विष्णु फूल हैं, विष्णु फल हैं, विष्णु जल की आहुति है ।
विष्णु मनन है, विष्णु नमन है, विष्णु भजन और आरती है ।।

अंतरा-3

विष्णु गुरु है, विष्णु मनु है, विष्णु पुरुष और प्रकृति है ।
विष्णु जिष्णु है, विष्णु सत्य है, विष्णु कृष्ण शिव प्रभृति है ।।

संगीत-गीता-दोहावली गीतमाला, पुष्प 173 of 205

(संसार वृक्ष का निरूपण)

स्थायी

स्वरदा ने सुंदर गाया है, नारद ने साज बजाया है ।
रतनाकर गीत रचाया है ।।

♫ सानि़सा- गरे सा-नि़नि़ सा-रेम ग-, गममग पम ग-रे सासा-रेम ग- ।
गगरेसासासा रे-ग मगरेसानि़ सा- ।।

अंतरा-1

पुरुष मूल; प्रकृति डारें है, दल पर्ण वेद वच सारे हैं ।
इसमें परमातमा रहते हैं, सब ज्ञानी जन ये कहते हैं ।
यह ऊर्ध्वमूल कहलाया है ।।

♫ पपम रेमम; प-पम पनिधप प-, पप मगग सा-ग मप गरेसानि़ सा- ।
सानि़सा- गरेसा-नि़नि़ सासारेम ग-, सानि़ सा-गरे सासा नि़- सासारेम ग- ।
गग रेसासारे-रे गमगरेसानि़ सा- ।।

अंतरा-2

गुण जल से दल इसके बढ़ते, जन कर्म बंध में हैं पड़ते ।
ये कर्म बंध रज राशिऽ हैं, तरु रहस्य मय अविनाशी ये ।
संसार वृक्ष कहलाया है ।।

अंतरा-3

गोचर इसका है मूल नहीं, न अग्र न मध्य भी दिखे कहीं ।
भू मंडल में शाखा बिखरीं, जग में माया इसकी है भरी ।
यह वृक्ष सनातन जाना है ।।

श्रीमद्‌-भगवद्‌-गीता का सोलहवाँ अध्याय ।
दैवासुर-सम्पद्विभाग योग ।

संगीत-गीता-दोहावली गीतमाला, पुष्प 174 of 205

जय अंबे!

स्थायी

जै जै जै माँ, जय अंबे, जय जय जय माँ जगदंबे ।
जै जै जै माँ, जय गंगे, जय जय जय माँ जगवंदे ।।

♫ सा- सा- सा- रे-, मम रे-सा-, रेरे रेरे रेरे म- पपम-रे- ।
म- म- म- प-, धध प-म-, पप पप मम रे- ममरे-सा- ।।

अंतरा-1

जै जै जै माँ नमोऽस्तु ते, जै जै जै माँ शुभोऽस्तु ते,
जै जै जै माँ जयोऽस्तु ते ।
कृपाऽस्तु ते, दयाऽस्तु ते, जै जै जै माँ वरोऽस्तु ते ।।

♫ सा- सा- रे- म- पम-रे म-, रे- रे- म- प- धप-म प-,
म- म- प- ध- सांध-प ध- ।
सांध-प ध-, पम-रे म-, रे- रे- रे- म- पम-रे सा- ।।

अंतरा-2

जै जै जै माँ चतुर्भुजा, जै जै जै माँ सुनंदिनी,
जै जै जै माँ माँ सुहासिनी ।
शुभंकरी, शिवंकरी, जै जै जै माँ महेश्वरी ।।

अंतरा-3

जै जै जै माँ भला करो, जै जै जै माँ क्षमा करो,
जै जै जै माँ व्यथा हरो ।
उबारियो, बचाइयो, जै जै जै माँ रक्षा करो ।।

गीता दोहावली
सत्ताईसवाँ तरंग

32. दैवी सम्पदा का निरूपण :

🎵 संगीत-गीता-दोहावली छन्दमाला, मोती 127 of 136

वसंततिलका छन्द, अनुप्रास

S S I, S I I, I S I, I S I, S S

🎵 सा-नि-सा रे-रेसारे ग-, मग रे-ग रे-सा-

(दैवी संपदा)

सद्धर्म से सजित जो, शुचि सत्य श्रद्धा ।
सद्भाव सुकृत सही, सहसाधना से ॥
स्वाध्याय के सहित जो, सब सर्वदा ही ।
दैवी कही सकल वो, सत्-संपदा है ॥

श्रीमद्भगवद्गीता षोडशोऽध्यायः ।
श्रीभगवानुवाच ।

|| 16.1 || अभयं सत्त्वसंशुद्धिर्ज्ञानयोगव्यवस्थितिः ।
दानं दमश्च यज्ञश्च स्वाध्यायस्तप आर्जवम् ॥

ॐ दोहा छंद में गीतोपनिषद्

(श्रीभगवानुवाच)

(दैविनी संपद्)

ॐ निर्भयः शुद्धचित्तश्च ज्ञानयोगे सदा रतः ।
निग्रही दानशीलश्च यज्ञसिद्धश्च सद्गुणी ॥ 972/1447

दोहा० ज्ञान योग में रत सदा, निर्भय निर्मल चित्त ।
दानवीर जो निग्रही, सज्जन सिद्ध उदात्त ॥ 1317/1779

॥ 16.2 ॥	अहिंसा सत्यमक्रोधस्त्यागः शान्तिरपैशुनम् । दया भूतेष्वलोलुप्त्वं मार्दवं ह्रीरचापलम् ॥

ॐ क्रोधहीनश्च निर्लोभः शान्तिलीनः स्थिरश्च यः ।
भूतदया तथाऽहिंसा मुखे मनसि कर्मणि ॥ 973/1447

✍दोहा॰ क्रोधहीन, निर्लोभ हो, शाँतिलीन, स्थिर गात ।
पूर्ण अहिंसा त्रिविध हो, तन मन वाणी साथ ॥ 1318/1779

॥ 16.3 ॥	तेजः क्षमा धृतिः शौचमद्रोहो नातिमानिता । भवन्ति सम्पदं दैवीमभिजातस्य भारत ॥

ॐ दिव्यदेही सदा धीरो नम्रस्त्यागी त्रपायुतः ।
सम्माननिरपेक्षश्च सम्पत्तस्यैव दैविकी ॥ 974/1447

✍दोहा॰ धैर्यशीलता, नम्रता, मान तुल्य अपमान ।
व्रीड़ा, किरपाशीलता, "दैवी संपद्" नाम ॥ 1319/1779

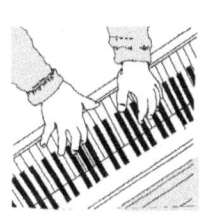

संगीत-गीता-दोहावली गीतमाला, पुष्प 175 of 205

संस्कृत भजन

नामजपः

स्थायी

नाम जपो भवतु, हृदि च मुखे ।

♫ सां-ध पम- गमरे-, पम ग मरे- ।

अंतरा-1

पदारविन्दं, सच्चिदानन्दं, आनन्दकन्दं, भज गोविन्दम् ।

नाम हरेरवतु, दुःखसुखे ॥

♫ सारे-गरे-ग-, रेगम-ग-रे-, गप-धप-ग-, धप मगम-रे- ।
सां-ध पम-गमरे-, पमगमरे- ॥

अंतरा-2

गिरिधरकृष्णं, देवकीनन्दं, राधारमणं, भज हि मुकुन्दम् ।

नाम सदा स्मरणे, भवतु सखे ॥

अंतरा-3

शेषशायिनं, सकलमङ्गलं, असुरमर्दनं, भज हरि कृष्णम् ।
नाथहरिर्हरतु, क्लेशदुःखे ।।

।। 16.4 ।। दम्भो दर्पोऽभिमानश्च क्रोधः पारुष्यमेव च ।
अज्ञानं चाभिजातस्य पार्थ सम्पदमासुरीम् ।।

(आसुरी संपद्)

अहङ्कारो मदो लोभो वाणी कठोरकर्कशा ।
क्रोधः क्रौर्यमबोधश्च सम्पत्–सा तु मताऽऽसुरी ।। 975/1447

दोहा॰ कठोर वाणी, क्रूरता, लोभ, मद, अहंकार ।
"असुर संपदा" है कही, नीच अवैधाचार ।। 1320/1779

।। 16.5 ।। दैवी सम्पद्विमोक्षाय निबन्धायासुरी मता ।
मा शुचः सम्पदं दैवीमभिजातोऽसि पाण्डव ।।

आसुरी बन्धनं दत्ते दैवी मुक्तिं ददाति तु ।
निरर्थं मा शुचः पार्थ दैवीसम्पद्धरो हि त्वम् ।। 976/1447

दोहा॰ दैवी संपद मुक्ति दे, असुरी दे अज्ञान ।
मत हो, पार्थ! निराश तू, दैवी है धनवान ।। 1321/1779

धनिनोऽपि यदिच्छन्ति तत्त्वयाऽधिगतं धनम् ।
दैवीधनस्य स्वामी त्वं छायाऽस्ति पार्थ मे त्वयि ।। 977/1447

दोहा॰ जो पाने धनवान भी, ललचाते दिन-रात ।
दैवी धन का तू धनी, तुम मम प्रिय हो, तात! ।। 1322/1779

।। 16.6 ।। द्वौ भूतसर्गौ लोकेऽस्मिन्दैव आसुर एव च ।
दैवो विस्तरशः प्रोक्त आसुरं पार्थ मे शृणु ।।

लोके पार्थ स्वभावौ द्वौ दैवी तथाऽऽसुरी परः ।
उक्तवान्दैविनं कृत्स्नम्–आसुरीमधुना शृणु ।। 978/1447

दोहा॰ जग में, पार्थ! स्वभाव दो, दैवी असुरी-भाव ।
दैवी विस्तृत है कहा, असुरी सुनो स्वभाव ।। 1323/1779

।। 16.7 ।। प्रवृत्तिं च निवृत्तिं च जना न विदुरासुराः ।

न शौचं नापि चाचारो न सत्यं तेषु विद्यते ।।

किं कार्यं किमकार्यं च न जानन्त्यसुरा जना ।
किं सत्यं किमसत्यञ्च को धर्मः किमधार्मिकम् ।। 979/1447

दोहा॰ असत्य क्या है, सत्य क्या, धर्म्याधर्म्य प्रयोग ।
अकार्य क्या, करणीय क्या, असुर न जाने लोग ।। 1324/1779

|| 16.8 || असत्यमप्रतिष्ठं ते जगदाहुरनीश्वरम् ।
अपरस्परसम्भूतं किमन्यत्कामहैतुकम् ।।

वदन्ति ते जगन्मिथ्या विलासस्य हि साधनम् ।
अत्र सर्वं निराधारम्-अकारणं निरीश्वरम् ।। 980/1447

दोहा॰ वे कहते, जग है बना, करने विलास भोग ।
निराधार चार्वाक है, न स्वर्ग न है यमलोक ।। 1325/1779

|| 16.9 || एतां दृष्टिमवष्टभ्य नष्टात्मानोऽल्पबुद्धयः ।
प्रभवन्त्युग्रकर्माणः क्षयाय जगतोऽहिताः ।।

नष्टधर्मा बुद्धिहीनाः क्रूराश्च दुष्टबुद्धयः ।
आसुरा विश्वनाशाय निमित्तास्तेऽपकारिणः ।। 981/1447

दोहा॰ नष्ट धर्म के लोग वे, बुद्धिहीन हैं दुष्ट ।
आते हैं इस विश्व में, धर्म कराने नष्ट ।। 1326/1779

|| 16.10 || काममाश्रित्य दुष्पूरं दम्भमानमदान्विताः ।
मोहाद्गृहीत्वासद्ग्राहान्प्रवर्तन्तेऽशुचिव्रताः ।।

अतृप्या अन्तहीनाश्च कुर्वन्ति कामनाः सदा ।
भ्रष्टा दुष्टाश्च मूढास्ते गर्वं कुर्वन्ति दम्भिनः ।। 982/1447

दोहा॰ मूरख दंभी लोग ये, कभी न होते तृप्त ।
अमित कामना को लिए, सदा नशे में सुप्त ।। 1327/1779

|| 16.11 || चिन्तामपरिमेयां च प्रलयान्तामुपाश्रिताः ।
कामोपभोगपरमा एतावदिति निश्चिताः ।।

आमरणं मदासक्ताः-चिन्ताक्रोधसमायुताः ।
भोगमोदे रुचिस्तेषां विषयेषु रताः सदा ।। 983/1447

दोहा॰ मद में डूबे नित्य वे, डाह क्रोध से युक्त ।
मोद भोग के लालसी, विषय वासना पृक्त ।। 1328/1779

|| 16.12 ||

आशापाशशतैर्बद्धाः कामक्रोधपरायणाः ।
ईहन्ते कामभोगार्थमन्यायेनार्थसञ्चयान् ।।

आशापाशेषु बद्धास्ते कामक्रोधौ त्यजन्ति न ।
अवैधं धनमर्जन्ति विषयभोगहेतवे ।। **984**/1447

दोहा॰ बंधे आशा पाश से, काम क्रोध को जोड़ ।
अवैध धन को जोड़ते, विषय भोग तनतोड़ ।। 1329/1779

|| 16.13 ||

इदमद्य मया लब्धमिमं प्राप्स्ये मनोरथम् ।
इदमस्तीदमपि मे भविष्यति पुनर्धनम् ।।

(आसुरि मनोरथम्)

इदमद्य मया प्राप्तं प्राप्स्ये तदपि श्वो पदम् ।
सञ्चितं धनमेतावद्-ग्रहिष्याम्यधिकं धनम् ।। **985**/1447

दोहा॰ पाया मैंने आज ये, धन पाऊँगा और ।
कल आएगी संपदा, सब कुछ मेरी ओर ।। 1330/1779

|| 16.14 ||

असौ मया हतः शत्रुर्हनिष्ये चापरानपि ।
ईश्वरोऽहमहं भोगी सिद्धोऽहं बलवान्सुखी ।।

अहमहनमेनं च हनिष्याम्यपरानहम् ।
बली सुखी च सिद्धोऽहं भविष्याम्यहमीश्वरः ।। **986**/1447

दोहा॰ मैंने मारा है इसे, उसको भी दूँ मार ।
सुखी सिद्ध बलवान मैं, ईश्वर का अवतार ।। 1331/1779

|| 16.15 ||

आढ्योऽभिजनवानस्मि कोऽन्योऽस्ति सदृशो मया ।
यक्ष्ये दास्यामि मोदिष्य इत्यज्ञानविमोहिताः ।।

कुलीनोऽहं सुसम्पन्नो नान्योऽस्ति सदृशो मया ।
यज्ञं करोम्यहं दानम्-आहुः प्रदर्शनाय ते ।। **987**/1447

दोहा॰ कुलीन मैं, संपन्न मैं, मेरे कौन समान ।
यज्ञ करूँगा, दान भी, ग्रहण करूँ सम्मान ।। 1332/1779

|| 16.16 ||

अनेकचित्तविभ्रान्ता मोहजालसमावृताः ।
प्रसक्ताः कामभोगेषु पतन्ति नरकेऽशुचौ ।।

बद्धास्ते भोगपाशेषु सदा मोहेन संवृताः ।
पतन्ति नरके मूढाः कामभोगपरायणाः ।। **988**/1447

दोहा॰ भोग पाश में बद्ध वे, उन्हें मोह का रोग ।
गिरते हैं फिर नरक में, भोग परायण लोग ।। 1333/1779

|| 16.17 ||

आत्मसम्भाविताः स्तब्धा धनमानमदान्विताः ।
यजन्ते नामयज्ञैस्ते दम्भेनाविधिपूर्वकम् ।।

यज्ञेन नाममात्रेण गर्वान्विताश्च स्वैरिणः ।
मूढभावेन निन्दन्ति मां सर्वेषां हृदि स्थितम् ।। **989**/1447

दोहा॰ नाम-मात्र के यज्ञ से, व्यर्थ दिखाते शान ।
करके निंदा वे मेरी, दिखलाते अज्ञान ।। 1334/1779

|| 16.18 ||

अहङ्कारं बलं दर्पं कामं क्रोधं च संश्रिताः ।
मामात्मपरदेहेषु प्रद्विषन्तोऽभ्यसूयकाः ।।

कामक्रोधाभिमानांश्च बलं मत्वा च कामुकाः ।
मदान्धा गर्विणो दुष्टा आत्मश्लाघे रताः सदा ।। **990**/1447

दोहा॰ काम क्रोध अभिमान को, शक्ति जान कर मस्त ।
मदांध कामुक दुष्ट ये, आत्मश्लाघ में व्यस्त ।। 1335/1779

|| 16.19 ||

तानहं द्विषतः क्रूरान्संसारेषु नराधमान् ।
क्षिपाम्यजस्रमशुभानासुरीष्वेव योनिषु ।।

एतान्नराधमान्पापान्-मूढान्क्रूरानसूयकान् ।
योनिषु चासुरीष्वेव वारंवारं क्षिपाम्यहम् ।। **991**/1447

दोहा॰ क्रूर असूयक दुष्ट ये, मूढ़ नराधम पाप ।
पाते आसुर योनि हैं, जैसी दूँ मैं आप ।। 1336/1779

|| 16.20 ||

आसुरीं योनिमापन्ना मूढा जन्मनि जन्मनि ।
मामप्राप्यैव कौन्तेय ततो यान्त्यधमां गतिम् ।।

अधमां प्राप्य ते योनिम्-अतो जन्मनि जन्मनि ।

अधोगतिं च गच्छन्ति न मां प्राप्यासुरा जनाः ।। 992/1447

दोहा॰ अधम योनि को प्राप्त वे, करत पाप के भोग ।
सदा अधोगति के धनी, नीच आसुरी लोग ।। 1337/1779

।। 16.21 ।। त्रिविधं नरकस्येदं द्वारं नाशनमात्मनः ।
कामः क्रोधस्तथा लोभस्तस्मादेतत्त्रयं त्यजेत् ।।

(कृत्यं च अकृत्यं च कर्म)

त्रिविधान्यात्मघाताय द्वाराणि नरकस्य वै ।
कामः क्रोधश्च लोभश्च त्यागस्तेषां सदा भवेत् ।। 993/1447

दोहा॰ काम क्रोध अरु लोभ हैं, द्वार नरक के तीन ।
आत्मघात के बीज हैं, रहो न इनमें लीन ।। 1338/1779

।। 16.22 ।। एतैर्विमुक्तः कौन्तेय तमोद्वारैस्त्रिभिर्नरः ।
आचरत्यात्मनः श्रेयस्ततो याति परां गतिम् ।।

तेभ्यस्त्रिभ्यो हि द्वारेभ्यो मुच्यते मानवो यदा ।
स्वस्य हितञ्च कृत्वा स मोक्षो हि लभते तदा ।। 994/1447

दोहा॰ इन तीनों से दूर जो, रहते ज्ञानी लोग ।
हित अपना करके, उन्हें, मिले मोक्ष का योग ।। 1339/1779

संगीत-गीता-दोहावली गीतमाला, पुष्प 176 of 205

भजन : राग रत्नाकर, कहरवा ताल 8 मात्रा

भद्रता

श्लोक

भद्रं श्रुणोमि कर्णाभ्यां भद्रं वाक्यं मुखेन च ।
भद्रं पश्यामि चक्षुर्भ्यां भद्रेच्छां मनसा सदा ।।

सा-रे- गम-ग रे-सा-रे-, रे-ग- म-प- मग-रे ग- ।
ग-म- प-ध-प म-ग-म-, नि-ध-प- गमग- रेसा- ।।

स्थायी

भद्र सुनूँ मैं, भद्र देखूँ मैं, भद्र गहूँ मैं, भद्र कहूँ ।

नि़-सा रेग- रे-, प-म ग-रे ग-, ध-प मग- रे-, प-म गम- ।

अंतरा–1

संत जनन का, दुखी दीनन का, अकिंचनों का, हाथ धरूँ, मैं ।
धरती माँ का, जन्म दाती का, ज्ञान देवी! आभारी रहूँ ।।

♪ सा–रे गमम म–, रेग म–पप प–, धप–मग– रे–, ध–प मग–, म– ।
गरेसा– रे– ग–, म–ग रे–सा रे–, ग–ग म–प! ध–प–म गम– ।।

अंतरा–2

प्रभु चरणन में, शुभ सुमिरण में, सदा शरण में, दास रहूँ, मैं ।
नित्य करम से, सत्य धरम से, नम्र हृदय से, क्लेश सहूँ ।।

अंतरा–3

तन निर्‌मल से, मन निर्‌मम से, धन निर्‌धन को, दान करूँ, मैं ।
नाम प्रभु के, काम प्रभु के, अर्‌पण मम मैं, प्राण करूँ ।।

।। 16.23 ।। **यः शास्त्रविधिमुत्सृज्य वर्तते कामकारतः ।**
न स सिद्धिमवाप्नोति न सुखं न परां गतिम् ।।

(शास्त्रं प्रमाणम्)

ॐ **त्यक्त्वा विधिविधानं यः स्वैरमाचरते नरः ।**
सुखं सिद्धिं च हित्वा हि गच्छति सोऽधमां गतिम् ।। 995/1447

✍दोहा॰ **विधि–विधान को छोड़ कर, जो करते हैं काम ।**
वे खोते सुख सिद्धि को, "आसुर" उनका नाम ।। 1340/1779

।। 16.24 ।। **तस्माच्छास्त्रं प्रमाणं ते कार्याकार्यव्यवस्थितौ ।**
ज्ञात्वा शास्त्रविधानोक्तं कर्म कर्तुमिहार्हसि ।।

ॐ **किमकृत्यं च किं कृत्यं निर्णयाय यथोचितम् ।**
प्रमाणाय विधिं मत्वा शास्त्रविधानमाचरेत् ।। 996/1447

✍दोहा॰ **कर्म करो करणीय तुम, धरके शास्त्र प्रमाण ।**
विधि–विधान को जान कर, करिए उसे प्रणाम ।। 1341/1779

143. आरती : राग रत्नाकर, कहरवा ताल 8 मात्रा

सुंदराष्टक

स्थायी

आरती सुंदर, कथा है सुंदर, भजन है सुंदर, पूजन सुंदर ।
प्रसाद सुंदर, स्मरण है सुंदर, लक्ष्मीपति का व्रत है सुंदर ।।

♫ सा–रेग म–मम, पम– ग म–मम, धपम ग रे-रेरे, रे–गप म–मम ।
सारे–ग म–मम, पमग रे ग–गग, सा–रेमप– म– धप मग म–मम ।

अंतरा–1

सूरत सुंदर, मूरत सुंदर, वदन है सुंदर, बदन है सुंदर ।
कान हैं सुंदर, नाक है सुंदर, लक्ष्मीपति का तन मन सुंदर ।।

♫ सां–निध प–धध, नि–धप ध–धध, धपम ग म–मम, पमग रे प–मम ।
सा–रे ग म–मम, रे–ग प म–मम, सा–रेमप– म– धप मग म–मम ।।

अंतरा–2

कुण्डल सुंदर, कुन्तल सुंदर, मुकुट है सुंदर, भृकुटी है सुंदर ।
केश हैं सुंदर, वेश है सुंदर, लक्ष्मीपति का रूप है सुंदर ।।

अंतरा–3

चक्र है सुंदर, गदा है सुंदर, पद्म है सुंदर, शंख है सुंदर ।
वस्त्र हैं सुंदर, शस्त्र हैं सुंदर, लक्ष्मीपति के भूषण सुंदर ।।

अंतरा–4

प्रभाव सुंदर, स्वभाव सुंदर, दर्श है सुंदर, स्पर्श है सुंदर ।
गेह है सुंदर, नेह है सुंदर, लक्ष्मीपति का देह है सुंदर ।।

अंतरा–5

अंबर सुंदर, धरती सुंदर, चन्द्र है सुंदर, सूर्य है सुंदर ।
नदियाँ सुंदर, पर्बत सुंदर, लक्ष्मीपति का जगत है सुंदर ।।

अंतरा–6

नारद सुंदर, किन्नर सुंदर, तुंबर सुंदर, गरुड़ है सुंदर ।
गोप हैं सुंदर, दास हैं सुंदर, लक्ष्मीपति के भगत हैं सुंदर ।।

अंतरा–7

विष्णु है सुंदर, विभु है सुंदर, हरि है सुंदर, प्रभु है सुंदर ।
राम है सुंदर, श्याम है सुंदर, लक्ष्मीपति के नाम हैं सुंदर ।।

संगीत-गीता-दोहावली गीतमाला, पुष्प 177 of 205

गीत : भैरवी, कहरवा ताल 8 मात्रा

दैवी धन का निरूपण

स्थायी

सुनो शारद मंजुल गाया है, मुनि नारद बीन बजाया है ।
रत्नाकर गीत रचाया है ।।

♫ सानि़ सा-गरे सा-नि़नि़ सा-रेम ग-, गम मगपम ग-रे सासा-रेम ग- ।
गगरेसासासा रे-ग मगरेसानि़ सा- ।।

अंतरा-1

तन निर्भयता चित शुद्धिऽ हो, दिल दानशील सम बुद्धिऽ हो ।
मन संयत हो गुण मुनि मन हो, गत क्रोध लोभ नर स्याना हो ।
यह दैवी गुण कहलाया है ।।

♫ पप मरेममप- पम पनिधप प-, पप मगगसा-गग मप गरेसानि सा- ।
सानि़ सा-गरे सा- नि़नि़ सासा रेम ग-, सानि़ सा-ग रे-सा सानि़ सा-रेम ग- ।
गग रेसासा- रेरे गमगरेसानि़ सा- ।।

अंतरा-2

जिस नर को योग की सिद्धिऽ हो, वच मीठे, ज्ञान की बुद्धिऽ हो ।
जब दंभ गया अरु नम्र भया, हो पूर्ण अहिंसा भूत दया ।
वह दैवी धन बतलाया है ।

अंतरा-3

नर दृढ़ हो धीरज वाला हो, गत मान दंभ दिलवाला हो ।
मन वैर रहित हृद सभ्य सदा, नत शांत क्षमा का दाता जो ।
दैवी वैभव कहलाया है ।।

श्रीमद्-भगवद्-गीता का सत्रहवाँ अध्याय ।

श्रद्धा-त्रय-विभाग योग ।

संगीत-गीता-दोहावली गीतमाला, पुष्प 178 of 205

भजन : राग रत्नाकर, कहरवा ताल 8 मात्रा

बाल गणेश

स्थायी

बाल गणेशा, पायो गज का शीश ।

सखी री मोहे, भायो गजानन ईश ।।

♫ ध-प मग-म-, धपम गग म- प-प,

धप म गरे-, ध-प मग-रेग म-म ।

अंतरा-1

नारद शारद गात हैं कीर्ति, प्यारो मेरो जगदीश ।

♫ सा-रेग म-मम प-म ग रे-ग-, ध-प मग- रेगम-म ।

अंतरा-2

आदि देवता भाग्य विधाता, ज्ञान बुद्धि वागीश ।

अंतरा-3

पिता महादेवा माता पार्वती, भगत भजत अहोनीश ।

संगीत-गीता-दोहावली गीतमाला, पुष्प 179 of 205

कीर्तन : कहरवा ताल 8 मात्रा

हरि नारायण

स्थायी

हरि नारायण शिव ओम्, शिव नारायण जय ओम् ।

हरि नारायण सत् ओम्, शिव नारायण हरि ओम्, हरि ।।

♫ धध -पधपमरेग - पमम- - - -म, धध -पधपमरेग- पम म- - - -म ।

सासा - ऩिसा-रेरे गरे सा- - - -सा, सासा -ऩि-सा-रेरे गरे सा- - - -सा, धध ।।

अंतरा–1

अंतर्यामी दिगंत स्वामी, रिषीकेश हरि ओम् ।

शेषशायी सत् ओम्, स्वामी नारायण जय ओम् ।

हरि नारायण हरि ओम् ।।

♫ –ध–पमम–म– मपनिनि नि–निप, परें–रें–रें गंरें सां– – – – –धम ।
मरेंरें रें–रें गंरें सां– – – –सां, धनि रें–रें–रेंरें गंरें सां– – – –सां ।
धध –पधपमरेग– पम म– – – – – –म ।।

अंतरा–2

दामोदर श्री अनंत साँई, मनोहारी हरि ओम् ।

राधेश्याम सत् ओम्, स्वामी नारायण जय ओम् ।

हरि नारायण हरि ओम् ।।

अंतरा–3

कमल नयन श्री मुकुंद माधो, गदाधारी हरि ओम् ।

राधेकृष्ण सत् ओम्, स्वामी नारायण जय ओम् ।

हरि नारायण हरि ओम् ।।

संगीत–गीता–दोहावली गीतमाला, पुष्प 180 of 205

संस्कृत भजन, श्लोक छन्द

श्रीकृष्णस्मरणाष्टकम्

पठेद्यः प्रातरुत्थाय स्तोत्रं कृष्णाष्टकं शुभम् ।

धौतः स सर्वपापेभ्यो विष्णुलोको हि धाम तम् ।।

♫ रेग–ग– ग–गम॑–प–म॑–, ग–म॑– प–ध–पम॑– गम॑– ।
ग–म॑– प– म॑–गरे–ग–म॑–, ग–म॑प–म॑– ग रे–नि़ सा– ।।

स्तोत्रं–1

प्रभाते चिन्तयेत्कृष्णं मोहनं स्नानमार्जने ।

प्रार्थनायां च गोविन्दं पावनं करुणाकरम् ।।

स्तोत्रं–2

अध्ययने स्मरेन्नित्यं योगेश्वरं जगद्गुरुम् ।

क्रीडने बालगोपालं कार्यकाले जनार्दनम् ।।

स्तोत्रं-3
विश्रामे द्वारिकानाथं चिन्तनं वन्दनं हरिम् ।
शयने श्रीधरं ध्यायेत्-निर्विकारं निरञ्जनम् ।।

स्तोत्रं-4
प्रवासे सर्वज्ञातारं नृसिंहं सर्वव्यापिनम् ।
पार्थसारथिनं युद्धे रक्षकं चतुराननम् ।।

स्तोत्रं-5
उपनयनकाले च पीताम्बरं मनोहरम् ।
विवाहे भाग्यदातारं श्रीपतिं पुरुषोत्तमम् ।।

स्तोत्रं-6
मोदे दामोदरं ध्यायेद्-विष्णुं सकलमङ्गलम् ।
दुःखे च परमानन्दं मुरारिं परमेश्वरम् ।।

स्तोत्रं-7
सङ्कटे च चतुर्बाहुं नारायणं गदाधरम् ।
चक्रपाणिं हृषीकेशं सर्वकाले सुदर्शनम् ।।

स्तोत्रं-8
जन्मदिने स्मरेत्पूज्यं पूजयेद्विश्ववन्दितम् ।
अन्तकाले स्मरेद्देवं देवदेवं सनातनम् ।।

स्मरणाष्टकमेतद्धि पठेद्रत्नाकरस्य यः ।
सर्वकाले शुभं तस्य भवेत्कृष्णानुकम्पया ।।

गीता दोहावली
अठ्ठाईसवाँ तरंग

33. श्रद्धा का निरूपण :

🎵 संगीत-गीता-दोहावली छन्दमाला, मोती 128 of 136

फटका छन्द

8 + 8 + 8 + 6/5

(श्रद्धा)

देहधारी में, स्वाभाविक जो, पायी जाती श्रद्धा है ।
सत् रज तम इति, तीन तरह से, गुण मिश्रित जो त्रिविधा है ।। 1
निष्ठा सबकी, स्वाभाविक सी, अंत:करण के अनुसारे ।
जैसी जिसकी, होती श्रद्धा, रूप वही वो नर धारे ।। 2

श्रीमद्भगवद्गीता सप्तदशोऽध्याय: ।

अर्जुन उवाच ।

|| 17.1 || ये शास्त्रविधिमुत्सृज्य यजन्ते श्रद्धयान्विता: ।
तेषां निष्ठा तु का कृष्ण सत्त्वमाहो रजस्तम: ।।

🕉 दोहा छंद में गीतोपनिषद् ।

🕉 शास्त्रं त्यक्त्वा जना ये त्वां ध्यायन्ति श्रद्धया प्रभो ।
तामसी राजसी श्रद्धा सात्त्विकी वा मुकुन्द सा ।। 997/1447

✒ दोहा० शास्त्र छोड़ कर भक्ति हो, मगर भाव के साथ ।
रज, तम है या सात्त्विकी, श्रद्धा वह, यदुनाथ! ।। 1342/1779

श्रीभगवानुवाच ।

|| 17.2 || त्रिविधा भवति श्रद्धा देहिनां सा स्वभावजा ।
सात्त्विकी राजसी चैव तामसी चेति तां शृणु ।।

(श्रीभगवानुवाच)

(श्रद्धास्वरूपम्)

🕉 श्रद्धा स्वाभाविका पार्थ गुणोऽस्ति देहधारिणाम् ।
त्रिविधां सात्त्विकीं चैव राजसीं तामसीं शृणु ।। 998/1447

✒ दोहा० "श्रद्धा" गुण सब जीव का, जाना स्वाभाविक ।
श्रद्धा तीन-विधा सुनो, रज तम अरु सात्त्विक ।। 1343/1779

|| 17.3 ||

सत्त्वानुरूपा सर्वस्य श्रद्धा भवति भारत ।
श्रद्धामयोऽयं पुरुषो यो यच्छ्रद्धः स एव सः ।।

ॐ आत्मचित्तानुसारेण निष्ठा नैसर्गिकी सदा ।
अतो यस्य यथा श्रद्धा स्वरूपं तस्य तादृशम् ।। 999/1447

दोहा॰ यद्वत् गुण, श्रद्धा तथा, तद्वत् मन का भाव ।
जैसी श्रद्धा हो जिसे, वैसा उसे स्वभाव ।। 1344/1779

संगीत-गीता-दोहावली गीतमाला, पुष्प 181 of 205

भजन : राग बिलावल, कहरवा ताल 8 मात्रा

हरि बोल

स्थायी

सुख दुख में हरि बोल, रे! तोहे हरि उबारे ।

♪ रेरे रेरे ग- मप म-ग, रे-! रेग- धप मग-रे- ।

अंतरा-1

बी-च भँवर में, नैया तोरी, जल कारो है, नदिया गहरी ।
मत कर डाँवाडोल, रे! तोहे हरि सँभारे ।।

♪ ध़-नि़ सारेरे रे-, प-मग रे-ग-, सारे ग-म- म-, धपमग ममम- ।
रेरे रेरे ग-मपम-ग, रे-! रेग- धप मग-रे- ।।

अंतरा-2

चार दिनों की, जीवन फेरी, दिन डरावत, रात अँधेरी ।
निश दिन हरि हरि बोल, रे! तोहे हरि सहारे ।।

अंतरा-3

चंचल गुण की, काया तेरी, विषय वासना, माया फेरी ।
तन मन से हरि बोल, रे! तोहे हरि उधारे ।।

|| 17.4 ||

यजन्ते सात्त्विका देवान्यक्षरक्षांसि राजसाः ।
प्रेतान्भूतगणांश्चान्ये यजन्ते तामसा जनाः ।।

(श्रद्धात्रयम्)

ॐ ध्यायति सात्त्विको देवान्-असुरान्राजसस्तथा ।

तामसो भूतप्रेतांश्च, "यथा गुणास्तथा हि ते" ।। 1000/1447

दोहा॰ सात्त्विक सुर को पूजते, आसुर राक्षस-भाव ।
भूत प्रेत को तामसी, गुण का सभी प्रभाव ।। 1345/1779

॥ 17.5 ॥ अशास्त्रविहितं घोरं तप्यन्ते ये तपो जनाः ।
दम्भाहङ्कारसंयुक्ताः कामरागबलान्विताः ।।

(आसुरः)

मां च देहस्थभूतानि कष्टं ददति ये सदा ।
अज्ञानिनश्च दुष्टा ये विद्धि तानासुराञ्जनान् ।। 1001/1447

दोहा॰ देहभूत अरु जो मुझे, देता है नित कष्ट ।
अज्ञानी उस मूढ़ को, जानो आसुर दुष्ट ।। 1346/1779

॥ 17.6 ॥ कर्षयन्तः शरीरस्थं भूतग्राममचेतसः ।
मां चैवान्तःशरीरस्थं तान्विद्ध्यासुरनिश्चयान् ।।

शास्त्रं त्यक्त्वा च कुर्वन्ति दम्भयुक्तं हि ते तपः ।
अहङ्कारेण कुर्वन्ति रागयुक्तं जपं तथा ।। 1002/1447

दोहा॰ शास्त्र छोड़ कर तप किया, तन को देकर ताप ।
अहंकार अनुराग से, वे करते हैं पाप ।। 1347/1779

॥ 17.7 ॥ आहारस्त्वपि सर्वस्य त्रिविधो भवति प्रियः ।
यज्ञस्तपस्तथा दानं तेषां भेदमिमं शृणु ।।

(आहरत्रयः)

प्रियाहारानुसारेण स्वभावास्त्रिविधा मताः ।
त्रयो दानस्य भेदाश्च यज्ञस्य तपसस्तथा ।। 1003/1447

दोहा॰ स्वाभाविक गुण भेद से, तीन कहे आहार ।
यज्ञ दान तप के तथा, जानो तीन प्रकार ।। 1348/1779

॥ 17.8 ॥ आयुःसत्त्वबलारोग्यसुखप्रीतिविवर्धनाः ।
रस्याः स्निग्धाः स्थिरा हृद्या आहाराः सात्त्विकप्रियाः ।।

मनोभावानुसारेण खाद्यानि त्रिविधानि च ।
गुणप्रमाणतस्तेषु सद्रजश्च तमस्तथा ।। 1004/1447

✍दोहा॰ मनोभाव अनुसार जो, खाद्य त्रिविध हैं, पार्थ! ।
राजस तामस सात्त्विकी, गुण प्रमाण के साथ ।। 1349/1779

(सात्त्विकानाम् आहार:)

ॐ आयु: स्वास्थ्यं सुखं प्रीतिं सत्त्वं बलं ददाति यत् ।
स्वादु च रसयुक्तञ्च स्निग्धं तत्सात्त्विकं प्रियम् ।। **1005**/1447

✍दोहा॰ आयु स्वास्थ्य सुख शक्ति से, सुख मय करते प्राण ।
स्निग्ध स्वादु जो रस भरे, अन्न "सात्त्विकी" जान ।। 1350/1779

।। 17.9 ।।
कट्वम्ललवणात्युष्णतीक्ष्णरूक्षविदाहिन: ।
आहारा राजसस्येष्टा दु:खशोकामयप्रदा: ।।

(राजसानाम् आहार:)

ॐ कट्वाम्लं लवणं तिक्तं रूक्षं शुष्कं च पारुषम् ।
अत्युष्णं कष्टकारि च शोककारि च दाहकम् ।। **1006**/1447

✍दोहा॰ कडुए खट्टे तिक्त जो, तन को देते रोग ।
रंजनकारी अन्न वे, कहे "राजसी" भोग ।। 1351/1779

।। 17.10 ।।
यातयामं गतरसं पूति पर्युषितं च यत् ।
उच्छिष्टमपि चामेध्यं भोजनं तामसप्रियम् ।।

(तामसानाम् आहार:)

ॐ रोगदायि व्यथाकारि यन्मन:सक्तिकारकम् ।
स्पर्शसञ्चारिणं तीक्ष्णम्-अन्नं तत्तामसप्रियम् ।। **1007**/1447

✍दोहा॰ व्यथा दिलाते तीक्ष्ण जो, तन को रोग लगाय ।
स्पर्श नशीले अन्न वे, तामस-जन को भाय ।। 1352/1779

ॐ उच्छिष्टं पूतियुक्तं च दूषितं नीरसं तथा ।
पर्युषितं पुराणं च यदन्नं तामसप्रियम् ।। **1008**/1447

✍दोहा॰ जूठे बासी शुष्क जो, व्यथा देत जो अन्न ।
दूषित मादक खाद्य से, तामस होत प्रसन्न ।। 1353/1779

।। 17.11 ।।
अफलाकाङ्क्षिभिर्यज्ञो विधिदृष्टो य इज्यते ।
यष्टव्यमेवेति मन: समाधाय स सात्त्विक: ।।

(यज्ञत्रयम्)

(सात्त्विकयज्ञ:)

पूज्यं शास्त्रानुसारेण मन:सन्तोषदायकम् ।
आशां फलस्य त्यक्त्वा स यज्ञं करोति सात्त्विकम् ।। 1009/1447

दोहा॰ शास्त्र नियम से जो किया, देने मन को ज्ञान ।
फल की आशा छोड़ कर, "यज्ञ सात्त्विकी" जान ।। 1354/1779

संगीत-गीता-दोहावली गीतमाला, पुष्प 182 of 205

गीत : राग रत्नाकर, कहरवा ताल 8 मात्रा

आर्यमति

स्थायी

जो करना है काम हमें वो, तेरे नाम से करना है ।
साथ हमारे नाथ सदा हैं, मन में धीरज धरना है ।।
यत् करणीयम् तत् करणीयम्, कार्यपथे जागरणीयम् ।
यत् करणीयम् सत् करणीयम्, इति आर्यमते! आदरणीयम् ।।

♫ सा- ऩिसारे- रे- ग-रे सानि़- सा-, रे-ग म-म म- धपमग म- ।
ध-प मग-म- प-म गरे- सा-, सासा रे ग-गग पमगरे सा- ।।
सा- रेगम-म- ध- पमग-म-, नि-धपध- नि धपम-प- ।
सा- रेगम-म- ध- पमग-म-, गरे सा-सासारे-! म-गगरेऩिसा- ।।

अंतरा-1

जब से तेरा नाम साथ है, न सूनी कोई रात है ।
जब से डोरी तेरे हाथ है, न डर की कोई बात है ।।

♫ सासा सा रे-ग- प-म ग-रे ग-, म प-ध प-म- ध-प म- ।
पप प प-प- ध-प म-ग म-, सा रेरे ग प-मग रे-ऩि सा- ।।

अंतरा-2

आज न कल का भी गम सताये, न कल की चिन्ता कोई है ।
चिंतामणी सब कहते जिसको, प्रभु की माया सो ही है ।।

अंतरा-3

भवसागर के दुख आगर से, हँस मुख हमको तरना है ।
परमादर से नेहा करके, जीवन में सुख भरना है ।।

अंतरा–4

नूतन दम से कदम कदम से, आगे आगे बढ़ना है ।
बिना वहम से धरम करम से, जागे जागे चलना है ।।

अंतरा–5

घर आँगन से हर साजन से, आज हमें ये कहना है ।
सखे! कसम से, प्रेम परम से, कुटुंब वसुधा करना है ।।

।। 17.12 ।।
अभिसन्धाय तु फलं दम्भार्थमपि चैव यत् ।
इज्यते भरतश्रेष्ठ तं यज्ञं विद्धि राजसम् ।।

(राजसयज्ञः)

फलाशां हृदये धृत्वा दम्भयुक्तेन हेतुना ।
प्रदर्शनाय कुर्वन्ति यज्ञः स राजसो मतः ।। **1010**/1447

दोहा॰ फल की आशा से किया, करने अपना काम ।
हेतु प्रदर्शन का जहाँ, "यज्ञ राजसी" नाम ।। 1355/1779

।। 17.13 ।।
विधिहीनमसृष्टान्नं मन्त्रहीनमदक्षिणम् ।
श्रद्धाविरहितं यज्ञं तामसं परिचक्षते ।।

(तामसयज्ञः)

मन्त्रं शास्त्रविधानं च त्यक्त्वा प्रसाददक्षिणे ।
भक्तिहीनः कृतो व्यर्थो यज्ञः स तामसः स्मृतः ।। **1011**/1447

दोहा॰ शास्त्र विधि को छोड़ कर, अन्न दक्षिणा दान ।
बिना भक्ति के जो किया, "यज्ञ तामसी" जान ।। 1356/1779

।। 17.14 ।।
देवद्विजगुरुप्राज्ञपूजनं शौचमार्जवम् ।
ब्रह्मचर्यमहिंसा च शारीरं तप उच्यते ।।

(तपस्त्रयम्)

(शारीरिकतपः)

🕉 येनार्चितो द्विजो ज्ञानी गुरुर्देवश्च पूजितः ।
मनसा वचसाऽहिंसा ब्रह्मचर्यव्रतं तथा ।। **1012**/1447

✍दोहा० द्विज, गुरु, ज्ञानी, देवता, पूजित सद्गुरु नाथ ।
पूर्ण अहिंसा त्रिविध हो, ब्रह्मचर्य के साथ ।। **1357**/1779

🕉 अन्तर्बाह्यं च पावित्र्यं येन पूर्णं सुरक्षितम् ।
स्वीकृतं नम्रभावेन तपः शारीरमुच्यते ।। **1013**/1447

✍दोहा० भीतर बाहर स्वच्छता, नम्र-भाव के साथ ।
"तप शारीरिक" है कहा, कहते सद्गुरु नाथ ।। **1358**/1779

।। 17.15 ।। अनुद्वेगकरं वाक्यं सत्यं प्रियहितं च यत् ।
स्वाध्यायाभ्यसनं चैव वाङ्मयं तप उच्यते ।।

(वाणीतपः)

🕉 नित्यं सत्यं हितं प्रीतं स्वाध्यायवचनं च यत् ।
यस्मान्नोद्विजते कोऽपि वाणीतपस्तदुच्यते ।। **1014**/1447

✍दोहा० नित्य सत्य अरु प्रित्य जो, बचनन हितकर आम ।
मीठे सुख स्वाध्याय के, "वाणी का तप" नाम ।। **1359**/1779

।। 17.16 ।। मनःप्रसादः सौम्यत्वं मौनमात्मविनिग्रहः ।
भावसंशुद्धिरित्येतत्तपो मानसमुच्यते ।।

(मनोतपः)

🕉 शान्ता धीः सौम्यदृष्टिश्च मौनवृत्तिर्यमस्त्रपा ।
भावशुद्धिर्मनःशक्तिः-उच्यते मानसस्तपः ।। **1015**/1447

✍दोहा० शाँत सौम्य मन मौन से, तन संयम सह ध्यान ।
"तप मानस" का है वही, चित्त शुद्धि का ज्ञान ।। **1360**/1779

।। 17.17 ।। श्रद्धया परया तप्तं तपस्तत्त्रिविधं नरैः ।
अफलाकाङ्क्षिभिर्युक्तैः सात्त्विकं परिचक्षते ।।

(सात्त्विकतपः)

🕉 वाणीकायमनोयुक्तं त्यक्त्वा वाञ्छां फलस्य यत् ।
तपस्त्रिविधभावस्य तत्सात्त्विकमुदाहृतम् ।। **1016**/1447

✍दोहा॰ तप देह-मन-वाणी के, तीनों मिल कर एक ।
फल की आशा त्याग कर, "तप सात्त्विक" वह नेक ।। 1361/1779

|| 17.18 ||
सत्कारमानपूजार्थं तपो दम्भेन चैव यत् ।
क्रियते तदिह प्रोक्तं राजसं चलमध्रुवम् ।।

(राजसतपः)

ॐ मनसि मानमिष्ट्वा हि लोकेषु प्राप्तुमादरम् ।
अप्रामाणिकमस्थायि तद्राजसं तपो मतम् ।। 1017/1447

✍दोहा॰ आदर पाने के लिए, जन गण में सम्मान ।
स्वाँग हेतु से तप किया, राजस उसका नाम ।। 1362/1779

|| 17.19 ||
मूढग्राहेणात्मनो यत्पीडया क्रियते तपः ।
परस्योत्सादनार्थं वा तत्तामसमुदाहृतम् ।।

(तामसतपः)

ॐ मनसा मोहयुक्तेन देहेन पीडितेन च ।
कृतं शठेन ध्येयेन तपस्तत्तामसं मतम् ।। 1018/1447

✍दोहा॰ दुष्ट दुराग्रह हेतु से, तन को देकर ताप ।
महा कष्ट से तप किया, तामस है वह पाप ।। 1363/1779

|| 17.20 ||
दातव्यमिति यद्दानं दीयतेऽनुपकारिणे ।
देशे काले च पात्रे च तद्दानं सात्त्विकं स्मृतम् ।।

(दानत्रयम्)

(सात्त्विकदानम्)

ॐ यद्दीयते सुपात्राय योग्ये स्थाने क्षणे तथा ।
अनुपकारिणे कार्यं दानं तत्सात्त्विकं स्मृतम् ।। 1019/1447

✍दोहा॰ योग्य समय अरु स्थान में, पात्र व्यक्ति के हाथ ।
सात्त्विक जाना दान वो, अनुपकार के साथ ।। 1364/1779

|| 17.21 ||
यत्तु प्रत्युपकारार्थं फलमुद्दिश्य वा पुनः ।
दीयते च परिक्लिष्टं तद्दानं राजसं स्मृतम् ।।

(राजसदानम्)

ॐ ऋणं निवर्तितुं दत्तं हृद्देशे च फलाशया ।
यत्क्लेशपूर्वकं व्यर्थं दानं राजसमुच्यते ॥ 1020/1447

दोहा॰ फल पाने के स्वार्थ से, ऋण के बदले काम ।
दिया दान जो क्लेश से, उसका राजस नाम ॥ 1365/1779

॥ 17.22 ॥ अदेशकाले यद्दानमपात्रेभ्यश्च दीयते ।
असत्कृतमवज्ञातं तत्तामसमुदाहृतम् ॥

(तामसदानम्)

ॐ स्थलेऽयोग्ये च कालेचापात्राय दीयते तु यत् ।
हेतोर्ह्यद्यपमानस्य तद्दानं तामसं स्मृतम् ॥ 1021/1447

दोहा॰ गलत स्थान अरु काल में, अपात्र नर के हाथ ।
दान तामसी वो, जिसे, दिया कष्ट के साथ ॥ 1366/1779

 संगीत-गीता-दोहावली गीतमाला, पुष्प 183 of 205

भजन : राग विलावल, कहरवा ताल 8 मात्रा

तस्मै नमः

स्थायी

हर सुख लमहा, हर दुख लमहा, नाम प्रभु का लीजिये ।
तस्मै नमः, तस्मै नमः, गान हरि का गाइये ॥

♪ धध धध पमग-, पप पप मगरे-, सा-सा सारे- ग- प-मग- ।
ध-प- ममग-, प-म- गगरे-, सा-सा सारे- ग- प-मग- ॥

अंतरा-1

निस दिन तनहा, पल छिन तनहा, ध्यान प्रभु का कीजिये ।
तस्मै नमः, तस्मै नमः, गान हरि का गाइये ॥

♪ सासा सासा रेगम-, पप मम गगरे-, ध-प मप- म- ग-रेसा- ।
ध-प- ममग-, प-म- गगरे-, सा-सा सारे- ग- प-मग- ॥

अंतरा-2

हर पल पनहा, जोड़ के मनवा, याद प्रभु को कीजिये ।
तस्मै नमः, तस्मै नमः, गान हरि का गाइये ॥

अंतरा-3

सुबहा सुबहा, पुनः पुनः, गुण प्रभु के गाइये ।
तस्मै नमः, तस्मै नमः, गान हरि का गाइये ॥

|| 17.23 ||
ॐ तत्सदिति निर्देशो ब्रह्मणस्त्रिविधः स्मृतः ।
ब्राह्मणास्तेन वेदाश्च यज्ञाश्च विहिताः पुरा ॥

(ॐ तत् सत् इति)
ओम्तत्सदिति नामानि ब्रह्मणो लक्षणानि हि ।
उद्भूताश्च ततो वेदा यज्ञाश्च ब्राह्मणानि च ॥ 1022/1447

दोहा० 'ॐ तत् सत्' इति ब्रह्म का, त्रिविध है निर्देश ।
वेद यज्ञ इन शब्द से, होत हैं श्रीगणेश ॥ 1367/1779

|| 17.24 ||
तस्मादोमित्युदाहृत्य यज्ञदानतपःक्रियाः ।
प्रवर्तन्ते विधानोक्ताः सततं ब्रह्मवादिनाम् ॥

(ॐ)
तस्मादोङ्कारशब्देन यज्ञं दानं जपं तपः ।
यथा शास्त्रविधानं हि कुर्वन्ति ब्रह्मचारिणः ॥ 1023/1447

दोहा० "ओम् ओम्" इति शब्द से, यज्ञ जप तप दान ।
ब्रह्मचारी करते सदा, विधि का यथा विधान ॥ 1368/1779

|| 17.25 ||
तदित्यनभिसन्धाय फलं यज्ञतपःक्रियाः ।
दानक्रियाश्च विविधाः क्रियन्ते मोक्षकाङ्क्षिभिः ॥

(तत्)
फलाशां यत्परित्यज्य, दानं स्तोमं तपः कृतम् ।
ज्ञानिभिर्मोक्षप्राप्तिश्च तदुक्त्वा क्रियते सदा ॥ 1024/1447

दोहा० फल की आशा छोड़ कर, किए होम तप दान ।
मोक्ष प्राप्ति की चाह से, "तत्" कह कर हो काम ॥ 1369/1779

संगीत-गीता-दोहावली गीतमाला, पुष्प 184 of 205

सद्गुण
स्थायी

काहे रिझावत नाहक तन मन, जहाँ सद् गुण नहीं ।

♫ सानि़ सारे-रेरे ग रेसा नि़नि़ सासा, गप- मग रेग रेसा- ।

अंतरा-1

काम न आवे दौलत शौकत, रजस् तमस् गुण तोहे सतावत ।
काहे भटकत निश दिन इत उत, जहाँ सत् जन नहीं ।।

♫ नि़-रे ग म-म- ध-पम ग-मम, रेरेरे गगग मम ध-प मग-रेरे ।
नि़-सा- रेरेरेरे गरे सानि़ सासा रेरे, गप- मग रेग रेसा- ।।

अंतरा-2

तेरा कछु नहीं जो तू समझत, साथ न जावे जो भी कमावत ।
काहे वहाँ पर धन की चाहत, जहाँ सद् धन नहीं ।।

अंतरा-3

नाम प्रभु के कभी न लीने, काम हरि के नाम न कीने ।
काहे जीवन व्यर्थ बितावत, जहाँ सत् चित् नहीं ।।

।। 17.26 ।।

सद्भावे साधुभावे च सदित्येतत्प्रयुज्यते ।
प्रशस्ते कर्मणि तथा सच्छब्दः पार्थ युज्यते ।।

(सत्)

(अनुप्रासः)

ॐ **सदाचारे च सद्भावे सत्त्वे साधौ च सज्जने ।**
सत्कर्मणि च सद्धर्मे सदा सत्यं समावृतम् ।। 1025/1447

✍ **दोहा॰ साधुभाव में, सत्य में, सदैव सत् सन्नद्ध ।**
"सत्" कह कर सन्मार्ग से, सज्जन को सब सिद्ध ।। 1370/1779

♫ <u>संगीत-गीता-दोहावली छन्दमाला, मोती 129 of 136</u>

मत्तगयंद छन्द[119]

---

[119] ♫ **मत्तगयंद छन्द :** यह एक अनुप्रास युक्त मात्रिक छंद है । इसके विषम पदों के अंत में त गण (ऽ ऽ ।) और सम पदों के अंत में य (। ऽ ऽ) गण नियोजित किया जाता है । इसके चारों चरण 16 मात्राओं के होते हैं । यति चरणांत ।

▶ लक्षण गीत : ✍ **दोहा॰ सोलह कल का छंद जो, त गण विषम पद अंत ।**

11 + ऽ ऽ ।

11 + । ऽ ऽ

(सद्भाव)

सत्य साधु सुधि संत संधान,
सत् सदाचार सद्गुण सेती ।
करो काम का कठिन कर्तव्य,
कमनीय कुशल कार्य किसी का ।।

।। 17.27 ।। यज्ञे तपसि दाने च स्थितिः सदिति चोच्यते ।
कर्म चैव तदर्थीयं सदित्येवाभिधीयते ।।

ॐ दाने तपसि यज्ञे च वर्तते या दृढा स्थितिः ।
तस्यां स्थित्वा कृतं कर्म सदित्येवोच्यते सदा ।। **1026**/1447

✍दोहा॰ यज्ञ दान संकल्प में, दृढ़ करके मन ध्यान ।
किया कार्य करणीय जो, "सत्" कहलाता काम ।। 1371/1779

।। 17.28 ।। अश्रद्धया हुतं दत्तं तपस्तप्तं कृतं च यत् ।
असदित्युच्यते पार्थ न च तत्प्रेत्य नो इह ।।

(असत्)

ॐ अश्रद्धया कृतो यज्ञः-तपो दानं च यत्कृतम् ।
असदित्युच्यते पार्थ मर्त्यलोके परत्र च ।। **1027**/1447

✍दोहा॰ बिन श्रद्धा के जो किया, यज्ञ जप तप दान ।
इस जग में, पर लोक में, "असत्" कहा वह काम ।। 1372/1779

<u>संगीत-गीता-दोहावली गीतमाला, पुष्प 185 of 205</u>

(श्रद्धा का निरूपण)

स्थायी

स्वरदा ने सुंदर गाया है, नारद ने साज बजाया है ।
रतनाकर गीत रचाया है ।।

सम चरण का य अंत हो, वह है "मत्तगयंद" ।। 1373/1779

♪ सानि॒सा– ग॒रे सा–नि॒नि॒ सा–रेम ग॒–, गममग॒ पम ग॒–रे सासा–रेम ग॒– ।
ग॒गरेसासासा रे–ग॒ मग॒रेसानि॒ सा– ।।

अंतरा–1
निष्ठा नैसर्गिक ही गुण है, जिन व्यापा मन का कण–कण है ।
कही तीन गुणों की है श्रद्धा, सात्त्विक राजस तामस विविधा ।
जस श्रद्धा भाव बताया है ।।

♪ पपमरे म–प–पम पनि॒ धप प–, पप मग॒गसा साग॒ मप ग॒रे सानि॒ सा– ।
सानि॒ सा–ग॒ रेसा– नि॒– सा– रेमग॒–, सानि॒सासा ग॒रेसासा नि॒–सासा रेमग॒– ।
ग॒ग रेसासा– रे–ग॒ मग॒रेसानि॒ सा– ।।

अंतरा–2
गुण आस्तिक सात्त्विक है श्रद्धा, गुण राजस आसुरी है श्रद्धा ।
गुण तामस नास्तिक है श्रद्धा, सब तीन गुणों की सत्ता है ।
तस श्रद्धा जस गुण पाया है ।।

अंतरा–3
गुण तीन–तीन की प्रऽकृति है, तप यज्ञ दान आहार धृतिऽ।
सुख ज्ञान कर्म मति कर्ता भी, बस तीन गुणों में बँटे सभी ।
यह गुण का धर्म कहाया है ।।

श्रीमद्-भगवद्-गीता का अठारहवाँ अध्याय ।
मोक्ष-संन्यास योग ।

संगीत-गीता-दोहावली गीतमाला, पुष्प 186 of 205

भजन : राग रत्नाकर, कहरवा ताल 8 मात्रा

गोविंद नारायण वासुदेव!

स्थायी

गोविंद नारायण वासुदेव, श्रीकृष्ण श्रीराम श्रीसत्य साँई ।
किसी को पुकारो सब नाम एक, भजलो या गाओ, ओ मेरे भाई! ।।

♫ सा-सा-सा सा-सा-ऩिऩि रे-साऩि-ध़-, रे-रे-रे ग-म-म ग-प-म ग-रे- ।
सासा- रे- गरे-सा- रेग प-म ग-रे-, ममम- ग रे-ग-, ध- प-म ग-रे! ।।

अंतरा-1

आनंद दाता जग के विधाता, तू भाग्य देता, सुदर्शन कन्हाई ।
किसी को पुकारो सब नाम एक, भजलो या गालो, ओ मेरे भाई! ।।

♫ नि-ध-प ध-नि- धध प- मग-प-, ध- प-म ग-रे, सारे-गग मग-रे- ।
सासा- रे- गरे-सा- रेग प-म ग-रे-, ममम- ग रे-ग-, ध- प-म ग-रे! ।।

अंतरा-2

हे विघ्न हारी, हे चक्रधारी, हे ब्रह्म विष्णु शंकर गोसाई ।
प्रभुऽ रूप दरसाता है अनेक, भजलो या गा लो, ओ मेरे भाई! ।।

अंतरा-3

लक्ष्मी माता सीता राधा, काली भवानी गायत्री माई ।
जपलो या तपलो सब काम नेक, भजलो या गालो, ओ मेरे भाई! ।।

गीता दोहावली
उनत्तीसवाँ तरंग

34. मोक्ष का निरूपण :

♫ संगीत-गीता-दोहावली छन्दमाला, मोती 130 of 136

फटका छन्द

8 + 8 + 8 + 6/5

(मोक्ष)

भक्ति जोड़ कर, मुझे जानता,
और मेरे सब काम को ।
मत्पर नर वो, एकी-भाव से,
पाता परम मम धाम को ।।

श्रीमद्भगवद्गीता अष्टादशोऽध्यायः ।

अर्जुन उवाच ।

।। 18.1 ।। संन्यासस्य महाबाहो तत्त्वमिच्छामि वेदितुम् ।
त्यागस्य च हृषीकेश पृथक्केशिनिषूदन ।।

ॐ दोहा छंद में गीतोपनिषद् ।

ॐ ततः पार्थोऽवदत्कृष्णं तत्त्वं ज्ञानस्य किं प्रभो ।
वदतान्मां समासेन श्रोतुमिच्छामि केशव ।। **1028**/1447

दोहा॰ सुन कर बचनन कृष्ण के, बोला पार्थ सुजान ।
तत्त्व ज्ञान का क्या, प्रभो! मुझको दो प्रज्ञान ।। 1374/1779

श्रीभगवानुवाच ।

।। 18.2 ।। काम्यानां कर्मणां न्यासं संन्यासं कवयो विदुः ।
सर्वकर्मफलत्यागं प्राहुस्त्यागं विचक्षणाः ।।

(श्रीभगवानुवाच)

ॐ त्यागं कार्यस्य संन्यासं कश्चिदाहुरयोगिनः ।
त्यागः कर्मफलेच्छायाः-त्यागं वदन्ति योगिनः ।। **1029**/1447

✍दोहा॰ कर्म-त्याग संन्यास है, कहते हैं कुछ लोग ।
कर्मफलेच्छा-त्याग ही, कहा "कर्म-का-योग" ।। **1375**/1779

।। 18.3 ।। त्याज्यं दोषवदित्येके कर्म प्राहुर्मनीषिणः ।
यज्ञदानतपःकर्म न त्याज्यमिति चापरे ।।

(त्याज्यम् अत्याज्यं च)

ॐ मत्वा कर्म सदोषं हि त्याज्यमन्ये वदन्ति तत् ।
कर्म दानं तपोऽत्याज्यम्-आहुः केचन ज्ञानिनः ।। **1030**/1447

✍दोहा॰ सदोष कह कर कर्म को, त्याज्य कहत कुछ तज्ञ ।
कर्म यज्ञ तप दान को, "तजो न," कहते विज्ञ ।। **1376**/1779

।। 18.4 ।। निश्चयं शृणु मे तत्र त्यागे भरतसत्तम ।
त्यागो हि पुरुषव्याघ्र त्रिविधः सम्प्रकीर्तितः ।।

(त्यागत्रयम्)

ॐ सात्त्विका राजसास्त्यागाः-तामसास्त्रिविधा मताः ।।
गुणभेदविकारैस्तान्-स्पष्टं वदामि त्वां शृणु ।। **1031**/1447

✍दोहा॰ त्याग राजसी तामसी, सात्त्विक तीन प्रकार ।
सुन कहता हूँ, पार्थ! मैं, उनके भेद विकार ।। **1377**/1779

।। 18.5 ।। यज्ञदानतपःकर्म न त्याज्यं कार्यमेव तत् ।
यज्ञो दानं तपश्चैव पावनानि मनीषिणाम् ।।

(अत्याज्यकर्माणि)

ॐ दानं यज्ञं स्तपः कर्म करणीयं न वर्जयेत् ।
एतैर्भवन्ति विद्वांसः कृतकृत्याश्च पावनाः ।। **1032**/1447

✍दोहा॰ यज्ञ दान तप कर्म का, उचित नहीं है त्याग ।
ज्ञानी जन इनसे बनें, कृतकृत्य सुखभाग ।। **1378**/1779

।। 18.6 ।। एतान्यपि तु कर्माणि सङ्गं त्यक्त्वा फलानि च ।

कर्तव्यानीति मे पार्थ निश्चितं मतमुत्तमम् ।।

सङ्गं त्यक्त्वा हि कार्याणि कर्माण्येतानि सर्वदा ।
आशां फलस्य त्यक्त्वा च सदाचार: सदा हि स: ।। 1033/1447

दोहा॰ कर्म यज्ञ तप दान भी, करो छोड़ कर आस ।
"सदाचार" है वह कहा, उज्ज्वल ज्ञान प्रकाश ।। 1379/1779

।। 18.7 ।। नियतस्य तु संन्यास: कर्मणो नोपपद्यते ।
मोहात्तस्य परित्यागस्तामस: परिकीर्तित: ।।

(राजसत्याग:)

नियतकर्मणस्त्यागो न कर्तव्य: कदाऽपि स: ।
यदि कोऽपि भ्रमात्कुर्यात्-त्याग: स राजसो मत: ।। 1034/1447

दोहा॰ करना कभी न चाहिये, नियत कर्म विराग ।
किया गया यदि भूल से, "राजस" है वह त्याग ।। 1380/1779

।। 18.8 ।। दु:खमित्येव यत्कर्म कायक्लेशभयात्त्यजेत् ।
स कृत्वा राजसं त्यागं नैव त्यागफलं लभेत् ।।

(तामसत्याग:)

त्यक्तानि क्लिष्टकर्माणि क्लेशस्य भयकारणात् ।
एवं तं निष्फलं त्यागं वदन्ति तामसं बुधा: ।। 1035/1447

दोहा॰ तजना मुश्किल काम को, कर्म जान कर क्लिष्ट ।
ऐसा निष्फल त्याग वो, "तामस" कहा अनिष्ट ।। 1381/1779

।। 18.9 ।। कार्यमित्येव यत्कर्म नियतं क्रियतेऽर्जुन ।
सङ्गं त्यक्त्वा फलं चैव स त्याग: सात्त्विको मत: ।।

(सात्त्विकत्याग:)

नियतं कर्म कर्तव्यं मत्वा कार्यं निरन्तरम् ।
फलेच्छायाश्च सङ्गस्य त्याग: स सात्त्विको मत: ।। 1036/1447

दोहा॰ कार्य जो करणीय है, फल की आशा छोड़ ।
त्याग वासना का कहा, सात्त्विक, मन को जोड़ ।। 1382/1779

फलत्यागो न सम्भाव्य आशां फलस्य वर्जयेत् ।

फलमपरिहार्यं हि वाञ्छा वैकल्पिकी ननु ।। 1037/1447

✍दोहा॰ त्याग शक्य फल का नहीं; आशा-तजना, ज्ञान ।
आशा तज कर जो करे, नर वह कहा "सुजान" ।। 1383/1779

संगीत-गीता-दोहावली गीतमाला, पुष्प 187 of 205

सोऽहं सोऽहम्

स्थायी

सोऽहं सोऽहं सांब शिवोऽहम्, सच्चिदानन्द घन ब्रह्म अहम् ।

♪ सा-सा सा-सा रे-रे रेरे-रे-, गगग-मम धप- प-म गरे- ।

अंतरा-1

एक मुझे बस हरि मिल जाये, तन मन धन कछु, मम न इदम् ।

♪ ग-ग गम- मम धप मग म-प-, गग मम पप मम, गप म गरे- ।

अंतरा-2

प्रकृति पुरुष हैं जगत पसारा, हरि इक मेरा, मम न इदम् ।

अंतरा-3

पँच भूत अरु तीन गुणों का, खेल है सारा, मम न इदम् ।

अंतरा-4

माता पिता सुत भाई दारा, छोड़ के जाना, मम न इदम् ।

अंतरा-5

निस दिन भजले "हरि" मन मेरे, "इदं न मम!" भज, मम न इदम् ।

।। 18.10 ।।

न द्वेष्ट्यकुशलं कर्म कुशले नानुषज्जते ।
त्यागी सत्त्वसमाविष्टो मेधावी छिन्नसंशयः ।।

(त्यागी)

ॐ न क्लिष्टकर्मणः क्लेशो यस्य रागो न निष्कृतौ ।
सत्त्वनिष्ठः स मेधावी नरस्त्यागी मतो बुधैः ।। 1038/1447

✍दोहा॰ कठिन काम में दुख नहीं, सुगम में नहीं राग ।
सत्त्वनिष्ठ अति श्रेष्ठ वो, "त्यागी" का है त्याग ।। 1384/1779

|| 18.11 ||

न हि देहभृता शक्यं त्यक्तुं कर्माण्यशेषतः ।
यस्तु कर्मफलत्यागी स त्यागीत्यभिधीयते ।।

ॐ त्यक्त्वा सर्वाणि कर्माणि प्राणयात्रा न सम्भवा ।
त्यजेत्फलस्य वाञ्छां यः-त्यागी सत्यः स एव हि ।। **1039**/1447

दोहा॰ सर्व कर्म का त्याग भी, नहीं है शक्य अशेष ।
फल-की-आशा त्यागना, जाना "त्याग" विशेष ।। **1385**/1779

|| 18.12 ||

अनिष्टमिष्टं मिश्रं च त्रिविधं कर्मणः फलम् ।
भवत्यत्यागिनां प्रेत्य न तु संन्यासिनां क्वचित् ।।

(फलानि)

ॐ सकामाः कामुका भुञ्ज्युः-त्रिविधानि फलानि ते ।
मिश्रमिष्टमनिष्टं च, तानि प्रेत्य न त्यागिनः ।। **1040**/1447

दोहा॰ तीन तरह के फल सदा, देता कर्म सकाम ।
फल ऐसे मिश्रित कभी, नहीं देत निष्काम ।। **1386**/1779

|| 18.13 ||

पञ्चैतानि महाबाहो कारणानि निबोध मे ।
साङ्ख्ये कृतान्ते प्रोक्तानि सिद्धये सर्वकर्मणाम् ।।

(साङ्ख्योक्तानि पञ्चकारणानि)

ॐ सर्वेषां कर्मणां सिद्धौ प्रसिद्धाः पञ्च हेतवः ।
साङ्ख्यशास्त्रे निरुक्ता ये शृणु वदामि सिद्धये ।। **1041**/1447

दोहा॰ सब कर्मों की पूर्ति के, "कारण" पाँच प्रसिद्ध ।
सांख्य शास्त्र में हैं कहे, करें कर्म जो सिद्ध ।। **1387**/1779

♫ संगीत-गीता-दोहावली छन्दमाला, मोती 131 of 136

फटका छन्द

8 + 8 + 8 + 6/5

(हेतु)

सब कर्मों की पूर्ति के लिए,
मर्म पाँच ही प्रसिद्ध हैं ।
सांख्य शास्त्र में दिए हुए ये,
कहता हूँ अब जो सिद्ध हैं ।।

|| 18.14 ||

अधिष्ठानं तथा कर्ता करणं च पृथग्विधम् ।
विविधाश्च पृथक्चेष्टा दैवं चैवात्र पञ्चमम् ।।

(चेष्टा च)

अधिष्ठानं च कर्ता च हेतुस्त्रितीयकारणम् ।
भिन्ना भिन्नाश्च चेष्टाश्च दैवं पञ्चमकारणम् ।। **1042**/1447

दोहा॰ अधिष्ठान गुण प्रथम है, कर्ता दूजा नाम ।
चेष्टा, हेतु, दैव भी, "कारण" पाँच प्रमाण ।। 1388/1779

|| 18.15 ||

शरीरवाङ्मनोभिर्यत्कर्म प्रारभते नरः ।
न्याय्यं वा विपरीतं वा पञ्चैते तस्य हेतवः ।।

यस्मिन्हि घटते कर्म तदधिष्ठानमुच्यते ।
इन्द्रियाणि च कर्माणि सङ्घशः करणं स्मृतम् ।। **1043**/1447

दोहा॰ जाना आश्रय कर्म का, बस एक "अधिष्ठान" ।
इन्द्रियाँ और कर्म को, "करण" दिया है नाम ।। 1389/1779

(दैवम्)

सुकृतदुष्कृतानां च फलानि पूर्वकर्मणाम् ।
भोक्तव्यानि सदा यानि जगति दैवमुच्यते ।। **1044**/1447

दोहा॰ पूर्व पाप अरु पुण्य के, फल जो मिलते आज ।
जग में जाने "दैव" हैं, प्रचलित यही रिवाज ।। 1390/1779

(कर्म कः कारयते)

क्रियन्ते यैश्च कर्माणि मनसा वचसा तथा ।
यथा नीत्याऽथवाऽनीत्या कारणानि च पञ्च वै ।। **1045**/1447

दोहा॰ जो भी होता कर्म है, तन मन वाणी साथ ।
यथा नीति हो, या नहीं, "कारण" हैं ये पाँच ।। 1391/1779

|| 18.16 ||

तत्रैवं सति कर्तारमात्मानं केवलं तु यः ।
पश्यत्यकृतबुद्धित्वान्न स पश्यति दुर्मतिः ।।

एवं सति स्थितौ यो हि कर्ताऽहमिति मन्यते ।
मूढमतिर्नरोऽज्ञानी सत्यं द्रष्टुं न स क्षमः ।। **1046**/1447

✍दोहा॰ होकर यह स्थिति कर्म की, गुण पर निर्भर नित्य ।
"मैं कर्ता हूँ," जो कहे, मूढ़ न जाने सत्य ।। 1392/1779

।। 18.17 ।। यस्य नाहङ्कृतो भावो बुद्धिर्यस्य न लिप्यते ।
हत्वापि स इमाँल्लोकान्न हन्ति न निबध्यते ।।

(कर्मण: प्रेरक: च धारक: च)

ॐ अनृतं कर्तृभावं यो नहि धारयते हृदि ।
नारीन्हन्ति स हत्वाऽपि न पाममधिगच्छति ।। **1047**/1447

✍दोहा॰ "कर्तापन" का ओहदा, जो नहिँ लेता आप ।
ना वह करता घात है, ना ही करता पाप ।। 1393/1779

।। 18.18 ।। ज्ञानं ज्ञेयं परिज्ञाता त्रिविधा कर्मचोदना ।
करणं कर्म कर्तेति त्रिविध: कर्मसङ्ग्रह: ।।

(ज्ञानकर्मकर्तात्रयम्)

ॐ ज्ञानं ज्ञेयं च ज्ञाता च कर्मण: प्रेरकत्रयम् ।
करणं कर्म कर्ता च कर्मणो धारकत्रयम् ।। **1048**/1447

✍दोहा॰ ज्ञान ज्ञेय ज्ञाता यथा, "कर्म-प्रेरणा" तीन ।
करण कर्म कर्ता तथा, "कर्म-धारणा" तीन ।। 1394/1779

।। 18.19 ।। ज्ञानं कर्म च कर्ता च त्रिधैव गुणभेदत: ।
प्रोच्यते गुणसङ्ख्याने यथावच्छृणु तान्यपि ।।

ॐ भिन्नभूतेष्वभिन्नं यत्-तत्त्वमेकं हि वर्तते ।
साङ्ख्यशास्त्रे समुद्दिष्टं ध्यानेन शृणु पाण्डव ।। **1049**/1447

✍दोहा॰ भिन्न भूत मैं एक ही, होता तत्त्व अभिन्न ।
सांख्य शास्त्र में जो कहा, सुनो हुए तल्लीन ।। 1395/1779

।। 18.20 ।। सर्वभूतेषु येनैकं भावमव्ययमीक्षते ।
अविभक्तं विभक्तेषु तज्ज्ञानं विद्धि सात्त्विकम् ।।

(ज्ञानत्रयम्)

(सात्त्विकं ज्ञानम्)

ॐ अभिन्नं भिन्नभूतेषु तत्त्वमेकं हि विद्यते ।

यद्दर्शयति सुस्पष्टं तज्ज्ञानं सात्त्विकं मतम् ।। **1050**/1447

दोहा॰ भूत-भूत सब भिन्न में, अभिन्न गुण है एक ।
दिखलाता जो तत्त्व ये, ज्ञान "सात्त्विक" नेक ।। **1396**/1779

संगीत-गीता-दोहावली गीतमाला, पुष्प 188 of 205

गीत : राग रत्नाकर, दादरा ताल 6 मात्रा

वसुधैव कुटुम्बकम्

स्थायी

इस दुनिया में सारे हैं भाई, वसुधैव कुटुंबऽ की नाई ।
ये वसुधा सभी की है माई, एक कुल के सभी हैं सगाई ।।

♪ रेग ममम- म प-म- ग रे-ग-, सारेग-ग- गप-म- ग रे-सा- ।
ग मप-प- पनि- ध- प म-प-, निध पप प- मग- प- मग-रे- ।।

अंतरा-1

सब वेदों की अमृत की वाणी, शुभ वचनों की जानी है राणी ।
सारी भूमि का है एक स्वामी, सारी दुनिया का है एक साईं।।

♪ रेग म-म- म ध-पप म ग-प-, गम पपप- प ध-प- म ग-रे- ।
सा-रे ग-ग- ग ध- प-म रे-ग-, म-प धधध- नि ध- प-म ग-रे- ।।

अंतरा-2

एक सबका हमारा है दाता, एक सबका हमारा विधाता ।
इस संसार का एक ज्ञाता, एक जानो सभी का सहाई ।।

अंतरा-3

ऋषि मुनियों की ये है बखानी, सबसे पावन यही है कहानी ।
रीत दुनिया की जिसने बनाई, प्रीत भव में उसी ने बसाई ।।

।। 18.21 ।।

पृथक्त्वेन तु यज्ज्ञानं नानाभावान्पृथग्विधान् ।
वेत्ति सर्वेषु भूतेषु तज्ज्ञानं विद्धि राजसम् ।।

(राजसं ज्ञानम्)

ॐ सर्वभूतानि भिन्नानि भिन्नतत्त्वानि तेषु च ।

एवं ददाति बोधं यद्-ज्ञानं तद्राजसं स्मृतम् ।। 1051/1447

✍दोहा॰ भूत-भूत सब भिन्न हैं, भिन्न हि उनके प्राण ।

विभिन्नता से यों भरा, कहा "राजसी" ज्ञान ।। **1397**/1779

।। 18.22 ।। यत्तु कृत्स्नवदेकस्मिन्कार्ये सक्तमहैतुकम् ।
अतत्त्वार्थवदल्पं च तत्तामसमुदाहृतम् ।।

(तामसं ज्ञानम्)

ॐ **आत्मनो यः पृथग्देहान्-मूढभावेन मन्यते ।**

तत्त्वहीनं तथा मूढं ज्ञानं तत्तामसं मतम् ।। 1052/1447

✍दोहा॰ देह-देह को जो कहे, पृथक् आतमा धाम ।

तत्त्वहीन इस बोध को, "ज्ञान-तामसी," नाम ।। **1398**/1779

।। 18.23 ।। नियतं सङ्गरहितमरागद्वेषतः कृतम् ।
अफलप्रेप्सुना कर्म यत्तत्सात्त्विकमुच्यते ।।

(कर्मत्रयम्)

(सात्त्विकं कर्म)

ॐ **निःसङ्गं नियतं कार्यं फलेच्छया विना च यत् ।**

निरासक्तं विरक्तञ्च कर्म तत्सात्त्विकं सखे ।। 1053/1447

✍दोहा॰ बिना-वासना जो किया, विहित कर्म का काम ।

राग लोभ हठ के बिना, उसको "सात्त्विक" नाम ।। **1399**/1779

।। 18.24 ।। यत्तु कामेप्सुना कर्म साहङ्कारेण वा पुनः ।
क्रियते बहुलायासं तद्राजसमुदाहृतम् ।।

(राजसं कर्म)

ॐ **सकामं वासनायुक्तम्-अहम्भावेन यत्कृतम् ।**

कृतं च बहुलायासं कर्म तद्राजसं जडम् ।। 1054/1447

✍दोहा॰ फल की इच्छा से किया, अहंभाव से काम ।

तन को दे कर यातना, कर्म "राजसी" नाम ।। **1400**/1779

।। 18.25 ।। अनुबन्धं क्षयं हिंसामनवेक्ष्य च पौरुषम् ।

मोहादारभ्यते कर्म यत्तत्तामसमुच्यते ॥

(तामसं कर्म)

🕉 अनवेक्ष्य स्वसामर्थ्यं परिणामं क्षतिं गतिम् ।
क्रियते मूढभावेन कर्म तत्तामसं खलु ॥ 1055/1447

✍ दोहा॰ बिना सोच सामर्थ्य के, हानि अरु परिणाम ।
मोह मात्र से जो किया, कर्म "तामसी" नाम ॥ 1401/1779

॥ 18.26 ॥ मुक्तसङ्गोऽनहंवादी धृत्युत्साहसमन्वितः ।
सिद्ध्यसिद्ध्योर्निर्विकारः कर्ता सात्त्विक उच्यते ॥

(कर्तात्रयम्)
(सात्त्विककर्ता)

🕉 सुधीरो निरहङ्कारो निरासक्तो विचारवान् ।
शुभाशुभौ समौ यस्य कर्ता स सात्त्विको मतः ॥ 1056/1447

✍ दोहा॰ निरासक्त निर्धार का, निरहंकारी धीर ।
लाभ-हानि में अडिग जो, कर्ता "सात्त्विक" वीर ॥ 1402/1779

॥ 18.27 ॥ रागी कर्मफलप्रेप्सुर्लुब्धो हिंसात्मकोऽशुचिः ।
हर्षशोकान्वितः कर्ता राजसः परिकीर्तितः ॥

(राजसकर्ता)

🕉 आसक्तो हर्षमोदाभ्याम्-अयुक्तो हिंसकस्तथा ।
कर्मफलेषु लोलुप्तः कर्ता स राजसः स्मृतः ॥ 1057/1447

✍ दोहा॰ फल का लोभी लालची, हर्ष मोद अभिमान ।
हिंसक लंपट पातकी, कर्ता "राजस" नाम ॥ 1403/1779

॥ 18.28 ॥ अयुक्तः प्राकृतः स्तब्धः शठो नैष्कृतिकोऽलसः ।
विषादी दीर्घसूत्री च कर्ता तामस उच्यते ॥

(तामसिकः कर्ता)

🕉 दम्भी दर्पी जडो खिन्नो दुराचारश्च घातकः ।
अयुक्तो दीर्घसूत्री च कर्ता स तामसो मतः ॥ 1058/1447

✍दोहा॰ धूर्त घमंडी घातकी, दुष्ट अनाड़ी घाग ।
कर्ता जड़ जो आलसी, उसे "तामसी" दाग ।। 1404/1779

।। 18.29 ।। बुद्धेर्भेदं धृतेश्चैव गुणतस्त्रिविधं शृणु ।
प्रोच्यमानमशेषेण पृथक्त्वेन धनञ्जय ।।

(बुद्धित्रयं च धृतित्रयम्)

ॐ **बुद्धीनां च धृतीनां च प्रकारा ये त्रयस्त्रयः ।**
गुणस्वभावतो ज्ञाताः पृथक्पृथग्वदामि त्वाम् ।। 1059/1447

✍दोहा॰ बुद्धि तीन, धृति तीन ही, जानीं यथा स्वभाव ।
गुण के ही अनुसार सब, पृथक्-पृथक् हैं भाव ।। 1405/1779

।। 18.30 ।। प्रवृत्तिं च निवृत्तिं च कार्याकार्ये भयाभये ।
बन्धं मोक्षं च या वेत्ति बुद्धिः सा पार्थ सात्त्विकी ।।

(सात्त्विकी बुद्धिः)

ॐ **योगं च कर्मन्यासं च कार्याकार्ये हिताहिते ।**
बन्धं मुक्तिं भयं धैर्यं बुद्धिर्या वेत्ति, सात्त्विकी ।। 1060/1447

✍दोहा॰ क्या है कार्य, अकार्य क्या, बंध मोक्ष का ज्ञान ।
दरसाये भय अभय जो, बुद्धि "सात्त्विकी" जान ।। 1406/1779

।। 18.31 ।। यया धर्ममधर्मं च कार्यं चाकार्यमेव च ।
अयथावत्प्रजानाति बुद्धिः सा पार्थ राजसी ।।

(राजसी बुद्धिः)

ॐ **धर्माधर्मौ न जानाति कार्याकार्ये न वेत्ति या ।**
मूढा हीना निराधारा बुद्धिः सा राजसी मता ।। 1061/1447

✍दोहा॰ धर्माधर्म न जानती, ना ही कार्य अकार्य ।
निराधार वह दुर्मति, "राजस" बुद्धि अनार्य ।। 1407/1779

।। 18.32 ।। अधर्मं धर्ममिति या मन्यते तमसावृता ।
सर्वार्थान्विपरीतांश्च बुद्धिः सा पार्थ तामसी ।।

(तामसी बुद्धिः)

ॐ **अधर्मं मन्यते धर्मम्-अकार्यं वेत्ति कार्यवत् ।**

अनर्थं या यथार्थञ्च बुद्धिः सा तामसी स्मृता ।। **1062**/1447

✍दोहा॰ अधर्म कहती धर्म को, सत्–आचार विहीन ।
अनर्थ करती अर्थ का, बुद्धि "तामसी" हीन ।। 1408/1779

|| 18.33 ||
धृत्या यया धारयते मनःप्राणेन्द्रियक्रियाः ।
योगेनाव्यभिचारिण्या धृतिः सा पार्थ सात्त्विकी ।।

(सात्त्विकी धृतिः)

क्रियाः प्राणेन्द्रियाणां या करोति केन्द्रिताः सदा ।
योगबलं च दत्ते या धृतिः सा सात्त्विकी खलु ।। **1063**/1447

✍दोहा॰ प्राण इन्द्रियों की क्रिया, केन्द्र करे जो स्थैर्य ।
योग बल देता सदा, "सात्त्विक" है वह धैर्य ।। 1409/1779

संगीत–गीता–दोहावली गीतमाला, पुष्प 189 of 205

भजन : राग भूपाली,[120] कहरवा ताल 8 मात्रा

नाम जप

स्थायी

नाम जपन करले, तन मन से ।
सुख दुख घड़ी हरि हरि मन भज ले ।।

♫ सां–ध पगरे सारे प–, गरे गप ध–, गग गरे गप धसां धप गरे सा– ।

अंतरा–1

मन में भर ले पूजन कर ले, अंदर राम का सुमिरन धर ले ।

♫ गग ग– पप ध– सां–सांसां सांरे सां–, ध–धध सां–रें रें सांरेंगरें सांध प– ।

अंतरा–2

जिसके मुखमें राम बसा है, जीवन मानो वही भला है ।

---

[120] 𝄞 **राग भूपाली** : यह कल्याण ठाठ का राग है । इसको **भूप राग** भी कहते हैं । इसका आरोह है : सा रे ग, प, ध सां । अवरोह है : सां ध प, ग रे सा ।

▶ लक्षण गीत : ✍ **दोहा॰ ग ध वादी संवाद हों, स्वर म नि का हो त्याग ।**
"भूपाली" यह गाइये, साँझ समय का राग ।। 1400/1779

अंतरा–3

जिसने सुखमें नाम लिया है, दीपक जानो वहीं जला है ।

अंतरा–4

दुनिया में हैं लोग लुटेरे, राम तेरा रखवारा ।

।। 18.34 ।। यया तु धर्मकामार्थान्धृत्या धारयतेऽर्जुन ।
प्रसङ्गेन फलाकाङ्क्षी धृतिः सा पार्थ राजसी ।।

(राजसी धृतिः)

ॐ अर्थं कामं च धर्मं च निर्वैराग्येण कामुकः ।
यया स धरते पार्थ धृतिः सा राजसी सखे ।। 1064/1447

✍दोहा॰ अर्थ काम अरु धर्म के, करे स्वार्थ से काम ।
आसक्ति के धैर्य को, "धृति–राजस" है नाम ।। 1401/1779

।। 18.35 ।। यया स्वप्नं भयं शोकं विषादं मदमेव च ।
न विमुञ्चति दुर्मेधा धृतिः सा पार्थ तामसी ।।

(तामसी धृतिः)

ॐ दुर्मतिर्मानवो दुःखं निद्रां सङ्गं भयं मदम् ।
यया स धरते चिन्तां धृतिः सा तामसी मता ।। 1065/1447

✍दोहा॰ दुर्मति नर जिस धैर्य से, करता अपने काम ।
दुख चिंता भय मद भरी, धुति है "तामस" नाम ।। 1402/1779

।। 18.36 ।। सुखं त्विदानीं त्रिविधं शृणु मे भरतर्षभ ।
अभ्यासाद्रमते यत्र दुःखान्तं च निगच्छति ।।

(सुखत्रयम्)

ॐ प्राप्य यस्मान्मनोह्लादं भवेत् दुःखञ्च विस्मृतम् ।
त्रिविधं पार्थ भूतेषु सुखं तच्छृणु प्रस्तुतम् ।। 1066/1447

✍दोहा॰ जिसको पाकर मोद हो, मन का दुख बिसराय ।
पार्थ! त्रिविध सुख अब सुनो, गुण–अनुसार सुहाय ।। 1403/1779

।। 18.37 ।। यत्तदग्रे विषमिव परिणामेऽमृतोपमम् ।

तत्सुखं सात्त्विकं प्रोक्तमात्मबुद्धिप्रसादजम् ॥

(सात्त्विकं सुखम्)

🕉 आरम्भे कालकूटं यत्-परिणामेऽमृतं भवेत् ।
यदात्मज्ञानजं पार्थ सुखं तत्सात्त्विकं मतम् ॥ 1067/1447

✍ दोहा॰ कटु लगता आरंभ में, अमृत सा परिणाम ।
आत्मज्ञान में जन्मता, सुख वह "सात्त्विक" नाम ॥ 1404/1779

॥ 18.38 ॥ विषयेन्द्रियसंयोगाद्यत्तदग्रेऽमृतोपमम् ।
परिणामे विषमिव तत्सुखं राजसं स्मृतम् ॥

(राजसं सुखम्)

🕉 अमृतं भोगकाले यत्-निष्कर्षे तु विषं भवेत् ।
विषयेभ्यः समुत्पन्नं सुखं तद्राजसं मतम् ॥ 1068/1447

✍ दोहा॰ अमृत सा आरंभ में, विष वत् हो परिणाम ।
विषय भोग में जन्मता, सुख है "राजसी" नाम ॥ 1405/1779

॥ 18.39 ॥ यदग्रे चानुबन्धे च सुखं मोहनमात्मनः ।
निद्रालस्यप्रमादोत्थं तत्तामसमुदाहृतम् ॥

(तामसं सुखम्)

🕉 प्रारम्भे परिणामे च मूढां बुद्धिं ददाति यत् ।
निद्राप्रमादजं व्यर्थं सुखं तत्तामसं मतम् ॥ 1069/1447

✍ दोहा॰ आदि से जो अंत तक, भ्रम से मन बहलाय ।
प्रमाद निद्रा में जगे, सुख "तामस" कहलाय ॥ 1406/1779

॥ 18.40 ॥ न तदस्ति पृथिव्यां वा दिवि देवेषु वा पुनः ।
सत्त्वं प्रकृतिजैर्मुक्तं यदेभिः स्यात्त्रिभिर्गुणैः ॥

(गुणाः सर्वत्रगाः)

🕉 न भूमौ न च स्वर्गेऽपि न देवेषु च वर्तते ।
प्रकृतिजः पदार्थो यो गुणविरहितो भवेत् ॥ 1070/1447

✍ दोहा॰ त्रिभुवन में अरु स्वर्ग में, देवों में भी कोय ।
कहीं न ऐसी वस्तु है, जो न त्रिगुण मय होय ॥ 1407/1779

संगीत-गीता-दोहावली छन्दमाला, मोती 132 of 136

दंडकला छन्द[121]

10, 8, 10 + ।। ऽ

(सत् रज तम)

ना भूमि पर कहीं, स्वर्ग पर नहीं, ना देवों में भी कण है ।
ना ही है तन में, ना ही मन में, जो ही बना बिना गुण है ।। 1
यह सभी ब्रह्म है, परब्रह्म है, बीज परम है त्रिभुवन का ।
यह त्रिगुणी प्रकृति, सत् रज तम इति, आधार अखिल जीवन का ।। 2

।। 18.41 ।। **ब्राह्मणक्षत्रियविशां शूद्राणां च परन्तप ।**
कर्माणि प्रविभक्तानि स्वभावप्रभवैर्गुणैः ।।

(वर्णरचना)

ब्रह्मक्षात्रवणिक्शूद्राः-चतुर्वर्णाः कृता मया ।
विभाजितानि कार्याणि गुणकर्मानुसारतः ।। 1071/1447

दोहा॰ ब्रह्म, क्षात्र, विश, शूद्र जो, वर्ण कहे हैं चार ।
अनुसार हि गुण कर्म के, प्रकृति के आधार ।। 1409/1779

गुणावलम्बिता मात्रं भूतानां वर्णपद्धतिः ।
जात्याः कुलस्य रङ्गस्य नात्र स्थानं न भावना ।। 1072/1447

दोहा॰ केवल गुण आधार हैं, किए "वर्ण" जो चार ।
रंग जाति कुल धर्म का, जिसमें नहीं विचार ।। 1410/1779

गुण-कर्म के आधार ही, वर्ण किए सत्नाम ।
जहर जाति का घोल कर, वर्ण भये बदनाम ।। 1411/1779

।। 18.42 ।। **शमो दमस्तपः शौचं क्षान्तिरार्जवमेव च ।**

---

[121] **दंडकला छन्द :** इस 32 मात्रा वाले अश्वावतारी छन्द के अंत में दो लघु और एक गुरु मात्रा आती है । इसका लक्षण सूत्र 10, 8, 10 + ।। ऽ इस प्रकार होता है । इसके किसी भी चौकल में ज गण (। ऽ।) नहीं आता है ।

▶ लक्षण गीत : **दोहा॰ मत्त बत्तीस का बना, लघु लघु गुरु कल अंत ।**
किसी न चौकल में ज हो, "दंडकला" वह छंद ।। 1412/1779

ज्ञानं विज्ञानमास्तिक्यं ब्रह्मकर्म स्वभावजम् ।।

(ब्रह्मकर्म)

तपः शान्तिः कृपा शुद्धिः-आर्जवं च क्षमा दमः ।
श्रद्धाऽऽस्तिक्यं च सत्यञ्च विप्रधर्मस्य लक्षणाः ।। **1073**/1447

दोहा॰ शाँति, शुद्धि, दम, सरलता, तप निग्रह का ज्ञान ।
आस्तिक बुद्धि, विमलता, "ब्रह्म-वर्ण" का काम ।। **1413**/1779

रक्षणायान्यवर्णानां यस्य ज्ञानं रतं सदा ।
द्विजो गुरुर्नरो नारी वर्णभेदेन ब्राह्मणः ।। **1074**/1447

दोहा॰ रक्षण करने अन्य का, रत है जिसका ज्ञान ।
नर नारी उस वर्ण के, द्विज ब्राह्मण अभिधान ।। **1414**/1779

।। 18.43 ।।

शौर्यं तेजो धृतिर्दाक्ष्यं युद्धे चाप्यपलायनम् ।
दानमीश्वरभावश्च क्षात्रं कर्म स्वभावजम् ।।

(क्षात्रकर्म)

रणे शौर्यं च वीर्यं च चातुर्यमभयं तथा ।
स्वाभाविकं बलं दानं लक्षणं क्षात्रकर्मणः ।। **1075**/1447

दोहा॰ ढारस श्रद्धा चतुरता, रण में निर्भय धीर ।
तेज दान बल शूरता, "क्षात्र-वर्ण" का वीर ।। **1415**/1779

रक्षणमन्यवर्णानां कृत्वा प्राणसमर्पणम् ।
वर्णभेदानुसारेण क्षात्रधर्मस्य लक्षणम् ।। **1076**/1447

दोहा॰ प्राण हथेली पर धरे, रण में देना जान ।
रक्षा तीनों वर्ण की, क्षात्र वर्ण का मान ।। **1416**/1779

।। 18.44 ।।

कृषिगौरक्ष्यवाणिज्यं वैश्यकर्म स्वभावजम् ।
परिचर्यात्मकं कर्म शूद्रस्यापि स्वभावजम् ।।

(वैश्यकर्म च शूद्रकर्म च)

वाणिज्यं च कृषेः कर्म वैश्यधर्मस्य लक्षणम् ।
सेवाभावस्य पावित्र्यं शूद्रधर्मस्य सद्गुणः ।। **1077**/1447

दोहा॰ गौधन, कृषि, ब्यौपार हैं, "वैश्य-वर्ण" के काम ।

सेवा-भाव पवित्रता, "शूद्र-वर्ण" का नाम ।। **1417**/1779

वर्णः कोऽपि न नीचस्थः सर्वेषु च महानराः ।
अविचारोऽनृतो जातेः सर्ववर्णाः सदा समाः ।। **1078**/1447

दोहा॰ ऊँच नीच कोई नहीं, सब हैं वर्ण समान ।
मन गढंत जाति प्रथा, सब हैं वर्ण महान ।। **1418**/1779

महापुरुष सर्वत्र हैं, कोई ना अपवाद ।
चारों वर्ण समान हैं, रहे सदा यह याद ।। **1419**/1779

वैश्यों में श्रीकृष्ण हैं, क्षत्रिय थे श्री राम ।
शुद्र पुत्र श्री विदुर जी, ब्राह्मण परशुराम ।। **1669**/1779

संगीत-गीता-दोहावली छन्दमाला, मोती 133 of 136

दुर्मिल छन्द[122]

10, 8, 6 + ।। ऽ ऽ ऽ

(वर्णव्यवस्था)

ना नीच न ऊँचे, वर्ण समूचे, चारों ही सम हैं जाने ।
आधार गुणन के, कर्म धर्म के, सब नैसर्गिक हैं माने ।। 1
ईश्वर ने कीन्ही, अमृत भीनी, चतुर्वर्ण रचना चोखी ।
धर्म सनातन में, वर्णाश्रम में, यात्रा जीवन की सोखी ।।

सर्वे भवन्तु सम्मान्याः सर्वे सन्तु समानतः ।
अपमानोऽस्ति वैषम्यं वर्णाश्रमे समानता ।। **1079**/1447

दोहा॰ ऊँच नीच कोई नहीं, सब हैं वर्ण समान ।
जाति स्वार्थ्य का काम है, जिसमें है अपमान ।। **1420**/1779

जातिः प्रदूषणं हीनं, धर्मनाशाय कारणम् ।

---

[122] **दुर्मिल छन्द** : इस 32 मात्रा वाले लाक्षणिक छन्द के किसी भी चौकल में ज गण (। ऽ।) नहीं आता है । इसके अंत में दो लघु और तीन गुरु मात्रा होती हैं । इसका लक्षण सूत्र 10, 8, 6 + ।। ऽ ऽ ऽ इस प्रकार होता है ।

▶ लक्षण गीत : **दोहा॰ मत्त बत्तीस से बना, दो लघु, त्रय गुरु अंत ।**
किसी न चौकल में ज हो, वह "दुर्मिल" है छंद ।। 1421/1779

जातिर्निर्मूलनीयैव जातिर्दुरासदं विषम् ।। **1080**/1447

दोहा॰ जाति प्रदूषण विश्व के, घट-घट से घट जाय ।
धर्मविघ्न विष जाति का, दुनिया से हट जाय ।। 1422/1779

संगीत-गीता-दोहावली गीतमाला, पुष्प 190 of 205

(शारदावन्दना)

स्थायी

शारदा सदा स्मरणीया । स्वरदा वरदा स्तवनीया ।।

♪ प-सां-निध- निधपधम- - - । सासारे- गगरे- मगरे-सा- ।।

अंतरा-1

अनुकम्पा हृदि धरणीया । सेवा मनसा करणीया ।
भारतजननी नमनीया । संस्कृतवाणी स्तवनीया ।।

♪ सांनि धपध-नि सांनिधपध- । निनिध- प-म- पमग- म- ।
पमगरेगमम- रेगरेगसा- । सा-रेगरे-रे मगरे-सा- ।।

अंतरा-2

नहि सुखशय्या शयनीया । न नीचचिन्ता चयनीया ।
रजःकामना शमनीया । तमोवासना दमनीया ।।

अंतरा-3

सततसुबुद्धिर्धरणीया । मानसशुद्धिर्वरणीया ।
शुभा सरणिरनुसरणीया । सत्सङ्गतिरभिलषणीया ।।

अंतरा-4

जातिकुप्रथा त्यजनीया । बन्धुभावना भजनीया ।
अखिलसङ्घता करणीया । विश्वे समता भरणीया ।।

अंतरा-5

प्रमत्तकुमतिर्दहनीया । आगतहानिस्सहनीया ।
प्रजाप्रतिष्ठा वहनीया । मया प्रतिज्ञा ग्रहणीया ।।

ॐ यथा रथस्य रश्मिश्च हयाश्चक्राणि सारथिः ।
तथा देहस्य चत्वारि गात्राणि सदृशानि च ।। **1081**/1447

दोहा॰ अश्व रश्मि रथ के यथा, चक्र सारथी अंग ।
तथा धर्म के चार हैं, चारों वर्ण तुरंग ।। 1423/1779

🎵 संगीत–गीता–दोहावली छन्दमाला, मोती 134 of 136

फटका छन्द
8 + 8 + 8 + 6/7

(देह रथ)

रथ के रश्मि अश्व सारथी,
चक्र अंग हैं अभिन्न चार ।
एक देह के चार अंग हैं,
ऊँच नीच का नहीं विचार ।।

ॐ विप्र: शीर्षं करौ क्षात्र: वैश्यो रुण्डं तनोस्तथा ।
शूद्र: पादौ चतुर्थांशो विनैकं निक्रिया: परा: ।। 1082/1447

✎ दोहा॰ शीश विप्र, पद शूद्र हैं, वैश्य तना, कर क्षात्र ।
एक देह इनसे बना, चार देह के गात्र ।। 1424/1779

 संगीत–गीता–दोहावली गीतमाला, पुष्प 191 of 205

गीत : राग रत्नाकर, कहरवा ताल 8 मात्रा

वर्ण व्यवस्था

स्थायी

व्यवस्था गुण पर, की करतार, बिना कछु ऊँच नीच विचार ।
🎵 ध॒नि॒साध़– नि॒नि॒ सासा, रे– सारेग–ग, धप– मग– ध–प म–ग मरे–रे ।

अंतरा–1

गुण कर्मों से वर्ण चार हैं, हेतु जाति का है बेकार ।
स्वभाव पर ही सब निर्भर है, यहाँ पर कोई नहीं लाचार ।।
🎵 नि॒ध़ नि॒सा– सा– म–ग रे–सा रे–, प–म ग–रे ग– म– ध–प ।
रेरे–रे गग म– धप म–गग म–, नि॒ध़– पप– नि॒ध़ पम– गमरे–रे ।।

अंतरा–2

रथ के रश्मि अश्व सारथी, चक्र अंग हैं अभिन्न चार ।
एक देह के अंग चार हैं, एक को तीन का आधार ।।

अंतरा–3

जाति पाती में नर भरमाया, वर्ण जनम का फल फरमाया ।
जाति है स्वार्थ्य का आविष्कार, वर्ण पर गुण का हि अधिकार ।।

अंतरा–4
वर्ण चार से जग उजियारा, भूत प्राणी में भाईचारा ।
मिटाय जाति का अंधकार, करिये आपस में अब प्यार ।।

|| 18.45 ||

स्वे स्वे कर्मण्यभिरतः संसिद्धिं लभते नरः ।
स्वकर्मनिरतः सिद्धिं यथा विन्दति तच्छृणु ।।

(स्वकर्माचरणम्)

ॐ स्वकर्मणि स्थिरो भूत्वा तत्र सिद्धिः कथं भवेत् ।
वदाम्यहं विधानं तद्-ध्यानेन पार्थ मे शृणु ।। 1083/1447

दोहा॰ स्वकर्म करते किस विधा, मिले सिद्धि वरदान ।
कहता हूँ अब प्रेम से, अर्जुन! सुनो विधान ।। 1425/1779

|| 18.46 ||

यतः प्रवृत्तिर्भूतानां येन सर्वमिदं ततम् ।
स्वकर्मणा तमभ्यर्च्य सिद्धिं विन्दति मानवः ।।

(आत्मा च परमात्मा च)

ॐ कर्ता धाता स सर्वेषां भूतानां यश्च पालकः ।
परमाणुषु विश्वस्य पूर्णरूपेण व्यापकः ।। 1084/1447

दोहा॰ कर्ता-धाता भूत का, पालक है घनश्याम ।
कण-कण में जो विश्व के, बसा हुआ हर याम ।। 1426/1779

(स्वधर्मः)

ॐ आत्मना परमेशस्य तस्य ज्ञेया गतिः परा ।
पूजयित्वा स्वधर्मेण सिद्धिं गच्छति साधकः ।। 1085/1447

दोहा॰ जानो गति परमेश की, आत्म मनन के साथ ।
स्वधर्म से पूजा किए, सिद्धि कही "परमार्थ" ।। 1427/1779

|| 18.47 ||

श्रेयान्स्वधर्मो विगुणः परधर्मात्स्वनुष्ठितात् ।
स्वभावनियतं कर्म कुर्वन्नाप्नोति किल्बिषम् ।।

धर्मस्तु स्वस्य न्यूनोऽपि सर्वश्रेष्ठो हि वर्तते ।
परधर्मः प्रशस्तोऽपि स्वधर्मादवरः सदा ।। **1086**/1447

दोहा॰ स्वकर्म अपना श्रेष्ठ है, भले हि उसमें दोष ।
सब धर्मों में दोष हैं, कोई ना निर्दोष ।। 1428/1779

<u>संगीत-गीता-दोहावली छन्दमाला, मोती 135 of 136</u>

फटका छन्द

8 + 8 + 8 + 6/5

(स्वधर्म)

चाहे न्यून हो धर्म हमारा,
हमारे लिए पूज्य है ।
भली भाँति भी चलाया हुआ,
धर्म पराया त्याज्य है ।।

।। 18.48 ।। सहजं कर्म कौन्तेय सदोषमपि न त्यजेत् ।
सर्वारम्भा हि दोषेण धूमेनाग्निरिवावृताः ।।

(स्वकर्म परकर्म च)

कर्म स्वाभाविकं नो यत्-तस्मिन्किञ्चिन्न पातकम् ।
स्वस्य त्यक्त्वा कृतं यद्वा परकर्म भयावहम् ।। **1087**/1447

दोहा॰ स्वाभाविक जो कर्म है, उसमें कछु ना पाप ।
अपना तज कर, अपर का, देता है अनुताप ।। 1429/1779

(सुभाषिते)

स्वकर्म दोषयुक्तञ्च न त्यक्तव्यं कदाऽपि तत् ।
विनादोषं न धर्मोऽस्ति विनाधूमं न पावकः ।। **1088**/1447

दोहा॰ सुख-दुख दोनों हैं जुड़े; शुभ-अशुभ के संग ।
दीप-अँधेरा साथ हैं, धूप-छाँव दो अंग ।। 1430/1779

सुखैः सह यथा दुःखं शुभैः सह यथाऽशुभम् ।
दीपैः सह यथा ध्वान्तं तथा छायाऽऽतपेन च ।। **1089**/1447

दोहा॰ अपना कर्म सदोष भी, मत देना तुम त्याग ।
सब कर्मों में दोष हैं, जस धूँए सँग आग ।। 1432/1779

|| 18.49 ||

असक्तबुद्धिः सर्वत्र जितात्मा विगतस्पृहः ।
नैष्कर्म्यसिद्धिं परमां संन्यासेनाधिगच्छति ।।

(सिद्धिः)

वीतरागो निरासक्तो यस्य बुद्धिश्च निःस्पृहा ।
कर्मयोगेन ज्ञानेन सिद्धिं याति कथं, शृणु ।। **1090**/1447

दोहा॰ अनासक्त मन को किए, विना स्पृहा अनुराग ।
कर्मयोग के ज्ञान से, सुनो सिद्धि का राग ।। 1433/1779

|| 18.50 ||

सिद्धिं प्राप्तो यथा ब्रह्म तथाप्नोति निबोध मे ।
समासेनैव कौन्तेय निष्ठा ज्ञानस्य या परा ।।

(परमसिद्धिः)

सिद्धिमेवं परां प्राप्य ब्रह्म च प्राप्यते कथम् ।
पार्थ वदामि निष्ठां त्वां शृणु ध्यानेन त्वं सखे ।। **1091**/1447

दोहा॰ सिद्धि योग की प्राप्त कर, मिले ब्रह्म में स्थान ।
निष्ठा कहता हूँ सुनो, अर्जुन! देकर ध्यान ।। 1434/1779

|| 18.51 ||

बुद्ध्या विशुद्धया युक्तो धृत्यात्मानं नियम्य च ।
शब्दादीन्विषयांस्त्यक्त्वा रागद्वेषौ व्युदस्य च ।।

मतिं कृत्वा पवित्रां च धैर्यं च हृदये धरेत् ।
शब्दादिविषयांस्त्यक्ता रागद्वेषौ निवारयेत् ।। **1092**/1447

दोहा॰ पवित्र बुद्धि हो सदा, हृदय धैर्य से युक्त ।
छोड़ विषय की वासना, राग-द्वेष से मुक्त ।। 1435/1779

|| 18.52 ||

विविक्तसेवी लघ्वाशी यतवाक्कायमानसः ।
ध्यानयोगपरो नित्यं वैराग्यं समुपाश्रितः ।।

मिताहारी विरक्तश्च यतवाक्च जितेन्द्रियः ।
ध्यानयोगे स्थिरं चित्तं वैराग्ये यस्य भावना ।। **1093**/1447

दोहा॰ खाना-पीना सम सदा, मन वश में दिन-रात ।
ध्यान योग में चित्त हो, वीतराग हो गात ।। 1436/1779

|| 18.53 ||

अहङ्कारं बलं दर्पं कामं क्रोधं परिग्रहम् ।

विमुच्य निर्मम: शान्तो ब्रह्मभूयाय कल्पते ॥

त्यक्त्वा कामं च क्रोधं च मत्सरं च मदं तथा ।
ब्रह्मपात्र: प्रसन्नात्मा शान्तिं प्राप्नोति निर्मम: ॥ 1094/1447

दोहा॰ काम क्रोध जिसमें नहीं, दंभ दर्प सब छोड़ ।
ब्रह्मपात्र जाना वही, निर्ममता को जोड़ ॥ 1437/1779

॥ 18.54 ॥ ब्रह्मभूत: प्रसन्नात्मा न शोचति न काङ्क्षति ।
सम: सर्वेषु भूतेषु मद्भक्तिं लभते पराम् ॥

सम: सर्वेषु भूतेषु निर्विषादो निरामय: ।
ब्रह्मरूपो निराकाङ्क्षी मद्भक्तिं लभते नर: ॥ 1095/1447

दोहा॰ समा-बुद्धि सब भूत में, निर्विषाद बिन आस ।
निरहंकारी भक्त वो, मम किरपा का दास ॥ 1438/1779

॥ 18.55 ॥ भक्त्या मामभिजानाति यावान्यश्चास्मि तत्त्वत: ।
ततो मां तत्त्वतो ज्ञात्वा विशते तदनन्तरम् ॥

यो मां जानाति भक्तो मे कर्माणि च यथार्थत: ।
मद्भक्तायैकनिष्ठाय तस्मै मे धाम सर्वदा ॥ 1096/1447

दोहा॰ मुझको जो है जानता, मेरा भक्त सुजान ।
एक निष्ठ वो विज्ञ है, पाता मेरा धाम ॥ 1439/1779

॥ 18.56 ॥ सर्वकर्माण्यपि सदा कुर्वाणो मद्व्यपाश्रय: ।
मत्प्रसादादवाप्नोति शाश्वतं पदमव्ययम् ॥

कुर्वन्नपि स्वकर्माणि कृत्वाऽपि यदि स मत्परायण: ।
मद्भक्तो मत्प्रसादात्स प्राप्नोति परमं पदम् ॥ 1097/1447

दोहा॰ सब कुछ करके काम भी, मत्पर जिसका ध्यान ।
मेरे प्रसाद से उसे, मिले परम पद स्थान ॥ 1440/1779

॥ 18.57 ॥ चेतसा सर्वकर्माणि मयि संन्यस्य मत्पर: ।
बुद्धियोगमुपाश्रित्य मच्चित्त: सततं भव ॥

सर्वमनेन योगेन कृत्वा त्वं पार्थ मत्पर: ।
योगे च तत्परो भूत्वा बुद्धिं मयि निवेशय ॥ 1098/1447

✍दोहा॰ भक्तियोग में तुम लगे, भजलो मेरा नाम ।
कर्मयोग तत्पर हुए, करलो तुम सब काम ।। 1441/1779

।। 18.58 ।। मच्चित्तः सर्वदुर्गाणि मत्प्रसादात्तरिष्यसि ।
अथ चेत्त्वमहङ्कारान्न श्रोष्यसि विनङ्क्ष्यसि ।।

ॐ कौन्तेय मत्प्रसादात्त्वं सर्वदुःखं तरिष्यसि ।
अश्रुत्वा मामहङ्कारात्-निश्चितं त्वं विनङ्क्षसि ।। **1099**/1447

✍दोहा॰ प्रसाद मेरा तुम लिए, दुख सब होंगे दूर ।
अहंकार वश अनसुने, होंगे चकनाचूर ।। 1442/1779

।। 18.59 ।। यदहङ्कारमाश्रित्य न योत्स्य इति मन्यसे ।
मिथ्यैष व्यवसायस्ते प्रकृतिस्त्वां नियोक्ष्यति ।।

(क्षात्रधर्मपालनम्)

ॐ यदि त्वं भ्रममाश्रित्य "न योत्स्ये" वदसीति वै ।
अङ्गजः क्षात्रधर्मस्ते योद्धुं स त्वां नियोक्ष्यति ।। **1100**/1447

✍दोहा॰ अभी भी अगर भूल से, तुम्हें समर नाकार ।
क्षात्र-धर्म अंगज, सखे! विवश करे स्वीकार ।। 1443/1779

।। 18.60 ।। स्वभावजेन कौन्तेय निबद्धः स्वेन कर्मणा ।
कर्तुं नेच्छसि यन्मोहात्करिष्यस्यवशोऽपि तत् ।।

ॐ योद्धुं नेच्छसि त्वं मोहाद्-अवशस्तत्करिष्यसि ।
नैसर्गिकेण भावेन बद्धोऽसि स्वेन कर्मणा ।। **1101**/1447

✍दोहा॰ भ्रम को पाकर तुम यदि, नहीं करोगे युद्ध ।
नैसर्गिक गुण क्षात्र का, तुम्हें करे कटिबद्ध ।। 1444/1779

।। 18.61 ।। ईश्वरः सर्वभूतानां हृद्देशेऽर्जुन तिष्ठति ।
भ्रामयन्सर्वभूतानि यन्त्रारूढानि मायया ।।

(रहस्यमय उपदेशः)

ॐ ईश्वरो हृदि सर्वस्य नित्यं तिष्ठति भारत ।
भ्रामयन्विश्वभूतानि चक्रारूढानि मायया ।। **1102**/1447

✍दोहा॰ ईश्वर सबके हृदय में, बसता जो दिन-रात ।

चक्र दिलाता जगत को, रहे पार्थ! यह याद ।। **1445**/1779

संगीत-गीता-दोहावली गीतमाला, पुष्प 192 of 205

भजन : राग रत्नाकर, कहरवा ताल 8 मात्रा

हरि धाम

स्थायी

हरि, जिसमें रहता है, वो तेरे दिल का कोना है ।

♫ रेसा, रेरेरे- गरेगप म-, ध पमग- पप म गमगम रे- ।

अंतरा-1

मंदिर मंदिर बसी है मूर्ति, धाम तीरथ की बनी है कीर्ति ।

फिरता क्यों मारा, मारा दुनिया में ।

हरि, मिलता है जिसमें, ये वो, एक ठिकाना है ।।

♫ म-गम प-मग मप- ध प-म-, ध-प मगग म- पध- नि ध-प- ।

पधनि- सां- निधप-, ध-प- मगमग रे- ।

रेसा, रेरेरे- ग- पमग-, ध- प-, मगप मगमगम रे- ।।

अंतरा-2

वेद पुराण में लिखी है माया, रात दिन पढ़ी कुछ नहीं पाया ।

फिर भी क्यों भागा, भागा फिरता दुनिया में ।

अरे, समय बिताने का, ये तो, एक बहाना है ।।

अंतरा-3

साधु संतन दिखा गये हैं, मार्ग मुक्ति का सिखा गये हैं ।

तू! अंदर झाँक जरा, बैठा बैठा चिंतन में ।

जीवन जीने का, ये ही, नेक निशाना है ।।

।। 18.62 ।।

तमेव शरणं गच्छ सर्वभावेन भारत ।

तत्प्रसादात्परां शान्तिं स्थानं प्राप्स्यसि शाश्वतम् ।।

ॐ शरणं यच्छ कौन्तेय तस्मात्त्वमीश्वरात्सखे ।

शान्तिं परां प्रसादात्त्वं प्राप्स्यसि परमं पदम् ।। **1103**/1447

दोहा॰ शरण ईश से माँग लो, पार्थ! भक्ति से व्याप्त ।

पाकर परम प्रसाद तुम, करो शाँति को प्राप्त ।। **1446**/1779

संगीत-गीता-दोहावली गीतमाला, पुष्प 193 of 205

भजन : राग रत्नाकर, कहरवा ताल 8 मात्रा

प्रभु जी तुम

स्थायी

प्रभु जी तुम, दीनन पर किरपाल ।

♪ रेग म पम-, ध-पम गप मगरे- ।

अंतरा-1

भवसागर जल गहन घनेरो, बेड़ा पार निकाल ।

♪ सासारे-गप मग निधप धनि-ध-, प-म- ग-म गरे- ।

अंतरा-2

शबरी द्रुपदी ध्रुव परलादा, अर्जुन जब बेहाल ।

अंतरा-3

जहँ जहँ संकट तहँ अवतारो, हिरदय परम विशाल ।

।। 18.63 ।।

इति ते ज्ञानमाख्यातं गुह्याद्गुह्यतरं मया ।
विमृश्यैतदशेषेण यथेच्छसि तथा कुरु ।।

ॐ परमं सर्वगुह्येषु ज्ञानमुक्तमिदं मया ।
यथेच्छसि तथा पार्थ कुरु योग्यमतः परम् ।। **1104**/1447

दोहा॰ सब गुह्यों में परम जो, कहा तुम्हें है, पार्थ! ।
स्वेच्छा से अब तुम करो, जो लगता हो सार्थ ।। **1447**/1779

।। 18.64 ।।

सर्वगुह्यतमं भूयः शृणु मे परमं वचः ।
इष्टोऽसि मे दृढमिति ततो वक्ष्यामि ते हितम् ।।

ॐ पुनः शृणु सखे पार्थ भूयो वदामि ते हितम् ।
प्रियोऽसि त्वं च मित्रं मे तस्माद्गुह्यं वदामि त्वाम् ।। **1105**/1447

दोहा॰ फिर से सुन लो, पार्थ! तुम, कहता हूँ हित बात ।
तुम मेरे प्रिय मित्र हो, अतः कहूँ मैं, तात! ।। **1448**/1779

|| 18.65 || मन्मना भव मद्भक्तो मद्याजी मां नमस्कुरु ।
मामेवैष्यसि सत्यं ते प्रतिजाने प्रियोऽसि मे ।।

ॐ एकाग्रेण प्रणम्य मां सर्वभावेन त्वं सखे ।
मद्भक्तो मन्मना भूत्वा कौन्तेय मत्परायण: ।। 1106/1447

मत्पर होकर भक्ति जोड़ कर, नमन करो तुम मन को मोड़ कर ।
आओगे मम पार्थ! दुआरे, प्रण है मेरा सुनो पियारे! ।। 1759/5200

✍दोहा॰ एक चित्त से मगन तुम, पूर्ण भक्ति के साथ ।
आओ मेरी शरण में, मत्पर होकर, पार्थ! ।। 1449/1779

|| 18.66 || सर्वधर्मान्परित्यज्य मामेकं शरणं व्रज ।
अहं त्वां सर्वपापेभ्यो मोक्षयिष्यामि मा शुच: ।।

ॐ कार्यं मयि परित्यज्य मामेव शरणं व्रज ।
मोचयिष्यामि पापेभ्यो मा शुच: कुरुनन्दन ।। 1107/1447

✍दोहा॰ धर्म-कर्म मुझमें सभी, अर्पण कर दो स्वार्थ ।
तुझको मैं सब पाप से, मुक्त करूँगा, पार्थ! ।। 1450/1779

|| 18.67 || इदं ते नातपस्काय नाभक्ताय कदाचन ।
न चाशुश्रूषवे वाच्यं न च मां योऽभ्यसूयति ।।

(भगवत: प्रतिबोध:)

ॐ हृदि नास्ति तपो यस्य नास्ति यस्य मनोबलम् ।
नास्ति मनसि भावश्च नास्ति भक्तिस्तथा मयि ।। 1108/1447

✍दोहा॰ नहीं तपस्या हृदय में, ना जिसके मन भाव ।
नहीं मनोबल है जिसे, ना है मेरी चाव; ।। 1451/1779

ॐ मां च निन्दति यो दुष्ट: प्रज्वलतीर्षया च य: ।
गुह्यमेतन्न वक्तव्यं प्रमादादपि तं नरम् ।। 1109/1447

✍दोहा॰ निंदा मेरी जो करे, जलता मुझसे व्यर्थ ।
गुह्य उसे यह मत कहो, गलती से भी, पार्थ! ।। 1452/1779

|| 18.68 || य इदं परमं गुह्यं मद्भक्तेष्वभिधास्यति ।
भक्तिं मयि परां कृत्वा मामेवैष्यत्यसंशय: ।।

मे परमोपदेशं यो भद्रजनेषु वक्ष्यति ।
भक्तिं मे प्राप्य तस्मात्स मामेष्यति न संशयः ।। **1110**/1447

दोहा॰ भद्र जनों में जो कहे, गुह्य ज्ञान यह आप ।
प्रसाद मेरा है उसे, उसके मिटते पाप ।। **1453**/1779

।। 18.69 ।।
न च तस्मान्मनुष्येषु कश्चिन्मे प्रियकृत्तमः ।
भविता न च मे तस्मादन्यः प्रियतरः भुवि ।।

विश्वे सुकर्म कर्ता तु नास्ति तस्मादनुत्तमः ।
लब्धपुण्यः सखे पार्थ भक्तः सोऽतीव मे प्रियः ।। **1111**/1447

दोहा॰ सुकर्म कर्ता विश्व में, उससे बड़ा न कोय ।
पुण्य प्राप्त शुभ, पार्थ! वो, भक्त मेरा प्रिय होय ।। **1454**/1779

।। 18.70 ।।
अध्येष्यते च य इमं धर्म्यं संवादमावयोः ।
ज्ञानयज्ञेन तेनाहमिष्टः स्यामिति मे मतिः ।।

संवादमावयोर्गुह्यं धर्म्यं ध्यानेन यो पठेत् ।
प्राप्य मे परमां भक्तिं मामेवैष्यति निश्चितम् ।। **1112**/1447

दोहा॰ संवाद हमारा गुह्य यह, जो पढ़ता सह ध्यान ।
मेरी भक्ति प्राप्त वो, आता मेरे धाम ।। **1455**/1779

।। 18.71 ।।
श्रद्धावाननसूयश्च शृणुयादपि यो नरः ।
सोऽपि मुक्तः शुभाँल्लोकान्प्राप्नुयात्पुण्यकर्मणाम् ।।

नास्ति सुकर्म कर्ता तु तस्मात्कुत्रापि चोत्तमः ।
उत्तमः सोऽपि भक्तेषु भक्तः प्रियतमो मम ।। **1113**/1447

दोहा॰ सुकर्म कर्ता अरु नहीं, उससे बढ़ कर कोय ।
सब भक्तों में श्रेष्ठ वो, मुझको प्रियतम होय ।। **1456**/1779

।। 18.72 ।।
कच्चिदेतच्छ्रुतं पार्थ त्वयैकाग्रेण चेतसा ।
कच्चिदज्ञानसम्मोहः प्रणष्टस्ते धनञ्जय ।।

(श्रीभगवान्पृष्टवान्)

श्रुतं ध्यानेन किं पार्थ पूर्णं मे वचनं त्वया ।
अज्ञानजो भ्रमस्तस्मात्-प्रणष्टो वा धनञ्जय ।। **1114**/1447

✍दोहा॰ पार्थ! सुना क्या कथन सब, तुमने देकर ध्यान ।
नष्ट हुआ क्या भ्रम तेरा, मिट कर सब अज्ञान ।। 1457/1779

अर्जुन उवाच ।

|| 18.73 || नष्टो मोहः स्मृतिर्लब्धा त्वत्प्रसादान्मयाच्युत ।
स्थितोऽस्मि गतसन्देहः करिष्ये वचनं तव ।।

(अर्जुनो वदति)

ॐ भ्रमो मे निर्गतः पूर्णो भवतः कृपया प्रभो ।
स्थिरा मम स्थितिर्भूयः, करिष्येऽहं वचस्तव ।। 1115/1447

✍दोहा॰ भ्रम मेरा अब नष्ट है, बिन शंका लवलेश ।
प्रभो! करूँगा कर्म मैं, ज्यों तेरा उपदेश ।। 1458/1779

सञ्जय उवाच ।

|| 18.74 || इत्यहं वासुदेवस्य पार्थस्य च महात्मनः ।
संवादमिममश्रौषमद्भुतं रोमहर्षणम् ।।

(सञ्जय उवाच)

ॐ संवादं गुह्ययुक्तं च रोमहर्षदमित्यहम् ।
केशवस्य च पार्थस्याश्रौषं पूर्णं परन्तप ।। 1116/1447

✍दोहा॰ गुह्य युक्त संवाद यह, सह रोमांचित गात ।
राजन्! केशव पार्थ का, सुना हर्ष के साथ ।। 1459/1779

|| 18.75 || व्यासप्रसादाच्छ्रुतवानेतद्गुह्यमहं परम् ।
योगं योगेश्वरात्कृष्णात्साक्षात्कथयतः स्वयम् ।।

ॐ योगेश्वरस्य वक्तव्यं ज्ञानयुक्तमलौकिकम् ।
व्यासकृपाप्रसादाच्च श्रीकृष्णकृपया श्रुतम् ।। 1117/1447

✍दोहा॰ योगेश्वर का बचन वो, अद्भुत ज्ञान प्रसाद ।
मैंने केशव से सुना, व्यास कृपा के साथ ।। 1460/1779

संगीत-गीता-दोहावली गीतमाला, पुष्प 194 of 205

गीत : राग रत्नाकर, कहरवा ताल 8 मात्रा

चल अकेला

स्थायी

दूर डगर, पग चलना है, भव पार करन नहीं बेड़ा रे ।

♫ नि–ध पधध, पम गगम– प–, सारे ग–ग गगग मप मगमग रे– ।

अंतरा–1

आया अकेला, राही अकेला, बाद अकेला जाना है ।

आर अकेला, पार अकेला, चल अकेला फेरा रे ।।

♫ ग–रे सारे–ग–, ध–प मग–म–, नि–ध पध–नि– धपमग म– ।

ग–रे सारे–ग–, ध–प मग– म–, धप मग–प– मगमग रे– ।।

अंतरा–2

पथ में अंधेरा, डर बहुतेरा, मोह माय से घेरा है ।

नश्वर जग में जब डेरा है, हरि सहारा तेरा रे ।।

।। 18.76 ।।

राजन्संस्मृत्य संस्मृत्य संवादमिममद्भुतम् ।
केशवार्जुनयोः पुण्यं हृष्यामि च मुहुर्मुहुः ।।

ॐ स्मृत्वा पुनः पुनः राजन्–संलापं कृष्णपार्थयोः ।
भूयो भूयश्च हृष्यामि रोमहर्षो मुहुर्मुहुः ।। **1118**/1447

✍दोहा॰ कृष्ण–पार्थ का दिव्य वो, स्मरण किए संवाद ।
पुनः पुनः मैं हृष्ट हूँ, फिर फिर पुलकित गात ।। **1461**/1779

।। 18.77 ।।

तच्च संस्मृत्य संस्मृत्य रूपमत्यद्भुतं हरेः ।
विस्मयो मे महान्राजन्हृष्यामि च पुनः पुनः ।।

ॐ अद्भुतं पावनं रूपं संस्मृत्य च हरेस्तथा ।
वारं वारं महाहृष्टो भूतोऽहं विस्मयावृतः ।। **1119**/1447

✍दोहा॰ सुमिरण पावन रूप का, करके बारंबार ।
पुलकित मेरा गात है, हुलसित है हर बार ।। **1462**/1779

।। 18.78 ।।

यत्र योगेश्वरः कृष्णो यत्र पार्थो धनुर्धरः ।
तत्र श्रीर्विजयो भूतिर्ध्रुवा नीतिर्मतिर्मम ।।

ॐ कृष्णो योगेश्वरो यत्र धनुर्धरोऽर्जुनस्तथा ।

श्रीर्विभूतिर्जयस्तत्र दृढा नीतिश्च, मे मतिः ।। **1120**/1120

दोहा॰ जहाँ कृष्ण योगेश हैं, और धनुर्धर पार्थ ।
वहाँ विजय, श्री, नीति हैं, विभूति उनके साथ ।। **1463**/1779

संगीत-गीता-दोहावली गीतमाला, पुष्प 195 of 205

हे गिरिधारी

स्थायी

हे गिरिधारी! कुंज विहारी! हरि बनवारी! तारो हमें ।

♫ नि- रेगमं-मं-! ध-प मंग-मं-! गग मंमंप-प-! नि-ध पमं- ।

अंतरा-1

कृपा से प्यारे, पाहि मुरारे! शरण तिहारी, लीजो हमें ।

♫ सारे- रे ग-ग-, प-मं गरे-ग-! धधप मंग-मं-, नि-ध पमं- ।

अंतरा-2

नैन के तारे! हिया पुकारे, चरण तिहारे, दीजो हमें ।

अंतरा-3

दरस तुम्हारे, परम सुखारे! पार किनारे, कीजो हमें ।

161. गीत : भैरवी, कहरवा ताल 8 मात्रा

मोक्ष का निरूपण

स्थायी

सुनो शारद मंजुल गाया है, मुनि नारद बीन बजाया है ।
रत्नाकर गीत रचाया है ।।

♫ सानि सा-गरे सा-निनि सा-रेम ग-, गम मगपम ग-रे सासा-रेम ग- ।
गगरेसासासा रे-ग मगरेसानि सा- ।।

अंतरा-1

जो वीतराग सम बुऽद्धिऽ है, जिन कर्मयोग की सिऽद्धिऽ है ।
जो काम क्रोध तज मत्पर है, सब छोड़ा जिसने मत्सर है ।
वह मोक्ष पात्र कहलाया है ।।

♫ प- मरेम प-प पम पनिधप प-, पप म-गसागग मप गरेसानि सा- ।

सानि़ सा–ग रे–सा नि़नि़ सा–रेम ग–, सानि़ सा–गरे सासानि़– सा–रेम ग– ।

गग रेसासा रे–रे गमगरेसानि़ सा– ।।

अंतरा–2

जो निर्मम निरहंऽकारी है, जो मौन मुनि मितभाषी है ।

जो एक निष्ठ है भक्त मेरा, जो निरासक्त है अनघ खरा ।

वह ब्रह्म गात्र कहलाया है ।।

अंतरा–3

जो सर्वभूत का प्रेमी है, जो मेरा मत अनुगामी है ।

जो पूर्ण चित्त से तत्पर है, जो सर्वधर्म तज मत्पर है ।

वह मुक्ति पात्र कहलाया है ।।

35. श्रीकृष्ण के 301 नाम–विशेषण का निरूपण

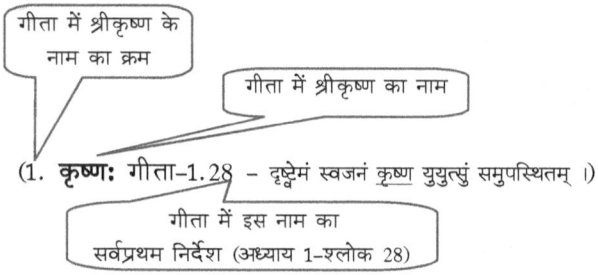

गीता में श्रीकृष्ण के नाम का क्रम

गीता में श्रीकृष्ण का नाम

(1. **कृष्णः** गीता–1.28 – दृष्ट्वेमं स्वजनं कृष्ण युयुत्सुं समुपस्थितम् ।)

गीता में इस नाम का सर्वप्रथम निर्देश (अध्याय 1–श्लोक 28)

♫ **संगीत–गीता–दोहावली छन्दमाला, मोती 136 of 136**

पाञ्चालिश्छन्दः

ऽ ऽ ।

कृष्णः

कृष्णश्च, कृष्णञ्च, कृष्णेन ।

कृष्णाय, कृष्णाच्च, कृष्णस्य ।। 1

कृष्णे च, कृष्णेति, रूपाणि ।

कृष्णस्य, सर्वाणि, जानीहि ।। 2

🕉 कृष्णवर्णः स श्रीकृष्णः कृष्णरात्रावजायत ।
कृष्णसर्पोऽभवच्छत्रं कृष्णाजले स वासुकिः ।। 1121/1120

🕉 गायामः कृष्णनामानि सुन्दराणि वयं प्रभोः ।
विकसितानि गीतायां पुष्परूपेण यानि हि ।। 1122/1447

✍ दोहा॰ कृष्ण-वर्ण श्री कृष्ण है, मथुरा के घनश्याम ।
आकर काली रात में, पहुँचे गोकुल ग्राम ।। 1465/1779

आओ मंगल हम चुनें, हरि को मस्तक टेक ।
सौरभ सुंदर रंग के, पुष्प तीन-सौ-एक ।। 1466/1779

🌹 संगीत-गीता-दोहावली गीतमाला, पुष्प 196 of 205

संस्कृत भजन : राग भैरवी, कहरवा ताल

कृष्णः

स्थायी

कमलनयन! सरसिजमुख! त्वम्, रविशशिकुण्डल! परमसुखम् ।
🎵 सासासारेगग! रेसारेगरेग! म-, धपमगम-पप! धपमगरे- ।

अंतरा-1

योगेश्वर! त्वं ब्रह्म परं, त्राहि प्रभो! मे विश्वमिदम् ।
🎵 सा-रे-गग! म- रे-ग मप-, ध-प मग-! प- ग-मगरे- ।

अंतरा-2

कृताञ्जलिस्त्वां वन्देऽहं, नाशय मे त्वं सर्वदुःखम् ।

अंतरा-3

नाम कृष्ण! ते मनोहरं, विन्दामि हृदि तव स्मरणम् ।

(2. **माधवः** गीता-1.14)

🕉 लक्ष्म्या माया धवो यः स माधव इति कथ्यते ।
लक्ष्मीनारायणौ तस्मात्-माधवः खलु सङ्कशः ।। 1123/1447

✍ दोहा॰ लक्ष्मी-माता के पति, मंगल मेघश्याम ।

अतः प्रभु को प्राप्त है, सुंदर "माधव" नाम ।। 1467/1779

(3. हृषीकेश: गीता-1.15)

🕉️ ज्ञानेन्द्रियाणि ज्ञायन्ते हृषीकाणि च विग्रहे ।
हृषीकाणां य ईशः स हृषीकेशो मतो बुधैः ।। 1124/1447

✍️ दोहा॰ ज्ञानेन्द्रियाँ शरीर की, जानी गई हृषीक ।
इंद्रिय का जो ईश वो, "हृषीकेश" है ठीक ।। 1468/1779

योगेश्वर श्रीकृष्ण का, "हृषीकेश" है नाम ।
हृषीकेश पिंडेश[123] को, लाखों लाख प्रणाम ।। 1469/1779

(4. अच्युत: गीता-1.21)

करपल्लवोद्गता-छन्दः

। ऽ ऽ, । ऽ ऽ, । । ऽ, । ऽ ।, ऽ

अच्युत:

च्युतो यो न केनापि मतः स ह्याच्युतः ।
स रामश्च कृष्णश्च हरिस्तथा च सः ।। 1

अहन्सोऽच्युतः कंसनृपञ्च रावणम् ।
नमो विष्णुरूपं परमं जनार्दनम् ।। 2

🕉️ च्युतो यो नहि केनापि श्रीकृष्णोऽच्युत उच्यते ।
नीतिरीतिमतिभिर्यः, सदा धीरो दृढश्च सः ।। 1125/1447

✍️ दोहा॰ अटल अचल स्थिर धीर जो, जस राघव का तीर ।
"अच्युत" संज्ञा है उसे, अढल नीति का वीर ।। 1470/1779

(5. केशव: गीता-1.31)

🕉️ दृष्ट्वा लीलां जनास्तस्य कृष्णस्य विस्मयाकुलाः ।
ब्रुवन्ति "स क ईशो वा," तस्माज्ज्ञातः स केशवः ।। 1126/1447

✍️ दोहा॰ लीला उसकी देख कर, मन में एक सवाल ।
क्या ये ईश्वर रूप है, वा "केशव" गोपाल ।। 1471/1779

---

[123] पिंड = देह ।

(6. **गोविन्दः** गीता–1.32)

गा विन्दति स गोविन्दः, केशी गा हर्तुमागतः ।
गावो वेण्वा प्रचोदिताः, केशी गोभिर्हतः खलः ।। 1127/1447

दोहा॰ गौ की रक्षा जो कियो, कृष्ण कहा "गोविंद" ।
मुरली से लीला करी, "मुरलीधर" व्रजनंद ।। 1472/1779

संगीत-गीता-दोहावली गीतमाला, पुष्प 197 of 205

भजन : दादरा ताल

कृष्ण का नाम

स्थायी

कृष्ण का नाम मन का लुभाना, बड़ा मंगल है सुंदर सुहाना ।
♫ सा–सा रे– रे–रे ग– रे– सारे–ग–, गम ध–पप म ग–पप मग–रे– ।

अंतरा–1

कृष्ण गोविंद गोपाल काला, विष्णु स्वानंद आनंद कान्हा ।
नंद का नंद बाँसुरी वाला, देवकी और यशोदा का लाला ।।
♫ ध–ध प–ध–ध म–प–म ग–रे–, रे–ग म–म–म प–म–ग रे–ग– ।
सा–नि़ सा– रे–रे ग–म–ग रे–ग–, नि–धप– म– गम–प– म ग–रे– ।।

अंतरा–2

श्रीहरि श्याम राधा का प्यारा, बलदाऊ सुदामा दुलारा ।
गोप गोपी के नैनों का तारा, ब्रजवासी जनों का जियारा ।।

अंतरा–3

कंस चाणूर मर्दन मुरारी, कालिया धेनुका पूतनारि ।
दीन बंधु पिता मित्र माता, पार्थ का सारथी योग दाता ।।

(7. **मधुसूदनः** गीता–1.35)

मधुवने मधुर्नाम्नो भूत एको नु राक्षसः ।
तमहन्बालकृष्णः स मध्वरिर्मधुसूदनः ।। 1128/1447

दोहा॰ राक्षस मधुबन में हुआ, एक बहुत बलवान ।
मारा मुक्के से उसे, "मधुसूदन" भगवान ।। 1473/1779

(8. **जनार्दनः** गीता-1.36)

ॐ **दुष्टानामर्दनो देवः कृष्णो ज्ञातो जनार्दनः ।**
रक्षकश्च स भद्राणां लोकनाथः स एव हि ।। 1129/1447

✍दोहा॰ अर्दन असुरों का करे, दीन जनों का नाथ ।
भजो "जनार्दन" कृष्ण को, पूर्ण भक्ति के साथ ।। **1474**/1779

🌹 **संगीत-गीता-दोहावली गीतमाला, पुष्प 198 of 205**

भजन : राग जंगला : तीन ताल

जनार्दन चरण में

स्थायी

बरज किये तू सब विषयन को, बैठ जनार्दन कृष्ण चरण में ।

♪ सारेग मग- रे- गम पमगग रे-, प-म गम-मम ध-प मगरे सा- ।

अंतरा-1

इधर उधर ना चित्त लगाना, एक महामन कृष्ण परम है ।

♪ निनिनि सांसांसां सां- नि-ध पम-प-, म-ग रेग-मम ग-ग मगरे सा- ।

अंतरा-2

जनम जनम के पाप मिटावे, नित्य सनातन सत्य धरम है ।

अंतरा-3

सफल सकल तू खा फल मीठे, आस बिना निष्काम करम है ।

(9. **वार्ष्णेयः** गीता-1.41)

ॐ **कृष्णो वृष्णिकुले जातो वार्ष्णेयः स प्रकीर्तितः ।**
वृष्णिर्यदुकुले जातः कार्तवीर्यार्जुनस्य यत् ।। 1130/1447

✍दोहा॰ कृष्ण "वार्ष्णेय" है कहा, वृष्णि वंश का पुत्र ।
विवस्वान् को कृष्ण ने, दिया योग का सूत्र ।। **1475**/1779

(10. **अरिसूदनः** गीता-2.4)

ॐ **अरिर्विषयरूपः स गात्रेभ्यो येन सूदितः ।**
तेनैव कंसचाणूरौ पूतनाकेशिनौ हताः ।। 1131/1447

✍दोहा॰ काम क्रोध सब विषय हैं, गात्रों के अरि कृत्स्न[124] ।
सूदित जिसने हैं किए, "अरिसूदन" है कृष्ण ।। **1479**/1779

(**11. अविनाशि** गीता–2.17)

ॐ विद्ध्यविनाशिनं कृष्णं येन सर्वमिदं कृतम् ।
सदा सर्वेषु भूतेषु नाना रूपैः स विष्ठितः ।। **1132**/1447

✍दोहा॰ राग–क्रोध हैं वश किए, जिसे शीत सम उष्ण ।
परम ब्रह्म परमात्म वो, "अविनाशी" है कृष्ण ।। **1477**/1779

(**12. अक्षर** गीता–3.15)

ॐ यथा आत्मा स देहेषु कृष्णो विश्वे चराचरे ।
अक्षरः शाश्वतो नित्यः सर्वगश्च सनातनः ।। **1133**/1447

✍दोहा॰ अक्षर जाना है जिसे, ब्रह्म उसी का नाम ।
कृष्ण बह्म परमात्म है, कृष्ण हि है श्री राम ।। **1478**/1779

(**13. अजः** गीता–4.6)

ॐ जानीहि ब्रह्म त्वं कृष्णम्–अजमव्ययमक्षरम् ।
भवति प्राणिवद्यन्न जन्म तदजमुच्यते ।। **1134**/1447

✍दोहा॰ भौतिक घटे न जन्म जो, प्राणीमात्र समान ।
ब्रह्म सनातन कृष्ण हैं, "अज" अक्षर भगवान ।। **1479**/1779

(**14. अव्ययात्मा** गीता–4.6)

ॐ हरिरव्यय आत्माऽस्ति भूतानामीश्वरोऽपि सः ।
आविर्भवति श्रीकृष्णो युगे युगे स्वमायया ।। **1135**/1447

✍दोहा॰ कृष्ण अव्ययात्मा कहा, सब भूतों का ईश ।
माया से अवतार ले, आता है जगदीश ।। **1480**/1779

(**15. ईश्वरः** गीता–4.6)

ॐ ईशः कृष्णो हि देवेश ईश्वरः परमेश्वरः ।
योगेश्वरो हृषीकेशो व्रजेशो जगदीश्वरः ।। **1136**/1447

---

[124] **कृत्स्न** = सर्व, सब, पूर्ण ।

✍दोहा॰ सर्व जगत का ईश है, कृष्ण कहा "जगदीश" ।
तन मन धन से सर्वदा, भजो योग का ईश ।। 1481/1779

(16. **ब्रह्मसनातनः** गीता–4.31)

ॐ अनन्तः स मतः कृष्णो ब्रह्मरूपः सनातनः ।
तर्हि कृष्णं दिवानक्तं भज ब्रह्मसनातनम् ।। **1137**/1447

✍दोहा॰ ब्रह्म अनादि अनंत है, केशव ब्रह्म स्वरूप ।
ब्रह्मसनातन कृष्ण हैं, वन्दनीय सुरभूप ।। 1482/1779

(17. **ज्ञेयः** गीता–4.6)

ॐ ज्ञेयः स कृष्णयोगेशः मोहनः मुरलीधरः ।
सर्वज्ञः सर्वभूतानां सर्वगो भक्तवत्सलः ।। **1138**/1447

✍दोहा॰ रूप कृष्ण का ज्ञेय है, भक्ति–भाव के साथ ।
दीन दुखी जन का सखा, कृष्ण कहा "जगनाथ" ।। 1483/1779

(18. **ब्रह्म** गीता–5.10)

ॐ पुरुषप्रकृती ब्रह्म जीवश्च पुरुषोत्तमः ।
बीजं स सर्वभूतानां कृष्णो विश्वस्य कारणम् ।। **1139**/1447

✍दोहा॰ जीव भूत जिसमें बसे, सगुण ब्रह्म है नाम ।
बीज विश्व का कृष्ण है, कृष्ण विश्व का प्राण ।। 1484/1779

(19. **प्रभुः** गीता–5.16)

ॐ प्रभावो यस्य दैवी स श्रीकृष्णः प्रभुरुच्यते ।
दाता माता विधाता च धाता भ्राता सखा तथा ।। **1140**/1447

✍दोहा॰ विश्व विधाता, तू प्रभो! तेरी जय जय कार ।
तू सोता आनंद का, केशव कृष्ण कुमार! ।। 1485/1779

(20. **विभुः** गीता–5.15)

ॐ विभुर्ब्रह्मा विभुर्विष्णुः–विभुरिन्द्रो विभुः शिवः ।
विभुर्रामो विभुः कृष्णो देवाय विभवे नमः ।। **1141**/1447

✍दोहा॰ हरि पालक है विश्व का, सुहृद माता भ्रात ।
मित्र बंधु सुहृद है सखा, प्रभु त्राता अरु तात ।। 1486/1779

(**21. परः** गीता–5.16)

ॐ **कृष्णः परात्परो देवः परमः परमेश्वरः ।**
परब्रह्म स कृष्णश्च कृष्णो भक्त्या हि लभ्यते ।। 1142/1447

✍दोहा॰ **कृष्ण परात्पर देव है, "परमेश्वर" भगवान ।**
कृष्ण परम पर ब्रह्म है, जो सिखलाता ज्ञान ।। 1487/1779

(**22. यज्ञतपसां भोक्ता** गीता–5.29)

ॐ **स यज्ञतपसां भोक्ता साक्षी कृष्णो महेश्वरः ।**
प्राप्यः स ज्ञानयज्ञेन कर्मभक्तिगुणैस्तथा ।। 1443/1447

✍दोहा॰ **यज्ञ ध्यान तप जाप का, साक्षी केशव आप ।**
न वो किसी के भोगता, कभी पुण्य या पाप ।। 1488/1779

(**23. सर्वलोकमहेश्वरः** गीता–5.29)

ॐ **चित्रकाव्यश्लोकः**

ॐ **श्रीकृष्णः सर्वगः साक्षी सर्वव्यापी सनातनः ।**
सर्वबीजः स सर्वेशः सर्वलोकमहेश्वरः ।। 1144/1447

✍दोहा॰ **कृष्ण सभी को जानता, न्यारा रहै न कोय ।**
सर्व लोक महेश वो, सबका प्यारा होय ।। 1489/1779

(**24. सुहृत्सर्वभूतानाम्** गीता–5.29)

ॐ **चित्रकाव्यश्लोकः**

ॐ **सुहृत्स सर्वभूतानां समश्च सर्वप्राणिषु ।**
विद्यते सर्वहृद्देशे सर्वत्र समवस्थितः ।। 1145/1447

✍दोहा॰ **सुहृद् जो सब जीव का, कृष्ण कहा "सत्-नाम" ।**
समवस्थित सब विश्व में, परम मुक्ति का धाम ।। 1490/1779

(**25. महाबाहुः** गीता–6.38)

ॐ **गिरिधरो महाबाहुः कृष्णचन्द्रो धनुर्धरः ।**
शङ्खचक्रगदाधारी वेणुधारी सुदर्शनः ।। 1146/1447

मुरारिः पूतनारिश्च कृष्णः केशिनिषूदनः ।
मध्वरिः कालियारिश्च कंसचाणूरमर्दनः ।। 1147/1447

✍दोहा॰ गोवर्धन गिरि के तले, सारे व्रज जन लोग ।
खड़े सभी आनंद में, बिना किसी भी सोग ।। **1491**/1779

बोले हरि को प्रेम से, गदगद होकर कृत्स्न ।
"ऊँगली पर गिरि तू धरा, महाबाहु तू कृष्ण!" ।। **1492**/1779

कृष्ण बजावे बाँसुरी, ब्रह्मनाद स्वरूप ।
"लीला तेरी गजब है, कहे इन्द्र सुर भूप" ।। **1493**/1779

(**26. रसोऽप्सु** गीता–7.8)

ॐ अप्सु रसः स श्रीकृष्णः पावनो निर्मलो द्रवः ।
हरेर्दैवी विभूतिर्या पञ्चभूतेषु सा मता ।। **1148**/1447

✍दोहा॰ जल की द्रवता कृष्ण है, जल जिससे गतिमान ।
निर्मल पावन पेय है, अमृत नीर समान ।। **1494**/1779

जल को "जीवन" है कहा, जल जीवन आधार ।
दीन लीन हरि चरण में, भव–जल होता पार ।। **1495**/1779

(**27. प्रभा शशिसूर्ययोः** गीता–7.8)

ॐ तेजश्च प्राप्नुतो यस्मात्–सूर्यश्च चन्द्रमा तथा ।
ओजो यदि हि कस्मिंश्चिद्–विद्धि कृष्णाद्धि सर्वशः ।। **1149**/1447

✍दोहा॰ प्रकाश सूरज चंद्र का, धरती जो चमकाय ।
प्रभाव दैवी कृष्ण का, कण–कण को उजलाय ।। **1496**/1779

(**28. प्रणवः** गीता–7.8)

ॐ ओङ्कारः प्रणवो ज्ञातो वेदेषु शब्दपावनः ।
प्रणवो हि परब्रह्म श्रीकृष्णः प्रणवस्तथा ।। **1150**/1447

✍दोहा॰ प्रणव शब्द सब वेद में, पावन है ओंकार ।
कृष्ण परम परब्रह्म है, जानत सब संसार ।। **1497**/1779

(**29. शब्दः खे** गीता–7.8)

ॐ अन्तरिक्षरवः कृष्ण ॐशब्दस्य खमण्डले ।
पवित्रो ब्रह्मनादः स सुश्राव्यश्च सुमङ्गलः ।। **1151**/1447

✍दोहा॰ ओम् नाम शुभ कृष्ण का, नादब्रह्म कहलाय ।

द्युमंडल में विचरता, शारद मन बहलाय ।। **1498**/1779

(**30. पौरुषं नृषु** गीता–7.8)

ज्ञानिनः शूरवीरस्य धीरस्य पौरुषं नृणाम् ।
ऊर्जस्तेजो बलं तेषां कृष्णरूपेण विद्यते ।। **1152**/1447

दोहा॰ ज्ञानी में जो "धी" बसी, तपस्वियों में ध्यान ।
शूर वीर में वीरता, कृष्ण ज्ञान–विज्ञान ।। **1499**/1779

(**31. पुण्यो गन्धः पृथिव्याम्** गीता–7.9)

सुगन्धो मृत्तिकायाञ्च पुष्पेषु सौरभो हरेः ।
सुवासश्चन्दने पुण्यः कस्तुरिका मृगेषु च ।। **1153**/1447

दोहा॰ सुंदर सौरभ भूमि का, परिमल पुष्प सुहाय ।
चंदन के मधु गंध से, तन मन कृष्ण सुखाय ।। **1500**/1779

(**32. तेजो विभावसौ** गीता–7.9)

तेजो विभावसौ कृष्णः कृशानुश्शुचिकारकः ।
पवित्रः पावनो वह्निः–आभा कृष्णस्य निर्मला ।। **1154**/1447

दोहा॰ तेज अग्नि का कृष्ण है, पवित्रकारक आग ।
निष्कलंक ज्वाला करे, बिना किसी भी दाग ।। **1501**/1779

कृष्ण पुण्य की आग है, जिसमें जलते पाप ।
कलुष कल्मष भगत के, कृष्ण मिटाते आप ।। **1502**/1779

(**33. जीवनं सर्वभूतेषु** गीता–7.8)

कृष्णो मध्यश्च भूतानाम्–आदिरन्तस्तथा हि सः ।
जीवनं सर्वभूतानां त्रिभुवने स प्राणिनाम् ।। **1155**/1447

दोहा॰ जीवन सरबस भूत का, कृष्ण आदि से अंत ।
सकल चराचर जगत में, कृष्ण प्रभाव अनंत ।। **1503**/1779

संगीत–गीता–दोहावली गीतमाला, पुष्प 199 of 205

भजन : राग बंजारा, तीन ताल

अर्जुन बोला

स्थायी

बोला अर्जुन, हे गिरिधारी! नहीं समझे हम बात तिहारी ।
कहे पार्थ को श्री बनवारी, सुनो पार्थ तुम कही हमारी ।।

♪ सा-रे म-मम, ध- पमप-ध-! सांरें सांधप- धध सां-ध पम-प- ।
सारे- म-म म- ध- पमरे-म-, पम- प-प पप मरे- मरे-सा- ।।

अंतरा-1

मनु को कैसे योग कहा था? आदि युग में मनु वहाँ था ।
कथन लगे मुझको अविचारी, नवे नवेले तुम अवतारी ।।

♪ सासा रे- म-म- प-म रेम- प-? प-म- रेरे म- पध- पम- रे- ।
सासासा सारे- ममप- रेमप-ध-, सांनि- पध-म- पप ममरे-सा- ।।

अंतरा-2

जनम बहुत है हुए तिहारे, जनम अनेकों हुए हमारे ।
हम जाने सब कथा तुमारी, तुम ना जानो एक हमारी ।।

अंतरा-3

कैसे गुरु जन पर शर मारूँ, बांधव मरण के घाट उतारूँ ।
लगे न मुझको यह हितकारी, होता है मुझको दुख भारी ।।

अंतरा-4

देह नशे देही अबिनासी, करता फेरी लख चौरासी ।
नर ज्यों वस्त्र पुराण उतारी, कहे पार्थ को विश्वनिहारी ।।

अंतरा-5

मोती सीप में, नभ में बिजुरी, शीत चाँद में, सूरज में नूरी ।
रंग मोर में, कोयल कारी, कौन करत है, रचना सारी ।।

अंतरा-6

जग ये जो भी है मनहारी, सुंदर चमक लगे सुखकारी ।
कण कण में है बिभूति मेरी, कहे पार्थ को कृष्ण मुरारी ।।

(34. तपस्तपस्विषु गीता-7.9)

🕉 ज्ञानं स ज्ञानिन: कृष्ण: कृष्णो योगश्च योगिनाम् ।

ध्यानञ्च ध्यानिनः कृष्णः कृष्णस्तपस्तपस्विषु ।। **1156**/1447

✍दोहा॰ हरि योगी का योग है, ज्ञानी का है ज्ञान ।
तप तपवियों का तथा, ध्यानी जन का ध्यान ।। **1504**/1779

(**35. बीजं सर्वभूतानां सनातनम्** गीता–7.10)

ॐ कृष्णेन मायया व्याप्तं कृत्स्नं विश्वं चराचरम् ।
बीजं स सर्वभूतानां ब्रह्मभूतं सनातनम् ।। **1157**/1447

✍दोहा॰ व्याप्त कृष्ण ने है किया, सारा भव संसार ।
बीज-सनातन कृष्ण है, लीला करत अपार ।। **1505**/1779

(**36. बुद्धिर्बुद्धिमताम्** गीता–7.10)

ॐ बुद्धिर्बुद्धिमतां कृष्णो ज्ञानञ्च ज्ञानिनां तथा ।
सद्विवेकः सदाचारः शुभः स सद्विवेकिनाम् ।। **1158**/1447

✍दोहा॰ सदाचार गुण कृष्ण है, सद् विवेक का भाव ।
ज्ञानवान का ज्ञान है, बुद्धि रूप है नाव ।। **1506**/1779

(**37. तेजस्तेजस्विनाम्** गीता–7.10)

ॐ ज्योतिः स ज्योतिषां कृष्णः–तमोऽज्ञानविनाशकः ।
प्रभा प्रभवतां कृष्णः–तेजस्तेजस्विनां तथा ।। **1159**/1447

✍दोहा॰ चमक चाँद की कृष्ण है, तेजस्वी का तेज ।
पाप ताप जिसके लखे, होते सब निस्तेज ।। **1507**/1779

(**38. बलं बलवतां कामरागविवर्जितम्** गीता–7.11)

ॐ बलं बलवतां कृष्णः साधूनाञ्च स रक्षणम् ।
सद्धर्मस्य हि रक्षायै कामरागविवर्जितम् ।। **1460**/1447

✍दोहा॰ कृष्ण शक्ति बलवान की, काम राग को छोड़ ।
कृष्ण सखा सद्भाव का, पूर्ण भक्ति को जोड़ ।। **1508**/1779

(**39. धर्माविरुद्धो भूतेषु कामः** गीता–7.11)

ॐ कृष्णः स धार्मिका बुद्धिः सद्विचारपरायणा ।
अधर्मिणाञ्च हन्ता स कृष्णो हि धर्मरक्षकः ।। **1161**/1447

✍दोहा॰ कृष्ण, हृदय-की-भावना, धर्म-कर्म सद्भाव ।

कृष्ण-चरण में वो झुका, जिसे मोक्ष की चाव ।। **1509**/1779

(**40. परमव्ययः** गीता-7.13)

चित्रकाव्यलोकः

अच्युतः श्रीधरः कृष्णः शाश्वतः परमव्ययः ।
जनार्दनः सदानन्दः माधवः केशवः प्रभुः ।। 1162/1447

दोहा॰ अमर अजर श्रीकृष्ण है, विष्णु का अवतार ।
परम अव्ययी जिष्णु है, अच्युत विश्वाधार ।। **1510**/1779

(**41. वासुदेवः** गीता-7.9)

वसुदेवसुतं देवं वासुदेवं नमाम्यहम् ।
देवकीपरमानन्दं यशोदानन्दनन्दनम् ।। 1163/1447

दोहा॰ "वासुदेव" श्रीकृष्ण को, वन्दन बारंबार ।
नंद नंद श्रीरंग से, मंगल है संसार ।। **1511**/1779

(**42. अव्यक्तः** गीता-7.24)

वन्देऽहं मस्तकं नत्वा सुन्दरं तमगोचरम् ।
अव्यक्तञ्च निराकारं श्रीकृष्णं तं महाप्रभुम् ।। 1164/1447

अव्यक्तं कृष्ण ते रूपं नृणां नेत्रैर्न दृश्यते ।
रूपं व्यक्तं मनोहारि मानुषं रोचते वरम् ।। 1165/1447

दोहा॰ एक अगोचर कृष्ण को, भजिये सुबहो शाम ।
निराकार अव्यक्त हैं, माधव मेघश्याम ।। **1512**/1779

(**43. अव्यक्तोत्तमः** गीता-7.24)

निराकारञ्च साकारम्-अगोचरञ्च गोचरम् ।
वन्देऽहं परमानन्दं कृष्णमव्ययमुत्तमम् ।। 1166/1447

दोहा॰ उत्तम तुम हो अव्ययी, भगतन के आधार ।
दर्शन देकर, हे प्रभो! स्वप्न करो साकार ।। **1513**/1779

(**44. न प्रकाशः सर्वस्य** गीता-7.25)

न प्रकाशः स सर्वस्य दानेन तपसा तथा ।
लभ्यते किन्तु भक्तेन श्रद्धायुक्तेन चेतसा ।। 1167/1447

✍दोहा॰ ज्ञान दान तप से नहीं, प्रभु दर्शन दिखलाय ।
एक चित्त की भक्ति से, दरस तुझे मिल जाय ।। **1514**/1779

(**45. योगमायासमावृतः** गीता–7.25)

ॐ लीलाभिर्विस्मितं विश्वम्–अपूर्वाभिस्तु विस्तृतम् ।
अतो मतः स योगेशो योगमायासमावृतः ।। **1168**/1447

ॐ जनाः कृष्णं न जानन्ति न च देवा न दानवाः ।
दुर्वेद्यो हि मतः कृष्णः सदाचारोपदेशकः ।। **1169**/1447

✍दोहा॰ यौगिक माया से ढका, अकथ अगम अवतार ।
लीलाओं का नाथ है, अखिल जगत करतार ।। **1515**/1779

(**46. अव्ययः** गीता–7.25)

ॐ अव्ययं कृष्ण ते रूपं शाश्वतमजमव्ययम् ।
अक्षरमक्षयं नित्यम्–अविनाशि च दैवि च ।। **1170**/1447

✍दोहा॰ रूप तिहारा अव्ययी, अजर, अमर, यदुनाथ! ।
दैवी मूरत आपकी, चक्र तिहारे हाथ ।। **1516**/1779

(**47. पुरुषोत्तमः** गीता–8.1)

ॐ दिव्यस्त्वमेव देवेशः पुरुषः पुरुषोत्तमः ।
त्वमेव ब्रह्म ब्रह्माण्डम्–ईश्वरः परमेश्वरः ।। **1171**/1447

✍दोहा॰ आदि अंत ब्रह्मांड का, तेरा ही अधिकार ।
पुरुषोत्तम परमातमा, तेरी जय जयकार ।। **1768**/1779

(**48. अक्षरः परमः** गीता–8.3)

ॐ सर्वज्ञः सर्वगः कृष्णः सर्वव्यापी सुलक्षणः ।
अक्षरः परमः कृष्णो ब्रह्मरूपः परात्परः ।। **1172**/1447

✍दोहा॰ सचिदानंद घन कृष्ण! तू, अक्षर तू परमेश ।
शेषशायी भगवान तू, लक्ष्मीनाथ रमेश ।। **1517**/1779

165. गीत : राग प्रमाती, दादरा ताल

अविनाशी

स्थायी

अजर अमर अविनाशी, अक्षर हरि व्रजवासी ।

♫ ममम गमम पमगमप–, ध–पम गग मगरेगरेसा ।

अंतरा–1

अचरज सेती निहारत, सुंदर जग नर नारी ।

भव भग चक्र चलावत, हरिहर घट घट वासी ।।

♫ रेरेरेरे गरेग मपमगरे, ध–पप मम गरे गमप– ।

धध पप मगरे गमधपम, धधपम गग मग रेगरेसा ।।

अंतरा–2

भगतन भीड़ लगावत, दरसन के अभिलासी ।

गिरिधर पावन कीने, गोकुल मथुरा कासी ।।

अंतरा–3

छम् छम् पायल बाजत, ग्वालिन रधिया दासी ।

छर छर मंथन लावत, माखन दधि घट रासी ।।

अंतरा–4

घूम फिर कर जग आये, जनम लाख चौरासी ।

कहीं न ऐसा मीत मिला, भव चक्कर जो नासी ।।

(**49. अधियज्ञः** गीता–8.4)

ॐ **योगो जीवनमेतद्धि पुरोहितो जनार्दनः ।**
अधियज्ञः स तस्माद्धि कृष्णो देहेषु प्राणिनाम् ।। 1173/1447

✍**दोहा॰ कृष्ण कहा यजमान है, जीवन जाना यज्ञ ।**
सब भूतन के देह में, केशव है "अधियज्ञ" ।। 1518/1779

(**50. कविः** गीता–8.9)

ॐ **सर्वज्ञानी कविः कृष्णः सर्वगः सर्वतोमुखः ।**
सर्वशास्ता स सर्वेषां सर्वेशः श्यामसुन्दरः ।। 1174/1447

✍**दोहा॰ ज्ञानी कविवर कृष्ण का, सब पर है अधिकार ।**
कृष्ण सभी का है सखा, सर्वभूत आधार ।। 1519/1779

(**51. पुराणः** गीता–8.9)

🕉 आदिदेवः पुराणः स देवदेवो महेश्वरः ।
अस्य कृत्स्नस्य विश्वस्य कृष्णो मूलं सनातनम् ।। 1175/1447

✍ दोहा॰ आदि मूल तू विश्व का, पुण्य पुरातन बीज ।
तुझसे ही विकसित हुई, सकल यहाँ की चीज ।। 1520/1779

(52. अनुशासिता गीता-8.9)

🕉 अस्य विश्वस्य पूर्णस्य कृष्ण त्वमनुशासिता ।
आज्ञया तव दैविन्या जगद्विपरिवर्त्तते ।। 1176/1447

✍ दोहा॰ स्वामी तू जग-तीन का, तेरे हों गुण गान ।
इसी लिए सब विश्व ये, चलता तेरे नाम ।। 1521/1779

(53. अणोरणीयान् गीता-8.9)

🕉 हरिरणोरणीयान्स गुरूणां स गुरुस्तथा ।
कृष्णो दीर्घेषु द्राधिष्ठो बहुरूपः स माधवः ।। 1177/1447

✍ दोहा॰ परमाणु से सूक्ष्म हैं, पर्वत से भी दीर्घ ।
बहुरूपी श्रीकृष्ण हैं, बिजली से भी शीघ्र ।। 1522/1779

(54. सर्वस्य धाता गीता-8.9)

🕉 ब्रह्मा सृजति भूतानि करोति प्रलयं शिवः ।
कृष्णो धाता स सर्वस्य मात्रा समश्च पालकः ।। 1178/1447

✍ दोहा॰ कृष्ण विधाता विश्व का, त्रिभुवन में कहलाय ।
दीनन पर किरपाल है, सबको सुख वह लाय ।। 1523/1779

(55. अचिन्त्यरूपः गीता-8.9)

🕉 अचिन्त्यो वर्णनातीतः कृष्णोऽगम्यो महाप्रभुः ।
सर्वे यद्यपि स्निह्यन्ति वेत्ति कोऽपि न तं परम् ।। 1179/1447

✍ दोहा॰ अचिंत्य कहते, व्यास जी, कबीर मीरा सूर ।
कृष्ण हृदय के पास हैं, बरनन लिखने दूर ।। 1524/1779

(56. आदित्यवर्णः गीता-8.9)

🕉 मयूरमुकुटं माला पीताम्बरञ्च कुण्डले ।
आदित्यवर्णकः कृष्णो मोहनः स मनोहरः ।। 1180/1447

🖋दोहा॰ रंग सुनहरे से भरा, पृथ्वी से आकाश ।
आभा चमचम कृष्ण की, निर्मल प्रखर प्रकाश ।। 1525/1779

(57. तमस: पर: गीता-8.9)

🕉 माया कृष्णस्य लीलाया दैविनी तमस: परा ।
आभा कृष्णस्य वर्णस्य पूर्णे जगति प्रसृता ।। 1181/1447

🖋दोहा॰ पवित्र आभा कृष्ण की, ओज तमस् से पार ।
विश्व भरा है ओज से, दूर हुआ अँधकार ।। 1526/1779

(58. पर: पुरुष: गीता-8.10)

🕉 आत्मा च पुरुषो देही श्रीकृष्ण: पुरुष: पर: ।
प्रकृतेर्गुणभूतानि वशे कृष्णस्य सर्वश: ।। 1182/1447

🖋दोहा॰ आत्मा जीवन भूत का, पुरुष उसे है नाम ।
परम पुरुष श्रीकृष्ण है, उसे नाम सत्नाम ।। 1527/1779

(59. ओम् गीता-8.13)

🕉 ओमेवैकाक्षरं ब्रह्म तदेव कृष्णसंज्ञकम् ।
ॐशब्द: पावन: पूज्य: पवित्र: पुण्यदायक: ।। 1183/1447

🕉 भवेदोमिति शब्देन प्रारम्भ: शुभकर्मणाम् ।
ओमोमिति हि व्याहृत्य तरसि भवसागरात् ।। 1184/1447

🖋दोहा॰ ओम् शब्द है ब्रह्म का, वही कृष्ण का नाम ।
ओम् परम पावित्र्य है, भजो ओम् से नाम ।। 1528/1779

(60. परमा गति: गीता-8.21)

🕉 सर्वेषां भवभूतानां श्रीकृष्ण: परमा गति: ।
जन्मद: पालक: कृष्णो विसर्गश्च स एव हि ।। 1185/1447

🖋दोहा॰ सदाचार समभाव से, जिसकी सुमति सुजान ।
कृष्ण बने उस भक्त की, गति है परम महान ।। 1529/1779

(61. पुरुष: पर: गीता-8.22)

🕉 ईशश्च पुरुष: कृष्ण आत्मा च स बुधैर्मत: ।
परमपुरुष: कृष्ण ईश्वर: परमेश्वर: ।। 1186/1447

🖋️दोहा॰ केशव ईश्वर है कहा, कृष्ण सदय भगवान ।
परम पुरुष परब्रह्म का, उसे मिला है मान ।। 1530/1779

(62. अव्यक्तमूर्ति: गीता-9.4)
🕉️ अव्यक्ता मूर्तिरीशस्य व्यक्तरूपेण श्रीहरि: ।
अव्यक्तस्य गतिर्दु:खं कायवद्भिरवाप्यते ।। 1187/1447

🖋️दोहा॰ अव्यक्तमूर्ति ईश की, कृष्ण व्यक्त हैं रूप ।
इसी लिए श्रीकृष्ण हैं, कहे गए "सुरभूप" ।। 1531/1779

(63. भूतभावन: गीता-9.5)
🕉️ जन्मदाता स कृष्णश्च स एव भूतभावन: ।
तस्मात्स पूज्यते कृष्णो भक्तिभावेन ज्ञानिभि: ।। 1188/1447

🖋️दोहा॰ ब्रह्मा करता सृजन है, शंकर करता लोप ।
भूत-भावन कृष्ण को, धन्य कहत तिर्लोक ।। 1532/1779

(64. उदासीनवदासीनोऽसक्त: गीता-9.9)
🕉️ उदासीनो निरासक्त: कृष्ण: सर्वेषु कर्मसु ।
वीतरागस्तटस्थश्च सम: सर्वेषु प्राणिषु ।। 1189/1447

🖋️दोहा॰ निरासक्त निष्पक्ष वो, सबमें सदा समान ।
करके कर्म, अलिप्त वो, वीतराग महान ।। 1533/1779

(65. भूतमहेश्वर: गीता-9.11)
🕉️ सर्वाधार: प्रभु: कृष्ण: सर्वभूतमहेश्वर: ।
सर्वदेवनमस्कार:-तमेव प्रति गच्छति ।। 1190/1447

🖋️दोहा॰ जिसके चरणन में सदा, सबका है अधिवास ।
महान ईश्वर कृष्ण में, भगतन का विश्वास ।। 1534/1779

(66. भूतादि: गीता-9.13)
🕉️ आदि: स सर्वभूतानां पिता धाता च रक्षक: ।
सर्वनाथाय कृष्णाय नमस्तस्मै नमो नम: ।। 1191/1447

🖋️दोहा॰ उद्गम तीनों लोक का, आदि जगत करतार ।
मातु पिता सब भूत का, परम सखा अवतार ।। 1535/1779

(67. विश्वतोमुख: गीता-9.15)

ॐ चित्रकाव्यश्लोक:

सर्वं स्मरति सर्वस्य सर्वकालेषु सर्वदा ।
सर्वत्र सर्वव्यापी स श्रीकृष्ण: सर्वतोमुख: ।। 1192/1447

दोहा॰ प्रस्तुत भूत भविष्य का, जिसको सरबस ज्ञान ।
विश्वतोमुख अनादि को, मस्तक टेक प्रणाम ।। 1536/1779

(68. क्रतु: गीता-9.16)

ज्ञानयज्ञेन बुद्ध्या च सर्वं समर्पणं भवेत् ।
तपो ध्यानं मत: कृष्णो यतीनां तपसां क्रतु: ।। 1193/1447

दोहा॰ क्रतु हैं मानत कृष्ण को, ऋषि-मुनि तापस लोग ।
ज्ञानी ध्यानी सिद्ध का, कृष्ण कर्म का योग ।। 1537/1779

(69. यज्ञ: गीता-9.16)

ज्ञानं ध्यानं तपो योग: श्रीकृष्णो यज्ञ एव च ।
पूजयन्ति च यं देवा: कृष्णो यज्ञस्य देवता ।। 1194/1447

दोहा॰ जीवन जाना यज्ञ है, कर्म बंध का त्याग ।
कर्म-भाव निष्काम का, कृष्ण सिखाया याग ।। 1538/1779

(70. स्वधा गीता-9.16)

ॐ भूर्भुव: स्वधा कृष्णं यज्ञदेवं जनार्दनम् ।
सर्वदेववरेण्यं तं सर्वकर्म समर्पणम् ।। 1195/1447

दोहा॰ लिए नाम श्रीकृष्ण का, करो वासना त्याग ।
यही योग "निष्काम" का, सर्व श्रेष्ठ है राग ।। 1539/1779

(71. औषधम् गीता-9.16)

औषधानां वने वास: कृष्णो ज्ञातो वनस्पति: ।
तस्मात्पतिं वनानां तं वृणोति वनदेवता ।। 1196/1447

दोहा॰ कृष्ण रसाता औषधि, रस वृक्षन में डाल ।
प्राण अचल में डाल कर, करता कृष्ण कमाल ।। 1540/1779

(72. मन्त्र: गीता-9.16)

यज्ञमन्त्रो मतः कृष्णो मन्त्रो मन्त्रयते मखम् ।
भृशं करोति कल्याणं मन्त्रस्य पावना ध्वनिः ।। 1197/1447

दोहा॰ कृष्ण यज्ञ का मंत्र है, परम सुमंगल नाद ।
स्तुति गायत्री की करें, साम यजुस् ऋग्वेद ।। 1541/1779

(73. आज्यम् गीता-9.16)

कृष्ण आज्यञ्च यज्ञस्य मङ्गलं पावनं घृतम् ।
सुरभेः शुचिदुग्धञ्च कृष्णस्य दयितं प्रियम् ।। 1198/1447

दोहा॰ कृष्ण आज्य है याग का, सुरभी-घृत अभिराम ।
यज्ञ देवता को मिले, आहुति से सम्मान ।। 1542/1779

(74. अग्निः गीता-9.16)

पावनः पावकः कृष्णो यज्ञस्य चाग्निदेवता ।
तस्मादग्निरथी कृष्णो नित्यं यज्ञे प्रतिष्ठितः ।। 1199/1447

दोहा॰ कृष्ण यज्ञ की ज्योति है, अग्निदेवता रूप ।
सदा कृष्ण रहता बसा, यज्ञों में सुरभूप ।। 1543/1779

(75. हुतम् गीता-9.16)

यद्यदपि हुतं यज्ञे मतं तत्तत्स केशवः ।
स्वाहा च यज्ञसाकल्यं क्षौद्रं समिद्धुतं तथा ।। 1200/1447

दोहा॰ भक्ति-भाव से जो सभी, आहुति पूज्य प्रदान ।
समिधा फल घृत सर्व वो, करो कृष्ण के नाम ।। 1544/1779

(76. पिताऽस्य जगतः गीता-9.17)

माया सर्वेषु कृष्णस्य वात्सल्यं पोषणं तथा ।
कृष्णो मतो जगन्माता श्रीकृष्णो हि जगत्पिता ।। 1201/1447

दोहा॰ कृष्ण जगत के हैं पिता, श्रीधर लक्ष्मीनाथ ।
भव भूतों के भाग्य की, डोरी उनके हाथ ।। 1545/1779

(77. माता गीता-9.17)

सुहृन्माता मतः कृष्णो जगतश्चास्य पालकः ।
वन्देऽहं तं प्रियं प्राणं यशोदानन्दनन्दनम् ।। 1202/1447

✍दोहा॰ जग की माता कृष्ण है, देवकीनंदन श्याम ।
कोमल ममता की नदी, मोहन हरि घनश्याम ।। **1546**/1779

(**78. धाता** गीता–9.17)

कृष्णो धाता विधाता च विश्वस्य स जनार्दनः ।
पालकश्चालको विष्णुः–विश्वाधारो महामना ।। 1203/1447

✍दोहा॰ जगत विधाता कृष्ण है, विष्णु का अवतार ।
वही सुखद श्री राम है, कहिए जय जयकार ।। **1547**/1779

(**79. पितामहः** गीता–9.17)

अस्य विश्वस्य श्रीकृष्णः पिता वन्द्यः पितामहः ।
जनकः स प्रजानाथः सदानन्दो रमापतिः ।। 1204/1447

✍दोहा॰ पिता पितामह कृष्ण हैं, सब भव के आधार ।
कृष्ण–कृपा की नाव से, करलो सागर पार ।। **1548**/1779

(**80. वेद्यः** गीता–9.17)

वेदनीयः प्रभुः कृष्णो माया तस्य महत्तमा ।
वेत्ति सर्वस्य सर्वं स कोऽपि वेत्ति न तं ननु ।। 1205/1447

✍दोहा॰ कृष्ण चरित्तर वेद्य है, लीला मय अद्भुत ।
जिसका दर्शन पाइके, विस्मित हैं सब भूत ।। **1549**/1779

कृष्ण–कृपा को जानिये, वन्दनीय प्रभुराज ।
दुर्घट दुर्धर क्यों न हो, सफल करे वह काज ।। **1550**/1779

(**81. पवित्र ओङ्कारः** गीता–9.17)

कृष्णः पवित्र ओङ्कारः शब्दः खे पावनः खलु ।
मतः स ब्रह्मरूपश्च ब्रह्मनादोऽपि कथ्यते ।। 1206/1447

✍दोहा॰ ओम् शब्द ही कृष्ण है, पवित्र हरि का नाम ।
ओम् नाद ही ब्रह्म है, वेद वाक्य अभिराम ।। **1551**/1779

(**82. ऋक्** गीता–9.17)

ऋग्वेदः कृष्णरूपः स आदिवेदो मतस्त्रिषु ।
सर्वज्ञानामृतं यस्मात्–सृष्टः स ब्रह्मणो मुखात् ।। 1207/1447

दोहा॰ ऋचा-समुंदर है बना, कृष्ण रूप ऋग्वेद ।
इसमें रहस्य है भरा, ज्ञानी जानत भेद ।। **1552**/1779

(**83. साम** गीता-9.17)

सामवेदस्य सङ्गीतं शिवं कृष्णात्मकं शुभम् ।
तस्मात्सङ्गीतशास्त्रञ्च नाट्यशास्त्रञ्च निर्गतम् ।। **1208**/1447

दोहा॰ ओम् साम का सार है, कहै उपनिषद् छान्दोग्य ।
छन्द राग जिससे बने, गान बजाने योग्य ।। **1553**/1779

(**84. यजुः** गीता-9.17)

यजुर्वेदो मतः कृष्णः कर्मश्रेणीप्रवर्तकः ।
गद्यपद्यात्मको वेदो मन्त्रनियमसंग्रहः ।। **1209**/1447

दोहा॰ यजुर्वेद को है कहा, कर्म कांड का वेद ।
गद्यपद्य मय वेद के, शुक्ल कृष्ण हैं भेद ।। **1554**/1779

(**85. गतिः** गीता-9.18)

जन्ममृत्वोर्गतिः कृष्णो भूतानां भवसागरे ।
भज कृष्णं प्रजानाथं सन्तरितुं भवं सुखम् ।। **1210**/1447

दोहा॰ कृष्ण विश्व की हैं गति, जीव जगत आधार ।
करलो केवट कृष्ण को, करने को भव पार ।। **1555**/1779

(**86. भर्ता** गीता-9.18)

त्रिभुवनस्य स्वामी स श्रीकृष्णः परमेश्वरः ।
वन्दे तं सर्वभर्तारं लक्ष्मीनारायणप्रभुम् ।। **1211**/1447

दोहा॰ त्रिभुवन भर्ता कृष्ण हैं, सर्वभूत के प्राण ।
शेषशायी भगवान् वो, करे सकल कल्याण ।। **1556**/1779

(**87. साक्षी** गीता-9.18)

आत्मा स सर्वभूतानां श्रीकृष्णो हृदयस्थितः ।
गुणैस्तु कार्यते कर्म साक्षी स सर्वकर्मणाम् ।। **1212**/1447

दोहा॰ सबके हिरदय में बसा, आत्मा बन कर प्राण ।
नर करता है कर्म जो, साक्षी है भगवान ।। **1557**/1779

(**88. निवासः** गीता–9.18)

अन्तिमं परमं धाम कृष्णो हि देहधारिणाम् ।
गत्वा यतः प्रयाताय निर्गन्तव्यं न वै पुनः ।। 1213/1447

दोहा॰ मर कर प्राणी के लिए, परम कहा जो स्थान ।
भव के फेरे ना जहाँ, पुण्य कृष्ण का धाम ।। 1558/1779

(**89. शरणम्** गीता–9.18)

परमं शरणं कृष्णो भक्तानामाश्रयः शुभः ।
नित्यं चरणयोस्तस्य सुस्थो नः संश्रयो भवेत् ।। 1214/1447

दोहा॰ परम सहारा कृष्ण है, क्षेम शरण का स्थान ।
कृष्ण–चरण में भगत को, मिले नित्य कल्याण ।। 1559/1779

(**90. सुहृद्** गीता–9.18)

श्रीकृष्णः सर्वभूतानां सुहृद्बन्धुः सखा तथा ।
दयालु हृदयं तस्य कृष्णः स भक्तवत्सलः ।। 1215/1447

दोहा॰ कोमल हिरदय कृष्ण का, सबके लिए उदार ।
सुहृद् सच्चा कृष्ण है, सबसे भली मदार ।। 1560/1779

संगीत–गीता–दोहावली गीतमाला, पुष्प 200 of 205

गीत : राग बरहंस

तू ही हमारा

स्थायी

तू ही हमारा परम सहारा, माता गुरवर तात पियारा ।

♫ रे- ग मग-रे- सासासा रेग-म-, प-म- गगरेरे म-ग रेग-सा- ।

अंतरा–1

एक आतमा कण कण घेरा, तू ही हमरा कृष्ण! जियारा ।

♫ सा-रे ग-गग- मम पम ग-रे-, प- म गरे-रे- म-ग! रेग-सा- ।

अंतरा–2

पाँच भूत की धरती सारी, तीन गुणन में है नर नारी ।

अंतरा–3

चंद्र सूर्य तारे सब तू ही, तू ही भव जल तुहि किनारा ।

अंतरा–4

पर्बत सरिता वन तरु तूही, सब विध तेरा तंत्र बिखेरा ।

(91. **प्रभवः** गीता–9.18)

ॐ श्रीकृष्णः प्रभवः सृष्टेः-बीजं चराचरस्य हि ।
तस्माद्धि जायते सर्वं सर्वाकारं मनोहरम् ।। **1216**/1447

✍दोहा॰ प्रभव सृष्टि का कृष्ण है, करे चराचर भूत ।
देवकिनंदन आठवाँ, वसूदेव का पूत ।। **1561**/1779

(92. **प्रलयः** गीता–9.18)

ॐ सृष्टेः स प्रलयः कृष्णो जन्मदाता यथा हि सः ।
सृष्टिचक्रं विनाखण्डं कृतं तेन निरन्तरम् ।। **1217**/1447

✍दोहा॰ प्रलय सृष्टि का कृष्ण ही, बन कर शिवजी आप ।
वही जनाता सृष्टि को, ब्रह्मा बन कर बाप ।। **1562**/1779

(93. **स्थानम्** गीता–9.18)

ॐ निवासः परमं स्थानं कृष्णो विश्वस्य मातृवत् ।
सर्वेषां पितृवत्कृष्णः सर्वे तस्यैव बालकाः ।। **1218**/1447

✍दोहा॰ सबका आश्रय कृष्ण है, सुख निवास का स्थान ।
सदय परम प्रिय भक्त को, करता स्वर्ग प्रदान ।। **1563**/1779

(94. **निधानम्** गीता–9.18)

ॐ निधानमन्तिमं कृष्णः सर्वेषां परमा गतिः ।
वन्दे तं सच्चिदानन्दं विश्वाधारं निरञ्जनम् ।। **1219**/1447

✍दोहा॰ परम अव्ययी बीज है, कृष्ण विश्व का एक ।
जिसके विभूति योग से, निकले भूत अनेक ।। **1564**/1779

(95. **बीजमव्ययम्** गीता–9.18)

ॐ चराचरस्य विश्वस्य दिव्यञ्च परमात्मकम् ।
कृष्णो हि भवभूतानां सर्वेषां बीजमव्ययम् ।। **1220**/1447

✍दोहा॰ अंतिम परम निधान जो, सुख-शाँति का धाम ।

परम भगत प्रिय के लिए, एक नाम घनश्याम ।। **1565**/1779

(**96. अमृतम्** गीता–9.19)

ॐ श्रीकृष्ण एव गीताया उपदेशामृतं शुभम् ।
सदाचारस्य रूपेण कृष्णो मार्गोपदेशकः ।। **1221**/1447

दोहा॰ गीतामृत श्रीकृष्ण का, अमृत से भी ज्येष्ठ ।
गीतामृत से विश्व में, कौन भला है श्रेष्ठ ।। **1566**/1779

(**97. मृत्युः** गीता–9.19)

ॐ मृत्युः सर्वहरः कृष्णः पृथिव्यां जीवधारिणाम् ।
यथा कर्माणि भूतानां भवेत्तेषां तथा गतिः ।। **1222**/1447

दोहा॰ मृत्यु सभी का कृष्ण है, जब तन छोड़े प्राण ।
यथा कृष्ण देता तथा, होता अंत्य प्रयाण ।। **1567**/1779

(**98. सदसत्** गीता–9.19)

ॐ भूमेर्येये येऽपि गच्छन्ति कृष्णो हि सदसद्गती ।
भद्राणां सद्गतिस्तस्माद्-अभद्राणां च दुर्गतिः ।। **1223**/1447

दोहा॰ सदसद् गति भव भूत की, कृष्ण जगत का ईश ।
यथा कर्म तद्वत गति, देता है जगदीश ।। **1568**/1779

(**99. सर्वयज्ञानां भोक्ता** गीता–9.24)

ॐ कृष्णो हि सर्वयज्ञानां भोक्ता साक्षी तथा प्रभुः ।
आहुतिर्यजमानश्च यज्ञश्च कृष्ण एव हि ।। **1224**/1447

दोहा॰ प्रतिष्ठित यज्ञ में सदा, कृष्ण करे उपभोग ।
इस जीवन को कृष्ण ने, कहा "यज्ञ-का-योग" ।। **1569**/1779

(**100. समः सर्वभूतेषु** गीता–9.29)

ॐ समः स सर्वभूतेषु यथा तुला सदा समा ।
न भेदः शत्रुमित्रेषु प्रियाप्रियेषु विद्यते ।। **1225**/1447

दोहा॰ शत्रु मित्र कोई नहीं, समान सबके साथ ।
मातृवत् वत्सल सदा, कृष्ण कहा जगनाथ ।। **1570**/1779

(**101. अनादिः** गीता–10.3)

ॐ आदिर्न यस्य कोऽप्यस्ति कृष्णोऽनादिः सनातनः ।
अन्तोऽपि यस्य नास्ति स मतोऽनन्तश्च ज्ञानिभिः ।। **1226**/1447

✍दोहा॰ जिसे न कोई आदि है, न अंत का है नाप ।
"अनाद्यंत" वो कृष्ण है, जिसकी गति अमाप ।। **1571**/1779

(**102. सर्वस्य प्रभवः** गीता–10.8)

ॐ सर्वस्य प्रभवः कृष्णो येन सर्वं कृतञ्जगत् ।
मूलं सर्वस्य विश्वस्य प्रभुः कृष्णः सनातनः ।। **1227**/1447

✍दोहा॰ प्रभव सभी का कृष्ण है, मूल भूत भगवान ।
उद्‌गम जिससे विश्व का, गाओ उसके गान ।। **1572**/1779

(**103. आत्मभावस्थः** गीता–10.11)

ॐ श्रीकृष्ण आत्मभावस्थः सर्वस्य हृदि तिष्ठति ।
अन्तर्ज्ञानी मतो देही देहे सर्वस्य माधवः ।। **1228**/1447

✍दोहा॰ आत्मभाव में जो बसा, हिरदय जिसका धाम ।
"अंतर्ज्ञानी" देव जो, कृष्ण उसी का नाम ।। **1573**/1779

(**104. परं ब्रह्म** गीता–10.12)

ॐ ब्रह्म स च परं ब्रह्म तेन सर्वमिदं ततम् ।
तस्माद्धि जायते सर्वं तस्मिन्सर्वं विलीयते ।। **1229**/1447

✍दोहा॰ परम ब्रह्म श्रीकृष्ण है, सकल विश्व आधार ।
कृष्ण, ब्रह्म शिव विष्णु है, माया जिसे अपार ।। **1574**/1779

(**105. परं धाम** गीता–10.12)

ॐ कृष्णो गतिर्हि सर्वेषां परं धाम परत्र सः ।
सूर्येण न च चन्द्रेण स्वयं भृशं प्रकाशितम् ।। **1230**/1447

✍दोहा॰ चरण सुमंगल कृष्ण के, पूज्य परम हैं धाम ।
नाम पुण्यमय कृष्ण का, जपिये आठों याम ।। **1575**/1779

(**106. पवित्रः परमः** गीता–10.12)

ॐ पवित्रं परमं नाम स्मरणं पावनं तथा ।
कृष्ण कृष्णेति गोविन्दं केशवं भज माधवम् ।। **1231**/1447

🍂 दोहा॰ पवित्र पावन धाम है, कृष्ण-चरण में स्थान ।
केशव माधव को भजो, ठीक लगा कर ध्यान ॥ 1576/1779

(107. पुरुष: शाश्वत: गीता-10.12)

🕉 पुरुष: शाश्वत: कृष्ण: प्रकृते: पूरको मत: ।
कृष्ण: स देहिनां देही प्राण: स प्राणिनां तथा ॥ 1232/1447

🍂दोहा॰ परम पुरुष श्रीकृष्ण है, शाश्वत है परमेश ।
निर्भर जिस पर प्रकृति, लक्ष्मीकांत रमेश ॥ 1577/1779

(108. दिव्य: गीता-10.12)

🕉 कृष्णस्तेजोमयो दिव्य: प्रदीप्तो रविरंशुमान् ।
आभा कृष्णस्य योगस्य तस्मादपि हि भासुरा ॥ 1233/1447

🍂दोहा॰ दिव्य पुरुष परमातमा, कृष्ण सूर्य का तेज ।
नीति परायण भक्त को, सदाचार की सेज ॥ 1578/1779

(109. आदिदेव: गीता-10.12)

🕉 आदिदेवो महादेवो देवदेव: स यादव: ।
ईश्वर: सर्वदेवानां श्रीकृष्ण: परमेश्वर: ॥ 1234/1447

🍂दोहा॰ सब देवों का देव जो, "आदि-देव" कहलाय ।
माया मय श्रीकृष्ण वो, सबका मन बहलाय ॥ 1579/1779

(110. भगवान् गीता-10.14)

🕉 अनाद्यन्तं दयावन्तं वन्दे नारायणं प्रभुम् ।
भगवन्तं सदाशान्तं लक्ष्मीकान्तं नमाम्यहम् ॥ 1235/1447

🍂दोहा॰ महा कृपालु कृष्ण जी! हे मेरे भगवान्! ।
कर्म धर्म की नीति का, दीजो हमको दान ॥ 1580/1779

(111. भूतेश: गीता-10.15)

🕉 ईशो य: सर्वभूतानां भक्तानाञ्च महेश्वर: ।
सम: सर्वेषु भूतेषु भूतेश: समवस्थित: ॥ 1236/1447

🍂दोहा॰ भूत-भूत पर है सदा, जिसका ही अधिकार ।
कृष्ण कहा भूतेश है, अजर अमर अविकार ॥ 1581/1779

(**112**. **देवदेव:** गीता–10.12)

ॐ **देवदेवश्चिरञ्जीवो माधव: करुणार्णव: ।**
ईश्वर: सर्वदेवानां श्रीकृष्ण ईश्वरेश्वर: ।। 1237/1447

दोहा॰ **सब देवों के देव हैं, पितु जिसके वसुदेव ।**
"देवदेव" श्रीकृष्ण को, कहा गया अतएव ।। 1582/1779

(**113**. **जगत्पति:** गीता–10.15)

ॐ **विश्वदेवो जगन्नाथो देवदेवो जगत्पति: ।**
स्वामी स सर्वलोकस्य श्रीकृष्णो गरुडध्वज: ।। 1238/1447

दोहा॰ **जग का स्वामी कृष्ण है, जगत्पति भगवान ।**
और न कोई है बड़ा, भगत-सखा गुणवान ।। 1583/1779

(**114**. **आत्मा सर्वभूताशयस्थित:** गीता–10.20)

ॐ **स प्राणधारिणामात्मा सर्वभूताशयस्थित: ।**
अंश: स ब्रह्मण: कृष्ण:–तस्मात्प्राण: स प्राणिनाम् ।। 1239/1447

दोहा॰ **प्राणी का है प्राण वो, जीवन का आधार ।**
देही बन कर आतमा, कृष्ण रूप साकार ।। 1584/1779

(**115**. **योगी** गीता–10.17)

ॐ **सान्दीपनिर्गुरु: कृष्णम्–अकरोद्बालयोगिनम् ।**
योगेशो दत्तवान्पार्थं पुनर्योगं सनातनम् ।। 1240/1447

दोहा॰ **सांदीपनि मुनि ने दिया, वेद योग का ज्ञान ।**
बालकृष्ण जिससे बना, "योगीराज" महान ।। 1585/1779

(**116**. **विष्णु:** गीता–10.21)

ॐ **जाता यदा यदा हानि: सतो धर्मस्य भूतले ।**
तदा रामश्च कृष्णश्च भूत्वा विष्णुरजायत ।। 1241/1447

ॐ **अवतारोऽष्टमो विष्णो: कृष्णरूपेण माधव: ।**
कृपाकारी मनोहारी सदाचारी सुदर्शन: ।। 1242/1447

दोहा॰ **नारायण श्री विष्णु ने, किया असुर संहार ।**
राम रूप, फिर कृष्ण का, जाना है अवतार ।। 1586/1779

(**117. रविरंशुमान्** गीता–10.20)

कृष्णेन काशितं विश्वं कृष्णः स रविरंशुमान् ।
रविः कृष्णः शशी कृष्णः कृष्णो ज्योतिश्च ज्योतिषाम् ।। **1243**/1447

दोहा० कृष्ण शशी-रवि-ज्योति है, उज्ज्वल ज्ञान प्रकाश ।
बिखरा जो सब विश्व में, धरती से आकाश ।। **1587**/1779

(**118. मरीचिः** गीता–10.21)

ज्ञाता दितेर्मरुत्पुत्राः-चत्वारिंशन्नवाधिकाः ।
मरीचिस्तेषु श्रीकृष्णः पावनः पवनः शुभः ।। **1244**/1447

दोहा० मरुत् "मारीचि" कृष्ण है, पवन हवा की साँस ।
जीव न कोई जी सके, बिना श्वास निश्वास ।। **1588**/1779

(**119. शशी** गीता–10.21)

नक्षात्राणां शशी कृष्णः प्रकाशो यस्य शीतलः ।
गगनं शोभितं येन कृष्णरूपः स चन्द्रमा ।। **1245**/1447

दोहा० इंदु गनन का कृष्ण है, नक्षत्रों का भूप ।
तारा नैनन का सजे, मोहक शीतल रूप ।। **1589**/1779

(**120. वासवः** गीता–10.22)

देवानामधिपः स्वर्गे कृष्णः सुरेन्द्रवासवः ।
इन्द्रः स इन्द्रियाणाञ्च सर्वभूतेष्ववस्थितः ।। **1246**/1447

दोहा० कृष्ण सुरपति "इंद्र" है, सुरपुर-लोक अधिप ।
अन्य न पूजित देवता, श्रीकृष्ण से अधिक ।। **1590**/1779

(**121. इन्द्रियाणां मनः** गीता–10.22)

इन्द्रियाणां मनः कृष्णः षष्ठं यदिन्द्रियं मतम् ।
एकादशेन्द्रियग्रामे ज्ञानेन्द्रियमगोचरम् ।। **1247**/1447

दोहा० मन को इंद्रिय-नृप कहा, कृष्ण उसी का नाम ।
सत् असत् का विवेक है, एक उसी का काम ।। **1591**/1779

(**122. भूतानां चेतना** गीता–10.22)

भूतानाञ्चेतना कृष्णः-चेतनानां स देहिनाम् ।

आत्मा प्राणश्च जीवश्च जीवनं स तथा मतः ।। **1248**/1447

✍दोहा॰ सब भूतों की चेतना, कृष्ण कहा है प्राण ।
कृष्ण-चरण में जो पड़ा, कृष्ण करेगा त्राण ।। **1592**/1779

(**123**. **शङ्करः** गीता-10.23)

ॐ कृष्णो ब्रह्मा च विष्णुश्च कृष्णो हि शिवशङ्करः ।
जन्मदाता विधाता च कृष्णो हि लयकारकः ।। **1249**/1447

✍दोहा॰ ब्रह्म विष्णु श्रीकृष्ण है, मातु प्रेम की छाँव ।
शिव शंकर भी कृष्ण है, अंतिम गति का ठाँव ।। **1593**/1779

(**124**. **वित्तेशः** गीता-10.23)

ॐ कृष्णो नृपः कुबेरश्च वित्तेशो यक्षरक्षसाम् ।
लक्ष्म्याः पतिश्च वित्तेशः श्रीलक्ष्मीर्वित्तदेवता ।। **1250**/1447

✍दोहा॰ लक्ष्मी है धन देवता, लक्ष्मीपति "वित्तेश" ।
कृष्ण विष्णु के रूप में, रमापति है रमेश ।। **1594**/1779

(**125**. **पावकः** गीता-10.23)

ॐ पावकः पावनः कृष्णो दहति पातकानि यः ।
अग्निदेवः स यज्ञानां ज्ञानयज्ञेन शोभते ।। **1251**/1447

✍दोहा॰ मन पवित्र पावक करे, भस्म किए अज्ञान ।
पावन करने कृष्ण ने, दिया योग का ज्ञान ।। **1595**/1779

(**126**. **मेरुः** गीता-10.23)

ॐ विश्वमध्यो मतो मेरुः-गिरीशो पर्वतेश्वरः ।
गिरिधरः स श्रीकृष्णो मेरुरूपो हि कथ्यते ।। **1252**/1447

✍दोहा॰ मेरु विश्व का मध्य है, दुनिया का आधार ।
मेरु कृष्ण का रूप है, गिरिधर विश्वाधार ।। **1596**/1779

(**127**. **बृहस्पतिः** गीता-10.24)

ॐ पुरोधसां मतो मुख्यः श्रीकृष्णः स बृहस्पतिः ।
अधिष्ठाता च देवानां धार्मिकाणां सुकर्मणाम् ।। **1253**/1447

✍दोहा॰ बृहस्पति श्रीकृष्ण है, पुरोहितों में एक ।

वेद-देवता कहत हैं, वेद सूक्त अनेक ।। 1597/1779

(128. स्कन्दः गीता-10.24)

स्कन्दः सेनानिनां कृष्णः सुरसेनापतिर्मतः ।
शिवपुत्रो महावीरः-तारकासुरभञ्जकः ।। 1254/1447

दोहा॰ स्कन्द षडानन कृष्ण है, युद्ध विजेता धीर ।
सुरसेनापति स्कन्द है, बालकृष्ण सम वीर ।। 1598/1779

(129. सागरः गीता-10.24)

रत्नाकरः स श्रीकृष्णो रत्नभाण्डारसागरः ।
यस्माद्रत्नानि प्राप्तानि समुद्रमन्थनात्सुरैः ।। 1255/1447

दोहा॰ पयोधि सागर कृष्ण है, रत्नों का भँडार ।
भवसागर में कृष्ण है, सद्गुण का संभार ।। 1599/1779

(130. भृगुः गीता-10.25)

सूक्तद्रष्टा भृगुः कृष्णो यज्ञस्य स प्रचारकः ।
अथर्ववेदनिर्माता सोऽग्निपूजाप्रवर्तकः ।। 1256/1447

दोहा॰ ऋषियों में भृगु कृष्ण है, अथर्व रचनाकार ।
यज्ञ कर्म में अग्नि का, भृगु ने किया प्रचार ।। 1600/1779

(131. गिरामेकमक्षरम् गीता-10.25)

ओमिति संज्ञितः कृष्ण ओङ्गिरामेकमक्षरम् ।
तेन शब्देन दिव्येन दिव्या गीर्वाणभारती ।। 1257/1447

दोहा॰ "ओमेकाक्षर" कृष्ण है, देवों का अभिधान ।
देवनागरी दिव्य है, ओम् शब्द के नाम ।। 1601/1779

(132. यज्ञानां जपयज्ञः गीता-10.25)

द्रव्ययज्ञस्तपोयज्ञः-ज्ञानयज्ञादयः श्रुतौ ।
जपयज्ञो मतः कृष्णः सर्वेषु यो विशिष्यते ।। 1258/1447

दोहा॰ सब यज्ञों में एक ही, जपयज्ञ है विशेष ।
कृष्ण रूप जपयज्ञ है, करता दूर कलेष ।। 1602/1779

(133. स्थावराणां हिमालयः गीता-10.25)

🕉 गिरिवरेषु मुख्यो यः स्थावरेषु महत्तमः ।
किरीटो हिन्दुमातुः स कृष्णरूपो हिमालयः ।। 1259/1447

✍ दोहा॰ स्थिरतम स्थावर एक है, हिमाद्रि गिरिवर भूप ।
भारत-माँ का मुकुट है, कृष्ण हिमालय रूप ।। 1603/1779

(134. अश्वत्थः सर्ववृक्षाणाम् गीता-10.26)

🕉 अश्वत्थो विश्ववृक्षः स कृष्णरूपः सनातनः ।
नृपः स सर्ववृक्षाणां शाश्वतः पावनः परः ।। 1260/1447

✍ दोहा॰ विश्ववृक्ष अश्वत्थ है, कृष्णरूप वरदान ।
ऊर्ध्वमूल इस वृक्ष की, वेद पर्ण पहिचान ।। 1604/1779

(135. नारदः गीता-10.26)

🕉 सर्वर्षिणाञ्च देवर्षिः कृष्णरूपः स नारदः ।
मनसोऽतीतगत्या स त्रिषु लोकेषु भ्राम्यति ।। 1261/1447

✍ दोहा॰ नारद मुनिवर कृष्ण हैं, रूप सुदर्शन काय ।
नारायण के गीत की, वीणा मधुर बजाय ।। 1605/1779

(136. चित्ररथः गीता-10.26)

🕉 हाहाहूहूश्च गोमायुः-चित्ररथश्च तुम्बरः ।
नन्दीर्विश्ववसुर्हंसो गन्धर्वा गायका मताः ।। 1262/1447

🕉 गन्धर्वः स मतः कृष्णः-चित्ररथः सुदर्शनः ।
सौन्दर्यं यस्य स्वर्गीयं गायनं सुन्दरं तथा ।। 1263/1447

✍ दोहा॰ कृष्ण रूप गंधर्व है, चित्ररथ दीप्तिमान ।
जितना सुंदर रूप है, उतना सुमधुर गान ।। 1606/1779

(137. कपिलः गीता-10.26)

🕉 कपिलः सांख्यतत्त्वज्ञः कृष्णरूपो महामुनिः ।
कर्दमस्य सुतो ज्ञानी सर्वसिद्धीः स प्राप्तवान् ।। 1264/1447

✍ दोहा॰ कपिल कृष्ण का रूप था, सांख्य तत्त्व विद्वान ।
कर्दम ऋषि का पुत्र था, प्रकाण्ड सिद्ध महान ।। 1607/1779

(138. उच्चैःश्रवा गीता-10.27)

चतुर्दशेषु रत्नेषु सर्वेषु तुरगेषु च ।
उच्चैःश्रवा हयः कृष्णः शुभ्रमिन्द्रस्य वाहनम् ।। **1265**/1447

दोहा॰ सुर असुरों ने जब किया, समुद्र मंथन यत्न ।
लक्ष्मी कौस्तुभ आदि थे, निकले चौदह रत्न ।। **1608**/1779

(**139. ऐरावतः** गीता-10.27)

ऐरावतो गजो दिव्यो जातः सागरमन्थनात् ।
कृष्णरूपश्चतुर्दन्तो गजेन्द्र इन्द्रवाहनम् ।। **1266**/1447

दोहा॰ "ऐरावत" है कृष्ण का, हस्ति रूप अवतार ।
इरावान् का पुत्र है, जिसे दाँत हैं चार ।। **1609**/1779

(**140. नराधिपः** गीता-10.27)

कृष्णो नरावतारेण भूमौ नृणां नराधिपः ।
कृष्णो नृपो नरेन्द्राणां देवानामपि देवता ।। **1267**/1447

दोहा॰ भगतों का वो है सखा, कृपा प्रेम के साथ ।
कृष्ण सभी का देव है, नराधीश गणनाथ ।। **1610**/1779

(**141. आयुधानां वज्रम्** गीता-10.28)

इन्द्रवज्रं मतं तीव्रं ब्रह्मास्त्रादपि भीषणम् ।
धृष्टञ्च दुर्जयं तीक्ष्णम्-अदम्यञ्च भयङ्करम् ।। **1268**/1447

सर्वायुधेषु घोरं यत्-शस्त्रास्त्रेषु भयानकम् ।
वज्रमेवायुधं चण्डं कृष्णरूपं दुरासदम् ।। **1269**/1447

दोहा॰ करता जब आकाश से, कृष्ण वज्र-आघात ।
कोई फिर बच ना सके, निश्चित उसका घात ।। **1611**/1779

(**142. कामधुक्** गीता-10.28)

समुद्रमन्थनाज्जाता सुरभिः कामधुग्मता ।
ददाति वाञ्छितं सर्वं पूर्यते च मनोरथान् ।। **1270**/1447

दोहा॰ मनोकामना दानदा, "कामधेनु" कहलाय ।
सुरभी चौदह रत्न में, कृष्ण रूप है गाय ।। **1612**/1779

(**143. कन्दर्पः** गीता-10.28)

ॐ यो भ्रामयति स्नेहेन क्षिप्त्वा प्रेमशरं हृदि ।
कृष्णरूपः स कन्दर्पः कामदेवो मतः खलु ।। **1271**/1447

ॐ अनङ्गो मदनः प्रीतिः-मन्मथश्च मनोहरः ।
कामदेवः स प्रद्युम्नः पञ्चबाणो मतस्तथा ।। **1272**/1447

✍दोहा॰ कृष्णरूप कंदर्प वो, "कामदेव" कहलाय ।
प्रेम बाण आघात से, हिरदय को बहलाय ।। **1613**/1779

(**144**. **वासुकिः** गीता–10.28)

ॐ कृष्णवर्णो महासर्पः कृष्णरूपः स वासुकिः ।
मित्रं स देवसङ्घस्य शिवभक्तो महामना ।। **1273**/1447

ॐ वर्षायामभवच्छत्रं वासुदेवस्य वासुकिः ।
समुद्रमन्थने रज्जुः-ग्रीवायाञ्च शिवस्य सः ।। **1274**/1447

✍दोहा॰ भक्त शिवा का वासुकी, बना गले का हार ।
कृष्ण वर्ण का सर्प ये, कहा कृष्ण अवतार ।। **1614**/1779

(**145**. **अनन्तः** गीता–10.29)

ॐ नवनागेषु विस्तीर्णः शेषनागः फणीश्वरः ।
सहस्रशीर्षवान्सर्पः शिरसि पृथिवीधरः ।। **1275**/1447

ॐ अनन्तः शेषशय्या स लक्ष्मीनारायणस्य हि ।
कृष्णरूपो महाकायः कृष्णवर्णः सरीसृपः ।। **1276**/1447

✍दोहा॰ शेष नाग शय्या बना, अनंत कृष्ण स्वरूप ।
लक्ष्मीनारायण कहे, तू नागों का भूप ।। **1615**/1779

(**146**. **वरुणः** गीता–10.29)

ॐ वरुणो मकरारूढो वैदिकी जलदेवता ।
श्रीकृष्णस्य विभूतिः स शङ्खपद्मविभूषितः ।। **1277**/1447

✍दोहा॰ वरुण विभूति कृष्ण की, कहता है ऋग्वेद ।
वरुण वेद में देवता, सजी मित्र के बाद ।। **1616**/1779

(**147**. **पितॄणामर्यमा** गीता–10.29)

ॐ पितॄणामर्यमा मुख्यः कश्यपस्य मुनेः सुतः ।

श्रीकृष्णः पद्मनाभः स पितॄणामर्यमा मतः ।। **1278**/1447

दोहा॰ पितर गणों में अर्यमा, जाना सबसे श्रेष्ठ ।
विभूति है श्रीकृष्ण की, आदित्यों मे ज्येष्ठ ।। **1617**/1779

(**148. यमः** गीता–10.29)

अहिंसा परमो धर्मः-चास्तेयमपरिग्रहः ।
सत्यञ्च ब्रह्मचर्यञ्च यमश्च संयमा मताः ।। **1279**/1447

षडेते[125] संयमा ज्ञाता योग इति विवेकिभिः ।
यमः संयमतां कृष्णो यमो मृत्योश्च देवता ।। **1280**/1447

दोहा॰ सत्य अहिंसा धर्म हैं, ब्रह्मचर्य अस्तेय ।
अपरिग्रह संयम तथा, अचौर्य "यम" के ध्येय ।। **1618**/1779

संयम विभूति कृष्ण की, सात्त्विक तप का योग ।
वीतराग नर के लिए, आत्म शुद्धि का भोग ।। **1619**/1779

(**149. प्रह्लादः** गीता–10.30)

विष्णुभक्तः स प्रह्लादो मतो भक्तशिरोमणिः ।
विभूतिः पद्मनाभस्य सुहृदो वत्सलप्रभोः ।। **1281**/1447

दोहा॰ भक्त शिरोमणि एक है, कृष्ण भक्त प्रह्लाद ।
कृष्ण विभूति स्नेह की, जस मुरली का नाद ।। **1620**/1779

संगीत–गीता–दोहावली गीतमाला, पुष्प 201 of 205

भजन : राग रासडा, कहरवा ताल

भगत परलाद

स्थायी

हरि हरि! रटिया भगत परलादा, नरसिंघ बना, जग रखवारा ।
रेग रेग! सारेग– ममम गमप–ध–, निधप–ध पम–, मम गपम–म– ।

अंतरा–1

---

[125] **षडेते संयमाः** = गितायाम् आत्मसंयमहेतवे षड्संयामा निरूपिताः सन्ति, पातञ्जलयोगसूत्रे तु समाधये अष्टाङ्गानि वर्णितानि सन्ति।

हिरणकशप ने खंबा रचाया, बाल प्रलाद कु उसमें दबाया ।

बोला, दिखा दे मोहे अब, को है सहारा ।।

♪ मममगमम प- नि-ध पध-नि-, सां-नि धप-ध ध निधप धप-प- ।

सा-रे, गरे- रे- सारे गग, म- ग पम-म- ।।

अंतरा-2

कर जोड़ खड़ा बाल भगत था, हरिहर व्यापा तीन जगत था ।

छन मा प्रकट भया सुन कर, आरत पुकारा ।।

अंतरा-3

हरिहर नरसिंह रूप धराया, हिरणकशप कु अंक लिटाया ।

चीरा नख से उदर असुर का, हरि सुर पियारा ।।

(**150**. **कालः कलयताम्** गीता-10.30)

ॐ **कालः कलयतां कृष्णो विभूतिः शाश्वता हि सः ।**
सर्वभूतानि नश्यन्ति त्वक्षयः काल एव सः ।। 1282/1447

ॐ **यमो देवोऽपि कालश्च सर्वे जीवा नमन्ति तम् ।**
जायन्ते ते निवर्तन्ते यमस्य नियमो हि सः ।। 1283/1447

दोहा॰ आवत है सो जात है, निश्चित केवल काल ।
विभूति भी वह कृष्ण की, उसी माई का लाल ।। 1621/1779

(**151**. **मृगाणां मृगेन्द्रः** गीता-10.30)

ॐ **मृगाणां केसरी कृष्णो मृगाधिपो वनेषु सः ।**
सर्वे शंसन्ति तं सिंहं दुर्गादेव्या हि वाहनम् ।। 1284/1447

दोहा॰ इंद्र मृगों का केसरी, वन्य कृष्ण का रूप ।
इसी लिए वह है बना, सब वनचर का भूप ।। 1622/1779

(**152**. **वैनतेयः पक्षिणाम्** गीता-10.30)

ॐ **खगेन्द्रः कृष्णरूपः स वैनतेयो हि पक्षिणाम् ।**
विनतातनयो धन्यो गरुडो विष्णुवाहनम् ।। 1285/1447

ॐ **कश्यपस्य सुपुत्राय गरुडाय नमो नमः ।**
विष्णुदासं महापक्षं वक्रवक्त्रं नमाम्यहम् ।। 1286/1447

✍दोहा० वैनतेय है कृष्ण की, विभूति पक्षी रूप ।
अहि जिससे डरते सभी, गरुड़ विहंगम भूप ।। **1623**/1779

(**153. पवनः पवताम्** गीता–**10.31**)

ॐ पवनः पवतां कृष्णः पुष्पसौरभवाहकः ।
वायुरूपो जगद्गामी सर्वलोकस्य जीवनम् ।। **1287**/1447

✍दोहा० पवन दूत नभ मेघ हैं, पवन वेग गतिमान ।
पवन रूप श्रीकृष्ण हैं, पवन पुत्र हनुमान ।। **1624**/1779

(**154. रामः** गीता–10.31)

ॐ श्रीकृष्णस्य हि रूपः स मतो रामो धनुर्धरः ।
श्रीविष्णोरवतारौ द्वौ रामकृष्णौ महाबलौ ।। **1288**/1447

✍दोहा० कृष्ण राम का रूप है, शस्त्रधरों में वीर ।
विनाश संकट का करे, एक चला कर तीर ।। **1625**/1779

(**155. झषाणां मकरः** गीता–10.31)

ॐ झषाणां मकरः कृष्णो मुख्यो जलचरेषु यः ।
मीना जलचरा नक्राः कच्छपा दर्दुरा झषाः ।। **1289**/1447

✍दोहा० जलचर विभूति कृष्ण की, मगर मच्छ घड़ियाल ।
राजा जल में नक्र है, सुरेंद्र वो गोपाल ।। **1626**/1779

(**156. जाह्नवी** गीता–10.31)

ॐ नदीनां जाह्नवी कृष्णः पवित्रा पावना शुभा ।
चरणैर्रामसीतयोः स्पृष्टं तस्या यतो जलम्[126] ।। **1290**/1447

ॐ देवी भागीरथी गङ्गा मन्दाकिनी त्रिमार्गगा ।
जाह्नव्यलकनन्दा च सुरतरङ्गिणी मता ।। **1291**/1447

✍दोहा० कृष्णरूप है जाह्नवी, जिसका पावन नीर ।
निकली शिव के शीर्ष से, मिलने जमुना तीर ।। **1627**/1779

(**157. अध्यात्मविद्या विद्यानाम्** गीता–10.32)

---

[126] तस्याः स्पृष्टं यतो जलम् ।

अध्यात्मज्ञानमाहुस्ते ज्ञानानां कृष्णमेव हि ।
अध्यात्मादतिरिक्तं यत्-तदज्ञानं मतं मया[127] ।। **1292**/1447

दोहा॰ अध्यात्मज्ञान ज्ञान है, वही कृष्ण का नाम ।
अध्यात्म के सिवा सभी, कहा गया अज्ञान ।। **1628**/1779

(**158. वादः प्रवदताम्** गीता-10.32)

तर्कः प्रवदतां कृष्णो वदन्ति तर्कज्ञानिनः ।
तर्को हि सर्व वादानां मतो मूलञ्च सर्वदा ।। **1293**/1447

दोहा॰ सब वादों में तर्क ही, कृष्ण रूप है मूल ।
बिना तर्क के वाद से, वादी करता भूल ।। **1629**/1779

(**159. अक्षराणामकारः** गीता-10.33)

गिरो मूलमकारोऽस्ति वदति शारदा गिरा ।
अकारः कृष्ण ओङ्कारो यस्माद्वर्णाः समुद्भुताः ।। **1294**/1447

अकारः सर्ववर्णानां मूलमित्युच्यते बुधैः ।
यथा कृष्णञ्च देवानां मूलमिति वदन्ति ते ।। **1295**/1447

दोहा॰ अकार अक्षर आदि है, जस देवों का कृष्ण ।
अकार में सब विश्व है, स्वर्ग लोक भी कृत्स्न ।। **1630**/1779

(**160. द्वन्द्वः सामासिकस्य** गीता-10.33)

सर्वं हि प्रकृतौ द्वन्द्वं सर्वं द्वन्द्वात्मकं खलु ।
कृष्णरूपं हि द्वन्द्वं तत्-किञ्चित् द्वन्द्वं विना नहि ।। **1296**/1447

दोहा॰ द्वंद्व युक्त जग में सभी, बिना द्वंद्व नहिँ कोय ।
बिना पुरुष के स्त्री नहीं, बिना स्त्री न नर होय ।। **1631**/1779

द्वंद्व कृष्ण का रूप है, कोई करे न भूल ।
समास जिससे हैं बने, द्वंद्व समासिक मूल ।। **1632**/1779

(**161. अक्षयः कालः** गीता-10.33)

कृष्णरूपोऽक्षयः कालः शाश्वतः सततश्चिरः ।

---

[127] **अज्ञानम्** = स्वीकृतानि तत्त्वानि । Information, Data. See Gita 13.21 ।

न कालेन समः कश्चिद्-अनाद्यन्तो नु विद्यते ।। **1297**/1447

✍दोहा॰ कृष्ण काल का रूप है, जिसे निरंतर चाल ।
सबने रुकना एक दिन; बिन विराम है काल ।। **1633**/1779

(**162**. **मृत्युः सर्वहरः** गीता–10.34)

ॐ मृत्युः सर्वहरः कृष्णो लयकारी शिवात्मकः ।
ध्रुवं जन्म च मर्त्यस्य मृत्युर्जातस्य वै ध्रुवः ।। **1298**/1447

✍दोहा॰ मृत्यु सभी का कृष्ण है, जिससे बड़ा न कोय ।
आया है सो जायगा, नियम सृष्टि का होय ।। **1634**/1779

(**163**. **उद्भवो भविष्यताम्** गीता–10.34)

ॐ सर्वेषामुद्भवः कृष्णो योनिरन्या न काऽपि हि ।
भविष्यतां च भूतानां भविष्यं कृष्ण एव सः ।। **1299**/1447

✍दोहा॰ उद्भव सबका कृष्ण है, दूजी कोख न कोय ।
भविष्य में जो आयगा, जन्म कृष्ण से होय ।। **1635**/1779

(**164**. **कीर्तिः** गीता–10.34)

ॐ कीर्तिः स्त्रैणो गुणो नार्याः कृष्णरूपो बहूत्तमः ।
दत्तः कृष्णेन नारिभ्यो विश्वकल्याणकारणात् ।। **1300**/1447

✍दोहा॰ "कीर्ति" स्त्रीगुण कृष्ण है, स्वर्ग से भी महान ।
अकीर्ति भाग्य मिटाइके, करती नरक प्रदान ।। **1636**/1779

(**165**. **श्रीः** गीता–10.34)

ॐ श्रीः स्त्रीगुणो महामूल्यः कृष्णरूपेण वर्तते ।
लक्ष्म्या हि वरदानं स विश्वे गौरवकारकः ।। **1301**/1447

✍दोहा॰ "श्री" स्त्रीगुण श्रीकृष्ण है, लक्ष्मी का वरदान ।
गौरव नर को विश्व में, करता परम प्रदान ।। **1637**/1779

(**166**. **वाक्** गीता–10.34)

ॐ स्त्रीगुणः कृष्णरूपो वाग्-यस्मादोजश्च मार्दवम् ।
सरस्वती गिरा वाणी ज्ञानदा शारदा तथा ।। **1302**/1447

✍दोहा॰ "वाणी" स्त्रीगुण कृष्ण है, सरस्वती का दान ।

कृष्ण रूप में प्राप्त है, मनुष्य को वरदान ।। **1638**/1779

भये व्यास अरु बाल्मीकि, तुलसी मीरा सूर ।
वाणी के वरदान से, अमर परम मशहूर ।। **1669**/1779

(**167. स्मृतिः** गीता–10.34)

ॐ स्मृतिश्च कृष्णरूपेण गणेशस्य वरो मतः ।
विशालो ज्ञानभाण्डारः सम्पन्नः स्त्रीगुणो मतः ।। **1303**/1447

दोहा॰ स्त्री का "स्मृति" गुण है कहा, गणपति का वरदान ।
कृष्ण रूप में विश्व का, सकल ज्ञान–विज्ञान ।। **1640**/1779

(**168. मेधा** गीता–10.34)

ॐ धीः स्त्रीगुणः सरस्वत्याः कृष्णरूपो वरो वरः ।
मेधा बुद्धिश्च सद्बुद्धिः–धनधान्यं हि धीमताम् ।। **1304**/1447

दोहा॰ "मेधा" दीन्ही शारदा, कृष्ण रूप वरदान ।
धीगुण ये सम्मान है, स्त्री को किया प्रदान ।। **1641**/1779

(**169. धृतिः** गीता–10.34)

ॐ धृतिर्वीरेषु धीरेषु कृष्णरूपेण स्त्रीगुणः ।
भीमार्जुनाभिमन्युश्च रामसीते धृतिग्रहाः ।। **1305**/1447

दोहा॰ कृष्ण–कृपा से क्षात्र है, "धृति" से बनता धीर ।
राघव लक्ष्मण स्कंद हैं, भीमार्जुन रणवीर ।। **1642**/1779

(**170. क्षमा** गीता–10.34)

ॐ क्षमा च स्त्रीगुणः कृष्णो गौर्या दत्तो वरो मतः ।
यत्र दया क्षमा शान्तिः–तत्र धर्मो दृढः सदा ।। **1306**/1447

दोहा॰ "क्षमा" कृष्ण का रूप है, गौरी का वरदान ।
क्षमा शाँति का मूल है, क्षमा देत सम्मान ।। **1643**/1779

(**171. बृहत्साम साम्नाम्** गीता–10.35)

ॐ कृष्णः साम्नां बृहत्साम साममन्त्रो बृहत्तमः ।
तुष्टिमन्त्रः पुष्टिमन्त्रः शान्तिमन्त्रः स उच्यते ।। **1307**/1447

दोहा॰ कृष्ण विभूति "साम" है, बृहत्साम के नाम ।

मनु ने इसको है कहा, साम-दण्ड के नाम ।। 1644/1779

(172. गायत्री छन्दसाम् गीता-10.35)

ॐ गायन्तं त्रायते मन्त्रः कृष्णरूपः सनातनः ।
ऋग्वेदे च यजुर्वेदे सर्वपूज्यतमो मतः ।। 1308/1447

दोहा॰ गायत्री के मंत्र से, रक्षा है दिन-रात ।
चौबिस अक्षर छन्द ये, तीन चरण के साथ ।। 1645/1779

पँच मुखी तू देवता, नीरज नील विराज ।
दश भुज देवी को कहा, मनु ने श्रेष्ठ मिजाज ।। 18646/1779

(173. मासानां मार्गशीर्षः गीता-10.35)

ॐ मासानां मार्गशीर्षः स कृष्णो गीतोपदेशकः ।
शीतलो मङ्गलो मास एषोऽग्रहायणो मतः ।। 1309/1447

ॐ मतः पुण्यतमो मासो मार्गशीर्षो महाजनाः! ।
अस्मिन्मासेऽभवत्पूज्यः संवादः कृष्णपार्थयोः ।। 1310/1447

दोहा॰ शीतल मंगल रम्य ये, मार्गशीर्ष का मास ।
मास परम इस में हुआ, कृष्णार्जुन संभाष ।। 1647/1779

(174. ऋतूनां कुसुमाकरः गीता-10.35)

ॐ सुन्दरश्च मनोहारी मासः स कुसुमाकरः ।
कृष्णरूपः प्रियो मासो वसन्त इति कथ्यते ।। 1311/1447

दोहा॰ कृष्ण रूप इस मास का, कुसुमाकर अभिधान ।
बसंत ऋतु के चैत्र का, कुसुमाकर है नाम ।। 1648/1779

(175. द्यूतं छलयताम् गीता-10.36)

ॐ द्यूतं छलयतां कृष्णो रहस्यं कैतवस्य च ।
अक्षक्रीडाविलासश्च देवित्रे भाग्यदेवनम्[128] ।। 1312/1447

दोहा॰ भाग्य देवता कृष्ण है, जुआरियों का द्यूत ।
द्यूत भाग्य का खेल है, अक्ष भाग्य के दूत ।। 1649/1779

---

[128] **देवितृ** = द्यूतकारः । देवनम् = द्यूतम् ।

(176. जयः गीता–10.36)

ॐ कृष्णो जयो विजेतॄणां द्वन्द्वे जयपराजयोः ।
यत्र योगेश्वरः कृष्णः–तत्रैव विजयो ध्रुवः ।। **1313**/1447

दोहा॰ जीत–हार के द्वन्द्व में, कृष्ण रूप है जीत ।
जहाँ कृष्ण का साथ है, वहीं जीत को प्रीत ।। **1650**/1779

(177. व्यवसायः गीता–10.36)

ॐ व्यवसायो मतः कृष्णो निश्चितो व्यवसायिनाम् ।
निश्चयो नित्यसङ्कल्पो निग्रहो निर्णयस्तथा ।। **1314**/1447

दोहा॰ प्रण का निर्णय कृष्ण है, दृढ़ मन का निर्धार ।
संकल्पों का कृष्ण ही, खेवट है मझधार ।। **1651**/1779

(178. सत्त्वं सत्त्ववताम् गीता–10.36)

ॐ सत्त्वं सत्त्ववतां कृष्णः सद्गुणस्य च रक्षकः ।
तस्मात्सर्वेषु कालेषु जयते सत्यमेव हि ।। **1315**/1447

दोहा॰ सत्त्व सत्य सत् कृष्ण है, सत्यवान् का मीत ।
सत्त्वशील का है सखा, सदा सत्य की जीत ।। **1652**/1779

(179. धनञ्जयः गीता–10.37)

ॐ सद्धर्मी धर्मवीराणां योगी निष्कामकर्मणाम् ।
कृष्णो हि पार्थरूपेण पाण्डवानां धनञ्जयः ।। **1316**/1447

दोहा॰ पांडव दल में श्रेष्ठ जो, परम धनुर्धर वीर ।
अर्जुन रूपी कृष्ण ही, अचूक छोड़े तीर ।। **1653**/1779

(180. व्यासः गीता–10.37)

ॐ कृष्णद्वैपायनो व्यासः कृष्णरूपो महाकविः ।
कालीपुत्रो महाज्ञानी वेदव्यासो महामुनिः ।। **1317**/1447

दोहा॰ विशाल बुद्धि व्यास हैं, कृष्ण रूप भगवान ।
जिसने भारत में भरा, सकल विश्व का ज्ञान ।। **1654**/1779

(181. कवीनामुशना कविः गीता–10.37)

ॐ कवीनामुशना कृष्णो ज्ञानितमः स ज्ञानिषु ।

धर्मज्ञः स्मृतिकर्ता च शुक्राचार्यश्च संज्ञितः ।। **1318**/1447

✍दोहा॰ कवियों में उशना कहा, विवेक का भँडार ।
कृष्णरूप उशना कवि, धर्मशास्त्र करतार ।। **1655**/1779

(**182. दण्डो दमयताम्** गीता–10.38)

ॐ दण्डो दमयतां कृष्णो मनुस्मृतौ निरूपितः ।
यथा दोषस्तथा दण्डो राज्ञे च दोषिणे तथा ।। **1319**/1447

✍दोहा॰ कृष्ण अधिप का दंड है, नीति का आधार ।
यथा दोष ही दंड हो, मनुस्मृति अनुसार ।। **1656**/1779

(**183. नीतिर्जिगीषताम्** गीता–10.38)

ॐ नीतिर्मनुस्मृतेः कृष्णः कृष्णो नीतिर्जिगीषताम् ।
नीतिधर्मः सदाचारः सत्यधर्मस्य साधनम् ।। **1320**/1447

✍दोहा॰ सात्त्विक नीति जिगीषु की, समबुद्धि के साथ ।
बुद्धियोग का सूत्र है, कहते हैं यदुनाथ ।। **1657**/1779

(**184. मौनं गुह्यानाम्** गीता–10.38)

ॐ मौनं कृष्णः स गुह्यानां संयमिनां च लक्षणम् ।
मौनं मतं मुनेर्भावो रहस्यं मितभाषिणाम् ।। **1321**/1447

ॐ रसनानिग्रहो मौनं मौनं तटस्थता तथा ।
मौनं व्रतं मतं दुर्गं मौनं हि सात्त्विकं तपः ।। **1322**/1447

✍दोहा॰ मुनि बनता है मौन से, कृष्ण रूप सद्भाव ।
रसना का संयम कहा, उत्तम मौन स्वभाव ।। **1658**/1779

(**185. ज्ञानं ज्ञानवताम्** गीता–10.38)

ॐ ज्ञानं ज्ञानवतां कृष्णो विदुषां ज्ञानयोगिनाम् ।
आत्मज्ञानं मतं ज्ञानं शिवञ्च परमात्मकम् ।। **1323**/1447

✍दोहा॰ ज्ञानी भगतन का रहे, सदा कृष्ण में ध्यान ।
आत्मज्ञान ही ज्ञान है, बाकी सब अज्ञान ।। **1659**/1779

(**186. कमलपत्राक्षः** गीता–11.2)

ॐ कृष्णः कमलपत्राक्षो नीलवर्णः सुदर्शनः ।

कर्माणि तं न लिम्पन्ति पद्मपत्रमिवाम्भसा ।। **1324**/1447

✍दोहा॰ कृष्ण कमलपत्राक्ष है, नील पद्म सा रंग ।
शशांक सम आभा जिसे, मृदुल सुमन सा अंग ।। **1660**/1779

(**187**. **परमेश्वरः** गीता–11.3)

ॐ श्रीविष्णोरवतारः स रामस्य प्रतिरूपकः ।
अस्मान्रक्षति देवेशः श्रीकृष्णः परमेश्वरः ।। **1325**/1447

✍दोहा॰ कृष्ण रूप है राम का, विष्णु का अवतार ।
नैया भव के नीर से, करे हमारी पार ।। **1661**/1779

परमेश्वर श्रीकृष्ण है, करे जगत कल्याण ।
भगत सखा परमातमा, हमें पियारा प्राण ।। **1662**/1779

(**188**. **योगेश्वरः** गीता–11.4)

ॐ सांख्ययोगं च ज्ञानं च, बुद्धियोगसनातनम् ।
कर्मयोगस्य निष्कामं, भक्तियोगस्य साधनम् ।। **1326**/1447

ॐ यज्ञयोगस्य संसिद्धिम्, अभ्यासयोगपद्धतिम् ।
गीताऽमृतस्य रूपेण योगेश्वरः स दत्तवान् ।। **1327**/1447

✍दोहा॰ जग को देकर योग से, कर्म धर्म का ज्ञान ।
"योगेश्वर" श्रीकृष्ण ने, किया विश्व कल्याण ।। **1663**/1779

(**189**. **महायोगेश्वरः** गीता–11.9)

ॐ कृष्णो योगी महायोगी राजयोगी स योगदः ।
योगेश्वरश्च योगेशः महायोगेश्वरस्तथा ।। **1328**/1447

✍दोहा॰ योग कृष्ण का दान है, योगेश है महान ।
सत् असत् के ज्ञान से, भया जगत कल्याण ।। **1664**/1779

(**190**. **हरिः** गीता–11.9)

ॐ हरिः कृष्णो हरिर्रामो हरिर्विष्णुर्हरिर्रविः ।
हरिरिन्द्रो हरिर्ब्रह्म हरिश्चन्द्रो हरिश्शिखी ।। **1329**/1447

ॐ हरिर्वायुर्हरिः सिंहो हरिरश्वो हरिः कपि ।
हरिर्हंसो हरिस्सर्पो हरिर्यमो हरिश्शुकः ।। **1330**/1447

🕉 हरिर्हरति पापानि भक्तानां यानि कानि हि ।
हरिभक्त: सदा सुस्थो नमोस्तुते हरे हरे ।। 1331/1447
✍ दोहा० "हरि" राम है, कृष्ण भी, ब्रह्मा, विष्णु, शुक, इंद्र ।
अप्, पय, कपि, हय, केसरी, हंस, सर्प, रवि, चंद्र ।। 1665/1779

 संगीत-गीता-दोहावली गीतमाला, पुष्प 202 of 205

गज़ल
काम निष्काम

स्थायी

करले, काम सखे! निष्काम । बोले, राधावर घनश्याम ।।
♪ निसागरे, म-ग रेसा-! नि-सा-सा । रे-ग-, ध-प-मम गप-म-म ।।

अंतरा-1

दान धरम तू नाना कीने, कीने यज्ञ तमाम ।
आस फलों की तजी न तूने, कारज सकल सकाम ।।
♪ नि-सा रेगग म- पधनिध पधम-, ग-म नि-ध पम-म ।
सा-रे गम- म- धप- म ग-रे-, ध-पप ममग पम-म ।।

अंतरा-2

वस्त्र गेरुए तन पर डारे, मन कोयले समान ।
माथे चंदन, जटा पसारी, मस्तक में अज्ञान ।।

अंतरा-3

कृष्ण बतायो सदाचार का, मार्ग योग महान ।
आस छोड़ कर, रहे सदा तू, परमार्थ सत्यकाम ।।

(191. अनेकवक्त्रनयन: गीता-11.10)

🕉 हरेर्विराटरूपं तद्-अद्भुतं विस्मयावहम् ।
यस्मिन्ननेकवक्त्राणि बहूनि नयनानि च ।। 1332/1447
✍ दोहा० विकट तिहारा रूप है, जिसमें अनेक वक्त्र ।
तेरे अद्भुत रूप में, कृष्ण! बहुत हैं नेत्र ।। 1666/1779

(**192. अनेकाद्भुतदर्शनः** गीता–11.10)

ॐ कृष्ण विराटरूपं ते विस्मयकारकं बहु ।
अद्भुतं दर्शनं तस्य कृष्णं वदति पाण्डवः ।। **1333**/1447

✍दोहा॰ अर्जुन बोला कृष्ण को, अद्‌भुत तेरा रूप ।
विराट रूपी है प्रभो! दर्शन बहुत अनूप ।। **1667**/1779

(**193. अनेकदिव्याभरणः** गीता–11.10)

ॐ आभरणानि दिव्यानि भूषयन्ति कलेवरम् ।
सुगन्धितानि पुष्पाणि माला वस्त्राणि ते प्रभो ।। **1334**/1447

✍दोहा॰ तन पर भूषण दिव्य हैं, रंगीन अलंकार ।
माला मुकुट अनन्य हैं, शोभा अपरंपार ।। **1668**/1779

(**194. दिव्यानेकोद्यतायुधः** गीता–11.10)

ॐ उद्यतानि च दिव्यानि शस्त्रास्त्राणि त्वया सखे ।
गदा चक्रञ्च खड्गश्च प्रहरणानि पाणिषु ।। **1335**/1447

✍दोहा॰ आयुध कर में दिव्य हैं, लेने अरि के प्राण ।
कुन्त गदा असि चक्र हैं, शस्त्र–अस्त्र धनु बाण ।। **1669**/1779

(**195. दिव्यमाल्याम्बरधरः** गीता–11.11)

ॐ दिव्या मालाः शरीरे ते सुन्दरा विविधास्तथा ।
पुष्पसौरभयुक्ताश्च स्वर्णयुक्ताश्चकाशिताः ।। **1336**/1447

✍दोहा॰ गल में तेरे, हे प्रभो! सुमन स्वर्ण के हार ।
नाना सुंदर रंग की, मोतीयन की धार ।। **1670**/1779

(**196. दिव्यगन्धानुलेपनः** गीता–11.11)

ॐ सुवासितं शरीरे ते दिव्यगन्धानुलेपनम् ।
स्नेहः सौरभयुक्तश्च परिमलश्च चन्दनम् ।। **1337**/1447

✍दोहा॰ तीव्र गंध का लेप है, जिसका बहुत सुवास ।
फुलेल चंदन तैल का, बना हुआ जो खास ।। **1671**/1779

(**197. सर्वाश्चर्यमयः** गीता–11.11)

ॐ सर्वाश्चर्यमयं कृष्ण रूपं ते सर्वमङ्गलम् ।

अद्भुतं भासुरं दिव्यं प्रदीप्तं परमं प्रभो ।। **1338**/1447

✍दोहा॰ अनेक अचरज से भरा, उग्र रूप सब ओर ।
कभी न देखा ना सुना, स्वरूप इतना घोर ।। **1673**/1779

(**198. देवः** गीता–11.11)

ॐ सर्वं द्यु व्यावृतं येन सर्वं विश्वं चराचरम् ।
देवो दिव्यः स श्रीकृष्णः सर्वभूतैश्च वन्दितः ।। **1339**/1447

✍दोहा॰ दिव्य पुरुष वह देव है, कृष्ण विष्णु का रूप ।
विश्व सकल में व्याप्त है, केशव ब्रह्म स्वरूप ।। **1674**/1779

(**199. विश्वतोमुखः** गीता–11.11)

ॐ सर्वज्ञं सर्वगं कृष्णं पश्यामि विश्वतोमुखम् ।
उवाच पाण्डवो देवं हृषीकेशं कृताञ्जलिः ।। **1340**/1447

✍दोहा॰ बोला अर्जुन कृष्ण को, उभय जोड़ कर हाथ ।
"विश्वतोमुखी" आप हैं, सर्व जगत के नाथ ।। **1675**/1779

(**200. महात्मा** गीता–11.12)

ॐ आत्मा कृष्णो महात्मा च परमात्मा मतस्तथा ।
धर्मात्मा सर्वभूतात्मा पुण्यात्मा मननात्परः ।। **1341**/1447

✍दोहा॰ कृष्ण महात्मा पूज्य है, परमात्मा भगवान ।
सब भूतन का आतमा, साँस-साँस अरु प्राण ।। **1676**/1779

(**201. अनेकबाहूदरवक्त्रनेत्रः** गीता–11.16)

ॐ देहे मुखानि नेत्राणि पिचिण्डा बहवो भुजाः ।
विश्वरूपं विराटञ्च कृष्ण तव भयानकम् ।। **1342**/1447

✍दोहा॰ महाकाय तू कृष्ण! है, अद्भुत तेरा ठाट ।
अनेक मुख कर नेत्र हैं, तेरा रूप विराट ।। **1677**/1779

(**202. सर्वतोऽनन्तरूपः** गीता–11.16)

ॐ सर्वतोऽनन्तरूपस्त्वं नादिमध्यं च लभ्यते ।
अपर्याप्तं हि रूपं ते कृष्णमुवाच पाण्डवः ।। **1343**/1447

✍दोहा॰ अथाह तेरा रूप है, तू है कृष्ण! अनंत ।

तेरी स्तुति सब कर रहे, जोगी ऋषि-मुनि संत ।। **1678**/1779

(**203. विश्वेश्वरः** गीता–11.16)

विश्वेश्वरो मतः कृष्णो विश्वदेवो मतस्तथा ।
विश्वाधारो जगत्पालो विश्वमूर्तिस्तथा च सः ।। **1344**/1447

दोहा॰ विश्व देवता कृष्ण है, उससे बड़ा न कोय ।
सर्व विश्व में एक है, विश्वेश्वर जो होय ।। **1679**/1779

(**204. विश्वरूपः** गीता–11.16)

सर्वगतो हि श्रीकृष्णो येन व्याप्तमिदं जगत् ।
विराटरूपधारी स विश्वरूपः स एव हि ।। **1345**/1447

दोहा॰ विश्वरूप श्रीकृष्ण है, विश्वरूप भगवान ।
विश्व तीन जिसमें भरे, कृष्ण एक है नाम ।। **1680**/1779

(**205. किरीटी** गीता–11.17)

मयूरमुकुटं शीर्षे बालकृष्णस्य शोभते ।
वनमाला च ग्रीवायां कृष्णस्य मुरली करे ।। **1346**/1447

किरीटं नृपकृष्णस्य स्वर्णमयञ्च सुन्दरम् ।
रत्नानि बहुरङ्गाणां मयूराकारपङ्क्तिषु ।। **1347**/1447

दोहा॰ बालकृष्ण के शीश पर, मोर मुकुट अभिराम ।
बनमाला कर बाँसुरी, सोहे कृष्ण ललाम ।। **1681**/1779

स्वर्ण मुकुट नृप कृष्ण का, सुंदर मयूराकार ।
हीरे मोती रत्न का, सुघटित लच्छेदार ।। **1935**/1779

(**206. गदी** गीता–11.17)

कृष्णरूपं गदाधारि मोहकं सुन्दरं शुभम् ।
आसीनं कमलारूढं कान्तियुक्तं चतुर्भुजम् ।। **1348**/1447

दोहा॰ दिव्य रूप श्रीकृष्ण का, गदा शंख के साथ ।
नील कमल आरूढ हैं, मंगल मुख यदुनाथ ।। **1682**/1779

(**207. चक्री** गीता–11.17)

सर्वमङ्गलमाङ्गल्यं हस्ते चक्रं सुदर्शनम् ।

रूपञ्च मोहनं यस्य चक्रपाणिः स उच्यते ।। 1349/1447

दोहा॰ चक्र सुदर्शन हाथ में, परम चतुर्भुज काय ।
गिरिधर हरि श्रीकृष्ण वो, "चक्रपाणि" कहलाय ।। 1683/1779

(208. तेजोराशिः गीता–11.17)

तेजोराशिर्भवान्कृष्ण तेजःपुञ्जश्च काशितः ।
भासते वै जगत्सर्वं श्रीकृष्ण तव तेजसा ।। 1350/1447

दोहा॰ काया तेजोराशि है, जिसमें रंग बिरंग ।
स्वयं प्रकाशित अंग में, विविध अनेकों रंग ।। 1684/1779

(209. दुर्निरीक्ष्यः गीता–11.17)

दुर्निरीक्ष्यो महातेजो दीप्तिमांश्च हरे भवान् ।
मूर्तिमांश्च रविः कृष्णः–तेजस्वी त्वं रवेरपि ।। 1351/1447

दोहा॰ दुर्निरीक्ष्य तू, है प्रभो! आभा सूर्य समान ।
तेरी आभा से भरा, गगन है दीप्तिमान ।। 1685/1779

(210. दीप्तानलार्कद्युतिः गीता–11.17)

कृष्ण तव द्युतिर्दीप्ता रविवच्चाग्निवत्प्रभो ।
औज्ज्वल्यं खलु सर्वत्र समन्ततः प्रविस्तृतम् ।। 1352/1447

दोहा॰ काँति उज्ज्वल कृष्ण की, बिखरी है सब ओर ।
सूर्य अग्नि सम है प्रभा, प्रखर बहुत है घोर ।। 1686/1779

(211. अप्रमेयः गीता–11.17)

असीमश्चाप्रमेयस्त्वम्–अगम्यो मधुसूदन ।
श्रीकृष्ण त्वं गुणातीतो वन्देऽहं करुणाकर ।। 1353/1447

दोहा॰ दर्शन में यदि ब्रह्म है, अप्रमेय अपार ।
गोचर केशव रूप को, वन्दन बारंबार ।। 1687/1779

(212. वेदितव्यः गीता–11.18)

चित्रकाव्यश्लोकः

वार्ष्णेयो वेदितव्यश्च वेदविद्वेददेवता ।
वेद्यश्च वेदस्तुत्यश्च वेदाङ्गो वेदवन्दितः ।। 1354/1447

✍दोहा॰ श्रीकृष्ण वेदितव्य है, योगेश्वर सत् नाम ।
कर्मयोग ज्ञातव्य है, ज्ञानयोग का ज्ञान ।। 1688/1779

(213. अनन्तवीर्यः गीता-11.19)

ॐ चित्रकाव्यश्लोकः

ॐ मुकुन्दोऽनन्तवीर्यच महाबाहुर्महाबलः ।
महावीरो महादेवो महायोगेश्वरस्तथा ।। 1355/1447

✍दोहा॰ कृष्ण धनुर्धर वीर है, अनंतवीर्य महान ।
कृष्ण धुरंधर धीर है, भगतन के भगवान ।। 1689/1779

संगीत-गीता-दोहावली गीतमाला, पुष्प 203 of 205

भजन : कहरवा ताल 8 मात्रा

वीर कन्हैया

स्थायी

वीर हमारा कृष्ण कन्हैया, बोले नंद यशोदा मैया ।

♫ ध-प मग-रे- प-म गरे-सा-, रे-ग- ध-प मग-प- मगरे- ।

अंतरा-1

तूने वीर तृणाव्रत मारा, तुझसे वीर बकासुर हारा ।
दुष्ट अघासुर तूने फाड़ा, सर्प कालिया तूने ताड़ा ।
तारी तूने बिरज की गैया, केशी से, दैया ओ दैया! ।।

♫ सा-रे- ग-ग मप-मग रे-रे-, गगम- प-ध पम-गग रे-रे- ।
म-म मप-पप ध-पम ग-म-, प-प प-पप- ध-पम ग-म- ।
ध-पम ग-म- पपप म ग-म-, ग-म- ध-, प-म ग- मगरे-! ।।

अंतरा-2

गोवर्धन तू मेरु उठाया, इन्द्र देव का गर्व मिटाया ।
चाणूर मुष्टिक मल्ल हराया, मार कुवलयापीड़ गिराया ।
साथ तेरे बलदाऊ भैया, कंस से मथुरा मुक्त करैया ।।

अंतरा-3

अर्जुन को तू योग सिखाया, कर्म धर्म का मार्ग दिखाया ।

भगत के लिये भागा आता, पाप ताप सब दुःख भगाता ।
तू ही भव का खेल रचैया, तू ही भवसागर की नैया ।।

(214. अनन्तबाहुः गीता-11.19)

विष्णुरनन्तबाहुः स विश्वरूपश्च केशवः ।
अमितविक्रमी कृष्णः-तेजस्वी धर्मरक्षकः ।। 1356/1447

दोहा॰ अनंत बाहु कृष्ण है, विराट रूप महान ।
सर्वगामी श्रीकृष्ण को, सर्व विश्व का ज्ञान ।। 1690/1779

(215. शशिसूर्यनेत्रः गीता-11.19)

श्रीकृष्णस्य विराटस्य नेत्रे शशी रविस्तथा ।
चन्द्रमा शीतलो भावो मार्तण्डो भासुरस्तथा ।। 1357/1447

दोहा॰ विराट रूपी कृष्ण के, शशि रवि दो हैं नेत्र ।
शीत भाव है चंद्रमा, उष्ण भाव है मित्र ।। 1691/1779

(216. दीप्तहुताशवक्त्रः गीता-11.19)

मुखं विराटकृष्णस्य प्रज्वलितं कृशानुवत् ।
ज्वालामुख्या समा ज्वाला भासयन्ति त्रिलोकिनः ।। 1358/1447

दोहा॰ विराट रूपी कृष्ण के, मुख में ज्वाला आग ।
जला रही है विश्व को, असुर रहे हैं भाग ।। 1692/1779

(217. रूपं महत् गीता-11.23)

दृष्ट्वा हरेर्महद्रूपं विराटं विघ्नहारकम् ।
भयभीतोऽभवत्पार्थो नतशीर्षः कृताञ्जलिः ।। 1359/1447

दोहा॰ महद्रूप वह कृष्ण का, विराट परम महान ।
निहार कर अर्जुन डरा, भूला अपने ध्यान ।। 1693/1779

(218. बहुवक्त्रनेत्रः गीता-11.23)

कृष्णस्य विश्वरूपस्य दर्शनं परमद्भुतम् ।
तस्यानेकानि वक्त्राणि बहूनि लोचनानि च ।। 1360/1447

दोहा॰ विश्वरूप में कृष्ण के, अनेक नेत्र विशाल ।
अनेक तुंड प्रचंड हैं, दंत बड़े विकराल ।। 1694/1779

(**219. बहुबाहूरुपादः** गीता–11.23)

बहुबाहूरुपादस्य कृष्णस्य रूपमद्भुतम् ।
कान्तियुक्तं महाचण्डम्-उग्ररूपं भयानकम् ।। **1361**/1447

दोहा॰ विश्वरूप में कृष्ण के, बहुत दिख रहे हाथ ।
उसमें उदर अनेक हैं, पाद हजारों साथ ।। **1695**/1779

(**220. नभःस्पृशः** गीता–11.24)

विशालकायकृष्णः स मेरुरूपो नभस्स्पृशः ।
विश्वरूपो विराटश्च श्रीकृष्णो विश्ववन्दितः ।। **1362**/1447

दोहा॰ धरती से अंबर परे, विराट रूप विशाल ।
नैन कृष्ण के लाल हैं, मुख में दाँत कराल ।। **1696**/1779

(**221. अनेकवर्णः** गीता–11.24)

ज्वाला विविधरङ्गाणां मुखेभ्यो गगनस्पृशाः ।
कृष्णो विविधवर्णः स विराटरूप ईश्वरः ।। **1363**/1447

दोहा॰ विविध रंग हैं कृष्ण के, विविध रूप आकार ।
विश्व रूप धारण किए, स्वर्ग कियो साकार ।। **1697**/1779

(**222. दीप्तविशालनेत्रः** गीता–11.24)

दीप्तविशालनेत्रः स तेजःपूर्णो भयावहः ।
नेत्राणि रक्तवर्णानि भयानकानि श्रीहरेः ।। **1364**/1447

दोहा॰ विश्वरूप श्रीकृष्ण का, नभ तक महा विशाल ।
वदन अनेकों हैं उसे, नयन दीप्त हैं लाल ।। **1698**/1779

(**223. देवेशः** गीता–11.25)

कृष्णो देवो महादेवो देवेशः परमेश्वरः ।
ईशः स ईश्वरः कृष्णः परमेशः परात्परः ।। **1365**/1447

दोहा॰ कृष्ण देव का देव है, देवदेव देवेश ।
कृष्ण ईश जगदीश है, परमेश्वर परमेश ।। **1699**/1779

(**224. जगन्निवासः** गीता–11.25)

कृष्णो जगन्निवासः स भूतचराचरस्य हि ।

परमं धाम भूतानां सर्वभूतमहेश्वरः ।। **1366**/1447

✍दोहा॰ परम धाम श्रीकृष्ण है, अंतिम जगत निवास ।
जाकर जहाँ, न लौटना, ना ही भव का त्रास ।। **1700**/1779

(**225.** उग्ररूपः गीता–11.31)

ॐ उग्ररूपो महाकायो विश्वरूपो महेश्वरः ।
अर्दनो दुष्टलोकानां श्रीकृष्णो हि जनार्दनः ।। **1367**/1447

✍दोहा॰ उग्ररूप तू कृष्ण है, "रत्नाकर" भगवान ।
विश्वरूप धारण किया, महाकाय बलवान ।। **1701**/1779

(**226.** देववरः गीता–11.31)

ॐ कृष्णो देववरो ज्ञातः पुरुषः पुरुषोत्तमः ।
ईश्वरश्च स देवेषु नरेषु च नरोत्तमः ।। **1368**/1447

✍दोहा॰ कृष्ण देववर देव है, देवों का भी ईश ।
पुरुषोत्तम माधव कहा, इस जग में जगदीश ।। **1702**/1779

(**227.** आद्यः गीता–11.31)

ॐ मूलं स जगतः कृष्णो मतः स ब्रह्मणः परः ।
आद्य आदीश्वरः कृष्ण आदिदेवो मतस्तथा ।। **1369**/1447

✍दोहा॰ आदि स्वर्ग का है कहा, कृष्ण सुरों का ईश ।
आदि सर्ग का कृष्ण है, कृष्ण कहा जगदीश ।। **1703**/1779

(**228.** कालो लोकक्षयकृत्प्रवृद्धः गीता–11.32)

ॐ प्रवृद्धः सोऽर्दनं कर्तुं कालो भूत्वा जनार्दनः ।
कुरुवीरा हतास्तेन विना युद्धं क्षतिं विना ।। **1370**/1447

✍दोहा॰ काल बना प्रवृद्ध है, करने अरि का नाश ।
प्राण शत्रु के लेगया, बिना युद्ध, अविनाश ।। **1704**/1779

(**229.** गरीयान्ब्रह्मणोऽपि गीता–11.37)

ॐ ईश्वरश्च सुरेन्द्रश्च गरीयान्ब्रह्मणोऽपि सः ।
देवदेवः स श्रीकृष्णः सर्वदेवा नमन्ति यम् ।। **1371**/1447

✍दोहा॰ विश्वरूप लेकर खड़ा, कृष्ण शाँति का दूत ।

ब्रह्मा से भी है बड़ा, वसुदेव का पूत ।। 1705/1779

(230. **आदिकर्ता** गीता–11.37)

ॐ आदिकर्ता भवान्कृष्ण सृष्टेरादिर्मतो भवान् ।
मूलबीजञ्च सर्गाणां ब्रह्मणश्च गतिर्भवान् ।। 1372/1447

दोहा॰ आदिकर्ता विश्व का, कृष्ण मूल है बीज ।
आदि ब्रह्म ही कृष्ण है, कृष्ण करे हर चीज ।। 1706/1779

(231. **सदसत्परः** गीता–11.37)

ॐ न कृष्णः सन्न चासच्च श्रीकृष्णः सदसत्परः ।
कृष्ण एव सतो भावो नाभावो विद्यतेऽसतः ।। 1373/1447

दोहा॰ जो सब है सो कृष्ण है, कृष्ण ब्रह्म का रूप ।
अस्तित्व असत् का नहीं, सब कुछ ब्रह्म स्वरूप ।। 1707/1779

(232. **पुरुषः पुराणः** गीता–11.38)

ॐ अनादिः पुरुषः कृष्णः पुराणो ब्रह्मणोऽपि सः ।
कृष्णाद्धि सर्वमुद्भूतं कृष्णे सर्वं विलीयते ।। 1374/1447

दोहा॰ पुरुष पुरातन कृष्ण है, ब्रह्मविष्णु अवतार ।
सर्वसनातन कृष्ण है, कृष्ण सकल व्यापार ।। 1708/1779

(233. **अनन्तरूपः** गीता–11.38)

ॐ श्रीकृष्णोऽनन्तरूपः स विश्ववृक्षः सनातनः ।
न तस्यादिर्न मध्यञ्च दृश्यते सकलैर्जनैः ।। 1375/1447

दोहा॰ अनंत रूपी कृष्ण की, विभूति का विस्तार ।
आदि न मध्य न अंत है, ना कोई आकार ।। 1709/1779

(234. **वायुः** गीता–11.39)

ॐ पवनः पवतां कृष्णो गन्धानां वाहकश्च सः ।
पञ्चभूतेषु वायुश्च भूमिरग्निर्जलं नभः ।। 1376/1447

दोहा॰ पँच भूत में एक है, वायु कृष्ण का रूप ।
भूमि अग्नि नभ आप् हैं, भव में कृष्ण स्वरूप ।। 1710/1779

(235. **शशाङ्कः** गीता–11.39)

ॐ भास्करश्च शशाङ्कश्च मतौ कृष्णस्य चक्षुषी ।
कृष्णः सूर्यः शशाङ्कश्च सर्वञ्च विश्वमण्डलम् ।। **1377**/1447

दोहा॰ चंदा खिलता रात में, शीत कृष्ण का रूप ।
सूरज बन दिन में खिले, कृष्ण रूप में धूप ।। **1711**/1779

(**236. प्रजापतिः** गीता–11.39)

ॐ कृष्णः प्रजापतिर्ब्रह्मा भूतचराचरस्य हि ।
कृष्णस्तेषां पिता माता जन्मदाता जगत्पतिः ।। **1378**/1447

दोहा॰ कृष्ण प्रजापति ब्रह्म है, जिसके सुत इक्कीस ।
कृष्ण सभी का है पति, कृष्ण कहा जगदीस ।। **1712**/1779

(**237. प्रपितामहः** गीता–11.39)

ॐ श्रीकृष्णो जन्मदाता स माता पिता पितामहः ।
पितॄणां हि पिता कृष्णः–तस्मात्स प्रपितामहः ।। **1379**/1447

दोहा॰ माता है श्रीकृष्ण ही, कृष्ण सभी का बाप ।
कृष्ण पितर का है पिता, कृष्ण पितामह आप ।। **1713**/1779

(**238. अमितविक्रमः** गीता–11.40)

ॐ विघ्नविनाशकः कृष्णः स चासुरनिकन्दनः ।
अमितविक्रमः कृष्णः कृष्णः सकलशक्तिमान् ।। **1380**/1447

दोहा॰ अमित विक्रमी कृष्ण है, सबसे है बलवान ।
विघ्नविनाशक कृष्ण है, असुर हनन भगवान ।। **1714**/1779

(**239. सर्वः** गीता–11.40)

ॐ कृष्णः सर्वो हि सर्वस्य सर्वञ्च कृष्ण एव हि ।
सर्वस्मात्सृज्यते सर्वं सर्वं सर्वेषु लीयते ।। **1381**/1447

दोहा॰ सबका स्वामी कृष्ण है, कृष्ण हि सर्वाधार ।
पोषण कर्ता सृष्टि का, उस पर सब का भार ।। **1715**/1779

(**240. सखा** गीता–11.41)

ॐ चित्रश्लोकः

ॐ सर्वभूतसखा कृष्णः सुखदुःखेषु सर्वदा ।

सुहृच्च सदयः कृष्णः सच्चिदानन्द ईश्वरः ।। **1382**/1447

दोहा॰ कृष्ण सभी का है सखा, करे सभी से प्रीत ।
समान सब हैं कृष्ण को, कृष्ण सभी का मीत ।। **1716**/1779

(**241**. **यादवः** गीता–11.41)

चित्रकाव्यश्लोकः

यशोदो यदुवीरः स यादवो यदुनन्दनः ।
यदाऽऽहूतस्तदाऽऽयाति स यदुकुलभूषणः ।। **1383**/1447

दोहा॰ यदुकुल भूषण कृष्ण है, यदुवर यादव वीर ।
यदुनंदन वो याद हो, जभी सतावे पीर ।। **1717**/1779

(**242**. **पिता लोकस्य चराचरस्य** गीता–11.43)

भूतानां स हि सर्वेषां कृष्णः पिता त्रिलोकिनाम् ।
पिता तथा च माता स परमो वत्सलः प्रभुः ।। **1384**/1447

दोहा॰ पिता विश्व का कृष्ण है, सब हैं उसके पूत ।
परम पियारे कृष्ण के, सभी चराचर भूत ।। **1718**/1779

(**243**. **पूज्यः** गीता–11.43)

चित्रकाव्यश्लोकः

पवित्रः पावनः पूज्यः प्रद्युम्नः परमेश्वरः ।
पातु मां सर्वपापेभ्यः पापहा प्रियदर्शनः ।। **1385**/1447

दोहा॰ कृष्ण सभी हैं पूजते, देव दानव लोग ।
पूर्ण भक्ति से पूजके, मिले पुण्य का भोग ।। **1719**/1779

(**244**. **गरुर्गरीयान्** गीता–11.43)

कृष्णो गुरुर्गरीयान्स गुरूणाञ्च गुरुस्तथा ।
पूज्यते गुरुभिः कृष्णः कृष्णस्तस्माज्जगद्गुरुः ।। **1386**/1447

दोहा॰ कृष्ण देवता श्रेष्ठ है, सब देवों में एक ।
नित्य कृष्ण को पूजते, ऋषि-मुनि देव अनेक ।। **1720**/1779

(**245**. **अप्रतिमप्रभावः** गीता–11.43)

सर्वेशः सर्वदेवश्च देवदेवो महेश्वरः ।

अप्रतिमप्रभावश्च श्रीकृष्ण: सर्वशक्तिमान् ।। 1387/1447

🕉️ दोहा० जग में एक असीम है, श्रीकृष्ण का प्रभाव ।
जग में सबसे अलग है, श्रीकृष्ण का स्वभाव ।। 1721/1779

(246. ईश इड्य: गीता-11.44)

🕉️ श्रीकृष्णमीशमीड्यञ्च पूजार्हं तं प्रभुं विभुम् ।
मुरारिं वन्दनीयञ्च गोविन्दं तं नमाम्यहम् ।। 1388/1447

🕉️ दोहा० पूजनीय श्रीकृष्ण है, वन्दनीय घनश्याम ।
पूजा उसकी हम करें, प्रति दिन सुबहो शाम ।। 1722/1779

(247. चतुर्भुज: गीता-11.46)

🕉️ सौम्यरूप: स श्रीकृष्ण: शान्तमूर्तिश्चतुर्भुज: ।
नीलसरसिजारूढ:-चक्रपाणि: सुदर्शन: ।। 1389/1447

🕉️ दोहा० मंगल मूर्ति कृष्ण की, सौम्य रूप कर-चार[129] ।
पद्मनाभ कमलापति, श्रीधर की जयकार ।। 1723/1779

(248. सहस्रबाहु: गीता-11.46)

🕉️ कृष्ण सहस्रबाहो त्वं विश्वरूपो महाबल: ।
नेत्राणि ते सहस्राणि वक्त्राणि चरणास्तथा ।। 1390/1447

🕉️ दोहा० हस्त हजारों नेत्र भी, रूप विराट तिहार ।
परम रूप अपूर्व को, अर्जुन रहा निहार ।। 1724/1779

(249. विश्वमूर्ति: गीता-11.46)

🕉️ विश्वमूर्ति: स श्रीकृष्णो यस्मिन्विश्वं समाहितम् ।
कृष्ण: सर्वस्य विश्वस्य प्रतिमा सुमनोहरा ।। 1391/1447

🕉️ दोहा० विश्वमूर्ति श्रीकृष्ण है, सुंदरतम आकार ।
ब्रह्मा विष्णु महेश का, मन मोहक अवतार ।। 1725/1779

(250. तेजोमय: गीता-11.47)

🕉️ तेजोमयो भवान्कृष्ण दीप्तियुक्तश्च सूर्यवत् ।
तेजसा तव हे कृष्ण विश्वं सर्वं प्रकाशितम् ।। 1392/1447

---

[129] कर चार = चार हाथ, चतुर्बाहु ।

दोहा॰ केशव! तेरा तेज है, दीप्तिमान् भव पार ।
चमक रहा है विश्व ये, नहीं कहीं अँधकार ।। **1726**/1779

(**251. विश्वम्** गीता–11.47)

ॐ श्लोकाः

ॐ **कृष्णो ब्रह्मा च विष्णुश्च शिवो देवाश्च देवताः ।**
प्रकृतिः पुरुषः कृष्णः परमात्मा तथा च सः ।। 1393/1447

ॐ **पृथिव्यां पादपा नद्यो गिरिवराश्च सागराः ।**
प्राणिनः पक्षिणः कीटाः कृष्ण त्वं सर्वमानवाः ।। 1394/1447

ॐ **विश्वमेतद्भवानेव तत्त्वमसि हरे खलु ।**
त्वया सर्वमिदं व्याप्तं त्वयि सर्वं समाहितम् ।। 1395/1447

दोहा॰ "तत् त्वम् असि" का मंत्र हैं, कहते सारे वेद ।
एक कृष्ण अरु ब्रह्म हैं, कोई ना है भेद ।। **1727**/1779

(**252. अनिर्देश्यः** गीता–12.3)

ॐ **कृष्ण त्वं वर्णनातीतो ध्यानगम्यस्तु योगिभिः ।**
अनिर्देश्यो गुणातीतः कृपाशीलश्च केशव ।। 1396/1447

दोहा॰ अगम वर्णनातीत हैं, नारायण अवतार ।
एक रूप श्री राम है, दूजा कृष्ण कुमार ।। **1728**/1779

(**253. सर्वत्रगः** गीता–12.3)

चित्रकाव्यश्लोकः

ॐ **श्रीकृष्णः सर्वगामी स सर्वथा समवस्थितः ।**
सर्वस्य सर्वदा साक्षी सद्भावः सुहृदः सखा ।। 1397/1447

दोहा॰ सर्वत्रग श्रीकृष्ण है, जिसको सबका ज्ञान ।
विश्व सकल जिसमें बसा, ईश्वर कृष्ण महान ।। **1729**/1779

(**254. अचिन्त्यः** गीता–12.3)

ॐ **यदि हि वर्णितः सर्वैः सर्वैश्च वन्दितस्तथा ।**
श्रीकृष्णो मननातीतः शब्दातीतश्च सर्वथा ।। 1398/1447

मतोऽचिन्त्यः स श्रीकृष्णः स्वप्नगम्यो हि यद्यपि ।
तथापि चिन्तनं कार्यं कृष्णस्य सर्वदा सदा ।। **1399**/1447

दोहा॰ केशव मननातीत है, केशव कथनातीत ।
फिर भी नित चिंतन करो, उसे जान कर मीत ।। **1730**/1779

(**255. कूटस्थः** गीता–12.3)

श्रीकृष्णो ब्रह्मरूपेण कूटस्थः स्थावरो ध्रुवः ।
अगोचरो निराकारो निर्गुणो दुर्गमस्तथा ।। **1400**/1447

दोहा॰ब्रह्म रूप में कृष्ण है, कूटस्थ निराकार ।
ऐसा चिंतन क्लिष्ट है, सुगम रूप साकार ।। **1731**/1779

170. संस्कृत भजन : राग रत्नाकर, कहरवा ताल 8 मात्रा

भज गोविन्दम्

स्थायी

ब्रह्मा त्वमेव, विष्णुस्त्वमेव, शम्भुस्त्वमेव, कृष्ण सखे! ।
सर्गस्त्वमेव, स्वर्गस्त्वमेव, सर्वं त्वमेव, कृष्ण हरे! ।।

♫ रे–रे– रेरे–रे, ग–ग–गग–ग, म–म–मम–म, प–म गरे–!
प–प–पप–प, ध–ध–धध–ध, प–प– पम–म प–म गरे–!

अंतरा–1

ब्रह्मस्वरूपम्, अव्यक्तरूपम्, अचिन्तनीयं, क्लिष्टतरम् ।
कथनातीतं, स्मरणातीतं, सुगमं सुलभं कृष्ण! न ते ।।

♫ नि–धपध–नि–, ध–पमप–ध–, पम–गम–प–, म–गरेसा– ।
सासारे–ग–ग, रेरेग–म–म–, पमग– रेगम– प–म! ग रे– ।

अंतरा–2

विष्णुस्वरूपं, मानवरूपं, दृष्टिगोचरं, हर्षकरम् ।
लोचनकमलं, निर्मलविमलं, सर्वसुन्दरं, लक्ष्मीपते ।।

अंतरा–3

देवकीनन्दं, नन्दनन्दनं, राधारमणं, करुणपरम् ।
तिलकचन्दनं, जगद्वन्दनम्, भज गोविन्दं, मूढमते ।।

(**256. अचलः** गीता–12.3)

ॐ **ब्रह्मरूपोऽचलः कृष्णो यथा गिरिर्हिमाचलः ।**
दर्शनं ब्रह्मरूपस्य विनाऽऽयासं न लभ्यते ।। 1401/1447

✍दोहा॰ ब्रह्म रूप श्रीकृष्ण का, अचल अटल अविकार ।
दर्शन उस अव्यक्त का, कहा गया दुशवार ।। **1732**/1779

(**257. ध्रुवः** गीता–12.3)

ॐ **ब्रह्मरूपो ध्रुवः कृष्णः–चिरः स्थिरश्च शाश्वतः ।**
अविनाशी च नित्यश्च दृढोऽमरश्च स्थावरः ।। 1402/1447

✍दोहा॰ स्थावर ध्रुव श्रीकृष्ण है, शिव सत् चित्त स्वभाव ।
भगत जनन की छाँव है, भवसागर की नाव ।। **1733**/1779

(**258. समुद्धर्ता मृत्युसंसारसागरात्** गीता–**12.7**)

ॐ **श्रीकृष्णो हि समुद्धर्ता मृत्युसंसारसागरात् ।**
नौका भवति भक्ताय श्रीकृष्णो भवसागरे ।। 1803/1447

✍दोहा॰ कृष्ण उबारे ताप से, और मिटावे पाप ।
सुन कर पुकार भक्त की, भागा आवे आप ।। **1734**/1779

(**259. क्षेत्रज्ञ** गीता–13.3)

ॐ **कलेवरमिदं क्षेत्रं कीर्तितं ब्रह्मज्ञानिभिः ।**
ज्ञाता क्षेत्रस्य क्षेत्रज्ञः श्रीकृष्ण एक एव सः ।। 1404/1447

✍दोहा॰ इस शरीर को क्षेत्र है, कहते ज्ञानी लोग ।
क्षेत्र–विज्ञ क्षेत्रज्ञ है, कृष्ण कहा है योग ।। **1735**/1779

(**260. सर्वतः पाणिपादः** गीता–13.14)

ॐ **विराटं परमं रूपं कृष्णः पार्थमदर्शयत् ।**
सर्वतः पाणिपादं तद्–विश्वरूपं महाजनाः! ।। 1405/1447

✍दोहा॰ विश्व रूप श्रीकृष्ण के, हाथ पाँव सब ओर ।
देखे अर्जुन ने वहाँ, मेरु काय अति घोर ।। **1736**/1779

(**261. सर्वतोऽक्षिशिरोमुखः** गीता–13.14)

ॐ **दिव्यरूपः स श्रीकृष्णः सर्वतोऽक्षिशिरोमुखः ।**

सर्वं पश्यति सर्वेषां सर्वं जानाति सर्वदा ।। **1406**/1447

✍दोहा० विराट रूपी कृष्ण की, आँखें मुख सब ओर ।
देखे सबको सर्वदा, पकड़े सबकी डोर ।। **1737**/1779

(**262. सर्वतः श्रुतिमल्लोके** गीता-13.14)

ॐ सर्वतः श्रुतिमल्लोके श्रीकृष्णो जगदीश्वरः ।
मतो विश्वे स लोकेशः शास्त्रेषु परमेश्वरः ।। **1407**/1447

✍दोहा० एक कृष्ण का विश्व में, सबने जाना नाम ।
कोई कहता श्याम है, कोई कहता राम ।। **1738**/1779

(**263. सर्वमावृत्य तिष्ठितः** गीता-13.14)

ॐ श्रीकृष्णः सर्वव्यापी स सर्वमावृत्य तिष्ठितः ।
भूतानि तस्य छायायां सकलाश्चाश्रिता जनाः ।। **1408**/1447

✍दोहा० सबका आश्रय कृष्ण है, सबको देता प्यार ।
जिसकी जग पर छाँव है, सबकी वही मदार ।। **1739**/1779

(**264. सर्वेन्द्रियगुणाभासः** गीता-13.15)

ॐ सर्वेन्द्रियगुणाभास आत्मा भूत्वा तनौ स्थितः ।
श्रीकृष्णः सर्वगात्रेषु सौक्ष्म्येन हि समावृतः ।। **1409**/1447

✍दोहा० इन्द्रिय गुण आभास के, श्रीहरि आत्मस्वरूप ।
साक्षी बन कर देखते, गुण माया अवधूत ।। **1740**/1779

गात्र गुणों का भास है, आत्मा रूप प्रभाव ।
प्रकृति जिसका नाम है, वह कृष्ण का स्वभाव ।। **1741**/1779

(**265. सर्वेन्द्रियविवर्जितः** गीता-13.15)

ॐ स्थितो यद्यपि गात्रेषु सर्वेन्द्रियविवर्जितः ।
देहेषु सर्वभूतानां कृष्णश्चरति आत्मवत् ।। **1410**/1447

✍दोहा० सब भूतन में है बसा, यथा गात में प्राण ।
बिना इंद्रियों के तथा, बसे कृष्ण भगवान ।। **1742**/1779

(**266. असक्तः** गीता-13.15)

ॐ कृत्वाऽपि सर्वकर्माणि तैरलिप्तस्तथाऽपि सः ।

लिप्तो न कर्मभि: कृष्ण: पद्मपत्रमिवाम्भसा ॥ 1411/1447

दोहा॰ सृजन कर्म करके सभी, उनमें ना अनुराग ।
सब भूतों में है बसा, पर उनसे बेदाग ॥ 1743/1779

(267. सर्वभृत् गीता-13.15)

कर्ता स सर्वभूतानां भर्ता च परमेश्वर: ।
माता पिता च श्रीकृष्ण: सर्वेषां पालकस्तथा ॥ 1412/1447

दोहा॰ कृष्ण सभी का है पिता, भर्ता है भगवान ।
कृष्ण सर्वभृत् है कहा, देव न कृष्ण समान ॥ 1744/1779

(268. निर्गुण: गीता-13.15)

निर्गुणब्रह्मरूप: स श्रीकृष्ण: सगुणो भुवि ।
ब्रह्मैव निर्गुणं तत्त्वं नान्यत्किञ्चिद्विना गुणम् ॥ 1413/1447

दोहा॰ ब्रह्म रूप में कृष्ण है, निर्गुण अलख निधान ।
रूप सगुण साकार में, गोचर कृष्ण ललाम ॥ 1745/1779

 संगीत-गीता-दोहावली गीतमाला, पुष्प 204 of 205

भजन : राग धुनी, तीन ताल

निर्गुण दर्शन

स्थायी

निर्गुण का दर्शन मुश्किल है, सगुण श्रीकृष्ण को मन से भज ले ।

♪ म-गरे ग- प-मग रे-निसा- रे-, ममम प-मग म- गग रे- सानि सा- ।

अंतरा-1

ब्रह्म है निर्गुण निराकार है, अजर अचल है, निर्विकार है ।

कृष्ण सगुण सही साकार है, सदय सुखद सुमन है, समझ ले ॥

♪ नि-नि नि सा-सासा रेग-म-ग रे-, ममम गगग म-, प-मग-रे सा- ।

सा-सा निसासा रेरे- ग-ग-ग म-, ममम गगग मगरे ग-, रेगरे सा- ॥

अंतरा-2

माधव से तू प्रीत जगा ले, मद मत्सर राग तन से भगा ।

ध्यान तू हरि सुमिरन में लगा, काम कोह विषय आस तज दे ।।

(**269. गुणभोक्ता** गीता–13.15)

निर्गुणः सगुणे देहे गुणभोक्ता स केशवः ।
साक्षी भूत्वा हि लीलां स पश्यति गुणकर्मणाम् ।। **1414**/1447

दोहा॰ आत्मा बन कर देह में, गिरिधर राधेश्याम ।
साक्षी बन कर देखता, तीन गुणों के काम ।। **1746**/1779

(**270. अचरश्च चरः** गीता–13.16)

यद्यद्धि जायते भूमौ सर्वं कृष्णस्य मायया ।
भूत्वा चरोऽचरः कृष्णः प्रादुर्भवति भूतले ।। **1415**/1447

दोहा॰ सभी चराचर विश्व के, कृष्ण रूप हैं भूत ।
धरती पर जो विचरते, सभी कृष्ण के पूत ।। **1747**/1779

(**271. सूक्ष्मत्वादविज्ञेयः** गीता–13.16)

अणुरूपमविज्ञेयं सूक्ष्मत्वाद्गगनं यथा ।
तथा ह्यणोरणीयान्स कृष्णः सर्वैर्न ज्ञायते ।। **1416**/1447

दोहा॰ यथा सूक्ष्म आकाश वो, कोई सके न जान ।
ब्रह्मरूप श्रीकृष्ण की, अविज्ञेय पहिचान ।। **1748**/1779

(**272. दूरस्थः** गीता–13.16)

दूरस्थो मननातीतः श्रीकृष्णो दुर्गमस्तथा ।
विना श्रद्धां विना भक्तिं दृश्यते न स लोचनैः ।। **1417**/1447

दोहा॰ ब्रह्म रूप अति सूक्ष्म वो, कृष्ण मनन से पार ।
बिन भक्ति के ना मिले, इस जग का करतार ।। **1749**/1779

(**273. अन्तिकः** गीता–13.16)

सर्वगामी स श्रीकृष्णो दूरस्थश्चान्तिकस्तथा ।
अभक्ताय स दूरस्थो भक्ताय त्वन्तिकः सदा ।। **1418**/1447

दोहा॰ कृष्ण समाया विश्व में, दूर तथा नजदीक ।
कण–कण में जो है बसा, ईश कहा वो ठीक ।। **1750**/1779

(**274. अविभक्तः** गीता–13.17)

ॐ अविभक्तः स श्रीकृष्णः सर्वभूतेषु विष्ठितः ।
एको भिन्नेषु भूतेषु सर्वभूतेषु संततः ।। **1419**/1447

दोहा॰ सब भूतों में एक ही, बिखरा तत्त्व महान ।
सबके हिरदय कृष्ण ही, बसा हुआ भगवान ।। **1751**/1779

(**275. विभक्त इव** गीता–13.17)

ॐ विभक्त इव भूतेषु भिन्नेषु भिन्नरूपकः ।
अविभक्तः स श्रीकृष्णः सर्वभूतेषु संस्थितः ।। **1420**/1447

दोहा॰ भिन्न-भिन्न सब भूत में, दिखे विभक्त समान ।
अविभक्त श्रीकृष्ण वो, अखंड विश्व निधान ।। **1752**/1779

(**276. ग्रसिष्णुः** गीता–13.17)

ॐ प्रभो विराटरूपस्त्वं ग्रसिष्णुरघनाशकः ।
खादसि योधवीरांस्त्वं श्रीकृष्ण विविधैर्मुखैः ।। **1421**/1447

दोहा॰ विश्वरूप श्रीकृष्ण के, मुख में तीखे दाँत ।
अनेक मुख विकराल से, दुष्ट जनों को खात ।। **1753**/1779

(**277. प्रभविष्णुः** गीता–13.17)

ॐ श्रीकृष्ण प्रभविष्णुस्त्वं सृष्टेः कर्ता पितामहः ।
तेजस्वी च प्रभावी त्वं विष्णुरूपो गणाधिपः ।। **1422**/1447

दोहा॰ सकल चराचर विश्व ये, कीन्हा तू निर्माण ।
अमित प्रभावी कृष्ण तू! तुझे विनम्र प्रणाम ।। **1754**/1779

(**278. ज्योतिषामपि ज्योतिस्तमसः परः** गीता–13.18)

ॐ ज्योतिषामपि ज्योतिस्त्वं श्रीकृष्ण तमसः परः ।
अज्ञानं निर्गतं सर्वं तेजसा तव केशव ।। **1423**/1447

दोहा॰ तेजस्वी का तेज तू, ज्योतिर्मय की ज्योत ।
अँधकार से है परे, परम ज्ञान का स्त्रोत ।। **1755**/1779

(**279. ज्ञानगम्यः** गीता–13.18)

ॐ अचिन्त्यो वर्णनातीतो गम्यस्त्वं ज्ञानयोगिभिः ।
न तपसा न ध्यानेन न च दानेन कृष्ण त्वम् ।। **1424**/1447

दोहा॰ श्रीकृष्ण! ज्ञानगम्य तू, तप करके ना दान ।
अचिंत्य कथनातीत तू, सके न कोई जान ।। **1756**/1779

(**280. हृदि सर्वस्य विष्ठितः** गीता–13.18)

**श्रीकृष्णः सर्वगामी स हृदि सर्वस्य विष्ठितः ।
सकलभूतभूतात्मा सर्वस्य परमेश्वरः ।। 1425**/1447

दोहा॰ कृष्ण बसा है हृदय में, सदैव सबके पास ।
सब भूतों का आतमा, सब हैं उसके दास ।। **1757**/1779

(**281. प्रकृतिः** गीता–13.20)

**प्रकृतिः पुरुषः कृष्णः श्रीकृष्णो विश्वव्यापकः ।
श्रीकृष्णो ब्रह्म ब्रह्माण्डं निर्गुणः सगुणस्तथा ।। 1426**/1447

दोहा॰ पुरुष-प्रकृति, कृष्ण जी! निर्गुण गुणमय आप ।
पँच भूत गुण तीन का, माया मय परताप ।। **1758**/1779

(**282. उपद्रष्टा** गीता–13.23)

**आत्मा भूत्वा हृषीकेशो भूतदेहे समावृतः ।
उपद्रष्टा हि साक्षी स न करोति न कार्यते ।। 1427**/1447

दोहा॰ आत्मा बन कर देह में, बैठा मन के साथ ।
उपद्रष्टा वह कृष्ण है, पुरुष नाम जगनाथ ।। **1759**/1779

(**283. अनुमन्ता** गीता–13.23)

**हृद्देशे सर्व भूतानां स्थितः कृष्णो जनार्दनः ।
अनुमन्ता च साक्षी स श्रीकृष्णः पुरुषः परः ।। 1428**/1447

दोहा॰ आत्मा अरु परमातमा, अनुमंता भगवान ।
कृष्ण हृदय में बैठ कर, शासन करता प्राण ।। **1760**/1779

(**284. महेश्वरः** गीता–13.23)

**ईश्वर ईश्वराणां स कृष्णो मतो महेश्वरः ।
भूतेशः सर्वभूतानां कृष्णो भूतमहेश्वरः ।। 1429**/1447

दोहा॰ भूत महेश्वर कृष्ण है, देवों का भी देव ।
कर्ता भर्ता विश्व का, सब कुछ उसका एव ।। **1761**/1779

(285. परमात्मा पुरुषः परः गीता-13.18)

🕉 आत्मा च परमात्मा स श्रीकृष्णः पुरुषः परः ।
ईशः स ईश्वरः कृष्णो देवेशः परमेश्वरः ।। 1430/1447

✍ दोहा० परम पुरुष परमातमा, एक कृष्ण है नाम ।
वही ब्रह्म अरु विष्णु है, वही है राजा राम ।। 1762/1779

(286. समः सर्वेषु भूतेषु गीता-13.28)

🕉 समः सर्वेषु भूतेषु श्रीकृष्णः सर्वदा हि सः ।
तस्य नारिर्न मित्रञ्च तटस्थः सर्वप्राणिषु ।। 1431/1447

✍ दोहा० सब भूतों में एक सा, नहीं पराया कोय ।
सब पर प्यारे कृष्ण का, तटस्थ साया होय ।। 1763/1779

(287. विनश्यत्स्वविनश्यः गीता-13.28)

🕉 अविनश्यो विनश्यत्सु श्रीकृष्णः शाश्वतश्चिरः ।
सर्वभूतानि नश्यन्ति देही तेषां न नश्यति ।। 1432/1447

✍ दोहा० शाश्वत नश्वर देह में, साक्षी कृष्ण प्रमाण ।
आते-जाते देह हैं, अमर एक है प्राण ।। 1765/1779

(288. समवस्थितः गीता-13.29)

🕉 देहिरूपेण श्रीकृष्णो देहेषु समवस्थितः ।
सदा सर्वेषु भूतेषु समः सङ्गविवर्जितः ।। 1433/1447

✍ दोहा० समरस भूतन में सभी, सब भूतों का प्राण ।
सखा सभी का कृष्ण है, सबसे प्रीत समान ।। 1765/1779

(289. परमात्मा शरीरस्थः गीता-13.32)

🕉 सर्वभूतशरीरस्थः श्रीकृष्णः परमेश्वरः ।
देही भूत्वा स देहेषु तिष्ठति भूतभावनः ।। 1434/1447

✍ दोहा० सब भूतों में एक है, अविभाजित परमेश ।
भूत भिन्न हैं बाह्यतः, अंदर से सब एक ।। 1766/1779

(290. महद्योनिः गीता-14.4)

🕉 श्रीकृष्णः सर्वभूतानां महद्योनिर्हि प्राणिनाम् ।

बीजदाता पिता कृष्णः–तथा माता मतश्च सः ।। **1435**/1447

ॐ महद्योनिर्मतः कृष्णो ब्रह्मयोनिस्तथा च सः ।
यस्मात्सर्वाणि जायन्ते भूतानि भवसागरे ।। **1436**/1447

दोहा॰ महायोनि श्रीकृष्ण है, "ब्रह्मयोनि" भी नाम ।
सभी चराचर भूत का, एक जन्म का स्थान ।। **1767**/1779

(**291. बीजप्रदः पिता** गीता–14.4)

ॐ बीजं कृष्णो हि सर्वेषां भूतानां जन्मदायकम् ।
बीजप्रदो मतः कृष्णो ब्रह्मयोनिस्तथा च सः ।। **1437**/1447

दोहा॰ मूल बीज श्रीकृष्ण है, पिता सभी का एक ।
उसी बीज से जन्मते, विविध भूत अनेक ।। **1768**/1779

(**292. यतः प्रवृत्तिः प्रसृता पुराणी** गीता–15.4)

ॐ कृष्णः पुरातना योनिः सृष्टिः सा प्रसृता यतः ।
प्रवृत्तिः स हि सर्वेषां निवृत्तिश्च गतिस्तथा ।। **1438**/1447

दोहा॰ सृजन सृष्टि का कृष्ण है, तथा विसर्जनकार ।
विष्णु शिवा हैं कृष्ण में, रूप उभय साकार ।। **1769**/1779

कृष्ण सभी का जन्म है, और मृत्यु का स्थान ।
कृष्ण सभी को पालता, प्रभु है कृष्ण महान ।। **1770**/1779

(**293. आद्यः पुरुषः** गीता–15.4)

ॐ अनादिः पुरुषः कृष्णो बीजमाद्यञ्च निर्मितेः ।
संयोगात्प्रकृतेस्तेन ब्रह्माण्डं सकलं कृतम् ।। **1439**/1447

दोहा॰ आद्य अनादि महान है, कृष्ण पुरुष अभिराम ।
भवभूतों को जो करे, पावन जन्म प्रदान ।। **1771**/1779

(**294. पदमव्ययम्** गीता–15.5)

ॐ पावनं मुक्तिस्थानं यत्–सुन्दरं शांतिदायकम् ।
स्वर्गादपि गरीयान्यत्–कृष्णस्तत्पदमव्ययम् ।। **1440**/1447

दोहा॰ सुख–शाँति मय मुक्ति का, एक परम है धाम ।
महान जो है स्वर्ग से, उसे कृष्ण है नाम ।। **1772**/1779

(295. वैश्वानर: गीता-15.14)

🕉 कृष्णो वैश्वानरो भूत्वा देहे सर्वस्य सर्वदा ।
पचत्यन्नानि सर्वाणि चतुर्विधानि देहिनाम् ।। 1441/1447

✍ दोहा॰ जठराग्नि बन कृष्ण ही, पाचन करता अन्न ।
सब भूतों के उदर में, करे प्राण संपन्न ।। 1773/1779

(296. वेदान्तकृत् गीता-15.15)

🕉 भवानुपनिषत्कर्ता गीतोपनिषत: प्रभो ।
वन्दे वेदान्तकृत्कृष्णं योगदं पार्थसारथिम् ।। 1442/1447

✍ दोहा॰ ज्ञान परम वेदान्त का, दीन्हा तू योगेश! ।
जगद्गुरो! तूने दिया, गीता का उपदेश ।। 1774/1779

(297. वेदविद्देव: गीता-15.15)

🕉 ज्ञातव्यो वेदविद्देवो वेदज्ञाता च त्वं प्रभो ।
वेदेषु स्तवनं येषां सर्वदेवा भवान्हरे ।। 1443/1447

✍ दोहा॰ वेदों से तू वेद्य है, तूने जाने वेद ।
ज्ञात हमें तुझसे हुआ, सत् असत् का भेद ।। 1775/1779

(298. अक्षर: गीता-15.16)

🕉 त्वमक्षरो हृषीकेश रत्नाकर: परात्पर: ।
ईश्वरस्त्वं गदाधारी सुन्दर: परमेश्वर: ।। 1444/1447

✍ दोहा॰ अक्षर अपरंपार तू, कृपावान कमलेश ।
भक्ति-भाव भँडार तू, पावन है परमेश ।। 1776/1779

(299. उत्तम: पुरुष: गीता-15.17)

🕉 उत्तम: पुरुषाणां त्वं श्रीकृष्ण पुरुषोत्तम: ।
त्वमेव वन्दित: सर्वै: परमानन्दमाधव ।। 1445/1447

✍ दोहा॰ पुरुषों में उत्तम कहा, तीन लोक का नाथ ।
सुख-दुख के जंजाल में, सदा भगत के साथ ।। 1777/1779

(300. क्षरादतीतोऽक्षरादुत्तम: गीता-15.18)

🕉 भूते द्वे नु मते विश्वे स्वर्गेऽपि च क्षराक्षरे ।

अक्षरादुत्तमः कृष्णः क्षरादतीत ईश्वरः ।। **1446**/1447

✍दोहा॰ क्षर-अक्षर भव भूत हैं, तथा स्वर्ग के देव ।
केशव अक्षर से परे, क्षर से उत्तम एव ।। **1778**/1779

(**301. केशिनिषूदनः** गीता-18.1)

ॐ मुख्यः कंसस्य मन्त्री स केशी कंसेन प्रेषितः ।
अघ्नन्दुष्टं तु गावस्तं कृष्णः केशिनिषूदनः ।। **1447**/1447

✍दोहा॰ केशी भेजा कंस ने, लाने धेनु चुराय ।
केशिनिषूदन कृष्ण ने, छोड़ी उस पर गाय ।। **1779**/1779

संगीत-गीता-दोहावली गीतमाला, पुष्प 205 of 205

भजन : राग कसूरी, कहरवा ताल

केशिनिषूदन

स्थायी

धेनु को बचाओ रे, भैया! आयो, असुर चुराने गैया ।

♪ मपध- ध धध-प म, ग-प-! सारेग-, गगग गम-प- मगरे- ।

अंतरा-1

देखो असुर है गाय चुरावत, सब गौअन पर दंड लगावत ।
केशिनिषूदन धाया ।।

♪ म-म- गगग ग म-म मप-पप, धध प-मम गग प-म गरे-रेरे ।
सा-रे-गम-पप मगरे- ।।

अंतरा-2

हरण करत है धेनु कसैया, बंसी बजावत मधुर कन्हैया ।
मुरली कीन्ही माया ।।

अंतरा-3

केशी को गौअन ने मारा, ब्रज सब बृंदाबन हरसाया ।
हरि "गोविंद" कहाया ।।

कविकुलगुरु -कालिदास-संस्कृत-विश्वविद्यालय :
Kavikulaguru Kalidas Sanskrit University

आचार्य- उपाधिः
Doctor of Philosophy

श्री/~~श्रीमती~~ डॉ. रत्नाकर पुरूषोत्तम नारळे महोदयेन/महोदयया अस्मिन् विश्वविद्यालये 2002 तमे ख्रीस्ताब्दे धर्म तत्त्वज्ञान संस्कृती संकाये प्रस्तुतस्य गीताज्ञानकोष इति शीर्षकस्य शोधप्रबन्धस्य कृते **आचार्य-उपाधिः** प्रदीयते।

This is to certify that

Shri./~~Smt.~~ Dr. Ratnakar Purushottam Narale *having been found to be duly qualified, is admitted in the year 2002 to the degree of Doctor of Philosophy (Ph.D) in the faculty of* Religion Philosophy & Culture *for the thesis entitled* Gita Dnyan Kosh

Ramtek
Dist. Nagpur, (M.S.) India
Date : 27 FEB 2004

Vice-Chancellor

www.ingramcontent.com/pod-product-compliance
Lightning Source LLC
Chambersburg PA
CBHW080020110526
44587CB00021BA/3419
* 9 7 8 1 8 9 7 4 1 6 8 6 0 *